과학과 인생관

과학과 인생관 중국근현대사상총서 003

초판 1쇄 발행 2016년 2월 1일

지은이 천두슈 외
옮긴이 한성구
펴낸이 강수걸
편집장 권경옥
편집 윤은미 양아름 문호영 정선재
디자인 권문경
펴낸곳 산지니
등록 2005년 2월 7일 제14-49호
주소 부산광역시 연제구 법원남로15번길 26 위너스빌딩 203호
전화 051-504-7070 | 팩스 051-507-7543
홈페이지 www.sanzinibook.com
전자우편 sanzini@sanzinibook.com
블로그 http://sanzinibook.tistory.com

ISBN 978-89-6545-334-5 94150
978-89-6545-329-1(세트)

* 책값은 뒤표지에 있습니다.
* 이 도서의 국립중앙도서관 출판예정도서목록(CIP)은 서지정보유통지원시스템 홈페이지(http://seoji.nl.go.kr)와 국가자료공동목록시스템(http://www.nl.go.kr/kolisnet)에서 이용하실 수 있습니다.(CIP제어번호: CIP2015034887)
* 이 도서는 산지니출판사와 경성대학교 글로벌차이나연구소가 함께 기획하였습니다.

중국근현대사상총서
003

과학과 인생관

科學與人生觀

천두슈 외 지음 • 한성구 옮김

산지니

일러두기

1. 이 책의 주는 역자가 작성한 주입니다.
2. 필자소개는 원서에 없는 내용으로 역자가 작성했습니다.

발간사

금세기에 들면서 '21세기는 중국의 세기'라는 말이 회자한 적이 있는데 당시는 반신반의하는 분위기였다. 하지만 2008년 미국 금융위기 이후 중국이 G2의 반열에 오르면서 세계는 더 이상 이 말을 의심하지 않는다. 미국의 경제발전 원리인 워싱턴 컨센서스에 상대하여 베이징 컨센서스가 대두되었고, 중국이 지배하면 세계가 어떻게 변할 것인지에 대한 예측이 나왔으며, 더 나아가 중국의 사회실험이 신자유주의의 대안세계를 창출할 것이라는 기대감이 표출되고 있다.

포스트사회주의 중국의 핵심적 가치를 공동부유사회 건설로 인식하는 정책 및 그와 직간접적으로 연계된 이론들을 보면, 생산수단의 사회화를 사회주의의 기본전제로 인식하는 전통적 이론의 틀에서 벗어나 있다. 이들은 소자산 계층과 그 재산권의 인정 · 확대를 통해 인민의 기본적 생계와 사회 안정의 근간을 마련하고, 국유자산의 수익을 사회복지 및 공공서비스의 재원으로 활용하려는 공통점을 지닌다. 과거 사회주의 중국이 무산자혁명론에 기대고 있었다면, 지금은 부유하고 자유로운 개인들의 연합체 건설을 꿈꾸는 이른바 유산자혁명론으로 나아가고 있는 것이다. 그야말로 자본주의와 사회주의 정책이 연계된 혼합발전의 길이지만 대안세계가 될 수 있을지는 불투명하다.

사실 중국의 이러한 임기응변식 행보는 아편전쟁 전후 세계 자본주의 체제에 편입된 이래 지속되어온 것이다. 근현대는 중국 현재의 문제가 발생한 근원지이자 다각적으로 출로를 모색한 실험장이었다. 전통의 속박을 강력히 부정하면서도 그 출로를 전통사상 내부에서 찾으려 했고, 서구 근대문명을 추구하면서도 그 그늘에서 발아한 사회주의·무정부주의 등의 진보사상에 대해 사유의 끈을 놓지 않았으며, 자본주의적 발전의 유효성을 인정하면서도 노동과 분배 문제의 중요성을 고민하고 있었고, 민족국가 건설을 목표로 하면서도 동시대 세계와의 긴장관계를 유지하고 있었다.

물론 근현대 중국의 텍스트에 현재의 대안이 속 시원히 나와 있는 것도 아니며, 오늘날의 입장에서 보면 그리 새로울 것도 없는 내용일 수 있다. 하지만 그 속에는 세상이 불투명한 오늘날의 텍스트에서 찾아보기 힘든, 어둠을 뚫고 나오는 미래의 빛을 발견할 수 있다. 그 빛은 20세기의 입구에서 미래 세상을 살아갈 후세들을 향해 비춘 것이지만, 불행하게도 그 빛은 전쟁과 혁명으로 점철된 극단의 시대에 막혀 오늘날의 우리에게 고스란히 전달되지 않았다. 이러한 단절로 인해 우리는 그들이 던진 삶에 관한 근원적인 질문을 계승하지 못하고 있다. 미래가 불투명해진 것도 이러한 단절과 연계되어 있으며, 다시 우리 시대의 문제가 파생되기 시작한 시점으로 돌아가 잊혀진 질문을 환기하는 일이 바로 대안세계를 찾아가는 길이 될 수 있으리라.

근현대 중국에 대해 우리는 근대화론에서 내재적 발전론에 이르기까지 다양한 시각으로 해석하고 있지만, 정작 그 시대의 고민이 담긴 텍스트들을 온전하게 읽어볼 기회가 적었다. 특히 근대 텍스트는 언어의 장벽을 넘기가 녹록치 않기 때문이다. 이에 총서를 기획하여 중국 근현대사상이 던진 삶의 근본문제와 대안세계의 의미를 이해하고, 나아가 우리 시대가 만들어가야 할 문명사회를 상상하는 유익한 사상자원이 되기를 바란다.

이종민

차례

발간사 5

01 『과학과 인생관』 서문 - 천두슈 11

02 『과학과 인생관』 서문 - 후스 23

03 인생관 - 장쥔마이 55

04 현학과 과학 - 장쥔마이의 「인생관」을 평함 - 딩원지앙 66

05 인생관과 과학을 다시 논함, 아울러 딩원지앙에게 답함 - 장쥔마이 92

06 현학과 과학 논전에 관한 "전시국제공법(戰時國際公法)" - 량치차오 174

07 손오공과 장쥔마이 - 후스 177

08 인생관적 과학 혹은 과학적 인생관 - 런슈용 182

09 현학과 과학 논전 잡담 - 쑨푸위엔 189

10 인생관과 과학 - 량치차오 194

11 인생관과 과학의 다섯 가지 차이에 대한 장쥔마이의 주장 - 장옌춘 205

12 인생관과 과학에 대한 장쥔마이의 글 두 편을 읽고 생긴 의문 - 주징농 212

13 딩원지앙 선생의 「현학과 과학」을 읽고 - 린자이핑 219

14 현학과 과학 - 장쥔마이에 답함 - 딩원지앙 251

15 심리현상과 인과법칙 - 탕위에 293

16 과학에 대한 평가 - 딩원지앙 305

17 노력은 하였으되 공(功)이 없다 - 장둥쑨 314

18 인격과 교육 - 쥐농 330

19 "개 같은" 심리학 - 루즈웨이 343

20 현학과 과학 토론의 여흥 - 딩원지앙 348

21 "현학과 과학" 논쟁이 주는 시사점 - 탕위에 356

22 어리석은 사람의 잠꼬대
- 감성은 정말 초과학적인 것인가? - 탕위에 363

23 과학과 인생관 - 왕싱공 372

24 과학의 범위 - 탕위에 386

25 방관자의 말 - 무 392

26 현학상의 문제 - 송가오 399

27 "과학과 철학 논전"의 에필로그 - 왕핑링 404

28 양팔고(洋八股)화 되어버린 이학(理學)을 경계함 - 우쯔후이 408

29 소위 "과학과 현학 논쟁"을 평함 - 판셔우캉 418

30 「"과학과 현학논쟁"을 평함」을 읽고 - 탕위에 436

31 신(新) 신앙의 우주관과 인생관 - 우쯔후이 444

해제 - 한성구 587

필자소개 594

찾아보기 609

01 『과학과 인생관』 서문 천두슈

『科學與人生觀』序 陳獨秀

아동도서관(亞東圖書館)이 과학과 인생관 문제에 관해 토론한 글들을 묶어 출판하면서 나에게 서문을 부탁했다. 내가 병중이고 다른 일에 바빴음에도 기꺼이 수락한 것은 다음과 같은 이유 때문이다. 첫째, 문화적으로 후진국인 중국에서 이제서나마 이런 문제를 토론한다고 하니 비록 늦은 감이 있긴 해도 어쨌든 발전한 셈이다. [우리와 비슷하게 문화가 낙후된 러시아에서도 과거에 이에 관한 격렬한 논쟁이 있었다. 그러나 지금은 사회과학이 발전하여 초보적인 이해력이 있는 사람들이라면 이와 같은 비상식적인 토론은 하지 않는다. 이는 현재 중국의 지식인들이 '천방지원설(天方地圓說)'이나, '천동설', 심지어는 '전선이 거미줄과 어떻게 다른지' 따위의 무의미한 토론을 하지 않는 것과 같은 것이다.] 다만 안타까운 것은 장쥔마이(張君勱)와 량치차오(梁啓超)를 공격하던 사람들이 얼핏 보기에는 승리한 것처럼 보이지만, 사실은 적의 근거지를 완전히 부수지 못하고 몇 개의 소부대로 흩뜨려 놓았을 뿐이며, 겉으로는 아직도 싸우고 있는 듯 보이는 사람들도 암암리에 이미 투항한 것과 다름없다는 사실이다.[판셔우캉(範壽康)의 '선천형식설'이나 런슈용(任叔永, 즉 任鴻雋)의 '인생관적 과학은 불가능'하다는 주장] 전투의 대장격인 딩원지앙(丁文江)이 장쥔마이의 유심주의적 견해를 공격한 것도 알고 보면 '오십 보로써 백 보를 비웃는[以五十步笑百步]' 것에 다름 아니다. 그들은 적군의 본거지를 부술 수 있는 무기가 있음에도 불구하고 그 힘을 믿지 않을 뿐만 아니라 사용하려고 하지 않는다. 적들은 "과학이 왜 인생관을 지배할 수 없는가"라는 물음에 대해 여러 가지 그럴듯한 증거들을 내어놓았지만, 딩원지앙 등은 "과학이 어떻게 인생관을 지배할 수 있는가"라는 물음에 하나의 증거도 내어놓지 못했으니, 내가 볼 때 이 전쟁은 승리는 고사하고 갑옷과 투구마저 잃어버린 대패전이다. 비록 많은 사람들이 이에 대한 글을 발표했지만 대부분은 '천 마디 말을 해도 주세와 만 리가 떨어진' 격이거나 '과학개론 강의'를 듣는 듯한 느낌만을 줄 뿐이다. 이렇게 해서는 그들과 장쥔마이가 무엇 때문에 논쟁을 벌이는지 알 수 없을 뿐만 아니라, 장쥔마이 측의 주장은 논쟁의 중심에서 멀어지고 지엽적인 말들만 늘어놓는 상황이니 이런 것이 이번 논쟁에서 느끼는 안타까운 점이다. 둘째, 최근 후스(胡適)가 나에게 말하기를, "유물사관(唯物史觀)은 기껏해야 대부분의 문제를 해석할 수 있을 뿐이다"라고 했는데, 이번 논쟁을 거치면서 그가 말한 위기감이 한층 더 가중될 것이 분명하다. 이런 두 가지 원인으로 인해 나는 기꺼이 이 서문을 쓰기로 결심한 것이다.

수학, 물리학, 화학 등의 과학이 인생관과 어떤 관련이 있는가 하는 것은 원래 토론할 필요도 없는 문제였다. 그러나 과학의 관찰과 분류, 설명 방법이 살아 활동하는 생물계에 적용되고, 더 나아가 인류 사회에까지 응용됨에 따라 사람들은 과학을 자연과학과 사회과학의 두 종류로 나누게 되었다. 사회과학 가운데 가장 주요한 것은 경제학, 사회학, 역사학, 심리학, 철학이다. [여기서 말하는 것은 실험주의적이고 유물사관적인 인생철학이지 본체론적이고 우주론적인 현학(玄學), 즉 소위 말하는 형이상학적 철학을 말하는 것은 아니다.] 이런 사회과학은 여타 자연과학과 마찬가지로 아직은 유치한 수준에 머물러 있지만, 유치하다 해서 그것이 그동안 거둔 성과들을 무시할 수는 없는 것이다. 유치하다고 해서 그것을 모른 체한다면 그것은 매우 어리석은 행위이다. 자연과학이 이미 자연계의 수많은 현상들을 설명해냈다는 것은 부인할 수 없는 사실이며, 사회과학이 인류사회의 많은 현상들을 설명해냈다는 것도 마찬가지로 부정할 수 없는 사실이다. 자연계와 사회 모두에는 실제현상이 존재한다. 과학자의 설명이 맞다 해도 실제현상들은 원래 그대로일 것이고, 과학자의 설명이 틀리다 해도 실제현상은 변하지 않을 것이다. 마찬가지로 현학가(玄學家)들이 어떤 식으로 억측을 한다 해도 역시 그것들은 원래 모습 그대로일 것이다. 자연과 사회의 실제현상은 고집스러울 정도로 자신들의 고유 논리에 따라 움직일 뿐이며, 유물론(唯物論)이나 유심론(唯心論)의 주장에 따라 수시로 변하는 것이 아니다. 코페르니쿠스 이전에도 지구는 원래 자리에서 태양의 주위를 돌고 있었고, 맹자(孟子) 이후에서야 점차 임금 없는 세상이 되었다. 과학적 설명이 이런 고집스런 실제와 하나하나 부합한다면 결국 최후의 성공을 거두는 것이다. 우리가 과학을 추종하는 이유는 (그것이 자연과학이건 사회과학이건 간에) "과학자의 최대 목표가 인간 의지의 주관적 작용을 배제하고 모든 현상을 객관적인 것으로 만듦으로써 예측할 수 있고 인과법칙에 따라 설명할 수 있도록 하는 것"(장쥔마이)이기 때문이다. 반드시 이렇게 된 후에야 실제에 근거해서 실제를 탐구할 수 있고, 그런 후에야 현학가의 터무니없는 헛소리와 다르게 자연계와 인류사회 고유의 실제를 설명해낼 수 있는 것이다.

인생관과 (사회)과학의 관계는 매우 명확한데 왜 많은 사람들이 논쟁을 벌이는 것일까? 하하, 이런 문제를 토론한다는 것 자체가 이미 인생관과 과학의 관계가 매우 깊다는 것을 증명하고 있다. 콩트(Auguste

Comte)는 인류사회의 발전과정을 세 단계로 분류했다. 여기에 근거할 때, 우리는 아직도 종교와 미신의 시대에 머물러 있다. 전국의 수많은 사람들이 아직도 무당과 귀신, 부적과 점술 등 초자연적 신비를 추종하고 있는 것을 보라. 그다음으로 많은 것이 장쥔마이처럼 현학을 신봉하는 무리들인데, 구시대의 사인(士人)들 대부분과 신시대 지식인 중 상당수의 사람들이 여기에 속한다. 딩원지앙처럼 과학을 신봉하는 사람의 수는 통계 낼 수 없을 정도로 적다. 미신시대에서 과학시대로 나아가려면 어쩔 수 없이 현학가들이 쏟아내는 터무니없는 말들을 거쳐 가야 한다. 이런 사회적 현실을 어느 누구도 부정할 수 없다. 만약 이 사실을 부정할 수 없다면 콩트가 말한 인류 역사 발전의 삼 단계설이 사회과학에 있어서 일종의 법칙이라는 것을 받아들여야 한다. 이 법칙은 서로 다른 시대와 사회 속의 수많은 사람들의 인생관이 왜 다른지를 설명해준다. 예를 들어 장쥔마이가 박학다식한 수재(秀才)라고 치자. 하루는 그가 병이 났는데, 배운 것이 없는 그의 가족들은 부적을 쓰는 사람을 부르자 하고, 장쥔마이는 한의사를 불러 맥을 잡아보고 약을 지어 먹으면 된다고 한다. 또 외국에서 공부하고 갓 귀국한 그의 친구 딩원지앙은 한의사는 믿을 바 못 되니 양의사에게 진찰을 받아야 한다고 주장한다. 하지만 장쥔마이는 이 말을 믿으려 하지 않을 뿐만 아니라 양의가 한의만 못하다며 여러 증거들을 나열한다. 두 사람이 각자의 주장을 굽히지 않고 논쟁하고 있을 때, 장쥔마이의 가족들은 양의건 한의건 믿을 바 못 되니 부적을 쓰는 것이 낫겠다고 고집을 세운다. 이렇게나 다른 생각과 이렇게나 다른 인생관은 그들이 살아오면서 경험한 객관적 환경이 만든 것이지 결코 갑자기 하늘에서 뚝 떨어진 것이거나 주관적인 의지로 형성된 것이 아니다. 따라서 이것은 사회과학이 설명할 수 있는 문제일 뿐 결코 형이상학적인 현학이 설명할 수 있는 것이 아니다.

장쥔마이가 말한 아홉 가지 인생관은 모두 주관적이고, 직각적이며, 종합적이고, 자유의지적이고, 단일 인격적인 것으로, 객관적이고 이론적이며 분석적이고 인과법칙적인 과학의 지배를 받지 않는다. 여기서 그 아홉 가지 인생관에 대해 살펴보겠다. 첫째, 대가족주의와 소가족주의. 이것은 순전히 농업 경제하의 종법사회(宗法社會)가 공업 경제의 군국사회(軍國社會)로 발전해가는 과정에서 나타나는 자연적인 현상이다. 둘째, 남존여비(男尊女卑) 사상과 혼인제도. 농업 경제 기반의 종법사회에서는 가장과 남편이 자녀와 처를 생산수단이자 일종의 재산으로 생각했었다. 그러다가 공업사회에 들어와서는 가내 수공업이 쓸모없어지고 고용제도가 생겨나면서 가족을 더 이상 생산수단으로 볼 필요가 없어지게 된 것이다. 이때부터 자연적으로 여권운동(女權運動)이 생겨나서 발전하게 된 것이다. 셋째, 재산의 공유제와 사유제. 원시 공산사회에서는 인간이 짐승보다 약했기 때문에 필연적으로 무리를 지어 서로 도울 수밖에 없었다. 이때에는 사유재산이란 것이 필요도 없거니와 형성될 가능성도 없었다. (인격의 단일성을 자신이 주장하는 것의 근거로 삼고 있는 장쥔마이 선생이 만약 그 시대에 태어났다고 가정해보자. 그가 주관적이고 직각적으로, 그리고 자신의 자유의지에 의해 갑자기 재산을 소유하려고 하는데, 그가 얻은 과일과 고기를 저장할 수도 없고 돈으로 바꿔서 은행에 저축할 수도 없다면 어찌하겠는가? 아마도 결과는 그 자신이 사유재산의 인생관을 포기해버릴 것이다.) 그런데 농업사회로 들어서면서 정착할 곳이 생기고 창고가 생기고, 그래서 곡물을 비교적 쉽게 보존할 수 있게 되었다면 독립적으로 생산하는 소농은 토지만 있으면 되지 더 이상 다른 사람들과의 협력은 필요 없다고 느낄 것이다. 이로부터 사유재산의 관념이 생겨나게 된 것이다. 공업사회에 들어와서는 가내 수공업 시기의 독립 생산제는 더 이상 존립할 수가 없게 되었고, 수많은 사람들이 협력이 가능한 기관 내로 조직되어 들어왔다. 일이 없으면 밥을 먹을 수 없고, 작업 도구가 없으면 일을 할 수 없다. 그들은 대부분 생산수단을 소유하지 못했으며, 생산수단은 소수 자본가들에 의해 사적으로 점유된다. 생산수단을 공유할 수 없다면 모두가 자본가를 위해 일해야 할 뿐이다. 따라서 공유재산의 관념이 여기서 생겨났다. 넷째, 수구(守舊)와 유신(維新)의 논쟁. 현 사회의 경제제도는 이미 변했는데, 이 변화에 부응하지 못한 과거의 사회제도가 여전히 존재하며 사회경제의 발전을 가로막고 있다. 따라서 사회 변화의 완급에 따라 경제적 이해관계가 다른 계급 간에 충돌이 발생할 가능성이 있다. 다섯째, 물질과 정신에 대한 견해차. 이것은 소수의 사람들이 처해 있는 특수 환경에서 비롯된다. 일반적으로 공장의 육체노동자들은 말할 필요도 없고 상무인서관(商務印書館)에서 한 달에 이삼십 원의 월급을 받는 편집자 선생들도 매일같이 먹고살 일을 고민하는데, 장쥔마이와 량치차오처럼 한가하게 정신문명이니 동양문화니 하는 고상한 말로 떠들 여유가 어디 있겠는가? 여섯째, 사회주의의 탄생과 공유재산 제도는 같은 것이다. 일곱째, 원래 사람의 본성 중에는 이기(利己)와 이타(利他)의 본능이 공존하고 있다. 다만 개인의 본능이 환경의 영향에서 자유로울 수 없기 때문에 역사적 · 사회적 암시에 따라 다르게 표출되는 것이다. 여덟째, 비관주의와 낙관주의. 이것도 역시 개인이 환경이나 사회 · 역사의 영향을 받아 다르게 형성되는 것이다. 외국의 자살 통계를 보면 환경적인 영향에서 기인하는 자살이 대부분이며, 연령이나 성별, 직업이나 계절 등의 요인과도 깊은 관련이 있다. 아홉째, 종교사상의 변천도 더더욱 사회 조류의 변화에서 자유로울 수 없다. 신화를 통해 볼 때, 각 민족의 원시종교는 대부분 태양이나 불, 험준한 산, 거대한 바위, 독사, 맹수 등을 섬기는 원시종교의 경향이 짙다. 이후 농업 경제하의 종법사회로 들어오면 부족신이나 조상신, 농사신 등을 섬기는 다신교(多神教)가 유행하게 되고, 그

후에 상업이 발달하고 통일국가가 형성됨에 따라 일신교(一神教)가 득세하게 된다. 그러다가 공업이 발달하고 과학이 성행하면서 과거와는 다른 무신론(無神論)과 반종교(反宗教)의 경향이 생겨나게 된 것이다. 물론 동일한 시대라 하더라도 민족과 사회, 산업 발전 속도의 차이에 따라 종교사상이 다르게 나타나기도 한다. 아프리카나 미주(美洲), 남양(南洋)과 만족(蠻族)은 아직도 원시종교 단계에 머물러 있으며, 중국과 인도는 다신교, 상공업이 발달한 유럽과 미국은 대부분 기독교를 신봉하고 있다. 중국 성인(聖人)의 제자가 런던에 태어났다면 그는 서양 종교를 믿고 여호와를 찬양했을 것이며, 기독교 신자가 가난한 중국의 척박한 시골에 태어났다면 그는 조상을 섬기거나 여우를 숭배했을 것이다. 이상에서 살펴본 아홉 가지의 각기 다른 인생관은 각각 상이한 객관적 인과관계하에서 그렇게 된 것이다. 이렇게 사회과학은 하나하나의 사건을 분석해서 논리적으로 설명할 수 있으며, 객관적인 원인이 없는 것은 존재하지 않는다고 여긴다. 왜냐하면 주관적이고 직각적이며 자유의지적인 것은 공허한 곳에서 생겨난 것이기 때문이다.

량치차오는 확실히 장쥔마이보다 고단수임에 틀림없다. 그는 이렇게 말했다. "장쥔마이는 자신이 열거한 '아(我)와 비아(非我)'에 관한 아홉 가지 항목에 대해 과학방법으로 설명할 수 없다고 했다. 그러나 내가 보기에 그것이 여덟 개가 됐건 아홉 개가 됐건 간에 과학방법으로 답안을 제시할 수 있어야 한다." 량치차오는 장쥔마이의 견해에 찬성하는 것도 아니고 그렇다고 딩원지앙의 견해에 찬성하는 것도 아닌 애매한 태도를 보이고 있다. 량치차오 본인의 견해는 이렇다.

> "인생 문제의 대부분은 과학방법으로 해결될 수 있고, 그래야 한다. 그러나 일부분, 혹은 가장 중요한 부분은 초과학적이다."

그가 말한 '대부분'에 해당하는 것은 인생에서 이지(理智) 영역에 관한 것이고, '일부분'은 정감(情感) 영역에 관한 것이다. 그는 말했다. "물질계와 관련된 것은 환경—시공간—적인 부분에 있어서 자연스럽게 여러 법칙의 지배를 받는다." 이지 영역의 사항은 당연히 물질계를 떠나 생각할 수 없는데, 그렇다면 감성 영역의 사항은 물질계와 관련이 없는 것일까? 감각기관이 어떻게 자극을 받고, 어떻게 반응하고, 감성이 어떻게 생겨나는가 하는 것은 심리학에서 매우 기초적인 것이다. 감성이 초과학적이라는 괴이한 주장에 대해서는 탕위에(唐鉞)가 이미 분명하게 반박을 했다. 그러나 탕위에가 량치차오를 비판하면서 "사실을 논할 때, 가치문제를 끼워 넣어서는 안 된다."라고 했는데, 정작 그 자신은 전횡도(田橫島) 사건을 다룸에 있어서 지나치게 유치한 해석을 하고 있다.[1] 뿐만 아니

1) 한(漢)나라 유방(劉邦)은 항우(項羽)와의 다툼에서 주도권을 쥐게 되자 제(齊)나라에 책사(策士) 역이기(酈食其)를 보내 항복을 종용했다. 제나라 왕이 된 전횡(田橫)은 제안을 받아들여 군대를 해산시켰는데 약속을 어기고 유방의 신하 한신(韓信)이 이끄는 병사들이 전횡을 급습했다. 전횡은 유방에게 속았다고 판단하여 역이기를 삶아 죽이고 전횡도(田橫島)라는 섬으로 달아났다. 그 후 황제의 자리에 오른 유방은 제나라가 반란을 일으킬 것을 대비하여 전횡에게 사람을 보내 이전의 죄를 사면시켜 준다는 조건으로 항복을 유도했다. 전횡은 유방의 제의에 동의하기로 하고 사자를 따라 낙양(洛陽)으로 향했다. 그런데 낙양으로부터 30리 정도 떨어진 곳까지 왔을 때, 갑자기 전횡이 자결을 했다. 죽기 전, 전횡은 다음과 같이 말했다. "나는 처음에 한왕(漢王)과 함께 나라를 다스리며 고(孤)라고 일컬었다. 그런데 지금 와서는 한왕은 천자가 되고 횡은 신하가 되어 그를 섬기게 되었으니 그 수치스러움은 이루 말할 수 없다. 또 나는 남의 형을 죽였으면서도 그의 아우와 함께 어깨를 나란히 하여 한 임금을 섬기려고 하니 어찌 부끄럽지 않겠는가? 또한 폐하가 나를 보고자 한 것은 한 번 나의 얼굴을 보고자 하는 것에 불과할 것이다. 지금 폐하는 낙양에 있으니 나의 머리를 베어 30리 거리를 달려가더라도 나의 형용은 흐트러지지 않아 알아볼 수 있을 것이다." 전횡을 따르던 부하들은 전횡의 머리를 유방에게 바친 후 자결했으며, 섬에 남아 있던 500여 명의 부하들도 전횡의 절개를 추모하여 자결했다.

라, 한마디로 "별 가치가 없다"고 평가 절하해버렸는데, 이런 식으로라면 어떻게 량치차오를 이해시킬 수 있겠는가? 사실 효자가 허벅지 살로 부모를 살렸다거나[割股], 정영(程嬰)과 저구(杵臼)[2]가 주군을 대신해 죽었다거나, 전횡도에서 노기 마레주키(乃木希典)[3]가 자살을 주동한 것은 사회과학자의 입장에서 볼 때, 훌륭하다 안하다, 합리적이다 아니다, 가치가 있다 없다고 판단할 만한 것이 아니며, 또한 이해가 안 된다거나 신비롭다고 할 만한 것도 아니다. 그 사건들은 농업경제 아래 봉건 종법사회의 입장에서 보면 전혀 이상할 것 없는 인생관이다. 이런 인생관은 농업경제 아래 봉건 종법사회의 도덕적 전통과 사회적 인습이 만들어낸 것으로, 자본주의 공업사회에 이러한 행위나 감성, 이러한 자유의지가 존재하지 않는다는 것만 봐도 알 수 있다.

판셔우캉도 입장이 모호하긴 마찬가지다. 그의 주장에 따르면, 과학이란 광의(廣義)로서의 과학을 지칭하는 것이며, 과학이 인생의 모든 문제를 해결할 수는 없다. 그는 말한다. "인생관의 일부는 선천적이며 일부는 후천적이다. 선천적 형식은 주관적 직각(直覺)으로 얻어지는 것으로, 결코 과학이 간섭할 수 있는 것은 아니다. 후천적 내용은 과학방법에 의해 연구되고 정해질 수 있는 것으로 결코 주관이 멋대로 정하는 것이 아니다." 여기서 선천적 형식이란 사람들이 스스로 생각하기에 선한 행위를 하도록 만드는 양심(良心)을 말하는 것이다.

그러나 선천적 형식이건, 양심이건, 직각이건 혹은 자유의지건, 모두

---

2) 억울하게 죽은 진(晉)나라 때의 충신 조삭(趙朔)의 가신(家臣)들로 조삭의 아들 조무(趙武)를 어렵게 길러 원수를 갚도록 함으로써 충의대절(忠義大節)을 지킨 인물로 전해지고 있다. 이를 소재로 한 「조씨고아(趙氏孤兒)」라는 원대(元代) 잡극(雜劇)이 유명하다.

3) 메이지 천황이 죽자 부인과 함께 자살한 일본의 군국주의자, 침략주의자.

생활조건이 다른 각 시대, 각 민족의 사회적 암시가 만들어낸 것이다. 어떤 사람이 인도의 바라문 가정에서 태어났다면 자연히 살인하는 것을 금기로 여길 것이며, 만약 아프리카 추장 집에서 태어났다면 사람을 많이 죽이는 것을 영예로 생각했을 것이다. 어떤 여인이 중국 사대부 집안에서 태어났다면 정절을 지키는 것을 자신의 의무로 여겼을 것이며, 만약 그녀가 이탈리아에서 태어났다면 남자 시종이 많은 것을 자랑스럽게 여겼을 것이다. 만약 웃통을 벗고 다니는 중국인들을 서양 여자들이 본다면 해괴하다 여겨 놀랄 테지만, 글 쓰는 종이로 뒤를 닦는 서양인들을 보면 중국인들도 놀랄 것이다. 흉노족(匈奴族)은 아버지가 죽으면 아들이 어머니를 아내로 삼는다. 만주족이 처음 중국에 들어왔을 때도 한족(漢族)의 풍속을 몰라 황태후(皇太后)가 남편의 동생과 재가(再嫁)하고도 수치로 여기지 않았다. 중국 사람들은 장례를 후하게 지내는 것[厚葬]을 부모에 대한 효로 여기지만, 만주족은 가족이 죽으면 그 시체를 산과 들에 던져 새와 짐승의 먹이로 삼는 것을 영광으로 여긴다. 유럽과 미국의 여자들은 많은 사람들 앞에서 키스하는 것을 친근함의 표시로 여기지만, 첩을 두는 행위는 대단한 치욕으로 생각한다. 중국 여자들은 높은 사람의 첩이 되는 것을 행복으로 생각하고, 사람들 앞에서 키스하는 것은 창기(娼妓)라도 수치스럽게 여긴다. 이런 것을 볼 때, 세상에 무슨 양심이니, 직각이니, 자유의지니 하는 것들이 정말로 존재한다고 말할 수 있겠는가!

딩원지앙은 "과학이 어떻게 인생관을 지배할 수 있는가"라는 물음에 대해 분명하게 설명하지 않았을뿐더러, 사상의 토대 또한 장쥔마이와 다르지 않다는 것을 알 수 있다. 그 근거로 두 가지 증거를 대겠다.

첫째, 그는 자신의 견해를 자칭 "존의적 유심론(存疑的唯心論)"이라고 부르는데, 이것은 헉슬리(Thomas Huxley)와 스펜서(Herbert Spencer)의 잘못된 견해를 그대로 답습하고 있는 것이다. 우주에 불가지(不可知)한 부분이 존재하고 그로 인해 의심할 여지가 있다는 것을 인정한다면, 과학자는 한편으로 물러서고 현학가가 답하게 해야 한다는 것이다. 이것은 장쥔마이가 말한 것과 다르지 않다. 장쥔마이는 말한다. "의심할 부분이 남아 있다는 것은 형이상의 영역을 연구 대상으로 삼는 현학의 가치가 더 이상 폄하되어서는 안 된다는 것을 말한다." 우리는 아직 발견되지 않은 물질이나 사실에 대해 의심을 품을 수 있다. 하지만 물질계를 초월해서 독립적으로 존재하며 물질을 지배하는 심(心은 物의 일종의 표현이다)이나 신령, 혹은 신(神)과 같은 것들이 존재하지 않는다는 것은 더 이상 의심할 필요가 없다. 우리를 독단적이라 해도 좋고 전제적이라 해도 좋다. 만약 우리에게 그것들이 존재한다는 증거를 보여줄 수 없다면 우리는 우리의 신념을 포기하지 않을 것이다.

둘째, 유럽 문화가 파산하게 된 책임을 과학과 물질문명에 돌리는 것은 매우 어리석은 생각이다. 또한 딩원지앙은 그 책임을 학자나 교육가, 정치가에게 돌리는데 이것도 사실과는 매우 동떨어진 것이다. 세계대전은 영국과 독일이라는 양대 공업 자본주의 국가가 세계시장을 선점하기 위해 경쟁하는 과정에서 발발한 전쟁이다. 전쟁의 결과로 체결된 조약을 보면 이런 크나큰 변동이 현학가나 교육가, 그리고 정치가에 의해 만들어 질 수도 있다는 것을 알 수 있다. 그러나 만일 현학가나 교육가 혹은 정치가가 물질적, 경제적 원인을 전혀 고려하지 않고 과학의 영향을 조금도 받지 않으면서 이런 초유의 대 전란을 만들어낼 수 있다고 한다면, 나는 장쥔마이가 말하는 자유의지적 인생관의 능력이 엄청나다고 믿을 것이다.

나는 객관적이고 물질적 요소만이 사회를 변동시키고 역사를 해석하며 인생관을 지배할 수 있다고 믿는다. 이것이 바로 "유물주의적 역사관"이다. 나는 여기서 딩원지앙 선생과 후스 선생에게 묻고 싶다. "유물주의적 역사관"을 완전한 진리라고 믿어야 할 것인가, 아니면 장쥔마이 등이 주장하는 유심주의가 과학을 초월해 존재한다고 믿어야 할 것인가?

02 『과학과 인생관』 서문 후스

『科學與人生觀』序 胡適

아동도서관 관장인 왕멍저우(汪孟鄒) 선생이 최근 국내 여러 잡지에 실려 있던 과학과 인생관에 관한 글들을 모아 『과학과 인생관(科學與人生觀)』이란 제목으로 책을 발간하였다. 내가 옌샤동(煙霞洞)에서 상하이(上海)로 돌아왔을 때, 책은 이미 반 이상 인쇄가 끝나 있었는데, 왕 선생이 나에게 서문을 부탁해 왔다. 생각해 보면, 최근 사상계에서 벌어진 전대미문의 대설전(大舌戰)의 전장에서 나는 탈영병이나 마찬가지였다. 올 삼사월, 나는 병에 차도가 없어 『노력주보(努力週報)』를 발행하는 일을 그만두려 하였다. 그러나 당시 딩원지앙 선생이 장문의 글을 쓰면서까지 신문의 정간을 극력 반대했고, 나에게 남방(南方)으로 요양을 다녀오도록 권했었다. 이제 그가 쓴 「현학과 과학(玄學與科學)」이란 글을 보니 마음이 매우 흐뭇하다. 예전에 그와 『노력주보』의 발전 방향에 대해 이야기한 적이 있다. 설령 신문이 전적으로 과학의 입장을 대변하고 있지만, 『노력주보』가 새로운 생명을 얻고 사람들이 흥미를 갖기 위해서는 필요한 일이라고 했다. 이곳에서 돌아간다면 나도 반드시 논쟁에 참여할 것이다. 이곳에 온 이래, 병이 육 개월 이상이나 지속되었다. 이 때문에 「손오공과 장쥔마이(孫行者與張君勱)」라는 가벼운 글 한 편만을 썼는데, 이처럼 싸움터에서 주먹이나 발 한 번 써보지 않았으니 탈영병이라 할 만하다. 상황이 이럴진대 어찌 감히 탈영병의 자격으로 전쟁에 나선 장수들의 논공행상을 할 수 있겠는가?

그러나 산에서 내려와 논쟁에 참여한 여러 사람들의 글을 읽고 나자 심신이 근질거려 더 이상 견딜 수 없게 되었다. 서문을 쓰게 된 데에는 다음의 몇 가지 이유가 있다. 첫째, 논쟁에 관한 자료가 너무 많아 이 책을 보는 사람들의 "눈이 현란할" 것 같아 종합적인 서론을 붙여 독자들의 이해를 돕고자 한다. 둘째, 몇 가지 중요한 논점이 충분히 드러나지 않았거나, 25만 자의 글 속에 묻혀 독자들의 주의를 끌기 쉽지 않은 부분이 있어 특별히 지적해야 할 필요를 느꼈다. 이런 이유로 서문을 쓰기로 결심한 것이다.

1.

최근 삼십 년 동안 중국에서 지상(至上) 존엄의 지위를 얻은 하나의 개념이 있다. 그것에 대해 잘 아는 사람이나 모르는 사람이나, 수구파나 유신파나, 어느 누구도 감히 공공연하게 경시하거나 소홀히 하지 않는다. 그것은 다름 아닌 "과학"이다. 이러한 광범위한 숭배가 가치가 있는 것인지 여부는 또 다른 문제이지만 우리는 적어도 다음과 같이 말할 수 있다. 즉 중국에서 변법유신(變法維新) 시기 유신(維新) 인사를 자처한 사람들 중 "과학"을 비방한 사람은 아무도 없었으며, 이런 경향은 중화민국 8~9년 사이 량치차오 선생이 『구유심영록(歐遊心影錄)』에서 정식으로 과학에 "파산" 선고를 내릴 때까지 계속되었다. 량 선생은 말했다.

"……한마디로 근대인들은 과학의 발달에 힘입어 공업혁명을 이루어냈으며, 외부생활의 급격한 변화에 따라 내부생활의 동요도 불가피했다는 것은 쉽게 알 수 있는 일이다. ……과학자의 신 심리학에 비춰볼 때, 소위 인류의 영혼이라는 것은 물질 운동 현상의 일종일 뿐이다. ……이런 유물주의 철학자들은 과학의 비호 아래 순물질적이고 순기계적인 인생관을 확립함으로써 내부생활과 외부생활 모두를 물질 운동의 "필연법칙" 아래 귀결시켰다. ……뿐만 아니라 그들은 심리와 정신을 하나의 물질(현상)로 간주하고, 실험심리학에 근거하여 인류정신도 일종에 물질(현상)에 불과하며 마찬가지로 "필연법칙"의 지배를 받는다고 주장한다. 그렇다면 인류의 자유의지는 부정될 수밖에 없다. 의지가 자유롭지 못하다면 선악의 책임이 어디 있겠는가? ……오늘날 사상계의 가장 큰 위기는 바로 이 점이다. 종교와 전통 철학은 이미 과학에 의해 만신창이가 되었으며, "과학선생[賽先生]"은 조금의 주저함도 없이 실험 방법으로 새로운 우주의 대(大) 원리를 발견하였다. 그러나 대 원리뿐만 아니라 각 분야의 소(小) 원리도 하루가 다르게 변하고 있으니, 오늘의 진리가 내일이면 오류로 판명날 수도 있다. 이처럼 새로운 권위가 세워지기 힘들고 옛 권위조차 회복될 수 없게 되면 사회 전체의 여론이 회의와 답답함과 두려움 속으로 빠져들어 방향을 잃고 안갯속을 표류하는 배와 같아진다. 이렇게 되면 쾌락주의와 강권주의(强權主義) 같은 것들이 득세를 하게 되고, 사후(死後) 천당이란 존재하지 않는다는 생각에 인생을 방탕하게 흘려보낼 것이다. 선악에 대해 책임질 필요가 없다면 욕망을 충족시키는 것이 무슨 잘못이겠는가. 그러나 욕망은 증대되었지만 그것을 만족시켜줄 만한 물질이 부족한 것이 문제다. 게다가 욕망과 물질의 균형을 맞추는 것도 근본적으로 불가능하다. 그렇다면 어떻게 해야 하는가? 오로지 스스로의 힘으로 자유경쟁을 벌이는 수밖에 없는데, 이것이 곧 약육강식(弱肉强食)이다. 최근 몇 년 사이에 등장한 군벌(軍閥)이나 재벌(財閥)은 모두 여기서 나왔으며, 세계대전도 이에 대한 결과로 발발한 것이다. (…) 세상의 수천수만의 사람들이 이런 인생관을 갖고 살아간다면 세상은 어떻게 되겠는가? 아마 살기 위해 빵을 약탈하는 것이 인생의 유일한 목적이 될 것이다. 그렇지 않다면 우주의 물질운동이 멈추지 않도록 자신을 우주의 연료로 제공하는 수밖에 없다. 이렇게 된다면 인생에 어떤 의미와 가치가 있겠는가? 그러나 과학 전성시대의 주요 사상은 도리어 이런 측면을 강조했고, 과학만능을 노래하던 사람들도 조만간 황금시대가 도래할 것이라며 잔뜩 부풀어 있었다. 그러한 바람은 결국 이루어진 셈이다. 백여 년간 이루어낸 물질의 진보는 과거 삼천 년간의 성과를 몇 배나 뛰어 넘어섰다. 그러나 인류는 행복을 얻지 못했고 도리어 수많은 재난을 초래했다. 현재 사람들은 사막 한가운데에서 길을 잃고 신기루를 쫓아 죽을힘을 다해 나아가는 여행객과 흡사하다. 그러나 신기루는 사라져버리고 결국은 비참함과 실망만이 남게 되었다. 여기서 말하는 신기루란 무엇인가? 바로 "과학선생"이다. 유럽인들은 과학만능의 큰 꿈을 꾸었지만 지금 과학은 파산해버렸다."

량 선생은 글에서 과학자의 인생관이 얼마나 나쁜지 매우 감동적으로 말하고 있다. 그는 "순물질적, 순기계적 인생관"이 유럽 사회 전체를 "회의와 답답함과 두려움 속으로 빠져들게 했으며", "약육강식"의 현 상황을 만들어냈다고 분명하게 지적했다.—"이번 세계대전도 이로 인해 발발한 것이다." 그는 또한 과학자의 인생관이 "빵을 약탈하는" 사회를 만들어냈으며, 인생을 무의미하고 무가치하게 만들어 사람들을 불행에 빠트리고 "수많은 재난을 초래해" "끝없는 비참과 실망"을 안겨주었다고 주장했다. 량 선생은 겉으로는 유럽의 "과학이 파산했다"고 외치고 있지만, 실제로는 과학자가 가진 인생관의 죄상을 열거하고 있다. 몇몇 현학가들이 과학적 인생관을 비판하는 말들을 주워 모은 후 거기에 "과학파산"

의 죄목을 덧붙였다고 할 수 있다.

량 선생은 나중에 위의 인용문에 주를 달아 이렇게 설명했다.

> "독자들은 절대로 오해하지 말기를 바란다. 나는 과학을 박대하지만 결코 과학의 파산을 인정하는 것은 아니다. 다만 과학만능을 인정하지 않을 뿐이다."

그러나 소문이란 들불과 같아서 생겨나기는 쉬워도 수습하기는 어렵다. 『구유심영록』이 발표된 후, 중국에서 과학의 존엄은 예전 같지 않게 되었다. 일찍이 외국 한 번 나가보지 못한 노(老)선생들은 "유럽의 과학이 파산했다! 량치차오가 이렇게 말했다"고 기쁨에 겨워 외쳤다. 량 선생의 주장이 동선사(同善社)와 오선사(悟善社)[1]의 최근 움직임과 어떤 관련이 있는지는 모르겠으나, 중국 내의 반과학 세력에 적지 않은 힘을 실어준 것만은 틀림없다. 량 선생의 명망 정도면, 그리고 "감성에 호소하는" 량 선생의 필력이라면 어렵지 않게 대중에게 영향을 미칠 수 있을 것이다. 게다가 장쥔마이 선생 같은 일류 인사가 량 선생과 발맞추어 베르그송(Henri Bergson)과 오이켄(Rudolf Eucken), 어윅(E. J. Urwick) 등의 깃발을 내걸고 사람들을 선동한다면 결과는 어떠하겠는가?

우리는 유럽의 과학이 이미 확고하고 안정적인 기반을 확보해서 현학 망령들의 공격쯤은 두려워하지 않는다는 것을 알아야 한다. 몇몇 반동 철학자들을 보면 평소에는 과학의 맛에 흠뻑 취해 있다가도 가끔씩 불평을 늘어놓곤 하는데, 이는 부자가 생선만 먹다 질려서 짠지나 두부를 먹고 싶어 하는 것과 같은 이치이다. 이런 반동은 크게 위험한 것은 아니

---

1) 민국[中華民國] 시기 봉건 미신 교파.

다. 끝없이 타오르는 과학은 현학의 망령들을 두려워하지 않는다. 그러나 중국으로 건너오면 상황이 달라진다. 과학의 혜택을 제대로 누려보지 못한 중국이 과학이 초래한 "재난" 따위를 말할 수 있겠는가. 눈을 크게 뜨고 한 번 살펴보자. 도처에 널려 있는 제단과 사원, 도술(道術)과 심령, 낙후한 교통과 산업,—우리가 과학을 배척한다는 게 진정 어울린다는 말인가? "인생관"을 한 번 보자. 중국의 인생관은 오로지 출세하고 부자 되는 인생관, 하루 벌어 하루 먹고사는 인생관, 점술과 운세에 의지하는 인생관, 『안사전서(安士全書)』[2]의 인생관, 『태상감응편(太上感應篇)』[3]의 인생관만이 있을 뿐이다. 중국인의 인생관이 언제 과학에 눈인사라도 한 번 한 적이 있었던가! 우리는 마땅히 과학 홍보가 부족했음을 반성하고, 과학 교육이 발달하지 못했음을 반성하고, 과학이 전국에 만연한 혼탁한 공기를 청소해내지 못했음을 반성해야 한다. 그러나 명망 있는 학자들은 도리어 "유럽 과학 파산"의 구호나 외치고, 유럽 문화 파산의 죄명을 과학에 뒤집어씌우고, 과학을 폄하하고, 과학적 인생관의 죄상이라며 줄줄이 나열함으로써 과학이 인생관에 어떠한 영향도 미치지 못하게 하고 있다. 과학을 신봉하는 사람으로서 이런 현상을 보며 걱정이 없을 수 있겠는가? 과학을 대신해 항변하지 않을 수 있겠는가?

이것이 바로 "과학과 인생관"이란 대 논전이 발생하게 된 원인이다. 이것을 이해한다면 이번 대 논전이 중국 사상사에서 얼마나 중요한 의미를 지니는지를 알 수 있을 것이다.

---

2) 청대(淸代) 주안사(周安士)가 지은 불교 정토종(淨土宗) 관련 저작. 불교사상을 중심으로 여러 역사 사건들과 유불도(儒彿道) 삼교(三敎) 문화를 결합시켜 권선징악(勸善懲惡), 제세구인(濟世救人), 심령정화(心靈淨化) 등을 설파하고 있다

3) 남송(南宋) 초기에 이창령(李昌齡)에 의해 전해진 유명한 권선서(勸善書). 태상(太上)의 이름을 빌어 '천상감응(天人感應)'과 '인과보응(因果報應)'을 논하고 있다. 여기서 태상(太上)이란 도교의 시조인 노자(老子)를 가리킨다.

2.

장쥔마이가 말한 인생관의 대체적 의미는 다음과 같다.

> "인생관의 특징은 주관적이고, 직각적이고, 종합적이며, 자유의지적이고, 단일성을 지녔다. 이런 다섯 가지 특징 때문에 과학이 아무리 발달하더라도 인생관 문제는 결코 과학이 해결할 수 없고 인류 자신에게 의지할 수밖에 없다."

장쥔마이가 인생관의 다섯 가지의 특징을 말하면서 말끝마다 과학을 배척했을 뿐만 아니라 다음과 같은 모호한 말을 늘어놓았다. "각자 시비를 고집하지만 이는 실험으로 증명할 수 없다", "정의를 내릴 수도, 방법을 써볼 수도 없다. 모두가 자기 양심의 명령에 따라 주장하는 것이다", "만약 억지로 분석하려 한다면 본뜻을 잃게 될 것이다", "모두가 양심의 자발적 발로이지 절대로 누가 그렇게 시켜서 된 것이 아니다." 이처럼 알쏭달쏭한 말로 논전의 출발점을 삼는다면 그야말로 불행한 일이 아닐 수 없다. 왜냐하면 원문이 모호하면 논쟁이 주제를 벗어나기 쉽기 때문이다. 전선(戰線)이 확대되면 전쟁의 본뜻이 불분명해지는 것과 비슷하다. (만약 처음부터 량치차오 선생의 「과학만능의 꿈(科學萬能之夢)」이라는 글로 토론의 출발을 삼았다면 이번 논쟁의 목표는 매우 분명해졌을 것이다. 아니 적어도 수많은 불필요한 언쟁들은 생기지 않았을 것이다.) 독자들을 위해 나는 다시 한 번 이번 논전의 주요 문제를 짚고 넘어가려 한다.

장쥔마이 주장의 요점은 "과학은 절대로 인생관 문제를 해결할 수 없다"는 것이다. 여기에 대답하려면 우리는 먼저 인생관 문제에 과학을 응용하면 어떤 인생관이 나오는지를 살펴봐야 한다. 다시 말하자면, 먼저 "과학적 인생관"이란 무엇인지를 설명한 후, 이런 인생관이 과연 성립 가능한지, 과학이 인생관 문제를 해결할 수 있는지, 혹은 량 선생이 말한 것처럼 과학이 유럽을 재난으로 몰아넣고 인류에게 해악을 끼쳤는지를 이야기해야 한다는 것이다. 이십오만 자에 달하는 방대한 논문을 살펴보면, 과학의 편에 서서 싸우는 사람들은—우쯔후이(吳稚暉) 선생을 제외하고—모두 똑같은 실수를 저지르고 있다는 것을 알 수 있다. 즉 과학적 인생관이 무엇인지에 대해 구체적으로 설명하기보다는 추상적으로만 과학이 인생관의 문제를 해결할 수 있다고 우기고 있는 느낌이다. 이런 실수의 원인은 대체로 두 가지이다. 첫째, 논쟁의 도화선이 된 장쥔마이의 글을 보면 량치차오는 과학자의 인생관에 대해서는 분명하게 비판한 반면, 과학이 인생관 문제를 해결하는 데 있어서 어떤 역할에 할 수 있는지에 대해서는 그저 무능하다는 한마디로만 모호하게 말했기 때문이다. 이로 인해 이후 논쟁의 논점은 "유능과 무능"으로 옮겨가게 되었다. 예를 들자면, 딩원지앙의 「현학과 과학(玄學與科學)」은 주로 "심리적 내용과 진정한 개념추론은 전부 과학의 재료가 될 수 있다"는 점만을 증명하려 애쓰고 있을 뿐 "과학적 인생관"이 무엇인지에 관해서는 별다른 설명이 없다. 이로 인해 논전에 참가한 수많은 학자들이 잘못된 길로 빠져들게 된 것이다.

장쥔마이는 「인생관과 과학을 다시 논함(再論人生觀與科學)」에서 "인생관은 과학을 초월해 있다", "과학은 인생을 절대로 지배할 수 없다"라고만 주장했으며, 량치차오는 「인생관과 과학」에서 "인생 문제에 있어서 이지와 관련된 것은 확실히 과학방법으로 해결할 수 있으나, 감성과 관련된 것은 확실히 초과학적이다"라고만 주장했을 뿐이다.

린자이핑(林宰平)은 「딩원지앙 선생의 현학과 과학을 읽고(讀丁在君先生的玄學與科學)」에서 한편으로는 "과학적 방법이 인생관에 유익하다"라고 주장하지만, 다른 한편으로는 과학이 "가장 독특한 존재"인 인류를 독점하거나 관리하는 것에 반대하고 있다.

딩원지앙은 「장쥔마이에 답함(答張君勱)」에서 "이런 (과학)방법은 지식의 어느 영역에 사용하더라도 상당한 성과를 낼 수 있다. 따라서 우리가 지식을 신뢰하는 것이 방법을 결여한 정감을 신뢰하는 것보다 훨씬 낫다. 지식으로 정감의 충동을 통제한다면 정감은 더욱 풍부하고 합당하게 발전할 것이다"라고 말하고 있다.

탕위에는 「심리현상과 인과법칙(心理現象與因果律)」에서 "일체의 심리현상에는 모두 원인이 있다"는 것에 대해서만 설명하고 있으며, 「어리석은 사람의 잠꼬대(一個癡人的說夢)」에서는 "정감에 관한 것은 지식이 관여할 수 있는 것으로 과학방법을 통해 해결하도록 노력해야 한다"고만 말하고 있다.

왕푸우(王撫五)는 「과학과 인생관(科學與人生觀)」에서 "과학은 '인과(因果)'와 '동일(同一)'이라는 두 원리를 기반으로 해서 세워진 것으로 인생문제는 그것이 생명관념이건 생활태도건 간에 모두 이 두 원리의 금강권(金剛圈)에서 벗어날 수 없다. 따라서 과학은 인생문제를 해결할 수 있다"라고 말하고 있다.

마지막으로 판셔우캉(範壽康)도 「과학과 현학 논쟁을 평함(評所謂科學與玄學之爭)」에서 그저 다음과 같이만 말하고 있을 뿐이다. "윤리규범—즉 인생관—의 일부는 선천적이고, 일부는 후천적이다. 선천적 형식은 주관적 직각에서 얻어지는 것으로 과학이 절대 간섭할 수 없다. 후천적 내용은 과학방법으로 탐구해서 정해지는 것으로 주관적으로 정할 수 있는 것이 아니다."

이상의 논의를 종합해 볼 때, 대다수가 과학이 인생문제 혹은 인생관 문제를 해결할 수 있는지 여부에 대해서만 얘기하고 있을 뿐이지 과학을 인생관에 적용시키면 어떤 인생관이 나오는지에 대해 명확하게 말하는 사람은 아무도 없다는 것을 알 수 있다. 이런 공통의 실수는 어디서 비롯된 것일까? 그것은 장쥔마이가 과학자의 인생관에 대해 분명하게 공격하지 않은 상태에서 과학이 인생관 문제를 해결할 수 없다는 공허하고 독단적인 주장만을 되풀이했기 때문이다. 만약 과학을 인생관에 적용시켰을 때 어떤 결과가 나올지에 대해 먼저 연구하지 않는다면 과학이 인생관을 해결할 능력이 있는지 여부를 어떻게 판단할 수 있겠는가?

이런 공통의 실수—"과학적 인생관이란 무엇인가"라는 문제를 회피하고 있는 것—를 범하고 있는 두 번째 이유는 다음과 같다. 즉 과학 옹호자들이 과학이 인생문제를 해결할 수 있다는 것에 대해 추상적으로는 인정하고 있지만, 구체적으로 "순물질적, 순기계적 인생관"이 곧 과학적 인생관이라고 분명하고 공개적으로 인정하는 것을 원하지 않고 있기 때문이다. 여기서 "원하지 않는다"는 말은 그들이 겁쟁이라서 감히 그렇게 하지 못한다는 의미가 아니다. 그들은 과학자의 인생관에 대해 우쯔후이 선생처럼 명확하고 굳건한 믿음을 갖고 있지 못하기 때문에 공개적으로 주장하지 못하는 것이다. 이것이 바로 이번 논쟁의 가장 큰 문제점이다. 만약 우쯔후이 선생이 "암흑천지(漆黑一團)"의 우주관과 "인욕횡류(人慾橫流)"의 인생관으로 후방 사령관의 역할을 자임하지 않았더라면 이번 논전은 그야말로 혼전에 빠져 서로 고함만 지르다 끝나버렸을 것이다.

따라서 이 점에 대해 천두슈 선생은 서문에서 작전의 선봉장 격인 딩원지앙 선생에게 불만을 토로한 것이다. 그는 말했다.

> "그(딩원지앙)는 자신의 견해를 자칭 존의적 유심론이라고 부르는데, 이것은 헉슬리와 스펜서의 잘못된 견해를 그대로 답습하고 있는 것이다. 우주에 불가지한 부분이 존재하고 그로 인해 의심할 여지가 있다는 것을 인정한다면, 이에 대해서는 과학자 대신 현학가가 설명해야 한다는

것이다. 이것은 장쥔마이의 말과 다르지 않다. 장쥔마이는 말했다. '의심의 여지가 있다는 것은 형이상학을 연구하는 현학의 가치가 더 이상 폄훼되어서는 안 된다는 것을 말한다'. 우리는 아직 발견되지 않은 물질이나 사실에 대해 의심을 품을 수 있다. 하지만 물질계를 초월해서 독립적으로 존재하며 물질을 지배하는 심(心은 物의 일종의 표현이다)이라든가, 신령, 혹은 신과 같은 것 등이 존재하지 않는다는 것은 더 이상 의심할 필요가 없다. 우리를 독단적이라 해도 좋고 전제적이라 해도 좋다. 만약 우리에게 그것이 존재한다는 증거를 보여줄 수 없다면 우리는 우리의 신념을 포기하지 않을 것이다."

존의주의가 갖고 있는 적극적인 정신에 대해서는 딩원지앙 자신이 이미 분명히 설명했다. (「장쥔마이에 답함(答張君勱)」 "증거를 대 봐라![拿證據來!]"라는 한 마디 말이 바로 적극적 정신의 분명한 표현이다. 그러나 헉슬리 등은 이 무기를 주로 소극적이고 방위적인 목적으로만 사용했다. 종교적 권위가 한 번도 무너진 적이 없었던 19세기 영국에서 아무리 굳건한 무신론자라도 "존의"라는 명패를 내걸 수밖에 없었다. 그러나 지금까지 종교 신앙의 문제에서 비교적 자유로웠던 중국에서라면 확실한 과학적 증거를 내세워 신의 존재와 영혼의 불멸을 부정하고 "무신론자"라 자처해도 조금도 이상할 것이 없다. 우리의 신념은 증거에 근거한 것이므로 독단적이지 않으며, 유신론의 근거가 충분해진 다음에 유신론으로 개종해도 늦지 않을 것이다. 따라서 우리는 현재 증거가 불충분한 유신론과 영혼불멸론, 천인감응론(天人感應論)…… 등을 믿을 수 없으며, 또한 자연주의 우주관이나 유물주의 인생관을 적극적으로 주장할 수도 없다. (…) 천두슈가 "과학자는 비켜나라! 현학가가 해결하도록 해야 한다"라고 주장한 것도 이런 이유에서였다. 그러나 우쯔후이 선생은 그렇지 않다. 이 노선생은 "현학귀(玄學鬼)"라는 오명을 뒤집어쓰는 한이 있더라도 "불가지의 영역"으로 뛰어들어 한판 싸움을 벌이려 한다. 그는 "불가지의 영역에 속해 있는 가설도 현학귀가 책임지고 논리적 색채를 띤 가설로 만들어야 한다."(「우주관과 인생관(宇宙觀及人生觀)」)고 생각한다. 이런 태도가 옳다. 과학을 숭배하는 사람들은 대담한 가설을 세워볼 필요가 있다. 사실의 기초 위에 가설이 세워지기만 한다면, 그리고 현재로서는 그것이 가장 만족할 만한 가설이지만 언제든지 새로운 증거에 의해 수정될 수 있다는 것을 인정한다면, 우리는 강태공(姜太公)이 행황기(杏黃旗)를 펼쳐 들고 십절진(十絶陣)에 뛰어들었던 것[4]처럼 과학적 태도로써 불가지의 영역 속으로 뛰어드는 것을 고려해볼 만할 것이다.

3.

이상에서 한 말은 이번 논전에 참가한 여러 전사들을 고의로 흠집 내기 위해서가 아니다. 이 글은 단지 하나의 "파제(破題)"일 뿐이지 아직까지 본격적으로 "논의를 시작"하지도 않았다. 이런 상황에서 "여흥"이나 "에필로그"는 더더욱 말할 단계가 아니다. 파제를 하는 것은 매우 중요하다. 딩원지앙 선생이 문제를 던지고 탕위에 선생 등이 화답했으며, 육개월에 걸쳐 이십오만여 자에 달하는 뛰어난 논쟁의 글들이 발표되었다. 이로 인해 문제의 중요성이 부각되었는데 이는 결코 사소한 일이 아니다.

그러나 지금이야말로 진정으로 "논의를 시작"해야 할 때이다. 우쯔후이 선생의 「신 신앙의 우주관과 인생관(一個新信仰的宇宙觀及人生觀)」은

4) 명대(明代)의 장편소설 봉신연의(封神演義)에서 강태공(姜太公)이 몸을 보호해주는 신물(神物)인 행황기(杏黃旗)를 가지고 열 명의 신선이 펼쳐놓은 십절진(十絶陣)을 깨러 들어가는 이야기를 말함.

이미 우리에게 좋은 모범이 되어주었다. 『과학과 인생관』의 "시작" 부분에 해당하는 이 글에서 우리는 무엇을 "과학적 인생관"이라 하는지를 적극적으로 설명하고, 우리의 "과학적 인생관"을 제시해야 한다. 그래야만 앞으로의 토론에 구체적인 쟁점이 생긴다. 그렇지 않고 단지 과학이 인생관을 해결할 수 있는지 없는지에 대해서만 토론한다면 우쯔후이 선생이 지적했던 것처럼 "논쟁이 백 년을 간다 해도 결론은 나지 않을 것이다." 구체적으로 과학적 인생관이 무엇인지에 대한 토론 없이 과학이 인생관 문제를 해결할 수 있다고만 말한다면 아무 의미가 없기 때문이다. "과학적 인생관"의 구체적인 내용들을 제시한 후에야 전선 상의 배치에 큰 변화가 일어날 것이다. 우리의 전우 주징농(朱經農) 선생은 과학의 "앞날이 무궁"하다는 걸 믿지만, 무신론이 과학적 인생관이라는 것은 인정하지 않는다. 또 다른 전우 린자이핑 선생은 과학이 인생관을 독점하는 것을 반대하지만, 짐작컨대 신(神)의 존재는 단호히 부인할 것이다. 구체적인 부분에 대해 토론하게 되어야 우리는 진정으로 논쟁을 시작했다 할 수 있을 것이다. 그런 다음에 반대하는 것이 진정한 반대일 것이고, 그때 찬성하는 것이 진정한 찬성이며, 그때 승리하는 것이 진정한 승리가 될 것이다.

다시 한 번 강조해 말하겠다. 과학을 옹호하는 사람들이여, 당신들이 비록 "과학적 인생관이 무엇인가"에 대한 토론을 회피하려 하지만 결국 그것은 피할 수 없는 물음이 될 것이다. 왜냐하면 저들은 일찌감치 과학적 인생관에 정식으로 선전포고를 했기 때문이다. 량치차오 선생은 "과학만능의 꿈"에서 이미 분명하게 "순물질적이고 순기계적 인생관"을 공격하고 있다. 그는 세계대전의 책임을 "과학자의 신 심리학"에 뒤집어 씌웠다. 장쥔마이 선생도 「인생관과 과학을 다시 논함」에서 어렴풋이나마 "기계론"을 비판하고 있다. 그는 예전에 "인생에 관한 해석과 심성수양은 당연히 유심파의 이론으로서 본보기를 삼아야 한다."고 말한 적이 있다. 과학자들은 도대체 모두 어디로 간 것인가? 지금이야말로 과학자들이 입장을 밝혀야 할 때다.

그러므로 우리는 우쯔후이 선생에게 진심으로 경의를 표해야 한다. 왜냐하면 노선생은 바로 이 시점에서 그의 신앙적 우주관과 인생관을 대담하게 주장하고, 정중하게 그의 "암흑천지"의 우주관과 "인욕이 횡류"하는 인생관을 선포했기 때문이다. 그는 그의 대문장에서 분명하게 선언했다.

> "사람들을 두려움에 떨게 했던 찬란한 이름, 즉 상제(上帝)나 신과 같은 명사는 이제 없애 버리는 것이 나을 것이다."

또 그는 매우 단호하게 "상제라는 명칭을 제거하고, 정신성의 영혼을 내쫓았"으며, 대담하게 다음과 같이 선언했다.

> "동식물은 원래 감각이 없고, 원질과 힘의 복사(輻射) 반응만이 있을 뿐이다. 사람을 예로 들면, 원질은 신경계로 구성되어 있으며 반응으로서 힘이 발생하는 것이다. 정감이나 사상, 의지와 같은 것들은 여러 반응들에 억지로 붙인 이름일 뿐이다. 그것을 좀 더 고상하게 부르면 심리고 신비하게 부르면 영혼이며 직접적으로 말하면 감각이다. 사실 이 모든 것들은 질력(質力, 물질과 에너지)이 서로 상응하는 것에 다름 아니다."

그는 「인생관(人生觀)」에서 매우 "공손하면서도 장난스럽게" 다음과 같이 말했다.

"사람이란 외적으로는 두 다리와 두 팔이 있으며, 안으로는 세 근 두 량의 뇌수와 오천사십여덟 가닥의 뇌신경을 포함해 비교적 많은 신경계를 가진 동물이라 할 수 있다."

"삶[生]이란 연극[演]이라고 말할 수 있다."

"사람이란 손과 뇌를 쓰는 동물로, '우주라는 대극장'의 제억해 팔경 육조 오만 칠천 막의 무대에 올라 연기하고 있는 존재이다."

노선생은 오 년간의 사고와 논의의 결과로 우리에게 이와 같은 "신 신앙의 우주관과 인생관"을 내어놓았다. 그는 매우 겸손하게 "과학적"이라는 존칭을 사양했으며, 이를 단지 "땔나무 위, 석양 아래에서의 노인"의 신(新) 신앙이라고 불러주길 바랬다. 이런 신 신앙은 바로 장쥔마이 선생이 말한 "기계론"이며, 량치차오 선생이 말한 "순물질적이고 순기계적인 인생"이다. 그는 단칼에 신의 존재를 정리해버리고 영혼이란 개념을 없애버렸으며, "사람이 만물 가운데 가장 영특한 존재"라는 오묘한 비밀의 허점을 간파해 냈다. 이것이야말로 진정한 도전이다. 우리는 신의 존재를 믿는 사람들이 신을 대신해서 우 선생과 논쟁하는 것을 봐야 한다. 영혼을 숭배하는 사람들이 영혼을 대신해서 우 선생과 논쟁하는 것을 봐야 한다. 인생의 신비를 믿는 사람들이 "두 팔 달린 동물이 연극"하는 인생관과 싸우는 것을 봐야 한다. 사랑이 신비로운 비밀인 양 여기는 사람들이 "모든 것은 생리작용이며, 조금의 신비도 없는" 애정관과 싸우는 것을 봐야 한다. 이런 토론이야말로 주제에 부합하는 구체적인 토론이며, 논쟁의 진정한 시작이다. 과학이 인생의 문제를 해결할 수 있는지 여부가 논쟁의 결과가 아니라, 신의 존재와 귀신의 존재, 영혼의 존재 등 인생의 절실한 문제들에 대답을 하는 것이어야 한다.

구체적이고 절실한 인생의 문제에 관한 토론이 이루어져야 우리가 기대하는 효과를 얻을 수 있으며, 비로소 사상의 혁신을 이루어낼 수 있을 것이다.

과학을 반대하는 사람들이여! 앞으로는 부디 우쯔후이의 "신 신앙적 우주관과 인생관"과 전투를 해주길 바란다.

과학을 옹호하는 사람들이여! 앞으로는 부디 전투에 임하기 전에 먼저 우쯔후이의 "신 신앙적 우주관과 인생관"을 연구하길 바란다. 그의 견해에 완전히 동의하는 사람들은 헉슬리가 다윈을 변호했던 것처럼 그를 변호할 준비를 하고, 완전히 동의할 수 없는 사람들은 다윈 후세의 생물학자들이 그랬듯이 수정안을 제시하길 바란다.

지금부터는 과학과 인생관 논쟁의 전선에서 후발대장인 우쯔후이 선생이 선봉을 맡을 것이다!

4.

이쯤에서 우리는 다시 장쥔마이와 딩원지앙의 첫 번째 "대결"로 돌아가 보자. 장쥔마이는 이렇게 말했다.

> "천하고금을 통해 볼 때, 인생관처럼 통일되기 어려운 것은 없다."

딩원지앙은 이렇게 말했다.

> "인생관이 현재 통일되지 않았다는 것과 영원히 통일될 수 없다는 것은 완전히 다른 문제다. 만약 인생관이 영원히 통일될 수 없다는 것에 대해 실제적 근거를 들어 증명하지 못한다면, 우리에게는 여전히 그것을 통

일시킬 의무가 있다."

"현학가는 선입관 때문에 과학방법이 인생관에 응용될 수 없다고 말하는데, 세상의 모든 현학가들이 죽어 없어지지 않는 한, 단 하루도 인생관이 통일될 수는 없을 것이다."

"통일"이라는 말은 후에 많은 사람들의 논쟁을 불러일으켰다. 예를 들어 린자이핑 선생은 딩원지앙을 비판하며 말하기를 그가 "과학으로써 모든 것을 통일시키려 한다"고 했으며, 또 "과학이라는 무기로써 우주를 독점하려 한다"고 했다. 이런 비판은 조금 과장된 면이 없지 않다. 딩원지앙이 사용한 "통일"이라는 단어는 장쥔마이의 글에서 따온 것으로 두 사람이 사용하는 말의 의미는 대체로 대동소이하다. 내 개인적인 생각으로는 인류의 인생관은 최소한도 내에서는 일치될 가능성이 높다. 여기에 대해서 탕위에 선생이 아주 잘 말했다.

"인생관이란 세계 만물과 인류에 대한 한 사람의 태도를 말한다. 이런 태도는 한 사람의 신경 구조, 경험, 지식 등이 변함에 따라 함께 변한다. 신경 구조 등은 인생관의 원인이다. 예를 들어보자.
무인론자(無因論者)들은 쇼펜하우어(Schopenhauer)와 하르트만(Hartmann)의 인생관이 직각적이라고 하지만 실제로 본인들은 그렇게 생각하지 않는다. 그들은 인생관이 경험과 체득에서 나온다고 말한다. 쇼펜하우어는 수많은 경험들을 예로 들어 그것을 증명했다. 또 하르트만은 자신의 철학이 귀납법으로부터 얻어진 것이라고 말했다. 인생관은 지식에 따라 변한다. 예를 들어 코페르니쿠스의 태양 중심설과 다윈의 인류 원숭이 기원설[人猿同祖說]이 제기된 이후 인류의 인생관은 엄청난 변화를 겪었다. 이것은 의심할 여지없는 역사적 사실이다. 만약 인생관이 직각적이고 원인이 없다고 한다면 어떻게 자연계에 관한 지식이 변화함에 따라 달라지겠는가?"

우리는 인생관이 지식과 경험에 따라 변한다고 굳게 믿고 있기 때문에 선전과 교육을 통해 인류의 인생관을 최소한도 내에서는 일치시킬 수 있다고 믿는다.

가장 중요한 문제는 무엇을 가지고 인생관의 "최소한도의 일치"를 이끌어낼 것인가라는 점이다.

나의 대답은 이렇다. 오늘날 과학자들이 갖고 있는 공정하고 객관적이며 모두가 인정하는 "과학적 인생관"을 통해 인류 인생관의 최소한도의 일치를 이룰 수 있다.

종교는 유신론과 영혼 불멸론으로 이미 유럽사회(어찌 유럽만이겠는가?)의 인생관을 천여 년간 통일시켜왔다. 만약 우리가 신봉하는 "과학적 인생관"도 장래에 교육과 선전에 힘입어 "유신론"과 "영혼 불멸론"이 중세기 유럽을 풍미했던 것처럼 될 수 있다면 이것이 바로 내가 말하는 인생관의 "대동소이(大同小異)한 일치"인 셈이다.

만약 인류의 인생관이 대동소이하게 일치되기를 바란다면 우리는 마땅히 새로운 인생관을 위해 장기적인 투쟁을 준비해야 한다. 여기서 말하는 "투쟁"이란 린자이핑 선생이 말한 "모하메드 식의" 무력 투쟁이 아닌, 광명정대한 태도와 성실한 발언으로 우리의 "신 신앙"을 선전하는 것이다. 쉬지 않고 선전해 나간다면 지금은 비록 소수에 불과하겠지만 장래에는 더 많은 사람들이 그것을 믿게 될 것이다. 이것은 하나의 "작전"이다. 왜냐하면 신 신앙은 어쨌든 구 신앙과의 충돌을 피할 수 없기 때문이다. 그러나 우리는 작전을 수행하는 사람들이 상대방의 인격을 존중해주기 바란다. 우리와 신앙이 다른 사람들이라 해서 반드시 어리석거나 나쁜 사람들이 아니라는 것을 인정하고 "관용(Toleration)"의 태도를 유지하면서 작전을 수행해야 한다. 마찬가지로 우리의 신 신앙을 반대하는 사람들도 "관용"의 태도로서 우리를 대해주기 바란다. 분명히 말할 것은 우리의 적은 상대방이 아니라는 것이다. 우리의 진정한 적은 "선입관"이며 "생각 없음[不思想]"이다. 우리가 구사상 및 구 신앙과 싸우는 것은, 사실은 구사상과 구 신앙의 세력 아래 있는 동지들이 분연히 일어나 "선입관" 및 "생각 없음"과 투쟁하라고 정중하게 요구하는 것이다. 기꺼이 사상의 힘을 빌려 자신의 선입관을 고찰할 줄 아는 사람은 모두 우리의 동맹이다!

5.

결론적으로 말하자면, 이후의 작전 계획은 우리의 신 신앙을 선전함과 동시에 신 신앙의 신 인생관을 선전하는 것이다. (내가 말하는 "인생관"은 탕위에 선생의 정의에 따른 것이며 아울러 우쯔후이 선생의 "우주관"을 포함하는 것이다.) 신 인생관의 의미는 우쯔후이 선생이 이미 선포했다. 여기서 그 대의를 총괄, 확충하고 보충해서 신 인생관의 윤곽을 다시 한 번 정리해 보도록 하겠다.

(1) 천문학과 물리학 지식에 근거해 공간의 무궁함을 알게 한다.

(2) 지질학 및 고생물학 지식에 근거해 시간의 무궁함을 알게 한다.

(3) 일체의 과학에 근거해 우주와 그 속의 만물의 운동 변화가 자연적이며,—스스로 그러한,—자연의 주재나 조물주가 필요 없다는 것을 알게 한다.

(4) 생물학 지식에 근거해 생물계의 생존경쟁이 낭비이며 잔혹하다는

것을 알게 한다. 이로 인해 "잘 먹고 잘 살게 하는 운명"의 주재자가 있다는 가설은 성립할 수 없다는 것을 깨닫도록 한다.

(5) 생물학 및 생리학, 심리학 지식에 근거해 사람도 동물의 일종이며, 다른 동물과 비교해 정도상의 차이만이 있을 뿐 종류상의 차이는 없다는 것을 알게 한다.

(6) 생물학과 인류학, 인종학, 사회학 지식에 근거해 생물과 인류사회 변화의 역사와 그 원인을 알게 한다.

(7) 생물학과 심리학에 근거해 모든 심리현상에는 모두 원인이 있다는 것을 알게 한다.

(8) 생물학 및 사회학 지식에 근거해 도덕 예교(禮教)는 변화하는 것이며 변화의 원인은 모두 과학방법으로 밝혀낼 수 있다는 것을 알게 한다.

(9) 새로운 물리 화학 지식에 근거해 물질은 죽은 것이 아니라 살아 있는 것이며, 정지되어 있는 것이 아니라 운동하는 것임을 알게 한다.

(10) 생물학 및 사회학 지식에 근거해 개인, 즉 "소아(小我)"는 죽어 없어지지만 인류, 즉 "대아(大我)"는 죽어 없어지지 않는다는 것을 알게 한다. 또한 "전 인류와 세상을 위한 생활"이 최고의 종교이며, 개인을 대신해 사후의 "천당"이나 "정토(淨土)"를 기원하는 종교는 이기적인 종교라는 것을 알게 한다.

이런 신 인생관은 이삼백 년 동안 형성된 과학 상식의 대 가설 위에 세워진 것으로, 우리는 여기에 "과학적 인생관"이라는 존칭을 붙일 수도 있다. 그러나 불필요한 논쟁이 생기는 것을 방지하기 위해 나는 그것을 "자연주의적 인생관"으로 부를 것을 제안한다.

자연주의적 우주 속에서, 무한하게 큰 공간 속에서, 무궁하고 끝이 없는 긴 시간 속에서, 평균 5척(尺) 6촌(寸)밖에 안 되는 몸을 가지고 백 년도 못 사는 두 팔 달린 동물인 인간은 실로 지극히 작은 미생물에 불과하다. 자연주의적 우주 속에서 하늘의 움직임에는 일정한 도리가 있고, 사물의 변화도 자연법칙을 따른다. 인과의 대법칙이 인간의 모든 생활을 지배하며, 생존경쟁의 참담함이 인간의 모든 행위를 채찍질한다. 실로 두 팔 달린 동물의 자유란 너무나도 유한하다. 그러나 이런 자연주의적 우주 속에서도 두 팔 달린 왜소한 동물은 상당한 지위와 상당한 가치를 지니고 있다. 그는 자신의 양 팔과 대뇌를 이용하여 수많은 도구들을 만들어냈으며, 수많은 방법을 고안해내고, 문화라는 것을 만들어냈다. 또한 수많은 짐승들을 길들였을 뿐만 아니라, 우주상의 자연법칙을 탐구함으로써 이 법칙을 이용해 하늘의 변화를 운용할 수 있게 되었다. 지금은 전기를 이용해 차를 움직일 수도 있고, 에테르를 이용해 편지를 보낼 수도 있다. 지혜가 발달함에 따라 능력이 증가하고 인간의 기상이 높아지고 상상력이 제고되었다. 일찍이 인간은 동물을 숭배하기도 했고, 귀신을 두려워하기도 했으나, 지금은 이런 유치한 시기를 벗어나고 있으며, 더 분명하게 깨달아가고 있다. 끝없이 펼쳐진 공간은 우주에 대한 미(美)적 느낌을 증대시켜주었고, 무궁한 시간은 선조들의 지난(至難)한 창조활동을 알게 해주었으며, 일정한 하늘의 운행은 자연계를 제어할 수 있는 능력을 증대시켜주었다. 모든 것이 인과법칙의 지배하에 있다 해서 인간의 자유가 억압되는 것은 아니다. 왜냐하면 인과법칙은 인간이 원인에서 결과를 도출하고 결과에서 원인을 추론해냄으로써 과거를 해석하고 미래를 예측할 수 있게 해주기 때문이다. 또한 지혜를 활용하여 새로운 원인을 창조함으로써 새로운 결과를 만들어내도록 해준다. 생존경쟁의 관념도 인간을 그렇게 냉혹하고 무정한 짐승으로 만드는 것은 아니다. 타인에 대한 동정심을 갖고, 호조(互助)의 중요성을 깊이 믿으며, 인위적 노력을 중시하게 만듦으로써 자연경쟁의 참혹함과 낭비를 피하게 할 수도 있다. 결론적으로 말하자면, 자연주의적 인생관은 아름답지 않았던 적이 없으며, 시(詩)적 의미가 없었던 적이 없으며, 도덕적 책임이 없었던 적이 없으며, "창조적 지혜"를 충분히 활용할 기회가 없었던 적이 없었다.

이런 경솔한 서술은 과학을 믿는 독자들을 불만에 차게 만들고, 과학을 믿지 않는 독자들은 수긍하도록 할지도 모른다. 신인생관에 관한 만족할 만한 서술과 전개는 바로 이 책과 이 서문이 진심으로 기대하는 것이다.

1923. 11. 29. 상하이에서

천두슈 선생에 답함

후스

천두슈 선생은 그가 쓴 서문의 결론에서 이렇게 말했다.

> "객관적 물질원인은 사회를 변화시킬 수 있고, 역사를 해석할 수 있고, 인생관을 지배할 수 있다. 이것이 바로 '유물론적 역사관'이다. 이제 딩원지앙 선생과 후스 선생에게 묻겠다. '유물론적 역사관'을 믿는 것이 완전한 진리인가? 아니면 장쥔마이 선생 등이 주장한 것처럼 유물론 이외에 과학을 초월한 유심론이 존재한다는 것을 믿어야 할 것인가?"

딩 선생이 어떻게 대답할지 나는 잘 모르겠다. 우선 내 개인적 의견을 말하겠다. 1) 천두슈가 말하는 것은 일종의 "역사관"이고, 우리가 토론하는 것은 "인생관"이다. 인생관은 우주 만물과 인류에 관한 어떤 사람의 견해이고, 역사관은 "역사를 해석"하는 일종의 견해, 즉 역사에 대한 어떤 사람의 견해이다. 역사관은 인생관의 일부분일 뿐이다. 2) 유물론적 인생관은 물질개념으로 우주 만물과 심리현상을 해석하는 것이며, 유물론적 역사관은 "객관적 물질원인"으로 역사를 설명하는 것이다. (좁은 의미에서의 유물사관은 경제적 원인으로 역사를 설명한다.)

이상에서 말한 두 가지 측면에 대해 설명하고 나서 천두슈의 물음에 대답하겠다. 우리가 유물사관을 믿고 안 믿고는 순전히 "객관적 물질 원인"이라는 개념을 어떻게 해석하느냐에 달려 있다. 이 점에 대해서는 천두슈 자신도 분명하게 설명한 적이 없다. 천두슈는 서문에서 이렇게 말했었다. "심은 물의 일종의 표현이다." 그렇다면, "객관적 물질 원인"은 모든 "심적"원인, 즉 지식, 사상, 언론, 교육 등을 포함하는 것이어야 한다. 이렇게 해석한다면, 천두슈의 역사관은 "오로지 객관적 원인(경제조직, 지식, 사상 등이 포함된다)만이 사회를 변화시킬 수 있고, 역사를 해석할 수 있으며, 인생관을 지배할 수 있게 된다." 이것은 아무것도 숨길 수 없는 대머리와 같은 역사관이며, 여기에 화려한 모자를 쓸 필요도 없다. 이런 역사관은 나와 딩원지앙이 모두 찬성하는 것이다.

그러나 천두슈는 줄곧 철저하지 못한 유물론자였다. 그는 한편으로는 "심은 물의 일종의 표현이다"라고 하면서 다른 한편으로는 "물질적"이라는 말을 "경제적"이라는 말로 해석했다. 그는 딩원지앙을 비판하며 세계대전의 책임을 비과학적인 정치가와 교육자에게 돌려서는 안 된다고 주장했다. 그는 말했다.

> "세계대전은 분명히 영국과 독일 두 공업대국의 경제제도가 세계시장에서 서로 싸울 수밖에 없는 지경에 이르렀기에 초래된 전쟁이다. 전쟁의 결과로 체결된 평화조약만 봐도 알 수 있다. 이렇게 큰 변화를 현학가나 교육가, 정치가가 어떻게 만들어낼 수 있단 말인가?"

세계대전 발발의 원인은 경제적인 것에 있다는 사실은 세계정세를 조금만 아는 사람이라면 모두 인정하는 것이다. 딩원지앙은 두 편의 장문의 글에서 에인절(Norman Angell, 1874~1967)의 『거대한 환상(The Great

Illusion)』[5]을 한없이 치켜세웠으면서 세계대전과 경제와의 관계는 어째서 인정하지 않는다는 말인가? 우리처럼 역사학을 하는 사람들은 역사적 사실의 원인이 여러 방면에 걸쳐 있다는 것을 알기 때문에 "경제사관"을 역사학의 중요 수단으로 삼는 것을 매우 환영하지만, 동시에 사상과 지식 등도 "객관적 원인"이며 "사회를 변화시키고, 역사를 해석하고, 인생관을 지배"할 수 있다고 인정한다.

그러므로 개인적으로는 단지 이렇게 말할 수밖에 없다. 즉 "유물(경제)사관은 대부분의 문제를 해결할 수 있을 뿐이다." 천두슈는 나에게 "백척간두에서 한 발짝 더 나갔다"고 했는데, 아쉽게도 나는 그 한 발짝을 나갈 수 없다.

사실 천두슈도 "경제사관은 대부분의 문제만을 해결할 수 있다"는 것을 인정한다. 그가 만약 사상과 지식, 언론과 교육이 "사회를 변화시키고, 역사를 해석하고, 인생관을 지배"할 수 있다는 것을 믿지 못한다면, 수수방관하며 경제조직이 바뀌기만을 기다리면 될 텐데 어째서 고생스럽게 선전사업에 힘쓰며 사상의 혁신을 도모하고 있는가? 만약 천두슈가 그들이 선전하는 사업이 군벌을 무너뜨릴 수 있고, 평민혁명을 일으킬 수 있고, 국제 자본주의를 혁파할 수 있다는 것을 믿는다면 그것은 결국 그가 딩원지앙과 후스의 동지이며, 사상과 지식, 언론과 교육 등이 사회를 변화시킬 수 있고 역사를 해석할 수 있으며, 인생관을 지배할 수 있다는 것을 믿고 있는 것이다.

1923. 11. 29. 상하이에서

---

5) 1933년 제33회 노벨평화상 수상영국의 경제학자인 노먼 에인절의 대표작. 책에서 에인절은 정복과 전쟁이 한 나라에 커다란 경제적 이익과 생활공간을 가져다주고 시장과 교역, 원료를 확보시켜준다는 주장이 완전히 기만이라고 역설했다.

후스에게 답함

천두슈

나는 후스 선생이 서문에서 그야말로 확실하게 자신의 관점을 제시했다고 찬미하지 않을 수 없다. 그러나 내가 동의할 수 없는 점이 두 가지 있다.

1) 이번 논쟁의 초점은 두 가지다. 하나는 "과학적 인생관이 잘못된 것인가?"라는 것과 다른 하나는 "과학이 일체의 인생을 지배할 수 있는가?"라는 것이다. 두 번째 문제에 관한 토론이 첫 번째 문제에 관한 토론보다 많았던 것을 두고 후스는 모두의 잘못이라고 말했는데, 내가 보기에 그것은 후스 개인의 잘못이다. 왜 그런가? 량치차오와 장쥔마이 등은 사실 애초부터 편협한 유물론, 즉 과학적 인생관을 접해보지 않은 것이 아니다. 다만 그들은 사회과학의 문을 두드려본 적이 없고, 세상 경험을 한 지가 조금은 오래되어 아는 것이라곤 과학적 원리와는 너무 동떨어진 드물고 기괴한 인생관뿐이니 그들의 주요한 생각이 "인생관은 과학을 초월해 있다"거나 "과학은 인생을 절대로 지배할 수 없다"는 것일 수밖에 없다. 과학에 대한 그들의 신앙이 무너졌으니 그다음으로 생각하게 되는 것은 과학적 인생관 자체가 잘못되었는가의 문제다. 량치차오는 조금 더 현명했다. 그는 과학의 죄과가 씻을 수 없을 만큼 중대해 인류에게 그 화가 미쳤다고 통렬히 비판했지만, 동시에 그는 또 이렇게 말했다. "나는 과학이 파산했다고 인정하는 것은 결코 아니다. 다만 과학이 만능이라는 것을 인정하지 않을 뿐이다." 그러므로 우리가 지금 논쟁해야 할 것은 과학이 만능인지 아닌지의 문제이며, 이 문제가 해결되면 과학이 파산했는지는 문제가 되지 않는다. 후스의 견해에 따르면 우리는 과학

적 인생관이 무엇인지만 구체적으로 설명하면 되지 과학이 인생관 문제를 해결할 수 있는지에 대해서는 따질 필요가 없다는 것이다. 이렇게 전선을 축소하는 것은 문제만 던져놓고 해결하지 않는 태도이며, 결과적으로 적을 놓아주는 것이거나 군대를 퇴각시키는 것과 같다. 과학적 인생관이 어떠한지 아무리 구체적으로 설명을 한다 해도, 장쥔마이와 량치차오는 이렇게 대답할 것이다. 후스 선생! 우리는 당신의 과학적 인생관이 매우 수준 있다는 것에 대해 찬탄을 금할 수 없소. 우리는 원래 과학이 파산했다고 인정하려고 했던 것은 아니었소. 그러나 인류사회에는 당신이 말한 수준 높은 인생관 외에도 여러 가지 인생관이 존재하오. 예를 들면 선생이 말한 출세하고 돈 잘 버는 인생관, 하루하루 밥 벌어 먹고 사는 인생관, 신을 믿고 점을 치는 인생관, 『안사전서』의 인생관, 『태상감응편』의 인생관 등등. 이 밖에도 삼일 밤낮을 말해도 끝나지 않을 인생관들이 또 존재하오. 이것들은 모두 초과학적이며 과학이 지배할 수 없는 것으로, 그들의 영역은 매우 광대하오. 그러니 과학만능이란 것이 어디 가능하겠소? 후스는 주관적인 설명만을 중시했을 뿐, 사회 일반의 객관적인 설명은 소홀히 했다. 또 과학적 인생관 자체의 완전함만을 설명했을 뿐, 모든 인생관에 대해 가지고 있는 과학의 권위에 대해서는 설명하지 않았다. 그 결과 과학만능을 증명할 수 없었을 뿐만 아니라 현학의 유령들이 사방에서 활개치고 돌아다닐 수 있는 여지를 남겼다. 나는 주관적 측면에서 과학적 인생관의 신앙을 확립해야 한다고 생각하지만, 더 필요한 것은 객관적 측면에서 모든 초과학적인 인생관에 대해 과학적 해석을 하는 것이라고 생각한다. 과학의 권위가 만능이라는 것을 증명해야지만 비로소 현학귀가 어디에도 발붙이지 못할 것이다.

2) 사회는 사람이 조직한 것이고, 역사는 사회현상의 기록이다. "유물

적 역사관"은 우리의 근본 사상이다. 역사관이라 했지만 사실은 역사에 한정해서 말하는 것이 아니라 인생관 및 사회관에도 응용될 수 있다. 후스는 말했다. "천두슈가 말한 것은 일종의 역사관(나는 분명하게 말했었다. "객관적 물질원인은 사회를 변화시킬 수 있고, 역사를 해석할 수 있고, 인생관을 지배할 수 있다"고. 언제 역사만을 꼭 집어서 말했던가?)이고 우리가 토론하는 것은 인생관이다." 나는 유물사관의 이론으로 인생관을 논의하려는 것인데, 후스는 그 둘을 억지로 나누려고 한다. 만약에 후스가 실험주의 이론으로 인생관을 논의하려는데 어떤 사람이 "우리가 토론하는 것은 인생관이고, 후스가 말하는 것은 일종의 실험주의 철학이다"라고 말한다면 이 말에 수긍할 수 있겠는가? 어쩌면 후스가 유물사관을 철학의 일종으로 인정하지 않는다는 것일 수도 있는데, 설마 후스가 그 정도밖에 안 되겠는가? 이런 오해가 발생한 것은 아마도 후스가 유물사관의 이론에 대해 명확하게 이해하지 못하고 있기 때문일 수도 있다. 그러므로 여기서 잠시 보충 설명을 하겠다. 첫째, 유물사관에서 말하는 객관적 물질원인은 인류사회에서 보자면 자연히 경제(즉 생산방법)를 그 뼈대로 하는 것이다. 둘째, 유물사관에서 말하는 객관적 물질원인은 물질의 근본 원인을 가리키는 것으로 물질로부터 발생한 심리현상은 당연히 포함되지 않는다. 세상의 어떤 철저한 유물론자라 하더라도 심리현상이 정신현상이라는 사실을 인정하지 않는 사람은 없다.(후스가 생각하는 철저한 유물론이 어떤 것인지는 나는 잘 모르겠다.) 유물사관적 철학자가 사상과 문화, 종교와 도덕, 종교 등 심리현상의 존재를 중시하지 않는 것은 아니다. 오로지 이 모든 것이 경제적 토대 위에 세워진 건축물이지 그 토대 자체는 아니라는 것이다. 왜냐하면 유물사관적 철학자는 〈표1〉과 같은 일원론을 주장하지 〈표2〉와 같은 다원론을 주장하지 않기 때문이다.

경제 ─┬ 제도
종교
사상
정치
도덕
문화
교육

〈표1〉

경제	종교	사상	정치	도덕
문화	교육			

〈표2〉

이것이 바로 나와 후스 간의 논쟁의 초점이다. 우리는 어째서 다원론을 인정하지 않는가? 다른 것은 차치하고 후스 선생이 예로 든 사상과 교육을 예로 들어보자. 공자(孔子)와 노자(老子) 같은 중국 고대 사상가들의 사상적 근원은 소농사회(小農社會)에서 비롯되었다고 할 수 있다. 공자는 종법 봉건사회의 결정체이며, 그들의 사상은 사회 경제 제도의 반영이다. 이것은 아리스토텔레스가 농노제를 옹호했던 것과 비교해 별반 새로울 것이 없다. 그들의 사상은 중국의 주(周)나라 말엽에 농산품과 수공업품의 교역이 발전하는 데 기여했다.(『사기(史記) · 화식전(貨殖傳)』의 기록 및 한(漢)나라 때의 갖가지 상인 규제 법령을 보면 쉽게 알 수 있다.) 당시의 사회는 이미 부락생활과 단순한 농업경제를 지나 통일된 국가를 필요로 하고 있었다. 그러므로 당시 겉으로는 유가(儒家)와 도가(道家)의 간판을 내걸었어도 실제로 판매한 것은 법가(法家)의 약재(藥材)였으며, 진시황(秦始皇)부터 선통제(宣統帝) 때까지 모두 신한(申韓)의 세상이 되었다. 사상의 가치라는 것은 이러하다.

다음은 교육에 대해 말해보자. 우리가 무슨 수로 봉건주의 사회의 경제체제하에서 자본주의 사회의 교육제도를 실현시킬 수 있을 것인가? 또한 우리가 무슨 수로 자본주의 사회의 제도하에서 사람들마다 교육의 기회를 고루 갖게 할 수 있겠는가? 자본주의 사회 제도 아래에서의 상황은 잠시 접어두고 사회주의를 지향하는 러시아를 보자. 러시아는 교육을 매우 중시한다. 레닌은 교육에 대해 여러 차례 심각한 어조로 다음과 같이 말했다. "교육이 보급되지 않은 나라에서 공산사회를 건설하는 것은 불가능한 일이다." "교육이 거의 보급되어 있지 않은 러시아를 단기간 내에 인민들이 깨어 있는 나라로 만든다는 것은 불가능한 일이다." 그러나 레닌이 교육에 아무리 많은 열정을 갖고 있다 하더라도 물질적 한계로 인해 현재 교육의 보급에 대해 말하는 것은 공염불일 뿐이다. 유럽과 미국 같은 자본주의 사회에서 교육이 발달한 것은 순전히 공업 발전의 결과이다. 공업가들은 학술적으로 정교한 기술자를 원할 뿐 아니라 숙련된 노동자를 원한다. 자본가 계급은 돈을 벌기 위해 교육을 더욱 진흥시킬 수밖에 없다. 가족 단위의 농업 사회, 가내 수공업 사회에서는 이런 것이 필요하지 않다. 중국인 가운데 어떤 사람은 한편으로는 공업에 거의 주의를 기울이지 않으면서 다른 한편으로는 맹목적으로 교육을 부르짖는다. 이것은 그야말로 잠꼬대에 불과하다. 교육의 지위는 원래 이와 같다. 후스는 말했다. "만약에 천두슈가 그들의 선전사업이 군벌을 무너뜨릴 수 있다고 정말로 믿는다면……." 나는 후스에게 분명하게 말한다. 만약 우리가 정말 우리의 선전사업 자체가 군벌을 무너뜨릴 수 있고, 평민혁명을 일으킬 수 있고, 국제 자본주의를 깨버릴 수 있다는 망상을 갖고 있다면, 우리가 유물사관을 말하는 게 어울리기나 하겠는가? 사람들은 이렇게 말한다. 백화문(白話文) 운동은 후스와 천두슈 등 몇몇 사람들이 일으킨 것이다. 사실 이것은 우리가 생각지 못했던 영예이다. 근래에 중국은 산업이 발달하고 인구가 집중되었는데, 백화문 운동은 순전히 이런 수요에 따라 생겨난 것이다. 후스 등이 만약 삼십 년 전에 백화문 운동을 제창했다면 장싱옌(章行嚴, 즉 章士钊, 1881~1973)의 비판글 한 편만으로도 흔적도 없이 사라지고 말았을 것이다. 그러나 지금은 장싱옌의 그 빛나는 주장을 누가 거들떠보기라도 하는가? 후스는 또 이렇게 말했다. "그(천두슈)가 만약 사상과 지식, 언론과 교육이 사회를 변화시키고 역사를 해석하고 인생관을 지배할 수 있다는 것을 믿지 못한다면, 수수방관하며 경제조직이 바뀌기만을 기다리면 될 텐데 어째서 고생스럽게 선전사업에 애쓰며 사상의 혁신을 도모하는가?" 나의 대답은 이렇다. 사회의 물질적 조건이 허락하는 범위 내에서는 유물사관론자도 인간의 노력과 천재의 활동을 부인하지 않는다. 우리는 철로를 달나라까지 놓는 것과 같은 망상을 하지는 않지만, 신장(新疆)까지 놓는 상상은 할 수 있다. 진시황과 한 무제(漢武帝)가 불로장생(不老長生)했다는 망상은 하지 않지만, 위생적인 생활로 그에 상응하는 수명과 건강한 신체를 갖게 되는 것은 상상할 수 있다. 사람의 노력과 천재의 활동은 사회가 진보하는 데 필요한 것이지만, 사회의 물질적 조건이 허락하는 범위 내에서만 효력이 있다. 사상과 지식, 언론과 교육은 모두 사회가 진보하는 데 있어 중요한 수단이다. 그러나 그것들이 사회를 변화시키고 역사를 해석하고 인생관을 지배함으로써 경제적 요인과 동등한 지위를 갖는다고 말할 수는 없다. 나는 지식과 사상, 언론과 교육을 말살하려는 것이 아니다. 다만 그것들을 후스의 말처럼 경제의 형제로 보는 것이 아니라 경제의 자식으로 보는 것일 뿐이다. 나는 심의 현상을 부인하지 않는다. 다만 그것이 사물이 드러나는 일종의 방식이라고 인정할 뿐이지, 그 드러남이 사물과 같은 작용을 갖는다고 생각하지 않는다. 후스는 소위 말해 대머리

역사관을 찬성했는데, 이것은 경제조직 외에 "'심적' 원인들, 즉 지식과 사상과 언론과 교육 등을 모두 포함해야 하는 것처럼 보인다." '심적' 원인이라는 말이 어떻게 후스의 입에서 나올 수 있단 말인가! 물질 일원론을 버리면 과학 파산의 길로 들어서는 것인데, 과학을 그렇게나 숭배하는 후스가 어찌 심과 물을 평등하게 간주할 수 있단 말인가! 만약 후스가 물적 원인 외에 심적 원인—즉 지식, 사상, 언론, 교육 등이 사회를 변화시키고 역사를 해석할 수 있으며 인생관을 지배할 수 있다는 생각을 견지한다면 이것은 분명히 심물이원론(心物二元論)을 주장하는 것이다. 그렇게 되면 장쥔마이가 어깨에 힘을 주며 와서 후스에게 두 손 모아 감사를 표시할 것이다.

1923. 12. 9.

03 인생관

人生觀

장쥔마이

張君勱

여러분들이 평소에 배우는 것들은 전부 다 과학이다. 과학에는 일정한 원리와 법칙이 있으며, 원리와 법칙은 모두 증거를 가지고 있다. 예를 들면, 2+2=4이고, 삼각형의 세 각의 합은 두 직각의 합과 같다. 이것은 수학상의 원리이며 법칙이다. 속도는 시간으로 거리를 나눈 것으로, 그 공식은 S=d/t 이다. 물의 원소기호는 H_2O이며, 이것은 물리화학상의 법칙이다. 여러분들은 교과서에서 다음과 같이 배웠을 것이다. 세상사에는 반드시 법칙이 있으며, 모두 인과법칙의 지배를 받는다. 그러나 눈을 감고 한 번 생각해보라. 실제로 대부분의 문제들은 그렇게 명확하지 않다. 여기서 말하는 문제는 철학상의 고상한 학설이나 이론이 아니라 사람이 살아가면서 일상 속에서 부딪히는 문제들이다. 갑이 한마디하고, 을이 한마디한다. 여기에는 시비진위(是非眞僞)의 기준이 없다. 이것을 무엇이라 하는가? 그렇다. 이것이 바로 인생이다. 다 같은 인생이지만 관점이 다르면 의견이 다를 수밖에 없다. 따라서 천하고금(天下古今)에 가장 통일되기 어려운 것이 바로 인생관이다.

인생관의 중심에는 내[我]가 있다. 나와 대립되는 것은 비아(非我)이다. 비아들 사이에도 여러 구별이 있다. 나를 낳고 길러주신 분은 부모님이다. 나와 배우자를 일컬어 부부라 한다. 내가 소속된 단체는 사회도 있고 국가도 있다. 재산을 지배하는 방식에 따라 사유재산제가 있고 공유재산제가 있다. 물질을 중시하는지 경시하는지에 따라 정신문명과 물질문명으로 나뉜다. 동서고금을 통해 이에 대한 의견이 일치된 적은 없었다. 여기에 수학이나 물리, 화학 문제처럼 일정한 공식도 없다. 표로 열거하면 다음과 같다.

1) 나와 친족 간의 관계에 따라
   - 대가족주의
   - 소가족주의

2) 나와 이성(異性) 간의 관계에 따라
   - 남존여비
   - 남녀평등
   - 자유혼인
   - 전제(專制)적 혼인

3) 나와 재산의 관계에 따라
   - 사유재산제
   - 공유재산제

4) 사회제도에 대한 태도가 급진적인가 혹은 점진적인가에 따라
   - 수구(守舊)주의
   - 유신(維新)주의

5) 내적 심령과 외부 물질과의 관계에 따라
   - 물질문명
   - 정신문명

6) 나와 내가 소속된 전체와의 관계에 따라
   - 개인주의
   - 사회주의 (일명 호조주의)

7) 나와 나, 타인과의 총체적 관계에 따라
   - 이기주의
   - 이타주의

8) 세계에 대한 희망에 따라
   - 비관주의
   - 낙관주의

9) 세계의 배후에 조물주가 존재하는지에 관한 신앙에 따라
   - 유신론
   - 무신론
   - 일신론
   - 다신론
   - 유일신론
   - 범신론

위의 아홉 가지 사항은 모두 아(我)를 중심으로 하거나, 나의 외부에 있는 사물 혹은 사람에 관한 것으로 동서고금을 통해 해결된 적이 없었다. 이런 문제들은 모두 인생과 관련된 것이다. 인생이란 살아 있는 것이기 때문에 죽은 물질처럼 일률적으로 엮기가 쉽지 않다. 따라서 아래에서는 인생관과 과학을 비교함으로써 인생관의 특징을 좀 더 잘 드러내 보도록 하겠다.

첫째, 과학은 객관적이고 인생관은 주관적이다. 과학의 가장 중요한 기준은 객관적 효력이다. 갑(甲)이 말한 것을 을(乙)도 똑같이 말하고, 병정무기(丙, 丁, 戊, 己) 모두가 똑같이 말하는 것이다. 즉, 법칙이란 세상 어느 장소에서 적용해도 모두 들어맞는 것이다. 예를 들어 영국에서 시작된 물리학은 전 세계에 적용될 수 있으며, 독일에서 발견된 상대성 이론도 전 세계에 적용될 수 있다. 따라서 세상에는 단지 한 종류의 수학만이 있을 뿐 중국의 수학, 영국의 수학이란 것은 존재하지 않는다. 또한 세상에는 단지 한 종류의 물리 화학이 있을 뿐 영국, 독일, 프랑스, 미국, 중국, 일본의 물리학이 존재한다고는 말할 수 없다. 그러나 과학도 두 종류로 나눌 수 있다. 즉 정신과학과 물질과학이다. 물질과학은 물리, 화학 등이고, 정신과학은 정치학, 경제학, 심리학, 철학 등이다. 객관적 효력은 물질과학이 가장 뛰어나고 정신과학은 그다음이다. 경제학의 중요한 문제를 예로 들어보겠다. 영국의 경제학파는 자유무역이 유리하다고 하고 독일의 경제학파는 보호무역이 유리하다고 한다. 양쪽 중 누가 옳고 그른지 쉽게 판단할 수 없다. 심리학의 중요 문제를 예로 들면, 갑은 감각이 지식에서 생긴다 하고 을은 지식이 범주를 기초로 한다고 한다. 양쪽 중 누가 옳고 그른지 쉽게 판단할 수 없다. 그러나 정신과학의 측면에서 보자면 일반 현상은 평균값을 구할 수 있기 때문에 법칙을 도출할 수 있으며, 따라서 객관성을 담보할 수 있다. 그러나 인생관은 이와 반대다. 공자의 행건(行健)과 노자의 무위(無爲)는 서로 다른 관점에서 기인하는 것이며, 맹자의 성선(性善)과 순자의 성악(性惡)도 마찬가지이다. 양주(楊朱)의 위아(爲我)와 묵자의 겸애(兼愛), 칸트(Immanuel Kant)의 의무 관념과 밀(John Stuart Mill)의 법칙주의, 다윈(Charles Darwin)의 생존경쟁설과 크로포트킨(Pyotr Alexseyevich Kropotkin)의 호조주의(互助主義)는 보는 관점이 다른 것이다. 본인이 추종하는 학파의 이론에 대해 실험을 통해 시비를 가릴 수는 없다. 어째서 그런가? 그것이 바로 인생관이고, 인생관은 주관적이기 때문이다.

둘째, 과학은 논리적 방법의 지배를 받지만 인생관은 직각에서 생겨난다. 과학방법에는 두 가지가 있다. 하나는 연역법이고 다른 하나는 귀납법이다. 귀납이란 먼저 약간의 사례를 모은 뒤 그로부터 법칙을 도출해내는 것이다. 물리, 화학, 생물학이 사용하는 것이 바로 이 방법이다. 기하학은 명확한 법칙을 근거로 수많은 원리를 도출해내는데, 이것이 바로 연역법이다. 과학자는 하나의 정의(定義)로부터 출발해 약간의 기본 개념을 만들어내고 이를 토대로 체계 있는 저작을 저술하게 된다. 정치학을 예로 들어 말하자면, 먼저 국가에 대한 정의를 내린 후, 이어서 주권, 권리, 의무 등의 기본개념을 제시하고, 그다음에 정부 내각의 수장에 대해 설명한다. 만약에 왕권신수설(王權神授說)이 앞서 존재한다면 국민주권설을 다시 주장할 수는 없는 것이고, 사회주의를 앞에 내세웠다면 뒤에서 개인주의를 주장할 수는 없다. 왜냐하면 방법이 제한되어 있고 체계가 한정되어 있기 때문이다. 인생관에는 쇼펜하우어와 하르트만의 비관주의와 라이프니츠, 헤겔의 낙관주의, 공자의 수신제가(修身齊家)주의와 석가의 출세주의(出世主義), 공맹의 친소원근(親疏遠近)주의와 묵자 및 예수의 범애주의(汎愛主義) 등이 있다. 이것들은 처음부터 논리적 법칙에 의해 제한을 받거나 정의 내릴 수 있는 것이 아니며, 방법이라 할 만한 것도 없는 것으로 모든 것이 개인 양심의 명령에 따라 주관적으로 일어난 직각적인 것이다.

셋째, 과학은 분석에서 시작하는 데 반해 인생관은 종합적이다. 과학의 핵심은 분명히 분석적 측면에 있다. 물질을 예로 들어보자. 예전에는 칠 십여 가지 원소설이 있었으나 분석이 정밀해진 지금은 물질계가 음전기와 양전기, 그리고 에테르의 세 가지 원소로 이루어졌다고 생각한다. 심리 현상도 마찬가지다. 시각신경이 어떻고, 청각신경이 어떻고, 기억이 어떻고, 사상이 어떻고, 이에 대해 각 학파의 주장이 일치하지 않는다. 그러나 이렇게 복잡한 현상 속에서도 궁극적인 원소를 찾는 방법은 오직 하나 뿐이다. 러셀(Bertrand Russell)은 심리원소가 감각과 의상(意象)으로 이루어져 있다고 했고, 드리슈(Hans Driesch)는 여섯 가지로 이루어져 있다고 했다. 이에 대해 자세하게 설명하지는 않겠다. 결론적으로 말하자면, 이것은 모두가 정신을 분석한 결과들이다. 그러나 이에 반해 인생관은 종합적이고 모든 것을 포괄할 수 있는 성질의 것이기 때문에 무리하게 분석하려 들면 참뜻을 잃게 된다. 예를 들어 석가모니의 인생관은 중생을 구제하는 것이다. 만약 그 동기가 어디 있는지를 살펴본다면 인도 사람들이 명상을 좋아하기 때문이라거나, 인도의 기후 때문이라고 말할 수 있다. 이렇게 분석한다면 원인을 찾지 못하는 것도 아니지만, 이런 분석만으로 불교의 모든 사상을 알았다고 단정할 수는 없다. 왜냐하면 동기와 인생관은 다르기 때문이다. 인생관은 전체이기 때문에 분할된 것에서 파악하기가 쉽지 않다. 또 다른 예를 들어보겠다. 쇼펜하우어의 인생관은 남존여비와 일부다처의 인생관이다. 어떤 사람들은 쇼펜하우어 인생관의 동기가 실연(失戀)에 있다고 주장하는데 이는 성급한 결론이다. 이런 분석에 타당한 점이 없지는 않지만, 동기와 인생관은 다르다. 인생관의 옳고 그름은 동기에 의해서 결정되는 것이 아니다. 왜냐하면 인생관은 전체이며 분할된 부분 속에서는 파악하기 힘들기 때문이다.

넷째, 과학은 인과법칙의 지배를 받지만 인생관은 자유의지적이다. 물질 현상의 첫 번째 법칙은 원인이 있으면 반드시 결과가 있다는 것이다. 조석(潮汐)과 달의 관계가 바로 인과관계이다. 풍작과 흉작, 수해와 가뭄의 관계가 바로 인과관계이다. 먹고사는 게 풍족하면 도둑이 줄어드는 것도 인과관계이다. 물질계 전체를 놓고 볼 때, 인과법칙의 지배를 받지 않는 것은 없다. 심신(心身)관계도 마찬가지다. 심리적 생리학이라는 학문에서는 사람이 빛을 보면 눈을 감고, 몸이 아래로 떨어질 때 저절로 평형을 유지하는 것도 모두 인과관계 때문이라고 한다. 그러나 순수한 심리 현상은 그 반대다. 특히 인생관은 더 심하다. 공자의 자리가 어째서 따뜻해 질 겨를이 없었으며, 묵자가 묵었던 곳의 굴뚝은 어째서 검어지지 않았는가?[1] 예수는 왜 십자가에 매달려 죽었으며, 석가모니는 어째서 고행을 마다하지 않았는가? 이 모든 것은 양심의 자발적인 발로지 결코 누가 시켜서 그런 것이 아니다. 개인의 후회나 회개, 책임감 같은 것들 역시 인과법칙으로 설명할 수 없으며, 그 주체는 바로 자기 자신일 뿐이다. 공자, 묵자, 부처, 예수 등의 위대한 인물에서부터 한 개인에 이르기까지 모두가 그렇다.

다섯째, 과학은 대상들 간의 동일현상에서 비롯되지만 인생관은 인격의 단일성에서 생겨난다. 가장 중요한 과학 원칙 가운데 하나는 자연계의 변화하는 현상에는 통일성이 있다는 것이다(Uniformity of the course of nature). 식물과 동물은 유(類)로써 설명할 수 있다. 무생물계도 역시 유로써 설명할 수 있다. 유로써 설명할 수 있고 변화하는 현상의 전후가 일

---

1) "孔席不暇暖, 而墨突不得黔." 한(漢)나라 반고(班固)의 『답빈희(答賓戲)』에 나오는 말. "공자의 자리는 따뜻해 질 틈이 없고, 묵자 집의 굴뚝에는 그을음이 낄 새가 없다"는 뜻으로, 여기저기 몹시 바쁘게 돌아다니는 것을 비유함.

관되기 때문에 과학적 법칙을 도출해낼 수 있다. 인류 사회에는 현명함과 우매함의 구분이 있으며, 건강하고 건강하지 못한 구분이 있다. 이 때문에 최근의 심리학자들은 지능측정(Mental Test)을 하고, 사회학자들은 범죄 통계를 낸다. 지능측정이란 학생들의 지능이 높은지 낮은지를 측정하는 것이다. 지능이 높은 사람은 일찍 졸업하고, 지능이 낮은 사람은 여러 방법으로 지능을 높일 수 있다. 똑똑하고 덜 똑똑한 사람의 차이는 이렇게 알아볼 수 있다. 범죄 통계를 보면 겨울철에는 도둑이 늘고 봄, 여름, 가을에는 상대적으로 도둑이 줄어든다. 이는 농사일이 바빠져서 실업자가 적어지기 때문이라는 것이다. 이와 같이 국민 도덕의 높고 낮음도 알아볼 수 있으니, 이런 종류의 측정과 통계를 일반 대중에게 적용시키는 것도 불가능하지 않다. 그러나 통계나 측정으로 특정 인물에 대해 어떤 정보를 얻는다는 것은 절대 불가능하다. 괴테의 파우스트나 단테의 신곡, 셰익스피어의 극본과 바그너의 음악 등은 비록 정신분석이나 지능측정을 맹신하는 사람들이라 해도 그 유래를 밝혀낼 수는 없다. 인생관은 특수하고, 개성적이며, 유일무이한 것이기 때문이다. 갑에게서 볼 수 있는 것을 을에게서는 찾을 수 없고, 을에게서 볼 수 있는 것을 병에게서는 찾을 수 없다. 자연 현상의 특징은 서로 동일하다는 것이지만, 인류의 특징은 서로 다르다는 것이다. 다르기 때문에 중국에서 말하는 선각(先覺)이니, 호걸(豪傑)이니 하는 것이 있고, 서양에서 말하는 창조니 천재니 하는 것이 있는 것이다. 이것은 모두 인격의 특수성을 말해주는 것이다.

이상에서 말한 바를 보면, 인생관의 특징은 주관적이고, 직각적이고, 종합적이고, 자유의지적이며 단일성을 가지고 있다. 이런 다섯 가지 특징 때문에 과학이 어떻게 발달하든지 간에 인생관 문제는 결코 과학이 해결할 수 없으며 오로지 인류 자신에게 의지할 수밖에 없는 것이다.

소위 고금의 대사상가란 이런 인생관 문제에 큰 공헌을 한 사람을 일컫는 말이다. 예를 들어 양주는 위아를 주장했고, 묵자는 겸애를 주장했고, 공맹은 이것들을 절충했다. 중국의 공맹과 송명 성리학자들이 내성 수양을 중시한 결과, 정신문명이 발달하게 되었다. 유럽은 삼백 년 동안 사람의 힘으로 자연계를 지배하려고 힘쓴 결과, 물질문명이 발달하게 되었다. 아담 스미스(Adam Smith)는 개인주의자이고, 마르크스(Karl Marx)는 사회주의자이다. 쇼펜하우어와 하르트만은 비관주의자이고, 플라톤(Platon)과 헤겔(Georg Wilhelm Friedrich Hegel)은 낙관주의자이다. 각각 서로 한쪽으로 치우쳐 있지만 절대적인 옳고 그름을 따질 수는 없다. 기나긴 역사 속에서 밝은 빛으로 우리의 앞길을 선도한 사람들이 바로 이들이었다.

시대사조가 변하는 때가 바로 인생관이 변하는 때이다. 지금의 중국이 바로 그러한 시기이다. 누군가 우리에게 합당한 인생관이란 무엇인가라고 물을 수 있다. 여러분들은 위에서 인생관의 다섯 가지 특징에 대해 들었기 때문에 이 문제에는 답이 없다는 것을 알 것이다. 인생관에는 객관적 표준이 없으며 오직 자신에게서만 구할 수 있는 것이다. 타인의 인생관이 아무리 완전하다 해도 그것으로 나의 인생관을 삼을 수는 없다. 비록 인생관이 한 번 형성된 뒤 고정 불변하는 것은 아니지만, 인생관에는 다음과 같은 몇 가지가 포함되어 있다고 말할 수 있다. 즉 정신과 물질, 남녀 간의 사랑, 개인과 사회, 국가와 세계.

정신과 물질: 과학의 쓰임은 주로 외부 세계에 집중된다. 그 결과 중국에 수많은 실험실과 공장이 들어섰다. 인생도 아침에 만들었다가 저녁에 해체하는 기계처럼 여겨지니 정신상의 안위(安慰)는 어디서도 얻을 수 없다. 중국은 과학이 발달하지 못했고 공업도 남들에 비해 뒤떨어져 있기 때문에 방직공장과 철강소, 조선회사를 차린 장지즈(張季直)나 니예

윈타이(聶雲台)[2] 등이 모범적 인사가 되어 존경을 받고 있다. 그러나 한 나라가 공업에만 편중되어 발전한다면 제대로 된 인생관이 정립될 수 있을까? 제대로 된 문화가 형성될 수 있을까? 유럽 사람들과 비교해보면, 이에 대해 의문을 갖지 않을 수 없다. 세계대전이 끝나고 물질문명에 대한 이삼백 년간의 득실을 따져봤을 때, 물질 지향주의를 혐오하는 사람들이 매우 많아진 것을 알 수 있다. 이것이 바로 오늘 우리가 정신과 물질의 경중(輕重)에 주목할 수밖에 없는 이유이다.

남녀의 사랑: 오늘날 중국에서는 사람마다 남녀평등과 자유연애를 부르짖는데, 이것은 봉건적 가족제도에 대한 반항이라고 할 수 있다. 해방과 남녀교제는 자연스럽게 함께 이야기되는데 이것도 해방이라면 해방이다. 그러나 사물이건 사람이건 자기 이외의 것과 접촉할 때, 그 사이에 충동이 끼어드는 것은 피할 수 없는 일이다. 이것을 사(私)라고 한다. 사라고 하면 고상하거나 신성한 것과는 거리가 멀다. 따라서 맹자는 남녀와 음식[飮食男女]을 함께 묶어 말했으니 실로 탁월한 식견이다. 오늘날 서양 문학을 보면 남녀 간의 연애에 관해 말하지 않는 것이 열 권 가운데 한 권도 되지 않지만, 중국 연극을 보면 그와는 반대로 십중팔구는 남녀 간의 연애와는 거리가 멀다. 남녀 간의 연애가 인생에서 가장 큰 일이라고 말할 수 있는가? 아니면 그보다 더 중요한 것이 있는가? 이 점이 바로 오늘 우리가 주의해야 할 두 번째 것이다.

개인과 사회: 사회를 중시하면 개인을 경시하게 되고, 개인을 중시하면 사회의 공익을 해치게 된다. 따라서 이 둘 사이의 관계는 고금을 통해 가장 해결하기 어려운 문제이다. 세상에는 사회를 떠나 존재하는 개인이 없고, 개인을 떠나 존재하는 사회도 없다. 따라서 개인과 사회는 학문의

2) 중국 근대시기의 애국적 사업가들.

편의를 위해서 만들어낸 개념일 뿐이다. 이를 둘러싼 문제는 주로 법제와 재산의 관계를 다루는 가운데 생겨났다. 예를 들면, 교육이 지나치게 획일적이고 정치가 다수에 의해 좌우되면 뛰어난 인재는 군중들에 의해 희생되고 만다. 경제조직이 지나치게 어느 한 곳으로 집중되면 소공업이 대공업에 압도당하고, 사회의 재부(財富)가 소수에게 집중되어 개인은 중시되고 사회는 경시된다. 결론적으로, 지식이 발전하면 마땅히 개인을 중시해야 하고 재부도 사회에 균등하게 분배되어야 하지만, 이는 대원칙일 뿐이고 실제 내용은 복잡하니 이 점 또한 우리가 주의할 수밖에 없는 세 번째 것이다.

국가주의와 세계주의의 다툼: 중국은 줄곧 평화를 중시하고 대동(大同)을 사랑하여 편협한 민족주의의 위험에 빠진 적이 없었다. 그러나 국내에서 벌어지고 있는 국산품 애용 운동이나 국권 회수 운동의 시비는 아직 가려지지 않았다. 따라서 이 점도 우리가 마땅히 주의해야 할 부분이다.

현재 국내에서는 앞다투어 신문화(新文化)를 말하는데, 문화 변천의 관건은 인생관 이외의 다른 곳에 있는 것이 아니다. 우리에게는 우리의 문화가 있고, 서양에는 서양의 문화가 있다. 어떻게 서양의 것 중에서 유익한 것을 취하고 해로운 것을 버리며, 우리가 가진 것 중에서 유익한 것을 보존하고 해로운 것을 제거해야 하는지, 이런 취사선택에 있어서 중요한 것은 어떤 관점을 갖느냐는 것이다. 관점이 정해지고 난 후에야 그에 따라 정신적인 사상과 물질적인 제도가 탐색될 수 있을 것이다. 이것은 바로 인생관이 문화와의 관계 속에서 매우 큰 비중을 차지하고 있다는 것을 말해준다. 여러분들은 중국에서 자라고 배웠지만 머지않은 장래에는 서구 세계에 진출해 문화 교류의 책임을 두 어깨에 짊어지게 될 지도 모른다. 따라서 여러분들은 오늘 제시한 여러 문제들을 한 번의 연설로 잊어버리지 말고 항상 마음속에 새겨두고 생활하기를 바란다.

1923. 2. 14.

-베이징 『청화주간(淸華週刊)』 272기에서 옮겨 실음

04 현학과 과학 딩원지앙

-장쥔마이의 「인생관」을 평함

玄學與科學 - 評張君勱的「人生觀」 丁文江

현학은 정말로 파렴치한 귀신이다. 유럽에서 이천 년을 떠돌다가 최근 점점 먹고살기 힘들어지자 가짜 간판에 새 문패를 내걸고 거들먹거리며 중국에 들어와 공공연하게 사기를 치고 있다. 믿지 못하겠다면 장쥔마이의 「인생관」을 한 번 보라! 장쥔마이와 나는 친구 사이지만 현학은 분명 과학의 원수다. 장쥔마이가 현학 귀신에 씌었기 때문에 나는 과학을 배우는 사람으로서 그를 공격하지 않을 수 없다. 그러나 내가 공격하려는 것은 현학귀이지 장쥔마이가 아니니 독자들은 오해가 없길 바란다.

현학귀의 위력은 가공할 만하다. 이미 사람의 몸에 붙었다면 좀처럼 떼어내기 쉽지 않다. 우리가 객관적 논리와 사실이라는 무기로 공격했음에도 현학귀는 이미 장쥔마이를 포섭해버렸다. 현학귀가 장쥔마이를 통해 말하는 인생관은 "주관적", "직각적", "자유의지적", "양심의 자발적인 발로지 결코 누가 시켜서 그런 것이 아닌", "과학의 힘이 절대 미치지 않고 오로지 인류 자신에게 의지해야 하는" 것이며, 또한 "애초부터 논리적 법칙에 의해 제한받지 않고 정의 내릴 수 없으며, 방법을 말할 수도 없는" 것이다.

우리가 그것이 모순이며 사실과 부합하지 않는다는 것을 증명해 보인다 해도 현학 귀신은 다시 우리에게 인생관은 논리학과 사실의 지배를 받지 않는다고 주장할 것이다. 정의, 방법, 논리학적 법칙은 경자년(庚子年)[1] 연합군이 들고 있던 총포에 비유할 수 있다. 의화단(義和團)은 자신들이 무기의 지배를 받지 않으며, 따라서 연합군의 총포도 자신들을 죽일 수 없다고 주장했다. 현재의 상황은 의화단원이 총포에 맞아 죽어가면서도 사실을 제대로 깨닫지 못하는 것과 비슷하다.

그러므로 내가 이 글을 쓰는 목적은 우리의 친구인 장쥔마이를 구하기 위한 것이 아니라 아직 현학귀에 씌이지 않은 청년학생들을 일깨우는 데 있다. 나는 장쥔마이의 인생관이 논리적 법칙에서 벗어나 있을 뿐만 아니라, 인생관 강의도 논리학을 완전히 위배하고 있다는 것을 증명하려고 한다. 또한 우리가 장쥔마이의 말을 믿게 된다면 우리의 인생관은 논리학적 법칙과 정의, 방법을 벗어나게 되어 아무런 의미도 없어지게 된다는 것을 증명하려고 한다.

인생관과 과학은 분리될 수 있는가

먼저 인생관이 과학방법의 지배를 받을 수 없다고 말한 장쥔마이의 주장을 살펴보자. 그는 말했다.

> "여러분들은 교과서에서 다음과 같이 배웠을 것이다. 세상사에는 반드시 법칙이 있으며, 모두 인과법칙의 지배를 받는다. 그러나 눈을 감고 한 번 생각해보라. 실제로 대부분의 문제들은 그렇게 명확하지 않다. ……갑이 한마디하고, 을이 한마디한다. 여기에는 시비진위의 기준이 없다. 이것이 무엇인가? 그렇다. 이것이 바로 인생이다. 인생은 다 같은 인

1) 의화단(義和團) 사건이 있었던 해.

생이지만 관점이 다르면 의견이 다를 수밖에 없다. 따라서 천하고금에 가장 통일되기 어려운 것이 바로 인생관이다."

장쥔마이는 인생관이 "천하고금을 통해 가장 통일되기 어려운" 것이기 때문에 과학방법을 적용할 수 없다고 했다. 그러나 현재 인생관이 통일되지 않았다는 것과 영원히 통일되지 않을 것이라는 말은 완전히 다르다. 당신이 실제적인 근거를 들어 인생관이 영원히 통일되지 않을 것이라는 사실을 증명하기 전까지 우리는 계속해서 그것을 통일시켜야 할 의무가 있다. 하물며 지금 "시비와 진위의 기준조차 없는데" 가려야 할 시비진위가 어디 있단 말인가? 시비진위를 가리지 않는다면 기준은 또 어떤 필요가 있겠는가? 시비진위를 가리려고 한다면 과학방법 이외에 또 어떤 방법을 사용할 수 있겠는가?

우리가 말하는 과학방법이란 그것을 이용해 세상의 사실들을 분류하고 질서를 찾아낼 수 있는 것이다. 분류가 잘되어 질서가 분명해지면 매우 간략한 언어로 수많은 사실들을 개괄할 수 있게 되는데 이렇게 나온 것이 바로 과학법칙이다. 물론, 사실은 매우 복잡하여 분류가 쉽지 않으며, 따라서 질서를 찾고 개괄적 법칙을 찾아내는 것은 더욱 어렵다. 그렇다고 해서 과학방법이 쓸모없는 것은 아니다. 만약 사실이라고 생각했던 것이 진정한 사실이 아니라면 질서나 법칙 등은 찾아낼 수 없을 것이다. 예를 들어보자. 보통 사람이 본 색깔은 사실이며 색맹이 본 색깔은 사실이 아니다. 색맹이 본 색깔과 보통 사람이 본 색깔을 혼합해서 법칙을 도출할 수는 없다. 더군다나 과학적 법칙은 과학을 아는 사람만이 이해할 수 있다. 만약 당신이 음양오행(陰陽五行)을 믿는 중국 의사나 괴이한 마법을 쓰는 유럽 중세의 의사를 불러와 과학적 의사와 변론을 하게 만든다면 의학 관념이 어떻게 통일될 수 있겠는가? 그렇다고 해서 동서고금을 통해 의학은 통일될 수 없으며, 시비진위의 표준이 없고, 과학방법의 적용을 받지 않는다고 말할 수 있는가? 현학가들은 선입관이 있어 과학방법을 인생관에 적용할 수 없다고 한다. 지구상에 현학가가 죽지 않고 살아 있는 한, 당연히 인생관은 하루도 통일될 날이 없을 것이다. 그러나 이것이 어찌 과학방법의 잘못인가?

장쥔마이가 아와 비아의 관계를 아홉 가지로 분류했는데, 비아의 범위가 너무 협소하다. 어찌 아홉 가지로 모두를 포괄할 수 있겠는가? 비슷한 방식으로 나도 몇 가지를 덧붙여 보도록 하겠다.

10) 천체에 대한 관념에 따라 ……… ┬ 점성학
                                  └ 천문학

11) 만물의 유래에 대한 생각에 따라 ……… ┬ 창조론
                                        └ 진화론(天演論)

여기에서 그치지 않고 12), 13) 등 얼마든지 만들어낼 수 있다. 어찌 아홉 가지뿐이겠는가? 유신론, 무신론 등의 관념과 내가 열거한 10), 11)의 두 가지 항목이 관계가 있는지 없는지 묻고 싶다. 논리를 극단적으로 밀고 가면 비아에 대한 나의 생각 가운데 인생관에 포함되지 않는 것은 하나도 없다. 인생관이 정말로 과학방법을 벗어나 존재한다면 과학은 모두 폐기되어야 마땅한 것이 아닌가?

장쥔마이도 아마 이렇게 열거해 나가는 것이 곤란하다고 느꼈을 것이다. 그래서 그는 설명을 덧붙였다. "인생은 살아 있는 것이기 때문에 죽은 물질처럼 일률적으로 하나로 묶기가 어렵다." 살아 있는 것이 오로지 사람밖에 없는지 묻고 싶다. 동식물은 모두 죽었단 말인가? 그럼 어째서 동식물학 같은 것이 존재한단 말인가? 다시 그가 주관과 객관으로 인생관과 과학을 나눈 것에 대해 살펴보겠다.

"객관적 효력은 물질과학이 가장 뛰어나고 정신과학은 그다음이다. 경제학의 중요한 문제를 예로 들어보겠다. 영국의 경제학파는 자유무역이 유리하다고 하고 독일의 경제학파는 보호무역이 유리하다고 한다. 쌍방 중 누가 옳고 그른지 쉽게 판단할 수 없다. 심리학의 중요 문제를 예로 들어 보겠다. 갑은 감각이 지식에서 생긴다 하고 을은 지식이 범주를 기초로 삼는다고 한다. 쌍방 중 누가 옳고 그른지 쉽게 판단할 수 없다. 그러나 정신과학의 측면에서 보자면, 일반 현상은 평균값을 구할 수 있기 때문에 법칙을 도출할 수 있으며 객관성도 잃지 않는다."

장쥔마이의 방식으로 제시해보겠다.

12) 나와 나의 무역관계에 따라 ……… ┌ 자유무역 └ 보호무역

11) 13) 나와 나의 지식의 기원에 대해 ……… ┌ 감각주의 └ 범주주의

내가 말한 12), 13)과 그가 열거한 1)부터 9)까지가 어떤 차이가 있는지 묻고 싶다. 앞의 두 가지는 "객관성을 잃지 않은 듯" 보이는데, 어째서 소가족주의, 대가족주의 등은 주관적이라고 말하는가?

생물학을 배운 사람이라면 성선성악(性善性惡)과 다윈의 생존경쟁설이 모두 과학적 문제이며 이미 모두 해결되었다고 알고 있다. 그러나 장쥔마이는 그것들이 주관적 인생관이기 때문에 절대로 실험을 통해 갑의 옳음과 을의 틀림을 증명할 수 없다고 한다. 인생관과 과학을 완전히 분리시킬 방법이 없다는 것만 봐도 그 둘이 한 뿌리에서 자라난 서로 다른 가지임을 알 수 있다.

과학적 지식론

인생관과 과학은 분명하게 경계 지을 수 없을 뿐만 아니라, 장쥔마이가 말한 물질과학과 정신과학의 구분도 성립하기 힘들다. 그 이유를 설명하기 위해서 지식론을 살펴보겠다. 소위 물(物)과 질(質)에 대한 우리의 인식은 어디서 온 것인가? 내가 앉아서 맞은편에 놓인 책장을 보고 있다고 가정해보자. 나는 그것이 직사각형이고, 중간은 비어 있으며, 짙은 황색에 나무로 만든 매우 견고하고 무거운 것이라는 것을 알 수 있다. 시각을 통해 느낀 것은 책장의 색깔과 형식이지만, 나는 거기서부터 나무와 칠의 성질을 연상해냈으며, 중량과 강도를 추론해 책장이라는 개념을 만들었다. 개념은 감각기관이 느낀 것에 연상과 추론을 더한 것으로 연상과 추론은 감각기관이 과거에 경험한 것이 있기 때문에 가능한 것이다. 감각기관이 받아들인 것은 우리가 물질을 인식하기 위해 기본적으로 필요한 것이다. 다른 대상을 추론할 수 있는 까닭도 과거에 경험한 것을 기억하고 있기 때문이다. 물질이란 기억되어 있는 수많은 감각과 느낌이며 여기에 약간의 직접적인 감각과 느낌이 더해진 것이다. 만약에 감각기관의 구조가 다른 형태였다면 우리가 인식하는 물질의 형태도 분명 달라졌을 것이다. 예를 들어 색맹인 사람의 눈에는 장미꽃이 녹색인 것처럼 말이다. 그러므로 모건(Morgan)은 『동물의 생명과 지혜(Animal life and Intelligence)』라는 책에서 외부의 물체를 가리켜 "사고의 구성물(construct)"이라고 했다.

감각기관이 받아들인 것이란 무엇인가? 칼로 연필을 깎다가 잘못해서 왼쪽 손가락을 베었다면 바로 오른쪽 손가락으로 그곳을 누르고 일어나 약을 찾아 상처에 바를 것이다. 손가락이 다친 것을 어떻게 아는가? 그것은 나의 감각 신경계가 오른쪽 손가락에서 뇌신경으로 신호를 보냈기 때문이다. 운동 신경계는 다시 오른쪽 손가락에게 왼쪽 손가락을 누르라고 명령한다. 이것은 정보를 전달받자마자 바로 명령이 하달되는 일종의 긴급명령으로 생리학적으로는 무의식적 행위라 한다. 명령이 하달된 후에 매우 복잡한 과정을 거쳐 비로소 상처에 바르는 약을 찾았다. 나는 칼에 베였기 때문에 손가락이 아프고 상처에 바르는 약은 작은 책상 서랍 안에 있다는 것을 알고 있다. 이것은 사고의 과정이며 그 결과로 나온 행위는 의식적인 것이다. 손가락에 고통을 느끼는 것과 상처약을 바르는 것은 얼핏 보기에 서로 별개처럼 보이지만, 자세히 살펴보면 모두 감각기관이 느낀 결과다. 앞의 것은 직접적인 것이며, 뒤의 것은 간접적인 것으로 감각기관이 이전에 느꼈던 것에 의해 통제되고 있다. 사고의 과정에서 거쳤던 수많은 단계에 대한 느낌을 자각(自覺)이라 한다. 자각의 정도는 이전의 감각기관이 느꼈던 성질들과 그것을 기억하는 뇌신경에 의지하고 있다.

그러므로 사고가 아무리 복잡하다 해도 감각기관이 느낀 것에서 벗어나지 못한다. 그 느낌 가운데 직접적인 것은 사고의 동기이고, 간접적인 것은 사고의 원질(原質)이다. 그러나 훈련된 뇌신경은 갑이라는 종류의 감각경험에서 을이라는 종류의 감각경험으로 넘어갈 수 있고, 분석과 연상을 통해 직접적인 지각에서 간접적인 개념으로 옮겨갈 수 있다.

감각기관이 자극을 받게 되면 반드시 사고의 과정을 거치고 그런 다음에 운동 신경계가 명령을 내린다. 이것은 내가 자각을 가지고 있다는 것인데, 그렇다면 다른 사람들도 자각을 갖고 있을까? 나는 다른 사람이 자각을 갖고 있다는 것을 직접 느끼거나 증명할 수도 없다. 단지 그것을 추론할 수 있을 뿐이다. 나는 나의 자각을 느끼지 못하며, 마찬가지로 다른 사람의 자각을 직접적으로 느낄 수도 없다. 그러므로 자각이 어떤 것인지를 연구하는 것은 매우 어렵다. 현학가는 자각에 대한 연구가 과학의 범위를 벗어나 있다고 분명하게 말한다. 우리는 사람들이 감각기관에 자극을 받은 뒤 일정 시간이 지나고 나서야 비로소 행동하는 것을 볼 수 있다. 나는 나의 자각 현상으로부터 다른 사람도 자각이 있다는 것을 추론해낼 수 있다. 이것은 과학방법과 모순되지 않는다. 과학에는 이러한 추론이 매우 많다. 예를 들어 화학자와 물리학자들이 감각기관으로 원자(原子)를 실제로 느껴본 적이 있던가? 과학은 우리가 다른 별에 가도 사과는 아래로 떨어질 것이라고 말한다. 이것도 감각기관으로 직접 경험할 수 있는 것이 아니다. 심리상의 내용은 지극히 풍부하며 동시적인 직접감각이나 직접감각한 대상에 의해 제한받지 않는다. 이런 심리상의 내용은 모두 과학의 재료이다. 우리가 알고 있는 물질은 알고 보면 심리상의 감각적 느낌에 불과하며 지각에서 개념이 생기고 개념에서 추론이 나오게 되는 것이다. 과학이 연구하는 것은 이러한 개념과 추론일 뿐인데, 정신과학이니 물질과학이니 하는 구분이 어디 있겠는가? 마찬가지로 순수 심리현상이 과학방법의 지배를 받지 않는다고 말할 근거가 어디 있겠는가?

과학의 내용에 심리현상이 포함된다면 개념과 추론에 대해 엄격하게 따져볼 필요가 있다. 이런 고찰 방법은 매우 중요한 두 가지 원칙에 근거한 것이다.

1) 일반인들의 심리적 내용은 그 성질이 모두 같다. 어떤 사람의 심리적 연상 능력을 알기 위해서는 첫째, 그 사람의 감각기관이 경험한 것을 알아야 하며, 둘째, 뇌신경의 사고력이 얼마나 강한지를 봐야 한다. 이것은 환경과 유전(遺傳)에 관한 것이라 할 수 있다. 나의 환경 조건과 유전적 요인은 다른 어떤 사람과도 같지 않다. 그러나 내가 비정상적인 사람이 아닌 이상—비정상적인 사람이란 미친 사람이나 지능이 모자란 사람을 말한다.—나의 사고 도구는 일반인과 동일한 기기(機器)이다. 설

령 기기의 효과는 다를지라도 성질은 같다. 감각기관에서 느끼는 것이 같기 때문에 물질에 대한 "사고의 구조"가 같으며, 지각개념의 추론 순서가 다르지 않기 때문에 과학의 본질이 공인될 수 있는 것이다. 그렇지 않다면 내가 책상이 단단하다 느낄 때 어떤 사람은 무르다 느낄 것이고, 내가 직사각형으로 볼 때 어떤 사람은 둥글게 볼 것이며, 내가 2+2가 4라고 할 때 어떤 사람은 6이라 할 것이다. 만약 이와 같다면 어떻게 과학방법을 논할 수 있겠는가?

2) 나는 창조적인 천재와 선각적인 호걸의 존재를 부인하려는 것이 아니다. 천재호걸은 인류 진화의 원동력이다. 사과가 나무에서 떨어지는 것을 누구나 보았지만 뉴턴만이 만유인력을 발견해냈으며, 로렌스의 공식을 수많은 사람들이 알고 있었지만 아인슈타인만이 상대성 이론을 발명해냈다. 『홍루몽(紅樓夢)』과 『서유기(西游記)』는 수많은 사람들이 읽었지만, 후스만이 백화문학의 재료로 삼았다. 과학 발명에서 이러한 예는 수없이 많다. 그러나 천재호걸과 일반인의 차이는 급행열차와 완행열차 정도의 차이일 뿐, 비행기와 인력거의 차이는 아니다. 우리가 그들을 천재나 호걸로 인정하는 까닭은 그들의 지각개념의 추론방식이 완전히 우리와 같기 때문이다. 그렇지 않다면 우리는 천재호걸이라 불리는 사람들을 비정상인이나 미친 사람이라 여길 것이다.

위의 두 가지 원칙에 근거하여 개념추론에 관해 살펴보자.

첫째, 만약 개념추론의 결과가 서로 모순이라면 과학은 그것을 진리로 인정하지 않는다.

둘째, 개념추론은 비정상적인 사람의 지각으로는 불가능하며, 과학은 그것을 진리로 인정하지 않는다.

셋째, 정상적으로 논리적 훈련을 받은 사람이 개념추론을 진행할 때, 이미 추론된 것과 동일한 결과를 얻을 수 없다면 과학은 그것을 진리로 인정하지 않는다.

추론에 관해 말하면서 "논리적 훈련을 받은 사람"으로만 한정한 것은 추론 과정에서 오류를 범하기가 매우 쉽기 때문이다. 논리적 훈련을 받지 않은 사람은 거짓을 참으로 여기는 경우가 많다. 에반스(Jevons)는 『과학원리(Principles Science)』에서 이 점에 대해 탁월하게 설명하고 있다. 지면 관계상 자세한 설명은 생략하니 독자 여러분이 참고하기 바란다.

아주 일반적인 오류의 예로 증거 책임 문제라는 것이 있다. 수많은 가설적 사실 중에는 그것의 존재 유무를 증명할 수 없는 것들이 있다. 그러나 반증할 수 없다고 해서 그것을 진리로 인정할 수는 없다. 왜냐하면 그것의 존재 여부를 증명할 의무는 문제를 제기한 사람에게 있기 때문이다. 만약 증명할 수 없다면 그는 소송에서 패하는 것이다. 예를 들어 어떤 사람이 대낮에 귀신을 보았다고 주장한다고 치자. 우리는 그가 귀신을 못 봤다고 증명할 수 없지만, 증명의 책임은 그에게 있는 것이지 우리에게 있는 것이 아니다. 게다가 정상적인 사람이라면 귀신을 볼 수 없으니, 우리는 그가 거짓말을 하는 것이 아니라 정신병자라고 생각할 것이다.

이상에서 말한 것은 일종의 기초적인 과학 지식론이다. 철학적인 용어로 말하자면 존의적 유심론(Skeptical idealism)이다. 헉슬리와 다윈, 스펜서, 제임스(W. James), 피어슨(K. Pearson), 듀이, 그리고 독일의 마하(Mach)학파 등 철학적 문제를 연구한 과학자들을 보면, 비록 세부적으로는 차이가 있지만 대체적으로는 모두 존의적 유심론자들이다. 그들은 감각기관만을 대상을 파악하는 유일한 통로로 여기고 있을 뿐만 아니라, 물체의 개념을 심리상의 현상으로 생각하기 때문에 유심론자라고 할 수 있다. 또한 감각기관이 느낀 외부세계의 배후에 어떤 것이 있는지, 물체의 본질이 무엇인지에 대해서 알 수 없다고 여겨 논의하지 않으므로 존의적이라고 할 수 있다. 그들은 현학가들의 가장 큰 적이다. 왜냐하면 존의적 유심론자들이 불가지하다 여겨 논의하지 않는 것, 즉 심을 떠나 독립적으로 존재하는 본체가 바로 현학가들이 절대적으로 의지하는 것이기 때문이다. 이 불가사의한 존재를 버클리(George Berkeley)는 신이라 했고, 칸트와 쇼펜하우어는 의향(意向)이라 했으며, 부흐너(Eduward Buchner)는 물질이라 했고, 클리퍼드(William K. Clifford)는 심리질(心理質)이라 했으며, 장쥔마이는 "아(我)"라고 했다. 그들은 모두가 공인하는 정의(定義) 방법을 쓰지 않고 신비적인 개념을 제시했으며, 알 수 없는 것을 알 수 있다고 주장했다. 사람들은 그들을 모호하다 했지만, 자신들은 현묘(玄妙)하다고 여겼다.

비유를 들어 그들의 지위를 설명해보겠다. 우리의 신경계는 전화와 같다. 뇌신경은 권위가 막강한 교환원이고, 감각신경은 전화를 거는 쪽의 전화선이며, 운동신경은 전화를 받는 쪽의 전화선이다. 만약 교환원이 전화국에 갇혀서 전화를 걸고 받는 사람과 만날 수 없다면 교환원은 수화기를 통해 말하는 것 외에 그들을 연구할 방법이 없을 것이다. 존의적 유심론자들은 사람이 사물의 본체를 알 수 없는 것이 바로 이와 같다고 한다. 아무리 애를 써봐도 사람들은 신경계와 감각기관의 범위를 벗어나지 못하니 이것은 바로 교환원이 전화국을 벗어나지 못하는 것과 같은 이치라는 것이다. 이에 대해 현학가들은 전화를 걸어온 사람이 어떻게 생겼으며 무슨 옷을 입고 있는지 교환원이 알 수 있다고 우기는 것이니 어찌 사기가 아니겠는가?

만약 내가 말한 지식론이 그럴듯해 보인다면 독자 여러분들은 다시

한 번 자세하게 연구해보길 바란다. 그런 후에 장쥔마이의 「인생관」 후반부를 다시 읽어본다면 그것이 왜 옳지 않은지 알게 될 것이다. 장쥔마이는 인생관이 논리학 방법의 지배를 받지 않는다고 했다. 그러나 논리학을 사용해 비평과 연구를 진행할 수 없는 것은 참된 지식이 아니라고 과학은 대답할 것이다. 그는 "순수한 심리현상"은 인과법칙에 있어서 예외라고 말했다. 그러나 과학의 재료는 원래 모두 심리적 현상이며, 만약 당신이 말하는 현상이 참되다면 과학의 범위를 절대로 벗어나지 않을 것이라고 대답해줄 것이다. 그는 개성을 강조하고 직각을 중시했다. 그러나 개성과 직각을 논리적 방법과 정의의 범위 밖에 두고 있다. 과학이야말로 개성과 직각을 중시하며, 과학이 인정하는 개성과 직각은 "경험적 암시에 근거해 살아 있는 경험에서부터 솟아 나오는 것이다."(후스의 『최근 오십 년의 세계철학(五十年來世界之哲學)』을 참고하길 바란다.) 그는 인생관은 종합적이며, "전체적이고, 분할된 것에서 얻어질 수 있는 것이 아니다"라고 했다. 과학은 다음과 같이 대답할 것이다. 우리는 그것을 인정하지는 않지만, 당신 자신도 아와 비아를 나누고 아홉 가지 특징을 열거했으니 거기서부터 분석을 시작하면 되지 않겠냐고. 그는 인생관 문제는 "절대로 과학이 해결할 수 없다"고 말했는데, 심리적 내용과 참된 개념 추론은 전부 과학의 재료가 될 수 있다고 과학은 대답할 것이다.

다음은 과학과 현학 사이의 매우 중요한 쟁점에 대해 몇 마디 보충 설명을 하겠다.

과학과 현학 논쟁의 역사

현학(Metaphysics)이라는 명사는 아리스토텔레스의 유작(遺作)을 정리하던 안드로니쿠스(Andronicus)가 만들어낸 말이다. 아리스토텔레스는 원래 자신의 철학을 근본철학(First philosophy) 혹은 신학(Theology)이라고 불렀는데 여기에는 신과 우주 그리고 인생의 여러 관념이 포함된다. 그러므로 넓은 의미에서의 현학은 중세기 내내 신학과 분리되지 않았다. 17세기에 들어와 천문학의 시조인 갈릴레오(Galileo Galilei)가 지동설을 발견했을 때 현학의 대표는 로마교 신학자들이었다. 그들은 갈릴레오에게 우주의 문제는 과학의 범위를 벗어나며 과학이 해결할 수 없다고 강조했으나 갈릴레오는 듣지 않았다. 1633년 6월 22일 종교회의에서 그들은 이에 관해 정식으로 선포하였다.

> "지구는 우주의 중심이 아니며, 정지해 있는 것이 아니라 움직이고 있으며, 매일 돌고 있다는 주장은 철학과 신학의 입장에서 볼 때 모두 거짓말이다."

그러나 진실은 진실이고 거짓은 거짓이다. 진실이 이미 밝혀졌으니 현학가들도 할 말이 없게 되었다. 이때까지 줄곧 현학에 속해 있던 우주는 이제 과학 영역으로 넘어오게 되었다. 그러나 여전히 현학가들은 과학 연구의 대상은 죽은 것이며 살아 있는 것은 과학과 연결될 수 없다고 주장했다. (장쥔마이와 한통속이다.) 그러나 다윈은 눈치도 없이 『종의 기원(物種由來)』을 써서 살아 있는 것에도 법칙이 있다는 것을 증명하였다. (독자들은 주의하길 바란다. 장쥔마이는 다윈의 생존 경쟁설을 그의 인생관 안에 포함시켰다!) 비록 오늘날 현학가의 분노가 17세기 갈릴레오를 공격하던 주교에 비해 조금도 덜하지 않지만, 진실은 결국 승리하였고 생물학은 또 다시 과학이 되었다. 19세기 후반에 이르러 현학가들의 앞잡이로 여겨졌던 심리학마저 독립을 선포하자 이때부터 현학은 근본철학에서 본체론(Ontology)으로 물러나게 되었다. 그러나 그들은 여전히 반성 없이 자신들의 방식대로 철학을 다루려 하고 있다. 그들은 말한다. "당신들은 자각을 연구할 수 없으며, 감각기관이 느낀 것 이외의 본체도 연구할 수 없다. 당신들은 형이하(形以下)이고 우리는 형이상(形以上)이다. 당신들은 죽은 것이고, 우리는 살아 있는 것이다" 이에 대해 과학은 자신 있게 주장한다. 지식의 영역 안에서 과학방법은 만능이다. 현학이 투항하지 않는다 해도 걱정하지 않는다.

중서합벽식(中西合璧式)의 현학과 그 폐단

독자 여러분들이 역사를 살펴본다면 장쥔마이의 몸에 현학 귀신이 씌었다는 말이 절대 허황되지 않다는 것을 알게 될 것이다. 장쥔마이 인생관의 많은 부분은 현학 대가인 베르그송에게서 왔다. 후스의 『최근 오십년의 세계철학』이라는 글을 보면 베르그송 철학에 대한 평가를 잘 알 수 있다. 후스의 태도는 매우 공정하다. 그는 베르그송을 "맹목적인 충동"이라는 말로 표현했다. 러셀이 베이징에 왔을 때, 그는 중국인들이 베르그송을 초청하려 한다는 말을 듣고 나에게 이렇게 말했다. "나는 당신들이 왜 베르그송을 초청하려는지 도대체 영문을 알 수 없습니다. 그의 명성은 파리의 유한마담들을 속여 얻은 것일 뿐입니다. 그는 철학에 대해서 공헌한 것이 전혀 없으며 철학계의 사람들조차도 그를 무시합니다."

그러나 객관적으로 보면 베르그송의 주장은 장쥔마이처럼 무모하지 않다. "양심의 자발적 발로"라는 말과 "공맹에서 송원명의 이학가(理學家)에 이르기까지 모두 마음의 수양에 치중하여 그 결과로 정신문명이 이루어졌다"는 장쥔마이의 말을 살펴보면 서양의 현학 귀신들이 육상산(陸象山)과 왕양명(王陽明), 진백사(陳白沙) 등 심성을 숭상하는 중국의 무리들과 연합하여 장쥔마이의 "아" 속으로 들어오게 된 것이니, 그의 인생관이 현묘하고 또 현묘한 것이 당연하다.

현학가는 본체론만을 얘기하는데, 우리의 귀중한 시간을 허비해가며 그들을 공격하고 싶지는 않다. 그러나 이미 많은 청년들이 그들의 꾐에 빠졌다. 청년들은 종교와 사회, 정치, 도덕 등 모든 문제가 논리 방법의 지배를 받지 않으며 시비진위란 존재하지 않는다고 생각한다. 따라서 주관적이고 종합적이며 자유의지적인 인생관으로 그것을 해결하려고 한다. 사실이 이렇다면 장차 우리 사회가 어떻게 되겠는가? 독서도 필요없고 공부도 필요 없으며 지식경험도 쓸모없게 되어 "자신의 양심이 시키는 대로만 주장하게 될 것이다." 왜냐하면 인생관은 "모두 양심의 자발적 발로이며, 누가 그렇게 시킨 것이 아니기 때문이다." 정말 그렇다면 독서와 학습, 지식과 경력은 모두 시간낭비일 뿐이다. 게다가 모든 문제들은 토론할 필요도 없어질 것이다. 토론은 논리적 법칙을 따라야 하고 개념의 정의가 우선되어야 하는데, 장쥔마이의 인생관은 이것을 인정하지 않는다. 만약 장헌충(張獻忠)[2] 같은 악한(惡漢)이 다시 살아나 자신의 살인행각이 사실은 "양심이 시키는 대로 한 것이며 후세의 사표(師表)가 될 것이다"라고 말한다 해도 사람들은 그를 쇼펜하우어나 마르크스와 같은 위대한 인물로 여기거나 "어두운 역사를 비추는 환한 촛불과 같은 선각자"로 여길 수도 있을 텐데 이런 상황을 어떻게 할 것인가? 게다가 사람마다 각자의 양심이 있는데 어떻게 다른 사람이 "촛불"이 되고 "사표"가 된다는 말인가? 모든 사람이 말도 안 되는 인생관을 가지고 "나서서 주장"한다면 어떻게 공자와 석가, 묵자, 예수의 인생관이 다른 것보다 훌륭하다고 할 수 있겠는가? 하물며 시비진위의 기준이 없다면 어떻게 되겠는가? 한 사람의 인생관에는 모순이 존재할 수 있다. 남녀평등을 주

2) 명말(明末)의 반란 지도자. 가난한 농민을 이끌고 반란을 일으킨 후 여러 지방을 돌며 침탈과 대학살을 자행했다. 특히 쓰촨성(四川省)의 성도(成都)에 도읍을 정하고 대서국왕(大西國王)을 참칭했지만 2년간 끝없는 폭행과 학살을 자행하여 부유했던 이 지방을 황폐화시켰다. 후에 청나라 군사에게 패하여 살해되었다.

장하면서 일부다처를 할 수도 있다. "양심의 자발적 발로"라고 말한다면 논리와 비논리가 무슨 의미가 있겠는가? 물론 양심의 자발적 발로인지 아닌지는 본인 이외에는 아무도 모른다. 이런 사회에서 하루라도 생활할 수 있겠는가?

과학에 대한 오해

이렇게 얼토당토않은 논의의 발단은 어디 있는가? 일부는 현학을 맹신한 데서 비롯되었고, 일부는 과학을 물질적이고 기계적인 것이라고 오해한 데서 비롯되었다. 유럽의 문화는 "물질문화"다. 세계대전 이후 상공업이 파산했는데, 이것은 과학이 "바깥으로만 힘쓰고 물질만 추구한" 결과이다. 장쥔마이의 원문을 다시 한 번 인용해보겠다.

> "정신과 물질: 과학의 쓰임은 주로 바깥 세계에만 집중된다. 그 결과 중국에 수많은 실험실과 공장이 들어섰다. 아침에 만들었다가 저녁에 부수듯이 인생도 기계와 같으니 정신상의 안위는 어디서도 얻을 수 없다. 중국은 아직 과학이 발달하지 못했고 공업도 남들보다 뒤떨어져 있기 때문에 방직공장과 철강소, 조선회사를 차린 장지즈나 니예윈타이 같은 이들은 모범적 인사가 되어 사람들에게 존경을 받는다. 그러나 한 나라가 공업에만 편중되어 발전한다면 제대로 된 인생관이 정립될 수 있을까? 제대로 된 문화가 형성될 수 있을까? 유럽 사람들과 비교해 보면, 이에 대해 의문을 갖지 않을 수 없다. 세계대전이 끝나고 나서, 물질문명에 대한 이삼백 년간의 득실을 따져봤을 때, 물질세계만 추구했던 경향에 대해 이를 혐오하는 사람들이 대단히 많아진 것을 알 수 있다……."

현재 중국인들은 보편적으로 이렇게 오해하고 있다. 정신과 물질의 관계는 매우 중요하다. 따라서 인내심을 갖고 설명을 잘 들어보길 바란다. 나는 인류의 심리적 내용이 과학의 재료가 되며, 참된 개념 추론은 과학이 연구해야 한다고 말한 바 있다. 과학의 목적은 개인의 주관적인 편견—인생관 최대의 장애물—을 없애는 것이며, 사람들이 공인할 수 있는 진리를 추구하는 것이다. 과학적 방법은 사물의 진위를 변별하고 진실한 사실을 가려내어 자세하게 분류한 뒤 그 사이의 질서와 관계를 탐구하여 가장 간단하고 명료한 말로 개괄해내는 것이다. 그러므로 과학 만능과 과학의 보편성, 통용성은 과학의 재료에 있는 것이 아니라 방법에 있다. 아인슈타인의 상대성 이론은 과학이며, 제임스의 심리학도 과학이고, 량치차오의 역사 연구법과 후스의 『홍루몽』 연구도 과학이다. 장쥔마이가 과학을 "외부에 관한"것[向外的]이라고 한정 짓는다면 이것이 말이나 되겠는가?

과학은 외부, 내부와 상관없을 뿐만 아니라 교육과 수양의 탁월한 수단이다. 항상 진리 탐구와 편견의 타파를 위해 노력하기 때문에 과학을 공부하는 사람은 진리 탐구의 능력과 진리를 사랑하는 진지함이 생기게 된다. 어떤 일을 만나건 간에 객관적이고 차분하게 분석, 연구할 수 있고, 복잡한 것 속에서 간략한 것을, 뒤죽박죽 섞인 것 가운데에서 질서를 찾아낼 수 있다. 논리로써 사고를 훈련시키면 갈수록 사고력이 증가하고, 경험으로써 직각을 인도하면 나날이 직각의 힘이 발전한다. 우주와 생물, 심리 등의 여러 관계에 대해 잘 알 수 있게 되어 진정으로 생활의 즐거움을 느낄 수 있게 된다. 이처럼 망원경으로 우주의 광활함과 무한함을 우러러 볼 수 있고, 현미경으로 생물계의 미세한 것까지도 살펴볼 수 있는 사람만이 "살아 움직이는" 마음의 경지를 깊이 체오(體悟)할 수 있는 것이지, 미동도 않고 좌선(坐禪)하며 알쏭달쏭한 말만을 일삼는 사람은 꿈에서도 느낄 수 없는 것이다. 만약 여러분들이 내가 언급했던 다윈, 스펜서, 헉슬리, 제임스, 피어슨 등과 쇼펜하우어, 니체 같은 사람들의 인격을 비교해본다면 인격에 미치는 과학교육의 중요성을 깨닫게 될 것이다. 또한 근래에 유전학의 발전으로 수천 년간 계속되어오던 성선 성악의 논쟁에 종지부를 찍게 되었는데, 이로 인해 사람들이 많은 깨달음을 얻어 인종(人種)을 개량하는 방법을 알게 되었다. 이것은 인류의 미래에 매우 큰 공헌을 한 것으로 그 가치는 헤아릴 수 없다.

공업의 발달은 당연히 과학 발달의 결과 중 하나이다. 그러나 실험실과 공장은 결코 같지 않다.—장쥔마이는 아무런 근거 없이 그 둘을 하나로 섞어 버렸다—실험실은 진리를 탐구하는 곳이고 공장은 돈을 버는 곳이다. 공업에서의 이해(利害) 관계는 매우 복잡하다. 자연계를 이용해서 이로움을 얻도록 돕는 것이 과학자의 임무이다. 과학자들이 공장을 짓고 노동자를 모으고 돈을 버는 일 따위를 한 적이 있었던가? 서양의 유능한 사업가는 대부분 우리의 군 사찰관과 비슷해서 출신이 비천하고 과학지식이 전무하다. 과학자 중에 돈을 많이 번 사람이 얼마나 되는가? 장쥔마이는 장지즈와 니예윈타이를 가리켜 중국 과학의 발전을 대표하는 사람들이라 했는데, 과학이 그것을 인정할지 안 할지는 그만두고서라도 본인들조차 인정하지 않을 것이다.

유럽 문화 파산의 책임

동서양 문화는 절대로 물질문명과 정신문명이라는 모호한 명사로 개괄할 수 없다. 이것은 매우 복잡한 문제인데, 여기서는 자세하게 얘기하지 않겠다. 『독서잡지(讀書雜志)』 4월호에 실린 후스의 글을 보길 바란다. 글에서 후스는 량슈밍(梁漱溟, 1893~1988)의 "동서 문화"에 대한 관점을 비판하고 있다. 내가 말하고 싶은 것은 유럽 문화가 설령 파산했다 할지라도(아직까지는 그런 일은 없다), 절대로 과학에는 책임이 없다는 것이다. 왜냐하면 파산의 주된 원인은 국제전쟁에 있기 때문이다. 전쟁에 마땅히 책임져야 할 사람들은 정치가와 교육자다. 이들 대부분은 여전히 과학적이지 않다. 이 시기의 역사에 대해 중국인들은 거의 아는 바가 없기 때문에 여기서 다시 한 번 상세하게 설명하겠다.

유럽은 원래 기독교 천하였으며 중세기는 신학 만능의 시대였다. 문예부흥 이래 그리스 철학이 신학 속으로 들어와 섞이게 되었다. 17, 18세기, 두 세기 동안 신학자들은 과학 발명에 대해 격렬하게 반대했다. 갈릴레이가 곤욕을 치른 것과 데카르트(René Descartes)가 두려워했던 것은 분명한 사실이다. 갈릴레이의 천문 학설은 로마 교회에 의해 금지되었다가 19세기 초에 이르러서야 빛을 보게 되었다. 19세기 초의 고등교육도 여전히 신학자들의 손아귀를 벗어나지 못했다. 그 당시 과학교육이라는 것은 산학(算學)과 자연철학(물리)을 제외하고 거의 전무했다고 할 수 있다. 영국에서 과학을 배우려는 사람은 독학을 하거나 의학을 택했다. 다윈과 헉슬리 같은 사람들은 모두 의학도였다. 의학을 배울 수 있는 곳은 옥스퍼드나 캠브리지, 런던과 에딘버그였다. 『종의 기원』이 출판되기 전에도 스펜서와 헉슬리는 과학교육을 극력 주창했으며, 빅토리아 여왕의 남편인 앨버트 공(公)은 대학교육 개혁에 힘써 과학박물관과 과학원, 광학원(鑛學院)과 같은 고등교육기관을 설립했다. 이로 인해 화학과 지질학, 생물학 등이 대학 교육 속으로 들어오게 되었으나 중등학교의 과학교육은 여전히 부족한 상태였다. 오늘날에도 영국의 대학 입학시험 과목에는 물리, 화학이 빠져 있다. 몇몇 실력 있는 중등학교에서도 자연과학은 선택과목이며 과학 설비조차 제대로 갖추어져 있지 않은 곳이 많다. 재능 있는 학생들이 중등학교에서 배우는 것은 라틴어와 그리스어, 그리고 수준 낮은 산수뿐이다. 대학에 입학한 이후 이과(理科)로 전과하지 않는 한, 평생 동안 과학과는 담을 쌓게 되는 것이다. 이런 기괴한 상황은 20년 전 내가 영국에서 유학할 때에도 크게 변하지 않았다.

영국에서는 법학도가 정치적으로나 사회적으로 세력이 가장 크다. 그러나 그들은 모두 전통교육을 받은 사람들이다. 죽을 때까지 일관되게 다윈을 반대하던 사람 가운에 글래드스턴(William Ewart Gladstone) 수상이 있다. 그는 과학과는 거리가 먼 사람이었다. 과학 교육을 주창한 사람 중 가장 실력 있는 사람은 헉슬리다. 그는 공립 중학교와 신설 대학에 과학을 보급한 공로가 크다. 그러나 그는 다윈을 옹호하고 과학을 선전하는 데 몰두했기 때문에 동물학 분야에 힘을 쏟을 시간은 거의 없었다. 과학을 공부하는 사람들은 한편으로는 그를 숭배했지만 다른 한편으로는 그의 부족함을 알고 그것을 극복하려 하였다. 따라서 과학에 적대적인 사람의 수는 날이 갈수록 줄어들게 되었다.

20세기 들어와서 과학과 신학의 논쟁은 일단락되었다. 과학을 공부하는 사람들은 오십 년 전에 비해 지위가 상당히 높아졌다. 그들은 각자 맡은 일에만 힘쓸 뿐 적극적으로 과학을 선전하지는 않는다. 신학자들도 면모를 일신(一新)했다. 그들 가운데 드러내놓고 과학에 반대하는 사람은 많지 않다. 그러나 이런 휴전 상태는 작년 펑즈산(奉直山)에서 맺은 해관조약[海關和約]과 마찬가지로 여전히 과학에 불리하다. 왜냐하면 교육계의 대부분을 신학이 차지하고 있기 때문이다. 전국의 유명한 중등학교 교장들 대부분과 옥스퍼드, 캠브리지 두 곳의 분교 원장들도 전부 전도사이다. 이 학교에서 배출된 학생들은 사회적으로나 정치적으로 큰 세력을 형성하고 있지만, 다른 한편으로는 과학과 가장 격리되어 있는 사람들이다. 글래드스턴이 다윈을 비판한 사실은 이미 앞에서 언급했다. 최근 수상과 외상을 지낸 밸푸어(Balfour) 역시 이런 무리를 대표하는 사람이다. 그는 『신앙의 근본(The Foundation of Belief)』이라는 책을 써서 과학을 비판했다. 사람들은 생활에 직접적으로 유용한 것이나 산업에 활용 가능한 것에는 돈을 쓰기 주저하지 않는다. 그러나 진정한 과학정신이 무엇인지는 여전히 이해하지 못하고 있다. 처세와 입신(立身)에 중요한 것은 여전히 형태만 바꾼 기독교다. 이러한 상황은 영국뿐만 아니라, 대륙의 여러 나라와 미국도 마찬가지다. 정치권력은 모두 법학도들의 수중에 들어가 있고, 교육기관도 종교의 손아귀에서 벗어나지 못하고 있다. 독일과 프랑스에서는 새로운 현학가들이 나와 반과학주의를 선전하며 간접적으로 신학의 변호인 역할을 하고 있다. 독일 낭만주의 계열인 헤겔주의자들은 충성스러운 국왕의 옹호자가 되어 보수당으로 변질됐다. 프랑스의 베르그송은 직각으로 지식을 억누르려고 한다. 모두가 직간접적으로 과학을 반대하는 사람들이다. 비록 일반인에 대한 영향력이 그리 크지는 않다고 해도 정치와 교육 권력을 장악하고 있는 사람들에게는 큰 세력으로 비칠 것이다. 유럽과 미국의 국무원, 총리, 대통령들이 과학교육을 전혀 받은 적이 없는 사람들이라는 것을 생각해본다면 정치에 미치는 과학의 영향이 얼마나 미미한지 알 수 있을 것이다. 이 뿐만이 아니다. 미국의 국무장관과 대통령 후보를 지낸 브라이언(Bryan)은 지금까지도 다윈의 학설을 가르치는 것을 금지시킬 것을 주장하고 있다. 1921년 우생학자 골턴(Galton)을 기념해 런던에서 거행된 강연에서 명예회장 게드(Gedds)는 과학지식이 정치에 적용될 수 없다고 주장했다. 게드의 주장은 장즈동(張之洞, 1837~1909)이 현학을 체로 삼고, 과학을 용으로 삼는다[3]는 말과 매우 비슷하다. 공업은 과학을 이용해야 하기 때문에 과학을 완전히 배척해버릴 수는 없었는데, 그럼에도 과학을 억압함으로써 그들의 영역에 침범해 들어올 수 없도록 했다. 따라서 서양의 공

3) “玄學爲體, 科學爲用”, 원래는 “中學爲體, 西學爲用”이다.

업은 비록 과학 발명의 덕을 봤지만 정치와 사회는 절대적으로 과학정신을 결여하고 있다. 이는 청나라의 경학자들이 염백시(閻百詩)의 『상서(尙書)』를 위고문(僞古文)이라 하여 권위를 깎아내리긴 했지만 여전히 그 과목을 과거시험에 포함시킨 것과 비슷한 이치이다. 인생관이 통일될 수 없는 것도 이 때문이고, 전쟁이 사라지지 않는 것도 이 때문이다. 세계대전이 발발하기 몇 년 전, 에인절은 『거대한 환상』이라는 책에서 과학방법을 사용하여 전쟁과 경제의 관계에 대해 연구하고 전쟁의 결과에 대한 탁월하게 예측했다. 그는 책에서 전승국 또한 파산할 것이 불 보듯 뻔하니 전쟁을 해서는 안 된다고 주장했다. 당시 유럽의 정치가들은 모두 그의 말을 진부하다고 비웃었다. 현재 유럽의 국가들은 모두 전쟁 때문에 파산했다. 그러나 마땅히 책임져야 할 현학가, 교육자, 정치가들은 잘못을 뉘우치지 않고 과학이 "바깥 물질만을 추구한" 때문이라며 도리어 파산의 죄과를 과학에 뒤집어씌우니 이 어찌 슬픈 일이 아니겠는가!

중국의 "정신문명"

대다수 중국인들은 최근 삼백 년 동안 경학대사(經學大師)들의 치학(治學) 방법이 바로 과학방법이라는 사실을 알지 못한다. 사람들은 서양의 과학이 기계적이고, 물질적이고, 외향적이고, 형이하학적이라고 오해하고 있다. 그러나 경자(庚子)년 이후에 "과학위용(科學爲用)"이란 말이 유행하면서 과학을 공공연히 비방하는 일은 줄어들었다. 그런데 세계대전 발발 이후 다시 상황은 바뀌었다. 과학의 발원지인 유럽이 파산했다! 어서 우리의 정신문명으로 물질문명을 구해야만 한다. 이런 주장은 자연스럽게 유럽 현학가들의 입맛에도 잘 들어맞았다. 하지만 정신문명이란 무엇인가? 장쥔마이는 말했다. "공맹과 송명 성리학자들이 심성 수양을 강조한 결과 정신문명이 발달하게 되었다." 그렇다면 이러한 정신문명 발달의 결과가 어떠했는지 역사를 통해 살펴보도록 하자.

송나라 때 심성 공부를 강조했던 이학자는 부지기수였다. 대표적으로는 육상산학파가 있다. 그러나 당시만 해도 학자들이 주로 독서를 강조했으니 완전히 공소(空疎)로 흐른 것은 아니었다. 그러나 남송(南宋) 시기의 사대부들은 이상하리만치 능력도 없고, 상식도 없었다. 그 결과 중국은 야만적인 몽고인들에 의해 백여 년 동안이나 통치를 받게 되었고, 수백만 명의 강남(江南) 지식인들이 죽임을 당해 한족(漢族) 문화가 멸종의 위기에 처하게 되었다. 육상산의 적파(嫡派)는 명대의 왕양명과 진백사이다. 명말에 이르자 육왕학파가 세상을 지배하게 되었다. 그들은 남송 지식인들에 비해 훨씬 더 퇴보하여 독서는 완물상지(玩物喪志)[4]요, 치사(治事)는 유상풍아(有傷風雅)[5]라고 여겼다. 따라서 고염무는 그들을 다음과 같이 평했다.

"(지금의 군자는) 빈객 · 문인 등 백수십 인을 모아놓고 더불어 심성(心性)을 논한다. 다양한 배움의 길을 놓아두고 단번에 깨달으려는 일관(一貫)의 방법만을 추구하며, 사해(四海)의 곤궁함에 대해서는 언급하지 않은 채 위미정일(危微精一), 즉 인심(人心)은 오직 위태롭고 도심(道心)은 오직 미약하니, 오직 정밀하게 하고 오직 한결같이 하여 인심을 버리고 도심을 밝혀야 한다는 것만 강론했다." 사대부란 사람들은 옛 것도 모르고 지금의 것도 모르고 "나약함만을 기르니 어디에도 쓸모없고", 일이 터지면 바보처럼 어찔 줄을 모른다. 산시(陜西)의 건달 둘이 만주인들의 선구가 되리라고는 생각도 못했다. 장헌충이 쓰촨(四川)에서 죽인 사람의 수가 이번 세계대전의 사망자 수보다 두 배 이상으로 많았으니, 만주족

4) 외물(外物)에 정신이 팔려 소중한 자기의 본심(本心)을 잃음.

5) 고상하지 않은 것.

이 남방 지역에서 행한 악행은 비교할 바도 아니다. 냉정하게 생각해보면 이런 식의 '정신문명'에 어떤 가치가 있단 말인가? 그런데도 간판을 내걸고 공개적으로 과학을 공격한다는 게 가당키나 한 일인가? 청나라의 과학적 경학자들이 이런 신앙 없는 종교, 방법 없는 철학을 몰아내기 위해 대단히 노력했음에도 불구하고 완전히 물리치지 못했다. 이런 와중에 오늘날 유럽 현학의 여독(餘毒)이 중국을 오염시켜 송원명(宋元明) 심성론의 불씨를 다시 살려내려 하니 불행한 일이 아닐 수 없다. 게으른 사람들은 역사적 진실을 도외시할 뿐만 아니라, "정신문명"이란 것이 어디에 있는지 찾아보려 하지도 않는다. 또한 심성 수양으로만 만들어진 "정신문명"이 어떤 것인지 생각해보지도 않는다. 그들은 "경제사관"을 인정조차 하려 들지 않는데 그건 그렇다 쳐도 "먹고 입는 것이 충분해진 후에야 예절을 알게 되고, 창고가 가득 찬 후에야 영예와 부끄러움을 알게 된다."라는 옛말까지도 잊었단 말인가?

현학이 "심성의 수양"만으로 일반 사람들을 이처럼 뒤흔들어놓을 수 있었던 까닭은 현담(玄談)이 게으른 그들의 심리에 가장 잘 부합했기 때문이다. 모든 것을 심성에만 의존해 사실을 부정했으며, 논리와 분석도 마다했다. 고염무의 말이 탁월하다.

"……조급한 무리들은 세상에 이름 알리기에만 급급해서 오경(五經)으로 말하면 들으려 하지 않다가도 백사, 양명의 어록으로 말하면 대단히 기뻐한다. 답습하고 흉내 내는 것만 쉬이 하는 것이다."

이 말을 조금만 바꿔 오늘날 현학 숭배자들의 심리를 설명해보겠다.

"지금의 군자(君子)들은 세상에 이름 알리기에만 급급해서 과학으로 말하면 배우려 하지 않다가도 베르그송, 드리슈를 말하면 대단히 기뻐한다. 답습하고 흉내 내는 것만 쉬이 하는 것이다."

결론

후스의 『최근 오십년간의 세계철학』 중의 한 구절로 이 글의 결론을 대신하고자 한다.

"우리 시대가 요구하는 것을 살펴보면 오늘날 인류 최대의 책임과 필요는 과학방법을 인생문제에 응용하는 것이다."

과학방법에 대해서는 독자 여러분들이 싫증날 정도로 많이 들었을 것이다. 예를 하나 들어 여러분들에게 과학과 현학의 차이를 설명해보겠다.

장쥔마이는 남녀문제를 다루며 "중국 연극의 칠팔십 퍼센트는 남녀간의 연애가 주된 내용이 아니다"라고 했다. 그러나 이에 대한 증거는 대지 않았다. 아마도 그의 "양심의 자발적 발로이지, 누가 시켜서 그런 것은 절대 아닐 것이다." 내가 생각하건대 그가 제기한 문제는 매우 흥미있는 연구 주제다. 급히 자료를 구하기 쉽지 않아 우리 집 요리사가 보던 네 권짜리 『희곡도고(戲曲圖考)』라는 책으로 통계를 내보았다. 네 권의 책에 실린 총 29편의 극 가운데 13편이 남녀 간의 연애와 관련이 있었다. 책 표지에는 "류홍승, 양소루 비본(劉洪昇, 楊小樓秘本)"이라고 적혀 있는데, 한낱 수생(須生)[6]과 무생(武生)[7]의 비본이니 대표성이 떨어진다고 비판할지도 모른다. 다시 손에 잡히는 대로 『철백구(綴白裘)』[8]로 통계를 내어 보니 총 19편의 극 중에서 12편이 남녀 간의 연애와 관련이 있다. 후에 극본을 연구하는 친구 집에 가서 『원곡선(元曲選)』을 빌려 통계를 내어 보았는데, 총 100편 가운데 39편이 연애를 소재로 삼은 것이었다. 또

6) 경극(京劇)에서 재상(宰相)이나 충신(忠臣) 등 중년 이상 남자로 분장하는 배우. 가짜 수염을 달고 나오기 때문에 수생(須生)이라고 하며 노래 부르는 것을 주로 한다.

7) 경극에서 남자 무사 역을 하는 배우.

8) 청대(淸代)의 극본 선집.

급고각(汲古閣)에서 나온 『육십종곡(六十種曲)』도 살펴보았는데, 총 60편 가운데 39편이 연애를 내용으로 하고 있었다. 이로써 장쥔마이의 말에 근거가 없다는 것을 알 수 있었다. 비록 사소한 예이지만 "주관적이고, 직각적이고, 종합적이고, 자유의지적이고, 단일성적인" 인생관은 사상누각(砂上樓閣)과 같아 비바람조차 견디기 힘들다는 것을 알 수 있다. 그러므로 우리는 절대 그들의 유혹에 빠져서는 안 되는 것이다!

1923. 4. 12.

-베이징 『노력주보』 48, 49기에서 옮겨 실음

05 인생관과 과학을 다시 논함, 아울러 딩원지앙에게 답함

再論人生觀與科學幷答丁在君

장쥔마이

張君勱

2월 14일, 내가 칭화대학(清華大學) 강연에서 언급한 인생관과 과학의 다섯 가지 차이를 정리하면 다음과 같다.

첫째, 과학은 객관적이고, 인생관은 주관적이다.

둘째, 과학은 논리적 방법의 지배를 받으나, 인생관은 직각에서 생겨난다.

셋째, 과학은 분석방법에서 시작하고, 인생관은 종합적이다.

넷째, 과학은 인과법칙의 지배를 받지만, 인생관은 자유의지적이다.

다섯째, 과학은 대상들의 동일 현상에서 비롯하지만, 인생관은 인격의 단일성에서 생겨난다.

나의 친구 딩원지앙은 지질학자로서 평소 과학 옹호를 소임으로 여겨 왔다. 그는 나의 글을 본 후, '당신은 과학이 인생을 지배할 수 없다고 했는데, 그렇다면 과학이 무슨 소용이 있겠소'라며 크게 화를 냈다. 우리는 두 시간 동안 설전을 계속했고, 이어서 만여 자에 달하는 비판의 글을 『노력주보』에 발표했다. 과학은 과연 인생을 지배할 수 있는가? 아니면 지배할 수 없는가? 서양에서는 19세기 말에 이미 이 문제에 의문을 가진 사람이 있었다. 그러나 오늘날까지도 새로운 학설인 듯 여기는 사람이 많으니 딩원지앙이 내 말을 듣고 놀라는 것도 그리 이상한 일이 아니다. 이삼십 년 동안 중국 학술계의 중심 화두는 과학만능이었다. 교과서에서 가르치는 것도 과학이고, 우리가 눈과 귀로 접촉하는 것—전등, 전화, 수돗물—도 과학이다. 학술명을 보더라도 '-ics' 나 '-logy'로 끝나는 것은 모두 과학으로 불린다. 아무리 대단한 사람이라도 과학 앞에서는 오로지 옳다고 할 뿐, 감히 다른 말을 하지 못한다. 책을 쓸 때, 먼저 정의를 내리고, 연혁을 밝히고, 또 분류와 분장, 분절하여 일목요연하게 서술하면 이것 또한 과학적이라고 말한다. 이런 분위기 속에서 내가 과학의 능력에 일정한 한계가 있다고 청년들에게 말하였으니, 이 말이 귀에 거슬리는 것은 당연하다. 내 친구 딩원지앙은 그의 총명함으로 내 말을 이단사설(異端邪說)로 몰아 반박하였다. 처음에는 파렴치한 귀신이라 했고, 그다음에는 귀신이 붙었다 했으며, 나중에는 의화단이라고 했다가, 마지막에는 장헌충 같은 부류의 요괴라고 했다. 이런 말들은 중세기 로마 수도사들이 갈릴레이를 심문한 뒤에 선고했던 것과 무엇이 다르겠는가? 과학을 맹신한 나머지 다른 사람을 귀신이라 몰아붙이며 황당한 이야기로 몰아간다면 이는 오히려 본인이 귀신을 본 것이라 할 수 있다.

딩원지앙이 나를 비판하는 이유는 인생관에는 논리가 없으며, 과학 법칙도 없다는 나의 말 때문이다. 여러 가지 예를 통해 인생관의 법칙을 보여줌으로써 내가 칭화대학에서 한 강연이 정말 허튼소리였음을 증명하고, 요사스런 말로 사람들을 미혹한 죄를 묻는다면 그건 괜찮다. 그러나 수만 마디의 말 중에 하나도 제대로 증명하지 못하면서 도리어 경멸과 조소의 말만 쏟아낼 뿐이니, 아아! 이것이 증거 지상주의를 부르짖는 과학자의 태도란 말인가?

나는 반박문을 쓰기에 앞서 먼저 독자 여러분들과 한 가지 약속을 하려고 한다. 글에 대해 문제를 제기하는 것은 언제나 있는 일이다. 그러나 상대를 비방하는 말이 도리를 밝히는 말보다 많다면 이것은 학자의 태도가 아니다. 입만 열면 상대를 비방하는 딩원지앙에 대해서 나는 상관하지 않을 것이다. 한 가지 더 짚고 넘어갈 것이 있다. 딩원지앙은 감각기관을 넘어서 있는 것에 대해 불가지하다 하여 이 문제를 존이부론(存而不論)[1]하겠다 하면서 자칭 존의적 유심론자라 했다. "존의"하다면 형이상 영역을 연구하는 현학을 폄하해서는 안 된다. 자신이 말하는 존의가 선입관에 의한 것임을 모른다면, 딩원지앙은 자기모순에 빠지고도 깨닫지 못하는 격이다. 그는 분명 존의주의에 대해 제대로 이해하지 못하고 있다. 따라서 이에 대한 설명이 필요하다.

내가 딩원지앙과 토론하려는 것은 다음의 문제들이다.

첫째, 물질과학에 왜 법칙이 있는가?

둘째, 정신과학의 법칙은 왜 물질과학만큼 명확하지 않은가?

셋째, 인생관은 왜 논리적 방법과 인과법칙의 지배를 받지 않는가?

(이상이 상편이다.)

넷째, 이른바 과학적 지식론은 정확한가?

다섯째, 과학자가 추론과 법칙에 근거해 얻어낸 "진리" 이외에, 또 진리라고 인정할 만한 것이 존재하는가?

여섯째, 현학은 유럽에서 "밥 빌어먹을 만한 곳도 없는가?"(딩원지앙의 말)

(이상이 중편이다.)

일곱째, 과학과 현학에 대한 나의 입장

여덟째, 물질문명에 대한 나의 입장

---

1) 잠시 보류하고 논하지 않음.

아홉째, 심성학[心性之學]과 고증학[考据之學]에 대한 나의 입장
열 번째, 개인적 비판에 대한 답변
(이상이 하편이다.)

● 상편

제1장 물질과학과 정신과학의 분류

중국인들은 과학이 무소불능(無所不能)이며 무소부지(無所不知)하다 여겨 맹신하는 경향이 있다. 수십 년 동안 보고 들은 것이 그렇기 때문에 자연스럽게 물든 것이다. 과학이 무엇인지에 대해 분명하게 대답할 수 있는 사람은 드물다. 또한 과학에는 물질과학과 정신과학이 있는데, 그 둘의 차이가 무엇인지에 대해서 분명하게 말할 수 있는 사람도 역시 드물다. 수학은 'Mathematics'고, 물리학은 'Physics'고, 경제학은 'Economics'며, 통계학은 'Statistics'로 네 단어 모두 '-ics'로 끝난다. 따라서 사람들은 이 네 종류의 과학이 도출한 결론과 효력이 같다고 여긴다. 생물학은 'Biology'고, 심리학은 'Psychology'며, 사회학은 'Sociology'인데, 세 단어 모두 '-logy'로 끝난다. 따라서 사람들은 이 세 종류의 과학이 도출한 결론과 효력이 반드시 같다고 여긴다. 이처럼 생각이 정리되지 않은 상황에서 과학법칙이나 과학과 인생관의 동이(同異)에 대해 말하려니 모순이 생기는 것이다. 딩원지앙은 내가 열거한 아홉 가지 외에 다음과 같은 두 가지를 덧붙였다.

10) 천문현상에 대한 나의 생각 ……… ┬ 점성학 / └ 천문학
11) 사물의 기원에 대한 나의 생각 ……… ┬ 창조론 / └ 진화론

딩원지앙은 내가 열거한 아홉 가지 기준의 근거도 제대로 모르면서 멋대로 말을 바꾸어 득의양양하고 있다. 이는 본인도 과학원리가 무엇인지 모르며, 물질과학과 정신과학을 제대로 구분하지 못한다는 것을 증명하고 있는 것이다. 내가 열거한 아홉 가지는 모두 정신 방면에 속하는 것으로 주관이 그 사이에서 작용하는 것이다. 천체의 운행에 관해 말하자면, 그것은 물리학과 천문학의 원리 범위에 속하는 것이다. 사물의 기원에 대해서는 현재까지 명확한 결론이 없지만(뒤에서 다시 설명하겠다), 생물학 현상 가운데 일부분에 대해서는 법칙을 도출해낼 수 있다. 따라서 천문 현상이나 사물의 기원에 관한 것은 당연히 과학의 범위에 속하는 것이지 인생관에 속하는 것은 아니다. 이렇게 경계가 아주 분명함에도 딩원지앙은 거짓으로 모르는 체하며 "음양오행"이란 네 글자를 덧붙여 사람들을 혼란에 빠뜨리고 있다. 전통의학과 신 의학, 인생관과 과학은 함께 논의될 수 없음을 모르는 것이다.

딩원지앙은 "정신과학과 물질과학의 차이가 어디 있단 말인가"라고 반문한다. 그러나 나의 얕은 지식으로 보건데, 과학을 분류할 수 없다고 생각하는 과학자나 철학자는 세상 어디에도 없다. 스펜서는 스펜서의 분류법이 있고, 콩트는 콩트의 분류법이 있으며, 영국 생물학자 톰슨(J. A. Thomson)은 톰슨의 분류법이 있다. 또한 독일 철학자 분트(Wilhelm Wundt)는 분트의 분류법이 있고, 영국의 웨담(Whetham)은 웨담의 분류법이 있다. 내가 물질과학과 정신과학으로 나누는 것은 분트가 논리학에서 확실과학(Exakte Wissenschaft)과 정신과학(Geiste Wissenschaft)으로 나눈 것에서 착안했다. 확실과학이란 이름 대신 물질과학이라는 말을 쓴 까닭은 물질이라는 단어가 정신과 서로 대응되어 의미가 좀 더 분명하기 때문이다. 그러나 각 과학의 종속관계는 분트의 견해와 전혀 다르지 않다. 분트의 분류법은 다음과 같다.

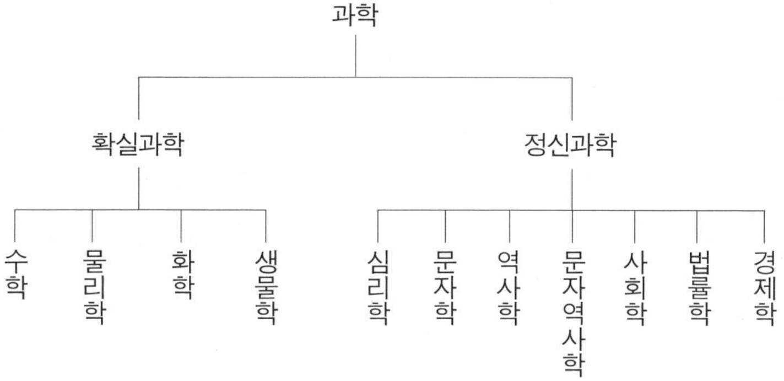

확실과 불확실의 기준으로 보면 양자 간에 차이가 있음을 알 수 있다. 칭화대학에서의 강연은 인생관에 중점을 둔 것으로 과학 분류나 과학 법칙의 장단점과 같은 파생적 문제에 대해서는 다루지 않았다. 과학에 대한 엄격한 정의에 따르면 정신과학은 과학이라고 볼 수 없다. 이는 위의 기준에 따르면 충분히 증명할 수 있다. 그 이유는 뒤에서 설명하겠다. 그러나 딩원지앙은 심리적 내용과 과학 자체를 혼동하여 둘의 차이를 인정하지 않는 이상한 논리를 주장하였다. 과학의 대상과 심리적 내용을 동일시한다면 물리학과 생물학, 심리학(웨담의 삼분법) 등을 어떻게 구분할 수 있겠는가? 딩원지앙의 논지는 인식의 근원을 따져보니 물질과 정신이 원래 구분이 없었다는 것이다. 그러나 이것은 죽은 사물[死物]은 죽은 사물이고(물리학), 살아 있는 사물[活物]은 살아 있는 사물이며(생물학), 살아 있는 사물에 심리현상(심리학)이 있음을 모르고 하는 말이다. 물리학과 생물학, 심리학의 차이가 바로 과학 간의 경계를 형성하니 이것을 마음대로 없애버릴 수 없다. 무엇이 물이고 무엇이 심인가에 대해서는 수많은 논쟁이 있어왔다. 그러나 물질과학과 정신과학의 구분을 부정한다는 것은 세상 어디에서도 들어보지 못했으며, 있다면 딩원지앙이 처음일 것이다.

제2장 과학발달의 역사와 자연법칙의 성질

과학자의 최대 목표는 모든 현상에 대해 인간의 주관을 배제하고 객관적인 상태에서 추론함으로써 인과상생(因果相生)의 관계를 밝히는 것이다. 딩원지앙이 즐겨 말하는 것은 갈릴레이의 지동설과 다윈의 진화론이다. 과거에는 천문 현상을 신의 뜻으로 여겼는데 갈릴레이와 케플러, 뉴턴이 등장한 이후 이런 것은 쓸모없어졌으며, 천문현상은 과학적인 것이 되었다. 다윈이 등장한 이후 신의지설(神意之說)은 무용지물이 되고 생물 현상은 과학적인 것이 되었다. 따라서 과거로부터 미래를 예측해본다면 인생관 역시 천문학, 생물학과 마찬가지로 인간의 주관을 벗어나 과학적이 되지 말란 법이 없다는 것이다. 이것이 실현 가능한지 알아보려면 먼저 과학의 역사를 살펴봐야 하고, 그다음에 물질과학과 정신과학의 공통점과 차이점을 알아봐야 한다.

근대과학은 16세기에 탄생했다. 옛 사람들은 중량이 무거운 물체가 가벼운 물체보다 빨리 떨어진다고 생각했다. 그러나 갈릴레이는 피사의 사탑 실험을 통해 물체의 하강 속도는 중량에 상관없이 일정하다는 사실과 속도와 하강 시간은 정비례한다는 법칙을 도출해냈다. 즉 처음 1초에 1척(尺)[2] 하강했다면 두 번째 1초에 4척, 세 번째 1초에 9척을 하강한다는 것이다. 뉴턴은 이에 기초해 물리학의 3대 법칙[3]을 발견했으며, 다음과 같은 공식을 얻어냈다.

---

2) 1尺=30.3cm.

3) 관성의 법칙, 작용 반작용의 법칙, 중력의 법칙을 말한다.

$$Mv = Constant$$

$$F = m\left(\frac{V2 - V1}{t2 - t1}\right) - ma$$

$$F = G\frac{mm}{r}\,\hat{}2$$

이후 이어진 과학자들의 연구에서는 모두 관찰, 비교, 가설의 방법을 사용했다. 공식을 여러 현상에 대입하고 검증해서 합리적인 결과가 나오면 자연법칙(Natural Law)이 성립한다. 자연법칙의 특징은 두 가지다. 첫째, 두 현상의 인과관계. 갑이라는 현상이 발생하고 나서 을이라는 현상이 뒤따라 일어나는 것이다. 물체의 운동을 예로 들어보자. 운동은 반드시 외부에서 힘이 가해져야 발생하기 때문에 운동과 물체 외부의 힘은 인과관계로 묶여 있다. 둘째, 이미 확립된 법칙으로부터 새로운 사실의 추론. 예를 들어 케플러의 법칙을 모든 천체에 적용할 수 있는 것과 같다. 근래에 아인슈타인의 이론이 나왔지만 적용 범위가 다르기 때문에 물리학자들은 아직까지 뉴턴의 법칙이 유효하다고 여긴다. 여기서 볼 때, 물리학 법칙은 그다지 쉽게 동요되지 않는다는 것을 알 수 있다.

18세기 이래로 물리학 방법을 생물현상에 적용시키려는 시도가 있었다. 라이얼(Lyell)의 지질학과 라마르크(Larmarck)의 동물학이 여기에 해당된다. 다윈이 『종의 기원』을 완성하자 모두 이 이론을 따르게 되었다. 딩원지앙의 말대로라면 진화론은 생물학의 모든 문제를 해결한 듯하다. 과연 해결이 된 것인지 드리슈의 말로 증명해보고자 한다. 딩원지앙은 드리슈의 현학을 별로 듣고 싶어 하지 않을 것이다. 그러나 그의 『실험발생학』이 나폴리 해변의 생물 실험실에서 12년 동안 연구한 결과라는 것은 그도 부정하지 못할 것이다. 드리슈가 우창(武昌)에서 한 강연의 일부를 여기 옮겨본다.

다윈 학설의 핵심은 다음과 같다. 첫째, 생존경쟁(Struggle for Existence). 둘째, 자연선택(Natural Selection). 셋째, 미세한 변화(微變)의 누적. 넷째, 미세한 변화에 적응한 것이 다음 세대로 전해지는 것.

1) 자연선택: 다윈에 따르면 생존경쟁[物競]의 요지는 환경에 대항하여 살아남은 것이 자연에 의해 선택되는 것이다. 현재 환경에 적응한 것이라도 내일은 다시 생존경쟁 속에 던져지게 되니 생존경쟁은 끝이 없고 자연선택도 끝이 없다. 세상의 수많은 생물 종[物種] 가운데 생존경쟁에서 패한 것은 자연선택의 힘에 의해 도태되어 없어진다. 그러나 생존경쟁에서 살아남았다고 해서 자연선택이란 네 글자만으로 모든 것이 설명되는 것은 아니다. 왜 그런가? 생존경쟁을 거치며 살아남는 것과 도태되는 것이 나오게 되는데, 이로 인해 신체기관의 차이가 형성된다. 도태되는 것은 자연선택 때문이라 해도 과언이 아니다. 그러나 살아남은 것은 기관이 조금씩 다르기 때문에 자연선택 이외에 다른 창조원인(Der Schaffendefaktor)이 있다고 생각할 수밖에 없다. 무릇 멸종에는 이유가 있고, 발생에도 이유가 있다. 멸이라는 것은 존재하지 않는다는 것이고, 생이라는 것은 존재한다는 것이다. 만약 어떤 것이 존재하는 원인을 다른 것이 존재하지 않기 때문이라고 한다면 이는 말이 안 되는 것이다. 30년 전, 독일 남부의 뮌헨대학 식물학과 네겔리(Nageli) 교수는 다음과 같은 예를 들어 다윈의 자연선택설을 비판했다. 누군가 길가의 나무에 어째서 잎이 붙어 있는가라고 물었다. 어떤 사람이 대답했다. 그 이유는 꽃을 관리하는 사람이 나뭇잎을 잘라내지 않아서이다. 나뭇잎이 원래 무성했는데 지금은 많이 감소했다면 그 원인을 나무 관리자에게 돌리는 것은 당연하다. 그러나 나뭇잎을 잘라낸 후에 남아 있는 것들은

그것이 남겨지게 된 이유가 따로 있을 것인데, 이것을 관리하는 사람 때문이라고 한다면 그것은 설명이 되지 못한다. 따라서 자연선택을 새로운 종이 발생하는 원인으로 간주한다면 그것은 나무를 관리하는 사람을 나뭇잎 존재의 원인으로 여기는 위의 예와 무엇이 다르겠는가?

나는 새로운 종이 자연선택에 의해 발생한다는 것에는 반대하지만, 그렇다고 자연선택의 효과를 부정하지는 않는다. 종(種)과 환경이 투쟁을 하게 되면 그 결과로 살아남는 것과 사라지는 것이 존재하게 되니 이런 상황을 자연선택이라는 말로 개괄하는 것은 가능한 일이다. 그러나 새로운 종이 발생하는 데에는 또 다른 원인이 있다. 예를 들어 북극곰은 얼음과 눈으로 뒤덮인 곳에 살기에 적합하도록 회색털이 흰색으로 바뀌었다. 늑대와 토끼는 같은 환경에서 살지만 토끼는 빠른 발을 가지고 있기 때문에 생명을 유지할 수 있다. 이것은 모두 자연선택의 효력을 보여주는 것이다. 적응에 성공한 종은 살아남고 그렇지 못한 종은 사라지는 현상을 다윈의 자연선택설로 전부 설명할 수 있는가? 그렇지 않다. 스위스의 동물학자인 울프(G. Wolff)는 이렇게 말했다. 때때로 종의 생멸은 생리적 건강 여부와 상관없이 지리적 특성에 의해 결정되기도 한다. 열차 충돌 사고 때, 반드시 골격이 튼실하거나 신체가 건강한 사람만이 생존하는 것은 아니다. 충돌 지점에서 멀리 떨어져 있을수록 생존율이 더 높다. 전염병이 돌 때 살아남은 사람 또한 골격이 튼실하거나 신체가 건강해서가 아니라 병이 발생한 곳으로부터 멀리 떨어진 곳에서 살았기 때문이다. 이 두 가지 예에서 볼 때, 다윈이 자연선택설에서 말한 적응여부는 생존과 멸종의 유일한 표준이 아님을 알 수 있다.

2) 미변 유전설: 다윈은 생물 기관의 변화는 미세한 변화의 누적에서 기인한다고 말했다. 그러나 1909년 덴마크의 요한슨(Johansen)은 『정확한 유전 원론(Elemente der Erblichkeitslehre)』이란 책에서 다윈

의 미변설에 사형선고를 내렸다. 근세의 동식물 학자들은 잎의 많고 적음이나 색깔 등 종의 변천에 관해 어느 정도의 통계를 갖고 있으며, 거스의 곡선에 근거하여 그 평균수를 도출해냈다. 요한슨은 식물 실험 방법에서 변화에 대한 통계를 구할 때는 잡종이 아닌 순종을 써야 한다고 주장했다. 잡종은 한 무리의 식물을 모아둔 것으로, 법칙이 불규칙하게 유전되기 때문에 동종식물이라고도 부른다. 그러나 실제로는 그 안에 수많은 종을 포함하고 있다. 종들은 각각의 평균수가 있기 때문에 그것을 섞어서 계산하면 정확한 통계치를 얻을 수 없다. 반내로 순종을 써서 계산하면 유전과 비유전의 수를 구할 수 있다. 예를 들어 중국의 국화와 독일의 카밀(Kamille), 혹은 버터블루머(Butterblume)는 모두 복합종으로 잎사귀의 수와 색깔이 일정하지 않다. 따라서 요한슨은 다양한 꽃들로 실험을 했다. 잎사귀 수가 적은 어떤 꽃은 10장, 중간 것은 25장, 많은 것은 40장에 이른다. 잎사귀 수가 10장인 종은 다음 대에 25장으로 급증하는 극단적인 종으로 원래의 평균수를 유지할 수 없다. 평균수를 유지할 수 없다는 것은 이미 다윈이 방황변이(彷徨變異, Fluctuating Variation)설에서 확인했던 것이다. 순종으로 실험을 한 결과는 반대로 나왔다. 따라서 다음과 같은 결론을 내릴 수 있다. 즉 순종의 유동변화는 결코 유전되는 것이 아니다. 어떤 사람은 다윈도 변화 비연속의 학설을 주장했기 때문에 요한슨의 말과 다르지 않다고 한다. 그러나 정통 다윈파라고 자처하는 사람들은 연속설을 견지하므로 요한슨의 학설은 적어도 정통파의 아성을 부순 것이라 할 수 있다.

설령 울프와 요한슨의 반박이 없었다 하더라도 다윈의 학설은 여전히 성립되기 어렵다. 어째서 그런가? 극단적 다윈주의자는 종의 변화에는 목적도 방향도 없다고 한다. 그러나 신체기관은 동물의 생존 및 사망과 큰 연관이 있다. 가령 신체기관이 우연히 형성된 것이라면 어떻게 그 것이 적합한 쓰임을 갖게 되겠는가? 이것은 다윈 학설이 설명하지 못하는 첫 번째 부분이다. 귀와 청각신경, 눈과 시신경이 연관되어 있는 것처럼 각종 기관은 모두 복잡한 분자조직으로 이루어져 있지만 또 서로가 연관되어 하나의 체계를 이룬다. 이는 결코 우연이 아니다. 이것이 다윈 학설이 설명하지 못하는 두 번째 부분이다. 사람의 눈과 귀, 손과 발은 모두 짝수이며, 어떤 동물의 눈은 20개에서 30개씩이나 되는데 이것을 어찌 우연이라 할 수 있겠는가? 이것이 다윈 학설이 설명하지 못하는 세 번째 부분이다.

이것이 전부가 아니다. 동물 가운데 재생능력(Regeneration)이 있는 도롱뇽은 앞다리를 잘라내면 앞다리가 다시 자라나고, 뒷다리를 잘라내면 뒷다리가 다시 자라난다. 지렁이 또한 머리를 잘라내면 머리가 다시 자라고 꼬리를 잘라내면 꼬리가 다시 자란다. 다윈에 따르면 이런 재생능력은 부모에게서 유전된 것이라고 한다. 유전되었다는 것은 부모 대에 머리나 꼬리, 혹은 다리를 잘려본 경험이 있다는 것이다. 게다가 한 다리만이 아니라 네 다리가 모두 잘려 본 후에야 도롱뇽의 네 다리가 모두 재생능력을 갖게 된다. 다시 말하자면, 도롱뇽이나 지렁이 가운데 살아 있는 것들은 전부 머리나 꼬리, 아니면 다리를 잃었던 경험이 있는 것들이란 얘기다. 이는 다윈의 학설을 지지하는 사람이라면 필연적으로 도달할 수밖에 없는 첫 번째 기이한 결론이다. 두 발을 잃어본 경험이 있는 도롱뇽들 가운데 자연선택 되어 생존하게 된 것들은 다른 도롱뇽에 비해 상처 부위의 세포수가 많기 때문에 상처가 났을 때 치유가 쉽다. 이런 설명은 일리가 있다. 그러나 상처 부위의 세포수가 많은 것은 자연선택의 결과일 수 있지만 그것이 곧 다리가 되는 것은 아니다. 그러니 생존경쟁에 어떤 도움이 되겠는가? 이것이 다윈 학설을 견지하는 사

> 람이라면 필연적으로 도달할 수밖에 없는 두 번째 기이한 결론이다. 또한 발생학 실험을 통해 보면 섬게의 세포는 그것이 2분기건 4분기건 8분기건 간에 임의로 1/2, 1/4, 1/8을 취해서 자라게 하면 모두 하나의 완전한 태(胎)가 될 수 있다. 다윈주의자의 논리대로라면 이는 섬게가 전대(前代)에 그 몸이 모두 잘려나가는 경험을 했기 때문에 가능한 것이다. 그렇지 않다면 섬게의 알은 완전한 태로 되는 능력을 갖출 수 없을 것이다. 이것은 아주 기이한 일이다. 그러나 다윈의 제자를 자처하는 무리들은 눈만 멀뚱멀뚱 뜨고 벙어리처럼 있을 뿐, 무엇이 잘못된 것인지도 모른다.

내가 이 단락을 인용한 까닭은 생물학이 과학이 될 수 없다는 것을 주장하기 위함이 아니다. 나는 물질과 관계된 것은 반드시 법칙을 도출할 수 있고, 법칙이 있는 것은 과학이 될 수 있다고 생각한다. 따라서 생물학은 당연히 인생관과 함께 논의될 수 없다. 그러나 내가 드리슈의 말을 인용한 이유는 독선적인 딩원지앙처럼 생물 진화론이 안고 있는 문제가 모두 해결되었다고 생각하는 사람은 아무도 없다는 것을 강조하기 위함이다. 만약에 딩원지앙이 드리슈의 지능에 문제가 있다고 여긴다면(이것은 딩원지앙의 말이지만, 후스의 말이기도 하다), 저명한 영국의 현대 생물학자인 톰슨의 학설로 다시 설명해보겠다. 톰슨은 다음과 같이 말했다.

> 생물 진화 학설사를 예로 들어보겠다. 과학적 진화론은 증명 가능한 여러 원인을 찾으려 한다. 그리고 사람들에게 이렇게 말한다. 우리가 흔히 접하게 되는 특이한 결과들은 이런 원인들이 서로 결합해 만들어낸 것이다. 그러나 이런 설명은 성공적이라고 볼 수가 없다. (주의) 여러 말 할 필요 없이, 결과는 이미 알고 있는 원인에서 크게 벗어나곤 한다. 가장

곤혹스러운 것은, 생물 진화 가운데 새나 포유류 같은 척추동물의 기원이나 변화의 원인 등은 명확하게 말하기 어렵다는 것이다. 이 문제에 대해서는 나 자신도 그저 우매할 수밖에 없다. 과학자들은 창조론을 매우 싫어하고 배척하지만, 그렇다고 그것이 이미 해결된 문제라고 할 수는 없다. 어쩌면 사람의 힘으로는 영원히 해결할 수 없을지도 모른다.(『과학인론(科學引論)』 213페이지)

톰슨의 말을 통해 볼 때, 다윈 진화론의 가치가 어떠한지는 짐작해볼 수 있다. 또한 과학으로서의 생물학의 가치와 물리학에 대한 입장도 유추해볼 수 있다.

실험 방법은 물리학 영역에서 생물학 영역으로 응용된 후, 19세기 이후에는 실험심리학이라는 학문이 등장하게 되었다. 헬름홀츠(Helmholtz)는 생리적 해부를 시도하였고, 뮐러(G. E. Muller)는 기억에 대한 실험을 진행하였으며, 페흐너(Fechner)는 감각에 대한 실험을 진행하였다. 페흐너가 이름을 날리게 된 것은 웨버-페흐너의 법칙(Weber Fechner Law) 때문이다. 이 법칙의 내용은 감각과 자극의 대수(對數)가 비례한다는 것이다. 페흐너는 이 법칙을 발견한 후, 기쁨에 넘쳐 심리학이 수학처럼 정확한 과학이 되었다고 말했다. 그러나 이후 수많은 학자들이 그 법칙을 비판하였고 오늘날 페흐너의 법칙은 성립할 수 없게 되었다. 최근 실험심리학에서 말하는 실험이라는 것은 오관(五官)과 뇌신경계에만 한정된다. 만약 그렇다면 생리적 심리학은 성립 가능해도 순수 심리학은 성립 불가능할 것이다. 왜냐하면 순수 심리학은 사상(思想)을 주제로 하기 때문이다. 만약 사상을 문제 삼지 않고(뷔르츠부르크Wurzburg학파는 제외) 감관(感官)에 대해서만 연구를 한다면 여기서 실험이란 생리적인 것이지 심리적인 것은 아니다. 페흐너 법칙이 생리방면에 적용가능한지 여부에 대해서는 잠시 논외로 하겠다. 그러나 상대적으로 보자면, 대상이 물질 영역에 속하므로 법칙을 말할 수 없는 것은 아니다. 따라서 나는 정신과학이라도 일반 현상에 대한 평균값을 구하는 것이라면 법칙을 도출할 수 있다고 생각한다. 물론 이것은 이 범위 내에만 국한된다. 페흐너 이후 실험심리학이 한 시대를 풍미했다. 특히 독일의 분트와 미국의 제임스는 이 분야의 대가들이다. 그들을 구조학파라고도 하고, 기계학파, 혹은 행위학파라고도 한다. 감관 이외의 것에 대해서 설명이 없지는 않지만 다른 학파의 인정을 받기란 쉽지 않다. 순수 사상에 대해서는 영국 경험파의 연상법칙(Law of Association) 및 독일의 선천범주설을 둘러싼 논쟁을 제외하고는 정설이 없다. 비록 각 학파들이 자신들의 이론이야말로 진정한 심리학이라고 주장하지만 다른 학파들은 동의하지 않는다. 따라서 내가 보기에 심리학은 확실과학에 비할 수 없으며 생물학 역시도 그보다 아래라고 할 수 있다. 19세기 말(1889), 베르그송은 『시간과 자유의지』에서 인생은 원래 자각적인 것이라고 주장했다. 여기서 말하는 자각성이란 순식간에 변화해 흔적을 남기지 않는 성질을 말하는 것이다. 따라서 1초 전의 나와 1초 후의 나는 동일하지 않다. 심리의 변화 속도는 절대로 측정할 수 없으며, 인과관계를 도출할 수도 없다. 측량할 수 있고, 인과관계를 도출할 수 있으려면 반드시 고정된 상태여야 한다. 이전의 상태가 인(因)이 되면 나중의 상태가 과(果)가 되어 인과가 드러나게 된다. 순식간에 변화하는 심리는 고정된 상태가 없으며 임의로 어떤 상태로 규정하더라도 시간이 지나면 과거가 되어버린다. 이처럼 심리는 자유롭게 변하고 인생의 자유 또한 그 안에 있게 되는 것이다. 제임스는 베르그송의 학설이 칸트가 흄을 넘어섰던 것에 견줄 만하다고 칭송했다. 여기서 알 수 있듯이, 순수 심리에서는 법칙을 도출해낼 수 없다는 것은 베르그송만의 견해가 아니다. 제임스는 실험을 존중했지만 현학의 눈으로 볼 수밖에 없다는 것을 인정한 것이다.

물리학, 생물학, 심리학은 세 가지 기본과학이다. 물리학은 확실과학이라고 인정할 수 있다. 딩원지앙의 엄숙한 통보가 아니더라도 생물 진화론이 과학에 영역을 빼앗겼는지('빼앗겼다'는 말은 딩원지앙의 표현이다), 심리학이 과학에 영역을 빼앗겼는지는 이상의 말을 통해볼 때 분명히 알 수 있다. 한 발 양보해서 지식영역과 비지식영역으로 나눈 딩원지앙의 구분 방식을 인정한다 하더라도(뒤에서 자세히 설명하겠다), 과학만능이 생물학과 심리학의 지식영역에서 (딩원지앙의 말) 이미 실현되었는지 아닌지 딩원지앙은 나에게 말해주길 바란다.

제3장 물질과학과 정신과학의 공통점과 차이점

과학자들은 과학의 역량이 아직은 보잘것없는 정도라는 것을 인정하고 싶지 않아 한다. 따라서 자신들의 몸을 숨길 일종의 묘책을 생각해냈다. 인생관은 인과도 없고 법칙도 없으므로 통일될 수 없다는 주장에 대해 그들은 이렇게 말한다. 지금 불가능하다 해서 어찌 영원히 불가능하다고 말할 수 있겠는가? 딩원지앙의 말이 바로 이와 비슷하다. 그는 이렇게 말했다. "인생관이 현재 통일되지 않았다는 것과 영원히 통일될 수 없다는 것은 다른 얘기이다." 어떤 일을 비교할 때는 시간적 범위를 현재에 한정시켜야지 미래에까지 확대시켜서는 안 된다. 미래에까지 확대시킨다면 해결될 문제가 아무것도 없을 것이다. 예를 들어 갑이 여러 발명과 정치 환경을 근거로 세계는 진화한다고 주장했다고 치자. 을은 세계대전의 결과와 백인의 이민족 학대정책을 근거로 그 말에 반대하며 지금이 옛날보다 못하다고 말한다. 갑이 다시 반박하여 이렇게 말한다. 당신이 든 병폐는 나도 인정하지만 오늘날 이렇다고 해서 어찌 미래에도 이와 같으리란 법이 있겠는가? 을은 비관적 입장에서 대답한다. 나는 현재만을 말할 뿐이지 장래의 것은 상관하지 않는다. 을의 말을 들은 갑은 눈만 멀뚱멀뚱 뜬 채 어찌할 바를 모른다. 그러므로 과학자가 장래까지 들먹이는 것은 자신의 패배와 반대파의 승리를 인정하지 않으려는 것으로 밖에 볼 수 없다. 입장을 바꿔 과학자의 편에 서서 말해보더라도 마찬가지다. 생물학과 심리학은 모두 뒤에 생겨난 학문이기 때문에 당연히 물리학과 비교할 수는 없겠지만, 일이백 년 후에 생물학과 심리학이 현재의 물리학보다 훨씬 더 엄정한 과학이 될 수도 있지 않겠는가? 내가 보기에 이런 방식의 주장은 편협한 아집일 뿐이다. 연구가 더욱 정밀해지고 발견이 많이 늘었다고는 하나 생물학, 심리학은 물리학과 근본적으로 다르다. 비록 수천 년 후라 할지라도 학문 간의 근본적인 차이는 절대로 사라지지 않으니, 생물학, 심리학이 엄정한 과학이 될 수 있을지는 의문이다. 어째서 그런가? 물리학의 연구 대상은 죽은 물질이지만, 생물학의 연구 대상은 생명이 있는 것들이고, 심리학의 연구 대상은 생명이 있는 것들 가운데 심리현상이 있는 것들이다. 생명이 있기 때문에 활동이 있는 것이다. 따라서 라마르크의 자각적 노력 학설과 다윈의 환경설은 서로 대립된다. 이런 상반된 견해가 의미하는 것은 진화론의 근본 개념이 불확정적이라는 것이다. 어떤 학파는 생명이 있고 심이 있는 것이라도 고정 가능하다(Solidfied) 보고, 상태에 따라 인과관계를 찾아내려고 한다. 또 어떤 학파는 심리는 변화막측하여 고정된 상태는 없으며, 따라서 인과도 말할 수 없다고 한다. 이렇게 상반된 견해가 존재한다는 것은 심리학상의 근본 개념이 불확정적이라는 것을 의미하는 것이다. 물리학을 엄정한 과학으로 간주할 수 있는 이유는 인과관계 때문만은 아니다. 인과의 양적 성질과 측정 가능성 때문이다. 나는 인과의 양적 성질로써 생물과 심리를 탐구하지는 않을 것이다. 왜냐하면 생명과 심리영역에서는 인과관계를 분명하게 밝혀내기가 쉽지 않기 때문이다. 드리슈가 세포 간의 협력과 평등 가능성을 발견한 것을 보지 못하였던가? 물리 영역에서 인과관계를 찾으려다 실패하자 그 원인을 "엔텔레케이아"("隱德來希", 그리스어 entelecheia의 음역. "완성"의 의미이다. 고대 그리스 철학자 아리스토텔레스의 말로 그는 모든 사물이 도달하고자 하는 목적이 바로 "엔텔레케이아"라고 했다. 또한 이것은 잠능의 실현이다. 따라서 그는 "엔텔레케이아"를 "현실"이란 말의 동의어로 생각했다. 드리슈는 생명이 있는 물체를 지배하는 일종의 "총체적 법칙"을 "엔텔레케이아"라는 말로 지칭했다)에 돌려버렸다. "엔텔레케이아"란 생명이 무엇으로 구성되었는지 알 수 없다는 것의 다른 표현일 뿐이다. 어찌 드리슈뿐이겠는가? 영국의 저명 생물학자 톰슨은 드리슈에 비해 형이상학적 색채가 덜하다. 이것은 세상의 모든 과학자들이 알고 있는 사실이다. 드리슈가 우물쭈물 주저하다 결국 진화론이란 사람의 힘으로는 어찌할 수 없는 것이라고 말한 것을 알고 있는가? 어찌 생물만 그러하겠는가. 베르그송의 심리만변(心理萬變)설과 시간의 학설을 인정한다면 심리에는 인과가 없다고 단언할 수 있다. 오호! 독자 여러분들은 내가 아무렇게나 지껄인다고 생각하지 말길 바란다. 몇 년 동안 이 문제에 대해 생각해왔다. 세상의 철학자들 중에는 생각을 마음속에만 담아두고 말하지 않는 사람도 있지만 나는 솔직하게 말하겠다. 이것은 나만의 사견이 아니며 톰슨의 말과 베르그송의 심리학이 모두 나의 생각을 증명해주고 있다.

과학자들은 생물학과 심리학에 대해 정설을 세우지 못하는 것은 시대가 미숙해서 그런 것으로 궁극적으로는 물리학과 다를 바가 없다고 주장한다. 나는 멀리서 예를 찾지 않겠다. 1905년을 기점으로 말하자면, 그해에는 아인슈타인의 상대성 이론이 발표되었고, 1908년에는 민코프스키(Minkovski)의 4차원 기하학설이 나왔으며, 1915년에는 아인슈타인의 상대성 통론이 나왔다. 10년 동안 물리학에서는 중요한 학설이 이렇게 많이 발견되었는데 어찌 생물학과 심리학에서는 별다른 성과를 얻지 못했는가? 오호! 원인이 도대체 어디 있는가? 시대가 앞서고 뒤처진 것이 유일한 원인이라고 볼 수는 없다. 내가 보건대, 여기에는 네 가지 원인이 있다.

> 첫째, 공간을 점유하고 있는 물질은 실험이 용이하지만, 생물학에서 말하는 생활력(Vital force)의 지배를 받는 것들은 실험이 어렵다. 특히 대상이 인간 심리인 경우에는 더욱 그리하다.
> 둘째, 공간을 점유하고 있는 물질은 현상의 전후관계가 명확하여 인과관계를 밝혀내기가 쉽지만, 생물계에서는 비록 전후관계가 분명하다 해도 세포가 전체를 구성하는 과정을 알기는 쉽지 않다. 게다가 심리는 변화막측하니 고정된 상태를 설정할 수 없다.
> 셋째, 좌표 상의 여러 점들을 적용해 실험한 결과가 정확하다면 그것을 일월성신(日月星辰)에 적용할 수 있지만, 생물학과 심리학에는 적용할 수 없다.
> 넷째, 물리학상의 개념인 아톰, 원자, 질량, 에너지 등은 추상적(Abstraction)인 것으로 결코 사물의 구체적 실재(Concrete Reality, 이 말의 뜻은 제임스의 책에 나온다)에 의해 간섭받지 않는다. 생물학에는 종별(種別)이 있고 개성이 있는데, 심리학은 더욱 심하다. 그러므로 생물계와 심리계는 각 개성의 차이에 의해 간섭받으며 이로 인해 통일적 현상(Uniformity)을 발견하기란 쉽지 않다.

영국의 천문학자 에딩턴(Eddington)이 남미에서 일식을 관측할 때, 독일 물리학자 본(M. Born)은 아인슈타인에게 이렇게 물었다. 만약 관측 결과가 다르면 어찌 할 것인가? 아인슈타인은 이렇게 대답했다. 정말로 그런 결과가 나온다면 놀랍고 괴이할 것이다(Da wurdeich mich sehr wundern). 이 말은 자신이 주장한 학설에 대해 강한 자신감을 나타낸 것으로 다른 결과가 나올 수 없다는 것이다. 아인슈타인은 왜 이처럼 자신있게 말했던 걸까? 이것은 내가 위에서 말한 4대 원칙 때문일 것이다.

물리현상은 4대 원칙이 있기 때문에 시간이 지날수록 정확해지는 것이며, 생물의 심리현상에는 4대 원칙이 없기 때문에 시간이 지나도 정확해질 수 없는 것이다. 즉 이런 부정확함으로 인해 정신과학의 가치는 재고될 수밖에 없다.

정신과학의 종류에 관해서는 이미 앞의 표에서 상세하게 밝혔으니 다시 언급하지 않겠다. 내가 궁금한 것은 다음과 같다. 즉 정신과학 가운데 물리학 법칙처럼 만고불변한 법칙이 있는가? 천문 현상을 연구하는 천문학이나 물체를 연구하는 물리학처럼 미래의 변화를 계산할 수 있는 법칙이 있는가? 그런 법칙은 존재하지 않는다. 천문학은 세계적으로 통일되어 있는 것으로 영국의 천문학이나 프랑스의 천문학이라는 말은 들어본 적이 없다. 수학도 마찬가지로 미국의 수학이나 독일의 수학이라는 말을 들어보지 못했다. 그러나 정치학과 경제학 같은 정신과학은 다르다. 한 나라의 정치제도가 반드시 다른 나라에 적합한 것은 아니며, 한 나라의 정책이 반드시 다른 나라에 적합한 것은 아니다. 군주제를 할 것인가 공화제를 할 것인가에 대해 어찌 일정한 법칙이 있을 수 있겠는가? 자본주의냐 사회주의냐의 문제에 대해 어찌 일정한 법칙이 있을 수 있겠는가? 이는 정신과학에는 만고불변의 법칙이 없으며 절대로 과거의 예로써 미래를 예측할 수 없다는 것을 말해주는 것이다. 혹자는 이렇게 물을 수도 있다. 각 나라의 경제구조가 대체로 어업과 목축업에서 농업으로, 농업에서 상공업으로 발전해나갔는데 어찌 법칙이 없다고 하겠는가? 화폐의 법칙 중에 양화(良貨)가 악화(惡貨)를 구축한다는 말이 있는데 이것이 어찌 법칙이 아니겠는가? 소리의 변화에도 그림 형제(Grimm Gesetz)의 법칙이라는 것이 있다. 법칙이 있다면 어찌 인생관이 전부 주관에서 비롯된다고 할 수 있겠는가? 나는 감히 대답할 것이다. 인생은 육체를 기반으로 한다. 추우면 입을 것을 떠올리고 배고프면 먹을 것을 생각한다. 이처럼 외부적인 것에 의지하니 논쟁으로 결론을 얻을 수는 없다. 이상에서 말한 법칙은 물질계에 인접한 것들이다. 물질계에 인접해 있으니 상태가 고정되어 법칙을 도출하기가 용이하다. 그러나 비록 법칙이 있다 해도 물리학상의 법칙과는 큰 차이가 있다. 어째서 그런가? 첫째, 정신과학의 법칙은 과거에만 제한된 것으로 미래의 일에 대해서는 예측할 수 없다. 둘째, 사회가 어업, 목축업 중심에서 농업 중심으로, 그리고 다시 상공업 중심으로 발전한 것은 일정한 규율을 따른 것이기는 하지만, 변화의 원인을 살필 때는 물질적 조건 이외에 사람들의 의지도 봐야 한다. 사회는 하루가 다르게 발전한다. 따라서 과거의 발전과정을 통해 어떠한 규율을 찾아낼 수 있을지도 모른다. 그러나 미래의 발전상에 대해 인간은 예측할 수 없으며, 이것이 정신과학과 물질과학의 다른 점이다.

존 스튜어트 밀은 경험 철학자이며 실재론자이다. 그는 경제학의 성질에 대해 다음과 같이 말했다.

> "내가 경제원리라는 책을 쓴 목적은 이전 학자들과 같다. 즉 가정적 상황하에서 여러 원인의 영향에 대한 과학적 이해를 추구하기 위해서이다. 물론 이전 학자들과는 달리 나는 이런 상황이 불변적이라고 여기지 않는다. 경제학에서 개괄적으로 논의되는 것들은 자연계의 필연성에서 비롯되는 것이 아니라 사회 제도에서 생겨나는 것으로, 일시적일뿐만

아니라 사회가 발전함에 따라 함께 변하는 것이다."

당시 학자들은 사회과학 법칙이 불변한다고 생각했다. 그러나 밀은 이에 반대했다. 사회현상 안에는 사람의 의지(Human Will, Human Effort, 자서전 246페이지)가 개입되어 있어서 수시로 변하기 때문에 불변하는 것은 아니라고 주장했다. 그러나 밀은 당시 과학 사조의 영향 아래에 있었기 때문에 정신과학이 변화하는 원인에 대해서 더 이상 연구를 진행하지 못했다.

어찌 경제학만 그렇겠는가? 정치학도 마찬가지다. 근래 들어 두깃(Duguit)과 라스키(Laski), 콜(Cole) 등은 국가주권설을 사회직무설(Function; Service)로 대체해야 한다고 주장했다. 이 주장이 나온 후에 통치자와 피통치자의 관계에 변화가 생기기 시작했다. 의회 선거도 지역이 아닌 직업을 기준으로 삼아야 한다고 했다. 주권이란 것이 없는 상황에서 모든 사람들이 동일한 위치에서 일을 한다면 권리와 의무의 학설은 당연히 소멸될 것이다. 독자 여러분들도 생각해보길 바란다. 과학을 주창하는 사람들의 기본 생각이 이처럼 하루가 멀다 하고 쉽게 바뀐다면 그것을 어찌 과학이라고 부를 수 있겠는가? 이에 대해 누군가가 다음과 같이 반박할 수도 있을 것이다. 뉴턴의 학설이 아인슈타인에 의해 이미 뒤집어지지 않았는가? 이것이 바로 학술 발전의 결과인데, 어째서 정신과학만은 예외라고 주장하는가? 뉴턴의 학설은 아인슈타인의 학설보다 정확도가 떨어지며, 빛의 굴절에 관한 실험에서 뉴턴의 학설은 무용지물이 되었다. 그러나 지구상의 물체 운동에 관해서는 여전히 뉴턴의 법칙이 지배하고 있으니 아인슈타인의 학설이 고전 물리학을 완전히 대체한 것은 아니다. 이것은 두깃 등이 정치학을 완전히 바꾸려고 했던 것 등과 함께 논의할 수 있는 것은 아니다. 그 이유는 물질과학과 정신과학의 차이가 본래 그렇기 때문이다.

밀은 사회과학의 법칙도 바뀔 수 있다고 생각했지만 그 이유에 대해서는 알지 못했다. 최근 런던 사회학교 주임이며 황실학교 경제학 교수인 어윅(E. J. Urwick)은 사회과학 영역에서 새로운 성과를 이끌어냈다. 그는 『사회진화의 철학(Philosophy of Social Progress)』이라는 주옥같은 글을 썼는데 수백 번을 읽어도 싫증이 나지 않을 정도이다. 어윅의 말 몇 마디를 여기 옮겨보겠다.

> "우리는 양호한 수로 시설이 있으면 질병이 감소하고 사람들의 건강이 증진된다는 것을 알고 있다. 그러나 사람들이 건강해진다 해도 덕성이 어떠할지, 의지력이 어떠할지, 빈혈이 생기지나 않을지, 마비증세가 오지는 않을지, 출산이 잘 될지에 대해서는 알 수 없다.
> 노동시간은 길지만 임금은 상대적으로 적게 받는 노동자들의 작업 효율은 분명히 낮을 것이라는 사실을 우리는 알고 있다. 그러나 임금을 올리고 노동시간을 단축한다 해도 노동자가 만족할지 또는 혁명에 투신할지, 종교에 귀의할지에 대해서는 전혀 알 수 없다.
> 건강한 부모 밑에서 건강한 자녀가 태어난다는 것은 우리가 알고 있는 것이다. 그러나 우량아라 할지라도 지능이 어떠할지, 성격이 어떠할지에 대해서는 알 수 없다.
> 이상 제기한 것은 사회적 지식 혹은 과학에 관한 몇 가지 예이다. 이러한 종류의 지식은 우리에게 여러 가지 유익한 정보를 제공하기는 하지만, 우리의 행동을 결정짓지는 못한다(Yet it does not determine our actions)."

나아가 그는 사회과학의 능력에 대해서 다음과 같이 말했다.

"과학의 능력은 어떤 행위를 배제하는 방법이나 어떤 목표를 달성하기 위한 조건을 확정짓는 것에 불과하다. 사회전체의 궁극적 목표를 결정하는 것이나 개인이 마땅히 가야 할 방향을 결정하는 것은 과학의 범위를 벗어나 있다. 이러한 결정은 어디로부터 오는가? 이것을 알기 위해서는 사회 안의 여러 역량으로 구성된 살아 있는 충동의 복합체를 살펴봐야 한다. 사회에는 다섯 가지 힘이 있다. 첫째, 물리적 힘. 둘째, 생물적 힘. 셋째, 심리적 힘. 넷째, 사회적 힘. 다섯 째, 정신적 힘. 정신력만 해도 결코 과학 연구의 대상이 아니다. 그것은 개선에의 충동이거나 선택의 배후에 잠복해 있는 어떤 것일 뿐만 아니라 이상을 달성하려는 의지력의 가장 중요한 성분으로 다른 과학의 연구 대상인 자연력보다 훨씬 강하다.

사회 전체의 궁극적 목표를 사회적 행복이라고 명명할 수 있는데, 행복의 크기는 무한하다. 인류 생존의 제일 조건은 사회 전체의 궁극적 목표에 대한 결정을 통해 더 나은 경지로 나아가는 것이다. 이러한 결정 행위 가운데 일부는 생활을 변화시키려는 충동에서 비롯되고, 일부는 목적성을 띠는 반(半)이지적인 것에서 기인하고, 일부는 이상화된 것에서 생겨난다. 즉 이를 한마디로 말하자면 비과학적이라고 할 수 있다."

어윅이 책에서 말하고자 하는 것은, 사회 변화는 절대 예측 불가능하기 때문에 비과학적이라는 것이다. 위에서 말한 것은 아주 사소한 예에 불과하다. 책 속에 담겨 있는 오묘한 도리의 십분의 일도 드러나지 않았다. 그러나 사회현상의 원인이 절대로 과학에 의해 모두 밝혀질 수 없다는 것은 이미 분명해졌다. 어윅은 사회 과학자들이 딩원지앙처럼 완고한 성격의 소유자라고 생각했기 때문에 다음과 같이 말했다.

"나의 이러한 입장은 지금 아무도 인정하려 하지 않는다. 그리고 아마 앞으로도 쉽게 인정하지 않을 것이다. 과학의 흡인력은 백 년 전 콩트 시대와 비교해도 뒤지지 않을 정도로 여전히 강력하다. 따라서 그들은 지금 불가능하다고 미래에도 불가능하겠는가, 라고 말한다. 그러나 지난 수년 간의 일을 살펴보면 눈이 휘둥그레질 수밖에 없다. 사회가 좋은 방향으로 발전해왔는지 아니면 나쁜 방향으로 발전해왔는지에 대해서는 잠시 접어두자. 그러나 결론적으로 말하자면 비이성과 충동이 야기한 결과는 결코 사람이 예측할 수 있는 것이 아니다."

어떤 일이 예측 가능하다면 그것은 인과법칙의 지배를 받기 때문이다. 그렇다면 현재 예측 불가능한 것은 인과법칙의 지배를 받지 않는다고 말할 수 있다. 그렇다면 과학 기술은 어떻게 발전할 수 있단 말인가? 따라서 오늘날 사회과학을 과학으로 간주하고 있지만, 사실 물리학이나 생물학과 동일한 종류로 볼 수는 없다. 일반 사람들은 잘 알지 못하여 정치과학(Political Science)이나 사회과학(Social Science) 같은 이름에 쉽게 현혹되고 그것을 금과옥조(金科玉條)로 여기는데, 이것은 정신과학의 본성을 모르는 것이다. 딩원지앙도 바로 그중 한 사람이다.

제4장 인생관

어떤 사람은 정신과학(혹은 사회과학)에 대한 나의 글을 읽고서 다음과 같이 반박할 수도 있을 것이다. 당신은 정신과학의 법칙을 절대적으로 부정하는 것은 아닌 것 같다. 그렇다면 인생관이 절대로 과학의 지배를 받지 않는다고 말할 수 없다. 독자들은 주의하길 바란다. 칭화대학에서의 강연은 인생관과 과학을 비교해 말한 것이지 정신과학과 물질과학을 비교해 말한 것은 아니다. 따라서 사회과학에 대한 나의 입장으로 인생관이 절대 자유롭다는 나의 주장을 반박할 수는 없다. 사회과학은 인생관과 서로 표리 관계를 이루고 있으며, 그 일부는 물질적이다(예를 들어, 경제학 가운데 토지와 자본 등이 있다). 물질은 고정되고 정체(停滯)되어 있기 때문에 법칙을 찾을 수 있다. 그러나 이 외에 계량할 수 없는 부분이 내가 말하는 인생관이며, 어워이 말한 부분이다.

사람의 삶을 보면 안으로는 정신이 있고 밖으로는 물질이 있다. 내부의 정신은 끊임없이 변화하고 외부의 물질은 정체되어 움직이지 않는다. 물질은 나 이외의 모든 것이다. 예를 들어 산하대지(山河大地)와 의복전택(衣服田宅)은 내 이외의 사물이고, 부모처자와 국가사회는 나 이외의 사람이다. 나는 나 이외의 사물 및 사람과의 관계를 변화시켜 완전한 경지에 이르기 위해 항상 애쓴다. 무릇 예로부터 큰 문제들은 정신과 물질의 충돌에서 비롯되었다. 내 밖의 사물과 사람에 대해 나는 항상 관찰하고 주장하고 희망하며 요구하는데 이것이 바로 인생관이다. 갑의 세상에서 선했던 것이 을의 세상에서는 악이 되어 변혁의 대상이 되기도 한다. 을의 세상에서 선했던 것이 병의 세상에서는 악이 되어 변혁의 대상이 되기도 한다. 인간이 존재하는 한, 인생의 목적을 개선하고자 하는 시도는 영원히 멈추지 않을 것이다. 인생이란 변화고 활동이며 자유이고 창조이다. 그렇다면 논리학상의 삼대 법칙(동일, 모순, 배중)으로 군주제와 민주제 중에 어느 것이 합당한지 증명할 수 있는가? 논리학의 양대 방법(연역, 귀납)으로 어느 것이 먼저인지 추론할 수 있는가? 논리학상의 삼대 법칙으로 자본주의와 사회주의 가운데 어느 것이 합당한지 증명할 수 있는가? 논리학의 양대 방법(연역, 귀납)으로 어느 것이 먼저인지 추론할 수 있는가? 내가 칭화대학 강연에서 예로 든 아홉 가지 사항에 대해 논리학의 삼대 법칙으로 그것이 합당한지 증명할 수 있는가? 논리학의 양대 방법으로 어느 것이 먼저인지 추정할 수 있는가?

나는 답을 얻지 못했다. 따라서 그것을 양심의 명령이라고 규정짓기로 했다. 칸트는 그것을 정언명령(Categorical lmperative)이라고 했으며, 오이켄은 정신생활이라고 했다. 영국인 중 이런 의미를 가장 잘 포착한 사람이 바로 어윅이다. 어윅은 『사회진화의 철학』 제2판 서문에서 사회과학과 자연과학을 함께 논할 수 없는 이유에 대해 다음과 같이 쓰고 있다.(글의 대의만 번역하겠다.)

"나는 이지가 사람의 일을 결정한다는 것을 부정한다. 사회적 사실에는 사람의 편견이 개입되어 있기 때문에 공평하게 해석될 수 없다. 사실의 변화는 개인과 단체의 충동에서 야기된다. 이런 충동은 자각적으로 발생하는 것도 아니고, 이지의 지배로 일어나는 것도 아니다. 그것은 정감과 의지가 그렇게 만드는 것이다. 이런 충동은 개인의 생활 동기(Life-motive)일 뿐만 아니라, 집단의 생활 동기이기도 하다. 삶의 중요한 고비에서 나오는 행동은 여기서 결정된다. 그 힘의 크기와 방향은 측량할 수도 없고 예언할 수도 없다. 어떤 사람은 내 말이 베르그송이 말한 실용주의[惟用主義]의 어떤 부분과 유사하다고 여길 수도 있다. 그러나 내 생각에 생활 충동의 배후에는 정신원소(Spiritual Element)라고 하는 또 다른 것이 있다. 개인의 성품과 인격은 여기서 비롯된다. 개인의 행위와 집단의 행위는 세 가지 원소의 결합으로 결정된다. 첫째는 생활 충동으로 이것은 반(半)자각적이며 그것을 통해 새로운 필요에 적응해나간다. 둘째는 자각적 목적으로 이것은 이지적인 것이며 문제 해결의 방법이 여기에 있다. 셋째는 정신원소의 작용으로 이것은 특별한 사람만이 알 수 있는 일종의 심원한 능력이다. 이 세 가지 가운데 두 번째를 제외하고는 인간의 능력으로 파악할 수 없다."

어워의 삼원소설은 용어상의 차이는 있지만 직각과 자유의지를 중시한다는 점에서 나의 견해와 일치한다. 결론적으로 말하자면, 인생관을 이지로 분석할 수 있고 논리적 방법으로 지배할 수 있다는 견해는 수십 년 전이라면 혹시 딩원지앙처럼 맹신하는 자가 있었을지도 모르지만 오늘날에는 그런 사람이 단 한 사람도 없다. 딩원지앙은 후스의 경험적 암시설을 끌어와서 과학자도 직각을 배척하지 않는다고 주장했다. 그러나 이것은 베르그송이 여러 증거를 들어 경험주의자들을 반박하자 어쩔 수 없이 인정하게 된 결과이다. 사실은 인정하되 용어는 쓰기를 원하지 않아 암시라는 말로 대신한 것이니 경험주의자들의 뻔뻔함을 족히 알고도 남겠다.

혹여 딩원지앙이 어워도 베르그송 및 장쥔마이와 마찬가지로 현학을 추종하는 한통속이라며 믿지 않을 수도 있다. 따라서 나는 다시 웰스(H. G. Wells)를 예로 들겠다. 그는 과학적 문학가로 신비주의와는 거리가 먼 사람이다. 그는 『최초의 것과 최후의 것(最初物與最終物)』이라는 책에서 논리학은 정적이고 생활은 동적(Logic Static and Life Kinetic)이라는 경구(警句)를 제시하고 있다. 그는 다음과 같이 말했다.

"일반적인 삼단논법식의 논리학에서 모든 갑은 을이 되거나 을이 되지 않는다. 그러나 실제로 이렇게 정해진 세상사가 얼마나 되겠는가? 갑이 을에 가깝게 변할 수도 있고 을과 멀게 변할 수도 있다. 그러나 사람의 심리는 가깝게 변하고 멀게 변한다는 등의 말로 설명하기 어렵다. 갑이 을이거나 을이 아니라고 단정해서 말하는 것은 생각을 편하게 하기 위해 대상을 잠시 고정시켰기 때문이다. 끊임없는 변화의 흐름 속에서 대상을 고정시킬 방법을 찾으려는 것은 여호와(Joshua)가 태양의 움직임을 막으려 한 것과 같은 것이다. 끊임없이 변화하는 대상 자체에 대해 사고하는 것은 어려운 일이다. 그렇기 때문에 사진이라도 찍어서 고정된 형태를 얻으려고 하는 것이다. 끊임없이 변화하는 대상에서 변화성을 제거한 후 연구하는 것은 자연과학자들이 나비를 죽여 박제로 만들어 연구하는 것과 같은 이치라고 할 수 있다."(26페이지)

세계의 실재는 끊임없이 살아 움직이는데, 논리학자들은 사고의 편의를 위해 그것을 분해하거나 고정시키려고 한다. 이는 그림만 그려놓으면 그 의미가 저절로 생겨난다는 것과 같은 것이다. 이것이 웰스의 주장이다. 그러나 논리학을 넘어서 있는 것이 어찌 살아 있는 것뿐이겠는가. 죽은 것 또한 마찬가지로 논리학의 범위를 벗어나 있다.

웰스가 세계는 살아 있는 실재라고 말한 것은 논리학자들의 구분처럼 명확한 것은 아니다. 그는 세상에는 개체의 단일성을 긍정하고 수학자의 계산방법을 거부하는 또 다른 추세가 존재한다고 말했다.

"계산과 측량은 수학을 구성하는 전부로 사람의 주관에서 나온 것이며, 사실의 세계와 서로 반대되는 것이다. 개체의 단일성이야말로 객관적인 진리다."(35페이지)

웰스는 세계의 경향이 이와 같다는 것을 말하고 있으며, 결론적으로 인간 생활에 대해서 다음과 같이 말했다.

"과학의 엄격함과 정확함에 대한 부정적 태도는 충분히 이해할 만하다. 그것은 인간사의 어떤 영역에 대해서건 마찬가지다. 특히 극기(克己)와

경건함 같은 개인의 동기에 대해서는 더욱 그렇다."(38페이지)

웰스의 말은 더 이상의 찬사가 필요 없을 정도로 의미가 분명하다. 그러나 딩원지앙은 웰스가 돌발적인 말로 세상을 놀라게 하는 것을 즐긴다는 이유로 신뢰하지 않을 수도 있다. 그렇다면 딩원지앙이 과학자로 믿어 의심치 않는 제임스의 말을 인용해 다시 설명해보겠다.

"논리학은 인간에게 매우 훌륭한 쓰임이 있다. 그러나 그 쓰임은 인간이 실재의 참된 본성을 스스로 체득하는 데 별 도움이 되지 않는다. 실재와 생활과 경험과 구체성과 직접성은 논리학을 초월해 있으며, 논리학과 가까이 있지만 그것을 삼켜버릴 수도 있다."(『다원우주』 212페이지)

아! 진실로 인생이 논리학을 초월해 있는 것이라면 어떻게 인생에 대해 정의를 내리고 설명할 수 있겠는가? 어떤 과학이 인생에 대해 말할 수 있겠는가? 과학자들은 인과를 좋아하고 법칙을 좋아한다고 하지만 이런 사실을 어떻게 뒤집을 수 있겠는가?

내가 딩원지앙의 과학과 인생관 논쟁에 답하는 이유에 대해서는 그만 말하고 딩원지앙의 질문에 답한 내용을 간단히 적어보겠다.

(문) 딩원지앙은 물질과학과 정신과학의 구별은 성립될 수 없다고 말했다.

(답) 물질과학과 정신과학은 내용이 다르기 때문에 확실히 구별 가능하다. 이는 학자들이 오랫동안 과학 분류법을 일부 인정해온 것만 봐도 알 수 있다.

(문) 딩원지앙은 다음과 같이 물었다. 살아 있는 것이 어찌 사람밖에 없

는가? 동식물은 죽었단 말인가? 그렇다면 어째서 동식물학이 있는가?

(답) 사람과 동식물은 모두 살아 있는 존재다. 그러나 동식물학의 연구 대상은 동식물이고 정신과학이 연구하는 것은 인류의 심리와 그것이 만들어낸 결과이다. 따라서 이 둘을 함께 논의할 수 없다.

(문) 딩원지앙은 어째서 순수 심리 현상이 과학방법의 지배를 받을 수 없는지에 대해 물었다.

(답) 과학방법의 지배를 받기 위해서 대상은 반드시 고정된 상태여야 한다. 순수 심리는 순식간에 변화하므로 과학방법이 지배할 수 없다.

(문) 인생관은 과학과 분리될 수 있는가?

(답) 인생관은 과학을 초월해 있으므로 서로 대립할 수 없다. 따라서 분리된다는 말도 성립하지 않는다.

만약 인생관이 하루에도 수백 번씩 변한다면 사람마다 각자의 기준을 들고 나와 끝없이 다툴 텐데 그렇다면 장헌충과 같은 무리를 어떻게 하겠는가. 딩원지앙은 이런 걱정을 하고 있는지도 모른다. 인생이란 정신과 물질 사이에 있는 것이다. 소위 선이라는 것은 정신의 표현으로 법과 종교, 도덕, 미술 등의 학문이 여기에 속하고, 소위 악이라는 것은 물질의 접촉으로 강간과 약탈 등이 여기에 속한다. 고금의 위대한 사상가들은 모두 물질과 정신이 조화를 이루지 못한 것을 안타깝게 여겨 새로운 학설을 만들어 전한 것이다. 중국의 공맹부터 육왕까지가 그렇고, 서양의 플라톤 이하 마르크스까지가 그렇다. 비록 구체적인 내용은 다르지만 살신성인으로 인류의 해방을 추구했다는 점에서는 동일하다. 인류의 목표는 끊임없이 변하지만 그것은 악을 향해 가는 것이 아니라 선을 향해 나아간다. 그 이유는 대단히 미묘해서 한마디로 단정하기 힘들다. 그러나 미래를 예측해 개혁을 추진하던 사람들은 대체로 세상에 이익을 주려는 것이지 해를 입히려는 것은 아니다. 그것은 의심의 여지가 없다. 제임스는 유심주의자란 전체로 부분을 해석하는 것을 좋아하는 사람들이라고 평하였다. 이 말에 기초해서 유심주의자의 도덕론을 검증해보자. 그들은 소아 속에 이미 대아가 갖추어져 있다는 것을 전제로 두고 있다. 딩원지앙이 만약에 유물주의나 감각주의(피어슨과 같은)의 길을 버리고 나를 따라 유심주의를 배운다면, 인생관이 비록 자유의지에서 나왔으나 하루아침에 결정된 것이 아니라는 도리를 깨닫게 될 것이다. 그러나 만약 계속해서 유물주의와 감각주의를 견지한다면, 내가 어떤 말로 설득해도 딩원지앙의 관심을 돌리지는 못할 것이다.

●중편

제1장 군자의 베끼기

딩원지앙은 다음과 같이 말했다. "오늘날의 군자는 (…) 아무렇지도 않게 답습하고 베낀다." 이것은 딩원지앙이 현재 사회를 비판하는 원인이다. 그러나 그가 말한 과학적 지식론도 영국인 피어슨의 말과 다르지 않으니 딩원지앙 자신도 군자의 베끼기에서 자유롭지 못하다.

1) 딩원지앙은 현학을 파렴치한이라고 했다. 또 현학가들을 모두 없애버려야 한다고 저주했다.
피어슨은 현학가가 사회에서 위험한 존재라고 했다.(피어슨, 『과학규범』, 17페이지)
2) 딩원지앙은 모건의 『동물생활과 총명』 가운데의 "사유구조"라는 말을 인용했다.

피어슨도 역시 모건의 『동물생활과 총명』 가운데 "사유구조"라는 말을 인용했다.(피어슨, 앞의 책, 41페이지)

3) 딩원지앙은 추론의 참과 거짓은 마땅히 에반스의 『과학원리』를 참고해야 한다고 말했다.

피어슨도 추론의 과학적 효용에 관해서는 마땅히 에반스의 『과학원리』 제4장부터 제7장, 제10장부터 12장까지를 참고해야 한다고 했다.(피어슨, 앞의 책, 55페이지)

4) 딩원지앙은 불가사의한 것에 대해 말하며 버클리는 신, 칸트와 쇼펜하우어는 의향, 비시나는 물질, 클리퍼드는 심리질, 장쥔마이는 아(我)라고 한 것을 언급했다.

피어슨은 감각기관 배후에 있는 것에 대해 말하며 유물주의자들은 물질, 버클리는 신, 칸트와 쇼펜하우어는 의지, 클리퍼드는 심리질이라고 한 것을 언급했다.(피어슨, 앞의 책, 68페이지)

5) 딩원지앙은 책장과 장방형의 것, 그리고 가운데가 빈 것, 누르죽죽한 것, 나무로 만든 것, 아주 단단하고 무거운 것을 예로 들었다.

피어슨은 칠판과 장방형의 것, 그리고 노란색의 것, 아주 단단하고 무거운 것을 예로 들었다.

6) 딩원지앙은 감각 신경과 뇌신경, 그리고 운동신경과의 관계를 설명하면서 왼손가락이 칼에 베었을 때 자상(刺傷) 연고를 찾는 행위를 하는 것으로 비유를 들었다.

피어슨은 감각 신경과 뇌신경, 그리고 운동신경의 관계를 설명하면서 무릎이 책상 모서리에 부딪혀 상처가 났을 때 지압을 한 후 약을 찾는 것으로 비유를 들었다.

7) 딩원지앙은 전화 교환원을 뇌신경에 비유했다.

피어슨은 뇌를 중앙 전화 교환소에 비유했다.(피어슨, 앞의 책, 44~45페

이지)

딩원지앙이 말한 베끼기의 정의가 무엇인지는 잘 모르지만, 위의 예들은 베끼기가 아니란 말인가. 나는 딩원지앙에게 다음과 같이 묻고 싶다. 오늘날 학자들 가운데 순수하게 자신의 생각만 가지고 말하는 사람이 어디 있는가. 모두 다른 사람의 말을 베낀 것이다. 사람은 책을 읽으면서 자신의 생각과 비슷한 것을 선택하여 자신의 주장으로 삼는다. 그러나 어떤 것을 선택할 것인지는 각자의 자유이자 능력이므로 그것까지 베꼈다고는 할 수 없는 것이다. 후스는 듀이를 베낀 것이 아니던가? 공산당은 마르크스를 베낀 것이 아니던가? 내가 보건대 설령 베꼈다 하더라도 허물이 될 정도는 아니다. 딩원지앙은 표절 안 하기 주의(主義)를 표방했는데, 그 또한 글에서 다른 사람의 판권을 침해함이 이와 같으니 안타까운 노릇이다. 쓸데없는 말이었다. 만약 피어슨의 말이 정말로 진리를 발견하는 데 도움이 된다면 나는 딩원지앙이 베끼기를 했다 하더라도 무시해버렸을 것이다. 다음은 소위 과학적 지식론이 무엇인가에 대해 논의하도록 하겠다.

제2장 소위 과학적 지식론

내가 가장 이해가 안 되는 것은 "과학적 지식론"이라는 말이다. 만약 "과학적"이라는 세 글자에 대해 분명한 해석이 있었다면 지식론은 물리학, 생물학 등과 같이 이미 과학이 되었을 것이고 그렇다면 오늘날 철학자들이 반론을 제기할 이유가 없다. 예로부터 현재까지 유심주의, 실재론[惟實主義], 경험주의, 이성주의의 구별이 있는 것은 지식론에 대한 정설이 없기 때문이다. 정설이 없는데 '과학적'이라는 세 글자를 붙이는 것은 가당치 않다. 딩원지앙이 말한 지식론이 과학자의 말이라서 "과학적"이라는 세 글자를 붙인 것인가? 고금의 과학자 가운데 지식론을 말한 사람은 헉슬리, 다윈, 제임스, 듀이, 몰레쇼트뿐만이 아니다. 독일의 의학자 뷔히너는 심이 물질이라는 주장을 폈다. 생리학자인 몰레쇼트(Moleschott)는 인질(磷質)이 없으면 사고도 없다(No Phosphorus No Thought)는 학설을 제기했다. 어찌 뷔히너와 몰레쇼트의 예로 과학자를 존경하는 딩원지앙의 마음을 편하할 수 있겠는가. 그러나 지식론은 철학 범위 내의 일로 과학과는 무관하다는 것을 딩원지앙은 아는가? 과학자의 지식론은 철학자의 지식론보다 반드시 우수한 것은 아니며, 철학자의 지식론은 과학자의 지식론보다 반드시 열등한 것이 아니다. 로크와 칸트를 거쳐 오늘날 영미의 신실재론에 이르기까지 같은 유심주의, 같은 유물주의라 하더라도 서로 차이가 있다. 이렇게 천차만별한 것을 일목요연하게 정리해낸다는 것은 거의 불가능에 가깝다. 한두 사람의 말에 따라 과학적 지식론이라고 부를 수는 없다.

과학적 지식론이라는 개념이 성립 불가능하다는 것은 이미 분명해졌다. 아울러 딩원지앙이 신봉하고 있는 지식론이 무용하다는 것도 일이백 년 동안의 철학사가 나를 대신해서 증명해주고 있다. 따라서 피어슨의 말에 대해서는 자세하게 살펴보지 않겠다. 그 대신 한발 물러나서 피어슨을 소송의 당사자로 삼아 대질심문해보고자 한다. 피어슨의 이론에서 중요한 것은 다음의 세 가지이다.

1) 사상의 내용은 감각기관이 받은 느낌에 의해 구성된다.
2) 지각이나 경험이 끝없이 반복되기 때문에 과학에서 인과관념이 생긴다.
3) 과학의 임무는 감각기관이 받은 느낌을 분류하고 배열함으로써 선

후의 순서를 찾는 것이다.

딩원지앙은 피어슨의 책을 즐겨 읽었다고 했지만 경험이 끝없이 반복된다는 말을 옮기는 것을 잊었다. 어떤 의미에서 그랬는지 모르겠다. 영국학파는 주로 경험이나 감각을 사상의 출발점으로 삼는다. 하지만 인과관념이 감각 속에 존재하는지에 대해 물으면 그들은 어떤 일의 반복적인 출현이 반복적인 상태를 만들어내고 여기에서 인과관념이 나오는 것이라고 대답할 것이다. 그런 논리에 따르면 원인이 있으면 반드시 결과가 있다는 것은 필연(Necessity)의 진리가 아니며 심리상의 믿음이거나 습관에서 기인한다고 말할 수 있다. 이것은 흄이 주장한 것이지만, 오늘날에는 이미 전통적인 학설이 되었다. 북미의 행동주의 학파들이 언어습관(Language-Habit)으로 사상의 작용을 분석하는 것도 여기서 유래했다.

그렇다면 피어슨이 말한 감각, 그리고 지각이 끊임없이 반복된다는 것, 마지막으로 인과법칙이 지각의 끊임없는 반복에서 비롯된다는 것의 세 가지에 대해 분석해보자.

피어슨은 말했다.

"과학에 대해, 나에 대해 말하자면, 내 밖에 존재하는 세계의 실재는 형태, 색깔, 촉감 세 가지의 결합이다. 바꿔 말하면 감각기관이 받은 인상일 뿐이다. 인류가 획득한 인상은 전화 교환원이 받은 신호와 같다. 그가 아는 것은 단지 수신음일 뿐이며, 송신자가 어떤 사람인지에 대해서는 전혀 알지 못한다. 그러므로 뇌신경 한쪽 끝의 본래 모습이 어떠한지도 내가 알지 못한다. 내가 감각의 세계에 갇혀 살아가는 것은 교환원이 신호의 세계에 갇혀 사는 것과 흡사하며 한 발자국도 그 세계를 벗어나지 못한다."(『과학규범』, 63페이지)

피어슨은 사물을 분석한 뒤, 감각기관이 받은 인상이야말로 더 이상 쪼갤 수 없는 원소라고 생각했다. 감각기관이 받은 인상을 제외하고는 아무것도 존재하지 않는다. 그러나 사람이 세상에 나올 때 가지고 나온 것이 오로지 감각뿐이라고 한다면 감각을 종합하는 것은 불가능해진다. 왜 그런가? 감각에 갑과 을의 다름이 있다고 할 때 갑을이 나뉘는 것에는 일종의 논리적 의의가 있다. 이 의미는 갑을의 감각을 구성하는 요소다. 만약 감각이란 것이 단지 홍백의 색깔이나 강하고 부드러운 느낌, 맵고 신 맛이나, 크고 작은 형태뿐이라면 변별력은 어디서 온 것인가? 형태, 색깔, 촉감 세 가지 외에도 감각과 함께 생기는 것이 있다. 예를 들어 보자. 붉은색은 아주 단순한 감각이다. 그러나 여기에는 두 가지 다른 의의가 있다. 하나는 붉은색은 이와 같다는 것이고, 둘째는 이것이 정말 붉은 색이라는 것이다. 이 두 가지가 내가 말하는 논리적 의의라고 할 수 있다.(이상은 모두 독일의 『사상 심리학』에서 인용한 말이다.) 이 두 가지 의의가 있어야 서로의 분별이 생기고, 그런 후에야 참과 거짓의 판단이 가능하게 된다. 이것이 바로 추리가 가능한 근거이다. 모든 감각은 논리적 의의를 벗어날 수 없으니 피어슨이 말한 순감각주의는 성립할 수 없는 것이다.

사람이 살면서 시비를 판단하고 질서를 추구하는 것은 대단히 중요한 일이다. 사람은 시비판단과 질서추구의 기준을 선천적으로 가지고 태어났다. 이 기준이 바로 논리적 의의이다. 앞에서 말한 바와 같이 만약에 감각만이 주어져 있다면 감각을 추구하는 것조차도 결국은 불가능해질 것이다. 왜냐하면 감각 이외에 의의가 있어야만 서로 다른 감각을 분별해낼 수 있기 때문이다. 한발 더 나아가 시비의 의의가 감각 속에 내재되어 있다면 추리 역시 일정한 기준이 있는 것이 아닌가? 이 물음에 대한 긍정이 바로 칸트의 선천종합판단설이다. 예를 들어 "금속은 열을 받으면 팽창한다."에서 금속은 주어이고 열을 받으면 팽창한다는 것은 술어이다. 이것을 판단이라 한다. 이 판단 가운데 인과상생(因果相生)의 관념은 반드시 선천적인 것이며, 그래야지만 열을 받으면 팽창한다는 명제가 성립하게 된다. 흄은 이를 부정하면서 인과상생이란 일상 속의 반복적인 경험이나 습관적인 일이 쌓여 생긴 관념이라고 주장한다. 그러나 칸트는 여기에 반대한다. 즉 일상적 경험에서 온 것은 감각기관과의 접촉으로 얻어진 것이지만, 감각기관의 배후에는 분명 이성의 작용이 있으며 인과상생은 바로 이성의 개념이란 것이다. 따라서 개념이 전제되어야 금속이 열을 받으면 팽창한다는 판단이 성립된다. 여기서 말하는 이성이란 앞서 말한 논리적 의의와 글자만 다를 뿐 같은 의미이다. 따라서 끊임없이 반복되는 감각만이 추리의 유일한 기준은 아니라는 것을 알 수 있다.

위의 두 단락을 통해 볼 때, 인류 지식의 근원이 감각에 있다는 과학자들의 주장은 성립하기 어렵다. 그럼에도 끊임없이 이런 주장을 하는데, 이는 자신들이 주장하는 것의 근거가 무엇인지를 잊고 있는 것이다. 예를 들면 딩원지앙은 피어슨의 말을 흉내 내어 사물의 실재는 감각으로만 이루어졌다고 했다. 그러나 그 말 속에 이미 비감각적 성분이 포함되었다는 것을 모르고 있는 것이다. 어째서 그런가? 감각만을 인정하고 그 외의 것을 배제한다는 것은 이미 일종의 판단 기준을 가지고 있다는 것으로, 여기서의 판단 기준은 감각이 아니다. 또 다른 예로 미국의 행동주의 학파는 인류의 심리를 연구할 때 단지 행위만을 근거로 삼는다. 그러나 이것 또한 말 속에 이미 비행위적인 성분이 있다는 것을 모르는 것이다. 어째서 그런가? 행위만을 인정하고 자각성을 배제한다는 것은 이미 일종의 판단의 기준을 가지고 있다는 것으로 여기서의 판단 기준은 행위가 아니다. 유물주의와 유감각주의를 견지하는 사람들은 주장의 근거를 잊은 채 세상의 사물이 모두 감각으로 이루어져 있다고 하거나 심리 현상도 결국은 행위일 뿐이라고 주장한다. 이것은 출발이 잘못된 것을 모르는 것이다. 따라서 비록 수만 마디의 말을 하고 스스로 그 주장에 만족해한다 하더라도 실제로는 바둑 한 수를 잘못 둠으로써 전체 판세를 그르치는 것과 같다.

과학에서 중요하게 여기는 것은 인과법칙의 필연성이다. 그러나 마하(Mach) 이래로 인과법칙의 필연성은 물리학 현상을 모두 설명해내지 못했기 때문에 새로운 정의가 필요하게 되었다. 마하는 말했다. 인과법칙에는 필연성이 있다고 볼 수 없다. 단지 현상의 선후를 기억하여 간략한 공식으로 그것을 표시하고, 사유과정을 간결하게[Economy of Though] 만드는 것에 불과하다. 이것은 수학에서 갑이 을의 함수가 되면 을도 역시 갑의 함수가 되는 것과 마찬가지다. 따라서 인과가 서로 맞물려 있는 것은 갑을이 서로 기대고 있다는 것일 뿐 별다른 의미는 없다. 피어슨이 책에서 설명한 인과는 마하의 학설에 기초한 것이다. 그는 다음과 같이 말했다.

> "과학법칙은 심리 요약법을 이용해 지각의 선후 순서를 기술하는 것이다. 과학은 현상의 선후에 내재되어 있는 필연성을 증명할 수 없다."

그러나 내가 보기에 필연성이란 매우 확고한 것이다. 예를 들어 물체의 좌우에서 각각 같은 힘을 가하면 물체는 대각선 방향으로 움직인다. 여기서 물체가 움직이는 방향은 충분히 예측할 수 있다. 마하와 피어슨은 감각주의자이기 때문에 마음대로 인과법칙의 정의를 수정했다. 사실 감각주의는 애초부터 성립 근거가 없는 것이며, 인과법칙은 불변의 진리와 같아 한두 사람이 수정한다 해서 그 권위가 흔들리지 않는다.

이상의 세 가지 측면에서 볼 때, 피어슨의 지식론이 얼마나 취약한 것인지 알 수 있다. 피어슨 자신도 감각주의만으로는 설명이 부족하다는 것을 알았는지 또다시 추리의 이론을 제시했다. 그 표준은 다음과 같은 세 가지이다.

1) 개념은 서로 모순되어서는 안 된다.
2) 비정상적인 사람의 지각을 기준으로 삼을 수는 없다.
3) 각각의 관찰자가 얻은 추론은 일치해야 한다.

개념이 모순되어서는 안 된다는 것과 추론이 일치해야 한다는 것은 피어슨이 창조해낸 것이 아니라 모든 학자들이 인정하는 것이다. 그러나 감각주의자인 피어슨은 그것을 논거로 삼지 않았다. 왜냐하면 모순이나 추론의 일치 같은 것은 이성의 능력이지 감각 기관으로 표현될 수 있는 것이 아니기 때문이다. 피어슨이 세 가지 표준을 인정한 것은 감각 일원론을 버리고 유심주의의 선천범주설로 선회한 것이다. 그러나 피어슨은 또 다음과 같이 말했다. 세 가지 기준 가운데 비정상적인 사람의 지각이라는 항목이 중심이 되어서는 안 된다. 바꿔 말하자면, 사람들의 감각 기관과 생리 구조가 동일하기 때문에 동일한 추론을 얻어낼 수 있으며, 따라서 감각주의와 위배되지 않는다는 것이다. 예를 들어보자. 비록 감각 기관이 받은 인상이 같다고 하더라도 도출된 결론은 매우 다르다. 사람마다 감각 기관이 조금씩 다른 것에 대해 다윈은 환경의 영향 때문이라고 했고, 라마르크는 용불용설(用不用說)로 설명했다. 그렇다면 이렇게 서로 다른 주장을 한 것은 다윈과 라마르크의 감각 기관 구조가 달라서인가? 딩원지앙의 말대로 누가 정상이고 누가 미친 것일까? 뉴턴은 시간과 공간이 절대적이라 했고 아인슈타인은 상대적이라고 했다. 과연 두 사람의 감각 기관 구조가 다른 것일까? 딩원지앙의 방식대로 묻자면 누가 미쳤고 누가 정상인가? 흄과 로크는 지식이 감각에서 기원한다고 했고, 칸트는 감각 이외에 이성에게도 의지한다고 했다. 그렇다면 이 세 사람의 감각 기관 구조가 다르다는 말인가? 딩원지앙의 방식대로 묻자면 누가 미쳤고 누가 정상인가? 마하는 아(我)를 인정하지 않았고 제임스는 인정했다. 그렇다면 두 사람의 감각 기관 구조가 다른 것인가? 딩원지앙의 방식대로 묻자면 누가 미쳤고 누가 정상인가? 여기서 언급한 여러 사람들의 주장에 대해 일일이 논증하지는 않겠다. 결론적으로 말하면, 감각이 지식 재료의 최종 근원이며(Sensation as the ultimate source of the materials of knowledge), 정상적인 사람이라면 동일한 감각 기관의 구조가 동일한 추리의 유일한 근거라는 말은 절대 통하지 않는다.

피어슨의 지식론에 대한 반박은 대략 여기까지이다. 그러나 중앙 전화국의 교환소는 피어슨이 가장 애용하는 비유이니 이에 대해 몇 마디 덧붙이겠다. 사람의 마음을 전화국의 교환원에 비유하면 그 의미는 다음과 같다. 교환원은 양쪽의 신호만 알고 있을 뿐 송신자가 어떤 사람인지는 모른다. 사람의 마음도 이와 같아서 감각을 받아들일 수 있을 뿐이지 감각의 배후에 어떤 것이 있는지는 절대로 모른다. 그러나 앞에서 말한 대로 시비를 판단하는 것은 사유의 본질이다. 따라서 마음의 작용은 전화 교환원이 신호를 교환하는 것과 전혀 다르다. 이것은 감각주의와 상반되는 것이다. 만약 감각주의가 성립될 수 없다면 교환원의 비유도 역시 성립 근거를 잃게 되는 것이다. 따라서 미국의 로저스(Rogers)는 피어슨을 비판하며 다음과 같이 말했다.

> "만약 교환원의 세계가 단지 송신자의 신호음만으로 한정된다면 전화 교환소는 공기가 허공 속에 사라지듯이 잠깐 사이에 무(無)로 변해버릴 것이다."

이 말의 뜻은 다음과 같다. 교환원은 소리뿐만이 아니라 세계의 실재와도 접촉하기 때문에 교환 작용은 소리에만 한정된다고 볼 수 없다. 만약 그렇다면 사람이 접촉하는 것도 결코 감각에만 한정되는 것이 아니며, 감각의 배후에 반드시 다른 실재가 존재한다고 여기게 된다. 비록 사물의 본체가 무엇인지에 대해서 수많은 철학적 논쟁이 있었지만, 인간의 지식세계는 절대로 감각만으로 채워져 있지 않다고 단언할 수 있다. 사람이 시비를 가리고 진위를 판단하는 것은 실재를 이루는 한 부분으로 그것을 어찌 감각의 능력만으로 해낼 수 있겠는가?

딩원지앙과 후스에게 내가 평소에 즐겨 하는 말을 들려주겠다. 그대들은 내가 피어슨을 비판하는 것이 순전히 독일의 피히테 이래의 유심주의자들의 논리를 모방한 것이라고 할 테지만 사실은 그렇지 않다. 세계 철학의 흐름은 영국과 독일로 대표된다. 영국 사람은 바깥 것으로 안의 것을 해석하길 좋아해 영국에서 후천주의와 감각주의가 발달했고, 독일 사람은 안의 것으로 바깥 것을 해석하길 좋아해 독일에서 선천주의와 유심주의가 발달했다. 영국 사람은 바깥 것으로 안의 것을 해석하길 좋아해서 철학에서는 로크와 흄 등의 감각설과 경험설, 윤리학에서는 벤담의 공리주의, 진화론에서는 다윈의 생존경쟁, 점진진화설, 심리학에서는 행위주의, 교육철학에서는 환경적응설 등이 나오게 되었다. 독일 사람은 안의 것으로 바깥 것을 해석하길 좋아해서 철학에서는 칸트의 순수 이성학설, 윤리학에서는 칸트의 의무설, 그리고 생물학에서는 드리슈의 생기주의(生氣主義), 심리학에서 사상심리학(헬름홀츠학파), 교육철학에서는 정신의 자발성을 중시하는 사상이 발달했다. 그러나 안을 중시하는 사람들이 바깥을 부정하거나, 바깥을 중시하는 사람들이 안을 부정하지는 않는다. 물론 대체적인 경향이 이렇다는 것이다. 지금 중국에 들어온 신 학설 가운데 독일의 것을 취할 것인가, 아니면 영미의 것을 취할 것인가? 내 생각에 어느 하나를 취하는 것은 옳지 않고 양자를 취한 뒤 그것을 절충하는 것이 최선이다. 유심과 유물, 유리(惟理), 유각(惟覺)의 구분은 사실 쓸모없는 논쟁이다. 만약 중국의 학자들이 유럽과 미국의 편협한 견해를 중국에 적용시키려 한다면 그것은 헛되고 무익할 뿐이다. 그러나 중국인들은 편협한 견해로 사람들의 환심을 사려는 경향이 있으니 영국과 독일의 안과 밖, 선천과 후천, 경험과 이성, 환경과 정신에 대한 논쟁 등이 학계에서 재연되지 않을까 우려된다. 왜냐하면 영미에서 공부한 사람은 영미 사람을 본받고, 독일에서 공부한 사람은 독일 사람을 본받기 쉽기 때문이다. 영국과 독일 양자 모두에 정통한 뒤, 그 둘을 초월하여 일가(一家)를 이루기란 쉽지 않다.

고금의 철학자 가운데 일가를 이루어 체계를 세우고, 모든 현상을 통괄하는 학설로 사람들을 설복시킨 사람 가운데 칸트만 한 사람이 없다. 칸트의 철학 체계는 다음과 같다.

칸트철학 ……… 인생(실천이성) — 자유의지
학문(순수이성) — 통섭, 개념 — 인과

현상 속에서 인과 발생의 원인을 찾아내는 가운데 지식과 과학이 탄생했다. 그러나 인생의 여러 현상 가운데 참회나 사랑, 책임, 희생정신 등 도덕의 영역에 속한 것은 인과법칙으로 해석할 수 없다. 따라서 칸트는 영역을 둘로 나누었다. 윤리에 관한 것은 자유의지의 범위에 속하고, 지식에 관한 것은 인과법칙의 범위에 속한다. 자유와 인과는 서로 충돌하지 않는다. 이에 대해서는 인간사와 지식 방면을 다루면서 적절한 설명을 하고 있다. 이것이 칸트 학설의 첫 번째 장점이다. 지식이 감각으로부터 생겨나는 것인지 아니면 이성으로부터 생겨나는 것인지에 대해 칸트는 절충적 입장을 취한다. 그는 개념 없는 직각은 맹목적이고 직각 없는 개념은 공허하다고 말했다. 이 말은 바로 위에서 말한 두 학파를 절충하는 것을 의미한다. 이것이 칸트의 두 번째 장점이다. 칸트 철학은 영국의 흄과 독일의 울프의 이론을 절충한 것인데 아쉽게도 후대 사람들이 발전시키지 못해 철학계를 분열시키는 결과를 낳았다. 지금부터라도 영국과 독일의 철학, 윤리학, 생물학, 심리학, 교육학에 칸트의 학설을 적용시킨다면 이는 학술계에 새로운 공헌이 될 것이다. 누가 이런 공헌을 할 것인가? 내 생각에 중국인이 가장 적임자다. 왜 그런가? 영국인과 독일인은 국경에 얽매이거나 진부한 말에 집착하는 경향이 있다. 둘을 합하여 하나로 만드는 것이 최선이며, 둘의 장점을 보존하면서 어느 한쪽도 잃지 않는 것이 차선이다. 어느 한쪽만 편들어 사실을 과장하는 것은 무의미하다. 사실 이런 말은 주제를 벗어난 것일지도 모른다. 그럼에도 이런 말을 하는 이유는 다음과 같다. 첫째, 감각과 개념은 모두 지식을 구성하는 요소이며, 감각으로 개념을 배척할 수 없다. 나는 감각만이 유일하다는 피어슨의 주장에 동의할 수 없다. 둘째, 후스처럼 특정인의 학설만을 좇아서 학파를 구분해서는 안 된다. 만약에 영국과 독일의 학설을 조화시킬 수 있다면 학계는 분명 새로운 길을 개척할 수 있다. 이런 일은 중국인들이 노력해야 할 부분이지만, 이런 생각은 나의 미천한 견해일 뿐 강요할 수는 없는 일이다.

제3장 과학 이외의 지식(일명 과학의 한계)

피어슨에 따르면 세상에 존재하는 유일한 "진리"는 오직 감각뿐이다. 그러나 참과 거짓을 판단할 수 있는 사상이 없다면 감각을 분별하는 것은 불가능할 것이다. 따라서 "진리"를 말하려면 반드시 감각 이외에 사상에 존재한다는 것을 인정하거나 논리적 의의를 말해야 한다. 이것은 학술상의 진리로 쉽게 변하지 않는다.

그러나 딩원지앙은 피어슨의 감각설에 근거해서 과학방법으로 얻은 "진리" 이외에 다른 "진리"는 존재하지 않는다고 주장했다. 따라서 그는 다음과 같이 말했다.

> 첫째, 개념 추론의 결과가 서로 모순된다면 과학은 그것을 진리로 인정하지 않는다.
> 둘째, 정상인의 지각으로 개념을 추론해낼 수 없다면, 과학은 그것을 진리로 인정하지 않는다.
> 셋째, 논리적 훈련을 받은 정상인에게 추론 가능한 개념을 이해시킬 수 없다면 과학은 그것을 진리로 인정하지 않는다.

이 세 항목의 성질이 어떠한지는 이미 앞에서 설명했다. 이런 기준을 제시하는 까닭은 지식과 비지식의 경계를 정하기 위한 것이다. 피어슨은 말했다.

> "만약 어떤 사람이 현학(혹은 형이상학)의 영역에서 과학은 이미 추방되었으며 과학방법 또한 무용지물이라고 말했다고 치자. 이 말은 관찰 방법 및 논리적 사유 방법의 원칙이 이 영역 내에서는 적용되지 않는다는 뜻이다."

> "만약 이런 영역이 정말로 존재한다면 나는 이 영역이 지식의 정당한 범위를 벗어나는 것이라고 분명하게 말해줄 것이다."

피어슨은 분명한 경계를 제시하고 있는데, 이에 따르면 과학방법이 적용되는 것은 지식이고 그렇지 않은 것은 지식이 아니라는 뜻이다.

그러나 피어슨이 제시한 경계는 절대로 성립되지 않는다. 왜냐하면 피어슨이 말했던 것처럼 인간사의 대부분은 지식의 이름을 붙일 수 없기 때문이다. 증자(曾子)는 "나는 하루 세 번 반성했다. 다른 사람을 위함에 불충함이 있지 않았는가. 벗과 사귐에 믿음이 부족하지 않았는가. 배움에 게으르지 않았는가(曾子曰, 吾日三省吾身, 爲人謀而不忠乎, 與朋友交而不信乎, 傳不習乎)."라고 말했다. 여기서의 충과 불충과 신과 불신의 문제는 딩원지앙의 세 가지 기준과는 상관없는 자기 자신의 문제일 뿐이다. 어찌 세 가지 기준에 부합하지 않는다고 해서 진리가 아니라고 할 수 있겠는가? 우선 이것은 도덕에 관한 지식이다. 일찍이 공자는 노(魯)나라 태사(太師)에게 "음악을 아는가"라고 물었다. 음악이 아름다운지 그렇지 않은지는 사람마다 다르게 느끼는 것으로 딩원지앙이 말한 세 가지 기준과는 상관이 없다. 어찌 세 가지 기준에 부합하지 않는다고 해서 진리가 아니라고 할 수 있겠는가? 다음으로 이것은 미술에 관한 지식이다. 공자는 "삶을 알지 못하는데 어찌 죽음을 알겠는가(未知生, 焉知死)?", 아는 것을 안다고 하고 모르는 것을 모른다고 하는 것이 앎(知)이다(子曰, 知之爲知之, 不知爲不知, 是知也)"라고 말했다. 생사(生死)에 대한 앎과 모름, 알 수 있음과 알 수 없음의 경계는 과학지식과 비과학 지식의 경계이며 이것 역시 딩원지앙이 말한 세 가지 기준과는 상관없는 것이다. 어찌 세 가지 기준에 부합하지 않는다고 해서 진리가 아니라고 말할 수 있겠는가? 마지막으로 이것은 형이상의 영역에 관한 지식이다. 만약 이런 세 가지에 과학방법을 적용할 수 없고, 지식성 역시 부인된다면 이는 과학의 힘이 유한하다는 것을 과학자들 스스로 인정하는 것이다. 만약 그렇다면 과학의 힘이 미치지 못하는 것에 대해서는 듣지도 보지도 말아야 한다.

다행히 과학자 가운데는 피어슨처럼 편협한 사람만 있는 것은 아니다. 영국의 생물학자 톰슨은 과학의 능력이 미치지 않는 곳이 있다는 사실을 인정하고 철학과 미술, 종교로써 과학을 보완해야 한다고 주장한 사람이다. 톰슨은 과학방법이 적용되는 지식의 영역 외에도 철학과 미술, 종교라는 세 영역이 존재한다고 주장했다.

우선 톰슨이 철학의 존재를 긍정한 것은 다음의 두 가지 이유 때문이다. 모든 과학은 일정한 데이터(Data)를 출발점으로 삼지만 데이터의 정확성 여부에 대해서는 자세하게 연구하지 않는다. 물리학은 물질과 에너지(Energy)를 우주의 근원으로 보고, 이 두 가지만 있으면 우주가 형성될 수 있다고 여긴다. 따라서 광활한 우주 속의 물질과 에너지를 어떻게 해석할 것인가는 과학자들이 반드시 연구해야 할 과제다. 종의 변화와 유전, 진화 등은 생물학에서 이미 정설로 받아들여지고 있다. 그러나 그것이 정확한 것인지는 연구가 더 필요하다. 과학 사상에서는 일관된 생각(Consistent Thinking)일지라도 이것을 비판하는 것이 철학의 임무이다. 물리학의 입장에서 볼 때 우주는 기계적 우주이고, 생물학자의 입장에서 볼 때 우주는 목적을 갖고 있는 우주이다. 이 두 가지 우주관을 어떻게 통일시켜 일관되고 원만한 우주관을 만들어 내느냐가 철학의 두 번째 임무다.

톰슨은 미술에 대해 다음과 같이 말했다.

"자연계에서 인류의 원대한 목표는 아는 것[知之]—이것은 과학의 일이다.—뿐만 아니라 누리는 것[享受之]이다. 인간은 정감적 존재이다. 자연계와의 대화는 이성을 통해서가 아니라 마음을 통해서 가능하다. 시인은 그가 느낀 것을 노래로 표현하거나 침묵 속에서 유연(悠然)하게 즐거움을 얻는다. 인간은 정감을 가지고 있기 때문에 때로는 기쁘고 때로는 무섭고 때로는 근심스럽거나 슬프고 때로는 놀랍고 의심을 갖는다. 하늘에 떠 있는 총총한 별들이 만들어내는 장관(壯觀), 웅장한 기복을 가진 산맥의 신비로움, 멈추지 않고 흐르는 강과 바다의 영원함, 독수리와 매의 자유로운 비상(飛翔), 꽃과 열매의 열림과 시듦, 인간의 끈질긴 생명력은 천지자연의 위대한 모습이다."

톰슨은 또 과학과 미술의 관계에 대해서도 이렇게 말했다.

"나는 과학의 가치가 서술의 공식을 찾아내어 사람들이 좀 더 쉽게 자연계를 파악하고 실천하도록 하는 데 있다고 믿는다. 과학적 결론은 사람들을 만족시켜야 한다. 우리가 느끼지 못해도 인간은 우주 속의 존재이다. 따라서 누구나 자신의 기원을 알고 싶어 한다. 어떤 사람은 이런 바람이 전혀 정당하지 않다고 말한다. 하지만 상관없다. 나는 자연을 숭배하는 시가(詩歌)나 종교의 정감이 과학과 서로 합심해 발전해 나아갈 수 있다고 믿는다. 시가나 종교는 직각의 충동이며 비이성적인 것이다. 또한 과학의 범위를 넘어서지만 나는 이 두 가지가 무의미하지 않다고 확신한다."

톰슨은 종교에 대해 다음과 같이 해석했다.

"종교는 정의할 수 없는 것이다. 독립적으로 존재하는 정신적 실재에 대한 실천적, 정감적, 이지적 긍정이 바로 종교의 의미다."

그는 또 과학과 종교의 관계에 대해서도 말했다.

"사람과 자연계, 그리고 이 둘의 역사에 대해 과학은 의문을 제기해왔다. 그러나 세계는 무한한 반면 과학은 보잘것없다. 따라서 대답은 필연적으로 유한할 수밖에 없다. 설령 우주에 대한 해답이 이미 완전하다 하더라도 해결할 수 없는 또 다른 문제가 파생되어 나오게 된다. 따라서 비록 해답을 찾는다 하더라도 사람들은 만족하지 않을 것이다. 더 나은 대답을 찾으려면 시가와 종교의 정감에서 찾아야 한다. 따라서 나는 과학방법이 진리에 도달하는 유일한 방법이라는 것을 믿지 않는다."(『과학인론』, 218페이지)

내가 톰슨의 말을 인용하는 이유는 지식과 진리에 대한 딩원지앙과 피어슨의 주장이 편협해서 믿을 수 없기 때문이다. 과학방법은 진리에 도달하는 유일한 방법이 아니다. 이것은 과학자인 톰슨의 입에서 나온 말인데 딩원지앙은 이것조차도 현학이라 간주하여 모른 체할 것인가?

톰슨이 철학과 미술과 종교를 "진리"라고 한 까닭은 여기에 과학의 능력이 미칠 수 없다는 것을 알았기 때문이다. 톰슨이 분명하게 말하려고 한 것은 과학의 한계다. 물리학자는 물질을 기본 개념으로 여기지만 물질의 본질이 무엇인지에 대해서는 설명할 수 없다. 생물학자는 세포를 기본 개념으로 여기지만 세포의 본질이 무엇인지에 대해서 설명할 수 없다. 생물의 기원 및 심리와 신체의 관계 등도 마찬가지다. 과학자는 이에 대해 설명할 수 없다. 작은 비밀이 풀려도 큰 비밀이 생겨나듯이 우주의 신비는 과학이 잠시 해결할 수는 있어도 절대로 전부 해결할 수는 없다.(『과학인론』, 191페이지) 톰슨은 또 랭카스터(R. Lankester)의 말을 인용해 다음과 같이 말했다. " (…) 이것들은 오늘날 과학이 설명할 수 있는 것이 아니며 미래의 과학자들도 영원히 해결할 수 없는 것이다." 아! 딩원지앙의 과학 만능의 발언과 비교해볼 때 얼마나 겸손한 말인가. 비록 당랑거철(螳螂拒轍)의 용기는 가상하지만 다른 한편으로는 매미가 1년의 시간을 모르는 것과 같으니 안타까울 따름이다.

제4장 과연 현학이 유럽에서 "밥 빌어먹을 곳이 없는가?"

딩원지앙이 항상 신경 쓰는 것은 밥 먹는 문제다. 그는 현학이 (…) 오늘날에 이르러 점점 밥 빌어먹을 곳이 없어지고 있다고 말했다. 또 현학가들도 밥을 먹어야 한다고 했다. (…) 유럽과 미국에서 현학이 살았는지 죽었는지 독자 여러분도 생각해보기 바란다. 딩원지앙이 쓴 글의 제목은 현학과 과학이다. 오늘날 젊은이들이 현학이라는 말에 염증을 느낀다는 것을 알기 때문에 그 이름을 사용한 것이다. 현학이란 말은 여러 의미를 갖고 있기 때문에 먼저 개념의 범위를 정해야 한다.

현학은 원래 물질계와 감각계를 초월해 있는 것을 해석하는 학문 활동을 가리키는 말이었다. 이런 정의 때문에 감각 경험 너머에 있는 것은 모두 현학에 포함시킨다. 예를 들면, 갈릴레오의 죄를 심판한 로마교회의 죄과는 현학의 죄과라는 식이다. 그러나 현학은 이것을 인정할 수 없다. 또 갈릴레오가 물리학의 발전에 큰 공헌을 했던 중세기에 점성학이 길흉을 점치고 무술(巫術)로 우유의 색깔을 변화시켜 사람들을 홀렸던 것(피어슨, 『과학규범』, 22페이지)을 현학의 잘못이라 한다. 그러나 현학은 이것을 인정할 수 없다. 17세기와 18세기 사이에 독일의 현학가 울프(Christian Wolff)는 순수 이성이 하느님과 우주의 문제를 해결할 수 있다고 믿었지만 칸트에 의해 반박당했다. 19세기 말 이후 현대 사조를 대표하는 각종 위대한 철학은 모두 현학과 관련된 저작이 있다. 그 이유는 뒤에서 다시 상세히 설명하겠다. 먼저 그 책들을 출판 연도에 따라 열거해

보면 다음과 같다.

1874년 프랑스 부트루(Boutroux)의 『자연법칙의 우연성』
1888년 독일 오이켄의 『정신생활의 통일』
1897년 미국 제임스의 『신앙의 의지』
1901년 오이켄의 『종교의 참뜻』
1902년 제임스의 『종교경험의 다양성』
1903년 프랑스 베르그송의 『형이상학 서론』
1907년 베르그송의 『창조진화론』
1907년 오이켄의 『종교철학의 근본문제』
1908년 부트루의 『과학과 종교』
1916년 독일 드리슈의 형이상학 『실재론』
1922년 드리슈의 『실재론』 재판(再版)

이 밖에도 형이상학에 주안점을 두어 책이름을 정한 저작도 수없이 많다. 따라서 딩원지앙이 "현학이 유럽에서 2천 년간 빈둥거리며 떠돌아다녔는데, 근래에 와서는 점점 더 밥 빌어먹을 곳이 없어졌다"라고 한 말과 "현학이 끝까지 저항해도 두렵지 않다"는 말이 어찌 대낮의 잠꼬대가 아니겠는가? 사람들이 현학이란 말에 염증을 느끼는 까닭은 아마 콩트의 인류 지식 진화 삼단계설에 현혹되었기 때문일 것이다. 콩트는 다음과 같이 말했다. 신학시대에는 명상을 중시한다. 현학시대에는 만물을 고찰하여 하나의 근원으로 환원시키는 데 중점을 두었다. 여기에는 화학력과 생활력 같은 것이 있다. 실증시대에는 관찰을 중시하여 절대 원인설을 배척하고 현상을 통해 법칙을 도출하려고 하였다. 그러나 신화나 종교가 최고의 지위에 있던 시대에도 배와 마차의 제작이나 밭 매는 노동 등이 없지 않았다. 따라서 어찌 실증 작업이 전혀 없었다고 할 수 있겠는가? 마찬가지로 현재를 과학 시대라고 하지만 물질의 근본과 생물의 기원, 우주관과 인생관이 무엇인지에 대해서 말하지 않는 사람이 없다. 즉 신학과 형이상학에 대한 토론이 어찌 없을 수 있겠는가? 따라서 콩트의 삼단계설은 발전의 과정과 전혀 맞지 않을 뿐만 아니라, 시대와 현학의 관계에 대해서도 분명하게 설명하지 못한다.

19세기 말 이래로 현학 운동이 발흥하게 된 데에는 여러 원인이 있다. 과학자들은 감각소여(Sense-data)를 학문의 기초로 삼고 있는데, 해석이 만족스럽다면 아무 상관없다. 그러나 그들은 현상의 선후 관계만 다룰 수 있을 뿐, 우주의 신비에 대해서는 제대로 건드리지 못한다. 이것이 바로 과학에 대한 반동이 나오게 된 첫 번째 원인이다. 과학자들은 이지(즉 논리적 법칙)로 모든 것을 설명하려 하지만 생동하는 사회적 사실은 논리나 정의로 규정될 수 있는 것이 아니다. 이것이 반동이 나오게 된 두 번째 원인이다. 과학자들은 인과법칙을 최고의 원리로 여기지만, 실제로는 인과를 벗어난 일도 자주 발생한다. 심령이 순식간에 변화하는 것은 인과의 범위를 벗어나는 것이며, 이로 인해 철학자들이 자유의지설을 주장하는 것이다. 이것이 반동이 나오게 된 세 번째 원인이다. 형이하학적인 것에 만족하지 못하면 형이상학적인 것을 추구하기 마련인데 형이상학 가운데 사람의 마음을 가장 잘 위안해주는 것은 종교다. 그러므로 오이켄은 기독교의 개혁을 주장했고, 제임스는 실용주의의 입장에서 종교의 용도를 말했다. 이것이 반동이 생기게 된 네 번째 원인이다. 정리하자면, 최근 이삼십 년간 유럽 사상은 반기계론, 반주지주의, 반운명론, 혹은 반종교배척이 주된 흐름이었다고 말할 수 있을 것이다. 만약 콩트의 삼단계설에 따라 현시대에 이름을 붙인다면 나는 신현학시대(新玄學時代)라고 할 것이다. 신현학시대의 특징은 인생의 자유가 확대되어 기계법칙의 지배로부터 벗어나고, 자유의지설이 확산되어 인류의 행위가 우주 실재에 참여하게 되는 것이다. 기계론이라는 고통의 바닷속에서 사람들을 구해내어 분발의 의지를 고취시키는 방법으로 이보다 나은 것이 없다.

그러나 똑같이 현학을 주장해도 기본 입장은 서로 다르다. 웰스와 톰슨은 현학을 철학으로 해석하여 과학 사상의 체계를 세우려 했다. 베르그송은 현학으로 변화와 실재를 연구한다. 오이켄은 정신생활의 경지를 높여줄 수 있는 학문으로 현학을 연구한다. 제임스는 현학과 종교를 구별해서 연구한다.

웰스는 말했다.

"일반적으로 사람들은 현학을 무익하고 골치 아프며 오묘해서 실용과는 관계없다고 생각한다. 그러나 사고의 명확성을 위해서는 현학에 대한 연구가 필수적으로 선행되어야 한다."

"현대 심리학은 현학을 중요한 연구 대상으로 삼아야 하며 지금이 바로 적절한 연구 시기이다."

톰슨은 말했다.

"과학을 영화에 비유해보겠다. 과학의 다양한 분과들은 각자가 촬영한 우주의 일부 영상만을 보여주는데, 그것은 영화를 촬영한 관점과 입장이 모두 다르기 때문이다. 이렇게 촬영된 영상을 단순히 나열하는 것은 의미가 없고 그것들을 종합해서 입체적인 영화를 만들어내야 한다. 현학의 임무도 바로 이러한 것이다. 현학의 임무는 일관된 우주관을 구축하는 것이지만 이 목표를 달성하기 위해서는 선천적인 방법이 아닌 과학방법을 기초로 삼는다."

두 사람 모두 여러 과학을 통합시키기 위해서는 현학이 필요하다고 생각한다.

베르그송은 말했다.

> "이지로는 단지 표면적인 것만을 인식할 수 있을 뿐이며, 사물의 본질은 파악할 수 없다. 따라서 인식을 위한 인식을 넘어서야 진정한 인식에 도달할 수 있다."

베르그송은 실재(實在)를 탐구하는 데 이지는 적합하지 않다고 단언했다. 은미한 마음의 작용은 쉼이 없으며 자발적인 것으로, 이것이 본질이고 생활이다. 이지의 영역에서 벗어나 있는 것을 포착할 수 있는 유일한 방법은 직각의 힘을 빌리는 것이다. 이것이 베르그송의 현학이다.

오이켄 철학의 핵심은 정신생활이다. 인생은 물질과 정신 사이에 존재한다. 물질은 항상 인생의 장애가 되니 물질에서 초탈해 대아의 삶 속으로 몸을 던져야 한다는 것이 오이켄 철학의 요지이다.

제임스는 웰스나 톰슨과 마찬가지로 현학을 학문으로 간주했다. 다양한 과학들은 각각의 입장이 있기 때문에 통합을 이루기 어려운데, 그것을 가능하게 하는 것이 현학이다.(『소(小)심리학』, 426페이지) 그는 비록 실용주의적 입장에서 종교를 고찰했지만, 신앙이란 검증(Verification) 가능성과는 무관한 것이라고 생각했다. 그러나 강한 의지가 사람을 성공하게 만들기도 하기 때문에 신앙도 완전히 검증(Faith create its verification) 불가능한 것은 아니라고 생각했다. 이것은 형이상학에 대한 제임스의 신앙이 얼마나 깊은지를 보여주는 것이다.

여러 사람들의 학설을 소개하다 보니 답변의 범위를 벗어난 것 같다. 위에서 소개한 이론에 따르면, 딩원지앙의 말은 무모한 것이거나 의도적으로 사람들을 속이려 한 것임을 알 수 있다. 최근 300년 동안 이지와 물질에 대한 유럽인들의 맹신 때문에 세계대전이 발발했으며 오늘날의 반조류가 생겨나게 되었다. 중국은 서양과 교류한 이래 물질적으로는 선견포리(船堅炮利)를 정책으로 삼았으며, 정신적으로는 과학만능을 신앙으로 삼았다. 역사의 발전은 물극필반(物極必反)이란 말로 설명할 수 있다. 학문으로서 새로운 현학이 과거의 현학과 다른 점이 무엇이며, 과학 및 풍속과는 어떤 관계가 있는지를 설명하는 것이 나의 임무이다. 그러나 시작도 하기 전에 딩원지앙의 중상모략을 받다 보니 말이 길어지게 되었다.

● 하편

제1장 과학교육과 현학교육에 대한 견해

이상의 글을 정리해 나의 견해를 요약하면 다음과 같다.

1) 감각계 위에는 정신계가 있다. 학문상의 시비진위는 정신의 종합작용의 표현이다.

2) 감각기관과 개념이 서로 결합되어 지식이 성립된다. 그러나 학문상의 지식 외에도 종교와 미술을 통해 진리에 도달할 수 있다.

3) 학문에서의 지식은 고정된 상태로 있는 것에 이지가 작용함으로써 성립된다. 인생의 변화는 순수 심리에서 나온다. 따라서 인생은 자유로운 것이다. 다시 말하자면, 역사의 신진대사는 모두 인류의 자유행위에서 유래하기 때문에 인과로써 말할 수 없다.

과학은 절대로 인생을 지배할 수 없기 때문에 과학을 버리고 철학과 현학(혹은 형이상학)에서 해답을 구해야 한다. 이것이 과학과 현학에 대한 나의 평가이다. 인생의 목적을 성취하기 위해서는 좋은 학문을 수단으로 삼아야 한다. 보조적 방법으로는 교육이 중요한데, 여기서 과학과 현학의 실용적 가치에 대한 문제가 생긴다. 즉 과학과 현학이 교육에서 어떤 위치를 갖고 있는지가 본 장에서 논의할 내용이다.

교육 방법은 그것이 분명하건 분명하지 않건 항상 인생의 이상을 기준으로 삼는다. 기준이 정해져야 비로소 방법이 나누어진다. 나는 인생을 자유의지적인 것으로 본다. 여기서 하나의 교육 방법이 나온다. 피어슨과 딩원지앙은 인생관이 통일될 수 있다고 본다. 여기서 또 하나의 교육 방법이 나온다. 딩원지앙은 사람의 두뇌와 사유 능력은 환경과 유전에서 비롯된다고 말했다. 즉 환경과 유전이 원인이고 사상은 결과라는 것이다. 피어슨도 비슷한 의견을 가지고 있다. 그는 사회의 변천에 대해 이렇게 말했다.

> "어느 사회든지 활력이 넘쳤던 시대가 있고 겉으로 정지된 것처럼 보이는 시대가 있다. 하지만 이때는 모두 사회 제도에 큰 변화가 생기는 시점이다. 내가 변화의 원인을 몇몇 사람에게 돌리고 유신과 혁명이라는 이름을 붙이는 까닭은 사회 진화의 과정에 대해 모르는 부분이 있기 때문이다."

피어슨의 말은 사회 변화는 분명 인과법칙의 지배를 받지만 현재 지식이 그것을 알기에는 부족하기 때문에 그 공을 소수의 사람들에게 돌릴 수밖에 없다는 것이다. 피어슨과 딩원지앙은 이러한 관찰에 근거해서 과학을 중시하는 교육방침을 정하였다. 피어슨은 책에서 과학과 공민(公民)에 대해 설명했는데 그 대의는 다음과 같다. 사실을 분류하는 것은 전후 순서를 분명히 하기 위한 것으로 이것은 과학의 일이다. 편견에서 벗어나 사실에 기초하는 정신은 과학자뿐만 아니라 일반인들도 마땅히 갖춰야 한다. 딩원지앙이 말한 것도 피어슨과 같은 것이지만 간단명료하지는 않다. 그는 다음과 같이 말했다.

> "과학은…… 교육과 수양의 가장 좋은 수단이다. 왜냐하면 부단히 진리를 추구하고, 끊임없이 편견을 없애는 작업을 하기 때문이다. 과학은 진리탐구 능력을 키워줄 뿐만 아니라 진리를 사랑하는 마음을 갖게 해준다."

그러나 정말 안타까운 일은 첫째, 영국 교육에서 자연과학이 제대로 갖춰지지 않았다는 점이고, 둘째는 과학지식을 정치에 응용하지 않았다는 점이다. 과학이 인류의 정치를 지배할 수 있는지의 여부에 관해서는 이미 앞에서 다루었다. 그렇다면 과학과 진리탐구의 관계는 어떠한가? 과학과 진리를 사랑하는 마음과의 관계는 어떠한가? 교육에서 과학을 중시하는 것에는 어떤 이해관계가 있는가? 이런 문제에 대해 분석하고 논의해야 한다.

어느 누구도 진리를 추구하는 것에 대해서 반대하지 않을 것이다. 그러나 진리를 어떻게 해석할 것인가? 딩원지앙에 따르면, 진리는 감각기관이 받은 인상으로 반복적 추론을 통해 단련된 것이다. 그가 말하는 진리란 과학 지식에만 한정되는 것으로 나의 입장과는 다르다. 비록 그것이 진리라 해도 우주를 이해하기 위한 인류의 노력은 과거로부터 끊임없이 이어지고 있다. 어떤 사람은 우주의 근원을 물이라고 하고, 어떤 사람은 불이라고 하고, 어떤 사람은 원자라고 하고, 어떤 사람은 전자라고 한다. 궁극적인 진리가 무엇인지에 대해서 아무도 제대로 밝혀내지 못했다. 톰슨의 말을 잊었는가? 작은 비밀이 풀리고 나면 다시 큰 비밀이 생겨난다. 비밀의 전이(轉移)만이 있을 뿐 아직 해결된 것은 없다. 19

세기 초, 프랑스의 위대한 과학자인 의학자 파스퇴르(Pasteur)와 베르나르(Claude Bernard), 그리고 화학자 베르틀로(Berthelot) 등은 모두 과학 진보의 역량을 믿었다. 또한 문학자 르낭(Renan)은 그 학설을 고취시켰다. 쿠르노(Cournot)와 르누비에(Renouvier)가 나오고 나서야 과학의 지상 권위에 대한 공격이 시작되었는데, 이때부터 과학에 대한 학자들의 생각이 크게 변하기 시작했다. 19세기 말, 푸앵카레(Poincare)가 "과학 공식은 방편일 뿐, 진리가 아니다"라는 선언을 했는데, 방편이라는 것이 내가 말한 외부지향(向外)이 아니면 또 무엇이란 말인가? 딩원지앙은 외부지향이라는 것을 인정하지 않고 수양의 가장 좋은 도구라고 하는데, 사물을 관찰하고 실험하는 것이 어찌 내부지향적인 수양의 도구가 될 수 있겠는가? 딩원지앙이 말한 두 가지 추론법이 어찌 내부지향적인 수양의 도구가 될 수 있겠는가? 나는 딩원지앙이 이상적으로 여기는 과학자가 헉슬리라는 것을 알고 있다. 헉슬리는 19세기 후반부터 노동자들에게 과학 지식을 보급했으며, 종교에 반대하고 다윈의 『진화론』을 찬양했다. 그는 진부한 말을 싫어하고 실증을 좋아했으며, 이지적 성실함(Intellectual Honesty)을 인류 최고의 미덕으로 여겼다. 그는 가족이 죽고 명예를 잃는 한이 있더라도 거짓을 말하는 사람이 있는 한 언제든지 나설 수 있다고 말했다. 헉슬리는 어떤 것이든 증명하려 했는데 이는 탄복할 만한 일이다. 그러나 이것은 그의 인격 때문이지 과학과는 별로 상관이 없다. 소크라테스가 살던 시대는 근대 과학문명의 시대로부터 1800여 년 전이다. 그는 신념을 견지한 채 가르침을 펼치다가 결국은 독살당했다. 그를 헉슬리보다 못하다고 할 수 있을까? 이것은 한 사람의 내면생활과 관련된 것으로 과학교육과는 무관하다. 지적 욕구는 인류의 천성이다. 의견이 다를 뿐이지만 시대적 금기를 건드리게 되면 목숨을 잃기도 한다. 그러나 역사적으로 그런 대가를 치루지 않았다면 현재의 번영은 없었을 것이다. 그러니 이것을 어찌 과학만의 공적이라 할 수 있겠는가?

이상은 진리 탐구와 진리에 대한 사랑의 두 가지에 관해서 말한 것이다. 다음은 과학과 교육의 관계에 대해서 이야기하겠다. 과학이 실용적이라는 사실을 부인할 사람은 없을 것이다. 그러나 지속적으로 과학의 폐단이 제기되고 있기 때문에 이에 대해 간략하게 다섯 가지로 요약해서 말해 보겠다.

1) 19세기 이래로 영국과 독일 등지에서는 자연과학을 학교 교과목으로 채택했다. 물리와 생리, 박물 등은 모두 자연현상에 관한 학문으로 감각기관을 기초로 한다. 감각기관을 지나치게 강조하자 귀로 들을 수 없고 눈으로 볼 수 없는 것은 믿지 않게 되었다.

2) 과학은 관계(Relative)와 인과를 핵심으로 삼는다. 힘이 가해지면 운동이 발생하는 것(뉴턴의 제1법칙)은 물리상의 인과이며, 사고와 뇌신경이 표리 관계인 것은 생리상, 심리상의 인과이다. 생명의 기초가 세포라는 것은 생물상의 인과이며, 사회 진화 과정을 통해 그 나라의 지리와 기후가 어떠한지를 보는 것은 역사상의 인과이다. 여기에 조금의 진리도 들어있지 않다고 말할 수는 없다. 그러나 학생들의 뇌리 속이 이런 학설로만 채워져 자신의 몸이 인과의 그물망에 속박되어 있다고 여기니, 우주 속에서 홀로 왔다가 홀로 사라지는 인생의 의미를 모르는 것이다.

3) 과학 지식이 범람함에 따라 인생과 세상의 의의는 감각기관이 미칠 수 있는 범위 내로만 제한되었다. 이로 인해 물질적 쾌락과 일시적인 허영만을 좇으려 하며, 마음속에는 권리와 의무의 대조표만이 걸려 있다.

4) 과학은 분과연구를 출발점으로 삼기 때문에 답은 늘 이 범위 내에 한정된다. 그러나 인류가 던지는 질문은 여러 학과와 관계된 것들이다. 과학적 답은 우리가 원하는 것이 아니며, 따라서 사람들은 또 다른 무언가가 있지 않을까 하는 의심의 눈초리를 갖는다. 과학이 비록 세밀한 분

류와 정밀한 방법을 중시하지만 현미경과 같은 기구에 의지하게 되니 번잡함으로 인해 사람의 마음과 생각, 재능이 우주의 광활함을 깨닫지 못하게 되었다.

5) 교육가는 사회의 변화에 대응하기 위해 현재의 경제 체제를 기준으로 인재를 양성한다. 따라서 하나의 기술만으로 평생을 사는 것이 무산계급의 생존 방식이다. 빈부격차를 없애기 위해서는 인류가 전 인격적인 활동에 참가함으로써 발전을 공유해야 하지만, 환경 적응을 중시하는 과학적 교육가는 감히 이렇게 주장할 수 없다.

19세기 초, 헉슬리는 과학에 대한 굳건한 믿음으로 신학자에 대항했다. 자연과학을 학교의 교과목 가운데 포함시켜야 한다고도 주장했다. 그러한 교육이 짧게는 수십 년, 길게는 백여 년 동안 시행되어 이해득실이 분명하게 밝혀졌다. 자연현상을 자세히 분류해 질서를 탐구하고, 망원경으로 광활한 하늘을 올려다보고, 현미경으로 미세한 생물을 관찰하는 것(딩원지앙의 말)만으로 교육의 임무를 다했다고 할 수 있겠는가? 과거에 적합하지 않았던 것이(윤리 교육도 필수인데, 이것은 교육이 자연과학의 범위에만 해당하는 것이 아니라는 증거다) 미래에 어떻게 변할지는 말할 필요도 없다. 교육 방침 가운데 마땅히 고쳐야 할 것은 다음과 같은 것들이다.

1) 초감각, 초자연(Supernatural)과 관련된 과목을 추가해야 한다. 이를 통해 학생들이 우주의 광활함을 알고, 물질적 욕망과 이해타산의 생각을 줄임으로써 남을 위해 희생하고 전체를 위해 힘쓰는 정신을 길러야 한다.

2) 예술적 훈련을 강화해야 한다. 예술을 향유하고 창작함으로써 인류의 정신생활이 나날이 풍부해지도록 해야 한다.

3) 교육을 통해 자유의지의 의미를 깨닫고 사회를 개조할 수 있는 용

기를 고취하도록 해야 한다.

딩원지앙은 이 세 가지를 현학교육으로 간주할지도 모른다. 그렇다. 그것은 현학 교육이다. 어떤 교육자는 취지에는 공감하면서도 실현가능성이 적다고 생각할 것이다. 이에 대해 나는 다음과 같이 단호하게 말하겠다. 유럽에서는 로마 가톨릭과 기독교가 혼합되었기 때문에 형이상학이 크게 발전하지 않았다. 그러나 대아성(大我性)을 발달시킴으로써 생활에 많은 도움을 얻었다. 예술도 마찬가지다. 인생의 의의란 공장에 있는 것도, 은행이나 회사에 있는 것도 아니라고 예술가들이 주장한다면 현재의 상황을 개선할 여지가 생기게 된다. 각국의 사회 개혁당이 자유의지의 교육적 의의를 활용해 큰 효과를 보았으며, 그 결과 독일과 러시아 혁명이 성공했다.

19세기 이래 과학 교육자들은 모든 현상에는 인과가 있으며 인류의 진화는 자연법칙의 지배를 받는다고 가르쳐왔다. 이에 따라 학교에서는 환경에 적응하는 법만을 연구했다. 바로 이런 것이 진부한 교육이다. 다른 한편에서 사회 혁명가들은 이렇게 말한다. 인간사의 변화는 인과로 설명할 수 없으며, 사람의 의지가 어떠한지를 봐야 한다. 의지가 강하면 환경의 제약을 넘어설 수 있지만, 그렇지 못하다면 환경의 노예가 된다. 아울러 그들은 이지의 작용이 사변보다 뛰어나지만 실천보다는 못하다고 생각한다. 따라서 자유의지설을 보완해줄 수 있는 것은 첫째도 행동이고, 둘째도 직접 행동이다.—이것은 프랑스인 소렐(Sorel)의 학설이다—독일 사회 민주당은 이를 기초로 국민들에게 사회주의 이념을 선전함으로써 혁명 과업을 성공적으로 달성했다. 러시아 볼셰비키당 또한 마찬가지다. 인간사의 발전에 과연 어떤 법칙이 있는 것일까? 어떤 인과가 있는 것일까? 독일과 러시아 혁명은 과학 교육만이 유일한 교육이 아니라는 것의 반증이다.

사회 혁명당의 세력이 크지 않았음에도 불구하고 열정적인 의지력만으로 한 나라를 바꾸어놓았다. 독일 혁명이 성공하고 나자 러시아 볼셰비키당도 그 방법을 따랐다. 서구의 공산당도 청년교육을 매우 중시한다. 매주 일요일마다 공산주의 청년을 모아놓고 새로운 지식을 전파했으며, 굳건한 의지와 용기 있는 희생정신을 키우는 방법을 가르쳤다. 러시아, 프랑스의 공산주의 청년운동과 마르크스주의 학교, 영국의 노동학교 등은 모두 이런 정신에 따라 세워진 것이다. 오늘날 유럽의 국민교육은 두 주장이 대립하고 있다. 하나는 국정교육(國定教育)으로 인과설과 환경 적응법에 중점을 두어 가르치는데, 이는 국민을 현실의 노예로 만든다. 다른 하나는 사회 개조파의 교육으로 무(無)인과설과 자유창조설, 그리고 환경 극복에 중점을 두어 가르친다. 이런 교육은 인과와 이지를 중시하는 과학 교육에 대한 반동으로 나오게 된 것이다.

여러분들은 내가 사회개조파의 교육만을 좋게 여긴다고 생각하지 말기를 바란다. 내가 생각하는 교육에는 다섯 가지 분야가 있다. 즉, 형상(形上), 예술(藝術), 의지(意志), 이지(理智), 체질(體質)이 그것이다. 과학 교육은 이지와 체질에 편향되어 있으며 나머지 세 가지에는 소홀하다. 사회 개조파의 교육은 의지와 희생정신에 편향되어 있으며, 그들의 교육 목적은 임금 체계의 개선과 재산 제도의 변혁이다. 이것은 노동당의 입장에서는 정당한 요구지만, 인생의 의의 측면에서 보면 감각주의와 유물주의에 치우친 과학자들과 같은 오류를 범하고 있는 것이다. 요약하면, 유럽 사회 혁명과 청년 운동의 관점에서 보자면 이지 이외에 인류에게 잠재되어 있는 마음의 능력은 아직 발현되지 않았기 때문에 그 한계를 정할 수 없다. 다시 말하자면 물질 제도와 정신 자유 사이에, 그리고 보수와 개혁의 입장 사이에 평화와 중도의 길이 놓여 있다. 만약 과학 교육만을 고집하여 변화를 거부한다면 기껏해야 발명이나 상업적 부만 증가할 것이며, 자칫하면 계급전쟁과 사회혁명을 초래하게 될 것이다. 우리는 유럽의 전철을 밟아서는 안 된다. 중국의 교육자들이여! 교육과정에 자연과학 과목 한두 개 추가하고 모든 것이 해결됐다고 생각하지 마시라. 유럽의 시행착오를 경계로 삼아 우리도 반드시 변해야 할 것이다.

제2장 물질문명에 대한 견해

딩원지앙은 물질문명을 비판한 나의 말을 인용하여 다음과 같이 말했다. "실험실은 진리를 탐구하는 곳이며 공장은 돈 버는 곳이다.", "인류가 자연계를 이용해 재화를 생산하도록 만드는 것이 과학자이지, 공장을 짓는 것이 과학자이겠는가?" 이것의 차이에 대해서는 내가 원문에서 명확하게 밝혔으니 이에 대해 다시 설명할 필요는 없다. 딩원지앙의 글 중에 물질문명을 옹호하는 말이 한 마디도 없는 것은 기뻐할 만한 일이다. 그러나 내 말의 핵심은 전혀 이해하지 못했으니 이에 대해서는 설명을 해야겠다.

1) 물질문명과 정신문명. 인간이 안은 정신, 밖은 물질로 이루어졌다는 것은 누구나 아는 사실이다. 그러나 무엇이 물질이고 무엇이 정신인가에 대해서는 대답하기 쉽지 않다. 의복은 물질이고 피부와 살, 근육과 뼈 등도 물질이다. 더 나아가 뇌신경 또한 물질이다. 즉, 손으로 만질 수 있고 눈으로 볼 수 있는 것을 물질이라고 한다. 만질 수 없고 볼 수 없는 것, 즉 마음과 사고의 작용은 물질이 아니라 정신이다. 비록 같은 정신이라도 선후와 경중의 차이가 있다. 고자(告子)는 인내의외(仁內義外)의 학설을 주장했고, 송대(宋代) 학자들은 존덕성((尊德性,), 도문학(道問學)을 둘러싸고 논쟁을 벌였다. 따라서 형태가 없다 하더라도 내외로 나눌 수 있는 것이 있다. 심성학 논쟁은 뒤에서 다시 자세히 언급하겠다. 동서 문

명 비교의 관점에서 물질과 정신이라는 두 개념이 나오게 된 데에는 유래가 있다.

입지 않고, 먹지 않고, 배와 차를 타지 않고, 농사짓지 않고, 옷감을 짜지 않는 사람이 어디 있겠는가? 서양의 증기선과 전차 등이 물질문명이라면 중국의 범선과 수레가 어찌 물질문명이 아니겠는가? 서양의 고층빌딩이 물질문명이라면 중국의 초가집이 어찌 물질문명이 아니겠는가? 서양의 방직공장과 기계화 경작이 물질문명이라면 중국의 쟁기와 물레가 어찌 물질문명이 아니겠는가? 세상에 의식주를 필요로 하지 않는 민족이 없을진대, 그렇다면 그 문화 가운데 어찌 물질문명의 요소가 없을 수 있겠는가? 반대로 말하자면 종교가 없고 미술이 없고 학문이 없는 민족이 어디 있겠는가? 따라서 문화라고 이름 붙일 수 있는 것 가운데 다소간이라도 정신적 요소가 없을 수는 없는 것이다. 내가 서양 300년의 문명을 물질문명이라 하는 것은 다음의 네 가지 이유 때문이다.

(1) 사상 분야에서는 갈릴레이가 새로운 물리학을 발견함으로써 기계론이 생물학과 심리학의 영역까지 파급되었으며, 심지어 기계론으로 인생을 해석하려는 경향이 생겼다.
(2) 학술 분야에서는 유형적인 성과가 크게 증가하였으며, 이러한 성과에 대해 국가는 지원을 아끼지 않았다.
(3) 증기기관이 발명된 후, 공장의 벽돌 굴뚝을 세우는 것이 국가 제일의 정책이 되었다. 공장제 상품은 국외로 수출되어 나갔으며, 전 국민의 관심은 상공업 분야에 집중되었다.
(4) 땅을 개척해서 부를 창출하는 것이 국가 유일의 목표가 되었으며, 국가는 외교와 군사력으로 해외 투자를 뒷받침해주었다.

이상에서 볼 때, 인생이 물질과 금전을 위해 존재했지 물질과 금전이 인생을 위해 존재한 것이 아니었다는 것을 알 수 있다. 내가 서양을 물질문명으로 간주하는 까닭이 바로 여기 있다.

중국 문화의 내용은 매우 복잡하다. 국가에 절대적인 종교가 없기 때문에 학자들을 자연계 연구에 몰입하도록 하는 힘이 서양만큼 강하지 못하다. 농업이 국가의 근간이기 때문에 사소한 이익을 따지는 중개인이나 기계추를 움직이는 노동자가 재능을 발휘하지 못한다. 쇄국정책을 쓰기 때문에 외국의 문물을 수용할 수 없으며, 중용을 중시하는 인생관 때문에 기계론과 목적론, 개인주의와 사회주의가 뿌리내리기 힘들다. 이처럼 동서양을 비교해 보면 공통적으로 안심입명(安心立命)하는 요소가 있으니 이것이 바로 세상 사람들이 정신문명이라 부르는 것이다. 중국의 정신문명을 어떻게 고쳐야 할 것인가? 서양의 물질문명을 어떻게 본받아야 할 것인가? 이것은 서로 다른 문제이다. 전자는 바로 대답할 수 없는 문제이니, 먼저 후자에 관해 얘기해보도록 하겠다.

2) 물질문명의 이해득실. 물질문명의 내용이 분명해졌으니 이제 질문을 하겠다. 만약 앞으로 중국이 서양 문명의 네 가지 특징을 본받아 그 길을 따라간다면 그 이해득실은 어떠할 것인가? 유심론과 유물론, 목적론과 기계론 간의 논쟁을 보면 오늘날 유럽과 미국에서 과학을 맹신하는 태도가 19세기 초만큼 심하지 않다는 것을 알 수 있다. 따라서 기계론으로 중국의 사상계를 지배하려 한다면 반드시 실패하게 될 것이다. 부국강병을 최우선 정책으로 삼았던 통치자는 같은 이유로 국가의 장래에 큰 위험을 초래했다. 작년에 상하이국시회의[滬上國是會議]를 위해 헌법 초안을 만들며 그 연유를 적은 『국헌의(國憲議)』를 썼는데, 그 가운데 유럽의 부강정책을 비판하는 내용이 들어 있다. 도움이 될 것 같아 아래에 옮겨본다.

"백여 년 동안의 유럽과 미국의 문화적 기조는 개인주의, 혹은 자유주의다. 통치자들은 개인의 재능이 자유경쟁 아래에서 최대한 발휘될 수 있도록 상공업 입국을 국시로 삼았다. 부의 축적을 장려하고, 국제 무역을 통해 해외의 재화를 점유하니, 해외 투자는 외국을 망하게 하는 수단이다. 국가 간의 세력균형을 위해 군비확장 경쟁을 벌인다. 상공업에서 얻은 재부로 군비를 유지하고 군비의 힘으로 다시 상공업을 발전시킨다. 따라서 유일한 관심사는 누가 더 강하고 약한지, 평화를 택할 것인지 전쟁을 할 것인지, 속공을 할 것인지 지공을 할 것인지 등이며, 이익 실현의 호기가 오기만을 기다린다. 독일이 대표적인 예로 주동적으로 환란을 조장해 세계대전을 일으켰다. 지금 비록 승패는 갈렸고 그에 따른 책임을 따지고 있지만 인류 공통의 참극을 초래했다는 점은 부인할 수 없는 사실이다. 따라서 조금이라도 반성하는 마음이 있는 사람들은 그것이 상공업 입국과 무장평화의 결과요, 한마디로 부국강병의 결과라고 말한다. 인생은 각양각색이지만 누구나 지식과 노동과 복지에 대한 열망을 가지고 있다. 따라서 두드러진 빈부 차이 없이 잘 어우러져 살아가도록 하는 것이야말로 평화와 중정(中正)을 추구하는 정책이다. 이런 계획 없이 부강만을 목표로 삼는다면 아무리 국력이 강해진다 해도 인류의 가치에 대해서는 제대로 알지 못할 것이다. 독일은 유럽을 손에 넣기 위해 신출귀몰한 참모부를 믿었지만 지금은 어떠한가? 러시아 외상 비테(Witte)는 중국의 둥칭(東淸) 철도를 침탈하여 동북지역을 어지럽혔지만 지금은 어떠한가? 나라가 아무리 부유해도 공장 몇 개, 해외 은행 몇 개 더 있을 뿐이다. 나라가 아무리 강하다 해도 해상에 군함 몇 척, 해외 점령지 몇 곳 더 있을 뿐이다. 19세기 말이었다면 이것이 경쟁적으로 지향해야 할 인류의 원대한 책략이라고 말하는 사람이 있었겠지만, 지금은 이미 그런 비몽에서 깨어난 지 오래다."

이어서 부강 정책이 중국의 미래 정책으로 부족한 이유를 얘기해보겠다.

"중국의 입국 방침은 정(情)에 있지 동(動)에 있는 것이 아니며, 정신의 자족(自足)에 있지 물질적 안락에 있는 것이 아니다. 또한 자급적 농업에 있지 이익을 탐하는 상공업에 있지 않으며, 덕으로써 교화시키는 대동에 있지 민족의 분열에 있는 것이 아니다. 수천 년간의 쇄국정책으로 문화는 정체되고 경제는 침체되었으며, 지식을 다루어야 할 사람들도 대부분 글을 알지 못한 채 고향에서 늙어 죽었다. 중농정책으로 인해 공업기술 발전이 결여되었고 물질적 수요도 강하지 않아 부족하고 가난한 상황 속에서도 평균적이고 편안한 수준을 유지해왔다. 미래는 어떻게 될 것인가? 수만 톤급의 선박이 양자강 위를 왕래하고, 수만 마력의 모터가 톈진(天津)과 상하이, 광둥(廣東)과 우한(武漢)의 시장에서 밤낮으로 돌아간다. 공장의 기적소리에 맞춰 수많은 사람들이 모이고 흩어진다. 일 년 내내 고생해도 입에 간신히 풀칠할 뿐, 여유로운 생활은 요원하다. 기업의 빌딩이 날마다 신축되고, 독점으로 얻은 이득의 이자만으로 무위도식해도 부족함이 없다. 빈부격차가 심해 재화가 많아도 균등하지 못하며 부유해도 편안하지 못하니, 이것이 미래에 우리에게 필연적으로 닥쳐올 세상이다. 유럽의 전성기에는 공업의 융성과 해외 식민지 개척, 무역수지 흑자로 인해 노동자들의 삶이 윤택하고 자본가의 기반이 유지될 수 있었다. 그러나 쇠퇴의 길로 들어서자 군비의 부담이 상공업에 영향을 주어 군대를 유지하는 것이 도리어 평화를 유지하는 장애가 되었다. 해외 은행이 증가하면서 국제적인 담합이 매우 심해졌다. 소수의 자본가들이 이득을 얻는다 해도 전체적으로는 득보다 실이 많다. 이러한 전철을 오늘날 우리가 다시 밟을 것인가? 이러한 기회가 다시 또 오겠는가? 유럽의 부강정책은 식민지 사업을 등에 업고 수십 년간의 안녕과 번영을 보장받았다. 중국은 이 둘을 병행할 수 없다. 가진 것은 우리 고유의 자원뿐이요, 착취할 것은 백성들뿐이다. 상공업 입국이 유럽에서처럼 지속될 수 있겠는가? 결코 그렇지 않을 것이다."

물론 어떤 사람이 다음과 같이 물어볼 수도 있다. 상공업 입국의 폐단이 분명이 존재하지만 장점까지 부정할 수는 없다. 국가가 부유하지 않으면 어떻게 도적떼나 실직자를 줄일 것이며, 어떻게 국민교육을 보급할 것이며, 어떻게 학술을 발전시킬 것이며, 어떻게 정치를 개혁할 것인가? 이에 대해 나는 두 가지 방안이 있다. 첫째, 상공업은 발전시키되 부의 집중을 막기 위해 사회주의를 도입할 것을 주장한다. 이유는 다음과 같다.

"단도직입적으로 말하겠다. 한 나라의 경제조직은 정의를 기본 원칙으로 삼아야 한다. 그러나 만약 이런 원칙을 어기면서 공업발전을 도모한다면 어떻게 할 것인가? 나는 이렇게 말할 것이다. 세상의 모든 활동은 인류의 행복을 전제로 한다. 19세기 이래로 부강을 도모한다는 미명하에 수많은 사람들이 희생되었다. 따라서 현재는 부강정책을 포기할지언정 인간이 공장의 노예나 짐승으로 전락해서는 안 된다는 생각이 지배적이다. 중국인들도 이런 생각을 받들어야 한다. 19세기 이후 절박하게 추구했던 공리주의는 이미 낡아 폐기해버리는 것이 나을 것이다."

둘째, 사람들은 한 나라의 경제가 성의에 근간을 누고 있으며 교육과 학술의 발달은 그 영향을 받는다고 생각한다. 따라서 불공평과 불안이 팽배한 상황에서 다른 방법을 모색하는 것이 마땅하다. 필요는 발명의 어머니라고 하지 않았던가? 나는 인류의 지혜로 불가능한 일은 없다고 생각한다. 모든 것은 국민의 노력과 창조에 달려 있다.

제3장 심성학과 고증학에 대한 견해

현대 유럽 문명의 특징은 세 가지로 요약된다. 국가주의, 상공업정책, 자연계에 대한 지식. 이 특징들은 위에서 말한 "중국의 입국 방침은 정에 있지 동에 있는 것이 아니며, 정신의 자족에 있지 물질적 안락에 있는 것이 아니다. 또한 자급적 농업에 있지 이익을 탐하는 상공업에 있지 않으며, 덕으로써 교화시키는 대동에 있지 민족의 분열에 있는 것이 아니다" 라는 것과 정면으로 배치된다. 변화를 꾀하지 않고 유럽이 간 길을 그대로 따른다면 반드시 유럽 패망의 전철을 밟게 될 것이다. 유럽의 노선을 버리고 불공평과 불안의 해소하는 정책을 시행하는 것은 대세의 흐름에 역행하는 것으로 보일 테니 유럽과 미국의 물질문명에 경도되어 있는 사람들로서는 달갑지 않을 것이다. 그러나 사람들이 인생의 의의를 깨닫게 된다면 이런 조급한 생각은 자연히 없어질 것이다.

사람의 몸을 예로 들어보자. 의복은 외적인 것이고 육체도 외적인 것이며 뇌신경 역시 외적인 것이다. 외적인 것에 의지하지 않고 자족 가능한 것이 있을까? 아마 없을 것이다. 내외(內外)의 경계에 대한 선현들의 말을 살펴보자. 맹자는 말했다.

"구하면 얻게 되고 버리면 잃게 된다. 구하는 것이 얻는 데에 유익한 것은, 그 구하는 것이 나의 본성 속에 있기 때문이다. 구하는 데는 도(道)가 있고, 얻는 것에는 명(命)이 있다. 여기서 구하는 것은 얻는 데 무익한 것이니, 그것은 나의 밖에 있는 것을 구하기 때문이다."(求則得之, 舍則失之, 是求有益於得也, 求在我者也. 求之有道, 得之有命, 是求無益於得也, 求在外者也.)

공자는 말했다.

"군자는 평소 자리에 따라 행동하고, 그 밖에 나서기를 원하지 않는다. …… 자신을 바로 세우지 남에게 구하지 아니하니 원망이 없는 것이다."(君子素其位而行, 不願乎其外. ……正己而不求於人則無怨.)

"구함이 나에게 있다"는 맹자의 말과 "나를 바로 한다"는 공자의 말은 내적인 것이다. 이를 기초로 수신을 강조하면 공리에 대한 생각은 사라질 것이며, 마음을 편안하게 다스릴 수 있을 것이다. 나라를 다스릴 때도 부국강병보다는 균등함을 추구해야 나라가 편안해질 것이다. 이런 생각으로 인해 나는 현재의 과학교육과 상공업 정책에 불만을 갖고 개혁하고자 하는 것이다. 그러나 현대의 인류가 이 삼중의 그물망(위에서 말한 세 가지 특징) 속에서 그저 "내적 생활"만을 강조하며 상황을 바꿀 수 있겠는가? 쇄국과 농업 위주 정책의 시대에 "자신에게서 구하라"는 주장만으로 풍속과 정치를 바로잡으려 했지만 결코 쉽지 않았다. 하물며 현재와 같이 개방적인 공업국가 시대에 이런 주장이 통할 수 있겠는가? 그러나 이 삼중의 그물망은 인류의 앞날에 엄청난 위험요소로 작용하게 될 것이며, 이에 따라 내적 생활과 수양론이 중요해질 것이다. 따라서 한학과 송학의 이해득실을 따져볼 수밖에 없는 것이다.

한학의 연구는 고증과 훈고명물(訓詁名物)에 치중된 반면, 송학의 연구는 의리와 심성에 치중되어 있다. 이런 범주를 지켜 연구했다면 영역을 둘러싼 논쟁은 일어나지 않았을 것이다. 그러나 사실은 이와 달랐다. 한학과 송학은 모두 위도(衛道, 도의 수호)를 말한다. 또한 둘 다 자신의 학문을 성인의 학문[聖學]이라 한다. 한학은 경학이 곧 이학(理學)이라 하고, 송학은 마음 바깥에 이치도 없고 사물도 없다(心外無理, 心外無物)고 한다. 두 학파 모두 요순우탕 문무주공 공자의 도를 연구대상으로 삼지만 방법은 다르다. 한학은 독서 가운데에서 궁리(窮理)해야 한다고 주장하는 반면, 송학은 독서는 궁리의 보조법에 지나지 않으며 육경이 모두 자신들의 주해(註解)라고 한다. 이런 까닭에 한학은 한유(漢儒)를 존숭하고 송학은 송명이학을 종주로 삼는다. 같은 이학일지라도 그 안에서 다시 주자와 육왕의 나뉨이 있다. 학술 논쟁사를 살펴보면 이와 같은 일이 적지 않은데, 대표적인 것이 유럽 철학사에서 경험주의와 이성주의, 혹은 유심파와 유물파 사이의 논쟁이다.

나는 줄곧 한학과 송학을 유럽의 경험주의와 이성주의의 이론과 비교해보려고 생각했었다. 그러나 고대 경전의 일부를 취해 현대 이론에 견강부회하는 것이 얼마나 위험한지를 지적한 량치차오 선생의 글을 보고는(『청대학술개론(淸代學術概論)』) 실행에 옮기지 못했다. 량 선생의 말처럼 오늘날의 제도를 옛 제도에 억지로 끼워 맞추는 것이나, 지금의 학문으로 옛 학문에 견강부회하는 것은 모두 문제가 있다. 그러나 내 생각에, 한학과 송학의 논쟁이나 유심과 유물의 논쟁은 인류 사상사에서 대표적 사조 간의 논쟁으로 모두 비슷한 조건에서 발생한 것이다. 따라서 그것을 견강부회했다고 보는 것은 무리가 있다. 비교할 만한 점들을 아래에 열거해보도록 하겠다.

〈표1〉

유럽 유물론자들의 견해:

(1) 베이컨: 사실의 수집.

(2) 로크: 모든 개념은 경험에서 나온다.

(3) 실용주의: 인생에 유익한 것이 진리다.

(4) 벤덤: 우주를 주재하는 것은 두 가지다. 하나는 고통이고 다른 하나는 쾌락이다. 쾌락은 선이고 고통은 악이다.

(5) 영미학자: 연혁(沿革)적 방법.

(6) 흄: 끊임없는 반복적 경험으로 인해 습관상의 믿음이 생김.

한학가(漢學家)의 견해:

(1) 왕인지(王引之): 두루 탐구한다(遍爲搜討).

(2) 고정림(顧亭林, 즉 顧炎武): 많이 배워 앎을 얻는다(多學而識).

완원(阮元): 배움이란…… 실사구시(實事求是)로 말로만 궁리하는 것(空言窮理)이 아니다(學者……實事求是, 不當空言窮理).

(3) 고염무: 현재 힘써야 하는 것과…… 관계없는 것은 일체 하지 않는다(文之不關於……當世之務者, 一切不爲).

(4) 대동원(戴東原, 즉 戴震): 인의예지는 인간의 욕망 밖에서 구해지는 것이 아니며, 인간의 혈기와 마음을 떠나 있지도 않다(仁義禮智, 不求於所謂欲之外, 不離乎血氣心知).

(5) 장학성(章學誠): 육경은 모두 역사다(六經皆史).

(6) 완원(阮元): 리는 반드시 예에서 나온다(理必出於禮). 리는 반드시 예와 함께 행해진다(理必附於禮以行).

〈표2〉

유럽 유심주의자의 견해:

(1) 칸트는 사람의 이성을 두 부분으로 나누었다. 순수이성은 지식을 관장하며 선천종합판단을 한다. 실천이성은 인생을 관장하며 자발적 행동을 하게 한다.

(2) 칸트는 의지의 법칙에 대해 말하면서 그렇게 하지 않을 수 없게 만드는 것을 정언명령이라고 했다.

(3) 칸트: 윤리상의 특징은 자율성과 의무개념이다.

(4) 유심주의자들은 심이 실재한다고 말한다.

(5) 베르그송: 창조가 가능한 곳에는 자각성의 표현이 있다.

(6) 베르그송: 본체는 변화 중에 있다.

(7) 오이켄: 인생은 물질과 정신 사이에 있으며, 정신으로 물질을 극복하는 것이 중요하다.

(8) 최근 유심주의자들은 자각적 노력에 관한 학설을 주창하고 있다.

공맹에서 송명 이학가까지의 견해:

(1) 맹자: 사람이 배우지 않고서도 할 수 있는 것을 양능(良能)이라 하고, 생각하지 않고서 알 수 있는 것을 양지(良知)라 한다(人之所不學而能者, 其良能也. 所不慮而知者, 其良知也). 인의예지는 밖에서 나에게 주어지는 것이 아니라 내가 고유하게 가지고 있는 것이다(仁義禮智, 非由外鑠我也, 我固有之也).

(2) 맹자: 순임금이 깊은 산속에 거할 때…… 선한 말을 듣고, 선한 행실을 보는 것이 마치 강과 하수를 터놓은 것과 같이 거침이 없어 막을 수가 없었다(舜之居深山之中……聞一善言, 見一善行, 若決江河,

沛然莫之能禦也).

(3) 공자: (인은) 나로부터 말미암은 것이지, 어찌 남으로부터 말미암은 것이겠는가?(爲仁由己, 而由人乎哉?) 옛날의 학자는 자신을 위했지만 오늘의 학자는 남을 위한다(古之學者爲己, 今之學者爲人). 군자는 의에 밝고, 소인은 이익에 밝다(君子喩於義, 小人喩於利).

(4) 이학의 역사에서 위미정일(危微精一, 인심은 오직 위태롭고 도심은 오직 은미하니 오직 정밀하고 오직 한결같아야 진실로 그 가운데를 잡는다)에 관한 대논쟁이 있었다.

(5) 공자: 오직 천하의 지극한 정성됨이라야…… 사람의 본성을 다할 수 있으며, 그리하면 천지의 화육(化育)을 도울 수 있다(惟天下至誠……能盡物之性, 則可以贊天地之化育).

(6) 공자: 역(易)을 볼 수 없으면, 건곤(乾坤)이 종식될 것이다(易不可見, 乾坤或幾乎息矣).

(7) 공자: 극기복례를 인이라 한다(克己復禮爲仁).

(8) 공자: 군자는 종일 쉬지 않고 노력하고 저녁에 반성하면, 혹 위태로운 일은 있을지라도 허물은 없을 것이다(君子終日乾乾, 夕惕若, 厲无咎).

위의 표를 보면 두 학파의 장단점과 이해득실을 분명하게 알 수 있다. 유심론과 유물론의 사상적 입장 차이는 잠시 덮어두고 응용적 측면에서 말하자면, 자연계에 대한 연구와 문자 고증은 당연히 한학자나 유럽 유물주의자의 주장이 우월하다. (여기서의 유심, 유물이라는 용어는 두 사조를 대표해서 말한 것으로 엄밀한 용어는 아니다.) 인생에 관한 해석과 심성 수양은 당연히 유심론자의 주장에 장점이 있다. 이는 매우 공평하고 객관적인 입장에서 말한 것이다. 그러나 량치차오와 후스 같은 사람들은 청대

학술의 영향을 받아 한학을 받들고 송학을 배척한다. 량치차오가 비록 『덕육감(德育鑒)』을 저술하고 『명유학안(明儒學案)』 발췌본을 펴냈지만 학문 방법은 청대의 정통파와 인연이 깊다. 이것은 본인 스스로도 인정한 사실이다.(『청대학술개론』) 따라서 송명이학자들의 엄격한 생활은 그에게 별 매력이 없다. 후스는 청대 경학 대사(大師)들을 매우 존경하였고 경학이 서양 과학방법에 부합한다고 말했다. 이에 딩원지앙도 부화뇌동(附和雷同)하여 한학자들의 말을 취하고 송학을 배척했다. 그는 다음과 같이 말했다.

"대다수의 중국인들은 과학방법이 최근 삼백 년간의 경학 대사의 학문 방법과 동일하다는 것을 알지 못한다."

그는 송학을 통렬하게 비판했는데, 그 내용은 다음과 같다.

"송나라 때 심성 공부를 강조했던 이학자는 부지기수였다. 대표적으로는 육상산 학파가 있다. 그러나 당시만 해도 학자들이 주로 독서를 강조했으니 완전히 공소(空疎)로 흐른 것은 아니었다. 그러나 남송(南宋) 시기의 사대부들은 이상하리만치 능력도 없고, 상식도 없었다. 그 결과 중국은 야만적인 몽고인들에 의해 백여 년 동안이나 통치를 받게 되었고, 수백만 명의 강남(江南) 지식인들이 죽임을 당해 한족(漢族) 문화가 멸종의 위기에 처하게 되었다. 육상산의 적파(嫡派)는 명대의 왕양명과 진백사(陳白沙)이다. 명말에 이르자 육왕학파가 세상을 지배하게 되었다. 그들은 남송 지식인들에 비해 훨씬 더 퇴보하여 독서는 완물상지(玩物喪志)요, 치사(治事)는 유상풍아(有傷風雅)라고 여겼다. 따라서 고염무는 그들을 다음과 같이 평했다.

'(지금의 군자는) 빈객 · 문인 등 백 수십 인을 모아놓고 서로 더불어 심성을 논했다. 다양한 배움의 길을 놓아두고 단번에 깨달으려고 하는 일관(一貫)의 방법만을 구하며, 사해(四海)의 곤궁함을 언급하지 않은 채 위미정일(危微精一), 즉 인심(人心)은 오직 위태롭고 도심(道心)은 오직 미약하니, 오직 정밀하게 하고 오직 한결같이 하여 인심을 버리고 도심을 밝혀야 한다는 것만 강론했다.' 사대부는 옛것도 모르고 오늘의 것도 모르고 '나약함만을 기르니 어디에도 쓸모없고', 일이 터지면 바보처럼 어쩔 줄을 모른다. 산시(陝西)의 건달 둘이 만주인들의 선구가 되리라고는 생각도 못했다. 장헌충(張獻忠)이 쓰촨(四川)에서 죽인 사람의 수가 이번 세계대전의 사망자 수보다 두 배 이상으로 많았으니, 만주족이 남방 지역에서 행한 악행은 댈 것도 아니다. 냉정하게 생각해보면 이런 식의 '정신문명'이 어떤 가치가 있단 말인가? 그런데도 공개적으로 간판을 내걸고 과학을 공격한다는 게 가당키나 한 일인가? 청나라의 과학적 경학자들이 이런 신앙 없는 종교, 방법 없는 철학을 없애려고 엄청나게 노력했음에도 완전히 물리쳐지지 않았다. 불행하게도 오늘날 유럽 현학의 여독(餘毒)이 중국을 오염시켜 송원명(宋元明) 심성론의 불씨를 다시 살려내려 하니 불행한 일이 아닐 수 없다. 게으른 사람들은 역사적 진실을 도외시할 뿐만 아니라, '정신문명'이란 것이 어디에 있는지 찾아보려 하지도 않았다. 또한 심성 수양에만 의존해 만들어진 '정신문명'이 어떤 것인지 생각해보지도 않는다. 그들은 '경제사관'을 인정조차 하려 들지 않았는데 그건 그렇다 쳐도 '먹고 입는 것이 충분해진 후에야 예절을 알게 되고, 창고가 가득 찬 후에야 영예와 부끄러움을 알게 된다.'라는 옛말까지도 잊었단 말인가?"

나는 한학과 송학의 논쟁이 마음이 백지인가 아닌가에 관한 서양철학의 논쟁과 같은 것이라 생각한다. 마음이 백지라면 경험을 중시할 수밖에 없는 것이고, 백지가 아니라면 지식을 얻기 위해서 감각경험과 개념을 결합시켜야 한다. 한송(漢宋) 양대의 학설도 마찬가지다. 송학은 사람들이 위미정일과 윤집궐중(允執闕中, 인심은 위태롭기만 하고 도심은 미약하기만 하니 정성을 다하여 하나로 하여야 진실로 그 중심을 잡을 수 있다)에 힘써 마음을 깨끗하게 유지할 것을 강조한다. 한학은 위미정일과 윤집궐중 대신 훈고명물을 통해서만 진리를 찾을 수 있다고 여긴다. 그런데 생각해보면, 정미(精微)한 마음이 없다면 어떻게 훈고명물할 수 있단 말인가? 방동수(方東樹)는 말했다. "의리의 실질을 살피지 않고 방증에만 집착하여 마음을 버리고 눈에 보이는 것만 좇는 것이 한학의 고질적인 병폐다. 자신의 부모 형제가 다른 민족이 되려 하는데 그것을 모른척한단 말인가?" 방 씨의 이런 비난은 유심론자가 심을 최후의 무기로 삼아 유물론자를 공격하는 것과 정확하게 일치하는 것이다.

공자는 말했다. 오직 천하의 지극한 정성됨이라야 사람의 본성을 다할 수 있다(惟天下之至誠爲能盡其性). 또 말했다. 자신을 이기고 예로 돌아가라(克己復禮). 맹자는 말했다. 놓아버린 마음을 찾아와라(求放心). 또 말했다. 붙잡고 있으면 살 것이요, 놓아버리면 죽을 것이다(操則存, 舍則亡). 진(盡), 극(克), 구(求), 조(操)는 사실 모두 같은 의미이다. 마음이 실재한다(Mind as Reality)는 것은 부인할 수 없는 사실이며, 한학가들이 아무리 이것을 비방한다 해도 소용이 없다. 나의 얕은 견해로 보건대, 하도낙서(河圖洛書)와 태극(太極)학설, 유불지쟁(儒佛之爭), 주륙이동(朱陸異同) 등은 모두 부차적인 것들로 마땅히 정리할 필요가 있다. 마음이 실재한다는 것은 송명이학자들의 주된 주장인데, 그 공은 우(禹)왕보다 작지 않다.

송명이학을 발전시켜야 하는 이유는 이론과 실제 측면에서 살펴볼 수 있다. 마음이 실재하기 때문에 가려진 것을 닦아내고 깨끗하게 유지해야 하는데, 이를 위해서는 끊임없이 노력하고 정진해야 한다. 베르그송은 말했다.

> "인류가 가진 것 중에 가장 빼어난 것은 생명 충동이다. 그것은 모든 것에 두루 통해 막힘이 없다. 생명 충동에 의해 만들어진 사람에게도 도덕적 생활의 창조적 흐름이 있다. 따라서 과거를 본보기로 삼아 미래에 영향을 줄 수 있다면 그것이 바로 인생에서의 성공이다. 도덕적 인간은 지고(至高)한 창조자이다. 인간의 행동은 깊고 웅대해서 타인의 행동까지도 깊고 웅대하게 만든다. 인간의 본성은 자비로워 타인에게도 자비의 등불을 옮길 수 있다. 따라서 도덕적 인간은…… 형이상적 진리의 계시자이다."[『심능론(心能論, L'energie spirituelle)』]

이 말은 본성을 다하여 화육(化育)을 돕는다는 선현들의 말씀과 의미가 부합한다. 또한 명명덕(明明德), 오일삼성(吾日三省), 극기복례의 수양 공부가 모두 여기서 비롯되니 헛소리가 아니라는 것을 알 수 있다. 이것은 이론적 측면이다.

딩원지앙은 이것을 알아야 한다! 국민을 위해 복무해야 한다고 떠드는 공직자들은 요즘처럼 욕망이 넘치는 시대에 이념과, 염치와, 진퇴의 법칙이 있다는 것을 알지 못한다. 사무직 종사자들은 서로 책임을 전가하기에 바쁘고, 정치가들은 일신(一身)의 안락함과 사익을 위해 아침에는 진나라, 저녁에는 초나라를 섬기며 스스럼없이 국가를 팽개쳐버린다. 이러한 풍조를 어찌 도의를 저버리고 도망간 한학자들의 능력으로 바꿀 수 있겠는가? 사람들의 어리석음을 깨우칠 수 있는 방법은 오로지 신송학(新宋學)의 부활밖에 없다. 이것이 바로 실제적인 측면이다.

이상이 딩원지앙이 말한 동서합벽식 현학에 대한 평가이다. 나는 딩원지앙에게 이렇게 말하고 싶다. 과거의 유가는 선(禪)의 이름만이 아니라 실질을 배우려고 하였다. 내가 보기에 베르그송과 오이켄의 말이 이학과 서로 통하는 부분이 있다. 이는 바로 동서양 사람의 마음이 암묵적으로 통한다는 것이니 지리적으로 단절되어 있다고 해서 서로 배척해서는 안 될 것이다. 그러나 딩원지앙은 다음과 같이 말할지도 모른다. 경제적으로 충족되어 있다면 어느 누가 선행을 마다하겠는가? 관자(管子)에 다음과 같은 말이 나온다. "먹고 입는 것이 충족된 후에야 예절을 알고, 곳간이 그득해진 후에야 영욕을 안다(衣食足而後知禮節, 倉廩實而後知榮辱)." 그러나 만약 미국의 석유재벌이 자신의 재산을 군벌과 정부에 제공했다고 생각해보자. 재정이 제대로 관리되지 않을 것이라는 사실은 모든 사람이 다 짐작할 수 있을 것이다. 어째서 그런가? 오늘날의 정치가들은 예절을 모르고 영욕을 모르기 때문이다. 영국과 프랑스, 일본의 은행가들이 자신들의 재산을 군벌과 정부에게 넘겼다고 해보자. 과연 정치가 투명하고 깨끗해지겠는가? 역시 이것도 불가능하다. 어째서 그런가? 오늘날 정치가들은 예절을 모르고 영욕을 모르기 때문이다. 관중(管仲)의 말과 비슷한 말을 수많은 사람들이 했다. 그러나 나라가 혼란스러워지고 기강이 문란해지면 난세를 다스리는 도리는 관자의 말을 거꾸로 뒤집어 곱씹어 봐야 깨닫게 될 것이다.

> 예절을 안 뒤에야 의식이 충족되고,
> 영욕을 안 뒤에야 곳간이 가득 찬다.

내가 송학의 부흥을 부르짖는 이유가 바로 여기 있다.

제4장 개인적 비판에 대한 답변

딩원지앙의 비판은 친구의 충고로 여겨 정중히 받들겠다. 그러나 나의 학문 태도에 대해 딩원지앙이 잘 알지 못하는 부분이 있다. 간단히 말하자면, 나의 학문 태도와 정치적 지향에는 일관된 원칙이 있다. 그것은 '나를 인정하여 써주면 도를 천하에 행하고, 버리고 써주지 않으면 도를 내 몸에 간직한다(用之則行, 舍之則藏)'는 것이다. 내가 어떤 것을 알려고 하지 않거나 하려고 하지 않는 것은 아직 때가 아니라서 그런 것이 아니다. 또 내가 어떤 것을 알려고 하거나 하려고 하는 것도 때가 좋아서 그런 것이 아니다. 이름을 날리기 위해 때의 좋고 나쁨을 따진다면 학문적 성과뿐만 아니라 명성도 얻지 못할 것이다. 그러면 결국 명예를 도둑질하는 수밖에 없다. 정치나 학문이 모두 마찬가지다. 딩원지앙 선생! 1919년 파리에 머물 때를 생각해보라. 량치차오와 장바이리(蔣百里, 1882~1938),[4] 쉬신류(徐新六, 1890~1938)[5] 등이 중국의 사상 변화에 자극받아 베르그송을 만나고 문예 부흥사를 연구할 때, 나는 이런 것들에 무관심했었다. 왜 그랬을까? 내 마음에 그러한 충동이 없었기 때문이다. 그러나 오이켄을 만나고 난 후에는 단번에 마음이 끌려 국제정치학에 대한 관심을 잠시 접어두었다. 어떤 이유 때문인가? 가슴속의 열정을 발산하지 않으면 참을 수 없을 정도로 답답했기 때문이다. 그 후로 나는 서양 학술의 원류에 대해 깊이 연구하기 시작했다. 광활한 학문 영역에 비해 내 능력이 보잘 것 없다는 사실에 탄식할 수밖에 없었다. 이런 상황에

---

4) 민국시기 저명한 군사이론가이자 군사교육가. 독일에서 유학했다. 『국방론(國防論)』, 『유럽 문예부흥사』 등을 지었다.

5) 민국시기 저명한 경제학자. 영국과 프랑스에서 유학했고 베이징대학(北京大學) 경제학과 교수, 저장(浙江) 흥업은행(興業銀行) 총재를 역임했다.

서 어찌 단편적인 말로 대중들을 현혹시킬 수 있단 말인가? 딩원지앙이 언급한 드리슈와 베르그송은 과학에 정통한 사람들이다. 드리슈는 20여 년간 실험 발생학 연구에 매진하여 생기주의를 창시했으며, 베르그송은 파리 종합병원에서 5년간 심리 진단 서적을 독파한 후 『물질과 기억』을 완성했다. 두 사람 모두 각고의 노력을 한 결과다. 그들은 경험계에 안주하지 않았고 형이상학 영역에까지 연구범위를 넓혀 들어갔다. 이것은 인류 사상사 발전의 당연한 과정으로 어찌 공허하다고 배척할 수 있겠는가? 아래에 나의 기본 입장을 적어보겠다.

1) 지식은 감각 경험과 개념이 결합되어 형성된다.
2) 경험계의 지식은 인과적이고, 인생의 진화는 자유로운 것이다.
3) 과학을 초월해 존재하는 것에 대해서는 형이상학에서 다뤄야 한다.
4) 심성의 발전은 형이상학 진리의 계시가 되며, 따라서 신송학을 부흥시켜야 한다.

만약 딩원지앙이 오늘날의 풍조를 비판하는 것이 나로 하여금 실학에 힘쓰고 공허한 말을 줄이도록 하는 것에 있다면 그 뜻을 마음속 깊이 되새기도록 하겠다.

(덧붙이는 말) 딩원지앙은 나의 의견에 대해 "중국 희극 가운데 70~80퍼센트가 남녀 간의 연애를 주 내용으로 삼고 있다", "사상누각은 비바람을 견딜 수 없다"는 등의 말로 비판했다. 그러나 그가 예로 든 『원곡선(元曲選)』 백 편 가운데 서른아홉 편의 주제만이 연애이고 예순한 편은 그렇지 않다. 이것은 나의 주장을 뒷받침하는 증거인데 딩원지앙은 도

리어 이를 들어 자신의 부적으로 삼고 있으니 어찌된 일인가? 내가 주로 예로 든 것은 피황희(皮黃戲)[6]지만 이 또한 사백여 편 가운데 20~30퍼센트만이 남녀 간의 사랑을 주제로 삼고 있으니 딩원지앙의 말은 지나친 감이 있다. 시중에 나와 있는 『희고(戲考)』(이미 33권까지 발행되어 나왔으니 규모가 가장 큰 전통극 총서이다)의 전반부 30권에는 모두 325편의 극이 수록되어 있는데, 그 가운데 남녀의 사랑에 관한 것이 61편밖에 되지 않으니 20~30퍼센트에도 미치지 않는 수치이다. 과학자들이 현학을 혐오한다 해도 어찌 이런 증거로 현학을 말살하려 하는가!

-베이징 『신보부간(晨報副刊)』에서 옮겨 실음

6) 중국 경극의 기초가 된 지방극

06 현학과 과학 논전에 관한 “전시국제공법(戰時國際公法)” –임시 중립적 아웃사이더 량치차오 선언

량치차오

關於玄學科學論戰之“戰時國際公法”

梁啓超

나의 막역지우(莫逆之友) 딩원지앙과 장쥔마이가 인생관을 둘러싸고 벌이기 시작한 과학과 현학 논전이 교전을 시작했다. 게다가 듣기에는 더 많은 학자들이 참전을 준비하고 있다고 한다. 이 두 사람은 내가 가장 존경하는 친구들이다. 지금은 잠시 “중립적 아웃사이더”의 입장을 취하고 있지만, 나도 머지않아 “참전”해 “중재인”의 역할을 맡을까 한다. 과학과 현학의 문제는 우주에서 가장 중요한 문제이며, 중국에서도 미증유(未曾有)의 논전이다. 학술계에 갑자기 이렇게 큰 파장이 일어나게 된 것은 매우 다행이면서 행복한 일이다. 또한 양편 모두 나와 친한 친구로 나는 이것을 매우 영광으로 생각한다. 나는 이번 논전이 수준 높은 토론으로 이어지길 기대하며, 양측 모두 자신들의 의견을 남김 없이 개진하길 기대한다. 참전하는 사람이 많으면 많을수록 좋다. 따라서 내가 참전해 중재인이 되기에 앞서 먼저 “전시국제공법”을 선포하고자 한다.

첫째: 논의를 핵심 문제에 집중시키고 지엽적인 부분에 대한 논의는 최소화해야 한다. 하나의 문제에서 또 다른 문제가 파생되어 나올 경우 그에 관해서는 다른 글에서 논의하는 것이 낫다.

(이유) 이 문제는 매우 중요하지만, 단순하지 않고 많은 것들과 관련되

어 있다. 따라서 이번 논전이 학술계를 대신해 신기원을 열고 청년 학자들에게 연구의 기회를 마련해주는 계기가 되기 바란다. "지엽적인 말"이 너무 많으면 요점이 불분명해지고 문제의 진상이 가려져 올바른 사고를 어렵게 만든다. 그러므로 양편 모두 이 점을 주의하길 바란다.

제기된 문제에 대해서는 지속적으로 토론하길 바란다. 나는 이번 논전이 유럽의 30년 전쟁이나 백년 전쟁처럼 오랫동안 지속되고 논쟁 범위가 더욱 넓어지기 바란다. 그럴수록 좋은 것이다. 그러나 공수(攻守) 양측이 집중적으로 하나의 요새만을 놓고 전쟁을 벌여야 한다. 그 요새를 함락시킨 후에 다른 요새로 옮겨가야지, 여러 요새를 두고 혼전에 빠지면 관전하는 사람들이 어지러워 정신을 차리지 못할 것이다.

둘째: 단어 선택에 신중을 기해야 한다. 절대 조소하거나 비방해서는 안 된다. 설령 한쪽이 우연히 실수를 범했다 해도 다른 편까지 똑같이 해서는 안 된다.

(이유) 딩원지앙과 장쥔마이의 우정은 일반적이지 않다. 그들은 매우 친해서 어떤 것에도 구애받지 않고 행동하는 습관이 있다. 만나면 반드시 토론하고, 토론하면 반드시 입씨름을 하게 되고, 입씨름을 하면 반드시 농담을 주고받게 되는데 아주 흥미진진하다. 볼 때마다 이런 둘의 관계가 굉장히 부러웠다. 어쩌다 다투게 되더라도 절대로 서로의 감정을 상하게 하지는 않을 것이라는 점을 나는 확신한다. 그러나 글로 쓰는 것과 허심탄회하게 이야기하는 것은 다를 수밖에 없다. 게다가 이번 논쟁의 주제도 매우 거창해서 글을 쓸 때는 더욱 성의 있고 정중해야 할 것이다. 그렇지 않으면 자칫 독자들에게 말장난처럼 비춰져 원래의 정신을 크게 훼손하게 될 것이다. 다음으로 내가 바라는 것은 이번 논전이 다른 학문이나 사상 논쟁의 모범이 되었으면 하는 것이다. 그러므로 "헐뜯거나", "궤변을 일삼거나", "분노해서 싸우는" 등의 상황은 절대

없어야 한다.

양쪽의 교전이 시작된 지 얼마 지나지 않았는데 벌써 정도(正道)를 벗어난 말들이 난무하고 있다. 바라건대 쌍방이 서로 사과하고 이후에는 이런 일이 재발하지 않도록 주의해야 한다.

이상에서 말한 "공법"을 양 진영의 두 지도자와 앞으로의 참전 인사들이 마음에 새기기를 바라며, 나 또한 참전할 경우 최선을 다해 이를 준수할 것을 선언하는 바이다.

1923. 5. 5. 추이웨이산(翠微山) 란추이(攬翠) 산방에서 지음

-『시사신보(時事新報) · 학등(學燈)』에서 옮겨 실음

07 손오공과 장쥔마이 후스

孫行者與張君勱 胡適

손오공이 영소전(靈霄殿) 밖에서 위무 당당하게 반항하고 있다. 여래(如來)가 한 손을 뻗어 말했다. "네가 얼마나 대단한 능력을 가지고 있느냐? 내 손바닥을 벗어날 수 있겠느냐?" 손오공이 크게 웃으며 말했다. "스승께서 일찍이 일흔두 가지 변신술과 근두운(筋斗雲) 타는 법을 가르쳐 주셔서 내가 한 번 움직이면 십만 팔천 리나 갈 수 있는데 당신 손바닥이 커봤자 얼마나 크겠소?" 그는 몸을 줄여서 여래의 손바닥 위로 뛰어올라 "그럼 오공은 이만 하직하겠습니다"라고 말한 뒤 재주를 넘어 남천문(南天門)으로 갔다.

그다음에 어찌 되었는지는 자세히 말하지 않겠다. 손오공은 아주 멀리 왔다고 생각했지만 여전히 여래의 손바닥을 벗어나지 못하고 있었다.

내 친구 장쥔마이는 최근 과학자들의 횡포에 매우 화가 나 있다. 한 손으로는 턱수염을 쓰다듬고, 다른 한 손으로는 책상을 탁 치면서 그는 이렇게 말했다. "과학 선생, 당신의 손바닥이 커봐야 얼마나 크겠소? 당신이 감히 논리 선생으로 나를 가둘 수 있단 말이요? 장쥔마이는 이만 하직하겠소!"라고 말한 뒤 재주를 넘어 송포(松坡) 도서관 문밖으로 나갔다.

비록 십만 팔천 리까지는 아니지만 그는 재주를 넘어 상당히 멀리까지 갔다. 내가 수천 리 밖에서 이 주 동안이나 그를 기다리며 흘러가는 구름만 보고 있었는데, 숨넘어갈 듯 호흡을 고르며 멀리서 천천히 무언가 걸어오는 것이 보였다.—알고 보니 몸뚱 반쪽만 오고 나머지 부분은 아직 따라오지 못했다.

그러나 그 반쪽도 자세히 보니 사실은 과학 선생과 논리 선생의 손바닥을 완전히 벗어난 게 아니었다.

왜 그런가? 이에 대해 말해보겠다.

장쥔마이는 이렇게 말했다.

> "인생이란 변화요, 활동이요, 자유요, 창조다. …… 논리학상의 삼대 법칙 (동일, 모순, 배중) 가운데 어느 것이 인생의 합리성 여부를 증명해줄 수 있는가. 논리학의 두 가지 방법 (귀납, 연역) 가운데 어느 것이 인생의 전후 상생관계에 대해 추론할 수 있단 말인가?"

이것은 바로 베르그송 수제자의 득의양양한 외침이다. 그는 또 수많은 사숙(師叔)과 사백(師伯)의 말을 인용하여 스스로를 격려했다.

그러나 그가 말한 논리 선생의 다섯 가지 법보(法寶)를 조금만 사용해도 그것의 진면목이 어떠한지 바로 알 수 있다.

우리가 사용할 법보는 논리학의 모순율이다.

모(矛)1 장쥔마이는 말했다.

> "천문학이 천체현상을 연구하고 물리학이 물체를 탐구하는 것과 같이 정신과학 중 어떤 법칙이 미래의 변화를 계산해 낼 수 있는가? 단언하건데 결코 그런 것은 없다."

순(盾)1 장쥔마이는 또 말했다.

"인류의 목적은 끊임없이 변화한다. 여기서 변한다고 한 것은 악을 향해 나아간다는 것이 아니라 필연적으로 선을 향해 나아간다는 것이다."

앞에서 말한 "결코"라는 창과 뒤에서 말한 "필연적"이라는 방패는 서로 대립적인 것으로 사람을 난처하게 만든다.

인생관에 법칙이 있다는 것을 부인하던 장쥔마이가 돌연 "악을 향해 나아간다는 것이 아니라 필연적으로 선을 향해 나아간다"는 대법칙을 들고 나왔는데, 어찌 이것이 기묘한 일이 아니겠는가? 따라서 그는 이에 대해 설명을 해야 할 필요성을 느꼈을 것이다. 하지만 여기서 그는 다시 두 번째 모순에 빠져들게 된다.

모(矛)2 장쥔마이는 말했다.

"정신과학의 법칙은 오로지 과거의 일에만 제한적으로 적용 가능할 뿐 미래의 일에 대해서는 추측할 수 없다."
"정신과학은 …… 절대로 이미 이루어진 일로써 미래를 추론할 수 없다."

순(盾)2 장쥔마이는 말했다.

"인류의 목적은 끊임없이 변화한다. 여기서 비록 변한다고는 했지만 그것은 악으로 나아가는 것이 아니라 필연적으로 선을 향해 나아가는 것이다. 그러한 까닭은 매우 오묘하여 가늠할 수가 없다. 그러나 과거에 근거해 미래를 추측하는 개혁가들의 의도는 대부분 세상을 이롭게 하려는 것이지 세상을 해롭게 하려는 것이 아니다. 이것은 의심할 여지가 없다."

"과거에 근거해 미래를 추측한다"는 것은 "이미 이루어진 일로써 미래를 추론"하는 것과 무엇이 다른지 묻고 싶다.

그러나 장쥔마이는 또 이렇게 말했다.

모(矛)3 "인생관은 논리 방법과 인과 법칙의 지배를 받지 않는다."

순(盾)3 (대전제) "예측할 수 있는 일은 반드시 인과법칙의 지배를 받는다." (소전제) "인류의 목적은 끊임없이 변화한다. 그러나 과거에 근거해 미래를 추측한다는 것은 …… 의심할 여지가 없다." (결론) 그러므로 장쥔마이는 "인류의 목적"(인생관)이 반드시 인과법칙의 지배를 받는다는 것을 조금도 의심하지 않는 것이다!

장쥔마이는 십사 일 동안이나 재주를 넘어 오고서도 보잘것없는 논리 선생의 법보—모순율—에서 조금도 벗어나지 못한 것이다. 하하하!

1923. 5. 11. 상하이

장쥔마이 형:

남쪽에 내려와 있는 이십 일 동안 하루도 병이 없는 날이 없었습니다. 시후(西湖)에서 나흘을 보냈는데 이틀은 그야말로 길을 걸을 수도 없었지요. 지금은 외국 친구 집에서 요양을 하고 있는데, 병중에 형님이 딩원지앙과 필묵의 소송을 하고 있다는 소식을 듣고 손이 간지러워서 참을 수가 없었습니다. 흥을 좀 북돋울 작정으로 짧은 글을 쓰게 되었는데, 비록 글이 장난스럽긴 해도 의미는 깊습니다. 바라건대 너무 나무라지 마시기 바랍니다.-후스

-『노력주보』에서 옮겨 실음

08 인생관적 과학 혹은 과학적 인생관

人生觀的科學或科學的人生觀

런슈용

任叔永

"인생관적 과학 혹은 과학적 인생관". 독자들이 이 제목을 본다면 분명히 내가 궤변을 늘어놓고 있거나 글을 잘못 쓴 것이 아닌지 의심했을 것이다. 나는 여러분들이 최근 장쥔마이가 칭화대학에서 강연한 "인생관"과 장쥔마이와 딩원지앙이 현학과 과학에 대해 논쟁한 글을 자세히 읽어보길 권한다. 그럼 아마 이 제목의 의미를 알게 될 것이다.

장쥔마이는 강연 중에서 이렇게 말했다. "같은 인생이라도 관찰하는 입장에 따라 의견이 다를 수 있다. 따라서 천하고금 중에 통일이 가장 힘든 것으로는 인생관만한 것이 없다." 또 말했다. "이 문제는 동서고금을 통해 의견일치를 보기 매우 힘들 뿐만 아니라 수학이나 물리 화학처럼 일정한 공식이 있는 것도 아니다." 또 과학과 인생관을 서로 비교하여 말하길, "과학이 어느 정도로 발전하건 간에 인생관 문제는 절대로 과학이 해결할 수 없는 것이며, 오직 인류 스스로에게 의지할 수밖에 없다." 장쥔마이의 말을 미루어 보건대, 일반적으로 과학이 공식을 갖고 있는 반면, 인생관은 공식이 없기 때문에 통일되기 매우 힘들다는 것이다. 즉 공식이 없기 때문에 인생관 문제는 과학이 해결할 수 없다는 말이다. 만약 이 말을 오해한 것이 아니라면, 그의 논지는 처음부터 잘못된 것이며 그 자신은 이 사실을 모르고 있는 것이다. 장쥔마이는 인생관에 공식이 없다고 말했다. 그는 과학의 정의를 내리면서 인생관이 과학이 될 수 없다는 것만을 증명하고자 했다. 그러나 인생관이 과학이 될 수 없다는 것은 과학이 인생관 문제를 해결할 수 있는지와는 근본적으로 다른 문제이다. 그러나 장쥔마이는 이 둘을 하나로 뒤섞어 말했기 때문에 딩원지앙이 그를 가리켜 "논리학을 위배했다", "현학귀"가 씌었다고 한 것이다.

왜 인생관은 과학이 될 수 없는가? 장쥔마이의 말처럼 인생관이 주관적이고 직각적이고 종합적이고 자유의지적이고 단일성을 띠고 있기 때문인가? 이에 대해서는 딩원지앙이 이미 자세하게 반박하였다. 딩원지앙의 과학 지식론은 "심리적 내용과 참된 개념 추론은 모두 과학의 재료가 될 수 있다."는 사실을 증명하는 것이다. 인생관이 심리 추론 작용의 범위에서 벗어난 것이 아니라면 당연히 과학의 지배를 받을 것이다. 그러나 장쥔마이는 다음과 같이 주장했다. "내가 말하는 인생관은 절대로 개념 추론을 통해 얻어진 것이 아니다. 나의 인생관은 주관적인 양심에서 주장되어진 것이다." 장쥔마이가 말한 양심이 그렇게 간단한 것인지는 다시 살펴볼 필요가 있다. 장쥔마이가 인생관에 대해 설명할 때, 먼저 중심에 '아(我)'를 세우고, 그 후에 인생관의 특징을 설명했다. 여기에는 공자의 행건, 노자의 무위, 맹자의 성선, 순자의 성악, …… 칸트의 의무관념, 벤담의 공리주의, 다윈의 생존 경쟁설, 크로포트킨의 호조주의,…… 쇼펜하우어와 하르트만의 비관주의, 라이프니츠와 헤겔의 낙관주의, 공자의 수신제가주의, 석가모니의 출세주의…… 등이 있다. 여기서 어떤 것은 사회 윤리를 말하고 있고, 어떤 것은 행위 동기를, 그리고 어떤 것은 인생의 궁극적인 목적을 말하기도 한다. 임의로 어느 하나를 골라 봐도 간단한 "직각"이나 개념은 아니다. 우리는 과학방법이 무소불위라는 것을 잘 알고 있다. (내가 말하는 것은 과학방법에 관한 것이지 과학 만능을 주장하는 것은 아니다. 독자들은 유의하기 바란다.) 그러나 과학방법의 응용 범위에는 일정한 한계가 있다. 여기서 말하는 한계라는 것은 분석을 통해 확실하고 분명해진 사실에 한정한다. 장쥔마이가 말하는 인생관은 두서가 없고 모호해서 과학방법이 적용될 수 없다. 장쥔마이는 과학을 배운 적이 없어 과학의 성질을 잘 알지 못한다. 게다가 딩원지앙도 지질학자일 뿐이니 과학으로 장쥔마이의 인생관을 반박한다는 것은 "앞뒤가 맞지 않는다."

앞서 말한, 두서없고 모호한 인생관이 과학의 지배를 받지 않는다는 것을 과학방법으로 증명하려 한다면 결국은 실패하고 말 것이다. 장쥔마이의 연설은 바로 이런 실패를 인정한 것에 다름 아니다. 그렇다면 과학과 인생관은 정말 아무런 관계가 없는 것일까? 이 물음에 대한 나의 대답은 당연히 그렇지 않다는 것이다. 즉 인생관적 과학은 불가능하지만 과학적 인생관은 도리어 가능하다. 이에 대해 조금 상세하게 설명해 보겠다. 비록 인생관의 종류가 수없이 많지만, 인생관이란 바깥 사물(外物)과 마음(內心)이 조화를 이룬 결과라는 점에 대해서는 모두가 동의한다. 바깥 사물이란 순수한 물질, 사회 제도, 타인과 자신의 총체, 우주 배후의 창조 등이 있으며, 조화의 방법에는 희망, 요구, 개혁, 출세 등이 있다. 다시 말하자면, 내면의 나와 바깥의 물질계가 서로 가장 만족할 만한 관계를 정립하는 것이라 할 수 있다. 이는 유물론자들의 말이 아니라 유심론자들의 생각이다. 인생관은 물질계를 떠나 독립적으로 성립될 수 없다. 따라서 물질계에 관한 지식이 발전하면 할수록 인생관도 당연히 변하게 된다. 바꿔 말하자면, 물질계에 관한 지식이 과학적이 되면 될수록 인생관도 그에 비례해서 과학적으로 변한다는 것이다. 이에 관한 가장 분명한 예는 생물 진화론이다. 장쥔마이는 다윈의 학설이 완전히 옳은 것은 아니라고 생각한다. 또한 그는 드리슈의 말을 인용해서 다윈 학설이 성립할 수 없다는 것을 증명했다. 그러나 다윈 학설의 성립 여부와 진화론의 성립 여부는 다른 문제이다. 내가 아는 바에 따르면, 다윈의 학설은 약간의 수정을 거쳤지만, 진화론은 그렇지 않다. 진화론이 인생관에 미친 영향은 최소한 다음과 같은 몇 가지가 있다. 첫째, 자연계에서의 인류의 지위를 알려주었다. 둘째, 종교의 창조론과 현학의 운명론을 타파했다. 셋째, 장쥔마이가 예로 든 생존 경쟁설이다. 우리는 물질문명과 정신문명이 무관하다고 말할 수는 있지만, 근세의 인생관이 중고(中古)시대의 정적(靜的)이고 소극적 인생관보다 훨씬 더 진보했다고 인정하지 않을 수 없다. 이런 측면에서 인생관의 진보는 "아직 해결되지 않은" 진화론으로부터 유래했다고 말할 수 있는 것이다.

물질과학이 발전함에 따라 간접적으로는 인생관이 변화했고, 직접적으로는 과학이 하나의 인생관을 만들어 내게 되었다. 과학이 객관적이고 기계적이며 물질적이라고 여기는 사람은 이런 사실을 믿지 않을 것이다. 이에 대해 다시 설명을 덧붙이겠다. 과학자들은 대부분 종교를 믿지 않는다. 그러나 대다수의 과학자는 도덕적이며 고상한 인격의 소유자들이다. 만약 인생관을 사회 윤리와 인생의 목적에 관한 일정한 견해라고 말할 수 있다면, 그들에게 인생관이 없다고 말할 수는 없다. 그들의 인생관은 어디서 온 것일까? 바로 그들이 수행하는 과학 연구에서 온 것이다. 과학의 성질과 방법에서 몇 가지 유래를 찾아보도록 하겠다.

첫째, 과학의 목적은 진리 추구에 있으며, 진리는 무궁무진하다. 과학자들은 평생 동안 진리를 찾기 위해 전력을 다한다. 이것이 그들의 인생관이다. 뉴턴은 말년에 이렇게 말했다. "세상이 나를 어떻게 보는지 나는 알지 못한다. 나는 진리의 해변에 있는 어린아이와 같다. 가끔씩은 예쁜 조개껍데기를 주워 놀기도 하지만, 진리의 바다가 여전히 내 앞에 놓여 있다는 것은 알지 못한다." 오늘날의 위대한 물리학자인 톰슨은 이렇게 말했다. “우리는 산봉우리들을 하나하나 정복했으며, 우리 앞에는 여전히 아름답고 흥미로운 곳들이 펼쳐져 있다. 그러나 아직 목적지와 수평선은 보지 못했다. 조금 먼 곳에 더 높은 산이 놓여 있고, 만약 그곳에 오르게 된다면 더 아름다운 광경을 보게 될 것이다. 과학이 발전하면 할수록 조물주의 위대함과 불가사의도 그 모습을 더욱 드러낼 것이다.” 이것은 위대한 과학자들이 한 말로 그들의 위대한 인생관을 대변하는 것이다. 이런 인생관이 있기에 과학자들은 물질계의 수많은 유혹을 물리칠 수 있는 것이다.

둘째, 과학 탐구 정신은 심원할 뿐만 아니라 무궁무진하다. 과학자는 마음속의 편견과 이기심이 제거된 상태에서 자연계의 고상한 정신과 만난다. 이런 인생관은 아무나 얻을 수 있는 것이 아니다. 허셸의 말을 인용해 설명해보겠다. “관점을 약간 바꾸거나 낯선 원리를 응용하는 것으로 얼마나 많은 물리학과 수학의 난관을 넘어섰으며, 학문의 불모지를 지식과 권력의 원천으로 만들었던가? 이런 일을 신물 나게 보아온 사람이라면 인류의 장래가 희망 하나 없는 비극이라는 말을 절대 믿지 않을 것이다. 도덕과 지식, 그리고 물질의 관계에 대해 연구한 결과, 세계는 광대무변하고 그에 비해 우주 가운데 있는 인간은 말할 수 없을 정도로 보잘것없는 존재라는 것을 알게 되었다. 우주의 운행을 멈추거나 바꾸려 하는 것은 불가능한 일이다. 그들은 비로소 희망적인 자신감과 초연한 태도가 인간에게 필수적이라는 사실을 알게 되었다.” 이런 인생관 때문에 과학자들은 명예와 사회 계급의 속박을 타파해버릴 수 있는 것이다. 이것이 바로 과학자의 인생관이다.

셋째, 과학 연구의 대상은 사물들 간의 관계이다. 관계가 분명해지면 공식이 도출된다. 공식은 우리에게 인과관념을 제공해준다. 인과관념은 경험 세계 속에서는 절대적이며 보편적이다. 과학자들은 인생관에 인과

관념을 적용시키려 할 뿐만 아니라 모든 분야에서 합리성을 추구한다. 합리적인 인생관은 과학 연구의 결과이다. 우리는 아담이 인간의 조상이라는 고귀한 생각을 믿는 대신 어째서 동물에서 진화했다는 비천한 생각을 기꺼이 받아들이는 것일까. 그것은 앞의 생각이 불합리하기 때문이다. 우리는 오행(五行)과 풍수(風水)에 관한 관념을 믿지 않는 대신 어째서 사람이 자신의 운명을 주재할 수 있다고 믿는 것일까. 이 역시도 앞의 관념이 불합리하다고 생각하기 때문이다. 과학자는 합리성을 추구하기 때문에 조금도 귀찮아함 없이 정확한 관찰로 사실을 탐구하고 정확한 논리로 추론하려고 한다. 합리적인 결론을 중시하므로 기존의 학설뿐만 아니라 사회적인 편견과도 기꺼이 싸울 준비가 되어 있다. 헉슬리는 말했다. "어느 날 갑자기 신이 나타나 엿새 만에(혹은 즉시) 세상을 창조했다는 것을 나로 하여금 믿게 하는 것은 그리 어려운 일이 아니다. 나는 불가능하기 때문에 진실하지 않다고 여기는 것이 아니다. 다만 현재의 동식물 종들이 그렇게 창조되었다는 것에 대한 약간의 증거를 요구하는 것이다. 증거는 절대로 불가능하다 생각하는 것을 믿게 만드는 유일한 조건이다." 그들은 과거의 어떠한 전설도 함부로 믿으려 하지 않으며 무조건 증거를 요구한다. 왜냐하면 증거로부터 도출된 결론만이 합리적이라고 생각하기 때문이다.

위에서 대략 세 종류의 과학적 인생관에 대해 살펴보았는데, 그 외의 것에 관해서는 생략하겠다. 정리해보면 다음과 같은 결론을 얻을 수 있다.

1) 과학은 자신의 한계를 갖고 있다. 두서없고 모호한 사상이나 분석을 거치지 않은 사실에 대해서 과학은 지배력을 행사할 수 없다. 그러나 과학의 책무는 이러한 사상이나 사실을 분석하고 분명히 하는 데 있다.

2) 만약 인생관이란 개념이 모호한 것이라면 당연히 과학 연구의 범위

에 속하지 않을 것이다. 그러나 인생관의 대부분 혹은 전부는 분석과 과학방법을 통해 변화되거나 해결될 수 있다. 우리는 또 다음과 같이 주장한다.

3) 과학은 위대할 뿐만 아니라 고상한 인생관을 만들어낼 수 있다.

4) 과학 연구의 경험이 없기 때문에 이런 인생관이 낯설게 느껴진다면 우리는 과학으로써 인생관을 개선해야 하며, 인생관만 중시하고 과학을 경시하는 일은 없어야 할 것이다.

-『노력주보』에서 옮겨 실음

09 현학과 과학 논전 잡담

玄學科學論戰雜話

쑨푸위엔

孫伏圓

나는 현학과 과학에 대해서 문외한일 뿐만 아니라 딩원지앙과 장쥔마이가 논쟁을 벌이는 문제의 초점에 대해서도 아직 완전히 파악하지 못했다. 따라서 원래는 경솔하게 나서지 않을 생각이었다. 그러나 양편 모두 공격과 방어가 산발적이어서 통쾌함이 없을 뿐만 아니라 논쟁을 벌이는 사람들마저도 활기가 없으니 문외한인 내가 먼저 주제넘게 몇 마디 할까 한다.

내 생각에 논전에 참가하고 있는 쌍방이 우선적으로 관심을 가져야 할 문제가 세 가지 있다. 그것은 다음과 같다.

현학이란 무엇인가?

과학이란 무엇인가?

인생관이란 무엇인가?

이 세 가지 문제에 관해서만 토론한다 해도 수백만 마디의 말로도 부족할 것이다. 그러나 양편은 우선 이들 세 개념에 대해 정의부터 내려야 한다. 그래야만 비로소 각자가 말하는 현학과 과학, 인생관에 어떤 차이가 있는지 알 수 있을 것이다.

그러나 이 문제에 대해 토론하려면 정의만으로는 부족하다. 이보다 더 중요하고 분명히 해야 할 문제가 있는데, 그것은 바로 '철학이란 무엇인가?'이다.

비록 유치하긴 하지만 먼저 내 생각대로 현학과 과학, 그리고 인생관에 대해 정의를 내려 보겠다.

현학은 우주에 관한 총체적 연구다.

과학은 우주에 관한 분석적 연구다.

인생관은 인생에 관한 어떤 한 사람(혹은 어떤 한 집단)의 견해와 태도다.

여기서 볼 때 현학과 과학에 대한 인생관의 지위는 철학보다 덜 중요하다고 말할 수 있다. 왜냐하면,

철학은 총체적이고 분석적으로 인생을 연구하는 것이기 때문이다.

많은 사람들이 철학과 현학을 동일하게 취급해 철학이 단지 우주를 구성하는 근본 재료만을 연구하는 것이라고 생각하는 경향이 있다. 그러나 이것은 매우 편협한 견해다. 철학에 대한 나의 정의에 따르면 철학은 마땅히 다음 내용을 포함한다.

1) 인생에 관한 총체적 연구-인생철학

2) 인생에 관한 분석적 연구-사회학, 심리학, 교육학

이 중에서 두 번째 부분은 최근 성립된 과학이라 할 수 있다. 최근 들어 많은 학자들이 자연과학적 방법으로 인류 사회를 연구하려고 하고 있다. 결과가 비록 자연과학만큼 정밀하지는 않지만 몇 가지 학문이 이미 과학 영역 안으로 편입되어 들어갔다. 그러나 내 생각에는 철학도 범위를 넓힘으로써 최근의 과학(인생에 대해 자연과학적 방법을 이용해 분석적으로 연구하는 과학)적 성과들을 수용할 수 있어야 한다.

이렇게 되면 철학은 과학과 현학 사이에 놓일 수 있으며, 인생관은 철학의 범위 내로 들어오게 된다. 인생관에 관한 문제가 현학 및 과학과 완

전히 무관하다고 말할 수는 없지만, 인생관을 토론할 때는 상대적으로 관계가 먼 현학과 과학보다는 철학을 중시해야 한다. 이것은 분명한 것이다.

인생관에 대한 정의는 더욱 내리기 어렵다. 그러나 내가 위에서 말한 조잡한 정의에 비춰보면, 인생관이란 인생에 관한 어떤 한 사람(혹은 어떤 한 집단)의 견해와 태도이므로 인생관의 내용을 대략적으로나마 말할 수 있을 것이다. 인생관은 다음과 같은 문제들에 대한 어떤 한 사람(혹은 어떤 한 집단)의 생각이다. 인생에는 목적이 있는가? 있다면 그 목적은 무엇인가? 목적이 있다면 비관적인가 낙관적인가? 목적이 없다면 비관적인가 낙관적인가?

인생관의 내용은 단지 이와 같다. 내가 보기에 장쥔마이가 첫 번째 글에서 열거한 아홉 가지 사항 가운데 여덟 번째 만이 인생관이고 나머지 여덟 가지는 종교나 현학, 과학, 혹은 철학에 속하는 것들로 인생관이라고 할 수 없다.

인생관은 과학의 영향을 받을 수도 있고 받지 않을 수도 있다. 인생관이 과학의 영향을 받는지와 인생관이 통일될 수 있는지는 다른 차원의 문제이다. 나는 인생관이 과학방법에 영향을 받는다고 말한 런슈용의 의견에 기꺼이 동의한다. 딩원지앙은 미래에 인생관이 통일될지의 여부와는 별개의 문제라고 했지만, 사실 그는 인생관이 장래에 통일될 수 있다는 생각을 가지고 있다. 나는 그것을 바라지 않는다.

다시 말하자면, 인생관이 과학의 영향을 받는다는 것과 과학의 지배를 받는다는 것은 완전히 다른 문제다. 만약에 인생관이 사상이라면 나는 절대적인 자유를 요구할 것이다. 사상 영역에 속하는 것이 과학의 지배를 받게 된다면 문학과 미술에서 가치 있다고 여겨지는 수많은 상상들은 사형선고를 받게 될 것이다. 개개인의 인생관이 통일된다면 사상은 자유롭게 발전할 여지를 잃게 되며, 인생은 경직되고 무미건조하고 단조로워져 동물의 생활과 다름없게 될 것이다.

마지막으로 한마디 덧붙이자면, 현학, 철학, 과학, 인생관은 모두 살아있는 개념이다. 오늘날 많은 사람들이 현학, 철학, 과학, 인생관의 대상을 연구하고 상호 간의 관계에 주목한다. 한학, 송학, 정주 육왕은 모두 죽은 개념들로 그것들은 중국 학술사상의 재료일 뿐, 현재 중국 사회와는 무관하다. 즉 현대 학술에서 현학, 과학, 철학, 인생관 등의 개념들과 아무런 관계가 없는 것들이다. 딩원지앙이 현학과 과학을 논하면서 육왕을 통렬하게 비판했지만 사실은 그럴 필요가 없었다. 마찬가지로 장쥔마이도 한학을 배격하고 송학을 부흥시켜야 한다고 주장했는데 이것도 별 필요가 없는 것이다. 현재의 입장에서 보자면 역사상의 논쟁들은 대부분의미를 잃었다. 그럼에도 자진해서 결사대를 조직해 이 논전에 참가할 필요는 없지 않겠는가?

양측 대표와 학계 여러분들의 이해와 질정이 있기를 간절히 희망한다.

장둥쑨(張東蓀) 안어(案語):

현학과 과학의 혼전 중에 쑨푸위엔 선생은 쌍방이 먼저 현학과 과학에 대해 정의를 내린 후 논쟁을 지속할 것을 제안하였다. 탁월한 견해다. 나도 비슷한 충고를 하려고 했었지만 글쓰기가 게을러 그렇게 하지 못했다. 훌륭하신 쑨푸위엔 선생의 말씀에 이어 몇 마디 덧붙이고자 한다.

"현학"은 원래 'Metaphysics'의 번역어이며, 과학도 'Science'의 번역어다. 이것을 모르는 사람은 없을 것이다. 그러나 현학과 과학 외에 또 다른 개념, 즉 "철학"(Philosophy의 번역)이 있다. 과학은 당연히 철학의 범위 밖에 있지만, 현학은 좁은 의미의 철학이다. 왜냐하면 철학은 다음과 같은 세 부분을 포함하고 있기 때문이다. 첫째는 인식론(Epistemology의 번역)이고, 둘째는 본체론(Ontology의 번역), 그리고 셋째는 우주론(Cosmology의 번역)이다. 일반적으로 본체론과 우주론을 가리켜 현학이라고 한다. 따라서 현학은 좁은 의미의 철학이며 본체론이 핵심이다. 그러나 또 한편으로는 인식론을 현학의 범주에 포함시키는 사람도 있다. 원래 철학에는 두 학파가 있다. 하나는 시종 인식론에 머물러서 본체론으로 나아가지 않는 반면, 다른 하나는 인식론에서 본체론으로 곧장 들어간다. 전자는 주로 영미의 경험주의자들이 해당되고, 후자는 대륙의 이성주의가 해당된다. 두 학파 간의 논쟁은 어제오늘의 일이 아니다. 그러나 우리가 객관적인 관점으로 바라본다면, 그것은 과학과 철학의 논쟁이 아닌 철학 중의 논쟁이라는 것을 알 수 있다. 딩원지앙 선생과 장쥔마이 선생은 선입관에 사로잡혀 개념을 분명하게 정의하기도 전에 상황을 복잡하게 만들어버렸다. 아쉬울 뿐이다. 사실 이런 논쟁에서 어떤 결론이 낸다는 것은 매우 어려운 일이다. 후스 선생이 모순율을 언급한 것은 지엽적인 것이다. 장쥔마이 선생이 인생관 원문에서 열거한 몇 가지 사항은 매우 치밀하지 못하며, 딩원지앙의 반박문도 지나치게 많은 것을 열거해 지리(支離)함을 면할 수가 없다. 따라서 장쥔마이 선생의 답글이 중구난방인 것은 어찌 보면 당연하다. 양측 모두 내가 존경하는 친구들이기 때문에 쑨푸위엔 선생의 뒤를 이어 한 가지 권고를 하려고 한다. 두 사람이 이번 논전을 본선이 아닌 예선전으로 생각해주길 바란다. 아울러 예선전은 여기서 마치고 진용을 재정비하여 본선을 시작하라. 그렇지 않고 계속 이런 식으로 진행된다면 많은 아쉬움이 남게 될 것이다.

-『시사신보 · 학등』에서 옮겨 실음

10 인생관과 과학 人生觀與科學

량치차오 梁啓超

장쥔마이와 딩원지앙의 논전에 대한 비평 1

1.

장쥔마이가 칭화대학에서 "인생관"이라는 주제로 연설을 하고, 딩원지앙이 "현학과 과학"이라는 글을 발표함으로써 논전이 시작되었다. 이로 인해 내가 가장 친애하는 두 명의 오랜 친구가 하루아침에 소송의 쌍방이 되어 대치하게 되었다. 논쟁의 흥을 북돋기 위해 솜씨를 발휘해 나의 의견을 몇 자 적어보도록 하겠다.

본론에 들어가기 전에 먼저 몇 마디 하겠다.

첫째, 나는 어느 한쪽 편이 되어 "참전"하려는 것이 아닐 뿐만 아니라, 쌍방의 분쟁을 조정하는 "중재자"가 되려는 것도 아니다. 또한 "국제 재판소의 중재인" 역할을 하려는 것은 더더욱 아니다. 나는 관전하는 신문기자에 불과하며, 내가 목격한 전황을 평론하면 그것으로 그만이다. 나는 과학과 현학을 깊이 연구해본 적이 없다. 따라서 내가 비평하는 내용이 옳다고 말할 수 없다. 내 오랜 두 친구와 참전자, 그리고 관전자들이 나의 비평에 대해 탁월하게 반박을 해준다면 나는 기꺼이 환영할 것이다.

둘째, 이번 논쟁의 전선은 이미 너무 확대되어 관전하는 사람들이 정신이 없다. 이해를 돕기 위해 나는 항목을 나누어서 비평할 생각이다. 이 글을 마친 후에도 몇 편의 글을 더 쓸 생각인데 주제는 다음과 같다. 1) 과학적 지식론과 "현학귀" 2) 과학교육과 초과학교육 3) 논전자의 태도…… 등등. 전부 몇 편을 쓸지는 나의 관심 정도를 봐야 한다. 만일 그때 가서 흥미가 다한다면 쓰지 않을 수도 있다.

셋째, 지인 몇 명이 곧 논전에 뛰어들 것이라는 말을 듣고서 그들의 글이 나온 후 총평을 하려 했었다. 그렇지만 손발이 근질거려 더 이상 참을 수 없게 되었다. 게다가 좀 더 기다리다가는 아마도 '최호제시(崔顥題詩)'[1]와 같은 경우를 당해 영영 붓을 못 들게 될 수도 있으니 바로 쓰는 것이 낫다는 생각이 들었다. 따라서 이 글은 순전히 장쥔마이와 딩원지앙이 발표한 글에 대한 비평이며, 다른 글들에 대해서는 다음 기회에 논의하도록 하겠다. 빠른 시일 내에 많은 글들이 발표되어 나 또한 계속해서 비평할 수 있는 영광을 갖게 되길 바란다. 물론 나보다 먼저 좋은 의견을 제시하는 사람이 나온다면 더 이상 바랄 것이 없을 것이다.

2.

논쟁을 하려면 우선 논쟁의 대상과 내용이 확정되어야 한다. 갑이 무엇이고 을이 무엇인지 정해져야 비로소 둘의 관계를 말할 수 있는 것과 같다. 그렇지 않으면 앞뒤가 맞지 않아 결론을 내기 힘들 뿐만 아니라 보

1) 이백(李白)이 황학루(黃鶴樓)에 올라 옛 초(楚)나라 천하를 바라보며 시를 지으려고 한 순간 바로 앞에 최호(崔顥)의 시가 보였다. 그 시를 읽고 나서 "眼前有景道不得, 崔顥題詩在上頭."(눈앞의 경치 표현할 길 없는데, 머리 위를 보니 최호의 시가 있네.)라는 말을 남기고는 붓을 꺾었다고 한다.

는 사람도 점점 헷갈리게 된다. 장쥔마이의 글은 대학에서 편하게 강연한 것을 옮긴 것으로 "인생관"과 "과학"에 대한 분명한 정의가 없다. 이 점은 매우 아쉽다. 딩원지앙도 마음 가는 대로 아무 주제나 잡아 반박했을 뿐이다. 따라서 "인생관"과 "과학"에 대해 두 사람이 같은 말을 하고 있는지 다른 말을 하고 있는지 전혀 감이 오지 않는다. 게다가 그들이 암묵적으로 동의하는 공통의 무엇이 있는 것 같지도 않다. 독자들의 혼란을 줄이기 위해 먼저 이 두 개념에 대해 정의를 내리도록 하겠다.

1) 인류가 주관 세계[心界]와 객관 세계[物界]를 조화롭게 결합시켜 만들어 낸 생활을 "인생"이라고 한다. 우리는 이러한 생활을 완성하기 위해 이상을 설정하는데, 그것을 "인생관"이라고 한다. (객관 세계란 자신의 육체를 포함해서 자신 외의 사람들, 그리고 자신이 속해 있는 사회 등을 가리킨다.)

2) 경험적 사실에 근거해서 그것을 분석하고 종합하여 진리에 가까운 법칙을 찾아내고 유사한 사물의 원리를 추론해내는 학문을 "과학"이라고 한다. (응용과학을 통해 만들어진 물질이나 기계 등은 "과학의 결과"일 뿐으로 "과학" 자체와 함께 논의될 수 없다.)

위의 내용이 반드시 옳은 것은 아니다. 그러나 옳다는 가정하에 결론을 얘기해보면 다음과 같다.

"인생 문제의 대부분은 과학방법으로 해결되며 또한 그럴 필요가 있다. 그러나 아주 작은 부분 혹은 가장 중요한 부분은 초과학적이다."

나는 장쥔마이와 딩원지앙의 주장에 편협한 면이 있다고 생각한다. 장쥔마이의 의견을 살펴보자. 장쥔마이는 "무생물"에 대해서는 별로 주목하지 않았는데, 심적 세계가 아무리 중요하다 해도 생활이 물질계를 떠나 독립적으로 가능하다고 말할 수는 없다. 물질계는 환경적으로—시간과 공간—여러 법칙의 지배를 받는데, 이것은 장쥔마이의 말처럼 단순하지도 않고, "직각적"이고 "자유의지"적인 것에만 의지해 결정되는 것도 아니다. 장쥔마이는 "아와 비아"에 관한 아홉 가지 항목을 열거한 후, 그것들은 과학방법이 해결할 수 없는 문제라고 했다. 그러나 내가 보기에 대부분이 과학방법으로 해결될 수 있는 것들이다. 그는 말했다. "군주제와 민주제, 자유무역과 보호무역, …… 등등, 이 가운데 논리학 법칙으로 그것의 적합함이 증명될 수 있는 것이 얼마나 되는가?" 다시 말하자면 이런 문제들은 단번에 보편적인 결론에 도달할 수 없기 때문에 과학의 범위 밖으로 배제해야 한다는 것이다. 과학이 추론을 통해 도출하려는 법칙은 다음과 같다. (1) 어떤 조건하에서는 어떤 현상이 발생할 것이다. (2) 어떤 현상을 바꾸기 위해서는 마땅히 어떤 조건이 있어야 한다. 두루뭉술하면서 보편적인 결과란 그것의 가능 여부를 떠나 과학이 허용하지 않는다. 장쥔마이의 말투를 흉내 내어 표현하자면 "갖옷(衣裘)과 갈포옷(衣葛) 중 어느 것을 입는 게 더 나을지, 부자(附子) 옥계(玉桂)와 대황(大黃) 망초(芒硝) 가운데 어느 약재를 쓰는 것이 더 타당한지는 논리학 법칙으로 증명할 수 없다." 만약 그의 이런 주장이 틀리지 않다면 우리가 먹고 입는 것 가운데 어떤 것도 법칙의 지배를 받지 않는다고 할 수 있는데. 이것이 말이나 되는가? 과학의 책무는 갖옷과 갈포옷 중 어느 것이 적합한지를 절대적이고 보편적으로 증명하는 것이 아니라, 어떤 체질의 사람이 어느 정도의 기온에서 갖옷이나 갈포옷을 입어야 하는지를 증명하는 것이다. 장쥔마이가 열거한 문제들은 모두 이와 비슷하다. 사실이 아닌 억지에 근거해서 군주제나 민주제, 혹은 자유무역이나 보호무역 중에 어느 하나가 무조건 좋다는 주장은 말이 안 된다. 군주제나 민주제는 특정 사회 조건 아래에서 적합한 것이며, 자유무역과 보호무역도 특정 경제 체제 아래에서 적합한 것이다. 이렇게 되면 자연적으로 논리적인 설명이 가능하게 되며, 이것이야말로 절대적으로 존중해야 하는 것이다. 장쥔마이의 생각은 어떠한가? 이것을 부정할 수 있단 말인가? 결론적으로 말하자면, 물질계의 여러 조건들은 모두 상대적이다. 상대적이라는 것은 일부 혹은 전부가 "사물의 법칙"의 지배를 받는다는 의미이다. 우리는 "바로 그때 그곳"의 사실에 근거하여 엄밀한 과학방법으로 "비교적 합리적인" 생활을 추구해야 한다. 이는 가능할 뿐만 아니라 필요한 것이기도 하다. 이에 대해 딩원지앙은 "인생관과 과학은 분리될 수 없다"고 말했는데, 이 말은 부분적으로 옳다.

나는 직각과 자유의지를 존중하는 장쥔마이의 견해에 찬성한다. 그러나 아쉽게도 적용 범위가 지나치게 넓고 오류도 많다. 그는 말했다. "……항상 관찰하고 주장하고 희망하며 요구하는 것이 바로 인생관이다. 갑의 세상에서 선했던 것이 을의 세상에서는 악이 되어 그것을 변혁해야 할 수도 있다. 을의 세상에서 선했던 것이 병의 세상에서는 악이 되어 그것을 변혁해야 할 수도 있다. ……" 나는 장쥔마이가 말한 "직각"이라는 것이 어떤 내용을 담고 있는지 분명하게 알지 못한다. 글자 상으로 보면 감각기관을 초월한 어떤 작용인 것 같다. 만약 내 추측이 틀리지 않다면 그가 말한 "갑을병의 세상에서 관찰한 것이 선이거나 악이거나"라는 것도 순전히 직각의 범위에만 속한 문제는 아니다. "갑의 세상에서 선했던 것이 을의 세상에서는 악이 되었다"는 것은 어떤 이유 때문일까? 그것은 "언제나 관찰된 것이 있고" 관찰로 인해 악하다고 여겼기 때문이다. 여기서 주장과 희망과 요구가 나온 것이다. 관찰하지 않았다 해도 그만이지만 관찰했다면 과학적 절차를 벗어날 수 없다. "선이나 악으로 생각한다"는 것은 이지가 만들어낸 결과이다. 이지와 관련된 것은 당연히 과학의 지배를 벗어날 수 없다. 자유의지는 또 어떤가? 자유의지의 적용범위에도 한계가 있다. 인간이 만물의 영장인 것은 자유의지가 있기 때문이다. 또한 인류사회가 끊임없이 발전해 나가는 것도 자유의지가 있기 때문이다. 그러나 자유의지가 소중한 까닭은 선과 악의 사이에서 복종과 불복종의 결정을 스스로 내리기 때문이다. 자유의지는 이지와 서로 상보관계에 있어야 한다. 장쥔마이와 같이 객관을 말살해 버리고 자유의지만을 말한다면 그것은 아무 가치도 없는 맹목적인 자유일 뿐이다. (장쥔마이가 칭화대학 강연에서 열거한 다섯 가지 인생관의 특징 가운데 첫 번째는 주관적인 인생관이 객관적인 과학과 대립적이라는 것인데, 이것은 대단히 잘못된 것이다. 나는 인생관이 주관과 객관의 결합에 의해 비로소 성립된다고 생각한다.)

그렇다면 나는 딩원지앙의 주장에 완전히 찬성한다는 것인가? 그렇지 않다. 딩원지앙은 지나치게 과학만능을 맹신했는데, 이것은 장쥔마이가 과학을 경시한 것과 같은 실수를 범한 것이다. 안타깝게도 딩원지앙의 말투는 과학자의 말투가 아니라 전제정치하의 종교인의 말투와 비슷하다. 그러나 이에 대해 하나하나 지적하지는 않겠다. 딩원지앙은 "우리는 인생관을 통일시켜야 할 의무가 있다"고 말했다. 또 "과학방법으로 시비진위를 가린다면 아마 머지않은 장래에 인생관은 통일될 것이다"라고 말했다. (그는 의학의 진보를 예로 들어 설명했다.) 인생관을 통일시키는 것이 불가능한 일은 아니지만, 그럴 필요가 없을 뿐만 아니라 그래서도 안 된다. 인생관을 통일시키려 한다면 "흑백을 구별하여 절대적인 것 하나를 세우고" 이에 어긋나는 생각은 가만두지 않을 것이다. 중세의 기독교도가 아닌 다음에야 어떻게 이런 말도 안 되는 생각을 하겠는가. 더욱이 과학자라면 이런 말을 해서는 안 된다. 과학으로 인생관을 통일시킬 수 있다는 말은 더욱 믿을 수 없다. 다른 것은 차치하고서라도 "세상의 현학가들이 다 죽어 없어지지 않는 한 인생관은 하루라도 통일되지 않을 것이다."라는 딩원지앙의 말에 대해 나는 도리어 반문하고 싶다. 세상의 현학가들을 다 죽여 없앨 방법이 만능의 과학에게 있다는 말인가? 만약 그렇지 않다면 과학도 만능이 아니라는 것을 스스로 증명한 셈이 되는 것이다. 쓸데없는 말은 그만하고 본문으로 돌아가 보자.

이지를 떠나서 인류의 삶은 생각할 수 없다. 그러나 이지가 인류 생활의 모든 내용을 포괄한다고 할 수는 없다. 이지를 제외하고도 매우 중요한 부분, 즉 혹자가 생활의 원동력이라고 부르는 "감성"이라는 것이 존재한다. 감성이 표출되는 방식은 매우 다양하다. 그 중에 신비성을 띠는 두 부분이 있는데, 그것은 바로 "사랑"과 "미(美)"이다. "과학 제국"의 영역과 권위가 어느 정도로 확대되건 간에 "사랑 선생"과 "미 선생"은 "위로 천자(天子)의 신하도 되지 않고 아래로 제후를 섬기지도 않는" 신분을 유지하면서 영원히 존재할 것이다. 과학자들에게 "미"를 분석하도록 해 보라. 선(線)이며 광(光)이며 운(韻)이며 조(調)며……미에 대해 아무리 논리적으로 말한다 해도 아무런 느낌도 받을 수 없을 것이다. "사랑"은 더욱 "현묘하고 현묘(玄之又玄)"하다. 만약에 두 청춘 남녀가 "과학적 연애"를 하기로 약속했다면 얼마나 우습겠는가? 이것이 어디 이성 간의 사랑에만 해당되겠는가? 부모 자식이나 친구 사이에도 불가사의한 것들이 얼마나 많겠는가? 조금이라도 상식이 있는 사람이라면 효자가 허벅지 살을 베어 부모를 치료한 일의 무익함을 알 것이다. 그러나 감정이 격해지면 이것저것 고려할 여유가 없다. 정영과 저구가 남을 대신해 고아를 돌보다가 죽은 것이나, 전횡도 사람 오백여 명 가운데 반 이상이 희생당한 것 등. 이런 행동을 이지적으로 분석해 보면 대단히 불합리하다. 그러나 다른 한편으로는 매우 훌륭한 인생관이라고 말하지 않을 수 없다. 더 나아가 공석불난, 묵돌불금(孔席不暖, 墨突不黔), 부처가 어깨살로 매[鷹]를 먹인 것, 예수가 사람들의 죄를 대속하기 위해 십자가에 못 박혀 죽은 것 등도 이와 비슷한 것이다. 중생에 대한 그들의 사랑은 연인 간의 사랑과 성질이 비슷하다. 경험이나 규범으로 그 원인을 추론해내려 한다는 것은 잠꼬대와 같은 것이다. 또한 종교나 토템, 혹은 특정 이념에 대한 광신적인 정서는 일반인이라면 이해도 해석도 할 수 없는 것이다. 그러나 인류의 역사는 도리어 이러한 신비 속에서 창조되어 나왔다. 이런 측면에서 보자면 주관이니 직각이니 종합이니 하는 분석 불가능한 것들에 대한 장쥔마이의 언급이 전혀 무용한 것은 아니다. 과학방법으로 인생을 지배하는 것은 불가능할 뿐만 아니라, 인생을 죽은 것이나 가치 없는 것으로 만드는 것이다.

나의 조잡하고 유치한 생각을 정리해보면 다음과 같다. 즉 "이지와 관련된 사항은 절대적으로 과학방법이 해결해야 하지만, 감성에 관한 것은 절대적으로 초과학적이다."

장쥔마이와 딩원지앙의 말은 나름대로 일리가 있다. 그러나 상대방을 지나치게 배척함으로써 모순이 발생하게 되었다. 나는 그것이 단지 "언어상의 모순"일 뿐이라고 생각한다. 그들의 생각은 아마 나와 큰 차이가 없을 것이다.

이상으로 "인생관과 과학"에 대한 비평을 마치도록 하겠다. 기회가 되면 다시 다른 문제에 대해서도 논의하도록 하겠다.

장둥쑨 안어(案語):

량 선생의 글을 읽고 몇 마디 하지 않을 수 없다. 원래 별도로 글을 쓰려고 했지만 분량이 너무 짧고 맥락도 맞지 않은 듯하여 여기에 덧붙인다. 내가 말하려는 것은 과학에 관한 것이다. 비록 딩 선생의 말을 수정한 것이라고는 하지만, 과학에 대한 량 선생의 정의는 딩 선생의 것보다 나아 보인다. 딩 선생은 원문에서 이렇게 말했다. "과학방법은 세상에 존재하는 사실들을 분류하여 질서를 도출하려는 것이다. 분류와 질서가 분명해지고 나서야 간명한 한마디 말로 수많은 사실을 개괄해낼 수 있는데, 이것을 일컬어 과학법칙이라고 한다. 모든 사실은 과학방법으로 연구할 수 있으며 모두 과학이 될 수 있다." 이 말은 두 부분으로 이루어져 있다. (1) 경험적 사실에 대해 분류하고 질서를 도출하는 것이 바로 과학이다. (2) 과학방법을 사용하는 것은 모두 과학이다. 나는 과학자가 아니기 때문에 이런 주장을 의심 없이 받아들였다. 또한 과학이 방법을 중시한다는 말이 피어슨 등의 주장에서 온 것이며, 딩 선생이 그것을 근거로 삼고 있다는 것도 잘 알고 있었다. 그러나 나의 이성은 여기에 굴복할 수 없었다. 나는 "분류하여 질서를 도출하는 것"이 과학의 한 측면일 뿐, 모든 것을 포괄하는 것은 불가능하다고 생각한다. 한 번 물어 보겠다. 논리학과 수학은 과학인가? 만약에 과학이라면 단지 분류하여 질서를 도출하기 때문에 그런 것인가? 분트의 과학 분류표는 수학과 논리학을 형식과학[方式科學]에 집어넣었다. 그것이 형식에 대한 분류라는 말인가? 이는 직접적인 예로 반면적인 예도 있다. 예를 들어 식물학과 동물학은 분류에 기초한다고 말할 수 있다. 그러나 식물 분류학과 식물 계통학은 식물학의 일부분일 뿐, 식물에 대한 분류는 할 수 없다. 즉 이미 그 단계를 넘어선 것이다. 그러므로 문외한인 내가 보기에 "분류하여 질서를 도출한다"는 것은 과학의 성질을 개괄하기에 부족하다. 과학의 충실한 신하인 딩 선생이 현학을 공격할 때, 현학에 대해 분명한 정의를 내리지 않은 것은 이해할 수 있다. 하지만 우리를 만족시킬만한 과학의 정의를 제시하지 못한 것은 실망스러운 일이다. 또한 "과학방법을 사용하는 것은 모두 과학이다"라는 말도 의심의 여지가 있다. 왜냐하면 과거에는 과학이 유일무이한 방법을 갖고 있었기 때문에 이 방법을 사용하는 것이 모두 과학이라고 말할 수는 있었겠지만, 안타깝게도 오늘날의 과학이 사용하는 방법은 매우 다양하다. 예를 들어 심리학은 관찰과 실험, 그리고 내성(內省)이라는 방법을 가지고 있다. 그중 두 방법을 버리고 하나만을 가지고 있다 해서 심리학이 물리학과 같아질 수는 없다. 또한 법학의 비교 방법이 화학의 해석법과 같다고는 절대 말할 수 없다. 만약 과학이 가지고 있는 방법은 이차적이고 파생적인 것이며, 그보다 더 원시적이고 근본적인 방법이 존재한다고 가정해보자. 내 생각에 근본적이라는 것은 귀납과 연역 등 논리 방법에 다름 아니며, 만약 그렇다면 "과학방법을 사용하는 것은 모두 과학이다"라는 말은 "논리적 방법을 사용하는 것은 모두 과학이다"라는 말로 바뀌어야 한다. 하지만 이 말은 무의미하다. 따라서 과학의 성질에 대해 몇 가지 설명을 덧붙여보도록 하겠다.

과학은 잡다하게 뒤엉켜 있는 경험 속에서 "불변의 관계"를 도출해내는 것이라고 생각한다. 이것을 일러 공식[法式] 혹은 법칙(잠정적인 개념이다)이라 할 수 있다. 예를 들어 사람 둘에 개 두 마리를 더하면 4가 되고, 개 두 마리에 쥐 두 마리를 더해도 역시 4가 되는데, 이것은 모두 "+" 부호를 사용하여 표시할 수 있다. 사실 경험적 내용은 전부 일회적인 것들이다. 오늘 내가 글을 쓰는 것과 내일 글을 쓰는 것은 같지 않다. 그러나 과학은 내용보다는 방식이나 관계, 즉 관계의 공식을 중요시한다. 분류는 초보적인 단계이지 최종 단계가 아니다. "불변의 관계"에 대한 공식이 도출되고 나면 간단하고 분명한 부호로 그것을 표시해야 하는데, 그렇다고 이것이 "이러한 수많은 사실을 개괄"하는 것은 아니다. 이것은 과학방법이 아니라 과학의 목적이라 말하는 편이 나을 것이다. 과학은 이런 목적을 가지고 선택한 대상에 각각의 방법을 적용하는 것이다. 천문학에 망원경이 필수적이고, 생물학에서 세포학이 나온 것과 같다. 여기서 알 수 있듯이, 목적으로서의 과학을 통일하는 것은 과학과 관계있는 여러 방법과 분야가 발전하는 데 아무런 방해가 되지 않는다. 그렇지 않다면 특정한 과학방법(즉 분류와 귀납 등)이 지상 권위를 얻어 과학을 통일하는 것은 불가능할 것이다. 과학이 과학인 까닭은 방법이 동일하기 때문이 아니라 목적이 일치하기 때문이다. 과학에는 각각의 방법이 있고, 과학방법은 논리를 벗어나지 않는다. 따라서 한학가들의 고증방법은 과학방법이 아니라고 과감하게 말할 수 있다. 한학가들에게 약간의 과학 정신이 있다는 점은 인정한다. 그러나 작은 부분이 같다고 해서 전체가 같다고 말할 수는 없다. 원래 고고학은 역사 지리의 한 분야로 그 나름의 지위가 있다. 만약에 고고학 방법을 다른 영역에까지 확대 적용하는 것에 대해 과학자가 과학방법이라고 인정한다면 아마도 자신을 너무 낮추는 셈이 될 것이다. 딩 선생이 아인슈타인의 상대성 이론은 과학이고, 량 선생의 역사 연구법도 과학이며, 후 선생의 『홍루몽고증(紅樓夢考證)』도 과학이라고 했는데, 이 말은 모호하고 두루뭉술하다. 지금까지 말한 것을 자신할 수 없기에 감히 따로 글을 발표하지 못했는데, 여기에 이 글을 덧붙여 량 선생께 가르침을 구한다.

-『시사신보 · 학등』에서 옮겨 실음

11 인생관과 과학의 다섯 가지 차이에 대한 장쥔마이의 주장

張君勱主張的人生觀對科學的五個異點

장옌춘

章演存

나의 친구 딩원지앙이 쓴 「현학과 과학」이라는 글을 읽고 나니, 장쥔마이의 원문을 찾아보고 싶은 생각이 들었다. 나중에 딩원지앙이 편지를 보내왔다. "장쥔마이가 「인생관」이라는 글에서 현학과 과학을 적대적으로 묘사했는데 이것이 젊은 학생들을 오도하지나 않을까 걱정이 되어 이 글을 쓰게 되었습니다. ……장쥔마이와는 평소 교분이 두텁습니다. 이번 논쟁은 순전히 '진리'를 위한 것으로 처음에는 다른 어떤 의미도 없었습니다. 관심 있는 분들이 많이 참여하여 함께 토론하기를 바랍니다. 장형께서도 저술하는 틈틈이 이런 선전 작업에 참여하실 의향은 없으신지요?" 나는 현재 과학이 충분히 만족스러울 정도의 지위에 있다고 여기지 않는다. 또한 과학방법이 무소불위하다고 여기지도 않는다. 아인슈타인의 『상대성 이론』만 봐도 그의 연구 방법은 고전 물리학과는 완전히 다르다는 것을 알 수 있다. 이처럼 과학방법은 변화의 여지가 있다. 그러나 장쥔마이의 「인생관」은 논의가 상당히 혼란스러울 뿐만 아니라, 과학에 대한 이해도 단편적이라는 느낌이 든다. 따라서 나서는 것을 좋아하지는 않지만 몇 마디 의견을 제시하고자 한다. 그러나 이것은 절대로 딩원지앙을 위한 변호가 아니며, 또한 선전 임무를 수락한다는 의미도 아니다.

장쥔마이는 인생관과 과학 사이에 다섯 가지의 차이점이 있기 때문에 과학이 인생의 문제를 절대로 해결할 수 없다고 하였다. 또한 인생관 가운데 "아"와 "비아"에 관한 아홉 가지 문제를 "동서고금을 통해 이 문제가 해결된 바가 없다"고 말하였다. 먼저 인생관과 과학의 다섯 가지 차이점이 타당한지, 의심할 만한 부분은 없는지에 대해 논의하도록 하겠다.

첫번째 차이점: 과학은 객관적이며 인생관은 주관적이다. 이런 구분은 아주 오래된 것이다. 그러나 근래 "상대성 이론"이 나온 뒤로는 과학이 순수하게 객관적이라는 말은 틀린 것이 되었고 때로는 주관적이라고 말하는 것이 가능하게 되었다. 장쥔마이는 "같은 인생이라도 관찰하는 입장에 따라서 의견이 다를 수 있다"고 말했다. "상대성 이론"에서도 이렇게 말한다. "같은 사건이라도 관찰점이 다르면 본 것도 다르다." 이 둘은 같은 말이 아닌가? 오늘날 물리학에서 동일한 시간과 공간에서 관찰했더라도 사람에 따라 관찰한 것은 다르다. 또한 같은 사람이 다른 지점에서 관찰했다면 관찰의 결과로 얻은 결과도 다르다. 이처럼 서로 다른 현상에서 어떻게 하나의 법칙을 찾아낼 수 있는가? 이것은 장쥔마이가 말한 "일반 현상에서 평균수를 구해내는 것"과 같은 것이 아닌가? 법칙과 관찰 사이에는 커다란 거리가 존재할 뿐만 아니라, 법칙을 간단히 도출할 수도 없다. 인생관 가운데 가장 통일되기 힘든 것은 감성작용과 관련된 것들이다. 과학 중에도 통일되기 어려운 것이 있는데 그것은 넓은 의미의 중력 작용이다. 그러나 "상대성 이론"에 의거해 볼 때 중력이 작용하는 모든 장에서의 분석은 중력이 없는 곳에서와 같이 법칙을 필요로 한다. 마찬가지로 인생관이 감성작용의 모든 장에서 감성작용이 없는 곳에서와 같이 분석을 진행하려면 역시 법칙이 존재해야 한다. 장자는 이렇게 말했다. "[성인(聖人)은] 사람의 형체를 하고 있으나 사람의 정(情)

은 지니지 않는다(有人之形, 無人之情)." 이 말은 인생의 원칙을 얻는 방법이다. 나는 무정(無情)한 인생관을 주장하려는 것이 아니다. 인생의 원칙은 이런 방법으로 추구될 수밖에 없다는 것을 말하려는 것이다. 장쥔마이는 항상 인생관과 과학법칙을 비교해 말하는데, 개인적 견해와 법칙은 다른 것으로 그 둘은 함께 논의될 수 없다. 장쥔마이가 딩원지앙에게 답한 글을 예로 들어 설명해보겠다. 장쥔마이는 이렇게 말했다. "항상 추구하기에 변혁이 가능하고, 지선(至善)의 경지로 나아갈 수 있다." "인류의 목표는 수없이 변해왔다. 그 변화는 악을 향해 나아가는 것이 아니라 선을 향해 나아가는 것이다." "개혁을 강조하는 사람들은 과거에 비추어 미래를 예측하곤 하는데, 그것은 세상을 이롭게 하고자 함이었지 해악을 끼치려는 의도가 아니었다." 이것은 장쥔마이의 인생 원칙으로 하나의 가정일 뿐이다. 장쥔마이가 열거한 아홉 가지 문제에 대해서는 각자의 의견(견해)만이 있을 뿐이다. 의견과 법칙은 성질이 전혀 다르기 때문에 비교할 수 없다.

두 번째 차이점: 과학은 논리적 방법의 지배를 받고, 인생관은 직각에서 생겨난다. 장쥔마이는 "직각"에 대해 "양심이 명령한 것에 따라 주장하는 것"이라고 해석했는데, 이것은 하나의 의견일 뿐 논리적으로 토론할 문제는 아니다. 딩원지앙은 "논리학 연구와 비판의 대상이 아닌 것은 진정한 지식이 아니다"라고 말했다. 이에 대해 나는 이렇게 말하겠다. "주장에서 한 단계 더 나아간다면 논리학의 비평과 연구 대상이 된다." "세상 모든 후세들에게 모범이 된다."라는 말은 조금 지나친 면이 있다. 쇼펜하우어와 하르트만의 비관주의, 라이프니츠와 헤겔의 낙관주의, 공자의 수신제가주의, 석가의 출세간주의, 공맹의 친소원근주의, 묵자와 예수의 박애주의 중에 이렇게 심원하고 보편적인 효용을 지닌 것은 없다. 세상과 후세의 모범이 된다는 것은 인생관이 일찌감치 통일됐다는 의미가 아

니셨는가?

세 번째 차이점: 과학은 분석적이고 인생관은 종합적이다. 장쥔마이는 석가모니를 예로 들어 인생관과 동기를 비교해 이렇게 말했다. "동기와 인생관은 다르다. 인생관은 전체적인 것으로 분할된 것에서 도출될 수 없다." 또 쇼펜하우어를 예로 들어 인생관과 이유를 비교해 이렇게 말했다. "이유와 인생관은 서로 다르다. 인생관의 시비는 그것이 담고 있는 동기에 의해 정해지는 것이 아니다. 왜냐하면 인생관은 전체적인 것으로 분할된 것에서 도출될 수 없기 때문이다." 이 말은 다음과 같이 이해할 수 있다. 즉 "인생관의 동기와 이유는 분석 가능하지만 분석은 쓸모없는 것이다." 그러나 장쥔마이는 인생관이 전체적이며 분할할 수 없다는 것에 대해 이유는 알려주지 않았다. 아마도 현학이 천기누설을 꺼려하기 때문이라고 밖에 생각할 수 없는데, 현학과 과학의 차이가 바로 여기 있다.

네 번째 차이점: 과학은 인과 법칙의 지배를 받고 인생관은 자유의지의 지배를 받는다. 장쥔마이는 석가모니의 인생관과 쇼펜하우어의 인생관에서 동기와 이유를 분석해냈는데, 공자와 묵자, 예수의 인생관에 적용시켜 보아도 마찬가지일 것이다. 동기와 이유는 원인이고 인생관은 결과라고 했는데, 이는 장쥔마이가 인생관도 "인과 법칙의 지배를 받으며" 자유의지적이지 않다는 것을 인정한 것과 같다. 그러나 그는 또 이렇게 말했다. "공자의 자리가 어째서 따뜻해질 겨를이 없었으며, 묵자가 묵었던 곳의 굴뚝은 어째서 검어지지 않았는가? 예수는 왜 십자가에 매달려 죽었으며, 석가모니는 어째서 고행을 마다하지 않았는가? 이 모든 것은 양심의 자발적인 발로지 결코 누가 시켜서 그런 것이 아니다. 또한 개인의 후회나 회개, 책임감 같은 것들 역시 인과법칙으로 설명할 수 없으며, 그 주체는 바로 자기 자신일 뿐이다." 장쥔마이는 말의 앞뒤가 모순되어도

상관없는 듯하다. 그렇지 않다면 현학 자체가 원래 논리학의 지배를 받지 않고, "모순과 인생관은 다른 일이라고" 여기기 때문인가? 다시 장쥔마이 본인의 말을 예로 들어보자. 장쥔마이는 딩원지앙에게 이렇게 말했다. "오이켄을 만나서는 단번에 마음이 끌려 한동안 나의 국제 정치학 서적들을 옆으로 밀어두었다. 어떤 이유 때문인가? 가슴속에서 느낀 바를 발산하지 않으면 답답할 것 같았기 때문이다. 그 후로 나는 서양 학술의 원류에 대해 깊이 연구하기 시작했다." 장쥔마이가 "오이켄을 만나서", "단번에 마음이 끌렸다"고 한 것은 원인이고, "국제 정치학에 관한 것은 언급하지 않았다", "서양 학술 원류의 연구에 몰두하게 되었다"고 한 것은 결과이다. 이것은 장쥔마이의 인생관이 이미 인과법칙의 지배를 받고 있다는 것을 말하는 것이 아닌가? 그러나 장쥔마이는 분명 "인과 법칙과 인생관은 다른 것이다"라고 말할 것이다.

다섯 번째 차이점: 과학은 대상의 동일 현상에서 기인하며, 인생관은 인격의 단일성에서 기인한다. 최근의 새로운 물리학이 대상의 동일 현상보다 대상의 동일 원칙을 추구한다는 것을 장쥔마이도 알고 있지 않은가? 그러나 과학상의 새로운 학설로 현학가들과 갈등을 일으킬 생각은 없다. 여기서는 일단 장쥔마이의 말만 가지고 논의하도록 하겠다. 장쥔마이는 과거에 여러 차례 다음과 같이 주장했다. "인생관은 전체적인 것으로 분할된 것 가운데에서 찾아내기는 쉽지 않다." 그러나 이번에는 이것저것 분할해서 얘기했다. "일반 사람들의 특징을 관측과 실험, 통계로 파악하는 것은 불가능하지 않다. 그러나 어떤 특정인의 특징을 통계와 실험 관측으로 얻어낸다는 것은 절대로 불가능한 일이다. ……인생관은 특수한 것이며, 개성적인 것이고, 오직 하나밖에 없는 것이다. 갑에게 있는 것을 을에게서 얻을 수는 없으며, 을에게 있는 것을 병에게서 구해 얻을 수는 없다." 이렇게 말할 수 있다면, 갑을병…… 등의 인생관이 전체적

인 것이라고 할 수 있겠는가? 장쥔마이는 또 이렇게 말했다. "자연계 현상의 특징은 서로 동일하다는 데 있지만, 인류의 특징은 서로 다르다는 데 있다. 각각 다르기 때문에 중국에서 말하는 선각이니 호걸이니 하는 것이 있고, 서양에서 말하는 창조니 천재니 하는 것이 있다. 이것은 모두 인격의 특수성을 말해주는 것에 다름 아니다." 이 글은 의미가 분명하지 않다. 앞뒤 문맥을 살펴보면 인류 역사 속의 선각자와 호걸, 창조적 인재와 천재를 예로 들어 인격의 단일성을 설명하려는 것 같다. 장쥔마이는 또 이렇게 말했다. "인생관은 인격의 단일성에서 기인한다." 그렇다면 선각자와 호걸, 창조적 인재와 천재만이 인생관이 있으며, 일반 사람들은 인생관이 없다는 말인가? 장쥔마이는 인생관을 강조했는데 이것은 장쥔마이가 선각자이고 호걸이며, 창조적 인재고 천재라는 것을 증명하는 것인가? 과학이 인생관 문제를 해결할 수 없다는 것은 일반 과학자는 그저 군중일 뿐, 선각자나 호걸, 창조적 인재 혹은 천재는 아니라는 뜻인가? 나는 장쥔마이의 말을 잘 이해하지 못하겠다. 그러나 그의 글을 분석해 보면 분명히 그렇다.

장쥔마이가 열거한 과학과 인생관의 다섯 가지 차이에 대해 의문이 해소되지 않았기 때문에 그가 말한 "아"와 "비아"에 관한 아홉 가지 문제는 논의할 수 없다. 다만 "사람들이 각자 옳다고 고집하는 의견에 대해서는 절대로 실험 방법을 통해 옳고 그름을 증명할 수 없다."는 장쥔마이의 말에 대해 몇 마디 설명을 하겠다. 여기서 말한 옳고 그름의 기준은 무엇인가? 장쥔마이는 "모든 것은 나를 중심으로 삼는다(皆以我爲中心)"라고 말했다. 『장자(莊子)·제물론(齊物論)』에 이런 구절이 있다. "어떤 것이든 저것 아닌 것이 없고 어떤 것이든 이것 아닌 것이 없는데, 자신이 저것임은 보지 못하고 아는 것만을 곧 안다고 여긴다. …… 이것이 저것이고, 저것 또한 이것이다. 저것도 하나의 시비이고 이것도 하나의 시비이다. 그렇다면 저것과 이것이 있다는 말인가, 저것과 이것이 없다는 말인가(物無非彼, 物無非是, 自彼則不見, 自知則知之. …… 是亦彼也, 彼亦是也. 彼亦一是非, 此亦一是非. 果且有彼是乎哉? 果且無彼是乎哉?)." "옳음"은 "아"이고 "그름"은 "비아"다. 모든 시비는 전부 "저것이 옳다"는 데서부터 나온다. 즉 "아"와 "비아"를 분별하는 데에서부터 시비가 생기는 것이다. 만약 장쥔마이의 말을 조금만 바꿔 "이 아홉 가지 사항은 모두 '참[眞]'을 기준으로 삼는다."라고 한다면 이러한 시비의 문제는 바로 해결될 것이다. "아"에 대한 집착을 조금만 버려도 이 문제는 비교적 쉽게 해결될 수 있을 것이다.

-『노력주보』에서 옮겨 실음

12 인생관과 과학에 대한 장쥔마이의 글 두 편을 읽고 생긴 의문 주징농

讀張君勱論人生觀與科學的兩篇文章後所發生的疑問 朱經農

이 글을 시작하기 전에 먼저 나는 과학과 현학 논전에 참가할 의사가 없음을 밝혀두고 싶다. 왜냐하면 나는 성격상 현학과는 거리가 있으며 과학을 깊이 연구해본 적도 없어서 발언을 하기에는 적당하지 않기 때문이다. 다만 두 진영의 전술을 엿보고 나서는 중학(中學)의 의견을 따르는 것이 조금 더 낫겠다고 생각했다. 그래서 장쥔마이의 전술을 하루 종일 들여다봤지만 핵심을 찾을 수 없었다. 호기심을 참을 길이 없어 마음속의 의문을 풀고자 이렇게 장쥔마이에게 가르침을 청한다. 물론 딩원지앙의 전술에도 분명치 않은 부분이 있다면 질문을 할 것이다.

1) 장쥔마이는 말했다. 인생관은 "시비진위의 기준이 없다", "애초부터 논리학 법칙의 제약을 받지 않는다", "방법이라 할 만한 게 없다", "인과 법칙의 지배를 받지 않는다." 그러나 장쥔마이는 또 이렇게 말했다. "문화 변천의 관건은 인생관 이외의 다른 곳에 있는 것이 아니다. 우리에게는 우리의 문화가 있고, 서양에는 서양의 문화가 있다. 어떻게 서양의 것 중에서 유익한 것을 취하고 해로운 것을 버리며, 우리가 가진 것 중에서 유익한 것을 보존하고 해로운 것을 제거해야 하는지, 이런 취사선택

에 있어서 중요한 것은 어떤 관점을 갖느냐는 것이다." 나 같은 천학비재(淺學菲才)가 이해하기에 이 말은 인생관이 문화의 중추이며 문화의 유익함 여부가 인생관의 시비진위를 따지는 데 기준이 된다는 의미 같다. 우리는 유익한 문화를 만들어내는 인생관을 보존해야 하는데, 그것은 옳은 것이라고 간주되는 것이다. 우리는 유해한 문화를 만들어내는 인생관을 제거해야 하는데, 그것은 그른 것이라고 간주되는 것이다. 그런데 어째서 기준이 없다고 말하는가? 또한 이익이 되는지 해가 되는지에 따라 존혁취사(存革取舍)가 결정된다면 방법 또한 분명히 존재하는 것인데, 어째서 방법이라 할 만한 게 없다고 말하는가? 문명의 유해 여부로 인생관의 시비를 알 수 있다는 것은 "원인이 좋으면 결과도 좋고, 원인이 나쁘면 결과도 나쁘다"라는 말과 같은 것이다. 그런데 어째서 인과법칙의 지배를 받지 않는다고 말하는가?

2) 장쥔마이는 말했다. "어떤 것이 정당한 인생관인가는…… 대답할 수 없는 문제다." "서로가 한쪽에 집착한다면, 절대적인 옳고 그름은 결코 없다." 그러나 또 이렇게 말했다. "인류의 목적은…… 비록 변한다 하더라도 악을 향해 가는 것이 아니라 선을 향해 가는 것이다." 옳고 그름이 없다고 말해놓고서는 어째서 다시 선악이 있다고 말하는가? 천학비재한 내가 보기에 "선"은 곧 "옳음"이고, "악"은 곧 "그름"이다. 만약에 선과 악을 분별해낼 수 있다면 시비의 기준이 있는 것이다. 장쥔마이는 선악을 판단하는 데는 용감하면서 시비를 분별하는 데는 왜 주저하는가?

3) 장쥔마이는 말했다. "인생관은 과학을 초월해 있다." "과학에는 두 가지 종류가 있다…… 물리, 화학과 같은 물질과학과 정치학, 경제학, 심리학, 철학과 같은 정신과학이 그것이다." 그의 말대로라면 인생관은 과학의 범위 밖에 있는 것인 반면, 철학은 정신과학의 일종으로 과학의 범위에 속하게 된다. 그는 또 말했다. "정신과학은…… 법칙을 도출할 수

가 없다." 철학이 정신과학의 일종이라면 당연히 법칙을 도출할 수 있어야 한다. 그러나 장쥔마이는 또 말했다. "인생관에는 혹은…… 비관주의, 혹은…… 낙관주의, 혹은…… 수신제가주의, 혹은…… 출세주의 등이 있다. 처음에는 그것들을 논리적 법칙으로 제약할 수 없었다." 비관주의, 낙관주의 등이 철학에 속하지 않는다면 어디에 속하는지 묻고 싶다. 철학이 법칙을 도출할 수 있다면 이런 여러 가지 주의(主義)는 왜 그럴 수 없단 말인가?

4) 장쥔마이는 말했다. "무엇이 물이고 무엇이 심인가에 대해서는 수많은 논쟁이 있어왔다. 그러나 물질과학과 정신과학의 구분을 부정한다는 것은 세상 어디에서도 들어보지 못했다." 그러나 내가 아는 바에 따르면, 일원론을 주장하는 철학자들은 "정신"과 "물질"이란 개념으로 과학을 구분하는 것을 바라지 않는다. 어떤 사람은 자연과학과 문화과학으로 나누기를 주장하고, 어떤 사람은 자연과학과 사회과학으로 나누어야 한다고 주장한다. "문화"는 탐색해야 할 것이 많고, "사회"는 이해(利害)를 논해야 할 것이 많다. "사상누각"과 같아 파악이 쉽지 않은 "정신"과는 비교할 수 없다. 분트도 "물질"과 "정신"을 대립적인 개념으로 파악하지 않았고, 다만 "확실과학"과 "정신과학"이라고만 말했다. 장쥔마이는 "확실"이라는 두 글자를 물질이란 말로 바꾼 뒤, 물질과 정신으로 과학을 분류하지 않는 것은 보지 못했다고 태연하게 말했다. 정말 의아하지 않을 수 없다. "자연과학", "문화과학", "사회과학" 등의 개념들이 과연 합당한 것인지는 또 다른 문제이다. 그러나 이런 분류방법을 한 번도 들어보지 못했다는 것은 지나친 말이다. 혹시 내가 장쥔마이의 말을 오해했을지도 모르니 이에 대해 가르침을 청한다.

5) 나 같은 문외한이 보기에도 과학의 발전이 무궁하리라는 것은 절

대불변의 "금과옥조"가 아니다. 다만 끊임없이 발전하기 때문에 앞길을 가늠할 수 없는 것이다. 장쥔마이는 드리슈와 톰슨의 말로 다윈의 "진화론"을 반박하고, "상대성 이론"으로 빛의 굴절 실험에 관한 뉴턴 학설의 부적합성을 증명했다. 이것은 바로 과학의 발전이 무궁하다는 것을 증명한 것이나 마찬가지다. 젊은 학생의 학문이 매일매일 진보한다면 누가 감히 그의 장래가 별 볼일 없을 것이라고 장담할 수 있겠는가? 그럼에도 만약 누군가 억지를 부린다면, 본인도 수긍하지 않을 뿐만 아니라 옆 사람이라도 그를 대신해서 따질 것이다. 장쥔마이는 "인생관 문제는 과학이 절대로 해결할 능력이 없다"라는 한마디 말로 과학의 장래를 말살시켜버렸다. 그러나 이 말을 들은 사람이라면 자연히 수많은 의문이 생길 것이다. 장쥔마이는 이런 단언에 대해 "단지 현재만을 논할 때 그렇다는 것이지 장래에 관한 것은 아니다"라고 하였다. 만약 어떤 사람이 매일매일 진보하는 젊은이가 미래에 별 볼일 없을 것이라고 말한다면 우리는 그에게 이유를 따져 물을 것이다. 지금 가시적인 성과가 없기 때문에 그렇게 말한 것이며, 이것은 "현재만을 논할 때 그렇다는 것이지 장래를 말한 것은 아니다"라고 한다면 누가 이런 대답에 만족할 수 있겠는가? "절대로"라는 말과 "아직은"이라는 말은 다른 것이다. "아직은"이라는 말은 시간적인 관계를 갖고 있는 말이지만, "절대로"라는 말은 영구불변의 의미다. 만약에 "현재만을 논할 때"라고 했다면 "아직은"이라는 말을 써야지 "절대로"라는 말은 적절하지 않다. 장쥔마이가 어떤 의미로 썼는지 잘 모르겠다.

6) 장쥔마이는 "순수한 심리는 시시각각 수없이 변하기 때문에 과학 방법이 지배할 수 있는 것이 아니다"라고 하였다. 도대체 "순수한 심리"란 무엇인가. 나는 이에 대해 잘 모르기 때문에 할 말이 없다. 상식에 비춰보면, 사람은 친한 친구가 죽었을 때 슬퍼하고, 자기 뜻대로 살

때 즐거워하고, 타인에게 모욕을 당하면 분해하고, "먹고 입는 것이 충족된 후에 영욕을 알고", "흉년에는 흉포해진다." 희로애락은 심리현상의 일종이다. 심리현상이 생기고 사라지는 데는 반드시 원인이 있으며, 이런 심리를 야기하는 대상이 사회적으로 반드시 존재한다. 이런 대상을 연구할 수 있는 방법은 존재하며, 그것은 결코 현묘하거나 불가사의하지 않다. "시시각각 끊임없이 변한다."는 말만으로 심리학 전부를 무용지물로 만들어버리고 연구를 접는 것이야말로 안타까운 일이다. 만약 "사람의 심리가 시시각각 끊임없이 변하기 때문에 고정된 형태가 없고, 따라서 인과를 말할 수 없다"고 한다면 세계의 심리학 대가들이 매일 실험실에서 과학방법으로 심리를 연구하는 것은 모두 미친 짓이란 말인가?

7) 장쥔마이는 말했다. "인생에서 선한 것은 모두 정신적 표현이다...... 악한 것은 모두 물질적 접촉이다." 이 말은 도저히 이해가 되지 않는다. 장쥔마이는 "물질이란 나의 밖에 존재하는 것들을 모두 포함한다"고 정의했다.(부모, 처, 국가, 사회 등등) 만약에 "나의 밖"에 있는 것과 서로 접촉하지 않는다면 어떻게 정신이 드러난다는 말인가? 또 어떻게 그것이 선하다는 것을 알겠는가? 예를 들어 부모와 접촉하지 않는다면 어떻게 효를 알겠는가? 국가와 사회를 위해 일하지 않으면 어떻게 애국과 애민의 정신을 알겠는가? 이처럼 정신의 드러남과 물질의 접촉은 분리될 수 없는데, 어떻게 하나는 선이고 다른 하나는 악이라고 단정할 수 있는가?

8) 장쥔마이는 말했다. "공맹에서 송원명까지의 도학자들은 내재적 수양에 치중해서 그 결과 정신문명이 탄생했고, 유럽은 삼백 년 동안 인력으로 자연계를 지배하는 데 치중해서 그 결과 물질문명이 탄생했다." 중국의 정신문명 가운데 어떤 것이 삼백 년 동안의 서양 문명 가운데 존재

하지 않는 것인지 나는 잘 모르겠다. 장쥔마이는 구체적 예를 들어 알려주기 바란다.

또 다른 의문이 있다. "내적 수양"이 외부의 영향을 받지 않을 수 있는가? 만약 외부의 영향으로 생긴 것이 있다 하더라도 그 공을 전부 정신에게만 돌리고 그것을 정신문명이라 부를 수 있는가? 내가 아는 한 환경의 영향을 받지 않은 인류 문화는 없으며 물질 관계를 벗어나 존재하는 것은 없다. 예를 들어 에스키모인 천재는 다른 민족보다 열등하지 않다. 그러나 그들의 문화가 높은 수준에 이르지 못한 까닭은 자연환경의 탓이 크다. 즉 이글루에서 생활하며 추위와 굶주림을 극복하기 위해 온 정신을 먹고 입는 문제에 쏟을 수밖에 없었기 때문이다. 반대로 고온 다습한 지역은 자원이 매우 풍부하여 먹고살 걱정이 없다. 일하지 않고도 물자를 얻을 수 있으니 사람들이 모두 게을러져 수준 높은 문화가 형성되지 않은 것이다. 이처럼 인류 문화는 기후나 자원 등 자연환경의 영향을 받는다는 것을 알 수 있다. 또 예를 들면, 교통이 편리하고 도서관, 박물관 등 각종 설비가 잘 갖추어져 있는 곳은 문화 수준이 매우 높은 반면, 빈곤한 농촌이나 벽지, 교통이 불편하거나 정보에 어둡고 읽을 만한 책이 별로 없는 지역은 문화 수준이 그리 높지 못하다. 이처럼 문화적 수준과 물질적 설비 사이에는 밀접한 관계가 있음을 알 수 있다. 결론적으로, 정신적인 것만으로는 문명의 탄생이 불가능하며, 물질적 관계 및 환경의 영향이 절대적으로 중요하다. 물질적 측면을 완전히 무시한 채 정신문명이라고만 부를 수 있는 것은 없다. 여기서의 "물질"은 순전히 장쥔마이가 말한 "나 이외의 것은 모두 속한다."는 정의에 준한 것이라는 점을 밝혀둔다. 어떤 문명이 국가나 사회와 무관할 수 있는가? 어떤 문명이 순전히 정신에만 속할 수 있는가?

나는 진리를 추구하려는 것일 뿐, 장쥔마이에게 도전하려는 것은 아니다. 천박한 견해를 솔직하게 이야기했으니 장쥔마이도 가르침을 주기 바란다. 내가 본 글은 장쥔마이가 『청화주간』에 쓴 「인생관」과 『노력주보』에 쓴 「인생관과 과학-상」 두 편 뿐이다. 따라서 내가 제기한 의문은 이 두 편의 글에 한정된 것임을 밝혀둔다.

13 딩원지앙 선생의 「현학과 과학」을 읽고 린자이핑

讀丁在君先生的「玄學與科學」 林宰平

나는 평소 딩원지앙 선생의 논의를 매우 즐겁게 경청한다. 그는 지질학자이면서 문학 천재로 진리 추구에 매진하는 사람이다. 현학과 과학의 문제에 관해 그는 장쥔마이 선생과 토론한 적이 있지만, 이번에 『노력주간』에 이 글을 발표하면서 정식 논쟁이 시작되었다. 나는 평소 장쥔마이 선생의 주장에 의문을 가지고 있었는데, 딩원지앙 선생의 글을 읽고 나자 오히려 더 혼란스러워졌다. 따라서 의심의 시선을—혹시 실수일지 모른다—딩원지앙 선생에게 돌려 이 글을 검토해보고자 한다.

1.

원문의 제목은 현학과 과학이다. 그러나 글은 장쥔마이 선생의 인생관에 창끝을 겨누고 있으니 시작부터 단추가 잘못 끼워진 셈이다. 현학은 본체론에 관한 학문으로 장쥔마이 선생의 칭화대학 강연이 옳은지 그른지와 별 상관이 없다. 장쥔마이 선생은 인생관에 대해서만 얘기했을 뿐, 무엇이 현학인지는 말하지 않았다. 딩원지앙 선생은 현학가들의 본체론에 대해서는 시간을 낭비해가며 공격하지 않겠다고 말했다. 그렇다면 그가 지금 공격하는 것은 도대체 무엇인가? 본체론을 뺀 현학이란 게 존재하기나 한나는 말인가?

다른 한편으로 대단히 이해가 안 가는 것은 학자의 야심에 관한 것이다. 딩원지앙은 다음과 같이 말했다.

> "현재 인생관이 통일되지 않았다는 것과 영원히 통일되지 않을 것이라는 것은 완전히 다른 일이다. 당신이 실제적인 근거로 인생관이 영원히 통일되지 않을 것이라는 것을 증명하기 전까지 우리에게는 계속해서 그것을 통일시켜야 할 의무가 있다."

베이징에서 듀이가 연설할 때 그는 연설의 첫머리에 베르그송 철학을 비판했다. 제임스가 철학의 체계화를 반대하며 줄곧 특정 체계를 세우려는 야심을 갖지 않았고, 역사적으로도 칸트와 헤겔 이후 체계적인 철학을 만들려는 시도가 없었다. 그러나 스펜서와 최근의 베르그송이 그런 야심을 품었다. 현재 딩원지앙 선생의 야심은 더욱 큰데, 그는 학문 체계를 세우려는 데에서 그치지 않고 한 발 더 나아가 과학으로 모든 것을 통일시키려고 한다. 그의 말투는 흡사 교주와 같아서 종교가 모든 것을 통일시키려는 것처럼 그 또한 동일한 형식, 동일한 신앙으로 인생을 속박하고 세상의 진리를 독점해 더 이상의 예외를 인정하지 않으려 한다. 딩원지앙 선생은 과학이라는 무기로 위로는 일월성신에서부터 아래로는 날짐승과 들짐승에 이르기까지 온 우주를 독점하고, 과학에 따르지 않는 것은 모두 사도(邪道)로 몰아 발본색원하려 한다. 이것은 흡사 마호메트가 장검을 들고 천국의 말 등에 올라 눈을 부릅뜨며 큰 소리로 이렇게 외치는 것과 같다.

"현학은 과학의 적인데, 현학 귀신이 장쥔마이 몸에 붙었으니 과학자들이여, 그를 공격하라!"

"의화단은 총칼로도 죽지 않는다고 믿기 때문에 우리가 의화단을 때려죽여도 그들은 죽을 때까지 진실을 깨닫지 못할 것이다."

"세상의 현학가가 한 사람이라도 존재하는 한 하루도 인생관은 통일될 수 없을 것이다."

"지식계 내에서 과학방법은 만능이니 현학은 언젠가 항복하지 않을 수 없을 것이다."

아! 내가 잘못 말한 것인가? 마호메트가 현학이니 과학이니 하는 것을 어찌 알았겠는가. 이것은 딩원지앙의 말이다. 과학자로서 어떻게 이런 말투를 쓰는지 이해가 안 간다. 사실 별로 이상할 것도 없다. 천고불변의 유일한 진리로 모든 것을 망라하려면 자신과 의견이 다른 사람에 대해서는 편견을 가질 수밖에 없다. 따라서 사상을 통일하는 것과 남을 배척하는 것은 밀접한 관련이 있다. 종교도 사상을 통일하려 하기 때문에 남을 배척하는 경향이 있다.—불교는 일반 종교와 다르므로 예외라고 할 수 있다—러셀은 이렇게 말했다. 종교는 살인의 무기이다. 역사적으로 유럽에서 발생한 수많은 전쟁은 모두 종교와 관련이 있다. 현재 딩원지앙 선생의 논조를 보면 살벌한 기운이 느껴진다. 내가 그를 교주에 비유한 것은 조금 지나친 면이 있긴 하지만 시옹스리(熊十力) 선생도 같은 말을 했다니 나 혼자만의 생각은 아닌 것이다.

과학방법이 진리를 얻는 유일한 수단이라는 것이 딩원지앙 선생의 핵심적인 생각이다. 따라서 당당하게 과학을 무기로 삼아 모든 것을 통일시키려는 것이다. 또한 가장 통일되기 어려운 것이 개인의 심리작용이므로 "심리상의 내용은 모두 과학적 재료"라고 한 것이다. 만일 과학이 인류의 심리를 지배할 수 있게 된다면 "과학의 목적은 개인의 주관적 선입관을 제거하는 일"이기 때문에 사람들의 주관적 집착을 깡그리 없애버릴 수 있다는 것인데, 세상에 이런 일이 어떻게 가능하다는 말인가? 내 생각에 그것은 불가능한 것으로, 과연 과학이 그런 능력을 가지고 있다는 말인가? 나도 그런 통일된 상황에서 평민으로 살아가길 바란다. 그러나 과학의 옹호자이며 존경할 만한 도덕성을 갖추고 있는 딩원지앙 선생이라 할지라도 기쁨은 잠시, 결국은 아주 심한 배타적 선입관을 갖게 될 것이라는 것은 누구라도 짐작할 수 있다. 불교에서는 아집(我執)을 버리려면 우선 법집(法執)을 버려야 한다고 말한다. 지금 딩원지앙 선생은 과학에 집착해서 대단한 기세로 사람들의 심리를 개량하려 하고 있다. 그것이 매우 위대한 이상이라는 것은 인정하지만 과연 효과가 있을지는 의문이다.

2.

다음은 과학과 과학방법이 같은지 다른지에 대해 따져보겠다. 문예부흥 시기부터 지금까지 과학은 하루가 멀다 하고 영역을 넓혀왔다. 이것은 과학사를 보면 잘 알 수 있다. 그러나 얼마나 확장을 했건 간에 과학에는 나름대로의 영역이 존재하며 다양한 기준에 따른 분류 방법이 존재한다. 데카르트는 수학이 모든 과학의 중심이라고 생각했다. 그가 보기에 계량화할 수 있는 것은 과학이며 그렇지 않은 것은 모두 과학이 아니다. 당연히 이런 분류법은 매우 편협한 것이다. 이후에 좀 더 포괄적인 분류법들이 등장했다. 초경험적인 수학 이외에도 경험적 과학이 존재한다는 것을 알게 되었으며, 많은 사람들이 물질과 정신의 구분을 받아들이게 되었다. 이와 관련된 것에는 벤담(Bentham)과 암페어(Ampere), 그리고 최근 분트의 분류법이 있다. 비록 그들이 사용한 개념은 다르지만, 기본적으로 정신과 물질의 이분법을 기본으로 삼고 있다. 분트의 분류법은 완벽하다고 간주되는데, 그 대략은 다음과 같다.

과학 ………
- (一) 순수한 형식 과학 — 수학
- (二) 경험적 실질 과학
  - (一) 자연과학
  - (二) 정신과학

자연과학은 객관적인 경험을 연구하며 정신과학은 주관적인 직접 경험을 연구한다. 딩원지앙이 보기에 이런 분류는 현학적 색채가 농후한 것이다. 또 최근 독일 철학 중 서남학파는 자연과학과 정신과학으로 나누는 분트의 과학 분류법에 반대했지만, 자연과학 외에 역사과학과 문화과학이라는 영역을 만들고 종교를 문화과학으로 편입시켰다. 또한 역사과학과 자연과학을 대립적으로 보는 것에 반대하는 몇몇 독일 학자들도 심리학이 자연과학에 편입되는 것을 비난하였다. 이처럼 분류 기준은 사람마다 다르기 때문에 딩원지앙 선생처럼 그렇게 간단하게 말할 수는 없다. 울프는 과학방법으로 연구할 수 있는 것은 모두 "과학적"이라고 말했다. 그러나 엄격하게 말하자면 과학적이라는 것과 과학은 다르다. 바꿔 말하자면, 과학방법은 과학 자체가 아니다. 예를 들어, 단계별로 자료를 수집하고, 가설을 세우고, 실험하고 증명하여 논리 체계가 만들어져서 어디에 적용시키더라도 같은 결과를 얻게 되었다고 치자. 만약 이런 공허한 방법만을 과학이라 한다면 성실하고 논리적인 사람은 모두 과학자라 부를 수 있단 말인가? 또 과학방법이 과학 자체라고 할 수 있다면, 기하학적 방법을 적용한 회화나 음악을 기하학이라 부를 수 있는가? 수학 방법을 무선 전기에 적용한다면 무선 전기를 수학이라 할 수 있는가? 물리학을 의학에 적용시킨다면 의학이 물리학인가? 이것은 말도 안 되는 소리이다. 과학방법을 기타 과학에 적용시켜도 각각의 독립적인 지위는 유지된다. 하물며 과학방법을 인생관 문제에 적용한다고 해서 그 둘이 같아진다고 하면 이것이 어찌 견강부회가 아니겠는가? 만약 회화가 기하학은 아니지만 과학방법을 적용한 것이기 때문에 과학이라 부르고 싶다면 다음과 같이 말해야 한다. 과학방법으로 회화를 연구할 수는 있지만, 회화는 총체적이고 조화롭고 살아 있는 것으로 분석이 불가능한 것이다. 음악도 이와 같다. 만약에 그것을 과학이라 부른다면 매우 이해하기 힘들 것이다. 또 다른 측면에서 살펴보면, 현재 기독교 과학은 암시 방법을 사용하여 그들 나름의 과학 운동을 열정적으로 펼치고 있다. 영국의 심령학회는 수많은 신기한 사건들에 대해 과학방법으로 연구를 진행한다고 주장한다. 또한 일본의 이노우에 엔료(井上圓了)[1]도 과학방법으로 요괴학(妖怪學)을 연구한다고 말한다. 딩원지앙 선생의 주장에 따르면 이런 것들도 과학이라 할 수 있는 것인가? 그들이 비록 과학의 깃발을 내걸긴 했지만 요괴학 등이 과학의 대상이 될 수 있다는 말인가? 그러나 딩원지앙은 또 다음과 같이 말했다. "과학이 과학인 것은 그것의 대상 때문이 아니라 방법 때문이다." 그렇다면 어떤 재료든지 모두 과학의 대상이 될 수 있다는 말인데, 그럼 요괴학 등도 과학이라고 부르지 못할 이유가 없지 않겠는가? 결론적으로 과학방법과 과학이 같다면 "후스의 『홍루몽』 해설도 과학"이 될 텐데, 이렇게 되면 세상에 과학 아닌 것이 하나도 없게 될 것이다. 서양 사람들은 사상 응용 측면에서 우리보다 훨씬 뛰어나다. 내가 독일에 있을 때 알았던 공법학(公法學) 학자는 후설(Husserl)의 현상학을 법리학 강의에 응용하였다. 이런 종류의 학제간 응용은 한 편으로는 사상의 진보라고 할 수 있으나, 다른 한편으로는 학술적 고질병이라 할 수 있다. 자신의 전문 영역에서 개념을 엄격하게 사용하여 응용한다 하더라도 시간이 지나면 본질이 흐려지거나 심지

1) 1858~1919. 일본 근대의 불교학자, 교육학자. 미신 타파의 입장에서 요괴학을 연구하였으며, 『요괴학강의(妖怪學講義)』를 써서 요괴학 박사로 이름을 알렸다.

어는 원래의 것과 완전히 상반된 것으로 바뀌기도 한다. 드리슈도 이렇게 말했다. "과거의 실재론과 지금의 유물론은 별반 차이가 없다. 과거의 주관이 현재의 객관이고, 과거의 객관이 현재 어떤 경우에는 주관이 된다. 그러므로 데카르트 철학에서의 주관도 현재의 관점으로 보면 주관이 아니고 객관이다." 철학에서조차 이런 일이 일어나는데 다른 학문은 말할 필요도 없다. 그렇다면 과학이라는 이름도 얼마 지나지 않아 상투적인 개념이 될 것이 뻔한데, 이는 과학을 무너뜨리는 것이지 결코 과학을 진흥시키는 것이 아니다.

3.

"논리"에 대한 딩원지앙 선생의 입장도 잘 이해되지 않는다. 그는 다음과 같이 말했다.

> "우리의 인생관이 논리적 법칙과 정의, 방법을 벗어나 있다면 그것은 무엇이 되겠는가?"

이 말은 겉으로는 아무런 문제가 없어 보인다. 딩원지앙은 글에서 여러 차례 논리학을 언급했다. 그는 논리학 방법이 곧 과학방법이라고 했다. 그 결과 논리와 과학이 한데 섞이게 되었다. 과학방법과 실질논리(Material logic)는 서로 무관하지 않다. 그러나 과학방법을 나누지 않는다면 자연히 실질논리가 곧 과학이 되어버린다. 또 한편으로는 딩원지앙이 말하는 논리가 실질논리만을 가리키는 것은 아니며, 그의 말투로 미루어 볼 때 중세 스콜라학파가 사용하던 형식논리의 구관념을 지칭하고 있는 것 같은 느낌이 든다. 형식논리의 문제점은 이론적으로는 말이 되더라도 실제적으로는 그런 일이 발생할 수 없다는 것이다. 궤변 논법에 대해서는 모두 잘 알고 있을 것이다. 흰 말은 말이 아니라는(白馬非馬) 추론[2]이 과학적 방법에 부합하는가? 과학의 실질논리는 편협한 추론방식을 사용하는 형식논리와 달리 실험을 중시하며 원칙에 집착하지 않고 사실에 중점을 둔다. 듀이는 말했다. "방법의 문제라는 것은 방법을 찾아 형식상의 논리를 만들어낸다고 해서 끝나는 것이 아니다. 말하자면 이것은 형식상의 문제가 아니고 실제적인 문제이다." 이 주장은 실험주의 유파의 관점을 대표한다. 즉 과학이 필요로 하는 것은 실질논리이지 형식논리가 아니라는 것이다. 딩원지앙 선생은 논리에서 추론 법칙을 매우 중시하기 때문에 나는 그가 구 논리의 관점에서 벗어나지 못했다고 말한 것이다.

딩원지앙 선생이 여러 차례 사용한 개념, 추론, 법칙 등의 단어는 사실 매우 유용하다. 그러나 그가 그렇게 애지중지하며 자신의 무기로 삼았던 말들에 대해 의심해볼 필요가 있다. 개념은 절대불변의 확정적인 것이 아니다. 그것은 때에 따라 수정될 수 있다. 규칙과 법칙은 비교적 확정적인 편이지만 그럼에도 불구하고 절대적인 가치를 지닌 것은 아니다. 천문학의 인력법칙은 신빙성이 매우 높아 누구도 의심하지 않았다. 그러나 아인슈타인이 등장하자 뉴턴의 법칙은 동요하기 시작했다.—아인슈타인 법칙도 뉴턴 법칙과 동일한 가치를 지니며 아인슈타인 법칙이 나왔다고 해서 뉴턴 법칙의 가치가 훼손되었다고 말할 수는 없다. 다만 그것이 고정 불변한 것은 아니라는 의미일 뿐이다.—다음으로 신빙성 있는 것은 보드(Bode) 법칙이다. 태양계의 아홉 개 행성이 모두 이 법칙에 부합한다고 여겨왔지만, 실제로 대마왕 해왕성은 막무가내로 독립을 선포하고 보드 법칙으로부터 벗어나 버렸으니 해왕성 밖의 행성들에 대해서

2) 원문에서는 고양이 꼬리를 소재로 한 한자어 궤변을 소개하고 있으나 번역에 적절하지 않아 내용을 바꾸었다.

는 더 이상 말할 필요가 없다.

추론의 가치는 법칙보다 낮다. 추론을 위해서는 반드시 먼저 가설을 세워야 한다. 가정에서 도출된 결과는 대체로 개연성이 높은 것들로 항상 그것을 기준으로 삼을 수는 없다. 지구의 나이를 예로 들어보자. 물리학자의 추산에 따르면 지구의 나이는 대략 40조 년이고, 생물학자의 추산에 따르면 수백조 년 이상이니 두 결론의 차이가 너무 크다. 또 천문학자가 추산한 연대와 지질학자가 추산한 연대 사이에도 육만 년의 격차가 있으니 이런 결과를 어떻게 믿을 수 있겠는가?

추론은 어떻게 하는 것인가? 추론은 경험을 통해 이미 알고 있는 것으로부터 미지의 것을 추측하는 것이며, 현재로부터 과거 혹은 미래를 추급(推及)하여 갑이 이러하니 을도 이러할 것이라 여기는 것이다. 그러나 여기 매우 곤란한 문제가 있다. 갑이라는 현상은 주변의 것들과 수많은 관계를 맺고 있다. 우리가 경험상으로 갑이 이렇다고 알고 있는 것은 그 당시 갑의 현상이 그렇다는 것을 의미하며, 반복적인 경험을 거친 후에도 동일한 현상이 발생한다면 우리는 그것을 이미 알고 있는 것[已知]으로 간주하게 된다. 그러나 알지 못하는[未知] 것을 추론하는 것은 문제가 있다. 이미 알고 있는 것에서 알지 못하는 것을 추론할 때, 우리는 위험을 무릅쓰고 가설을 세워야 한다. 이미 알고 있는 갑이라는 현상이 이렇다면 갑과 서로 비슷한 을이라는 현상도 그럴 것이라고 추정하는 것이다. 우리는 을이라는 현상 주위의—알지 못하는—무수한 관계에 대해서 그것과 현재 갑의 현상이 전혀 다르지 않다고 말하는데, 만약 완전하게 같은 것이 아니라면 미지의 사실은 이미 알고 있는 경험과 상당한 거리가 있을 것이다.

우리 집 작은 정원에 요 며칠 풀또기가 지고 눈처럼 하얀 정향화(丁香花)가 만발했다. 몇 년 동안 한 번도 거르지 않고 하나가 지면 다른 하나가 피는 것을 반복했다. 내년에도 이와 같을 것이라고 생각하지만, 엄격하게 말하자면 과연 그럴지는 아무도 모르며, 풀또기나 정향화 스스로도 확신할 수 없을 것이다. 왜냐하면 그들을 둘러싼 다양한 관계가 내년에 어떤 식으로 변하게 될지 모르기 때문이다. 나무 밑에 앉아 달을 바라보면서 생각한다. 달은 떠올라 반대쪽으로 지고, 점점 차올랐다가 다시 초승달이 된다. 지금까지 한 번도 예외가 없었다. 그러나 천 년 만 년이 흐른 뒤에도 이와 같을 것이라고 단정하기는 어렵다. 온도의 변화와 인력의 영향으로 미래에 달을 둘러싼 여러 관계가 지금과 같을지는 알 수 없다. 미지의 것을 추론할 수 있다고는 하지만 결국 그것도 하나의 "개연적 수치"에 불과하며, 개연성이 매우 높다 하더라도 결국은 개연일 뿐 필연은 아니다. 왜냐하면 추론 방법은 가설을 세우지 않을 수 없기 때문이다. 가설은 매우 위험한 요소로 극단적 경험론자들도 신뢰하지 않으며 "사실"만을 말하려 한다. 사실은 각자의 성질을 지니고 있는데 그것은 서로 다르며 새로운 것이다. 법칙도 사실을 구속하지 못하고 어떤 방법으로도 사실을 예측하지 못한다. 신실재론자들은 세상에서 찰나적인 것이 가장 진실하다고 여긴다. 논리가 구축한 것이 영원한 것 같지만 진실한 것은 도리어 찰나적이다. 이것은 과학 세례를 받은 사람들의 주장이다. 딩원지앙은 과학방법과 논리법칙조차 구분할 줄 모른단 말인가?

4.

심물(心物) 간의 문제에 대해 많은 사람들이 해결하고자 했지만 아직 해결되지 않았다. 이에 대해 딩원지앙 선생의 주장과 주요 근거를 살펴보자.

"물(物)과 질(質)에 대한 우리의 인식은 어디서 온 것인가? 내가 여기 앉아서 맞은편에 놓인 책장을 보고 있다고 가정해보자. 나는 그것이 직사각형이고, 가운데는 비었으며, 짙은 황색에 나무로 만든 매우 견고하고 무거운 것이라는 것을 알 수 있다. 나의 시각을 통해 느낀 것은 책장의 색깔과 형식이지만, 나는 나무와 칠의 성질을 연상해냈으며 중량과 강도를 추론해 책장이라는 개념을 만들어냈다. 따라서 개념은 감각기관이 느낀 것에 연상과 추론을 더한 것으로 연상과 추론은 감각기관이 느꼈던 과거의 경험에서 온 것이다. 감각기관이 받아들인 것은 우리가 물질을 인식하는 데 있어 근본적인 것이다. 다른 물질을 추론할 수 있는 까닭도 이전의 경험을 기억하고 있기 때문이다. 물질이란 기억되어 있는 수많은 감각과 느낌이며 여기에 약간의 직접적인 감각과 느낌이 더해진 것이다."

물리학에서 말하는 물질이 감각기관으로 느낄 수 있는 것만을 가리키는 것인가? 고전 물리학자들은 "물질"이 불변하는 원자로 구성되어 있다고 생각했으며, 현재의 전자 학설과 신원자론도 이런 기본적 생각에서 벗어나지 못하고 있다. 감각기관으로 원자와 전자를 접촉할 수 있는가? 따라서 물리 세계와 감각기관의 세계는 아직까지 통일되지 않고 있다. 그러나 오관(五官)의 작용을 기초로 삼고 있는 과학자들은 감각을 초월하는 것에 대해서는 말하지 않는다. 여기에 어떤 우월의식이 있겠는가. 만약 여기 만족해서 우쭐대며 "과학적 지식론"을 표방한다면 지나친 감이 있다. 과장된 화법(話法)은 과학정신에 위배되는 것으로 사소한 문제가 아니다.

감각기관이 받는 느낌의 일부분은 주관적이고 심리적인 의의에 관한 것이라고 할 수 있다. 그러나 딩원지앙 선생은 "감각기관의 느낌"에 대해 말하면서 도리어 생리적 방면을 언급했다. 그는 말했다.

> "내가 칼로 연필을 깎다가 잘못해서 왼쪽 손가락을 베었다고 하자. 나는 바로 오른쪽 손가락으로 그것을 누르고 일어나 약을 찾아 상처에 바를 것이다. 어떻게 손가락이 다쳤다는 것을 아는가? 그것은 나의 감각 신경계가 오른쪽 손가락에서 뇌신경으로 정보를 보냈기 때문이다. 운동 신경계는 다시 뇌신경으로부터 오른쪽 손가락에게 왼쪽 손가락을 누르라고 명령한다. 이것은 일종의 긴급명령으로 정보를 전달 받자마자 바로 명령이 하달되는 것으로 생리학적으로는 무의식적 행위라 한다. 명령이 하달된 후에 매우 복잡한 과정을 거쳐 비로소 상처에 바르는 약을 찾았다. 나는 손가락이 아픈 것은 칼에 베었기 때문이라는 것과 상처에 바르는 약을 찾아야 하는데 약은 작은 책상 서랍 안에 있다는 것을 알고 있다. 이것이 사고의 과정이며 그 결과로 나온 행위는 의식적인 것이다. 손가락에 고통을 느끼는 것과 상처 약을 바르는 것은 얼핏 보기에 서로 별개의 일이지만, 자세히 살펴보면 모두 감각기관이 느낀 결과이다."

딩원지앙 선생은 아마 물질과 정신이 별반 차이가 없다고 생각하기에 이런 설명이 타당하다고 여길 수도 있다. 그러나 학문을 논할 때 너무 경박해서는 안 된다. 나름의 이유가 있어서 심리적인 것과 생리적인 것을 뒤섞어 말했겠지만 결과적으로는 견강부회일 뿐만 아니라 불합리한 것이다. 감각기관이 생리 영역에 속하기 때문에 감각기관이 받은 느낌도 순수하게 심리적인 것이 아니라는 극단 유물론의 주장은 딩원지앙도 동의하지 않는다. 왜냐하면 그는 분명히 자신의 이론을 "존의적 유심론"이라고 명명했기 때문이다. 그렇다면 그의 출발점은 도대체 무엇이란 말인가? 어쩌면 그의 이론이 지나치게 오묘하기 때문일 수도 있다. 그러나 본인은 자신의 학설을 "일종의 천박한 과학 지식론"의 일종일 뿐이라고 말하고 있다.

우리도 그의 말에 동의한다. 이와 관련된 것으로 다음의 문제들이 있다.

1) 갑이 받은 느낌과 을, 병 등이 받은 느낌은 동일한 것인가?
2) 우리의 감각과 독립해서, 혹은 우리가 느끼지 않을 때, 객관적 실재는 존재하는가?
3) 기억이란 무엇인가?
4) 물리학의 기초 개념인 공간과 시간은 물질과 어떤 관계인가?

이에 대한 논의는 잠시 접어두겠다. 이 외에 지식의 유래나 본질, 한계 등 한층 더 어렵고 복잡한 문제들에 대해 토론하기 바라는 사람은 없을 것이다.

다시 범위를 좁혀 원문의 내용을 살펴보자. 책장의 형식과 색깔은 일반적으로 한눈에 알 수 있다. 그러나 똑같아 보이는 것일지라도 고유의 성질은 매우 다르다. 과학적으로 말하자면, 형식적인 측면에서 둥글거나 모가 난 형태와 무게, 강도 등은 모두 객관에 속한다. 즉 외부 대상 자체에 고유한 것으로 감각기관이 변형되어도 변함없는 것이다. 색깔 등은 사물에 고유한 것이 아니며 사람의 감각에 속하는 것이다. 딩원지앙 선생은 이 말을 천문학 시조인 갈릴레이가 한 것이라고 했는데, 이것이 사실이라면 우리가 느끼는 물질은 실제로 두 가지 원소로 이루어져 있다. (1) 객관적 원소. (2) 주관적 원소. 원소는 무한하며 사람들은 이 가운데 특정의 것을 선택하여 개념을 만들어낸다. 그리고 개념이 물질 자체와 부합하는지 따져봄으로써 물질에 관한 지식을 얻게 된다. 러셀의 중립일원론을 예로 들어보자. 그는 심과 물 가운데 어느 한쪽으로도 치우치지 않았다. 그러나 현상이 사람의 감각과 동일하다거나 현상 이외에 또 다른 무엇이 존재하는지 여부에 대해서는 말하지 않았다. 과학의 세례를 받은 사람들은 심물 관계에 대해 이렇게만 말할 뿐 감각주의의 영향은 찾아볼 수 없다. 색깔과 소리에 대해 알려면 그 둘은 분리해야 한다. 색깔은 시각에 속하고 소리는 청각에 속한다. 눈으로는 소리를 볼 수 없고, 귀로는 색깔을 들을 수 없다. 그러나 과학적으로 말하면, 소리와 색깔은 모두 파동 작용으로 서로 완전히 다른 것은 아니며, 우리의 감각이 그렇게 나눈 것일 뿐이다. 또 시신경에 광선을 쬐거나 전류나 압력의 자극을 가해도 빛의 감각이 생겨난다. 동일한 전류로 미각 신경을 자극하면 맛의 감각이 생긴다. 이처럼 신뢰하기 힘든 것이 감각인데 딩원지앙 선생은 감각이 물질의 근본이라고 맹신하고 있으니 어떻게 된 것인가?

다시 말하자면, 감각기관이 느낀 것에 연상과 추론을 더하면 더 믿을 수 없게 된다. 동일한 대상이라도 처음 봤을 때와 두 번째, 세 번째 보았을 때의 모양은 조금씩 다르다. 예를 들어 나뭇잎은 옅은 초록색에서 짙은 비취색으로 변했다가 다시 노란색으로 변해간다. 우리의 감각은 그것이 동일한 잎사귀라고 여기지만, 사실은 단절되어 있는 상황을 연결된 것으로 간주함으로써 동일하다고 단정하는 것이다. 이는 주관적 가상(假想)일 뿐이다. 이상은 하나의 대상에 대해서 말한 것이다. 만약 두 개 이상의 대상이라면 우리의 감각기관은 과거의 경험으로 A와 B를 연상(聯想)해서 그 둘이 동일하다고 추론할 것이다. 이처럼 가상의 비율이 증가하면 할수록 상이한 물질이 섞이게 될 확률도 높아지게 된다. 즉 우리가 예전에 알고 있던 나무와 칠의 특성으로부터 현재 우리 앞에 놓여 있는 책장을 연상 추론할 수 있다는 것이다. 이것은 옆집의 이모와 친가의 고모의 셋째 시숙모를 한데 섞는 것과 같은 것으로 추론이 불가능한 일이다. 딩원지앙 선생도 당연히 곤란을 느꼈을 것이다. 따라서 그는 이렇게 말했다.

"다른 물질을 추론할 수 있는 까닭은 이전의 경험을 기억하고 있기 때문이다."

그렇다면 다시 "기억"이라는 곤란한 문제가 대두된다. 문제가 복잡해지는 것을 피하기 위해 지금은 이 문제를 논하지 않겠다. 정리해서 말하자면, 감각기관을 통해 얻은 물질에 관한 지식을 과학적 지식이라 부를 수 있다면, 꿈속에서 느낀 것과 깨어난 후 느낀 것이 서로 다르다고 말할 수 없을 것이다. 그렇다면 과학 지식과 꿈속에서 얻은 것을 같다고 말할 수 있겠는가? 러셀은 말했다. "깨어 있을 때 느낀 대상이 꿈속에서 느낀 것에 비해 더 실제적이라고 할 수 없다. 우리가 논리를 세울 때 꿈속에서 느낀 것과 깨어 있을 때 느낀 것은 동등하게 취급되어야 한다. 어떤 이유로 꿈이 진실하지 않다고 말할 수 있는가? 감각이 아닌 진실로써 심판관을 삼아야 한다." 딩원지앙 선생은 감각을 심판관으로 삼았는데 그렇다면 이 재판은 어디서부터 시작되어야 하는 것인가?

딩원지앙 선생은 또 "사상"의 문제에 대해서도 판결을 내리려 하였다.

"사고가 아무리 복잡하다 해도 감각기관이 느낀 것에서 벗어나지 못한다. 그 느낌 가운데 직접적인 것은 사고의 동기이고, 간접적인 것은 사고의 원질(原質)이다."

또 말했다.

"감각기관이 자극을 받게 되면 반드시 사고의 과정을 거치게 되는데, 그런 다음에야 운동 신경계가 명령을 내리게 된다. 이것은 내가 자각을 가지고 있다는 것인데, 그렇다면 다른 사람들도 자각을 갖고 있을까? 나는 다른 사람이 자각을 갖고 있다는 것을 직접 느낄 수 없고 그것을 증명하지도 못한다. 다만 다른 사람도 자각을 갖고 있다는 것을 추론할 수 있을 뿐이다. 나는 나의 자각으로서 나의 자각을 느끼지는 못하며, 마찬가지로 다른 사람의 자각을 직접적으로 느낄 수도 없다. 그러므로 자각의 진상을 연구하는 것은 매우 어려운 일이다."

이 곤경을 어떻게 극복할 것인가. 그는 또 말했다. "나는 나의 자각 현상으로부터 추론하여 다른 사람도 자각이 있다고 말할 수 있으며, 이것은 과학방법과 모순되지 않는다." 결국은 이런 방법으로 해결하려는 것이다. 과학이 추론에만 의지해 모든 일을 해결했다는 말인가? 추론은 믿을 만하지 못하다는 것은 내가 앞에서 말했을 뿐만 아니라 딩원지앙 선생 자신도 말한 부분이다.

"추론은 쉽게 오류를 범할 수 있다."

이런 곤란한 문제는 도대체 어떻게 해결할 수 있단 말인가? 딩원지앙 선생은 계속해서 이렇게 말했다.

"논리적 훈련을 받지 않은 사람은 잘못된 것을 참이라고 여기기 쉽다."

말하다 보니 결국은 또 "논리" 선생에게로 되돌아오게 되었다. 우리는 논리가 구축한 진실, 즉 논리의 건축물이 딩원지앙 선생이 대단히 중시하는 감각기관의 감각과 일가(一家)가 아니라는 것을 알아야 한다.

5.

운 나쁘게도 "개념", "추론"은 이제 "엄격한 심사"를 받아야 할 처지에 놓였다. 이는 우리도 적극 찬성한다. 그러나 어떤 방법으로 심사할 것인가? 중요한 두 가지 원칙과 세 가지 방법이 있다.

첫 번째 원칙 : 인류의 심리를 기계에 비유하는 것과 변태심리를 인정하지 않는 관점에 대해서는 아쉽겠지만 찬성할 수 없다. 여기에는 나름대로의 고충이 있다. 이렇게 방어선을 구축하지 않는다면 진지를 지키기 어렵기 때문이다. 예를 들어 감각기관의 감각과 개념, 추론이 같지 않다면 과학이 어떻게 심리적 영역까지 관할할 수 있겠는가? 딩원지앙 선생은 조금도 망설이지 않고 이렇게 말했다.

> "나의 사상 도구는 보통 사람들과 마찬가지로 하나의 기계라 할 수 있다. 기계의 효능은 비록 다르지만 성질은 같다. 감각기관에서 느끼는 것이 같기 때문에 사유 구조뿐만 아니라 지각 개념 추론의 과정도 모두 같다. 따라서 과학의 진면목이 사람들의 공인을 받을 수밖에 없는 것이다."

딩원지앙은 다시 이 말에 수긍하지 못하는 사람들을 비정상적이라 몰아붙이며 과학이 설명할 수 없는 심리 상황이 나올 것에 대비해서 단호한 선제공격을 감행했다. "우리는 비정상적인 사람들을 미친 사람이나 바보라고 부른다."

그러나 안타깝게도 딩원지앙 선생이 말하는 비정상적인 상황은 너무 많다. 게다가 험한 말 몇 마디로 그들을 굴복시킬 수도 없다. 과학이 이 모든 것을 제대로 해석하는 날이 온다면 또 모르지만 말이다.

이상의 첫 번째 중요한 원칙에 대해 나는 찬성할 수 없다. 이에 대해서는 뒤에 다시 말하도록 하겠다. 왜냐하면 두 번째 중요한 원칙을 먼저 살펴봐야 하기 때문이다.

> "위에서 말한 것은 창조적 천재와 선각자적 호걸의 존재를 부인하려는 것이 아니다. (…) 천재호걸과 일반인의 차이는 급행열차와 완행열차 정도의 차이일 뿐, 비행기와 인력거의 차이는 아니다. 우리가 그들을 천재나 호걸로 인정하는 것은 그들의 지각개념의 추론방식이 완전히 우리와 같기 때문이다. 그렇지 않다면 우리는 천재호걸이라 불리는 사람들을 정상이 아니라거나 미쳤다고 할 것이다."

크게 실망이다. 이 글에서는 단지 설명만 있을 뿐, 원칙이나 "매우 중요한" 어떠한 내용도 없다.

검증 방법 세 가지는 그리 길지 않기 때문에 전부 여기 옮겨보겠다.

> "첫째, 개념 추론의 결과가 서로 모순된다면 과학은 그것을 진리로 인정하지 않는다."
>
> "둘째, 정상인의 지각으로 개념을 추론해낼 수 없다면, 과학은 그것을 진리로 인정하지 않는다."
>
> "셋째, 논리적 훈련을 받은 정상인에게 추론을 가능하게 하는 개념을 이해시킬 수 없다면, 과학은 그것을 진리로 인정하지 않는다."

이 세 가지 가운데 첫 번째는 아무 문제가 없다. 두 번째는 앞서 말한 첫 번째 원칙과 함께 논의할 것이다. 세 번째에 대해 말하자면, 추론은 논리를 떠날 수 없지만 그 논리가 형식 논리를 말하는 것이라면 그것은 사실과 같은 것이 아니다. 신칸트주의의 마부르크학파(Die Marburger

Schule)는 논리적 견해를 관철시키기 위해 감각기관의 감각을 인정하지 않고 순수한 사유 형식에만 관심을 가졌다.

다음으로 위에서 말한 우리가 찬성할 수 없는 첫 번째 원칙의 의미에 대해 대략적으로 설명해보겠다.

과학은 19세기에 이미 막강한 지위를 갖게 되었다. 그런데 신비적인 잠재의식이나 변태심리 등은 어째서 20세기인 오늘날 훨씬 발달하였는가? 과학자들은 과거의 과학방법이 이런 현상을 해결하기에 부적합하거나 부족한 면이 있었다고 반성하기 시작했다. 그저 미쳤다고 치부해버리거나 무시해서는 아무것도 해결되지 않는다. 하트는 미친 심리학에서 이렇게 말했다. "심리에 대한 과거의 연구는 대개 해부학과 뇌 생리학에서 출발했다. 이후 현미경의 도움으로 뇌에 관한 연구가 정밀해졌는데, 실험 방법이 도입되어 대뇌에 관한 연구가 더욱 발전하였다. ……새로운 발견들로 연구가 심화됨에 따라 정신병의 성질과 원인이 머지않아 밝혀질 것이라는 희망이 싹트게 되었다. 그러나 이런 열망은 실현되지 않았다. 그러나 생리적 방법 외에도 다양한 발견들이 최근의 '심리적 개념'의 발전에 많은 도움을 주었다." 최근 신 심리학이 증명한 것에 따르면 인간 심리는 수많은 기억과 경험, 충동 등 비자각적인 영역을 포함하고 있음을 알 수 있다. 또한 비자각적인 심의 작용은 일상적인 생각과 행위에 영향을 주며 우리가 알고 있는 것보다 훨씬 더 많은 부분을 지배하고 있다고 한다. 변태심리 영역에서 탁월한 성과를 거둔 사람 중에 비엔나의 프로이트(Freud) 교수가 있다. 그가 제시한 기본 원리와 증거들은 많은 사람들이 그의 학설을 인정하도록 만들었다. 그는 다양한 예증으로 일상행위를 설명하고 있다. 여기서 우리는 심리학에서 나누는 정상과 변태는 정도상의 문제일 뿐 절대 개별 심리현상을 말하는 것이 아니라는 것을 알 수 있다. 극단적인 심리학자를 제외하고는 누구나 심이 우리가 생각하는 것보다 훨씬 복잡하고 광범위한 존재라는 것을 알고 있다. 영국의 "잠재의식파"인 뉴낸시학파(New Nancy School)는 인간의 잠재의식에 대해 집중적인 연구를 진행해왔다. 심리학자 이외에 저명한 물리학자인 스튜어트(Balfour Stewart), 크룩스(William Crookes), 로지(Oliver Lodge), 생리학자 리셰(Charles Richet) 등도 심의 작용이 표면적인 현상에만 한정되지 않는다는 것을 이미 잘 알고 있다. 나는 과학자들이 비정상적인—딩원지앙 선생이 말한 대로—심리현상을 연구함으로써 허황된 오류와 미신이 사라질 것이라고 생각한다. 딩원지앙 선생의 폐쇄적이고 배타적인 태도는 배워서는 안 된다. 그는 비정상적인 심리현상에 "신비"라는 죄명을 씌워 정신병원에 영원히 감금시키려 했다. 이런 소극적 방법은 심리 영역을 더욱 위축시키고 퇴화시킬 것이다. 이는 딩원지앙 선생도 바라지 않는 것이다. 톰슨은『과학대강』서론에서 이렇게 말했다. "생리학과 심령 연구의 만남, 아동과 야만인 행동 연구, 그리고 심리 분석가의 참신한 방법 등은 우리 모두 주의를 기울여야 할 것들이다. 왜냐하면 이것들은 전부 신심리학에서 나온 것들이기 때문이다. 심령학의 주장은 터무니없는 측면도 있지만, 편견 없는 과학자가 본다면 인정할 가치조차 없는 것은 아니다." 심령학을 인정하느냐 마느냐에 대해서는 좀 더 신중할 필요가 있다. 톰슨이 말하는 "편견 없는" 태도는 진정한 과학자라면 마땅히 견지해야 하는 것으로 이에 대해서는 톰슨이 딩원지앙 선생보다는 더 낫다고 볼 수 있다.

6.

순수 심리 현상이 인과법칙의 범위를 벗어나 있는지 여부는 또 하나의 문제다. 딩원지앙 선생은 이렇게 말했다.

"과학은 다음과 같이 대답할 것이다. 심리적 내용과 참된 개념 추론은 모두 과학의 재료가 될 수 있다."

우선 인과법칙이란 무엇인지를 살펴봐야 순수 심리 현상이 인과법칙의 지배를 받는지 여부에 대해 대답할 수 있을 것이다. 지금까지 직간접적으로 인과법칙을 거론했던 사람이라면 누구나 흄의 말을 인용했기 때문에, 먼저 흄의 주장을 검토해보겠다. 그는 인과관계가 대상에 고유한 것이 아니라 사람의 신념에 불과할 뿐이라고 주장했다. 대상이 사람들에게 어느 것이 원인이고 어느 것이 결과라는 것을 말해주지 않기 때문에 대상 자체에는 인과적 관계가 없다는 것이다. 이것 다음에 저것이 뒤따라 나올 경우 우리는 인과관계라고 부르는데, 이런 것을 계속해서 보게 되면 신념으로 바뀌게 된다. 그러나 지금 인과적 관계에 있다고 해서 내일도 반드시 인과적 관계에 있을 것이라고는 장담할 수 없다. 그것은 다만 우리의 주관이 그렇게 간주한 것이다.—칸트는 자연계에 주관의 작용을 투사시키는 것을 유효하다고 생각했기 때문에 인과를 범주의 하나로 인정했지만, 흄은 그것이 무효하며 인과는 주관에 속하기 때문에 신앙의 일종일 뿐이라고 생각했다.—즉, 흄에 따르면 인과관계란 객관적으로 존재하지 않는 것이다. 놀랄 만한 일이 아닌가? 이것은 과학자뿐만 아니라, 철학자도 인정하고 싶지 않은 말이다. 왜냐하면 이것이 사실이라면 어떤 이론도 성립되기 힘들기 때문이다. 흄을 비판하는 사람들은 다음과 같이 말할지도 모른다. 만약 지식이 성립 불가능하다면 흄과 같이 엄격한 학자라도 아무런 지식을 갖지 못하게 될 것이다. 그러나 이러한 비판은 흄을 난처하게 만들지는 못한다. 왜냐하면 그는 "관계"의 존재는 인정했기 때문이다. 관계가 존재한다면 지식도 존재할 수 있다. 그러나 그는 인과관계가 단순히 논리적 관계에만 의존하지는 않는다고 생각했다. 인과의 추리는 논리학에서 모순율을 판단하는 것과는 완전히 다르며, 그 이유는 인과관계가 경험적 사실을 근거로 하기 때문이다. 흄은 연상파 학자로 인과관계가 관념 간의 연합 관계, 즉 일종의 습관에서 비롯되는 것이라고 주장했다. 예를 들면, 호수에 돌멩이를 던지면 소리가 나는데 돌멩이라는 개념을 아무리 분석해 봐도 소리라는 개념은 절대로 얻을 수 없다. 따라서 원인이라는 개념 속에 결과의 개념은 없는 것이다. 호수에 돌멩이를 던질 때마다 매번 물소리가 들리고, 이것이 몇 차례 반복되다 보면 습관적으로 돌멩이와 소리 사이에 모종의 관계가 만들어졌다고 생각하게 되는데, 결국은 이것을 인과관계로 여기게 된다는 것이다. 흄의 논리에 따르자면 인과란 순전히 주관적인 것으로 과학자들이 말하는 인과법칙은 성립 불가능하며, 심리현상의 통제 여부도 논할 수 없게 되는 것이다. 다시 베르그송학파의 절대 자유론을 예로 들어 보겠다. 경험 과학에서 말하는 인과법칙에 대한 논의는 딩원지앙 선생이 듣고 싶지 않을 것이다.—왜냐하면 딩원지앙 선생은 베르그송식의 주장에 반대하기 때문이다.—조금 각도를 바꿔서 얘기해보겠다. 마르베(Marbe, 독일 뷔르츠부르크학파의 학자)는 자연과학 이론에 기초해서 개선된 인과법칙이란 것을 주장했다. 그는 말했다. 손에 돌멩이를 쥐고 있다가 손가락에 힘을 빼면 돌멩이는 아래로 떨어진다. 왜 돌멩이는 아래로 떨어졌는가? 그것은 손가락을 폈을 때 지구의 인력이 돌멩이를 땅으로 잡아당겼기 때문이다. 돌멩이가 떨어지는 것은 여러 조건들이 합쳐져서 발생하는 현상이다. 돌멩이를 쥐고 놓지 않으면 떨어지지 않는데, 이는 손가락의 압력이라는 조건에 지배되기 때문이다. 동일한 작용과 상태는 동일한 직접조건 때문에 발생한다는 것이 마르베가 말한 개선된 인과법칙이다. 내가 보기에, 자연과학상의 인관념도 일종의 "관계"이다. 선행적 조건이든, 동시적 조건이든, 전체적 조건이든, 혹은 단일적 조건이든, 이런 구별에서 여러 종류의 인과관념을 도출해낼 수 있지만, 사실 인과 자체는 설명할 수 없으며 여러 가지 복잡한 조건들만 설명할 수 있을 뿐이다.—우리는 일반적으로 우리가 알고 있는 조건을 결과의 원인이라고 부른다.—여기서 복잡한 것이 곧 "관계"다. 다시 입장을 바꿔 생각해보자. 마하의 말에 따르면, "원인"의 관념은 수학 상의 함수 관념으로 대체될 수 있다. 러셀도 함수로써 인과법칙의 추론을 설명하곤 하였다. 그러나 실제로 이것도 결국은 일종의 관계다. 왜냐하면 함수란 두 항 간에 존재하는 일종의 관계를 일컫는 말이기 때문이다. 따라서 러셀은 인과법칙 가운데 변하지 않는 것은 근거와 추론 사이의 관계뿐이라고 말했다. 이상에서 살펴본 바와 같이 인과관념에 대한 견해는 학파에 따라 다양하지만, 종합해보면 과학에서 말하는 인과는 일종의 "관계"일 뿐이라는 것이다.

관계는 일반적으로 매우 복잡하기 때문에 인과법칙도 복잡한 원리일 수밖에 없으며, 이렇게 복잡하다면 그것은 분명 선천적인 것이 아니다.—선천적인 것은 반드시 간단하다—선천적이 아니라면 인과법칙은 증명 가능하며, 과학이 필요로 하는 인과법칙은 이미 옳은 것으로 증명되었다. 예를 들어 물리학 법칙은 이미 증명된 인과법칙이다. 따라서 과학에서 말하는 인과법칙은 당연히 물리학에 적용될 수 있다. 그러나 물리와 심리를 한데 섞어서 과학의 인과법칙으로 심리까지 관장하려는 것은 큰 문제이다.

만약 심리현상에 과학의 인과법칙이 적용될 수 있다면, 이미 알고 있는 법칙에 기초해서 여러 번의 실험을 통해 증명해야 한다. 심리학에서 말하는 연상 법칙이 물이 100℃에서 끓는 것과 마찬가지로 정확한지, 실험 심리학에서 웨버의 법칙이나 페히너의 법칙처럼 감각반응 외에 사상이나 의지, 그리고 정서 등에도 동일하게 적용될 수 있는지, 일정한 수치나 비례의 도출, 수량화가 가능한지를 따져봐야 한다. 비록 현재 그것을 부정하는 사람도 있지만, 사상은 실제로 존재한다. 만약 사상이 존재하며 과학방법으로 다룰 수 있다면 그것을 "직접" 가져와서 실험할 수 있어야만 한다. 그러나 과연 다른 사람이나 동물의 사상을 아는 것이 가능한가? 자연계도 역시 직접 연구가 불가능하다. 태양계의 진화 문제를 예로 들어보자. 태양을 직접 실험실로 옮겨올 수 있는가? 그러나 플래토(Joseph Plateau)의 유체구(流體球) 회전 법칙을 이용하여 태양 대신 유주(油珠)를 일정한 속도까지 회전시켜보면 적도 부분에 기름띠가 형성되어 유주를 따라 회전하는 것을 볼 수 있다. 여기서 하나의 법칙이 도출된다. 유체구가 회전할 때 편심력은 속도에 비례해 증가하며 그때 구체의 적도에서 약간의 유체가 떨어져 나오게 된다는 것이다. 또 태양이 끊임없이 유체 회전을 한다고 가정해보면, 축을 중심으로 자전할 때 적도에서도 유체가 떨어져 나와 먼저 띠를 형성한 후 다시 끊어진 조각이 되고 다시 원구가 되어 자전과 공전을 하게 되는데, 이것은 태양이 회전하는 방향과 같다. 지구가 타원형이고 세 개의 토성 띠가 모두 적도에서 떨어져 나온 유체라는 점은 이 법칙을 증명해준다. 그러나 이런 작은 규모의 실험을 심리 영역에 응용할 수 있는가? 사상이나 의지, 정서 등을 다른 물질로 대체하여 실험할 수 있는가?

비록 순수한 심리현상에 자연법칙을 적용할 수 없지만, 사상법칙으로는 그것을 다룰 수 있다. 사상법칙은 자연법칙과 마찬가지로 일관되고 보편적이어서 상황이 같다면 사상 역시도 다르지 않다. 르 봉(Gustave Le Bon)은 그의 신앙과 관점에 기초해 생물 논리, 정감 논리, 군중 논리, 신비 논리, 이성 논리 등 여러 논리가 있다고 주장한다. 만약 생물 논리와 정감 논리의 구조를 알려면 반드시 그것을 지배하는 방법을 알아야 하는데, 오늘날의 과학은 아직 이 문제를 해결하지 못했을 뿐만 아니라 해결까지도 매우 요원하다. 또한 지식을 구성하는 데 있어서 이성 논리는 매우 중요하며, 이를 기초로 과학은 발전해왔다. 그러나 이성 논리는 한계를 가지고 있다. 따라서 적용 범위는 물질계로 한정된다. 이것은 크게 잘못된 말은 아니다. 쉴러는 형식 논리가 신뢰할 수 없는 사상법칙이라고 비판했다. 학자들의 고견은 잠시 접어두고 여러 사람들의 사상 노선이 과연 판이하게 다른가 묻고 싶다. 어째서 사람들의 의견이 이처럼 다른가. 일관되고 보편적인 사상법칙의 효용이란 무엇인가?

7.

딩원지앙 선생은 과학교육과 수양의 관계에 대해 다음과 같이 말했다.

> "우주와 생물, 심리 등의 여러 관계에 대해 잘 알게 되니 진정으로 생활의 즐거움을 느낄 수 있게 되었다. 이처럼 '살아 움직이는' 마음의 경지는 망원경으로 우주의 광활함과 무한함을 우러러볼 수 있고, 현미경으로 생물계의 미세한 것까지도 살펴볼 수 있는 사람만이 깊이 체득할 수 있는 것이지, 미동도 않고 좌선하며 알쏭달쏭한 말만을 좋아하는 사람은 꿈에도 볼 수 없는 것이다. 여러분들이 내가 언급했던 다윈, 스펜서, 헉슬리, 제임스, 피어슨 등과 쇼펜하우어, 니체 같은 사람들의 인격을 비교해 본다면 과학교육이 인격에 얼마나 중요한 영향을 미치는지를 깨닫게 될 것이다."

딩원지앙 선생의 글은 장쥔마이 선생의 칭화대학 강연에 대한 답변으로 문제의 핵심은 과학과 인생관이다. 이제야 핵심 논제로 돌아온 듯하다. 이제부터는 이견이 적은 공통의 기초 위에서—본체론 문제를 건드리지 않고—(1) 과학방법이 인생관에 유익한지 (2) 인생이 완전히 과학의 지배를 받을 수 있는지에 대해 토론해보겠다.

몇 년 전, 유명을 달리한 친구 황위엔용(黃遠庸, 1884~1915)[3]의 유고(遺稿)를 정리하면서 느낀 점을 책의 서문으로 쓴 적이 있다. 글에서 나는 과학이 인생에서 여러 가지 유익한 점을 갖고 있다고 말했다. 그때는 듀이 선생이 베이징에 막 도착했을 무렵인데, 그도 늘 이렇게 말했고 그 때 느낀 감동은 지금도 생생하다. 내 친구 투샤오스(屠孝實, 1898~1932)[4] 선생도 이렇게 말했다. "과학의 정신은 선입관을 버리고 진리를 추구하는 데 있다. 과학자는 반드시 평정심과 차분함을 유지하면서 공정한 태도와 세밀한 안목으로 대상을 다루어야 한다. 이렇게 하지 않으면 이상적인 결과를 얻을 수 없다. 과학적 훈련을 받고 나서야 인류는 비로소 신중하고 충실하며 공정한 여러 가지 미덕을 길러낼 수 있었다." [이 글은 선생이 강연했던 내용으로 베이징 『신보(晨報)』 11년 5월 7일, 8일자 부간(副刊)에 실렸다.]

요즘 이런 견해를 가진 사람은 매우 많다. 딩원지앙 선생이 주장하는 것과 우리가 일상적으로 말하는 것은 크게 다르지 않아서 당연히 과학 방법이 인생관에 유익하다고 여긴다.

과학이 인생을 완전히 지배할 수 있는지의 문제에 대해 딩원지앙 선생은 이렇게 말했다.

"그는 인생관 문제는 절대로 과학이 해결할 능력이 없다고 말한다. 하

3) 중국 근대 시기 신문기자. 신해혁명(辛亥革命) 후 상하이의 『시보(時報)』, 『신보(申報)』 통신원을 지냈으며, 진보당(進步黨)에 참여했었다. 1915년 미국 샌프란시스코에서 암살당했다.

4) 일본 와세다대학(早稻田大學)에서 공부한 후, 귀국해 베이징대학, 민궈대학(民國大學) 등에서 강의했다. 베이징 쩡파대학(政法大學) 교장을 역임했다. 문학, 법학, 윤리학, 종교, 철학, 역사 등 분야에 조예가 깊었으며 관련된 다수의 저작을 남겼다.

> 지만 이에 대해 과학은 다음과 같이 대답할 것이다. 심리적 내용과 참된 개념 추론은 전부 과학의 재료가 될 수 있다."

나는 과학의 독선적인 태도에 대해서는 단호히 반대한다. 앞에서도 논의한 바 있지만, '인생'이 무엇인지에 대해 다시 얘기해보겠다. 투샤오스 선생은 이렇게 말했다. "실제로 인생의 많은 부분은 이지 이외에도 정감과 의지로 채워져 있다. 인생의 조화로운 발전을 위해서는 어느 한 방면에만 치우쳐서는 안 된다. 이지의 작용은 개념적 추리를 중시한다. 과학은 경험을 근거로 한다. 그러나 과학의 재료는 구체적 경험의 원시적 상태가 아니다. 경험을 재료로 삼을 때, 실제로는 취사선택의 과정을 거치게 되므로 주관적 요소—정의(情意)—가 전부 제거되고 감각 요소만 남게 된다. 이것은 추상적인 산물로 과학이 발전할수록 추상성도 커지며, 추상성이 커질수록 인생과는 멀어지게 된다."(『신보부간(晨報副刊)』)

이 글에 대해 딩원지앙 선생은 어떻게 생각할지 궁금하다. 예전에 오이켄이 했던 말이 생각난다. "우주에는 선악이 공존한다. 선악이 혼재하는 왁자지껄한 세상 속에서 인류의 책무는 삶의 길을 찾아 분투하는 것이다."(『개조(改造)』 제4권, 제5호, 오이켄의 『담화록(談話錄)』 참조) 이 글을 인용한 까닭은 인류가 매우 기이한 존재라는 것을 설명하기 위해서다. —아마 나도 인간이기 때문에 인간의 기이함을 아는 것 같다.—인간은 선하기도 하고 악하기도 하다. 왁자지껄한 세상에 풍파가 일어나는 이유는 무엇인가? 사람의 심리작용 때문이다. 누구나 인생에 대한 생각을 가지고 있기 때문에 인생관이 완전히 같은 사람을 찾아내는 것은 결코 쉬운 일이 아니다. 가장 오묘한 것이 감성의 활동이다. 감성은 주관성이 매우 짙을 뿐만 아니라 어느 때는 주관과 비주관을 따질 수 없을 정도로 이유 없이 발동한다. 음악이나 시의 천재들이 보여주는 창조 의욕은 사전에 계획된 것이 아니라 알 수 없는 원천에서 자연적으로 솟아나는 것이다. 사람의 마음에는 무궁무진한 원천이 있다. 또 다른 측면에서 보자면, 역량 있는 사람일수록 그의 생활은 모순적이다. 과학자들에게서조차도 때때로 비과학적인 점들이 발견되곤 하는데 이것이 어찌 모순이 아니겠는가? 이처럼 천태만상의 인생이 떠들썩한 세상을 만들었으며, 이 모두가 인생관에서 비롯된 것이다. 만약에 과학이 이렇게 오묘한 것들을 지배하게 된다면 세상은 매우 단조로워질 것이다. 일률적이지 않고, 분석 불가능하며, 심지어는 감각을 넘어서는 다양한 심의 작용에 대해 과학이 어떤 권위를 가질 수 있단 말인가?

딩원지앙 선생은 과학자들만이 인격적으로 훌륭한 사람이라고 여긴다. 19세기 유럽에서 도덕성이 높은 사람은 모두 위대한 과학자들이었다. 그러나 내 생각에 이것은 동양문화를 지나치게 경시하는 것이다. 너그럽고 관대하며 침착하고 여유가 있는 것은 분명 중국인이 갖고 있는 특별한 국민성이다. 또한 인도 불교 사상에서 추구하는 투철한 해탈과 무애무진(無碍無盡)의 경지도 인류의 고귀한 정신이다. “죽은 듯이 정좌하여 선(禪)과 현리(玄理)만을 얘기”하는 것으로 어찌 다른 이론을 무너뜨릴 수 있겠는가? 딩원지앙 선생이 언급한 다윈 등이 수양이 부족한 사람이라고 할 수는 없다. 우리는 과학자들도 도덕적인 사람이길 바란다. 그러나 딩원지앙 선생은 동양의 도덕을 지나치게 경시하여 오직 과학적 교육만을 수양의 수단으로 강조하고 있다. 이에 대해 반증을 제시하겠다. 예를 들면 달튼(Dalton)과 베르제루스(Berzelius)의 고집. 그들은 경험이 풍부한 화학자들이다. 롬브로소(Rombroso)와 리셰(Richet)의 미신. 그들은 유명한 인류학자며 생리학자다. 딩원지앙 선생은 니체와 쇼펜하우어의 인격을 탐탁지 않게 여겨 이를 근거로 과학교육이 인격에 미치는 영향을 증명하려 했다. 알고 보면 문예부흥 시기의 베이컨과 같은 탐관도 과학방법을 개혁하는 데 매우 중요한 역할을 했다. 홉스 같은 권력 숭배자도 위대한 수학자였으며, 당시 이탈리아와 프랑스 과학계의 밀월 관계 아래에서 그의 철학은 프랑스 과학을 대표했다. 교회 세력을 두려워하던 데카르트도 수학과 논리학, 물리학 분야에 매우 조예가 깊었다. 이것이 바로 과학 교육과 인격 사이에 반드시 밀접한 관계가 있는 것은 아니라는 증거다. 딩원지앙 선생! 당신은 망원경과 현미경을 갖고 있는 사람만이 아주 활발하고 생기 있는 마음의 경지에 오를 수 있다고 말했다. 그러나 망원경과 현미경을 실수로 잃어버렸다면 어떻게 되는 것인가.

딩원지앙 선생은 과학을 숭배하여 "양심"을 홍수나 맹수처럼 생각했는데, 이는 우리가 전혀 생각하지 못했던 것이다. 양심은 어떻게 드러나는가?

"책을 읽을 필요도 없고, 배울 필요도 없다면 지식 경험이 모두 쓸모없는 것인가?"

또 말했다.

"만약 장헌충 같은 악한이 다시 살아나 자신의 살인행각이 사실은 '양심이 시키는 대로 한 것이며 후세의 사표(師表)가 될 것이다'라고 말한다 해도 사람들은 그를 쇼펜하우어나 마르크스와 같은 위대한 인물로 여기거나 '어두운 역사를 비추는 환한 촛불과 같은 선각자'로 여길 수도 있을 텐데 이런 상황을 어떻게 할 것인가?"

딩원지앙 선생의 말을 어디서부터 반박해야 할지 모르겠다. 그는 평소에 사람됨을 매우 중시했기 때문에 이 말은 그의 본뜻이 아닐 것이다. 후스 선생은 이전에 무후주의(無後主義)[5]를 주장했었지만 지금은 자신의 아이를 매우 좋아한다. 장쥔마이 선생은 과학을 반대했었지만 지인들과 함께 아인슈타인의 상대성 이론을 연구하곤 했다. 딩원지앙 선생이 양심을 반대한 것은 아마도 이런 모순을 잘 알고 있었기 때문일 것이다. 그게 아니라면 그저 나오는 대로 몇 마디 지껄인 것에 불과하다. 그러나 젊은 이들이 글을 읽고서 과학과 양심을 대립적인 것으로 여기게 된다면 결코 좋은 것은 아니다. 바라건대 앞으로 이런 말은 자제했으면 한다. 또한 베르그송을 비웃었던 것도 불필요한 것이었다. 베르그송 주장의 진위 여부를 떠나 현대 철학에서 그의 지위는 누구도 무시할 수 없다. 그를 비난하고자 한다면 학술적으로 그의 주장을 반박하고 이론의 잘못됨을 증명해야지 러셀이 농담조로 폄하하며 말한 "베르그송의 명성은 파리 유한마담에게 사기를 쳐서 얻어낸 것이다"라는 것까지 인용할 필요가 있는가. 게다가 그런 말은 여성의 인격을 무시하는 것이다. 그들이 이런 평가를 받은 것을 안다면 기분이 좋겠는가?

이상을 종합해 볼 때, 나는 딩원지앙 선생이 과도하게 과학을 선전하는 것에 찬성하지 않는다. 그러나 다른 한편으로 과학을 순전히 물질적이며 기계적이고 냉혹하고 잔인하다고 여기는 것과, 과학 문명이 세계대전과 유럽 재정의 파탄을 초래했다는 것에도 동의하지 않는다. 이것은 과학에 죄를 뒤집어씌우는 격으로 정도가 지나친 것이다. 정신문명을 말살하려는 딩원지앙 선생의 태도도 마찬가지다. 과학 만능을 주장하는 몇 사람의 편협한 태도가 이런 결과를 초래한 것이다.

과학 자체는 원래 좋고 나쁨이 없다. 과학을 이용해 지식을 발전시키

---

5) 자손을 낳지 말자는 주의.

고 과학방법을 여러 영역에 응용하는 것에 대해 과학은 스스로 공을 내세우지 않는다. 반대로 과학을 이용해서 자본가를 돕고, 전쟁을 일으켜 사람들의 고혈을 빨아먹고, 고아와 과부를 만들어내는 것도 과학의 책임은 아니다.

8.

만약 딩원지앙 선생이 10년 전쯤 이렇게 극단적인 주장을 했다면 그에게 뭐라 하지 않았을 것이다. 왜냐하면 활시위를 최대로 당겨야 과녁을 맞힐 수 있는 것처럼 세상이 알아주지 않는 도리를 주장해 주목을 끌려면 극단적인 말이 필요하기 때문이다. 그러나 지금은 이런 방법까지는 필요 없다. 중국에 제대로 된 과학자가 많은 것은 아니지만 과학의 중요성을 아는 사람들이 점점 많아지고 있다. 오늘날 과학을 선전하려면 과학의 진정한 가치를 보여줌으로써 견실한 기초를 쌓아야 한다. 풍선을 부는데 크기에만 집착한다면 결국 터지고 만다. 중국인의 단점은 허풍을 지나치게 좋아하는 것이다. 딩원지앙 선생이 과학을 선전하는 방식에도 이런 고질적인 병폐가 있다. 주워들은 몇 가지 과학 이론으로 의기양양하게 과학자를 자처하니 이것이 어찌 가당한 일이겠는가. 딩원지앙 선생은 전력을 다해 과학의 보편화에 힘썼다고 생각하겠지만 소주에 물을 섞은 것처럼 용량만 많아졌을 뿐 가치는 더 떨어진 셈이다. 이제 간단한 몇 마디 말로 결론을 얘기하겠다.

나는 과학을 신뢰한다. 딩원지앙 선생의 열정과 좋은 의도 또한 이해 못하는 것은 아니다. 그러나 그의 서술 방법과 태도에는 동의할 수 없다. 나의 학문 분야가 평론과는 멀지만 몇 마디 해야겠다. 나는 예전에 듀이에게 이런 말을 들은 적이 있다. 진화론은 유럽에서 수많은 논쟁을 불러

일으켰고 이로 인해 유럽의 학술과 사상이 큰 변화와 발전을 이루었다. 그러나 중국에서는 진화론이 아무런 영향도 미치지 못했다. 이것이야말로 동양과 서양의 큰 차이이다. 이 말을 듣고 나는 매우 가슴이 아팠다. 연구하고 토론하고 비평하는 풍토가 진작되지 않는다면 어떠한 학술 사상도 발전할 가능성이 없다. 따라서 나는 우리가 각자의 영역에서 충실하게 연구하고 발표해야 할 책임이 있다고 생각한다.

나는 이 글에서 딩원지앙 선생의 주장 가운데 의문 나는 부분에 대해서만 얘기했고, 나머지 부분은 거론하지 않았다. 그러나 이 글을 다 쓰고 나니 완전히 딩원지앙 선생을 반대하는 입장으로 변했다. 그러나 나는 그가 불쾌해 하지 않을 것으로 생각한다.

-『시사신보 · 학등』에서 옮겨 실음

14 현학과 과학 딩원지앙
-장쥔마이에 답함
玄學與科學 - 答張君勱 丁文江

5월 9일, 장쥔마이와 저녁식사를 할 때, 나는 웃으며 "당신 글에 대한 답변을 이미 써두었소"라고 하였다.

수만 자에 달하는 장쥔마이의 글 가운데 이유 없이 나를 욕한 부분은 열 몇 자밖에 안 된다. 예를 들면 "혼자 귀신을 봤다", "일부러 모른 체한다", "고집불통"이라고 하거나, "융통성이 없다", "대낮에 잠꼬대 한다", "땅강아지는 1년을 알 수 없다", "부화뇌동"한다는 것이 바로 그것들이다. 그의 아량에 감사를 표한다. 후스가 병 치료를 위해 남쪽 지방으로 가면서 『노력주보』에 대신 글을 써달라고 부탁했는데, 고심하며 아직 글을 넘기지 않았으니 친구에게 미안할 따름이다. 다행히 장쥔마이가 수 만 자의 글로 『노력』의 편폭을 채워주어 내가 마음 놓고 게으름을 부릴 수 있었다. 이런 그의 기개에도 감사한다. 비록 장문의 글이지만 논점은 간단하다. 나는 한 마디 말로 그의 두 마디에 답할 수 있다. 게다가 수 만 자 글 속에는 인용문이 4천여 자나 되는데 본인의 의견이 아니므로 당연히 여기에 대답할 의무는 없다. 그의 자상함에 감사한다. 대부분의 논쟁성 글들은 길이가 길수록 허점도 많고 공격도 쉽게

당한다. 선쟁에서 전선이 길수록 돌파되기 쉽고, 창자가 길면 터지기 쉬운 것과 같은 이치이다.

대화 중에 옆에 있는 사람이 말하길 내가 량치차오가 선포한 국제공법 제2조를 위반했다고 한다. 놀라서 급히 말을 거둬버렸다. 그러므로 이 글은 제12행에서부터 시작한다.

량치차오의 국제공법을 누가 감히 어기거나 지키지 않을 수 있겠는가? 그러나 나는 장래의 중재자 앞에서 몇 마디 하겠다. 비록 나의 첫 번째 글이 "농담이 지나친" 감은 있지만, "무고하게 욕한" 것은 전혀 없다. 원문을 자세히 살펴본다면 이 말이 거짓이 아니라는 것을 알 것이다. 무고하게 욕한다는 것은 장쥔마이가 답글에서 쓴 삼십여 자에나 어울리는 말이다.

진지한 토론을 할 때 지나친 농담은 삼가야 한다는 것을 잘 알고 있다. 그러나 "현학과 과학"이라는 제목의 글은 특별히 여기에 흥미가 있는 사람들만이 관심을 갖는 것으로 『노력』과 『신보』는 모두 그런 사람들이 보는 신문이다. 이런 글에 골계미가 없다면 사람들이 몇 줄 읽기도 전에 잠들고 말 것이다. 내가 만약 『국학계간(國學季刊)』이나 『지질회보(地質匯報)』에 글을 쓴다면 당연히 이처럼 가볍게 쓰지는 않을 것이다. 많은 학자들이 이번 논쟁에 참여하려 한다는 말을 들었다. 줄곧 변론할 가치가 없다고 말하던 장쥔마이가 드리슈 선생의 강의마저 제쳐두고 몇 만 자의 답글을 썼다는 것은 나의 "지나친 농담"이 이미 "벽돌에서 옥을 만들어 내는" 작용을 했다고 볼 수 있다. 내가 만약 문어체로 글을 썼다면 이렇게 말했을 것이다. "내가 어찌 농을 즐기리오! 부득이했을 뿐이다." 또 『시경』의 구절을 인용해서 이렇게 말했을 것이다. "해학에도 능하시니 어찌 사나움이 우리를 두렵게 하리까(善戲謔兮, 不爲虐兮)!"

량치차오가 나와의 교분을 드러내 독자들의 오해를 불식시킨 것에 대해 감사한다. 논쟁 초기에 국제공법을 준수하지 않았음에도 불구하고 논쟁이 시작된 지 한 달이 지났지만 여전히 절교하지 않았다. 만나면 의견을 나누고, "말만하면 논쟁을 했는데", 싸움의 정도가 글로 표현할 때보다 열 배나 심했다. 아무런 비밀도, 어떤 선입관도 없었다. 나는 피어슨의 『과학규범』을 장쥔마이에게 소개해주었다. 이로써 나의 지식론의 근거를 그도 알게 되었다. 나도 그에게서 분트의 책을 빌려 보았다. 따라서 전쟁이라고는 하지만 윌슨의 외교 정책과도 같이 지도를 교환하고 무기를 교환하고 계획을 공개하는 공개된 전쟁이라 할 수 있다. 전쟁을 하면 할수록 교분이 두터워지니 우리의 관계를 걱정할 필요는 없다. 그러나 우리를 배워서는 안 된다. 왜냐하면 세상에 장쥔마이와 같은 아량을 지닌 사람은 많지 않기 때문이다.

량치차오가 만든 국제공법의 제1조와 제2조의 성격은 완전히 다르다. "쓸데없는 가지를 잘라 버린다"는 것은 전쟁의 원칙이며 공법과는 관련이 없다. 이것은 분명 토론의 노장들이 우리에게 보내는 암시이니 어찌 지키지 않을 수 있겠는가. 나의 답글은 두 부분으로 나누어져 있다. 첫째는 본론이고, 둘째는 지엽적인 것이다.

● 본론

1. 장쥔마이의 현재주의

과학자들은 독단적인 주장을 가장 싫어한다. "인생관은 주관적이며 직각적이며……", 당신이 사실을 들어 증명을 해보라! "과학방법은 인생관에 적합하지 않다", 당신이 이유를 들어 설명해보라! 칭화대학 강연에서 장쥔마이가 주장한 것은 "인생관은 통일되기가 가장 어렵다"는 것이다. 나는 전에 그에게 이렇게 말했다. "현재 인생관이 통일되지 않았다는 것과 영원히 동일되지 않을 것이라는 것은 완전히 다른 일이다. 당신이 실제적인 근거로 인생관이 영원히 통일되지 않을 것이라는 것을 증명하기 전까지 우리에게는 계속해서 그것을 통일시켜야 할 의무가 있다." 그는 이런 나의 답변에 대해 "인생관에는 법칙이라는 것이 없다"는 말로 일관하고 있다. 이것은 인생관이 가장 통일되기 가장 힘들다는 말과 일맥상통하는 것인데, 그는 여기에 다음과 같은 말을 덧붙여 나의 반박에 답하고 있다.

> "어떤 일을 비교할 때는 시간을 현재에 한정시켜야지 미래에까지 확대시켜서는 안 된다. 미래에까지 확대시킨다면 해결될 문제가 아무것도 없을 것이다. 예를 들어 갑이 여러 발명과 정치 환경을 증거로 세계는 진화한다고 주장했다고 치자. 을은 세계대전의 결과와 백인의 이민족 학대정책을 증거로 그 말에 반대하며 현재의 세계가 고대보다 못하다고 말한다. 갑이 다시 반박하여 이렇게 말한다. 당신이 든 병폐는 나도 인정하지만 오늘날 이렇다고 해서 어찌 미래에도 이와 같으리란 법이 있겠는가? 을은 비관적 입장에서 대답한다. 나는 현재만을 말할 뿐이지 장래의 것은 상관하지 않는다. 을의 말을 들은 갑은 눈만 멀뚱멀뚱 뜬 채 어찌할 줄을 몰랐다."

나는 장쥔마이가 말하고 있는 갑이 어떤 사람인지 모른다. 그러나 만약에 내가 갑이라면 절대로 이렇게 고분고분하거나 "멀뚱거리며 할 말을 잃지는" 않았을 것이다. 과거, 현재, 미래 가운데 가장 신뢰하기 힘들고 파악 불가능한 것은 현재다. 장쥔마이가 상편을 쓸 때의 현재와 하편을 쓸 때의 현재는 다르다. 이 글을 쓰는 현재는 글을 다 쓰고 나면 과거가 되어버린다. 따라서 현재를 논할 때는 과거와 현재를 함께 말하지 않을 수 없는 것이다. 우리가 열거하는 사실들 중 과거에 속하지 않는 것이 하나라도 있는가? 우리가 희망하고 바라는 것 중 미래에 속하지 않는 것이 하나라도 있는가? 세 살 먹은 어린아이가 지금 말을 못한다고 장래에도 말을 못할 것이라고 주장한다면 장쥔마이는 분명 나를 "미친놈"이라고 하거나 "일부러 모르는 체한다"고 할 것이다. 내가 만약 10년 후에도 장쥔마이의 학문이나 사업, 행복이 지금과 다를 바 없을 것이라고 한다면 그는 내가 그를 "경멸"한다고 생각할 것이다. 만약 장래의 중국이 영원히 현재의 중국과 똑같을 것이라고 —정부는 빚을 갚지 않고, 국회는 매관매직하고, 공무원들은 돈벌이에만 혈안이 되어 있고, 군경은 군수물자를 축내고, 군벌은 착취를 일삼고, 도적떼들은 인신매매에 열을 올리고—한다면 차라리 자살하는 게 나을 것이다. 내가 어린아이를 예로 들어 설명한 것은 인류의 진화 과정이 어린이의 발육 과정과 같기 때문이다. 백만 년의 변화와 발전을 거쳐 비로소 인류는 원숭이류에서 돌도끼와 돌칼을 쓰는 사냥꾼으로 진화했으며, 다시 수만 년의 변화와 발전을 거쳐 굴속이나 들에서 살던 야만인에서 문화 민족으로 진화했다. 오늘날 백인이 이민족을 박해하는 것과 아프리카인들이 포로를 학대하는 것을 비교해보라. 중국이 묘족(苗族)이나 이족(彝族)을 대해왔던 역사와 비교해보라. 유럽의 전화(戰禍)와 중국의 홍양염비(洪楊捻匪)[1]를 비교해보라. 변화와 발전은 매우 더디게 진행되기 때문에 아직도 적지 않은 야만적 근성이 우리들의 핏속에 남아 있다. 그러나 변화와 발전은 하루라도 멈추는 날이 없기 때문에 비관적일 필요가 없으며, 과거를 통해 미래를 예측해야 한다. 절대로 자포자기해서는 안 된다. 만약에 장쥔마이가 말

1) 홍양(洪楊)과 염비(捻匪). 즉 중국 근대 시기 홍수전(洪秀全)과 양수청(楊秀淸)이 일으킨 태평천국(太平天國) 운동과 염당(捻黨)이 일으킨 난(亂)을 가리킨다.

한 을이 본인 자신을 말한 것이라면 나는 정중하고 예의 바른 태도로 그 주장을 철회하기를 바란다. 그러한 현재주의는 반진화론적인 인생관으로 그것이 설 자리는 없다.

2. 인생관의 정의와 범위

장쥔마이가 칭화대학 강연에서 열거한 아와 비아에 관한 아홉 가지 사항은 인생관에 대한 정의를 제대로 내린 것이 아니다. 내 생각에 아와 비아의 관계는 결코 아홉 가지에 한정되지 않는다. 예를 들어 점성학과 천문학, 창조론과 진화론, 자유무역과 보호무역, 감각주의와 범주주의 등이 모두 여기에 포함될 수 있다. 장쥔마이는 글에서 나를 두고 "물질과학과 정신과학의 구별이 분명치 않다"며, "열거한 아홉 가지는 모두 정신방면에 속하는 것으로 모두 주관 작용의 정보가 그 안에 포함되어 있다 …… 이런 구분은 매우 명확한 것으로 딩원지앙은 알고도 모른 척하는 것이다"라고 말했다. 그는 또 인생관에 대해 이렇게 정의를 내리고 있다.

> "사람의 삶을 보면 안으로는 정신이 있고 밖으로는 물질이 있다. 내부의 정신은 끊임없이 변화하고 외부의 물질은 정체되어 움직이지 않는다. 물질은 나 이외의 모든 것이 속한다. 예를 들면 산하대지(山河大地)와 의복전택(衣服田宅)은 나 이외의 사물이고, 부모처자와 국가사회는 나 이외의 사람이다. 나는 나 이외의 사물 및 사람과의 관계를 변화시키려고 늘 애쓰며 그럼으로써 완전한 경지에 이르려고 한다. 무릇 예로부터 큰 문제들은 정신과 물질의 충돌에서 비롯되었다. 내 밖의 사물과 사람에 대해 나는 항상 관찰하고 주장하고 희망하며 요구하는데 이것이 바로 인생관이다."

독자들은 주의하길 바란다! 이 글을 잘 살펴보면 인생관에 대한 정의 외에도 두 가지 매우 중요한 논점이 있다. 1) 물질과 정신의 구별은 안과 밖의 구별이며 아와 비아의 구별이다. 만약 이렇게 말할 수 있다면 물질과 정신은 사람에 따라 다르며 일정하지 않게 된다. 왜냐하면 아의 측면에서 볼 때 아는 정신이고 비아는 물질이며, 다른 사람의 입장에서 볼 때 아는 밖에 있는 사람이므로 물질이고 비아는 그의 아이므로 정신이다. 2) 나 이외의 사물과 사람에 대해 나는 "늘 그것들을 변혁하여 지선지미의 경지에 이르도록 힘쓴다." 그렇다면 나는 순전히 선의로 사물과 사람을 대하는 것이지 그것을 이용한다거나 파괴한다거나 점유하려는 의도는 아닐 것이다. 순전히 선의에 근거한 것이라면 충돌은 일어나지 않았을 텐데 어째서 역사적으로 수많은 문제들이 발생하였는가. 이 두 주장에 대해서는 잠시 뒤에 자세하게 살펴보도록 하겠다. 여기서는 그가 말한 인생관의 정의와 내가 덧붙인 10에서 13까지의 네 항목이 서로 상통하는 부분이 있는지에 대해 설명하도록 하겠다.

인생관이란 나 외의 사물과 사람에 대한 관찰, 주장, 요구, 희망이다. 범위가 이렇게 넓다면 과학의 모든 대상들이 어째서 인생관 안에 포함되지 않는 것인가? 과학은 사물이나 사람에 대한 일종의 관찰이나 주장이 아닌가? 지질학은 산하대지에 대한 일종의 관찰이 아닌가? 혹시 장쥔마이의 말뜻이 인생관이란 나 외의 사물과 사람에 대한 관찰, 주장, 요구, 희망이지만 "주관 작용이 그 사이에 개입할 수도 있다"는 것일지도 모른다.—나는 호의적으로 토론을 하려는 것이며 말장난 하려는 것이 아니다. 그러나 안타깝게도 그 말 한마디를 덧붙인다 해서 명확해지는 것은 아니다. 왜냐하면 과거에는 사람의 주관 작용이 개입되었던 것이라도 지금은 그때만큼 많지 않기 때문이다. 예를 들어 점성술을 믿는 사람은 천체 현상을 관찰할 뿐만 아니라 동시에 주장과 희망과 요구도 있다. 천상

(天象)에 변화가 있으면 조정의 승상이 물러나거나 목숨을 내어놓고, 성현 군주는 덕을 닦아 하늘의 뜻을 잘 살펴 변화를 방지하려 했다. 이런 예는 역사적으로 부지기수이다. 비를 바라고 맑은 날씨를 기원하고 도축을 금하고 목욕재계하는 것은 지금까지도 행해지고 있다. 그런데 어째서 "주관 작용이 그 사이에 개입할 수 있다"고 여기지 않는 것인가? 음양오행이 어째서 주관적이지 않는가? 이런 역사적 사실들은 우리에게 많은 교훈을 준다. 즉 지식이 변함에 따라 주관 작용의 범위도 변하기 때문에 절대로 믿을 만한 것이 못 된다는 것이다. 따라서 정신과학과 인생관의 경계는 나도 잘 모를 뿐만 아니라, 장쥔마이도 실수를 범하거나 자기모순에 빠지기 쉽다. 그가 나에게 답한 글을 예로 들어보겠다.

> "종의 기원에 대해서는 아직까지 결론이 나지는 않았지만, 생물학 중 일부 현상에서는 법칙을 도출할 수 있다. 따라서 물종에 관한 것은 마땅히 과학의 범위에 속하는 것이지 인생관의 영역에 속하는 것은 아니다."

그러나 그는 칭화대학 강연에서 분명히 다음과 같이 말했다.

> "다윈의 생존경쟁설과 크로포트킨의 호조주의는 보는 관점이 다른 것이다. 본인이 추종하는 학파의 이론에 대해 실험을 통해 시비를 가릴 수는 없다. 어째서 그런가? 그것이 바로 인생관이기 때문이며, 인생관은 주관적이기 때문이다."

또 그는 이렇게 말했다.

> "심리학의 중요 문제를 예로 들면, 갑은 감각이 지식에서 생긴다 하고

> 을은 지식이 범주를 기초로 한다고 하는데 누가 옳고 그른지 쉽게 판단할 수 없다. 그러나 정신과학의 측면에서 보자면 일반 현상은 평균값을 구할 수 있기 때문에 법칙을 도출할 수 있으며, 따라서 객관성을 잃지 않는다."

지식론은 분명 심리학상의 문제며 과학의 문제다. 그러나 내가 지식론이라는 말 앞에 "과학적"이라는 세 글자를 덧붙이자 그는 "그것은 말이 안 되는 것이다"라고 하였다. 그는 또 말했다.

> "지식론은 철학의 범위에 속하는 것으로 과학과는 무관한 것이다."

나는 그것이 "말이 안 되는 것"이라고는 감히 말하지 못하지만, "모순"이라고는 말할 수 있다. 그것이 모순인 까닭은 장쥔마이 본인조차도 정신과학과 인생관의 경계가 모호하다고 느껴 조심하고 있기 때문이다. 과연 이럴진대 그가 어떻게 "경계가 이렇게 명확한데 딩원지앙은 왜 알면서도 모른 척하는 것일까?"라고 말할 수 있겠는가?

정신과학과 인생관의 경계가 명확한지를 알기 위해 우리는 물질과 정신 사이에 근본적인 차이가 있는지에 대해 연구해봐야 한다. 장쥔마이는 안과 밖, 아와 비아로 정신과 물질을 나누었는데, 이것이 성립 가능한 것인지도 살펴봐야 한다. 그러나 이 문제를 토론하기 전에 우선 그가 과학에 대해 가지고 있는 여러 가지 오해를 설명해야 한다.

3. 과학에 대한 오해

과학에 대한 장쥔마이의 가장 큰 오해는 "엄밀한 과학"은 "확고하여 흔들림이 없으며", 법칙은 "한 번 만들어지면" 변하지 않고, "과학적"이라는 것은 "정설이 있는" 것이라고 생각하는 것이다. 따라서 그는 생물학과 심리학이 아무런 가치도 없다는 것을 증명하기 위해 만여 자의 글을 썼다. 근대 과학의 시조인 뉴턴 때부터 지금까지 이렇게 비과학적인 생각을 했던 사람은 아무도 없었다. 뉴턴은 과학법칙을 발견하기 위해 네 가지 원칙이 필요하다고 말했다.

> "1) 만약 하나의 원인이 관찰된 결과를 설명하는 데 부족하지 않다면 다른 원인을 첨가하는 것은 불필요하다. 2) 비슷한 결과는 마땅히 비슷한 원인에 귀결되어야 한다. 3) 관찰할 수 있는 물질이 갖고 있는 성질은 다른 모든 물질에 유추될 수 있다. 4) 여러 사실에 근거해서 도출된 과학 관념은 당연히 그것이 진리라고 가정되며, 새로운 사실이 발견되어 더 이상 적용 불가능하게 되면 다시 그것을 수정하면 된다."

뉴턴의 이러한 정신은 진정한 과학정신이라 할 수 있다. 세상의 진리는 무궁무진하지만 우리가 지금까지 발견한 것은 극히 일부에 지나지 않는다. 과학법칙은 우리가 사실을 관찰할 때 사용한 방법이 새로 발견한 사실에 적용되지 않는다면 언제든지 바뀔 수 있다는 것을 말해준다. 마하와 피어슨이 모두 과학법칙에 필연성이 있다는 것을 인정하지 않는 것은 바로 그런 의미에서이다. 이것이 바로 과학과 현학이 근본적으로 다른 점이다. 현학가는 확고하여 흔들림이 없는 "규율(System)"을 만들려 하며, 그 규율이 정론이 되어야 한다고 생각한다. 과학정신은 규율에 홀린 사람들의 심리와 정반대이다. 따라서 나는 말한다. "과학방법은 사실들을 분류하여 그것들의 질서를 찾아내는 것이다. 질서가 명확해지고 나면 다시 가장 간단명료한 말로써 수많은 사실들을 개괄해내게 되는데 이것이 바로 과학법칙이다." 모든 사실들은 과학방법으로 연구할 수 있으며, 모두 과학이 될 수 있다. 어떤 학문이 과학이 될 수 있는지는 정도의 문제일 뿐이다. 장쥔마이는 여러 차례 물리학은 이미 과학이 되었지만 생물학과 심리학은 그럴 가능성이 없다는 것을 증명하려고 하였다. 이것은 과학이 마치 신선과 같이 위아래 여덟 등급으로 나누어질 수 있다는 말이다. 물리학자들은 절대로 이처럼 무모하지 않다. 왜냐하면 물리학 법칙은 자주 변하기 때문이다. 뉴턴은 세 가지 법칙만 발견한 것이 아니다. 그의 원자 광학론은 19세기 초 다른 과학자에 의해 수정되었다. "힘[力]"과 관련된 그의 이론은 일찍이 에너지 이론으로 대체되었다. 피어슨과 마하는 모두 "힘"의 관념에 불만을 갖고 있던 사람들이다. 아인슈타인의 상대성 이론이 나오고 나서, 뉴턴의 법칙은 효용성을 잃게 되었다. 아인슈타인은 인력(引力) 현상을 공간의 성질로 보았기 때문에 힘의 관념을 사용할 필요가 없다고 주장했다. 공간 자체가 곡선이기 때문에 공간을 이동하는 물질은 모두 곡선 운동을 한다는 것이다. 따라서 뉴턴이 말한 직선 운동은 존재하지 않는 현상이며 이런 가설도 필요 없게 되었다. 장쥔마이는 "근래에 아인슈타인의 이론이 나왔지만 법칙의 적용 범위가 다르기 때문에 물리학자들은 아직까지 뉴턴의 법칙이 유용하다고 인정한다"고 말했다. 여러분들이 만약 아인슈타인의 『상대성 이론』과 뉴턴의 원리(Principia)를 비교해본다면 이 말이 근거 없다는 것을 바로 알 수 있을 것이다.

장쥔마이는 이렇게 말했다. "물리상의 개념은 아톰과 원자와 질량과 에너지이다." 아마도 "아톰"이 원자라는 것을 모르고 있는 것 같다. 만약 내가 "에고"와 "자아"가 다르다고 말한다면 장쥔마이가 나를 어떻게 비난할지 모르겠다. 원자론은 돌턴(Dalton)이 제기한 것으로 원자는 분자 내에 있는 것이다. 분자 관념은 아보가드로(Avogadro)에서 시작되며 화학을 아는 사람들은 원자가 물질의 최소 단위이며 더 이상 나눌 수 없는 것이라고 여기고 있다. 라듐 원소가 발견된 이후에야 화학자들은 원자도 스스로 자기 분열을 할 수 있다는 것을 알게 되었다. 우라늄이 토륨으로, 토륨이 라듐으로, 라듐이 다시 엑튬으로, 엑튬이 다시 납으로 바뀜에 따라 원자론은 수정되었고, 화학에서의 원질 개념도 성립 근거를 잃게 되었다. 힘과 원자는 모두 물리 화학상의 근본 개념인데 이렇게 바뀔 수 있다면 장쥔마이가 말한 불변의 법칙을 물리학에서 찾을 수 있겠는가? "엄밀"한 과학이 고정불변한 것이라고 말할 수 있겠는가?

그는 드리슈의 말을 인용하여 다윈 학설의 무용함을 증명하고자 했다. 나는 원래 이 점에 대해 그와 논쟁하려 한 것은 아니었다. 왜냐하면 다윈의 학설은 "이백과 두보의 문장이 찬란하게 빛나는" 것처럼 탁월해서 이런 큰 나무를 흔들어 대기에 드리슈는 역부족일 뿐만 아니라 나도 다윈의 선봉장으로는 부족하다고 여겼기 때문이다. 생물진화의 문제는 매우 복잡하고 전문적인 것으로 발생학이나 생물 구조학, 고생물학, 유전학에 조예가 깊지 않은 사람이 토론에 참여하는 것은 어울리지 않는다. 이것은 고등 수학 지식이 없는 사람이 상대성 이론을 비판할 수 없는 것과 같은 이치이다. 독자들의 오해를 피하기 위해 나는 장쥔마이가 "생물학 대가"라고 추켜세운 톰슨(그가 생물학 대가인지 아닌지는 아래에서 다시 따져볼 것이다)의 말로써 나의 의견을 대신하고자 한다.

> "만약 우리가 말하는 다윈주의가 변화, 선택, 유전성을 주요 관념으로 하는 살아 있는 학설을 가리키는 것이지, 다윈의 말에 고집스럽게 집착하는 것을 말하는 것이 아니라면, 우리는 다윈주의가 지금과 같이 안정적이었던 적이 한 번도 없었다고 말할 수 있다."

그는 또 말했다.

"만약 진화 학설 자체가 진화하지 않는다면 어찌 자기모순이 아니겠는가?"

장쥔마이가 가장 자신 있게 한 말은 "확고하여 흔들림이 없는" 물리학은 "미래를 예측"할 수 있지만, 생물학이나 심리학은 그런 능력이 없다는 것이다. 그는 "미래를 예측"한다는 것이 무엇인지에 대해 정의 내리지 않았다. 그는 이렇게 말했다. "물체의 좌우에서 각각 같은 힘을 가하면, 그 물체는 대각선 방향으로 움직인다." 그는 또 천문학자가 천체 현상을 예측할 수 있다고 했는데, 모두가 알다시피 천체 현상을 예측하는 일은 삼천 년 전 미개했던 조상들의 시대에도 이미 가능했던 일로 그리 대단한 것이 아니다. 장쥔마이가 의학이 응용 생물학의 하나라는 사실을 믿는지 안 믿는지는 잘 모르겠다. 만약 누군가 장티푸스나 말라리아에 걸렸다면 나 같은 사람도 그 사람의 체온을 추정할 수 있다. 조금 더 진지한 예를 들어보겠다. 드브리스는 멘델 법칙을 재발견한 사람이다. 만약 우리가 노란 껍질 옥수수와 흰 껍질의 잡종을 섞으면 새로 수확한 옥수수에 노란 껍질이 몇 알이고 흰 껍질이 몇 알인지 예상할 수 있다고 한다. 개인적으로 볼 때, 이런 유전학상의 대발견은 중요성이 아인슈타인의 상대성 이론에 뒤지지 않는다. 최근 캐슬이 생식 세포의 독립성을 증명하려고 시도하였다. 그는 브라질 새끼 흑돼지의 난자를 다 큰 흰색 브라질 수돼지 뱃속에 이식시킨 후, 4개월 후 다시 흰색 브라질 돼지와 교배시켜 세 마리의 돼지 새끼를 얻었다. 결과는 세 마리 모두 브라질 흑돼지였다. 여기서 볼 때, 흰색 브라질 수돼지는 브라질 흑돼지의 난자에 조금도 영향을 주지 않았을 뿐만 아니라, 멘델의 법칙에도 완전히 부합하여 캐슬의 예측과 같은 결과를 얻었다.

나의 심리학 수준은 장쥔마이의 생물학 수준과 비슷하기 때문에 그와 경솔하게 논쟁할 수는 없다. 그러나 내가 알기로는 순수 심리학 이외에도 동물 심리학, 아동 심리학, 병리 심리학 분야에서 최근 매우 많은 발전이 있었다. 나는 동물 심리학에 대해 비교적 잘 알고 있는데, 거기서 도출된 법칙들은 대부분 "미래를 예측"할 수 있는 것들이다. 장쥔마이는 이런 사실까지 모두 부정하지 않기를 바란다. 그가 가장 경시하는 경제학과 사회학도 미래를 예측하는 법칙을 가지고 있다. 이에 대해 최근 2년간의 사실을 예로 들어 설명해보도록 하겠다.

세계대전 이전에 앙겔은 『대 환상』이라는 책에서 여러 경제적 사실들을 근거로 근세의 전쟁은 전승국과 패전국에 모두 파산을 가져다줄 것이라고 말한 적이 있다. 이번 세계대전의 결과를 보면 그의 예언이 정확히 맞았다는 것을 알 수 있다. 이것이 "미래를 예측한" 것이 아니고 무엇이겠는가? 케인즈(Keynes)는 "평화협정의 경제적 결과"라는 글에서 패전국에 지나친 압력을 가하면 패전국 국민들의 생활이 불가능해질 뿐만 아니라, 전승국에도 좋지 않은 결과를 낳을 것이라고 말했다. 최근 4년간 유럽의 상황이 케인즈의 예측에서 벗어난 것이 하나라도 있던가?

과학에 대한 장쥔마이의 두 번째 오해는 과학의 분류를 과학의 장벽으로 생각한 점이다. 톰슨은 『과학인론』(83페이지)에서 이렇게 말했다. "과학 분류는 실제로, 그리고 지식상에 있어서 방편인데, 그러므로 여러 가지 곤란함이 있다." 그는 또 피어슨의 "각종 과학은 한 나무의 서로 다른 가지일 뿐이다"라는 말도 인용했다. 우리는 연구의 편의를 위해서 과학을 물리, 화학 등으로 나누고 있으나, 사실 서로 연관이 없어 보이는 과학들도 밀접하게 연결되어 있다. 예를 들면, 논리학과 생물학은 성격상 아무런 관련이 없어 보이지만 논리와 수학, 물리, 화학, 생화학, 생물학 등은 서로를 포함하고 있으며, 서로 간의 경계도 불분명해서 본래 뿌리가 하나임을 알 수 있다. 지금까지 학자들의 분류법이 일치하지 않았던 것은 바로 이런 이유 때문이다. 나는 장쥔마이가 왜 분트의 분류법만을 표준으로 삼는지 알 수 없다. 분트의 원 저작에는 과학 분류에 대한 언급이 없다. 장쥔마이는 분트가 쓴 『논리학』의 각 장 제목만을 예로 들었는데, 이는 불완전하며 엄밀하지도 않다. 혹시 이 분류 안에 지질학이 포함되어 있지 않기 때문에 나를 놀리려고 일부러 그랬는지도 모른다.[2] 게다가 "확실"은 "물질"의 대명사가 아니다. 대다수 사람들은 수학과 논리학을 함께 묶어 추상과학이라고 부른다. 장쥔마이는 웰스의 말을 인용해 이렇게 말했다.

> "셈을 하는 것이나, 계량을 하는 것은 수학을 구성하는 기본적인 내용이다. 이것은 전부 사람의 주관에서 나온 것으로 실제 세계와 서로 배리되는 것이다."

정신에 관한 장쥔마이의 정의에 따르면 수학도 정신과학이 아닌가? 어째서 수학만 확실하다고 하는가? 그는 생물학을 확실과학이라고 했는데 왜 또 그것이 확실하지 않다는 것을 증명하려고 애쓴 것인가? 그는 "순수한 심리에는 법칙이 없다"고 하면서 다음과 같이 말했다. "근래 실험 심리학을 보면 실험은 오관과 신경계의 제약을 받는 것이다. 그러므로 이것을 생리적 심리학이라 부른다면 맞을지도 모르지만 순수 심리학이라 부른다면 틀린 말이다." 장쥔마이가 인용한 분트의 표제에는 생리학이 없다. 생각해 보니 마땅히 생물학에 포함시켜야 할 것이다. 실험 심리학이 생리적이라면 당연히 확실한 것인데, 어째서 그는 또 "생물학을

2) 딩원지앙은 지질학자이다.

한층 낮은 것으로 간주하는 것인가?" 이런 보순은 각 과학들 사이에 넘을 수 없는 강이 존재한다는 생각에서 기인한 것으로 분트의 분류법과 억지로 끼워 맞추려 한다면 당연히 원만한 주장이 될 수 없다.

분류는 과학방법의 출발점인데 어떻게 그것을 인정하지 않을 수 있단 말인가? 그러나 과학 분류를 인정하는 것과, 정신과학과 물질과학 사이의 근본적인 차이를 인정하는 것은 다른 일이다. 가령 내가 지리와 인물의 관계를 연구하면서 도시 사람을 베이징 사람, 톈진 사람 등으로 나누었다고 하자. 과연 이 사람들 사이에 어떤 구별이 존재한단 말인가?

나는 경제학이 생물학처럼 확실하다고 주장하려는 것이 아니다. 또한 각 과학의 재료들을 분류 연구하는 것이 불가능하다는 것도 아니다. 분류란 정도의 차이는 있지만 편의상의 일로 그로 인해 지식의 각 영역 사이에 넘을 수 없는 강이 존재한다고 말할 수는 없다. 이것은 과학자라면 일반적으로 누구나 알고 있는 것이다. 따라서 소디(Frederick Soddy)는 물리와 화학, 화학과 생물학을 나눌 수 없다고 주장한 것이다. (『물질과 에너지』를 참고할 것) 헉슬리는 과학정신을 논하면서 다음과 같이 말했다.

> "만약 세계가 점점 나이 들어 갈수록 과학의 지위도 점점 확고해질 것이라고 믿는다면, 과학정신은 인류 사상계의 모든 부분으로 확대될 것이며, 지식계 전체를 아우를 수 있을 것이다. 만약 인류가 장년이 되어 세상에 하나의 지식, 하나의 방법만이 존재하고 그것을 통해서만 과학정신을 얻을 수 있다고 믿는다면, 우리는 여전히 어린아이에 불과할 것이다."

제임스는 이렇게 말했다.

"많은 사상가들은 모든 것을 포괄하는 유일한 과학이 있을 것이라는 일종의 신앙을 갖고 있다. 그러나 이것은 전지전능한 것이 존재할 수 없다는 것을 모르고 하는 말이다. 만약 이런 과학이 가능하다면 그것은 바로 철학일 것이다. 현재는 사실로부터 멀리 떨어져 있기 때문에 수많은 지식의 출발점을 여러 곳에 나누어 둘 수밖에 없다. 이것은 편의상 그런 것일 뿐인데, 장래에는 그것들이 성공적으로 합쳐져서 하나의 진리가 되기를 기대한다."(『심리학교과서』, 1페이지)

장쥔마이는 물질과학과 정신과학의 차이를 부정한 것은 "딩원지앙에게서 시작"한 것이라고 말했다. 이것은 나를 너무 과대평가한 것으로 사실과 다르다. 정리해서 말하자면, 과학적 태도는 대단히 평등한 것이다. 여러 과학이 가는 길은 하나가 아니며 길을 가면서 보는 풍경도 같지 않다. 그러나 출발점과 가는 방법은 동일하며 멀리 가면 갈수록 서로의 길은 가까워져 서로에게 도움을 줄 수 있다. 지금 어느 하나가 조금 앞서 나아간다 해도 미래에는 순서가 바뀔 수도 있으니 편을 갈라 어느 하나만을 추켜세워서는 절대 안 된다. 과학적 태도는 겸손한 것이다. 지식의 영역은 무한한 공간과 같다. 지금은 유한한 것처럼 보이지만 언젠가 그것이 무한한 것임을 알게 될 것이다. 이것은 장쥔마이가 톰슨의 말을 빌려 표현한 "작은 비밀이 사라지고 나면 다시 큰 비밀이 생겨난다"는 것과 같다. 그러나 과학이 가는 길이 잘못되었다거나, 과학이 갈 수 없는 길이 있다거나, 신비한 방법이 과학 앞에, 혹은 과학 위에 존재한다고 말하는 것은 결코 인정할 수 없다. 왜냐하면 방법의 초월을 주장하는 사람들은 수천 년이 지나도 결국엔 자신이 만들어낸 태극의 울타리를 벗어날 수 없기 때문이다. 그러므로 나는 "지식 영역에서는 과학방법이 만능이며, 과학이 만능인 이유는 그것의 대상 때문이 아니라 방법 때문이다" 라고 주장하는 것이다. 한마디 덧붙인다면, 과학 만능은 과학의 결과 때문이 아니라 방법 때문이다.

4. 존의(存疑)학자의 태도

장쥔마이는 이렇게 말했다. "딩원지앙은…… 자칭 존의적 유심론자라 이름 붙였다. '존의'하다면 형이상 영역을 연구하는 현학을 폄하해서는 안 된다. 자신이 말하는 존의가 선입관에 의한 것임을 모른다면, 딩원지앙은 자기모순에 빠지고도 알지 못하는 격이다." 그는 분명 존의주의에 대해 제대로 이해하지 못하고 있다. 따라서 이에 대해 설명을 하겠다.

존의론 창립대회를 개최한 사람은 헉슬리다. 이 대학자의 말을 빌려 설명해보겠다.

> "……나이가 들면서 더욱 분명해지는 것은 인생에서 가장 신성한 행위가 '나는 어떤 것이 진리라고 믿는다'는 말을 마음에서부터 자신 있게 하는 것이라는 사실이다. 인생 최대의 선물과 가장 중요한 징벌도 모두 이러한 행위를 따른다. 이 우주에서는 어디든 다 마찬가지다. 만약에 내가 해부학이나 생리학에서 작은 곤란에 부딪힌다면 증거가 충분하지 않은 모든 것들에 대해 엄격하게 회의(懷疑)해야만 비로소 결론을 얻을 수 있다. 그렇다면 인생의 기적을 해결하는 데 있어서는 이런 엄격한 조건을 적용하지 않아도 된다는 것인가? 비유와 추측으로 나에게 얘기한다 해도 쓸모없는 일이다." (『헉슬리전』 제1책, 233페이지)

그는 또 말했다.

"데카르트는 회의(懷疑)를 중시했는데, 이는 괴테(Goethe)가 말한 의미의 회의라는 것을 잘 기억해야 한다. 그는 '회의의 목적은 자신에 대한 회의를 정복하기 위한 것'이라고 말했다. 이런 회의는 교활함과 멍청함에서 생기는 것과는 다르며, 회의를 연장시킴으로써 나태와 무감각을 변명하려는 것과도 비교할 수 없다."(『방법과 결과』, 170페이지)

그러므로 존의주의는 적극적인 것이지 소극적인 것이 아니며, 투쟁적이지 방관적인 것이 아니다. "증거가 충분하지 않은 모든 것들에 대해 엄격하게 회의해야만" 하며, "비유와 추측으로 나에게 얘기한다고 해도 쓸모없는 일이다". 따라서 어떤 주장, 어떤 주의에 대해서도 첫 마디 말은 "증거를 대봐라!"는 말이어야 한다.

증거가 불충분하다면 그것을 믿을 수 없다. 만약 비유와 추측으로 증거를 대신하려 한다면 우리는 그의 숨은 의도를 폭로함으로써 사기를 치지 못하도록 해야 한다. 비유와 추측으로 증거를 대신하는 사람을 꼽자면 아마도 베르그송이 첫 번째일 것이다. 그는 말했다. "어떤 상태에서 다른 상태로 변화하는 것과 하나의 상태를 유지하는 것 사이에 근본적인 차이는 없다."(『창조적 진화』, 2페이지) 우리는 이렇게 말해야 한다. "증거를 대봐라!" 그는 또 이렇게 말했다. "심리 생활은 시간이 만들어낸 것인데, 시간은 저항력이 있으며 물질적인 것이다." 우리는 이렇게 말해야 한다. "심리학상의 시간은 감각기관이 느끼는 감각이며, 물리학상의 시간은 공간의 보완물로 모두 실험 가능한 사실에 근거한 것이다. 그렇다면 당신이 말한 시간은 어디서 온 것인가? 그것이 저항력이 있고, 물질적인 것이라고 어떻게 증명할 수 있는가?" 그는 심리적 상태가 구르는 눈덩이와 같아서 구르면 구를수록 더 커진다고 말했다. 또 생물은 물이 앞으로 흘러 내달리는 것과 같아서 흐르면 흐를수록 지류가 많아진다고

도 하였다. 우리는 그에게 이렇게 말해야 한다. "잠깐, 잠깐만! 이건 모두 비유가 아닌가? 당신은 심리 상태와 눈덩이의 관계, 그리고 흐르는 물과 생물의 관계에 대해 사실로써 명확하게 증명해 보여야 한다. 그런 다음에야 이런 비유로부터 당신의 무한한 추론이 가능할 것이다." 베르그송의 알쏭달쏭한 말은 유리처럼 깨지기 쉬운 것으로 칸트의 '정언명령'과 오이켄의 '정신생활', 오릭의 '정신원소'에 대해 존의학자들은 단지 이 말만 할 수 있을 뿐이다. "증거를 대봐라!"

5. 지식론

장쥔마이의 개념으로 말하자면, 나의 지식론은 감각주의다. 그가 '과학적'이란 것은 아직 '정식적인 것'이 아니다.—이것은 장쥔마이 자신이 '과학적'이란 것에 대해 내린 정의로 나와는 무관하다—나의 지식론은 감각에 근거하고 있기 때문에 과학방법을 써서 실험할 수 있으며 정통파 철학의 근거와는 다르다. 신경험주의는 경험으로 지식을 말하고, 생활의 과정으로 사상을 말한다. 신실재론는 함수로 심물 관계를 말한다. 이들이 비록 감각주의자들과는 다르다 해도 과학방법으로 지식론을 연구하기 때문에 모두 과학적이라고 말할 수 있다. 감각주의의 근거는 매우 복잡하다. 내가 이천여 자로 설명했지만 더 많은 논의를 해야 한다. 다행히 장쥔마이가 친절하게도 정통 철학이라는 공염불로써 나를 비판했는데, 이에 대해 몇 마디 답변을 하겠다.

나는 장쥔마이가 말한 '논리적 의의'란 것이 오로지 인류만 가지고 있는 것인지 아니면 고등 동물이라면 다 갖고 있는 것인지 잘 모르겠다. 혹은 성년이 되어 얻게 되는 것인지, 어릴 때부터 고유하게 지니고 있는 것인지도 잘 모르겠다. 감각이 지식의 최소 단위라는 것은 심리학에도 수많은 증거가 있으며, 동물 심리학과 아동 심리학의 연구 결과를 통해서도 알 수 있다. 고등 동물과 아동은 모두 감각을 갖고 있으며, 감각으로부터 받은 인상을 기억으로 붙잡아둘 수 있다. 동물과 아동의 심리를 연구하는 사람들은 감각에 논리적 의미가 있다는 것을 인정하지 않는다. 만약 어른이 붉은색을 볼 때마다 "붉은색은 이런 것이구나", "이게 정말로 붉은 거야"라고 말하고, 사람들이 아주 간단한 자극에도 매번 진위를 분별해야 한다면 우리의 생활은 얼마나 고통스럽겠는가? 장쥔마이는 생리학에서 말하는 무의식적 행위란 것을 인정하지 않는 것인가? 무의식적 행위의 동기는 감각인가, 아닌가? 거기에는 논리적 의미가 있는가, 없는가? 만약에 내가 몽둥이로 당신의 머리를 한 대 후려친다면 당신은 바로 아픔을 느끼는 것인가, 아니면 자기 자신에게 "아픔이란 이런 것이다", "이것이 진짜 아픈 것이다"라고 말한 후에 비로소 아픈 느낌을 받는 것인가? 스페인 투우장의 수소는 붉은색만 보면 뿔로 들이받는데, 이것이 "붉은색은 이런 것이다", "이것이 진정한 붉은색이다"라고 자기 자신에게 먼저 말한 뒤 그러는 것인가, 아니면 자극에 대한 일종의 반응인가? 칸트의 선천종합판단이 스페인 투우에 적용될 수 있는가? 동물은 어째서 자극에 반응을 보이며, 사람은 어째서 감각으로부터 개념을 만들어내고, 연상을 통해 추론할 수 있는가? 이것은 생물학의 근본적인 문제로 지금은 비록 "작은 비밀은 사라졌지만, 큰 비밀이 다시 생겼으므로" 완전히 해결된 것은 아니다. 그러나 생물학자와 심리학자는 칸트의 "선천종합판단"이나 독일 사상 및 심리학에서 말하는 "논리적 의의"를 신경 쓸 필요가 없다. 왜냐하면 비교 심리학이 이미 그것들에게 사형을 선고했기 때문이다.

감각주의자들의 지식론은 원래 이론뿐으로 논쟁의 여지가 많다. 나는 이렇게 말했었다. "일반인들의 심리 내용을 살펴보면 그 성질은 같다. ……나의 사상 도구는 일반인처럼 하나의 기계라 할 수 있다. 기계의 효능은 비록 다르지만 성질은 같다." 이것은 이론이 아니라 사실이다. 킬튼이 통계 방법으로 생물 현상을 연구한 이래, 소위 생물측량학(Biometrics)라는 학문이 생겼는데, 우리가 "보통사람"이라고 말하는 것 자체에 이미 통계적인 근거가 들어 있다. 예를 들어 영국에서의 보통사람이 오 척 팔 밀리미터의 키라면 오 척 이하는 작은 것이고, 육 척 육 촌 이상은 키가 큰 것이다. 그러나 키가 작다는 것과 키가 크다는 것의 기준은 마음대로 정한 것이다. 오 척 이하의 키 작은 사람과 육 척 육 촌 이상의 키 큰 사람 사이에 있는 수많은 중간자들은 일반인으로 함께 분류되고 있다. 지력(IQ)도 마찬가지다. 저능아의 지력이 0이고 천재는 100, 그리고 일반인은 50이라고 가정한다면 1부터 49 안에서는 저능아들이 일반인과 함께 분류되며, 51부터 99까지의 사이에는 또 일반인과 천재가 서로 섞이게 되는 것이다. 사지(四肢)와 키가 서로 균형을 이뤘을 때 키가 크다고 말할 수 있지, 머리만 비정상적으로 크다거나, 혹은 사지의 균형이 전혀 맞지 않다면 그것은 심리적으로 미친 사람과 마찬가지로 괴물이라 할 수 있을 것이다. 미친 사람의 심리를 연구하는 학자에 따르면 미친 사람의 심리 중 일부는 천재와 비슷한 점이 있다고 한다. 왜냐하면 그들 모두 감각이 특별하게 발달한 사람이기 때문이다. 미친 사람이란 심리의 일부분이 지나치게 발달하여 평형을 잃어버린 사람이다. 이에 반해 천재는 각 부분의 발달이 균형적이어서 생활의 평형을 유지할 수 있다. 장신, 단신과 일반인의 관계는 정도상의 문제일 뿐 종류상의 문제는 아니며, 천재나 미친 사람과 일반인의 차이도 역시 상대적일 뿐 절대적이지 않다. 일반 사람의 키가 아무리 크다 해도 그의 신장은 종족적 특성의 제약을 받기 때문에 세상에 팔 척 구 척의 장신이 없는 것이다. 또한 키 큰 사람의 체격 계수(Index), 예를 들면 두개골의 너비와 길이, 팔의 비례 등도 모두 일반 사람과 같다. 천재의 지력은 일반인을 넘어서지만, 이 역시도 종족적 특성의 제약을 받기 때문에 그의 심리와 생리 조직은 일반인과 같은 구조를 이루고 있다. 이것은 최근 70년 동안 생물학과 심리학이 연구한 기본적인 관념으로 쉽게 번복 가능한 것이 아니다.

천재와 일반인의 관계로부터 두 가지 중요한 사항을 추론할 수 있다.

1) 천재는 종족적 특성의 제약을 받기 때문에 천재와 일반인은 정도의 차이일 뿐, 종류의 차는 아니다. 이 사실을 안다면 우리는 배우지 않고도 모든 것을 할 수 있는 공자나 하느님의 아들인 예수, 무궁한 지혜를 가지고 있는 부처의 존재를 믿지 않게 될 것이다. 이것은 하늘에 닿을 만큼 키가 큰 사람이 어디에도 없는 것과 같은 이치이다.

2) 천재의 지력이 비록 한계가 있다 하더라도 그 때문에 천재를 무시해서는 안 된다. 지력이 한 층 높으면 식견도 한 단계 높기 때문에 보통 사람은 아무리 노력해도 천재를 따라갈 수 없다. 또한 오 척 육 촌의 신장을 가진 사람이 자신보다 1/5밖에 더 크지 않다고 육 척 육 촌의 사람을 얕봐서는 안 된다. 그와 힘을 겨룬다면 그를 이길 희망이 없고, 군중들 사이에서 공연을 볼 때 우리는 아무것도 보지 못하지만 그는 무대 전부를 볼 수 있기 때문이다.

장쥔마이는 말했다.

> "감각 기관으로 느끼는 인상은 같지만 거기서 얻어지는 결론은 크게 다른 경우가 분명히 존재한다. 신체기관이 다른 것은 다윈에 의하면 환경 때문이고 라마르크에 의하면 사용여부에 기인하는 것이다. 이런 결론의 차이는 다윈과 라마르크의 감각 기관의 구조가 다르기 때문인가? 그렇다면 딩원지앙의 말처럼 누가 정상이고 누가 미친 것인가? 뉴턴은 시간과 공간이 절대적이라고 했고, 아인슈타인은 상대적이라고 했다. 이런 주장의 차이는 두 사람의 감각 기관의 구조가 다르기 때문인가? 딩원지

앙의 말처럼 누가 정상이고 누가 미친 것인가? ……사람에 따라 주장이 다른 원인은 여러 가지다. 이에 대해서 여기서는 논하지 않겠다. 결론적으로 말해, ……보통 사람들의 감각기관이 같다는 것이 서로의 동일성을 추리해 내는 유일한 근거라면 이것은 말도 안 되는 것이다."

침착하게 한번 살펴보길 바란다. 도대체 누구의 말이 맞고 누구의 말이 그른가. 라마르크는 다윈보다 앞선 시대의 사람으로 그가 죽고 나서 39년이나 지난 뒤에야『종의 기원』이 출간되었다. 다윈이 열거한 사실들은 대부분 라마르크가 모르는 것들이었다. 뉴턴은 1727년에 죽었고, 또한 베르그송이 말한 직각 능력도 없었으니 당연히 아인슈타인의 상대성 이론의 근거도 알지 못했을 것이다. 어떤 사람이 알고 있는 사실은 그 사람의 감각기관이 받은 인상인데, 어떻게 라마르크와 다윈, 뉴턴과 아인슈타인이 똑같은 감각의 인상을 갖고 있었다고 말할 수 있는가? 감각의 인상이 다른 까닭에 대해 장쥔마이가 "잠시 논하지 않는" 데에는 당연히 이유가 있을 것이다. 어떻게 그들의 "감각기관의 구조가 다르다"고 말할 수 있겠는가? 내가 말한 미친 사람과는 또 어떤 관계가 있는가? 장쥔마이에게 묻겠다. 우리 두 사람의 인생관이 다른 까닭은 한 사람은 "과학에 중독되고", 다른 한 사람은 "현학 귀신이 몸에 붙어서" 감각기관이 받은 인상이 다르기 때문인가, 아니면 두 사람의 감각 조직이 완전히 다르기 때문인가? 논점이 다르면 감각기관의 구조도 다르다는 것에 어떤 실제적 근거가 있는가? 얼마나 더 많은 생리학상의 증거를 들어야 이해하겠는가?

만약 베르그송의 직각주의를 믿는 사람들이 사람들 간에 감각기관의 구조가 서로 다르다고 믿는다면 나는 이렇게 말해줄 것이다. "당신들은 당신들의 직각이 있고 우리는 우리의 직각이 있다. 당신들의 감관기관이 우리 것보다 우수하다는 것을 증명하지 못한다면 우리는 당신들의 직각이 필요 없다."

하나 더 주의해야 할 것은 내가 1편에서 개념 추론 검증을 위해 열거한 사항 중 세 번째 조항이다.

> "정상적으로 논리적 훈련을 받은 사람이 개념에 근거해서 이미 추론된 것과 같은 결과를 얻을 수 없다면 과학은 그것을 진리로 인정하지 않는다."

나는 동일한 추론 결과를 얻을 수 있는지 없는지를 문제 삼았지 반드시 동일한 추론 결과를 얻어야 한다고는 말하지 않았다. 왜냐하면 가능, 불가능과 긍정, 부정은 다른 문제이기 때문이다. 히버트(Hibbert) 저널에 실렸던 볼프의 글이 떠오른다. 그는 사람에게 자유의지가 있다는 주장에 과학적인 근거가 매우 희박하다는 사실을 잘 알고 있었지만 애착 때문에 쉽게 부정할 수 없었다. 이것은 감성의 문제다. 많은 사람들은 감성을 중시하고 지식을 가볍게 여기기 때문에 자주 "할 수 없는 것이 아니라, 하기 싫은 것이다." 우리는 지금 지식론에 대한 지식을 말하고 있는 것이지 감성의 문제를 그 안에 포함시키려는 것은 아니다.

6. 정신과 물질

일반적으로 물질과학과 정신과학 사이에 근본적인 차이가 없다고 말한다. 왜냐하면 그들의 연구 대상은 현상이며, 연구 방법은 귀납방법으로 동일하기 때문이다. 정신과 물질 사이에 근본적인 차이가 있는지 여부와, 차이가 있다면 어떤 질적인 차이인가 하는 것은 중요한 철학적 문제다. 장쥔마이는 내와 외, 아와 비아의 관계로 정신과 물질을 설명했는데 결과적으로 설명을 안 한 것이나 마찬가지다. 왜냐하면 내와 외, 아와 비아에 대해 정의 내리는 것도 매우 어렵기 때문이다. 정통파 철학을 제외하고 근대 이후 과학방법으로 이 문제를 연구한 학파에는 다음의 셋이 있다. 1) 마하의 감각주의. 2) 행위주의 심리학. 3) 신실재론. 듀이는 두 번째 학파를 대표하며 러셀은 세 번째 학파를 대표한다.

마하는 감각이 지식의 원천이며 소리, 색깔, 온도, 압력, 공간, 시간 등이 연상 작용을 일으켜 다양한 복합체를 만든다고 주장했다. 그 가운데 비교적 오래 지속되는 현상이 기억에 깊이 각인되었다가 언어로 표현됨으로써 우리가 말하는 "물(物)"을 형성하는 것이다. 기억과 감성의 복합체가 특별한 하나의 물이 됨으로써 "아"가 성립된다. "아"도 비교적 오래 지속되기 때문에 우리는 그것이 영원히 지속된다는 것만 기억할 뿐, 그 영원함이 상대적이라는 것을 자주 잊는다. "아"의 영원성은 연속적인 사상과 그것이 만들어낸 습관에 근거하고 있는 것일 뿐, 자세히 생각해보면 오늘의 "아"와 몇 년 전의 "아"는 비슷하다고 말할 수 없다. 만약 우리가 기억으로 그것들을 연결시킬 수 없다면 오늘의 "아"는 어제의 "아"를 알아볼 수 없을 것이다. 따라서 "아"는 고정 불변하는 존재가 아니다. "아"의 특징은 연속적이라는 것이지만, 여기서의 연속이란 "아"의 내용을 예비하고 보존하는 방법에 불과하다. 내용이야말로 기초를 이루는 것이며 "아"보다 더 중요하다. 그러므로 설령 "아"가 존재하지 않는다 해도 그 내용이 미술 창작이나 과학 발명처럼 사회를 개조하는 데 가치가 있다면 영원히 존재한다고 할 수 있다.[마하의 이러한 생각은 중국인이 말하는 "삼불후(三不朽)"[3]와 같다.] 물과 "아"는 모두 동일한 원질(감각)로 이루어진

3) 영원히 썩지 않는 세 가지, 즉 덕(德), 공(功), 언(言)을 이른다. "太上有立德, 其次有立功, 功次有立言.(세월이 흘러도 영원히 없어지지 않는 세 가지가 있으니, 첫째는 덕을 쌓은 일(立德)이요, 그다음은 공을 세우는 일(立功)이요, 마지막은 글을 남기

복합체이기 때문에 둘 사이에는 분명하거나 일정한 보편적인 경계가 없다. 고락(苦樂)과 가장 밀접한 관계가 있는 원질과 결합하여 이상적인 단위인 "아"가 만들어지는데, 이는 고통을 피하고 즐거움을 추구하려는 인류의 본성에서 기인한 것이다. 관념이란 실제로는 매우 유용한 가설일지 모르지만, 진리를 추구하는 데 있어서는 무익할 뿐만 아니라 오히려 해가 된다. 마하는 리히텐베르그(Lichtenberg)의 말을 인용해서 또 다음과 같이 말했다. "나로부터 독립해 존재하는 것들이 있는 반면, 나를 떠날 수 없는 것들도 있다. 도대체 그 경계는 어디인가? 우리가 정말로 알고 있는 것은 감각과 표현, 그리고 생각 정도에 불과하다. 따라서 '나는 생각한다.'라고 말하는 것은 '하늘에서 천둥치는 것'과 별반 다를 것이 없다."(마하가 쓴 『감각의 분석』을 참고할 것.)

여기서 행동 심리학자들과 신실재론자들의 이론을 상세히 설명할 필요는 없다. 왜냐하면 두 학파의 거두인 듀이와 러셀은 중국에 와서 강연을 했고, 강연을 들었던 사람들은 당연히 나(강연을 듣지 않았던 사람)보다 더 잘 이해하고 있을 것이기 때문이다. 간단히 말하자면, 행동 심리학자들의 태도는 세 학파 가운데 가장 극단적이어서 그들은 근본적으로 내성(內省, Introspection)이 지식을 얻기 위한 방법이라는 것을 인정하지 않는다. 지식은 오로지 관찰에서부터 온다. 관찰의 측면에서 말할 때, 생각을 표현하는 것은 언어 습관의 일종이다. 따라서 관찰 불가능한 가설은 필요 없다. 이러한 주장의 근거는 비교 심리학에서 왔다. 동물 심리학자들은 과거 동물 심리에 관한 추론이 믿을 만하지 못하다는 것을 이미 예전부터 알고 있었다. 복잡한 행위에 복잡한 생각이 반드시 필요한 것은 아니다. 예를 들어, 어느 정도 성장한 새가 처음 둥우리를 만들 때, 그 새

는 일(立言)이다.)" -『춘추좌전(春秋左傳)』

는 장래에 거기에 알을 낳아야 할 것이라는 사실을 전혀 모르고 있다. 새의 행위는 일종의 본능적 행동이다. 본능적 행위가 아닌 것은 전부 습관적으로 형성된 것이다. 그러므로 동물의 행위를 설명하는 데 있어서 자각이나 생각을 통해 가설을 세우는 것은 쓸모없는 일이다. 이러한 방법을 인간에게 확대 적용시켜보면 생각의 표현은 언어이고, 언어적 행위는 오로지 습관에서 비롯된 것이다. 장쥔마이가 말한 "정신"과 "아"는 행동 심리학자들이 절대 인정할 수 없는 것이다.

러셀은 정확히 마하와 듀이의 중간지점에 있다. 그의 저작 『마음의 분석』의 일부는 마하에게서 온 것이며, 다른 일부는 행동 심리학에서 온 것이다. 그는 제임스의 말을 인용해 설명하면서 자각이 일종의 실체라는 것을 근본적으로 부정했으며, 자각은 "아"의 귀신이고, "아"는 "영혼"의 귀신일 뿐 전혀 쓸데없는 것이라고 말했다. 러셀은 또 브렌타노(Brentano)를 비판하면서 이렇게 말했다. 사상의 과정에는 그가 말한 "행위(Act)"가 없으며, 사상은 의미의 주체가 필요하지 않다. 한 묶음의 사상을 갑이라 한다면, 또 다른 한 묶음의 사상은 을이라 할 수 있다. 우리는 "내 생각에", "당신 생각에" 라는 말을 자주 쓰는데, 차라리 "비가 온다"는 말처럼 "생각하기에"라고만 하거나 "내 안에 하나의 사상이 있다"고 하는 편이 낫다. 그가 말한 본능적 습관과 내성은 듀이 학파의 개념과 비슷하다. 비록 그가 내성을 완전히 부정하지는 않았지만, 그는 여러 차례 "내성을 통해 발견한 것과 관찰을 통해 발견한 것은 근본적인 차이가 없다"고 하였다.

세 학파의 학설은 비록 다른 점이 많긴 하지만 모두 과학적이라고 할 수 있다. 왜냐하면 모두 과학적 결과와 과학적 방법으로 지식론의 문제를 해결하고 있기 때문이다. 따라서 장쥔마이가 믿는 것과는 근본적으로 양립할 수 없다. 장쥔마이의 학설은 일반적으로 정통 철학이라 불리는데, 그 이유는 그가 아리스토텔레스에서부터 이어져 내려온 방법을 사용하고 있기 때문이다. 아리스토텔레스의 우주론과 생물학은 이미 과학에 의해 완전히 비판되었다. 그럼에도 불구하고 여전히 그의 철학 방법을 고수하고 있는 것은 그의 철학이 우주론이나 생물학보다 수십 배 훌륭하거나 우리의 철학 사상이 아주 유치하다고 생각하기 때문일 것이다.

누군가 이렇게 물어 볼 수도 있을 것이다. "나는 분명하게 내가 존재한다고 알고 있는데, 당신은 어째서 "아"를 한 묶음의 사유와 행동으로 이루어진 동물, 혹은 결합된 정감을 기억하는 복합체일 뿐이라고 말하는가?" 주의하길 바란다. 도척(盜蹠)[4]에 대적할 만한 사람이 세상에 없다는 것과 태양이 동쪽에서 떠서 서쪽으로 진다는 것은 얼마 전까지만 해도 의심할 여지없는 분명한 사실이었다. 그러나 지금 어느 누가 그것을 진리라고 믿는가. 마찬가지로 우리는 비록 "아"가 분명히 있다고 여기지만, "아"가 정말로 존재하는 것이 아닐 수 있다.

어떤 학파의 철학을 믿든 생물학과 심리학의 연구 결과를 완전히 이해한다면, 물질을 초월해 존재하는 정신이나 외부와 단절된 내부가 있다는 것을 절대 믿지 않게 될 것이다. 혹시라도 비아와 독립해서 존재하는 아가 소주 몇 잔을 마시면 나는 헛소리를 할 것이며, 산소가 부족해지면 나는 미쳐버릴 것이고, 음식물의 소화가 더디면 나는 불안해할 것이며, 내분비가 비정상이면 나는 공포감을 느끼게 될 것이다. 마취약에 취하면 나의 "정신"과 "내부"와 "아"는 어디로 갔는지 모르게 될 것이다. 나의 행위가 자각하는 것은 단지 한 부분이다. 즉 기억할 수 없는 수많은 경험들, 수년 전의 느낌, 자신도 잘 모르는 욕망이 모두 나와 밀접한 관계가 있다는 사실이다. 나의 정신을 묶고 있는 것은 "신체적 영양 상태, 동

---

4) 춘추(春秋)시대의 대도(大盜).

물적 행동, 야만인의 전설, 어린 시절 받은 인상과 관례적인 적응, 전승된 지식" 등이다. 나라는 존재는 '자유'로운가, 그렇지 않은가? 나의 "순수한 심리"는 어디서 찾을 수 있는가?

7. 미술, 종교와 과학

장쥔마이의 답글 중에서 가장 이해하기 힘든 부분은 중편 제3장 '과학 이외의 지식'이다. 왜냐하면 그는 뜻이 모호한 개념을 남발함으로써 문제를 일으켰을 뿐만 아니라 목표를 제대로 파악하지도 못했기 때문이다. 나는 그의 인생관이 언제부터 미술과 관련을 맺게 되었는지 모른다. 그가 칭화대학에서 한 강연 원고를 몇 번이나 다시 읽어보았는데, 아홉 항목의 인생관 강령 속에 미술과 관련된 내용은 찾아볼 수 없었다. 그의 글에 대한 나의 반박은 오직 그의 강연만을 대상으로 한 것이다. 거기서 말하는 "인생관"이란 오로지 그가 말한 아홉 항목을 가리키는 것이다. 나는 인생관에 대해 정의를 내리지 않았다. 미술에 대해서도 마찬가지인데 그는 왜 내가 편협해서 미술을 인정하지 않는다고 말하는 것인가? 이것은 과녁 없이 활을 쏘는 것과 다름없는 것이다.

그는 한편으로 미술은 지식이라고 말하면서 다른 한편으로는 톰슨의 글을 인용해 이렇게 말했다. "자연계에 대한 인류의 위대한 목표는 그것을 아는 것—이것은 과학의 일이다—뿐만 아니라 그것을 향유(享有)하는 것이다. 사람은 감성이 있는 존재이기 때문이다." 이것이 어찌 모순이 아닌가?

"향유"와 "감성"은 모두 지식이고, 음식남녀도 모두 지식이다. 나는 장쥔마이가 말한 "지식"이 어떤 함의를 갖고 있는지 모르겠다. 내가 세 가지 항목에서 말한 "참"은 첫째, 개념과 추론, 둘째, 개념, 셋째, 추론으로 그 경계가 매우 분명한 것이다. 이것들이 대체 미술, 도덕, 종교 등과 무슨 관계가 있단 말인가? 그의 정통철학은 지식과 감성과 천성(Instinct)조차도 제대로 구분하지 못한다는 말인가? 이것이 의미가 모호한 개념을 남발하는 것이 아니고 무엇이란 말인가?

그는 미술과 종교를 지식으로 간주했다. 그러나 이는 과학자들뿐만 아니라 미술학도들도 인정하지 않는 것이다. 사실 미술이 지식으로부터 완전히 벗어나 존재할 수는 없다. 예를 들자면 음성학이 음악을 보조하며, 기하학이 설계도를 보조하고, 문법이 시가를 보조하는 것과 같다. 그러나 표현하기 힘든 감성을 죽은 방법으로 표현하는 것은 "신묘하게 하여 그것을 밝히는 것은 그 사람에게 있다(神而明之, 存乎其人)"라는 말과 같아 "술(術)"이라 하는 것이다. 사람들이 자연의 미를 느끼는 것은 자연의 질서를 찾아내는 것과 다르지 않다. 이 모두가 진화의 결과로 이렇지 않다면 생존할 수 없을 것이다. 만약 자연계를 볼 때 추하다고 느껴 구토가 나오려 한다면 어떻게 오랜 세월 동안 생존할 수 있었겠는가? 과학자들 중에 미술을 숭배하지 않는 사람은 없다. 왜냐하면 과학과 미술이 비록 성질은 다르지만 상보적인 관계에서 인류의 수요를 만족시켜주기 때문이다. 지식이 풍부해 질수록 감성을 표현하는 능력도 커지기 마련이다. 감성을 잘 표현하게 되면 지식도 갈수록 풍부해진다. 시인과 화가들의 독특한 상상은 성실함의 표현이며, 이는 현학가들이 사람들을 속이는 상상과는 다른 것이다. 지옥을 그리는 화가는 우리가 그림 속으로 들어가 벌을 받아야 한다고 말하지 않는다. 두목(杜牧)은 "촛불은 이별을 아쉬워하는 마음으로 사람 대신 밤새도록 눈물을 흘리네(蠟燭有心還惜別, 替人垂淚到天明)"라고 읊었다. 하지만 결코 우리는 촛불이 이별의 마음을 가지고 있으며, 사람을 대신해 눈물을 흘린다 생각하지는 않는다. 만약 베르그송이 자신의 현학은 시와 같을 뿐이라고 말한다면 우리는 절대 그를 반대하지 않을 것이다.

나는 미술뿐만 아니라 종교도 반대하지 않는다. 그러나 나는 신학과 종교가 같다는 생각에는 동의할 수 없다. 12년 전 동물학 교과서를 만들면서 개미류의 적자생존(適者生存)에 대해 이렇게 말했다.

"우월한 개체가 살아남는 것[優勝]을 개미의 종에 적용시켜 말한다면 인정할 수 있다. 그러나 개미 한 개체에 대해 말한다면 그것은 동의하기 어렵다. 여왕개미가 태어났을 때는 집이라는 굴레나 생식의 노동이 없어 여기저기 자유로이 날아다닐 수 있었으니 그 즐거움이 얼마나 컸겠는가? 그러나 얼마 지나지 않아 개미굴이 완성되고 날개가 없어져 흙 속에 묻혀 살면서 매일같이 산란만 하는 처지가 되니 평생 희망을 가질 수 없게 되었다. 만약 여왕개미가 지각이 있다면 기구한 운명을 슬퍼하지 않겠는가? 일개미도 마찬가지다. 사람이 자손을 위해 소나 말처럼 일하는 것을 어떤 사람은 어리석다고 할 것이다. 일개미가 생식 기능이 없다는 것은 자손이 없다는 것이다. 수명이 며칠밖에 안 되는데 몇 년간 먹을 것을 모으기 위해 종일토록 일한다면 늙은 촌부보다 열배는 더 어리석은 것이다. 하지만 그렇게 어리석은 개미들이 모여 군체(群體)를 이루었기 때문에 개미는 살아남을 수 있는 것이다. 왜냐하면 개체와 소수, 그리고 일시적인 이익을 희생시킴으로써 군체와 종 전체의 장기적인 이익을 도모하기 때문이다. 사회학을 강조하는 사람들이 귀담아 들어야 할 말이다."

진화[天演]를 논하는 마지막 절에서 나는 또 이렇게 말했다.

"동물의 생활과 진화의 방식은 우승열패(優勝劣敗)의 법칙을 따르는데, 이것은 개체에 관한 것이 아니라 종 전체에 관한 것이며, 일시적인 것이 아니라 장기적인 것에 관한 것이다. 그러나 개체의 일시적인 이해(利害)는 종 전체의 장기적인 이익과 상충하는 경우가 많다. 진화의 결과를 통해 보면 모든 동물은 종 전체의 장기적인 이익을 위해 개체의 일시적인 이익을 희생시키려는 본성을 갖고 있다. 그렇지 않다면 생존에 적합하지 않을 것이다. 사람은 만물의 영장이다…… 상고(上古)시대에 지능이 처음 생겼을 때 신앙심이 있는 사람과 없는 사람이 함께 생활했다. 그러나 신앙심 있는 사람이 우월했기 때문에 신앙심이 없는 사람은 사라지고 신앙심이 있는 사람만이 살아남았다. 세월이 흐르면서 이런 경향이 현재 종교의 대략적인 형태를 이루게 된 것이다. 따라서 종교 역시 진화의 산물이며 신도설교(神道設教)[5]라고 말하는 것은 잘못된 것이다."

내 생각에 종교란 종 전체의 장기적인 이익을 위해 개체의 일시적 이익을 희생하는 본성이라고 할 수 있다. 이것은 인간과 동물 모두가 공유하는 것이다. 이런 자연적인 본성은 신학이나 현학이 넘볼 수 있는 것이 아니며, 많은 사람들이 신학과 현학을 믿지 않음에도 그들의 행위가 종교와 근본적으로 일치하는 까닭이다. 동물의 본성은 완전무결하지 않다. 인류의 종교성은 군체를 이룬 후 진화한 결과이다. 군체를 형성하기 이전의 근성들이 군체 생활에 적합하지 않음에도 부분적으로 존재하기 때문에 종종 군체식의 종교성과 충돌을 일으키는 것이다. 사람의 선악은 오로지 이 두 가지 근성 중 어느 것이 우월한 지위를 차지하는가에 따라 결정된다. 장쥔마이는 이렇게 말했다. "나는 나 외의 사물과 사람을 변혁함으로서 지선(至善)의 경지에 도달해야 한다." 이것이 즉 내가 말한 종

---

5) 귀신이나 미신을 믿는 것을 이용하여 백성들을 우롱하는 행위를 말한다.

교성이란 것이다. 그가 말한 "물질과 정신의 충돌"은 내가 말한 군체에 적합하지 않은 근성을 가리키는 것이다. 장쥔마이와 나의 근본적인 차이는 다음과 같다. 그는 인성이 원래 선하지만 물질과 인성이 충돌하여 사람이 악해진다고 여겼다. 그리고는 물질을 기독교의 선악과로 바꾸어 버렸다. 나는 인성의 어떤 일부는 군체를 이루기에 적합하며 어떤 일부는 군체와 충돌한다고 생각한다. 이것은 모두 물질의 영향을 받는 것이다. 사람이 선한지 악한지는 1) 선천적으로 타고 난 것이 어떤지를 봐야 하며, 2) 후천적인 환경도 봐야 한다. 우생학은 선천적인 것을 개량하는 것이고, 교육은 후천적인 것을 이용하려는 것이다. 인류 생활에 적합한 종교심을 만들어낼 수 있는 환경을 만들어내는 것이 교육의 가장 큰 과제이다.

우리가 과학 교육을 적극적으로 부르짖는 까닭은 과학 교육이야말로 종교성의 충돌을 맹목적인 것에서 자각적인 것으로, 암흑에서 광명으로, 애매한 것에서 분석적인 것으로 변화시켜줄 수 있기 때문이다. 우리는 종교성을 발전시켜야 할 뿐만 아니라 인생에 가장 적합한 발전의 방향을 찾아야 한다. 세상의 충돌은 목적에서 기인하기 보다는 방법에서 기인한다. 회교도와 기독교인들은 모두 천당에 가길 바라지만 그들이 충돌하면 세상은 지옥으로 변하게 될 것이다. 천주교와 기독교는 모두 겸애를 말하고 예수를 믿지만 30년간의 종교전쟁으로 독일인의 3/4가 죽었다. 교훈을 얻을 수 있는 역사적 사례들은 수없이 많다. 이러한 악순환을 끊기 위해 규율을 중시하는 신학과 격언을 통한 수신(修身), 문자를 이용한 교육, 현학적인 철학 등을 통해 여러 시도를 해봤지만 특별한 성과는 내지 못했다. 오직 과학방법만이 자연계 내에서 그 기량을 조금 보여줌으로써 위대한 결과를 많이 만들어냈다. 따라서 우리는 과학의 세력 범위를 지속적으로 넓혀 인류의 종교성에 밝은 빛이 되도록 해야 한다. 인류가 진리를 추구하는 진실한 마음과 도구를 갖추게 된다면 선을 향한 의지뿐만 아니라 선을 행하는 능력까지 구비하게 될 것이다.

8. 결론

독자 여러분들은 주의하기 바란다. 나는 지금까지 인생관에 대해 정의를 내리지 않았다. 내가 첫 번째 글에서 말한 "인생관"은 장쥔마이가 칭화대학 강연에서 언급한 아홉 조목이며, 여기서 말한 것은 장쥔마이가 답글에서 말한 정의에 의거한 것이다. 나는 이미 장쥔마이의 정의가 적절하지 않다는 것을 증명했다. 정신과 물질, 내와 외, 아와 비아로써 인생관을 설명한다면 인생관의 정체는 더욱 불분명해질 것이다. 왜냐하면 정신은 물질을 떠나 독립적으로 존재할 수 없고, 안은 밖과 나누어질 수 없고, 그가 말한 "아"가 진실로 존재하는지도 의문이기 때문이다. 그가 말한 두 종류의 인생관은 모두 지식을 떠나서 존재할 수 없다. "지식의 영역 내에서 과학방법은 만능이다." 지식의 영역 밖에는 감성이 있다. 감성 영역 내의 미술과 종교는 모두 인류의 본성에서 비롯된 것으로 진화 생존의 결과이다. 감성은 지식의 원동력이며 지식은 감성의 인도자로 어느 하나도 버릴 수 없다. 이제 인생관에 대해 대담하게 정의를 내려보겠다.

> "한 사람의 인생관은 그의 지식과 감성, 그리고 지식과 감성에 대한 그의 태도이다."

감성은 완전히 선천적인 것으로 환경에만 의지해 발전하는 반면, 지식은 거의가 후천적으로 그 원동력은 유전에서 기인한다. 본래 지식은 감성처럼 표준이 없다. 근래 수백 년 동안 자연 과학이 발전하여 지식의 어떤 영역에 사용하더라도 상당한 성과를 낼 수 있는 지식 획득의 방법이 발견되었다. 따라서 방법을 그다지 중시하지 않는 감성보다 지식을 믿는 편이 낫다. 감성적 충동은 지식으로 전환되어야 발전할 수 있다. 감성은 큰 강물에 비유할 수 있다. 천성은 강의 시작이고, 환경은 강의 지형이므로, 감성은 천성적 환경에 따라 발전한다. 이것은 강이 발원지에서 지형을 따라 아래로 흐르는 것과 같다. 지식은 수력을 이용하는 작업이며 홍수를 막는 제방(堤防)이니 근본적으로 지형을 벗어날 수가 없는 것이다. 이것이 바로 나의 인생관이니 장쥔마이의 것과 비교해서 어느 것이 더 적합한지는 독자 여러분이 판단하길 바란다.

● 지엽(枝葉)

장쥔마이의 답글 가운데 지엽적인 것은 반박할 수 없을 정도로 많다. 나는 우호적인 입장에서 그가 말한 지엽적인 것을 통해 그의 두 가지 단점을 지적해보겠다. 그도 이 글을 보고 다시 한 번 심사숙고해보길 바란다.

1. 무단(武斷)

나는 장쥔마이의 글 가운데 몇 번씩 등장하는 "흔들릴 수 없는" "학술상의 불변하는 진리[天經地義]"(중편, 제3, 제1단락)의 의미가 무엇인지 잘 모르겠다. 그러나 그는 도처에서 "반드시", "절대로", 혹은 "단언하건대"라는 말을 쓰고 있다. 학술상에 "불변하는 진리"는 없으며, 다른 사람이 그것을 흔드는 것을 허락하지 않는다 해도 그것은 스스로 동요할 것이다. 나는 "무단에 대한 분석"을 자세하게 할 생각은 없다. 다만 몇 가지 예를 들어보겠다.

(예1) "우리나라 사람들은 과학을 맹신한다.", "우리나라 사람들의 사고는 이처럼 혼란스럽다." 장쥔마이가 말하는 "우리나라 사람"은 누구를 말하는 것인가? 제일 이상한 것은 그가 "우리나라 사람들이 현학이라는 말만 들어도 싫어하는 마음이 저절로 생기는 까닭은 아마도 콩트의 인류 지식 발전 3단계 설에 미혹됐기 때문일 것이다"라고 말한 부분이다. 만약 그가 말한 것이 정말 사실이라면 나는 "우리나라 사람들"을 대표해서 대통령이 될 희망이 있다. 하지만 아쉽게도 나는 콩트의 책을 읽어본 적이 없다.

(예2) "현재 우리나라의 학자 가운데 누가 진정으로 창의적인 주장을 한 사람이 있는가. 모두가 외국 사람들의 글을 베낀 것일 뿐이다." 다른 사람의 학문에 관해서는 잘 모르겠다. 장쥔마이가 지질 조사소에서 출판한 책에 웡원하오(翁文灝, 1889~1971)[6]가 쓴 『광산구역론(鑛産區域論)』과 『지진과 지질의 구조(地震與地質構造)』가 있다. 최근 국제 지질학회에 참가했던 외국인들이 이 책을 가리켜 "정말로 새로운 학설"을 담고 있다고 말한 책이다. 내가 쓴 「양즈강 하류의 지질(揚子江下游之地質)」과 「윈난 동부의 지층구조(雲南東部之地層構造)」라는 글도 정말로 새로운 학설이라고까지 말할 수는 없지만, 그렇다고 해서 "외국인의 글을 베낀" 것은 아니다.

(예3) "인생관은 이지로 분석할 수 있고, 논리적 방법의 지배를 받는다는 생각은 수십 년 전의 것으로 지금 그것을 믿는 사람은 딩원지앙을 빼고는 아무도 없다." 입장을 바꿔 만약 내가 이런 말을 했다면 나는 불

6) 중국 근대의 지질학자

쌍할 정도로 완고한 사람으로 간주되어 세상에서 고립되고 말 것이다. 한 사람이 온 세상 사람들을 대적하는 것은 용기가 가상한 일이다. 장쥔마이는 또 이렇게 말했다. "과학은 인생을 지배할 수 있는가, 없는가? 이것은 17세기 말부터 유럽과 미국에서 유행했던 문제로 지금도 일종의 신 학설이라 할 수 있다." 오릭은 인생관이 과학의 지배를 받지 않는다고 생각했던 사람이다. 장쥔마이는 그의 말을 인용해서 이렇게 말했다. "나의 출발점은 지금 아무도 인정하지 않는다." 그렇다면 장쥔마이와 오릭도 세상에서 고립되어 있는 사람이 아닌가?

(예4) 그는 톰슨이 "영국의 일류 생물학자"이며, "드리슈의 현학적 색채를 갖고 있지 않다는 것은 현재 세계의 과학자들이 공인하는 점이다"라고 말했다. 장쥔마이는 나를 "지질학자"라고 했는데, 그가 말한 "무슨 무슨 학자"라는 것은 큰 의미가 없다. 과학을 공부하는 사람들은 이처럼 모호한 구분법을 쓰지 않는다. 과학에 직접적인 공헌이 없는 사람에게 "가(家)"라는 명칭을 붙이지는 않는다. 톰슨은 옆 사람이 제기한 문제에 대해 비평했을 뿐이다. 그는 여러 차례 영국 황실 과학회의 회원이 되려고 했지만 뜻을 이루지 못했다. 그가 평생 연구한 결과물이라고는 『남녀성의 진화(男女性的進化)』라는 책 한 권뿐이다. 심지어 그는 나중에 이 책의 근거가 희박하다는 것을 자인했다.(그가 쓴 『유전성(遺傳性)』이라는 책을 참고하기 바란다.) 드리슈의 친구 웨이건은 톰슨을 비판하며 그가 증명 불가능한 환상으로 과학 문제를 해결하려 한다고 했다.[모건(Thomas Hunt Morgan)의 『실험 동물학(試驗動物學)』을 참고하기 바란다.] 여기서 볼 때, 그는 "일류"도 아니고, 학자의 지위를 얻지도 못하였으며, 현학적 색채가 지나치게 강한 사람이라는 것을 알 수 있다.

(예5) 장쥔마이는 부강(富强)을 반대하며 "불공평과 불안이 팽배한 상

황에서는 다른 방법을 모색하는 것이 마땅하다고 생각한다"고 말하였다. 장쥔마이는 현재 중국의 부족함이 어떤 정도이며, 모자람이 어느 지경에 이르렀는지 알고나 하는 말인가? 몇 년 전 북쪽 지방에 가뭄이 덮쳐 굶는 사람이 이천만 명에 이르렀으며 심지어 자식을 파는 사람, 인육을 먹는 사람까지 생겨났다. 이런 불안한 상황에 만족할 수 있단 말인가? 나의 연구에 따르면 중국인의 일 인당 연평균 소득이 오십 위안(圓)에서 육십 위안밖에 안 된다. 이는 송파도서관 사환의 한 달 치 급여액과 별 차이가 없는 것이다. 그런데도 이런 불공평함에 만족한다는 것인가?

이상의 다섯 가지는 내 말이 대충 내뱉은 것이 아니라는 예증이다. 이외에도 "현학 교육"이라든지, "심성의 학문과 고증의 학문", 또는 "사회개조의 원동력" 등 따질 것이 부지기수다. 어쨌든 나는 그와 승부를 보려는 것이 아니니 죽기 살기로 덤벼들 필요는 없다.

2. 단장취의(斷章取義)

편폭의 제한이 있지만 장쥔마이의 단장취의에 대해서는 세 가지 분명한 예를 들어 설명하겠다.

(예1) 나는 현학이 쉽게 베낄 수 있기 때문에 게으른 사람들이 좋아한다고 말했다. 장쥔마이는 표절이라는 말로 나를 힐책한다. 남이 말한 것을 자기 것인 양 말하는 것을 표절이라고 한다. 나의 지식론은 피어슨과 마하의 영향을 받았다고 일찍이 말했으니 베꼈다는 말은 적절하지 않다. 옛날 오마르(Omar) 왕이 이집트의 도서관을 불태우면서 그곳의 수많은 책들이 이슬람교를 반대하거나 찬성하는 경전이라고 말했다. 반대하는

것뿐만 아니라 찬성하는 것도 필요가 없었던 것이다. 나에 대한 장쥔마이의 비평은 오마르 왕의 심리와 별반 차이가 없다. 그는 내 주장의 근거가 어디 있는지 찾아내지 못했으면서도 "이 세상에서 들어보지도 못한 것을 딩원지앙이 처음으로 말했다"라고 했다. 나는 그에게 나의 이론적 근거를 알려주었지만 그는 "군자의 베끼기"라는 말로 비판했다.

(예2) 그는 제임스가 베르그송을 "오체투지(五體投地)"하여 숭배하기 때문에 "그것을 현학으로 봐서는 안 된다"고 말했다.(여기서는 장쥔마이 또한 그것을 현학으로 여기고 있는 것 같지 않다.) 켈란(Kellan)이 쓴 『제임스와 베르그송』이라는 책을 읽어보길 바란다. 켈란은 제임스가 천성적으로 넓은 아량을 지니고 있어 자신의 반대자도 친구보다 더 공손하게 대한다고 말했다. 사실 그의 철학과 베르그송의 현학은 근본적으로 다르다. 내가 알고 있는 선배 학자들 중에 량치차오가 바로 이런 성격의 소유자다. 우리가 만약 량치차오가 "오체투지"하였던 사람들의 이름을 모아 본다면 아마도 인명사전 한 권 분량은 족히 될 것이다.

(예3) 가장 웃기는 것은 장쥔마이가 랭카스터의 말을 인용한 톰슨의 말을 재인용해 과학의 한계를 증명하려 했다는 점이다. 마땅히 랭카스터가 어떤 인물인지 알아봤어야 한다. 글을 맺기 전에 유머 하나를 소개하겠다.

현학 귀신들은 과학이 자신들을 타도하려는 것을 알고는 급하게 몇 편의 글을 찾아 주문을 외며 경전과 부적으로 삼았다. 먼저 베이징의 드리슈를 찾아내 그에게 경전 몇 구절을 가르쳐주더니 다시 런던으로 날아가 신비주의[玄宗]의 괴수 오릭이 법술을 행하는 것을 도왔다. 그러나 마음이 켕겼는지 아니면 주문이 신통치 않았던지 법술은 효과가 없었다. 그러자 과학 소설가 웰스를 불러내서 이독공독(以毒攻毒)의 간악한 방법을 써 보려고 했다. 웰스는 이렇게 말했다. "나는 과학자가 아니라서 별로 쓸모가 없을 것이다. 차라리 과학궁(科學宮)에 가서 찾아보는 게 나을 것 같다." 현학귀들은 뾰족한 수가 없어 할 수 없이 과학궁으로 갔다. 얼마 지나지 않아 매우 웅장한 궁전이 나타났다. 눈부신 빛과 붉은 기운, 문패에는 금빛으로 "과학궁"이라고 쓰여 있었다. 그는 궁전의 전후좌우를 살펴보며 감히 들어갈 엄두를 내지 못하고 있었다. 문득 담장 아래에서 노인 한 사람이 성지(聖旨)를 읽고 있는 것이 눈에 들어왔다. 그가 바로 과학궁의 문지기 톰슨이다. 급히 그의 손에 들고 있는 책을 빼앗아 보니 바로 『과학인론』이었다. 그는 자초지종을 따지지도 않고 현학 경문을 외워대기 시작했다. 몇 줄 읽다 보니 랭카스터의 이름이 나왔는데, 이 사람이 바로 과학궁의 악금강(惡金剛)이었다. 현학 귀신이 저쪽에서 그의 이름을 부르자 그는 베르그송으로 착각하여 크게 포효하며 담을 뛰어 넘어 무조건 공격하기 시작했다. 공격하면서 말하길, "인류의 지식은 수학으로 치자면 괄호 안의 내용과 같다. 괄호 밖은 X이고 불가지한 것을 대표한다. 현학가는 이 X로 농간을 부린다. ……그들이 하는 일은 장님이 암실에 들어가서 검은 고양이를 잡으려는 것과 같은 것으로…… 더욱 기이한 것은 방 안에 단지 하나의 X밖에 없고 고양이는 존재하지도 않는다는 점이다. ……베르그송은 시간이 질(質)과 저항력을 갖고 있으며, 이지는 믿을 수 없는 반면 직각이야말로 진정한 안내자라고 말한다—이것은 원래 그가 우리에게 알려준 것으로 그가 암실에서 고양이 꼬리털 몇 가닥을 잡았다는 것이 이것이다—그는 또 장님에게 과학을 설명하게 하였는데 분위기를 보니 생물학은 조금 알고 있지만 세밀한 연구와는 무관해 보였다. 그는 재미있는 마술사가 아니라 거짓말하는 사기꾼일 뿐이다."(『근대과학과 베르그송의 환상(近世科學與柏格森的幻想)』 서문 절역)

나는 량치차오에게 용서를 구한다. "다음부터는 안 그러겠습니다!" 그리고 장쥔마이에게 거듭 사죄한다. "아우가 장난 좀 쳤으니 화내지 마십시오!"

1923. 5. 30.

-『노력주보』에서 옮겨 실음

15 심리현상과 인과법칙 탕위에

心理現象與因果律 唐鉞

들어가는 말

토론에 앞서 먼저 두 가지 사항을 밝혀두겠다.

첫째, 이 글의 요지는 모든 심리현상이 인과법칙의 지배를 받는다는 것이다. 여기서 논의하는 많은 내용은 이미 다른 사람들이 말한 것으로 그것을 이 문제에 응용한 것일 뿐이다.

둘째, 심리학 자체에 대해서는 자세히 논의하지 않았다. 지면 관계상 대략만을 말하고 그것이 논의의 재료가 되길 바란다.

서론

1. 인과법칙의 성질

내가 말하는 인과법칙이란 모든 현상에는 원인이 있다는 것이다. 예를 들어 갑이라는 현상이 생긴 다음에 바로 을이라는 현상이 발생했다고 치자. 만약 갑이 없었다면 을이 발생하지 않았을 것이다. 그렇다면 갑이 을의 원인이라고 말할 수 있다. 쉬운 예를 하나 들어보겠다. 눈은 햇

빛을 받으면 녹아버리는데, 여기서 햇빛은 눈을 녹게 하는 원인이다. 그러나 이것은 지식적 측면에서 볼 때 엄밀한 화법은 아니다. 엄밀하게 말하려면 이런 관계를 수학공식으로 표시할 수 있어야 한다. 예를 들면, 햇빛의 온도와 눈이 녹는 속도의 관계를 하나의 공식으로 표시할 수 있다. 이때, 우리는 전인후과(前因後果)라는 말을 쓰는 대신 갑과 을의 현상이 서로 호응하여 변화한다고 하더라도 아무 문제가 없다. 뉴턴의 만유인력 공식이 바로 이런 것이다. 그러나 어찌 되었든 간에 우리는 인과관계를 '호종추지(互從推知, 서로 따르는 것으로부터 추리해 아는 것)'의 의미라고 말할 수 있다. 다시 말하자면, 갑이라는 현상을 보고 을이라는 현상이 발생할 것을 알 수 있다는 것이며, 갑이라는 현상의 정도를 보고 을이라는 현상의 정도를 추리할 수 있다는 것이다.

인과법칙을 말할 때는 주의해야 할 점이 있는데 이에 대해 간략하게 설명하겠다.

1) 인과법칙은 경험에서 얻어지는 것이다. 원시인이나 어린 아이들은 인과법칙이 있다는 것을 알지 못하기 때문에 종종 황당한 환상이나 희망을 갖는다. 그러나 무인론자(無因論者, 편의상 심리현상이 인과법칙의 지배를 받지 않는다고 주장하는 사람들을 무인론자라고 한다. 글에서는 이 정의에 따른다)는 칸트의 주장을 가져와서 인과법칙이란 이성에 고유하게 내재된 것이며 경험에 선행한다고 말할 것이다. 이런 주장은 오늘날 많은 비판을 받고 있다. 설령 그것이 진실이라 해도 무인론자들은 헛고생하고 있는 셈이다. 왜냐하면 칸트는 모든 현상이 인과 범주의 지배를 받는다고 했으니 당연히 심리현상도 예외가 아니다. 칸트는 본체는 경험할 수 없고, 경험할 수 있는 것은 모두 현상이라고 했다. 심리현상은 경험 내부의 일이니 당연히 본체가 아니다. 그러나 인과법칙이 어디서 비롯되는지는 이 글의 주제와 별 상관이 없다. 또한 나는 칸트의 인과관에 찬성하지 않

으니 그가 무인론을 비판하든 말든 알 바가 아니다.

2) 갑이라는 원인이 을이라는 결과를 낳는다고 했을 때 우리는 갑과 을의 자세한 내용까지는 알 필요가 없다. 예를 들어, 종이 한 장을 불 속에 넣으면 재가 되어 사라진다. 불꽃은 수시로 강도를 달리하며 종이를 태우는데, 그 상태와 속도에 대해서는 알 필요가 없다. 하지만 불이라는 원인이 종이가 타는 결과를 만들어냈다는 것은 단정할 수 있다. 러셀에 따르면 인과관계란 동일한 원인에 동일한 결과가 있다는 것이 아니라 동일한 종류의 원인에는 반드시 동일한 종류의 결과가 있다는 것이다.

3) 우리는 어떤 현상에 인과관계가 존재한다는 것을 분명히 알고 있지만, 때로는 원인으로부터 결과를 도출해 내거나 결과로부터 원인을 추론해낼 수 없는 경우가 있다. 이것은 인과관계가 매우 복잡하기 때문이다. 그러나 추론할 수 없기 때문에 원인이 없다고 말할 수는 없다. 예를 들어, 폭포가 바위를 내리칠 때 무수한 물보라가 일어나는데, 물보라의 발생은 물리학 공식에 의거해야만 알 수 있으며 그 공식은 매우 복잡하다. 물리학 전문가라 해도 튀어 오르는 무수한 물보라의 크기와 방향, 속도를 예측하라고 한다면 아마 정중하게 사양할 것이다. 그러나 이로 인해 물보라가 발생하는 원인이 없다고 말하지는 못할 것이다.

2. 심리현상의 성질

1) 행위파의 주장. 이 학파의 주장에 따르면 심리현상이란 그 자체가 행위로 자극(외부세계나 체내의)에 대한 인체의 반응(근육이나 분비샘의)이다. 이런 자극과 반응은 관찰 가능한 물질 현상이다. 따라서 물질과학의 방법으로 연구할 수 있으며 원인이 존재한다고 단정할 수 있다. 모든 심리현상(정감, 의지, 사상 등)이 물질현상이라면 언어 기관의 은미(隱微)한 변화의 결과인 순수 사상도 다른 물질현상과 마찬가지로 인과법칙의 지

배를 받는다. 따라서 행위파의 관점에서 볼 때, 무인론자의 주장은 전혀 성립되지 않는다. 그러나 무인론자들도 행위파의 주장을 인정하지 않을 것이다. 일단 한발 물러서서 그들이 심리현상에 대해 내린 정의를 살펴보자. 그것은 심령파의 주장과 같다.

2) 심령파의 주장. 심령파는 다시 두 파로 나누어진다. 하나는 구조파이고 하나는 기능파이다. 두 학파의 문제의식과 방법론은 다르지만 그들이 인정하는 심리현상은 동일하다. 즉, 일반적으로 정감과 의지 같은 비물질적 현상은 모두 심리현상이라는 것이다. 이것은 일반적인 정의로 여기서 자세히 설명하지는 않겠다.

본론

모든 심리현상에는 원인이 있다

모든 심리현상에 원인이 있다는 나의 주장은 당연히 현재 완전히 증명된 것은 아니다. 완전히 증명되었다면 내가 변론할 필요가 없다. 예를 들어, 불은 피부에 화상을 입힌다는 것은 완전히 증명된 사실이다. 믿지 못하는 사람이 있다면 그를 상대로 실험해 보여줄 수 있다. 비록 모든 심리현상에 원인이 있다는 것이 증명되지 않았지만 경험에 의하면 수많은 심리현상에는 원인이 있다. 또한 과거에는 원인이 없는 것으로 여겨졌더라도 지식이 발전하면서 나중에 원인을 찾게 되는 경우도 있다. 그러므로 우리는 모든 심리현상이 이와 같다고 믿는 것이다. 모든 물질현상에 원인이 있다는 것은 근거가 있고 믿을 만한 것이라면서 어째서 유독 심리현상만은 그렇지 않다는 것인가? 비유를 하나 들어보자. 가령 끝없이 뻗어 있는 길을 걸어간다 치자. 과거의 경험에 의하면 그 길에는 3미터 간격으로 나무가 한 그루씩 심어져 있다. 수백 리를 걸어도 다르지 않다.

지금 서 있는 곳에서 먼 곳을 바라보니 질서정연하게 나무와 같은 것이 서 있는 것처럼 보인다. 우리는 그것이 나무일 것이라고 추측할 수 있다. 이런 가정은 반드시 옳은 것은 아니다. 그러나 그것들이 나무가 아니라고 말하는 것보다는 매우 확실한 근거가 있다. 따라서 무인론자들이 실제적인 예를 들어 심리현상에 어떤 원인도 없다는 것을 증명하지 못한다면 우리는 모든 심리현상에 원인이 존재한다고 믿을 수밖에 없다.

무인론자들은 당연히 그들의 주장에 근거가 있다고 할 것이다. 그들이 말하는 근거를 비판해보겠다.

1) 무인론자들은 다음과 같이 주장한다. 현재 대부분의 심리현상이 발생하는 원인은 모르며 원인이 있는지 여부도 알 수 없다. 이에 대해 다음과 같이 대답할 수 있다. 심리현상의 인과는 물질현상의 인과에 비해 훨씬 더 복잡하다. 물질계라 하더라도 폭포가 물보라를 일으키는 것의 인과관계는 추측하기 어려운데 하물며 심리현상의 인과관계는 오죽하겠는가? 수많은 심리현상의 원인을 알 수 없다고는 하지만 과거의 경험에 비추어 보면 분명 원인이 있다고 말할 수 있다. 이 부분은 이미 앞장에서 얘기했다. 어떠한 원인도 없다고 말하는 것은 근거 없는 것이다. 그들은 또 이렇게 말한다. 우리는 직접경험에도 원인이 없다고 여긴다. 여기서 "여긴다"는 말은 신뢰하기 힘들다. 원시인들이 번개가 치는 것을 보고 천신(天神)이 노했다고 여기는 것이나, 귀신을 믿는 사람들이 귀신의 존재가 있다고 여기는 것 등, 우리는 그들이 "여기는" 것이 이유가 될 수는 없다고 본다.

2) 무인론자들은 다음과 같이 주장한다. 물질은 죽어 있거나 고정불변한 것이기 때문에 인과를 논할 수 있는 반면, 심리현상은 살아 있고 끊임없이 변화하므로 인과를 논할 수 없다. 이런 주장은 현대의 대다수 사상가들에 의해 부정되었다. 물질은 "지속적인 감각의 가능성(Permanent

Possibility of Sensation)"이라는 존 스튜어트 밀의 정의는 현재 보편적으로 인정받고 있다. 게다가 최근 아인슈타인의 상대성 이론이 나온 이후, 물질현상도 심리현상이라는 것이 분명하게 증명되었다. 즉 물질현상도 죽거나 고정불변한 것이 아니라 방향과 속도가 수시로 변하는 바람처럼 변화한다는 것이다. 따라서 여기에도 인과가 없다고 말할 수는 없다. 심리현상도 마찬가지다.

3) 무인론자들은 또 이렇게 주장한다. 심리현상이란 베르그송이 말한 "순수연장[純粹綿延]"이다. 끝없이 이어져 있기 때문에 그것을 특정한 상태로 분할할 수 없으며 그렇기 때문에 어떤 상태가 또 다른 상태의 원인이나 결과라고 말할 수 없다는 것이다. 이것은 견강부회한 것이다. 심리현상은 영원한 연장(延長)이 아니며 여기에도 단절이 있다. 드리슈는 말했다. "체험이란 끊어졌다 이어졌다 하는 것으로 영속적이지 않다. 이것은 전등이 깜박이는 것과 같은 것이지 강물이 흐르는 것과 같은 것이 아니다. '나는 존재한다', '나는 체험한다'는 것은 독립된 점(點)이 이어진 것처럼 보이는 것일 뿐, 끊임없이 흐르는 강물과는 다르다."(드리슈 『강연록』, 『근세심리문제(近世心理問題)』 제4기, 21페이지) 따라서 그는 "의식의 흐름(Stream of Consciousness)"이라는 개념을 용납하지 않았다. 그러나 다른 곳에서는 드리슈도 베르그송의 학설에 상당 부분 동의하고 있기 때문에 그의 말이 당파적 편견이라고 볼 수 없다. 내 경험에 따르면 심리현상은 끊어짐과 이어짐을 반복하면서 수시로 변하는 것이다. 베르그송이 말한 순수연장이나 그가 본 "도(道)"는 절대로 우리 같은 범인(凡人)이 경험할 수 있는 심리현상이 아니다.

4) 베르그송은 이렇게 말했다. 심리현상은 과거의 모든 것을 내포하고 있으며, 이전과 이후의 어떠한 현상과도 같지 않다. 인과법칙은 동일한 원인이 동일한 결과를 낳는 것이다. 심리현상이 동일하지 않다면 인과를

말할 수 없는 것은 당연하다. 이에 대해서는 러셀이 『철학중의 과학방법(哲學中之科學的方法)』이란 책의 「원인의 관념[因的觀念]」이란 장에서 비판한 적이 있으니 더 이상 설명하지 않겠다. 그 대신 하나의 심리현상을 예로 들어 간단하게 설명해보겠다. 설명을 보고 나면 베르그송의 말이 틀리다는 것을 알게 될 것이다. 사람이 노란색을 20초간 쳐다본 후 이어서 바로 백지를 쳐다보면 백지에 파란색이 떠오른다(즉 소위 말하는 소극적 잔상이다). 다시 노란색을 바라보면 여기에는 이전에 노란색을 보았던 경험이 포함되어 있기 때문에 20초 후에 백지를 바라보면 파란색이 보일 것이라고 예측할 수 있다. 다시 말하자면 동일한 심리적 원인이 동일한 심리적 결과를 낳는 것이 아니라, 동일한 종류의 심리적 원인에서 동일한 종류의 심리적 결과를 얻는 것이라고 말할 수 있다. 따라서 베르그송의 말로 유인론(有因論)을 반박할 수는 없다.

5) 무인론자들은 심리현상이 각각의 성질을 갖고 있어서 어떠한 원인으로도 그것을 해석할 수 없다고 말한다. 인격과 문예작품이 그런 예다. 이 말은 사실과 전혀 다르다. 인격에는 개성이 존재하지만 거기에도 나름의 원인이 있으며, 이는 심리학자와 일반인 모두가 알고 있는 사실이다. 아울러 가끔씩 인격이 분열되는 것에서도 알 수 있듯이 인격도 집합적인 것이다. 문예작품도 창작의 원인을 분석해낼 수는 있지만, 그것은 매우 복잡해서 일시에 완전히 밝혀낼 수는 없다.

그들은 또 이렇게 주장한다. 어찌어찌해서 인격이나 작품이 형성된 원인을 분석해 냈다 하더라도 그것들 각각의 성질은 해석할 수 없다. 이 말은 억지에 불과하다. 여러 성질이 결합된 것이라 해도 우리는 그것의 특성을 느낄 수 있다. 물질 현상도 마찬가지다. 예를 들어 수소와 산소가 결합되면 물이 된다. 물은 물의 특성이 있으며 수소와 산소의 성질과는 다르다. 그러나 그렇다고 해서 물이 수소와 산소로 이루어진 것이 아니라고 말할 수는 없다. 심리현상도 이와 같다.

무인론자들이 인격과 문예에 원인이 없다고 우기는 까닭은 아마 인격과 문예의 원인을 분석해낼 수 있다면 그것들의 가치가 사라져버릴 것이라고 오해하고 있기 때문일 것이다. 이것은 "사실판단(Existential judgment)"과 "가치판단(Spiritual judgment, 독일어로는 Werthurtheil)"을 혼동하고 있기 때문이다. 이에 대해서는 제임스가 『종교경험의 다양성[宗教經驗之種種]』이라는 책의 제1장(Varieties of Religious Experience, Lecture I)에서 자세하게 논했다. 여기서 제임스는 사물의 성질과 기원, 형성 원인과 의의 및 중요 가치는 서로 무관하다고 주장했다. 따라서 인격과 문예의 원인을 안다고 해서 그것이 가치를 잃게 된다는 것은 지나친 기우이다.

6) 무인론자들은 또 이렇게 말한다. 심리현상 중에 물질과 관계된 것만 원인이 있으며, 빌츠베르그(The Wurzburg School) 학파가 발견한 순수 사상에는 인과를 논할 수 없다. 이것은 초점을 벗어난 말이다. 수많은 심리학자들은 순수 사상의 존재를 인정하지 않는다[구조주의의 대가인 티치너(Titchener)도 그중의 한 명이다]. 설령 존재한다 하더라도 그것은 감각이나 정서와 비슷한 종류의 심리원소에 불과할 뿐이다. 심리학자라면 감각이나 정서에 원인이 있다는 것을 모르는 사람은 없을 것이다. 또한 사상에 원인이 없다는 것을 인정하는 사람도 없을 것이다. 순수 사상이라는 말에서(이 말이 빌츠베르그학파의 고유 개념인지 알지 못한다) 순수의 의미는 다른 어떠한 심리 요소(감각이나 정서와 같은)도 섞여 있지 않다는 뜻이지, 신경계를 떠나 독립적으로 존재하거나 생멸에 아무 원인이 없다는 뜻이 아니다. 따라서 순수 사상의 존재 유무와 성질은 본 주제와 무관하다.

7) 무인론자들은 말한다. 만약 모든 심리현상에 원인이 있다면, 인간의 의지자유는 부정되는 것이 아닌가? 그러나 우리는 확실히 우리의 의

지가 자유롭다고 느낀다. 이에 대해 몇 가지로 나눠서 설명하겠다.

(1) 그들은 인간의 의지가 자유롭다고 여긴다. 여기서 자유란 외부의 어떤 힘의 강제도 받지 않는다는 의미로 의지가 원인이 있다는 명제와 모순되지 않는다. 따라서 자유롭다는 것이 의지에 원인이 없다는 이유가 되지 못한다. 앞에서 나는 인과란 서로 따르는 현상을 추리하는 것에 불과하다고 말했다. 예를 들어 우리는 당신이 배고플 때는 반드시 먹을 것을 떠올릴 것이라고 추론할 수 있다. 그렇다면 이것은 당신의 의지가 자유롭지 못해 음식을 먹는다는 의미인가? 이 점은 러셀이 『철학중의 과학방법』의 「원인의 관념」 장에서 자세히 설명하고 있으니 독자들은 참고하길 바란다.

(2) 그들은 또 말하길, 의지에 원인이 있다면 인간의 행위란 수많은 원인이 집적되어 나타난 것일 텐데 자신의 행위에 아무런 책임을 지지 않아도 된다면 잘못된 일이 아니겠는가? 이 말도 그럴듯해 보이지만 실제는 그렇지 않다. 의지의 원인 가운데 가장 중요한 부분은 개인적인 것으로 당연히 개인이 책임을 져야 한다. 예를 들어 누군가 나에게 이렇게 말했다고 치자. "내가 당신을 때려 다치게 한다 해도 나는 책임지지 않을 것이다. 왜냐하면 그것은 내가 한 일이 아니라 수많은 원인들이 만들어 낸 것이기 때문이다." 나는 그에게 이렇게 대답할 것이다. "당신이 만약 나를 때린다면 나도 당신을 때릴 것이다. 내가 당신을 때리는 것이 아니라 당신의 내부에서 나를 때리려는 원인을 없애버리려는 것이다." 이래도 그 사람은 책임을 느끼지 않을 것인가?

(3) 이 외에도 의지에 원인이 있다는 것을 증명할 수 있는 사례는 매우 많다. 우리가 사람들의 의지에 교육이 영향을 줄 수 있다는 것을 믿는 것과 마찬가지로 무인론자들도 "내적생활", "정신수양"이 고상한 인격을 만들 수 있다고 믿는다. 의지를 논하면서 인과를 말할 수 없다는 것이 어

찌 미신이 아니겠는가? 공자와 맹자, 석가와 예수 및 모든 교육자들 또한 어찌 할 일 없는 사람이 아니겠는가?

8) 무인론자들은 또 인생관은 심리현상이므로 인과관계가 성립하지 않으며, 심리현상 중에서 적어도 인생관만은 원인이 없다고 말한다. 이 말은 더 이상 반박할 필요가 없다. 왜냐하면 무인론자들의 용어를 빌려 말하자면 인생관은 순수사상이나 의지, 인격 등의 말과 다르지 않기 때문이다. 이것은 우리가 원인이 있다고 믿는 것들이다.

이제 적극적인 측면에서 간단히 말하겠다. 인생관이란 만물과 인류에 대한 한 사람의 태도로서 신경구조나 경험, 지식 등이 변화함에 따라 함께 변하는 것이다. 신경구조 등은 인생관의 원인이다. 예를 들어보겠다.

무인론자들은 쇼펜하우어와 하르트만의 인생관이 직각적이라고 여기는데 당사자들은 인정하지 않는다. 그들은 인생관이 경험과 체험에서 비롯되었다고 말한다. 쇼펜하우어는 수많은 경험을 예로 들어 설명할 것이고 하르트만은 그의 철학이 귀납법에서 유래했다고 말할 것이다.

인생관은 지식을 따라 변한다. 예를 들어 코페르니쿠스의 태양 중심설과 다윈의 인원동조설(人猿同祖說)이 제기된 이후 인류의 인생관은 큰 변화를 겪게 되었다. 이것은 의심할 여지없는 역사적 사실이다. 만약 인생관이 직각적이고, 원인이 없는 것이라면 어째서 자연계 지식의 변화에 따라 변하겠는가?

결론

러셀은 말했다. "경험상으로 볼 때, 의지에는 대부분 분명하게 원인이 존재한다. 그러나 이 때문에 모든 의지에 반드시 원인이 있다고 말할 수는 없다. 그러나 우리가 '모든 물질현상에는 원인이 있다'라고 주장하는 이유를 말할 수 있는 것과 마찬가지로 우리는 '모든 의지에는 반드시 원인이 있다'라고 주장하는 이유를 말할 수 있다."(Russell, Scientific Method in Philosophy, p.232) 그의 말을 좀 더 확대해보면 다음과 같다. 모든 심리현상에는 원인이 있다. 이 말의 신뢰도는 "모든 물질현상에는 원인이 있다"는 말의 신뢰도와 같다.

무인론자들이 이렇게 주장하는 가장 중요한 이유는 모든 심리현상에 원인이 있다면 정신생활의 자유가 사라질 것이라고 오해하고 있기 때문이다. 이에 관해서는 이미 위에서 다루었다. 독일의 유심론자 폴슨(F. Paulsen)은 『철학도언(哲學導言)』에서 유인론과 의지자유가 모순되지 않으며 병립 가능하다고 주장했다. 그의 말을 빌려 이 글을 끝맺고자 한다.

"만약에 원인 관념에 대해 정의를 내려야 한다면, 나는 인(因)에 대한 흄과 라이프니츠의 관점을 취해 말할 것이다.—그것은 변화하는 수많은 원소들 사이의 규칙 있는 조화이다(둘은 어투가 다를 뿐 같은 말이다). 그렇다면 인과법칙은 자연계에서처럼 심리계에도 적용된다고 할 수 있다. 일률성(Uniformity)을 찾아내거나 일률성을 기본 원칙으로 삼는 것은 자연계보다 심리계가 더 어려울 것이다. 그러나 심리영역에도 일률성이 있다는 것은 의심의 여지가 없다. 두 영역 속에 고립되거나 법칙이 없는 원소(元素)는 없다. 모든 원소는 이전의, 동시대의, 미래의 수많은 원소들과 확정적 관계에 있다. 이런 관계를 수학공식으로 표현하는 것은 쉽지 않다. 그러나 이런 관계가 존재한다는 것은 명백하게 알 수 있다. 사람들은 동일한 내적 · 외적 상황하에서는 반드시 동일한 결과가 나오며, 같은 관념과 같은 정서, 같은 의지는 반드시 같은 자극에서 일어날 것이라고 암묵적으로 가정한다. 자유와 정당하게 이해된 인과성은 전혀 충돌하지 않는다. 자유는 법률의 지배를 초월해 존재하는 것이 아니다. 윤리학은 법칙도 없고 조리도 없어 보이는 내적 생활의 자유에 흥미를 갖지 않는다. 다시 말하자면 절대적으로 독립된 원소, 과거와 미래의 인과관계가 없는 고립적 의지, 예를 들면 진유(眞有)와 같은 것은 의지의 착란이다. 아니! 이것은 바로 심령생활의 완전한 파괴다. 만약에 미래의 일 가운데 과거에 의해 결정되는 것이 아무것도 없다면 연습과 경험, 주의(主義)와 결심, 교육과 공공제도는 모두 효력을 잃게 될 것이다. 결론적으로 말해 인과성이 없다면 목적성도 없는 것이다."(F. Paulsen, Introduction to Philosophy, translated by F. Thilly, p..221)

-『노력주보』에서 옮겨 실음

16 과학에 대한 평가 딩원지앙

–장쥔마이 선생의 쭝궈대학(中國大學) 강연, 통궈시(童過西) 필기

科學之評價 張君勱

……오늘 강연할 내용은 최근 벌어지고 있는 논쟁의 중심 문제이다. 관전하는 사람들은 혹시 우리가 무엇 때문에 전쟁을 하는지 모를 수도 있다. 따라서 여러분들에게 대략적으로나마 전장의 소식을 알려주고자 한다.

혹자는 과학이 인생을 지배할 수 있다고 말한다. 그러나 과학의 이해득실을 따져본다면 과학이 사람을 위해 이용되는 것이지, 사람이 과학을 위해 이용되는 것이 아니라는 것을 알 수 있을 것이다. 우리는 우리가 만든 것에 대해 어떤 경우에는 좋은 느낌, 또 어떤 경우에는 안 좋은 느낌을 갖게 된다. 과학도 사람이 만든 것이기 때문에 좋아하고 싫어하는 것의 범위를 벗어날 수 없다. 따라서 과학이 인생의 문제를 해결할 수 있는지 여부는 충분히 상상할 수 있다. 수학에서는 2+2=4 라고 하고, 화학에서는 수소와 산소가 모여 물이 된다고 한다. ……이것은 모두 과학법칙에 해당하며 생활을 편리하게 만들어주는 것이다. 그러나 과학은 지금까지 인생에 어떤 영향을 끼쳤는가? 중국 사람들은 이것을 별로 문제로 여기지 않을 수도 있다. 왜냐하면 과학은 분명 유익한 것이라고 생각하기 때문이다. 그러나 유럽에서는 이것이 문제가 된 지 이미 수십 년이 지났다.

문예부흥 이래로 사람들은 과학으로 우주의 진리를 발견할 수 있다고 생각했다. 과거에 서로 옳다고 주장하던 것들은 한두 사람의 의견일 뿐이었다. 실험과학이 등장한 후에야 비로소 진정으로 명확한 조건—법칙—이 나오게 되었는데 이것이야말로 과학(Science)의 성과다. 예를 들어 천체의 운행이나 화학에서의 원소, 물리학에서의 운동법칙, 생물학에서 말하는 인류 진화의 연원, 그리고 사회학에서 말하는 사회의 유래. 여기서 일정한 법칙을 찾아내는 것이 바로 과학의 목적이다.

그러나 19세기 중엽 이후, 과학에 대한 태도가 변하기 시작했다. 과학을 맹신하던 사람들이 과학을 의심하게 된 것이다. 이런 경향은 프랑스가 가장 강했다. 세계 여러 나라 중에서 가장 예민한 감성을 가지고 있는 사람들이 프랑스 민족이다. 다른 나라 사람들이 느끼지 못하는 것을 프랑스인들은 잘 느낄 수 있다. 예를 들어 16세기에 보댕(Bodin)은 제후들의 세력을 누르고 왕실의 권위를 높이기 위해서 주권 불가분의 학설을 제기했다. 또한 왕권신수설이 지나치게 성행하여 전제정치가 유행하자 루소(Jean-Jacques Rousseau)는 국민 주권론을 제창했다. 최근에 국가의 가치를 폄훼하는 사조가 크게 유행했는데, 뒤귀(Léon Duguit)는 국민주권설을 대신해 사회 호조설을 제창하였다. 이들은 탁월한 선견지명으로 선조들을 뛰어 넘었는데, 여기서 알 수 있듯이 프랑스인들의 선지선각 능력은 감탄할 정도다.

19세기 초반, 과학을 가장 열렬하게 숭배했던 사람은 프랑스의 콩트다. 콩트의 과학숭배 정신은 시대사조 분류법에서 엿볼 수 있다. 그는 인류 사조를 세 시기로 나누었다.

첫째, 신학 시기. 모든 현상을 신화에 의거해 해석한다.

둘째, 형이상학 시기. 제일원인(第一原因)을 찾는 것으로 모든 것을 해석하려 한다.

셋째, 실증주의 시기. 제일원인설을 버리고 오로지 현상의 상호관계만을 연구하여 법칙을 찾아낸다.

콩트와 같은 시대를 살았던 사람 중에 르낭(Renan)과 텐느(Taine)이 있다. 이들은 모두 과학을 숭배했던 저명한 문학가들이다. 그러나 19세기 중엽 이후부터 과학을 의심하는 사람이 점점 많아지기 시작했다. 쿠르노(Cournot), 르누비에(Renouvier), 부트루(Boutroux), 베르그송 등이 그 예다. 이들의 기본 입장은 조금씩 다르지만 과학의 능력에 일정한 한계가 있다고 보는 점은 동일하다. 이것이 바로 내가 오늘 비평하려는 것이다.

첫째, 과학의 목적은 일정한 인과관계를 도출하고 그것을 수량화하는 데 있다. 예를 들어 물체가 낙하할 때 처음 1초, 그다음 1초, 그다음 1초 동안 떨어지는 거리와 속도에는 일정한 비례가 있다. 하나의 공에 좌우에서 힘을 가하면 공은 사각형의 대각선 방향으로 나아가게 되는데, 원인이 어떤지에 따라 결과도 달라진다. 따라서 과학방법이 가장 잘 적용되는 곳은 물리영역이다.

비록 우리가 세계 속에서 생활하고 있지만 모든 일을 수량화시켜 계산할 수 있는지는 의문이다. 과학을 이용하면 마력과 전력을 따져 증기기관의 동력과 전등의 가용시간을 알아낼 수 있다. 그러나 이런 방법이 생물학과 심리학에도 적용될 수 있을까? 생물학과 심리학에서 인과를 논하는 것은 쉽지 않으며 인과를 수량화시키는 것도 불가능하다. 예를 들어 세포 분열은 1에서 2, 4, 8, 16, 32, 1000으로 진행되며 이때 위장과 근육, 뼈가 생겨나게 된다. 세포가 분열해 생명체가 만들어지는 것에 대해 학자들은 세포에서 그 원인을 찾으려 하지만 세포 속에는 찾을 만한 원인이 없다. 따라서 드리슈의 생기주의로 그것을 해석한 것이다. 심리학에서는 최근 지능 측정법을 개발했다. 아이들에게 문제를 주고 정해진

시간 안에 풀도록 하는데, 가장 빨리 푼 아이가 제일 총명하며, 조금 늦게 푼 아이가 그다음, 제일 늦게 푼 아이는 또 그다음이라고 한다. 이는 심리학에서의 인과관계도 물리학과 마찬가지라는 가정에 근거하고 있는 것이다. 나는 이것을 절대로 신뢰하지 않는다. 어째서 그런가? 사람은 혈육의 몸과 오관의 감각으로 이루어져 있다. 귀와 눈에서 뇌신경으로 정보가 어떻게 전달되는지는 당연히 인과로써 설명할 수 있다. 또한 배고프면 먹고 싶고, 추우면 옷 생각이 나며, 피곤하면 자고 싶은 것은 모두 피할 수 없는 생리현상이다. 사회에도 다양한 관습이 있어, 사람을 만나면 통성명을 하고, 목소리와 표정으로 타인의 기분을 알며, 일의 시작과 끝을 보고 그 사람의 행위를 짐작할 수 있다. 따라서 심리학에는 약간의 법칙이 존재한다고 말할 수 있다. 그러나 한 사람의 심리에서 의지가 강하고 약한 것의 원인이나 그로 인한 성공과 실패, 그리고 문학창작과 사상역정, 개인의 의지와 사회 진화의 관계 등에 대해 측정 가능하다는 것은 과학자들의 잠꼬대일 뿐이다.

둘째, 과학자들은 인과만을 말할 뿐이지 감각 기관의 능력과 한계에는 신경 쓰지 않는다. 물리학자들은 물성(物性)과 물성의 변화를, 식물학자들은 초목을 이론적 출발점으로 삼는다. 또한 생물학자들은 생명이 있는 것을 출발점으로 삼는데, 이것들은 모두 형태가 있는 것이며 사람의 눈과 귀로 파악할 수 있는 것들이다. 그러나 논리학 법칙이나 인과법칙 등 과학의 최고 원칙은 눈과 귀의 능력이 미치지 못하는 것들이다. 윤리학에서 말하는 선악시비의 기준과 충신독경(忠信篤敬)과 같은 인류의 미덕들에 형태가 있던가? 진화론자들은 내적 영역에 속하는 정신을 유형(有形)의 것으로 만든 후 발생론적 방법(Genetic method)을 사용하여 사회제도에서 인류의 도덕을 추론할 수 있다고 한다. 왜냐하면 이것도 역시 진화의 산물이기 때문이다. 이런 방식은 무형적인 것들의 근원이 유형적인 것에 있다고 생각하는 것에 기인한다. 발생론적 방법의 옳고 그름은 또 다른 문제다. 만약에 논리적 추리가 습관에서 오는 것이며(경험주의 철학의 주장), 도덕이 환경의 지배를 받는 것이라면 이는 과학이 유형적인 것을 이용해 무형적인 것을 해석함으로써 인류 정신의 독립성을 훼손시키는 것이다.

셋째, 과학자들은 각각의 문제에 대해 완벽한 대답을 내어놓을 수 없다. 예를 들어 과학자들은 물리학자의 이론적 출발점인 물질의 기원에 대해서는 묻지 않는다. 이것은 자연과학에 관한 문제이다. 정치학자들은 국가를 연구의 출발점으로 삼는데, 과학자들은 국가주의와 국제주의의 이해관계에 대해서 묻지 않는다. 경제학자들은 재화의 생산을 출발점으로 삼는데, 과학자들은 물질문명의 이해관계에 대해서는 묻지 않는다. 이것은 사회생활의 변천에 관한 문제이다. 물질의 본성이 어떠한지, 생명이 어디에서 유래했는지 등의 문제는 끊임없이 논쟁해온 것들이다. 따라서 이러한 문제들에 대해 의문을 가질 수밖에 없다. 해결 여부와는 상관없이 물음을 던지는 것은 인류의 본성이다. 예를 들면, 비록 다윈의 책이 실증방법으로 완성됐지만 생명의 근원에 대해서는 대답하지 못하고 있으니 안타까울 뿐이다. 안타까운 까닭은 마음속에 의문이 남아 있기 때문이다. 과학자들은 분과 연구를 주로 하기 때문에 국가주의나 물질문명의 이점과 폐단에 대해서는 다루지 않는다. 인류의 발전 방향과 행동 사이에 큰 연관 관계가 있긴 하지만 과학은 이에 대해 분명한 결론을 제시하지 못하고 우왕좌왕한다. 이처럼 과학자는 사물의 본체와 인류가 나아갈 길에 대해 만족스러운 대답을 내어놓지 못함에도 거만하게 전능한 척한다. 이것이 인류가 과학에 좋지 않은 감정을 갖게 된 가장 큰 이유다.

넷째, 내가 말하고자 하는 것은 과학 자체의 문제가 아니라 과학의 결과에 관한 것이다. 유럽의 물질문명은 과학적으로는 최대의 성과다. 인생은 물질을 떠날 수 없으니 한 국가의 문명을 물질문명으로 보는 데에는 타당한 이유가 있다. 국가는 과학지식을 이용하여 영리를 도모하며 땅을 개발하고 부를 창조하는 것을 목적으로 삼는다. 이를 위해 여러 가지 정책을 세우는데 이런 일련의 것들을 가리켜 사람들은 물질문명이라 한다.

유럽 각국은 상공업입국을 표방하면서 영사(領事)와 은행단을 파견하고 해외에 투자하였지만 이것이 외국을 망하게 만들었다. 또한 국가는 이를 교육의 방침으로 삼아 지식과 기능을 전수했는데, 이것 역시 국제적인 군사 전쟁과 상업 전쟁을 일으키려는 목적에 이용되었다. 외형적인 발전만을 추구하고 내부의 안녕을 도외시하는 문명은 절대 오래 지속되지 못한다. 갑이 상공업주의로 을을 침탈하면 을도 마찬가지로 상공업을 장려하여 갑과 동등한 수준이 되거나 그 수준을 초월하려 할 것이다. 갑과 을의 상공업 수준이 비슷하다면 미개척 분야에 대한 투자에 힘을 쏟을 수밖에 없다. 그러면 갑과 을은 필연적으로 군비 경쟁에 주력하게 될 것이다. 참모부는 상대의 기선(機先)을 제압하려 하고 머지않아 선전포고의 날이 도래한다. 이것이 바로 1914년 세계대전 발발의 확실한 원인이다. 각 나라들이 원하는 것은 물질 자원이다. 그러나 물질은 유한하고 사람들의 욕망은 끝이 없으니, 물질에 대한 추구가 국가의 안위와 인류의 행복을 가져다줄 것이라는 말을 나는 믿지 않는다.

여러분들은 내 말의 의미를 이해하지 못할 수도 있다. 간단히 말하면 우리가 발전하기 위해서는 앞 사람들의 전철을 밟아서는 안 된다는 것이다. 국가주의니 군벌주의니 상공업주의니 하는 것들은 모두 과거의 것들이다. 사상 방면에서도 만약 실용성을 강조하는 과학만 신뢰하고 형이상과 예술 방면의 것을 망각한다면 국가의 장래는 절대로 밝지 않을 것이다. 오늘날 유럽의 많은 선각자들은 정신적인 측면에서는 내적 생활을 강조하며 정치적인 측면에서는 국제연맹을 주창한다. 우리가 어떻게 호응하는지에 따라 새로운 경지가 열릴 수도 있을 것이다. 아시아의 중국과 미주의 미국은 국토가 넓고 자원이 많아 그렇지 않은 유럽에 비해 대동주의(大同主義)를 실현시키기에 적합하다. 윌슨이 국제연맹에 관심을 쏟고, 중국에서 대동사상이 발달한 것만 봐도 잘 알 수 있다. 내 말은 잠꼬대가 아니다. 서양의 신학문들은 이미 내가 말한 새로운 길로 들어서고 있다.

이상의 비평이 틀리지 않다면 교육과 인생의 지침을 세우는 데 있어 다음의 다섯 방면을 고려해야 한다. 형이상(形上), 심미(審美), 의지(意志), 이지(理智), 신체(身體)가 그것이다.

1) 형이상

인간이 살면서 감각 기관에 미치는 득실만을 계산하고, 내적인 편안함을 생각하지 않는다면 개인적으로는 공명과 부귀를 둘러싼 다툼에만 몰두하여 군자 위기지학(爲己之學)을 망각하게 될 것이요, 국가적으로는 영토 확장에만 골몰해 민포물여(民胞物與)의 의미를 잊어버리게 될 것이다. 이런 악습을 고치려면 천지의 후박(厚朴)하고 고명(高明)하고 유구(悠久)한 이치로 학생들을 가르쳐야 하는데 이것이 바로 형이상학이다.

2) 미술

하루 종일 일을 하다가 교외에 나가 신선한 공기를 마시면 가슴이 상쾌해진다. 미술관이라도 가게 되면 인간의 기교가 하늘의 조화를 넘어서는 듯한 느낌을 받게 된다. 여기서 볼 때, 미술과 인생은 매우 밀접한 관계가 있음을 알 수 있다.

3) 의지

때로 이지의 판단으로 불가능한 일이 의지의 역량으로는 실현되는 경우가 있다. 이광(李廣)[1]의 화살이 돌을 관통한 일은 일반인의 지식으로는 이해할 수 없다. 지식과 의지력은 서로 다르다. 어떤 어려운 일에 부딪히더라도 의지력이 강한 사람은 대체로 잘 헤쳐 나간다. 최근 독일과 러시아 혁명이 성공한 것은 정치가들이 강조한 의지 강화 교육이 낳은 결과라고 할 수 있다. 1918년 소수파 독일 사회당이 수백 년간 사람들이 숭배해 오던 황실을 무너뜨렸다. 1917년 러시아 혁명의 성공 또한 사람들의 예측을 뛰어넘는 것이었다. 의지가 강한 사람이라면 정치적 흐름도 바꿀 수 있다. 만약에 모든 일이 환경의 지배만을 받는다고 한다면 세상은 한 발짝도 앞으로 나아갈 수 없을 것이다. 안타까운 것은 오늘날의 교육자들이 외교가들의 악영향을 받아 사회와 타협하는 것을 상책으로 여길 뿐만 아니라, "현 상태를 유지하는 것(Status Quo)"을 유일한 목적으로 삼고 있다는 것이다. 이런 생각들로 인해 묻혀버린 인류의 심적 능력이 얼마나 되는지는 모를 일이다. 종합해서 말하자면, 의지 교육은 사회개조의 관건이지만, 안타깝게도 여기에 주의를 기울이는 교육자들은 많지 않다. 이런 와중에 교육은 사회 혁명당의 손에 내맡겨진 형국이 되었는데 매우 불행한 일이다.

이지와 신체 방면에서는 현대 교육이 상당한 성과를 거두었다. 더욱 잘 발전시켜야 한다.

이제 강연을 마무리할 때가 되었다. 결론적으로 몇 마디 덧붙이겠다.

---

1) 중국 서한(西漢) 시기의 명장. 바윗돌을 호랑이로 오인해 활을 쏘아 관통시킨 고사가 널리 회자됨.

만약에 과거 유럽의 사조를 감각주의라고 한다면 나의 주장은 일종의 초감각주의라고 할 수 있다. 그것의 이해득실은 다음과 같다.

첫째, 감각주의의 결과: 실험과학의 발달, 이지에의 치중, 상공업입국, 국가주의.

둘째, 초감각주의의 결과에 대한 예측: 정신수양(혹은 내적 생활)의 중시, 정감에 치중, 물질생활 외에 예술의 발달, 국제주의.

우리가 어느 것을 버리고 어느 것을 따를 것인지는 문화 발전의 전기가 되는 중대한 문제이다. 재삼 숙고하기 바란다.

-『시사신보 · 학등』에서 옮겨 실음

17 노력은 하였으되 공(功)이 없다 장둥쑨

—딩원지앙 선생이 말하는 과학

勞而無功 張東蓀

딩원지앙 선생은 장쥔마이 선생의 "인생관"에 반대하며 "과학"으로 "현학"을 공격했다. 나는 어제까지 그가 쓴 방대한 글 두 편을 모두 읽었다. 첫 번째 글을 읽을 때만 해도 나는 할 말이 아주 많았지만 잠시 참았었다. 후에 린자이핑 선생이 쓴 글을 보고 나는 펄쩍 뛰어올랐다. 마음속에 담아 두고 있던 말들을 린 선생이 거의 다 했기 때문이다. 린 선생의 식견에 탄복하며 매우 감사한다. 왜냐하면 답답함을 더 이상 견디지 않아도 될 뿐만 아니라, 손이 저리도록 글을 쓰지 않아도 되기 때문이다. 내 가슴속에 있는 말 가운데 9할은 린 선생이 털어놓았으니 나머지 1할만 토해내면 마음이 후련해질 것 같다. 나는 린 선생의 글 뒤에 안어 몇 자를 덧붙였다. 그러나 생각해보니 안어가 그다지 만족스럽지 않아 다시 이 글을 쓰게 된 것이다.

먼저 한 가지 중요한 사항을 말하고 글을 시작하겠다. 나와 딩원지앙, 장쥔마이 선생은 좋은 친구 관계이다. 내가 오늘 딩원지앙 선생을 비판하고 장쥔마이 선생을 비판하지 않는 것이 우정의 후박(厚薄)에 따른 것은 아니다. 나의 기질은 금상첨화(錦上添花)보다는 설중송탄(雪中送炭)을 좋아한다. 딩원지앙 선생이 첫 번째 글을 발표했을 때, 어떤 이가 나에게

와서 딩 선생 쪽에 이미 수많은 사람들이 장 선생 한 사람을 "떼로 공격하기" 위해 준비하고 있다고 알려준 적이 있다.(알고 보니 이 말은 헛소문이었다. 하지만 지금까지 『노력주보』에 실린 "과현논쟁"에 관한 글을 보면 장 선생 자신의 글을 제외하고는 전부 장 선생을 반대하는 글이다.) 당시 나는 이 소문을 믿지 않았다. 그러나 딩 선생 측(즉 장쥔마이를 공격하는 측)은 늘 외롭지 않아 내가 떠들썩하게 도울 필요가 없다. 따라서 나는 식어버린 부뚜막에 다시 불을 지핀다는 심정으로 딩 선생에게 문제를 제기하기로 결정했다. 그러나 평소 글을 많이 쓰지 않는 린 선생이 예상을 깨고 사람들이 놀랄 만한 폭죽을 터뜨리면서 내가 쓰려던 내용의 9할을 먼저 말해버렸다. 사정이 이러니 오늘은 그저 나머지 부분만 언급하도록 하겠다. 나머지라고는 하지만 "부언(附言)"의 성질이기 때문에 제목을 붙이기가 어렵다. 만약에 제목을 "딩 선생에게 묻는다"라거나 "딩 선생에 대한 의문"이라고 했다면 절대 이 정도에서 그치지 않았을 것이다. 따라서 나는 부득이하게 이 글의 마지막 구절을 제목으로 삼았다. 물론 좋은 제목이 떠오르지 않아서이기도 하다.

우선 딩 선생에 대한 나의 입장을 말하고 나서 그 이유를 서술하겠다. 우선 세 가지 강령을 제시하겠다.

1) 나는 딩 선생이 과학으로 현학을 공격한 것이 아니라 자신의 성격에 맞는 철학 이론으로 자신의 성격과 동떨어진 철학 이론을 공격한 것이라고 생각한다.
2) 나는 딩 선생이 과학의 진정한 성질에 대해 분명한 설명을 하지 못했다고 생각한다.
3) 나는 딩 선생이 과학과 한학자들의 고증[考據]을 섞어서 말했다고 생각한다. 이런 방법으로 과학을 선전하는 것은 백해무익한 것이다.

강령이 정해졌으니, 이에 대한 설명을 하겠다. 먼저 첫 번째 부분에 대해 말하겠다. 딩 선생의 첫 번째 글은 「과학과 현학」이고, 두 번째 글 역시 과현(科玄)이란 말을 벗어나지 않는다. 물론 과학을 부적으로 삼아 '현학'귀신을 잡으려 한 것은 안다. 그러나 현학이라는 귀신은 잡기가 대단히 까다로워서 한 번 몸을 숨기면 '철학' 뒤로 숨어 버리니, 쥐를 잡고 싶어도 그릇을 깰까 봐 제대로 조준하지 못하는 격이다. 딩 선생은 시종 현학에 대해 분명한 정의를 내리지 못하고 있으며, 현학과 철학의 관계에 대해서도 말을 하지 않았다. 적이 아직 눈치 채지 못했을 때 선제공격을 하는 딩 선생의 용감함은 감탄할 만하다. 만약 다른 사람이었다면 절대로 그렇게 하지 못했을 것이다. 사실 현학의 성격은 매우 분명하다. 전통적으로 철학은 세 부분으로 나누어진다. 즉 인식론과 본체론, 우주론이다. 학자들은 본체론과 우주론을 현학이라고 불러왔다. 여기서 볼 때, 현학은 철학이지만 비교적 범위가 좁은 것이라는 사실을 알 수 있다. 철학은 원래 두 갈래가 있다. 한 갈래는 줄곧 본체론으로 침투해 들어오려는 야심이 있는 반면, 다른 한 갈래는 그런 야심이 없다. 딩 선생은 후스 선생의 말을 가장 좋아하는데, 아마도 후 선생이 모든 일에서 역사 관찰 태도를 취하기 때문일 것이다. 나는 딩 선생이 후 선생처럼 그리스 이래의 사상사를 한 번 훑어보고 이 두 학파의 유래를 알게 되길 바란다. 내 생각에 두 학파의 논쟁은 중국의 주륙이동(朱陸異同) 논쟁과 비슷하다. 외국인이 중국의 주륙이동 논쟁에 참여할 필요가 없는 것과 마찬가지로 우리도 그들의 논쟁에 참여할 필요가 없다. 철학이 발전하면서 현학의 의미도 많이 변했다. 딩 선생이 당시에 현학을 공격하던 말(사실 당시의 현학은 신학일 뿐이었다)은 표적 없는 화살이나 마찬가지였다. 딩 선생이 숭배하는 제임스의 말을 여기 인용하겠다. 제임스는 『철학의 몇 가지 문제(哲學之幾問題)』 제1강에서 현학의 최초 의미는 과학과 상반되지만 우리는 마땅히 그 의미를 바꿔야 한다고 주장했다. (원문은 다음과 같다. In the modern sense of something contrasted with science, philosophy means metaphysics. The olde sense is the mose worthy sense, and as the results of science get more available for coordination, and conditions for finding truth in different kinds of question get more methodically defined, we may hope that the term will revert to its original meaning, science, metaphyscis and religon may then again form a single body of wisdom, and lend each other mutual support.) 뿐만 아니라 철학은 인생에서 매우 중요하기 때문에 반대할 수 없다고 말했다. 딩 선생이 만약 제임스를 존경하지 않았다면 나는 그의 말로써 방패를 삼지는 않았을 것이다. 딩 선생이 마치 제임스의 지기(知己)처럼 보였기 때문이다. 그가 베르그송을 칭송한 것도 형식적인 것이지 진심 어린 말이 아니라는 것을 안다. 그러나 나는 위에서 언급한 제임스의 말을 반대할 생각이 없다. 따라서 마찬가지로 예를 들어볼 테니 딩 선생이 보고 다시 한 번 평가해주기를 바란다. 농담 한 마디 하겠다. 장 선생이 랭카스터를 끌어올 때마다 딩 선생도 이에 질세라 제임스를 끌어 댔는데, 정말로 짝을 잘 찾은 것 같다. 나는 철학과 과학의 경계는 매우 나누기 어렵다는 것을 잘 알고 있다. 예를 들면 뉴턴의 절대 운동론은 그것이 나왔을 당시 분명한 과학이었다. 하지만 마하는 그것이 과학이 아니라 철학이라고 주장했다. 그러나 마하의 경험론은 다시 양자를 발견한 프랑크에 의해 과학이 아닌 철학이라는 비웃음을 샀다. 마하가 뉴턴을 공격하고 프랑크가 다시 마하를 공격했는데, 누가 다시 프랑크를 공격하지 말란 법이 있겠는가? 따라서 이런 논쟁은 사실 무의미하다. 나는 동양인이 서양 사상을 배울 때 쓸모없는 것까지 배울 필요는 없다고 생각한다. 딩 선생이 든 예를 하나 인용해보겠다. 딩 선생은 베르그송이 쌓인 눈으로 심의 연장[心的綿延]을 설명한 것은 비유일 뿐이니 따질 필요가 없다고 말했다. 그렇다면 딩 선생에게 묻겠다. 마하가 사상을 가리켜 하늘에서 번개가 치는 것과 같다

(원문은 이렇다. We should say "it thinks" just as we say "it lightens". 여기서는 딩 선생의 번역문을 참고했다)고 한 것은 어째서 비유라고 여기지 않는 것인가? 이것도 마찬가지로 비유가 아닌가? 어째서 한쪽의 비유에 대해서는 의심의 눈초리를 보내면서, 다른 비유에 대해서는 의심하지 않는 것인가? 어째서 한쪽의 비유에 대해서는 공격하면서, 다른 비유는 공격의 도구로 삼는 것인가? 이런 모순이 과학자의 태도인가? 따라서 나는 딩 선생이 고상하게 과학만을 말하지 말고, 사실대로 자신의 성격에 맞는 철학이기 때문에 좋아하고, 자기의 성격과 먼 철학이기 때문에 싫어할 뿐이라고 인정하기를 권한다. 최근 정신분석학자들은 성격과 희망, 가장(假裝) 등을 이론화하여 발표하면서 "이유화(理由化, 자기 합리화)"라고 이름 붙였다. 내가 보기에 딩 선생의 과학론은 이유화라고 할 수 있다. "심", "물"의 문제는 말하지 않으면 그만이지만 일단 말하게 되면 철학의 영역 속으로 들어가게 된다. 긍정하면 분명 철학이 되고, 부정해도 철학을 벗어날 수 없다. 후스 선생과 마찬가지로 나도 손오공과 여래불의 비유를 들어 존경하는 딩 선생에게 이야기해보겠다. 철학은 여래불의 손바닥 같다. 딩 선생이 재주 한 번 넘어 십만 팔천 리 밖으로 달아난 뒤 철학의 영역을 벗어났다고 생각해도 사실은 여전히 여래불의 손바닥 안인 것이다.

다음은 두 번째에 대해서 말하겠다. 이것은 전체의 요지에 해당한다. 나는 딩 선생이 말한 과학의 성질과 확실성에 대해 만족할 수 없다. 먼저 과학의 성질에 대해 말해보겠다. 딩 선생은 첫 번째 글과 두 번째 글에서 거듭해서 자신의 주장을 피력했는데 원문은 다음과 같다.

"과학방법은 사실들을 분류하여 그것들의 질서를 찾아내는 것이다. 질서가 명확해지고 나면 다시 가장 간단명료한 말로써 수많은 사실들을 개괄해내게 되는데 이것이 바로 과학법칙이다. 모든 사실들은 과학방법으로 연구할 수 있으며, 모두 과학이 될 수 있다."

"사실들을 분류하여 그것들의 질서를 찾아내는 것"과 "간단명료한 말로써 수많은 사실들을 개괄해내게 되는데" 라는 두 구절을 다시 한 번 읽어보길 바란다. 나처럼 식견이 얕은 사람이 보기에도 분류를 통해 질서를 구하고 간단명료한 말로 수많은 사실을 개괄해 얻는다는 것은 상식이다. 예를 들어 우리가 "금(金)", "은(銀)", "동(銅)", "철(鐵)"이라고 말하는 것은 자연 사물에 대한 분류인 셈이며, 이렇게 간단한 말로 수많은 사실을 개괄할 수 있다. 이런 해석이 틀리지 않다면 과학과 상식은 다르다고 할 수 없다. 그러나 처음으로 과학의 자격을 얻은 물리학은 단지 만물을 분류하고 질서를 구하는 데서 그치지 않는다. "금", "은" 등이 상식적인 분류인데 반해 과학상에는 원자만이 있을 뿐이다. 최근에는 전자학[電學]이 발달하여 원자의 차이는 음전자(陰電子)의 수량에서 기인한다는 것을 알게 되었다. 과학이 단지 분류의 기능만을 가지고 있다면 나눌수록 종류는 더욱 불분명해져서 소위 "류(類)"라는 것은 도리어 의미를 잃게 될 것이다. 그렇다면 과학도 함께 사라지지 않겠는가? 최근 유행하는 상대성 이론에는 몇 개의 중요한 공식이 있는데, 우리는 그것이 어떤 사실에 대한 분류인지 알지 못한다. 과학 발달의 결과로 "누구나 차별 없이 교육 받을 수 있는" 때가 도래했는데, 과학은 분류일 뿐이라고 말하는 게 너무나 초보적인 것이 아닌가? 다시 식물학과 동물학을 예로 들어보겠다. 그것들은 완전히 분류에 기초한 것처럼 보인다. 하지만 식물학에서 식물 분류법은 그다지 중요하지 않으며 그 이유는 모두 짐작할 수 있을 것이다. 딩 선생의 이런 논조가 피어슨의 영향 때문이라는 것을 알고 있다. 그러나 그도 선택의 여지가 없었을 것이다. 따라서 나는 하나의 대체 이론으로 딩 선생의 부족한 점을 보충해보도록 하겠다. 내가 말하려는 것은 일찍이 량치차오 선생의 글 말미에 덧붙였던 것으로 다시 여기에 초록(抄錄)해보겠다.

> "내 생각에 과학은 잡다하게 뒤엉켜 있는 경험 속에서 '불변의 관계'를 도출해내는 것이라 할 수 있다. 이것을 일러 법식(法式) 혹은 법칙(잠정적인 개념이다)이라 할 수 있다. 예를 들어 두 사람과 두 마리의 개를 더하면 4가 되고, 개 두 마리에 쥐 두 마리를 더해도 역시 4가 되는데, 이것은 모두 '+' 부호를 사용하여 표시할 수 있다. 사실 경험적 내용은 전부 일회적인 것들이다. 오늘 내가 글을 쓰는 것과 내일 글을 쓰는 것은 같지 않다. 그러나 과학은 내용보다는 방식이나 관계, 즉 관계의 공식을 중시할 뿐이다. 따라서 분류는 초보적인 단계이며, 최종적 단계가 아니다. 이런 '불변의 관계'에 대한 공식을 얻은 후에 간단하고 분명한 부호로 그것을 표시해야 하는데, 그렇다고 이것이 '이러한 수많은 사실을 개괄'하는 것은 아니다."

이 말이 크게 틀리지 않다면 우리는 과학법칙이 수많은 사물을 개괄한 간명한 말이 아니라, 내용과는 그다지 관계없는 것을 표현하는 방식이라는 것을 알 수 있다. 위에서 말한 고양이와 개 등은 모두 관계이며 내용이다. 과학의 목적은 관계가 어떤지를 묻는 것이 아니라 상대적으로 불변하는 관계를 도출하는 것이며, 내용이 어떤지를 묻는 것이 아니라 상대적으로 확정적인 방식을 도출하는 것이다. 과학은 내용에 대해 모른 체 하는 것이 아니라 모든 내용은 관계가 만들어낸 것이라고 생각한다. 상대성 이론은 이런 추세를 따라 성공한 것이다. 과학이 의기양양할 수 있는 까닭도 바로 여기에 있다. 이런 공식을 얻었기 때문에 자유롭게 모든 것을 조종할 수 있는 것이다.

여기서 과학은 그 자체로 논리를 담고 있기 때문에 별도로 형식 논리를 필요로 하지 않는다는 것을 알 수 있다. 이 점은 과학 선전의 책임을 안고 있는 딩 선생도 제대로 알지 못하는 부분이다. 린 선생은 딩 선생의 논리학 관념이 너무 진부하다고 지적했는데, 실로 내 맘에 쏙 드는 말이다. 만약에 과학의 기초가 형식 논리인 삼단논법 위에 세워져 있다고 한다면 과학의 정확성은 순전히 논리적 방식에 부합하는지 여부에 의해 판단될 것이다. 그러나 실제로 아직까지 논리학은 수준은 비교적 낮으며 물리학과 화학보다도 뒤떨어져 있다. 만약에 수학을 논리학의 영역에 넣는다 해도 비유클리드 기하학이 나오게 된 것은 최근의 일이다. 나는 유클리드 기학학과 마찬가지로 아리스토텔레스의 논리학이 오늘날 별로 유용하지 못하다고 말해왔다. 그러나 뜻밖에도 딩 선생은 한편으로는 아리스토텔레스의 현학을 배척하면서 다른 한편으로는 암암리에 아리스토텔레스 이래의 전통 논리사상을 취하였다.

다음으로 과학의 확실성에 대한 기준을 말하면서 딩 선생은 다음과 같이 말했다.

> "과학이 심리현상을 내용으로 삼고 있다면 개념과 추론에 대해 엄격하게 따져볼 필요가 있다. (…) 일반 사람들의 심리 내용은 그 성질이 모두 같다. 어떤 사람의 심리적 연상 능력을 알기 위해서는 첫째, 그 사람의 감각기관이 경험한 것을 알아야 하며, 둘째, 뇌신경의 사고력이 얼마나 강한지를 봐야 한다. 이것을 바꿔 말하면 환경과 유전(遺傳)이라 할 수 있다. 나의 환경과 유전적 요인은 다른 어떤 사람과 비교해도 같지 않다. 그러나 만약 내가 비정상적인 사람이 아니라면—비정상적인 사람이란 미친 사람이나 지능이 모자란 사람을 말한다—나의 사고 도구는 일

반인과 동일한 기기(機器)이다. 설령 기기의 효과는 다를지라도 성질은 같다. 감각기관에서 느끼는 것이 같기 때문에 물질에 대한 '사고의 구조'가 같으며, 지각개념의 추론 순서가 다르지 않기 때문에 과학의 본질이 공인될 수 있다. 그렇지 않다면 내가 책상이 단단하다 느낄 때 어떤 사람은 무르다 느낄 것이고, 내가 직사각형으로 볼 때 어떤 사람은 둥글게 볼 것이며, 내가 2+2가 4라고 할 때 어떤 사람은 6이라 할 것이다. 만약 이와 같다면 어떻게 과학방법을 논할 수 있겠는가?"

우둔한 내 머리로 생각해볼 때, 이 말은 과학의 확실성이 사람들의 심적 동일성[人心的相同]에 기초한다는 의미 같다. 특히 여기서 말하는 인심(人心)은 감각과 사유구조를 가리켜 말하는 것 같다. 그렇다면 또 하나의 의문이 생긴다. 나도 딩 선생처럼 그에게 "증거를 대봐라!"고 말할 것이다. 딩 선생은 두 번째 글에서 증거를 댔다. 그는 말했다.

"이것은 이론이 아니라 사실이다. 칼튼이 통계 방법으로 생물 현상을 연구한 이래, 소위 생물측량학(Biometrics)라는 학문이 생겼는데, 우리가 '보통사람'이라고 말하는 것 자체에 이미 통계적인 근거가 들어 있다. 예를 들어 영국에서의 보통사람이 오 척 팔 밀리미터의 키라면 오 척 이하는 작은 것이고, 육 척 육 촌 이상은 키가 큰 것이다. 그러나 키가 작다는 것과 키가 크다는 것의 기준은 마음대로 정한 것이다. 오 척 이하의 키 작은 사람과 육 척 육 촌 이상의 키 큰 사람 사이에 수많은 중간자들은 일반인으로 함께 분류되고 있다. 지력(IQ) 측정도 마찬가지다. 만약에 우리가 저능아의 지력이 0이고 천재는 100, 그리고 일반인은 50이라고 가정한다면 1부터 49 안에서는 저능아들이 일반인과 함께 분류되며, 51부터 99까지의 사이에는 또 일반인과 천재의 경계가 서로 섞이게 되는 것이다. 사지(四肢)와 키가 서로 균형을 이뤘을 때 키가 크다고 말할 수 있지, 머리만 비정상적으로 크다거나, 혹은 사지의 균형이 전혀 맞지 않다면 그것은 심리적으로 미친 사람과 마찬가지로 괴물이라 할 수 있을 것이다. 미친 사람의 심리를 연구하는 학자에 따르면 미친 사람의 심리 중 일부는 천재와 비슷한 점이 있다고 한다. 왜냐하면 그들 모두 감각이 특별하게 발달한 사람이기 때문이다. 미친 사람이란 심리의 일부분이 지나치게 발달하여 평형을 잃어버린 사람이다. 이에 반해 천재는 각 부분의 발달이 균형적이어서 생활의 평형을 유지할 수 있다. 장신, 단신과 일반인의 관계는 정도상의 문제일 뿐 종류상의 문제는 아니며, 천재나 미친 사람과 일반인의 차이도 역시 상대적일 뿐 절대적이지 않다. 일반 사람의 키가 아무리 크다 해도 그의 신장은 종족적 특성의 제약을 받기 때문에 세상에 팔 척 구 척의 장신이 없는 것이다. 또한 키 큰 사람의 체격 계수(Index), 예를 들면 두개골의 너비와 길이, 팔의 비례 등도 모두 일반 사람과 같다. 천재의 지력은 일반인을 넘어서지만, 이 역시도 종족적 특성의 제약을 받기 때문에 그의 심리와 생리 조직은 일반인과 같은 구조를 이루고 있다. 이것은 최근 70년 동안 생물학과 심리학이 연구한 기본적인 관념으로 쉽게 번복될 수 있는 것이 아니다."

이 단락을 이리저리 훑어보았지만 딩 선생이 말하려는 핵심이 무엇인지 알 수가 없다. 장쥔마이 선생은 배우지 않고도 알 수 있는 뛰어난 천재가 있다고 주장하지 않았기 때문에 딩 선생의 말은 모두 초점을 벗어난 것이다. 생물측량학에 관한 책을 본 적이 없기 때문에 내가 감히 뭐라 말할 수는 없으나, 과학의 확실성에 대한 기준 문제를 다룰 때, 신체의 장단으로 비유하는 것보다 지혜의 높고 낮음으로 비유하는 것이 나은 것 같다. 따라서 나는 지능 테스트만을 예로 들어 말해보겠다. 내가 이 말을 하면 딩 선생의 말은 바로 불행한 사실로 변해버릴 것이다. 무슨 이유 때문인가? 그것은 딩 선생이 입을 열 때마다 말하는 "일반적 사람[常人]"이라는 절대적 경계가 무너질 것이기 때문이다. 소위 정상(Normal)과 비정상(Abnormal)은 정도의 차이에 불과하다. 지능 테스트와 그 이론적 기초를 탐구한 책은 실제로 그리 많지 않다. 내가 본 것은 인류의 효율과 지력의 층차라는 한 권의 작은 소책자뿐인데, 이 책은 미국의 저능아 연구의 대가인 고다드(H. H. Goddard)가 지은 책이다. 당연히 딩 선생도 이 사람을 알고 있을 것이다. 일찍이 미군이 실험한 바로는 인간의 지능이 모두 일곱 등급으로 나누어지는데, 가장 높은 등급에 속하는 사람은 4.5%뿐이었다. 만약에 과학의 확실성의 기준이 사람들의 심적 동일성에 있다고 한다면 상대성 이론은 과학의 자격을 잃게 될 것이다. 왜냐하면 상대성 이론을 이해할 수 있는 사람은 백 명 가운데 네 명을 넘지 않을 것이기 때문이다. 예를 하나 들어보겠다. 어떤 유치원과 초등학교에서 교사가 아이들 육칠백 명에게 2+2=4 라는 것을 알려주지 않은 채 질문한다면 2+2=4 라고 답하는 학생이 거의 없을 것이다. 그렇다면 2+2=4 라는 수학적 확실성이 사람들의 심적 동일성에서 기인한다고 할 수 있는가? 쉬운 예로 상대성 이론에서 말하는 "공간의 휘어짐"은 인간이 볼 수 없다. 또 사람은 길이와 너비는 보지만 4차원은 보지 못한다. 이것은 바다 속의 넙치가 길이와 너비는 보지만 폭은 볼 수 없는 것과 같은 이치다. 따라서 과학의 확실성이 사람들의 심적 동일성에 기초한다는 것은 매우 위험한 주장이다. 다시 지능 테스트에 대해 얘기해보자. 고다드는 배우지 않고도 개선할 수 있는 선천적 지력이 있으며, 이런 추상적 지력이 측정 대상이지 구체적 학습을 대상으로 하는 것은 아니라고 한다. 딩 선생이 이 말을 들으면 별로 기분이 좋지 않을 것이다. 왜냐하면 매우 확실하다고 생각하는 과학방법의 이면에 생각지도 못했던 현학적 가정이 내재하기 때문이다. 그러나 이런 가정이 없다면 과학적 지능 테스트도 역시 불가능하게 될 것이다.

딩 선생은 과학방법을 사용하는 것은 모두 과학이라고 했다. 따라서 우리의 문제는 과학방법에 대한 것으로 바뀌게 되었다. 만약 과학방법을 형식 논리라고 한다면, 현학도 그것을 사용하고 종교도 그것을 사용할 뿐만 아니라 소설, 희곡도 역시 그것을 사용하므로 세상에 과학 아닌 것이 없게 된다. 과학이 이미 이처럼 보편화되었다면 딩 선생이 또 전력을 다해 과학을 제창할 필요는 없을 것이다. 따라서 과학방법은 절대로 형식 논리에 불과하다고 할 수 없다. 그렇다면 귀납법과 연역법은 어떤가? 귀납법과 연역법은 삼단 논법과 어떤 본질적 차이가 있는가? 따라서 나는 부득이하게 다음과 같은 대체설을 주장하고자 한다.

> "과학은 과연 유일무이한 방법을 갖고 있다. 처음에는 이 방법을 사용하는 학문을 모두 과학이라고 부를 수 있었으나, 안타깝게도 오늘날에는 각 분야마다 각자의 방법을 갖게 되었다. 예를 들면 심리학에는 관찰과 실험, 내성(內省)의 세 가지 방법이 있다. 그중 두 개를 배척하고 하나만을 남겼다 해서 물리학과 같아질 수는 없다. 법학 방법과 화학 방법은 서로 같지 않으며, 법학의 비교법과 화학의 분석법은 완전히 다르다. 과학은 선택한 대상에 따라 상이한 방법을 취할 수 있다. 예를 들어 천문학은 망원경이 필요하며, 세포학은 생물학에서 분리되어 나왔다. 여기서 알 수 있듯이 과학은 각각의 방법이 있을 뿐만 아니라 분과 발전을 해왔고 하나의 과학방법(즉 분류와 귀납 등)이 중요하긴 하지만 절대로 통일될 수 없다."

이 말의 뜻은 다음과 같다. 과학은 대상에 따라 특수한 방법을 취하는

데, 이런 방법은 비록 이차적(즉 린 선생이 말한 실질 논리)이라 하더라도 매우 중요한 것이다. 만약 개별적이고 이차적인 방법을 떠나 근본적인 방법을 찾으려 한다면, 비록 그것이 보편성을 얻는다 하더라도 독창적인 정신은 잃게 될 것이다. 우리는 진정으로 과학을 제창해야 하며 공허하고 추상적인 방법에만 주목하는 것은 경계해야 한다.

마지막으로 한마디 덧붙이겠다. 과학방법과 과학은 분리될 수 없다. 둘은 그림자처럼 붙어 다니는 것으로, 우리가 과학방법을 제창하고 난 뒤에 자연적으로 과학이 생기는 것이 아니다. 예를 들어 심과 물이 하나라고 믿는 딩 선생의 견해는 과학방법으로부터 얻어진 것인가, 아니면 과학으로부터 얻어진 것인가? 냉정하게 말하자면 심물합일론(心物合一論)은 과학이 아니라 철학이다. 여기서는 한 발 양보해 과학으로 여기고 있지만 그럼에도 불구하고 그것은 과학의 내용이지 과학의 방법은 아니다. 정리해서 말하자면, 과학방법이란 아무 때나 벗어서 다른 것에 입힐 수 있는 옷과 같은 것이 아니다. 나도 심물합일론을 신봉하지만 내 생각에 딩 선생의 태도는 독단적이며 과학자로서 적절하지 않다. 심물이 동일한 재료로 구성되어 있다는 러셀의 주장에 대해 예전부터 연구하려고 했다. 그래서 그의 책을 이리저리 살펴보았는데 앞서 언급한 간단한 설명을 제외하고 어떤 해석도 없었다. 러셀에 대해서는 유감이라고 해도 딩 선생까지 그런 것은 대단히 이상하다. 딩 선생은 두 번째 글의 여섯 번째 단락 "정신과 물질"에서 마하와 러셀의 글을 자의적으로 인용하고 있을 뿐이다. 이것을 제외하고는 별다른 설명이 없는데 인용문의 설명도 매우 모호하다. 철학자들은 이처럼 중요한 문제를 쉽게 믿지 않는데, 과학자들은 이 문제에 대해 실험이나 장기적 고찰 없이 이처럼 경신하다니 적절하지 않다.

이제 세 번째 문제에 대해 말하겠다. 세 번째 문제에 대해서는 사실 여러 말이 필요 없다. 왜냐하면 과학방법이 한학자들의 고증과 다르다는 것은 분명하기 때문이다. 과학은 실험을 중시하지만 고증학은 고문서 더미에서 생활하는 것에 불과하다. 고문서가 믿을 만한 것인지는 여전히 의문이다. 존의(存疑) 정신은 석가모니를 제외하면 데카르트가 첫째다. 그러나 두 사람의 사상은 과학이 아니다. 다시 말하자면 "오컴의 면도날"은 과학이라고 할 수 없다. 뉴턴은 "나는 가설을 만들지 않는다(Hypotheses non fingo)"라는 명언을 남겼고, 절대운동과 절대시공에 관한 학설을 제기했는데 이 가설은 대단한 것이다. 결론적으로 딩 선생은 현학가들이 이미 죽어버린 중국의 송학에 서양의 현학 정신을 불어넣어 부활시킬까 봐 걱정하고 있다. 이런 생각은 나도 이해할 뿐만 아니라 존경한다. 다만 딩 선생도 현학가들과 마찬가지로 죽어버린 한학에 과학정신을 불어넣어 부활시키려는 것 같아 안타까울 뿐이다. 계속해서 이런 방식으로 논쟁하게 되면 구경꾼들은 흥미를 잃을 것이다. 과학을 선전하는 것만 놓고 본다면 나는 장 선생의 현학이 중국의 과학 발전에 얼마나 해가 될 지 알 수 없지만, 마찬가지로 딩 선생의 글이 중국의 과학 발전에 얼마나 득이 될지도 알 수 없다. 아마 내가 충분히 민감하지 못해서일 것이다. 과학에 대한 나의 태도를 밝히는 데 있어 딩 선생의 권고는 필요하지 않다. 과학에 대해서 나는 큰 이상을 가지고 있다. 나는 과학이 날이 선 한 자루 칼과 같아서 거기에 닿기만 하면 무엇이든 해결될 것이라고 말해왔다. 즉 가장 신비한 생명과 정신, 정감, 의지 등 어느 하나 해결되지 않는 것이 없을 것이다. 그러나 오직 한 가지만은 예외다. 그것은 바로 모든 것을 분해시켜버리는 칼, 자신이다. 바꾸어 말하자면 그것은 위대한 지혜이다. 자동차를 보면 그 안의 기계들은 딱딱하고 죽어 있지만 자동차를 생산해내는 사람들의 지혜는 창조적이며 살아 있는 것이다. 과학의 발전이 무궁무진한 까닭은 바로 여기 있다. 우생학이 나온 이

후 인류의 지혜도 개량 가능하게 되었다. 따라서 과학은 가장 활기 넘치는 학문이 되었다. 과학을 기계적이고 딱딱한 것으로 여기는 것이야말로 과학을 제대로 이해하지 못하는 것이다. 딩 선생은 과학이 전도창창(前途蒼蒼)하다고 말하면서 한편으로는 멋대로 "고증학"을 끌어들여 과학과 뒤섞어버렸다. 언젠가 중국 과학사에서 딩 선생의 공과를 논할 때 문제가 될 수도 있다. 마지막으로 린 선생의 말로써 글을 맺고자 한다. 소주에 물을 타면 탈수록 흐려진다. 린 선생은 딩 선생의 방법으로 과학을 부르짖는 것은 오히려 과학을 짓밟는 것이라고 말했다. 나도 말하겠다. 노력은 하였으되 공이 없다.

글은 마쳤지만 모두 좋은 친구들이기 때문에 몇 마디 덧붙이고자 한다. 이 문제는 중요하다. 큰 틀에서 생각하면 장난스런 태도가 별 문제되지는 않지만 사회적으로는 결코 좋지 않다. 논쟁을 계속하지 않아도 상관없다. 왜냐하면 논쟁이 계속되면 억지로 철학을 배우는 사람은 급한 마음에 부처 다리를 잡는 심정으로 과학을 언급하게 될 것이며, 억지로 과학을 배우는 사람도 마찬가지 심정으로 철학을 언급하게 될 것이기 때문이다. 이러다 보면 부주의한 말들이 오가게 된다. 이런 상황은 매우 비경제적이며 사회에 악영향을 줄 수 있다. 예를 들어 장 선생은 글에서 아톰과 원자를 같은 의미로 쓰고 있는데, 이런 실수는 딩 선생에게 비판의 빌미를 주게 된다. 딩 선생도 두 번째 글에서 듀이를 행위주의 심리학자로 분류하며 그가 사상을 부정했다고 말했는데 이런 실수도 장 선생에게 비판의 빌미를 준다. 딩 선생은 러셀의 『마음의 분석(心之分析)』에 근거해서 말한 것이지만, 사실 듀이와 제임스, 쉴러는 모두 행위주의 학파의 비판을 받는 기능주의 학파다. 러셀의 말만으로 판단할 문제는 아

니다. 물론 이것들은 무의식적인 실수로 크게 중요한 것은 아니다. 그러나 장 선생과 딩 선생은 중국 학술계에서 어린 시녀가 아니며, 이미 정경부인의 자리에 올라 있다. 그런데 어째서 모르는 것을 억지로 안다고 하여 사회에 악영향을 미치는가? 이것은 나의 작은 바람이다. 나는 어떤가. 미리 말해두겠다. 가르침을 받고도 반박하지 않는 것을 양해 바란다. 내가 이 글을 쓴 이유는 답답함 때문이었지만, 또 한편으로는 딩 선생의 다음과 같은 암시 때문이기도 하다. 딩 선생은 드리슈가 다윈을 반대할 자격이 없다고 말했다. (독자들은 주의하기 바란다. 다윈을 반대하는 것과 진화론을 반대하는 것은 서로 다른 것이다. 다윈을 반대하는 것이 결코 진화론을 부정하는 것이 아니다.) 수십 년간 생물학을 연구한 사람은 다윈을 반대할 자격이 없고, 지질학을 연구한 사람은 오히려 다윈에 찬성한다. 그러니 우리처럼 철학을 연구하는 사람도 당연히 과학을 논할 자격이 있는 것이다. 그러나 후에 다시 생각해보니 "다음부터는 예외를 인정하지 않는 것"이 가장 좋을 것 같다. 따라서 이 글을 여기 덧붙인다.

-『시사신보 · 학등』에서 옮겨 실음

* 이 글은 내가 교열을 보며 몇 마디 수정한 것임을 밝혀두는 바이다. 장둥쑨

18 인격과 교육 人格與敎育

쥐농 菊農

1.

최근 학계에 학술 논쟁이 벌어진 적이 거의 없어 대단히 적막했었다. 최근에 딩원지앙 선생과 장쥔마이 선생이 인생관과 과학 문제를 둘러싸고 논쟁을 시작했는데, 이는 학문의 정원에 불어오는 한줄기 봄바람에 비유할 만하다. 장쥔마이 선생은 교육 문제를 언급했는데 현대 교육에 불만이 많은 것처럼 보인다. 교육은 인류의 미래와 대단히 중요한 관계가 있는 문제다. 따라서 이번 기회를 빌려 이에 관해 몇 마디 하고자 한다. 토론의 중심 주제에 대해서는 다음에 따로 말할 기회가 있을 것이다.

이상주의의 입장에서 보면 현대 사회의 비애와 인생의 번민, 그리고 문화의 정체(停滯)는 모두 서양 문예부흥의 두 가지 정신이 만들어낸 것이다. 역사학자들은 문예부흥에 두 가지 의의가 있다고 말한다. 즉 새로운 인간과 새로운 우주의 발견이다. 주관적인 측면에서는 개인의 발견이며, 객관적인 측면에서는 우주의 발견이다. 바꿔 말하자면, 개인주의와 기계론이다. 만약 우리가 역사학자의 말을 근거로 현대 문명이 문예부흥의 산물이라는 점을 인정한다면 현대 문명은 개인주의와 기계론적 문명인 것이다.

한 사람의 생활 태도는 그 사람의 일생을 규정할 수 있다. 한 시대의 생활 태도 역시 그 시대의 사회 제도와 사회 활동을 규정할 수 있다. 개인주의와 기계론은 문예부흥 이후 수백 년 동안 일반 사람들이 생활에 대해 갖고 있던 태도이다. 이 두 가지 태도는 수백 년을 거쳐 오면서 역사적 흐름을 형성했다. 정치, 경제, 윤리, 교육 등의 방면에 모두 이러한 인생관이 깊숙이 내재되어 있는 것이다. 문예부흥을 폄하하려는 것이 아니다. 문예부흥으로 인해 예술이나 문학, 철학과 과학 등이 거둔 성공 또한 부정하고 싶지 않다. 그러나 그것이 만들어낸 고통과 번민 역시 인정해야 한다.

가장 많은 고통을 받은 것은 경제와 교육 방면이다. 자유 경쟁을 원칙으로 하는 경제 제도 아래에서 진정한 행복과 자유가 어떻게 존재했겠는가. 유럽의 세계대전과 최근 급격하게 진행된 사회 개조 운동, 노동계의 불안 등을 통해 볼 때 그것은 "묻지 않아도 알 수 있는 사실"들이다. 교육 방면 또한 "종이호랑이"와 같아 멀리 떨어져서 보면 해진 곳이 전혀 없어 보이지만 가까이서 보면 여기저기 수많은 구멍이 나 있다. 지금 시급하게 연구해야 할 것은 교육 문제다.

앞에서 이미 간략하게 언급했듯이 각종 사회 활동은 대부분 그 시대의 인생철학이 만들어낸 것으로 교육 역시도 예외가 아니다. 따라서 현대 교육의 문제를 논하려면 표면적인 제도나 커리큘럼에 대한 비판을 넘어서 근본적인 원인을 따져야 한다. 표면적인 비판은 핵심을 비껴나기 일수다. 현대 교육은 문예부흥 이후의 산물이다. 따라서 좋은 면이 있다면 당연히 문예부흥에 공을 돌려야 하지만 그렇지 않다면 마찬가지로 문예부흥에 책임을 돌려야 한다. 이 말이 맞는다면 현대 교육의 이면에서 교육을 조종하고 있는 것은 문예부흥의 양대 정신이라고 말할 수 있을 것이다. 한발 더 나아가 말하자면, 현대 교육은 개인주의와 기계론적 교육으로 좋은 점도 더러 있지만, 실제로는 두 가지 인생 태도의 단점만을 취한 것이다. 개인주의와 기계론이 지배하는 세계에서 이런 교육이 나오는 것은 당연하다. 그러므로 현대 교육을 개량하기 위해서는 과목의 증감과 같은 형식적 개혁이 아니라 개인주의나 기계론적 인생관을 버리고 새로운 인생철학을 건설하는 근본적인 개혁이 있어야 하는 것이다. 새로운 인생철학만이 교육을 개혁할 수 있다. 교육은 사회 활동의 한 측면으로 사회 개조란 새로운 인생관을 추구하는 것이며 기계론을 청산하는 것이다.

2.

여기서는 교육의 문제에 대해 좀 더 집중적으로 논의해볼까 한다. 첫째, 교육은 왜 필요하며 교육은 어떻게 가능한가.

교육이 왜 필요한지에 대해 가장 간단명료하게 설명한 사람은 듀이 박사이다. 그는 교육이 없어서는 안 되는 이유를 생(生)과 사(死)의 두 측면에서 말했다. 사람은 태어나면서부터 타인에게 의지해야 하며 독립적으로 생활하기 위해서는 교육에 의지할 수밖에 없다. 또한 습득한 모든 지식과 경험을 죽기 전에 자손에게 물려주어야 하는데 이를 위해서도 교육이 필요하다. 이 대답은 그리 만족스럽지 않다. 그의 말은 두 가지로 정리할 수 있다. 첫째, 어린아이는 교육을 통해 성인이 된다는 것과 둘째, 사람이 죽은 후에는 교육의 힘을 빌려 지식과 경험을 자손에게 물려준다는 것이다. 그러나 이렇게만 말하면, 교육 사업은 한 세대에서 다음 세대로 지식을 전달시켜주는 것으로 "우편사업"과 별반 다를 것이 없게 된다. 이런 교육은 지식과 경험, 습관을 보존하는 방법이긴 하지만 우리가 생각하는 교육 이상과는 거리가 있다. 앞에서 말한 교육의 목적은 과거를 보존하는 데 있는 반면, 우리가 생각하는 교육의 목적은 미래를 창조하는 데 있다. 교육이란 미래를 위한 것이지 과거를 위한 것이 아니다. 교육은 경험계 내의 일로 그 안에 정신적 의의가 담겨 있다.

교육에는 반드시 이상이 있다. 적절한 교육 방법으로 미래에 교육받는 사람들이 이상에 근접해가도록 도와줘야 한다. 일반적으로 교육의 목적은 공민(公民)을 가르칠 교육자를 양성하는 데 있다. 그들에게도 이상이 있는데, 그 이상이란 한 사람 한 사람 모두를 그들이 생각하는 공민으로 만드는 것이다. 이러한 이상을 실현하기 위해서 교육이 필요하다. 현대 교육은 개인을 사회로부터 강제로 분리시킨 후 하나의 표준으로 개인을 재단하는 것이다. 그렇지 않으면 사회에서 환영받을 수 없다는 것이다. 그러나 이러한 표준은 표준이 아니다.

우리는 이렇게 말해야 한다. 즉 인생의 이상이 곧 교육의 이상이며 이상적 교육의 실현은 곧 이상적 인생의 실현이다. 인생의 각 방면은 교육과 밀접한 연관이 있는 것으로 인생을 떠나서는 절대로 교육을 논할 수 없다. 우리가 말하는 인생이란 물질적 생활만을 가리키는 것은 아니다. 물질생활 위에 정신생활이 있으며, 외적 생활 외에 내적 생활도 있기 때문이다.

교육을 논할 때는 반드시 두 가지 전제가 있어야 한다. 쉽게 말하자면 교육은 진보를 추구한다. "진보"라는 말 속에는 어떤 것에서 다른 것으로 바뀐다는 "변화"의 뜻이 들어 있다. 만약 우주의 운행이 변하지 않는다면 개인도 변화할 수 없고, 근본적으로 교육을 논할 수 없게 된다. 그러나 다행히 우주는 그렇지 않다. 우주 자체가 변화 가운데 놓여 있으니 변화가 곧 본체이다(卽變卽本體). 이것이 바로 우주 운행의 의의다. 우주의 운행은 생활의 창신(創新)이며, 개인도 변화 속에서 생활해왔다. 따라서 변화는 완전히 가능한 것이다. 만약 우주의 변화는 무궁한데 개인은 외적인 힘의 지배를 받는다면 어떻겠는가? 교육은 절대 불가능할 것이다. 가장 중요한 것은 인간의 자유의지를 인정하는 것으로 자유의지는 핵심적인 창조력이다. 바꿔 말하면, 심력(心力)이 개인을 향상시킨다는 것을 인정해야 한다. 마음으로 인생의 이상을 이해하고 깨닫게 된다면 이상은 실현될 것이다. 물질은 모든 것을 지배하지만 생기 넘치는 심력은 그 지배로부터 벗어나 있다. 물질은 어느 정도 우리의 신체를 제어할 수 있지만 인격의 활동은 절대로 넘보지 못한다. 인격은 절대적으로 자유로운 것이다. 이런 전제하에서 누가 감히 교육이 불가능하다고 말하겠는가?

어떤 사람은 이런 말이 모두 헛되며 실제 교육 사업에서는 이런 잡다한 말이 필요 없다고 말할 수도 있다. 이 말도 틀리지 않다. 그러나 우리의 대답은 매우 간단하다. 나는 그들이 말하는 교육이 우리가 말하는 교육과 같지 않다고 생각한다. 교육의 목적을 순전히 외적 대상에 적응하기 위한 것이라 하거나, 모양과 외관을 중시하는 것, 혹은 공민을 만들기 위한 것이라 한다면 이런 말들이야말로 공허할 뿐이다.

3.

인생의 이상은 곧 교육의 이상이다. 교육에는 분명한 이상이 존재해야 하며 그렇지 않으면 아무 의미가 없다. 교육은 사람들을 외부의 사물에 기계적으로 복종하도록 만드는 게 아니다. 교육의 동기는 마음에서 자발적으로 생겨난다. 우리의 출발점은 기계론적 인생철학, 즉 현대 교육의 출발점과 근본적으로 다르기 때문에 결과 또한 분명히 다르다.

교육은 인생의 이상을 구체화시키는 공부이다. 우리는 인생의 이상이 인격의 실현에 있다고 생각한다. 설령 우주 안의 모든 것을 부정한다 해도 인격만은 부정할 수 없다. 우주의 운행은 개체를 초월해 훌륭한 인격을 완성하는 데 의의가 있다. 초월적인 인격은 항상 창조 과정 속에 놓여 있기 때문에 인격도 역시 창조 과정 가운데 있다. 인생의 목적은 자신의 인격을 완성시킴으로써 전체에 공헌하도록 하는 것이다. 다시 말하자면, 개체적 인격의 실현으로 초월적 인격을 실현하고자 하는 것이다.

이런 면에서 볼 때(우리는 진리가 이와 같다고 생각한다), 현대 교육은 우리의 이상과 배치된다. 교육의 목적은 무엇인가? 좋은 공민이 되도록 가르치는 것도 아니고, 환경의 노예로 만들려는 것도 아니다. 사람이 "사람"답도록 가르치는 것이다. 만약 교육에 대해 정의를 내려본다면, 우리는 교육의 목적이 인격의 실현과 완성을 추구하는 데 있다고 말할 것이다. 덧붙이자면 사람들이 인생의 의의를 깨달아 완전하고 자유로운 "사람"이 되도록 노력하게 만드는 것이다. 어떻게 사람이 될 수 있는가? 어떻게 인격을 실현할 수 있는가? 이것이 교육의 핵심 주제다.

따라서 교육의 임무는 두 가지로 말할 수 있다. 하나는 바깥 사물의 간섭을 받지 않고 몸과 마음의 조화로운 발전을 꾀하는 것이다. 바깥 사물은 자유로운 정신에 장애가 되어 인간의 발전을 저해한다. 외부 세계에 대한 연구(자연과학, 물리학의 연구)는 전부 바깥 사물에 대한 지식적인 이해일 뿐이다. 그러나 우리가 바깥 사물의 진상을 이해하지 못하거나 인식하지 못한다면 물질계의 속박에서 벗어날 수 없다. 따라서 과학은 사람이 물질의 노예가 되지 않도록 가르쳐야 한다. 지식의 능력은 유한하고, 이성적 지식도 상대적이다. 이런 지식은 실제적인 문제나 일을 해결하는 데 유용하다. 그러나 사람은 그 굴레에서 완전히 벗어날 수 없다. 다시 말하자면, 지식의 힘을 빌려 물리적 속박에서 조금은 벗어날 수 있지만 완전히 초월할 수는 없다는 것이다. 따라서 실제적인 교육만으로는 충분하지 않다. 교육의 두 번째 임무는 인격의 자각이다. 이것은 대단히 중요하다.

사람은 환경에 대항하기 위해 태어난 것이 아니다. 그리고 나면서부터 실제적인 문제를 해결할 수 있는 것도 아니다. 사람에게는 인생의 이상이 있다. 따라서 실제 교육이 필요하긴 하지만 그것이 차지하는 부분은 그리 크지 않다. 인격의 실현이라는 교육 목적을 실현하기 위해서 이것만으로는 충분하지 않다. 우리가 원하는 것은 심성의 자유이다. 심성의 자유를 얻는 데 있어 가장 중요한 것은 자각이다. 자각은 인격을 실현시키는 첫걸음이다. 인격의 실현은 자각적인 노력에서 출발해야 한다. "사람"과 "사물"의 다른 점은 "사물"은 수동적인데 반해 "사람"은 능동적이라는 것이다. 또한 "사물"은 타물(他物)의 지배를 받지만 "사람"은 자유의 지적이다. 사람은 자각적으로 활동하고 행동하기 때문에 자주적이다. 자유의지의 횃불을 들어 올린다면 원만하게 자각적 노력을 통한 인격 실현을 이뤄낼 수 있을 것이다.

결론적으로 말하자면, 우리는 교육의 목적이 인격 실현이라고 생각한다. 따라서 교육의 임무는 한편으로는 바깥 사물의 장애를 제거하는 것이고, 다른 한편으로는 인격의 자각을 연마하는 것이다.

4.

수많은 교육자들에 따르면, 교육의 가장 중요한 과제는 어떻게 사회와 개인을 조화시키느냐는 것이다. 먼로는 개인과 사회의 문제가 인류 발생의 초기부터 있었다고 말했는데, 현대 교육의 입장에서 볼 때 이 말은 틀리지 않다. 개인과 사회 중 어느 한쪽으로 치우치는 것은 바람직하지 않다.

그러나 관점을 조금만 바꿔 본다면 이것은 아무런 문제가 되지 않는다. 개인과 사회를 왜 대립시켜야 하는가? 개인과 사회는 원래 대립적인 존재가 아니었다. 하나였던 것을 억지로 분열시켰기에 자연히 충돌이 생기게 되었다. 개인과 사회는 분리해서 말할 수 없으며, 분리할 수 없다는 것은 하나라는 의미이다. 개인과 사회는 동전의 앞뒷면과 같다. 경험을 통해 볼 때, 절대적으로 독립적인 개인이나 개인을 떠난 사회를 본 적이 있는가? 개인과 사회는 하나의 사실을 다른 측면에서 본 것이며 여기서 말하는 사실이 바로 인생이다. 인류 생활을 집합적 측면에서 본 것이 사회이며, 특수한 측면에서 본 것이 개인이다. 사회와 개인은 서로 다른 현상이 아니며, 관점에 따라 두 가지 대상으로 바라볼 뿐이다. 그것은 생기가 있고, 목적이 있고, 자유가 있고, 끊임없이 창조되는 전체의 표현이다. 인생 전체를 놓고 보면, 그 안에도 구별이 있다. 만약 벽을 하나 세워 둘로 가른다면 사회적 측면을 중시하는 쪽은 사회가 개성을 억압하는 상태를 만들 것이고, 개인적 측면을 중시하는 쪽은 잘난 척하는 개인주의를 만들게 될 것이다. 어느 쪽이 지배적이 되던 인류 생활은 큰 고통을 받게 될 것이며, 교육의 결과는 기형적으로 나타나게 될 것이다.

위에서 말한 것은 특별한 것이 아니다. 왜냐하면 우리는 생활이 하나의 전체라는 것을 인정하고 있기 때문이다. 사회는 개인의 전체이고, 개인은 전체의 부분이다. 부분의 활동이 모여 전체를 창조한다. 우주와 개인의 문제도 마찬가지이다.

기계적 우주관 아래에서 우주는 적대적이 된다. 그것을 극복하기 위한 방법을 찾다보니 과학이 발달하게 된 것이다. 그러나 이런 조건하에서 사람의 길은 매우 고달프다. 인생은 항상 자연의 억압에서 벗어하려 하며, 개인은 자연과 적대적이 된다. 여기서 편협한 개인주의가 극도로 발달하게 된다. 그러나 나는 초월적 영역에서는 개인과 우주가 주객의 구분을 뛰어넘어 조화를 이룰 수 있다고 생각한다. 자연계의 사물은 모두 나에 대해 정신적 의의를 가지고 있다. 개인은 자연을 극복할 것이 아니라 자연과 화합해야 한다. 개인의 인격이 충분히 실현될 때 우주와 하나로 융합될 수 있다. 이것이 바로 우리의 이상이다.

교육의 진정한 의의는 이러한 이상 추구에 있다. 교육이 없다면 사람은 바깥 사물에 의해 가려질 것이며, 그렇게 되면 인격 실현은 불가능하게 된다. 현대 교육은 더 높은 것을 보지 못해서 자연과 개인을 대립시키고 사회와 개인을 대립시킨다. 교육사(敎育史)를 봐도 주로 개인이나 사회의 반동적 경향만을 다루고 있다. 지금까지 정신생활을 기초로 삼아 현 상황을 극복하고 더 높은 단계로 나아가려는 교육 사업이 진행되지 않았다. 따라서 우리의 교육 이상은 지금까지 실현된 적이 없는 것이다.

5.

현대의 교육—개인주의와 기계론 아래의 교육—에 대해 말하자면 발을 신발에 맞추는 격으로 개인의 인격을 말살하는 교육이다. 이것은 반죽을 위에 놓고 누르기만 하면 과자가 나오는 다식판(茶食板)에 비유할 수 있다. 하나의 다식판에서 만들어진 과자의 모양은 천편일률적이다. 모양과 형식이 같으면 같을수록 과자 만드는 사람은 만족스럽다. 현대 교육도 이와 같다. 교육받는 사람들 모두를 정해진 하나의 틀에 맞추려고 한다. 수천수만 명의 사람들을 하나의 틀로 찍어내고 나면 그들의 임무는 끝난다. 그러나 누구에게나 개성과 인격이 있기 때문에 억지로 같게 만드는 것은 불가능하다. 하지만 이에 대해서는 아무도 문제 제기를 하지 않으니 안타까울 따름이다. 형식과 제도에만 신경을 쓸 뿐 개성의 배양과 인격의 확충에는 아무도 관심 두지 않는다.

현재 교육의 가장 큰 병폐는 지식 교육에 편중된 나머지 인생의 개별적 측면을 소홀히 다룬다는 점이다. 지식 교육이 극단에 이르게 되면 기형적 발전만이 있을 뿐이다.

현대 교육의 큰 특징 중 하나는 과학과 밀접한 관련이 있다는 것이다. 과학이 인류 역사에 공헌한 점은 부정할 수 없으며, 과학방법이 진리 탐구를 위한 예비적 방법이라는 것에 대해서도 의심하지 않는다. 과학의 장점은 첫째, 비교적 정확한 지식을 제공해준다는 것이고, 둘째, 사실에서 출발하는 귀납 방법을 제공해준 것이다. 그러나 과학은 네 가지 측면으로 나눠서 말해야 한다. 첫째, 과학정신. 둘째, 과학방법. 셋째, 과학 자체. 넷째, 과학의 응용. 과학정신은 실사구시의 태도를 말하며 과학방법은 실험 방법을 가리킨다. 지금 과학 교육은 뒤의 두 가지 측면만을 강조하기 때문에 커리큘럼 상으로 몇 과목 늘리는 것으로 그만이다. 없는 사실을 억지로 지어내는 것이 아니다. 유럽과 미국 등 여러 학교의 과학 커리큘럼을 살펴보면 분명히 알 수 있다.

간단하게 말하자면, 과학 교육만으로는 충분하지 않다. 여기에는 몇 가지 이유가 있다.

1) 우리는 과학자들이 과학방법은 무소불위하다고 말하는 것을 자주 듣는다. 과학방법은 사실을 귀납해 법칙을 찾는 방법이다. 실험을 중시해 실험에서 얻어진 것이 아니면 믿지 않는다. 실험은 감각 능력이 미치는 것만을 대상으로 삼기 때문에 감각 이외의 존재에 대해서는 부정한다. 그러나 인생은 절대로 감각과 경험을 통해서만 구성되지 않는다. 만약 거기에만 만족한다면 정신생활은 이해할 수 없게 되고 물질계의 구속을 받게 될 것이다.

2) 과학 연구의 대상은 자연의 여러 방면이다. 과학자는 자연을 죽은 것으로 간주하여 연구한다. 그렇지 않으면 연구를 할 수 없다. 그러나 이로 인해 자연은 인류와 적대적이 되고 원래의 조화는 깨지게 된다. 근본적 조화에 대한 이해가 없다면 어떻게 인격 실현을 말할 수 있겠는가?

3) 과학 교육의 최대 공헌은 이지와 지식 방면에 있다. 그러나 사람에게는 지식만 있는 것이 아니다. 지식은 사람들에게 기껏해야 실제적인

문제에 대응하는 방법을 알려줄 뿐이다. 지식은 원래 응용을 위한 것이다. 따라서 그 외의 여러 방면들은 전부 무시되어버린다. 교육의 첫걸음은 몸과 마음의 각 방면이 조화를 이루며 발전하도록 돕는 것이지 어느 한쪽으로 치우치게 만들어서는 안 된다. 조화롭지 못한 교육은 비정상적인 인생을 만들어내며 인격 실현과 완성에도 방해가 된다. 지식 교육은 여전히 중요하지만 정신 교육과 감성 교육도 필수불가결한 것이다.

이상은 개괄적으로 말한 것이다. 학교 커리큘럼 속의 과학은 다음과 같은 폐단이 있다.

학교에서의 과학 교육을 보면 교사가 학생들에게 지식을 판매하고는 그만이다. 여기에 과학자들의 학문 정신은 조금도 찾아볼 수 없다. 게다가 학교에서 파는 것은 과학적 결론뿐으로 결론을 얻는 방법에 대해서는 가르쳐주지 않는다. 어려서부터 결론만 배우고 자란 학생은 그것이 세상의 진리라고 여겨 독단적 정신만을 키우게 된다. 이것이야말로 과학 교육이 초래한 가장 "비과학적" 결과로 결코 과학정신에 부합하는 것이 아니다.

이상에서 말한 몇 가지 이유를 들어 나는 정중하게 주장한다. 과학 교육의 폐단을 없애기 위해서라도 과학 이외의 교육이 필요하다.

6.

앞서 나는 현대 교육이 불완전하다고 했는데, 그렇다면 이상적인 교육이란 어떤 것인가? 나는 장쥔마이 선생이 쓴 교육 방침 개량을 위한 세 가지 사항과 교육의 다섯 측면에 관한 글을 읽었다. 기본적으로는 동의하지만, 공통된 기준을 찾아내기 위해 인류의 본능과 인생 활동을 기준으로 다시 살펴봤다. 하지만 여전히 마음에 들지 않았다. 우선 내 생각을 말해보겠다.

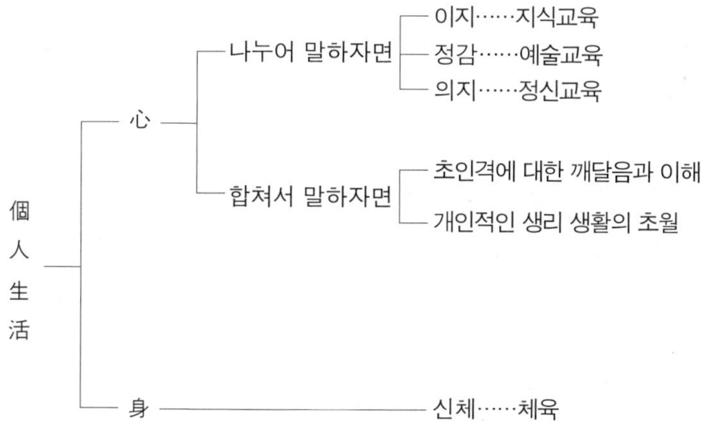

위의 도식은 아직 많이 부족하고 별로 만족스럽지 않다. 개인생활은 최소한 심신 두 방면으로 나누어 질 수 있는데, 신(身)은 신체고 심은 넓은 의미에서의 심리 생활이다. 개인의 심리 생활은 정(情), 지(知), 의(意)의 세 부분으로 나누어지며 세 부분을 초월해서 존재하는 정신생활이 있다. 이것은 심리 생활의 가장 깊은 영역으로 인격 활동의 원천이다. 이러한 기준에 근거해서 교육을 다섯 부분으로 나누어 보았다. 정신교육, 의지교육, 예술교육, 지식교육과 체육이 그것이다. 아래에서 이에 대해 논의해보겠다.

1) 체육

체육은 신체의 건강뿐만 아니라 물질적 만족을 추구하는 것도 포함된다. 이것은 필수적인 것이다. 사람이라면 누구나 생존권이 있으므로 마땅히 물질생활이 충족되어야 한다. 이것은 현대 교육이 중시하는 것이지만 아직 충분하다고 할 수는 없다.

2) 지식교육

지금까지 교육은 지식이 위주였고 현대 교육도 여기에 편중되어 있다.

물론 지식은 필요하다. 사람은 지식을 필요로 하며, 이를 위해 과학은 발전해야 한다. 또한 일정한 범위 내에서 과학방법을 응용해 진리를 추구해야 한다.

3) 예술교육

인간은 정감의 동물이다. 교육은 사람의 정감을 훈련시킴으로써 정감이 잘 발휘되도록 해야 한다. 정감을 배양할 수 있는 것은 예술이다. 사람들이 모두 예술가가 되어야 한다는 것은 아니다. 그러나 인생을 예술화시킬 필요는 있다. 정감을 배양하기 위해 사람은 자연과 만날 수 있는 환경에서 살아야 한다. 자연과 융합하여 하나가 됨으로써 인생을 아름답게 만들고, 우주의 신비를 관찰해 초인격적 활동의 의의를 깨달아야 한다.

4) 의지교육

우리는 의지에 자유가 있다고 믿는다. 사람들이 이 점을 알게 하기 위해서는 실천을 통해 이상을 실현시켜야 한다.

5) 정신교육

이것이 가장 중요하다. 모두가 인생의 의의와 가치를 이해하고, 초인격적 활동을 깨달으며, 개인과 우주의 조화를 실현시키도록 노력해야 한다. 하지만 본능의 힘이 미칠 수 있는 영역은 매우 적으니 묵상의 공부를 병행하지 않으면 안 된다.

이 다섯 방면에서 완전한 조화와 발전을 이뤄낼 수 있다면 인격이 실현되어 교육의 목적에 도달할 수 있을 것이다. 그러나 기계론적 인생관하에서 이러한 이상이 실현가능할지는 독자 여러분이 판단하길 바란다.

-『신보부간(晨報副刊)』에서 옮겨 실음

19 "개 같은" 심리학
"死狗"的心理學

루즈웨이
陸志韋

과학과 현학의 충돌을 지켜보는 심리학자들의 기분은 매우 좋지 않다. 왜냐하면 이미 철학의 "주구(走狗)"로 몰린 상황에서 다시 여기저기서 "개"로 취급받고 있기 때문이다. 여기저기 과녁 없는 화살을 마구 쏘아 놓은 상황에서 우리는 개같이 변버렸다. 그러나 "현학귀"와 "과학요괴[科學精]"는 앞으로도 우리를 놓아줄 것 같지 않다. 우리는 정말 억울하게 고통받고 있다.

심리학의 지위는 용에는 못 미치고 뱀보다는 나은 편인데, 이것은 모두 우리 자신이 변변치 못한 탓이다. 이미 전쟁은 시작되었고 불의의 재난 앞에서 우리는 어쩔 수 없이 신음을 삼키며 견딜 뿐이다. 그러나 죽을 때가 가까워지면 개의 울음 또한 애달픈 법이다. 견도주의(犬道主義)에 따라 우리는 양측의 지휘관들이 문제를 좀 더 분명하게 밝주거나 사격에 만전을 기해주길 바란다. 최근의 상황을 보면 우리를 실망시키는 것들뿐이다.

1) 딩원지앙 선생의 심리학은 장쥔마이 선생의 심리학과 전혀 다르다. 딩 선생이 말한 것은 감각주의 철학자의 공염불이다. 그는 피어슨(Pearson)에게 배웠다고 분명히 밝히고 있는데, 우리는 피어슨을 심리

학자로 인정하지 않는다. 딩 선생이 인용한 마하(Mach)의 말에 대해 아마 마하조차도 완전히 동의하지 않을 것이다. 이것이 딩 선생의 심리학이다.

다른 하나는 장 선생의 심리학이다. 그의 입장은 브렌타노(Brentano)와 뷔르츠부르크(Wurzburg)학파의 중간쯤 되는 것 같다. 이 학파들은 전체 심리학 가운데 일부만을(드리슈도 역시 숭배자 중 하나다) 대변할 뿐이다. 뷔르츠부르크학파의 간접적인 스승은 "(이들은) 나의 제자가 아니다. 북을 울리면 이놈들을 공격해도 상관없다"고 화를 낸 적이 있다.

두 선생의 심리학은 편향된 견해일 뿐이다. 게다가 한 사람은 이쪽에, 다른 사람은 저쪽에 있으면서, 한 사람이 심리학의 갑옷을 입으면 다른 한 사람은 심리학의 방패를 든다. 원래 다투던 것은 그런 것이 아니었다. 그들에게 심리학은 서른여섯 장 부적 가운데 마지막 한 장일 뿐이다. 딩 선생은 심리학에게 "주구야 덤벼라"라고 외쳤지만, 주구가 오지 않으니 심하게 욕을 퍼부으며 이렇게 말한다. "배신을 하려는 것이냐, 철학의 주구야." 장 선생은 심리개[心理狗]의 머리를 토닥거리며 연신 "착한 개, 착한 개"라고 말한다.

나는 용기 내어 말할 것이다. 두 사람 모두 심리학을 알지 못한다. 나는 감히 다시 말할 것이다. 그들은 심리학을 끌어들일 어떠한 이유도 없었다.

2) 그런데 "법률이 장사꾼을 천대해도 장사꾼은 이미 부자가 되었다." 심리학이 철학과 과학을 위해 서로 왕래할 수 있는 길 하나를 열어준 것은 그리 큰 공헌이 아니다. 그러나 지금은 현학과 과학자들에 의해 높이 추켜세워졌다. 다만 우리의 의견이나 설명과는 상관없을 뿐만 아니라 출발점도 우리와 완전히 다르다. 한쪽은 피어슨을, 다른 한쪽은 마하를 내세우니 둘의 차이는 분명하다. 여기서 볼 때, 아쉽게도 딩 선생의 말이 신

중하지 못했던 것 같다. 예를 들면, 색맹인 사람에게 장미꽃은 녹색으로 보이는데 딩 선생은 과학을 맹신하고 과학을 편들다 보니 심지어는 헬름홀츠(Helmholtz)의 오류까지도 진리로 믿게 되었다. 또 천재와 미치광이는 감각이 특히 발달했다고 말했는데, 그것은 조서를 꾸미기 위해 증거를 날조한 것과 마찬가지다. 장 선생은 부득이하게 심리를 논했는데, 그가 선택한 단어는 딩 선생보다 훨씬 온건한 것이었다. 그는 학문에 관해 말했을 뿐[述學]이지 서사(敍事)한 것은 아니다. 편향된 면이 없지는 않으나 신성불가침한 것은 아니다.

충고하건데, 두 선생 외에 현재 "정경부인의 자리에 오른" 선생들은 더 이상 심리를 가벼이 논하지 말기를 바란다. 장둥쑨 선생도 나의 오랜 친구지만 신중하지 못한 말은 용납할 수 없다. 그는 지능 테스트에 관한 수많은 이론서들을 접해본 적이 없음에도 읽을 책이 많지 않다고 했다. 또한 그는 고다드(Goddard)의 견해에 동의하면서도 현학적 가정이 없이는 과학적인 지능 테스트가 성립할 수 없다고 주장한다. 최근 또 한 사람, 린자이핑 선생은 자신의 타액에서 아무 맛을 느끼지 못하는지 전류가 직접 미각을 일으킨다고 말했다. 이것은 모두 사실의 문제이다. 옳은 것은 옳은 것이고, 그른 것은 그른 것일 뿐 따져서 결론이 나는 것이 아니다.

나는 억지로 트집 잡으려는 것이 아니다. 모두가 초보자인데 누군들 실수가 없겠는가? 나도 실험 심리학만 전문적으로 공부했기 때문에 심리학의 역사에 대해 말하면 실수할 때도 있다. 따라서 다른 사람이 비판하면 절대로 트집 잡는다고 여기지 않는다. 여러분들은 당대의 유명 인사들이므로 말에 신중을 기해 모르는 것을 억지로 안다고 하지 말기를 바란다. 모두 각각의 전문 분야가 있으며, 자신의 영역에서 새로운 이론을 만들어내는 것은 그다지 놀랄 만한 일이 아니다. 이제 심리학 영역에까지 왕림해주시니 우리로서는 당연히 환영할 일이지만 발언에 내해서는 책임을 져야 한다. 우리가 갖는 불만에 대해서 여러분들이 불만을 갖는 것은 적절하지 않다.

심리학이 이렇게 시달리게 된 까닭은 심리학 용어가 너무 평범해서 잘 모르는 사람일지라도 쉽게 남용하기 때문일 것이다. 앞으로는 보통 심리학 용어도 실험 심리학이나 유기 화학 용어처럼 신비롭거나 혹은 야만적이 되길 바랄 뿐이다.

마지막으로 딩 선생과 장 선생을 위해 이야기를 하나 소개하겠다. 그저 크게 한 번 웃어주길 바란다. 『자불어(子不語)』[1]에 보면 『귀신공[鬼球]』[2]이라는 제목의 이야기가 나온다. 심리학이 바로 그 공과 같다는 것은 여러 선생들이 눈치 챘을 것이다. 여러분들이 밤새 공을 찼지만, 날이 밝자 공이 입을 열어 말을 하기 시작한 것이다.

장둥쑨 안어(案語):

친구 루즈웨이의 말은 틀리지 않다. 그러나 내가 책이 많지 않다고 한 것은 내가 본 것에 한계가 있다는 의미다. 그 뜻이 아니라면 전체 문장의 의미가 통하지 않을 것이다. 내가 고다드를 예로 든 까닭은 예전에 딩 선생이 이 사람이 매우 뛰어나다고 나에게 말했기 때문이다. 루즈웨이 선

1) 청대 원매(袁枚)가 쓴 문언 단편 소설집.

2) 내각학사(內閣學士) 방포(方苞)의 하인인 호구(胡求)는 어느 날 밤, 궁중에서 이상한 경험을 했다. 한참 자고 있는데, 무섭게 생긴 두 명의 남자가 나타나 자신을 정원으로 떠메고 나왔다. 도망치려고 했을 때, 갑자기 동쪽에서 귀신이 나타나더니 구둣발로 그를 서쪽으로 차버렸다. 이리하여 한밤 내내, 두 명의 귀신은 호구를 축구공처럼 갖고 놀았다. 아침이 되자 그들은 자취를 감췄지만 호구는 몸 전체가 멍투성이가 되어 그 후 수개월이나 몸져눕게 되었다.

생이 이에 대해 잘 모르고 한 말이므로 나무랄 수 없다. 루즈웨이 선생의 글에 대해서 나 역시도 유감으로 여기는 부분이 있다. 즉 그는 시종 "무엇이 아니다"라고만 했지 "무엇이다"라고는 말하지 않았다. 비유 하나를 들어 설명하겠다. 회수(淮水)의 물길을 다른 곳으로 돌리기 위해서는 전문가를 불러야 한다. 전문가가 왔는데 그가 이 방법도 틀렸고, 저 방법도 틀렸다고 하면서 해결책은 내어놓지 않는다면, "맞는 것은 맞는 것이고 틀린 것은 틀린 것이라 변론할 도리가 없는" 결과만을 낳게 되는 것이다. 이렇게 되면 회수의 물길은 돌릴 수 없게 된다. 따라서 특정 학문을 공부하지 않은 사람이 모르는 것을 억지로 안다고 우겨서도 안 되겠지만, 그 분야를 공부한 사람이라면 마땅히 무엇이 옳다는 것에 대해 자세하게 설명해주어야 한다. 양측이 서로 도와서 문제를 해결해야지 어느 한 쪽의 힘만으로는 불가능하다. 이에 대해서 루즈웨이의 생각이 어떠한지 궁금하다.

-『시사신보 · 학등』에서 옮겨 실음

20 현학과 과학 토론의 여흥 딩원지앙

玄學與科學的討論的餘興 丁文江

세상 어디에도 끝이 없는 소송은 없다. 필묵으로 하는 소송 역시 예외가 아니다. 현학파와 과학파 양측은 이미 관련 사실에 대한 자신들의 변론을 삼사만 자의 글로 발표했다. 이에 대해 독자들은 재판관이 되어 차분히 조사를 해 판결을 내려야 할 것이다. 그렇지 않으면 사람들도 지겨워 할 뿐만 아니라, 『노력』과 『신보』의 주필(主筆)도 제한된 편폭을 더 이상 우리에게 할애해주지는 않을 것이다. 우리 측의 변론은 이미 다 마쳤다. 여기서 말하고자 하는 여흥이라는 것은 첫째, 소송에 참여하는 사람들에 대한 답변이며, 둘째, 독자들에게 제공하는 참고 자료다. 이는 변호사가 문서상의 증거를 재판관에게 제시하는 것과 같은 것이다.

소송에 참여해 나를 비판하는 사람 가운데 중요한 인물로는 량치차오와 린자이핑이 있다. 이 두 사람에 대해서 침묵으로 일관할 수는 없다. 량치차오가 쓴 글은 우연한 기회에 흥미가 생겨 손 가는 대로 쓴 비평문으로 나의 첫 번째 선전포고의 글과는 관련이 없는 듯하다. 그는 아마도 내가 쓴 두 번째 답글을 보고 나서 나의 입장을 이해했을 것이다. 논의를 효율적으로 하기 위해 여기서는 린자이핑 선생의 글에 대해서 간략한 답변을 하도록 하겠다.

1. 린자이핑 선생에 답함

린자이핑 선생은 내가 평생을 통해 가장 존경하고 아끼는 친구로 이번에 나에게 엄정한 충고를 해주었다. 이에 대해 나는 화가 나기는커녕 매우 감사하다. 그는 나의 의견에 반대한다고 말했다. 그러나 내가 그의 글을 읽어본 바로는 그를 동지로 여기지 않을 수 없다. 왜냐하면 그는 투샤오스의 말을 인용해서 이렇게 말했기 때문이다.

> "과학의 정신은 선입관을 버리고 진리를 따르는 데 있다. 과학자는 반드시 평정심과 차분함을 유지하면서 공정한 태도와 세밀한 안목으로 대상을 다루어야 한다. 이렇게 하지 않으면 이상적인 결과를 얻을 수 없다. 과학적 훈련을 받고 나서야 인류는 비로소 신중하고 충실하며 공정한 여러 가지 미덕을 길러낼 수 있었다." 린자이핑 선생은 또 이렇게 말하였다. "요즘 이런 견해를 가진 사람은 매우 많다. 딩원지앙 선생이 주장하는 것과 우리가 일상적으로 말하는 것은 크게 다르지 않으며, 당연히 과학방법이 인생관에 유익하다고 여기고 있다."

그는 또 말했다.

> "많은 사람들이 과학을 순전히 물질적이며 기계적이고 냉혹하고 잔인하다고 여긴다는 것과 과학 문명이 세계대전과 유럽 재정의 파탄을 초래했다는 의견에 동의하지 않는다."

과학방법이 인생관에 유익한 것인지, 유럽의 파산이 과학의 책임인지 여부는 토론의 가장 중요한 문제이다. 비록 다른 문제에 대해서는 그가 반대 입장을 가지고 있지만 두 문제에 대한 린자이핑 선생의 태도가 이처럼 분명하니 그를 동지로 여기지 않을 수가 없다.

그가 나를 반대하는 이유의 반은 오해에서 비롯된 것이다. 만약 내가 쓴 두 번째 글을 본다면 이런 오해는 자연스레 해소될 것이다. 그리고 오해의 나머지 반은 내가 현학을 공격하는 것과 전반적인 나의 태도, 화법으로 인해 생긴 것이다.

불교 연구자와 과학 연구자가 현학에 대해 취하는 태도는 당연히 같을 수 없다.—서로 절대 용납할 수 없는 이런 토론의 대부분은 아무런 효용이 없는 말장난일 뿐이다. 현학이 곧 본체론이며, 따라서 장쥔마이가 말하는 인생관은 현학과 무관한 것이라는 그의 말을 나는 인정할 수 없다. 장쥔마이가 말하는 인생관의 대부분은 베르그송의 현학을 변형시킨 것이다. 이런 사실은 내 글에 답하면서 그도 이미 인정한 것이다. 장쥔마이가 말한 현학 교육과 현학의 유파가 단지 본체에만 한정된 것인지 린자이핑 선생은 꼼꼼히 살펴보기를 바란다. 로빈슨(J. H. Robinson)의 말은 아주 탁월하다.

> "많은 사람들은 현학을 숭배하면서 이렇게 말한다. 그것은 최고의 진리를 추구하는 우리들의 가장 고상한 노력이다. 많은 사람들은 현학을 경멸하면서 이렇게 말한다. 그것은 우리들의 가장 어리석은 행동이다. 내 생각에 현학은 담배와 같아 성정(性情)이 맞는 사람에게는 즐거운 기호품이 될 수 있다. 따라서 그것을 하나의 기호품으로 본다면 아무런 해가 없다고 말할 수 있다."(『만들어지고 있는 마음(在製造中的心)』, 102페이지)

그러나 유감스럽게도 현학을 좋아하는 사람들의 대부분은 그것을 기호품으로 생각하지 않는다.—그들은 분명히 담배를 피우지만 담배로 배를 채울 수 있다고 우리를 속인다. 따라서 우리가 어떻게 그들을 반대하지 않을 수 있겠는가? 린자이핑 선생은 나에게 현학의 정의를 내려보라고 했다. 나는 과감하게 말하겠다.

> "넓은 의미의 현학은 증명할 수 없는 가설로부터 추론되어 나온 규율이다."

린자이핑 선생이 나의 태도와 화법에 대해 반대하는 것은 더욱 문제가 되지 않는다. 한 사람의 태도와 화법은 자극에 대한 일종의 반응이다. 내가 쓴 첫 번째 글은 장쥔마이의 칭화대학 강연 원고를 보고 독단적인 논조에 자극받아 나온 결과이다. 린자이핑 선생과 같이 성실하고 진지한 사람이라 할지라도 내가 그를 자극하면 그도 신랄한 말을 쏟아낼 것이다.

린자이핑 선생은 나의 말투가 종교적 어감을 띠고 있다고 했다. 그가 나의 지기인 것은 인정한다. 웰스는 아랍 사람들의 과학과 문학을 비판하면서 이렇게 말했다.

> "그들은 어쩌면 자기 스스로를 속이고 있는지도 모른다. 정치적으로는 비록 맹목적이고 폭력적인 표현이 있을지라도 과학과 문학은 여전히 발전해왔다고 여긴다. 과거에는 어디서든 이러한 태도가 과학과 문학을 대표할 수 있었다. 총명한 사람은 용맹한 사람과 결투하지 않는다. 그들은 권세에 아부하거나 왕의 총애를 받을 때 나는 지독한 냄새를 풍기고 있다. 혹여 자기 자신에 대해 믿음이 강하지 않을지도 모른다. 도리를 중시하고 식견 있는 사람들은 종교를 믿는 사람들의 담력과 결심을 신뢰한 적이 없다. 그러나 최근 몇 세기 동안 그들은 확실히 수많은 신

조를 축적했으며, 담력도 꽤 증가시켰다. 그들은 교육과 평민 문학의 보급을 통해 권력을 장악할 수 있는 방법을 찾고자 한다. 유사 이래 그들이 오늘날처럼 용기 있게 말하거나 인류의 사업을 조직하고 지휘할 수 있는 지위를 차지하길 원했던 적은 없었다."(『세계사 대강(世界史大綱)』, 434페이지)

2. 참고 서적

토론의 범위가 굉장히 넓기 때문에 자연히 참고 서적의 수도 하나하나 열거할 수 없을 정도로 많다. 더구나 나 또한 톈진에 칩거하고 있는 관계로 난카이대학(南開大學)에 있는 도서관에 가는 것을 제외하고는 다른 책을 빌려 볼 수도 없게 되었다. 따라서 여기서는 내가 평소에 애독하고 참고했던 책들을 열거함으로써 독자 여러분이 참고할 수 있도록 하겠다.

1) 생물학과 진화론에 관한 서적

다윈(C. R. Darwin), 『종의 기원(The Origin of Species)』

다윈의 학설을 알고 싶으면 그의 원작을 보기를 권한다. 중국에서 그의 학설을 비판하는 사람 중에 과연 몇 사람이나 이 명저를 처음부터 끝까지 통독했는지 모르겠다.

윌슨(E. B. Wilson), 『발생과 유전 중의 세포(The Cell in Development and Inheritance)』

모건(T. H. Morgan), 『실험 동물학(Experimental Zoology)』

이 두 권은 모두 근대 시기의 걸작이다. 그러나 모두 전문 학자를 위한 것으로 비교적 이해하기 쉬운 책은 아래의 두 권이다.

콘크린(E. G. Conklin), 『유전과 환경(Heredity and Enviroment)』

톰슨(J. A. Thomson), 『유전성(Heredity)』

2) 물리 화학 방면 서적

아인슈타인(A. Einstein), 『상대성 이론(Relativity)』

소디(F. Soddy), 『물질과 능력(Matter and Energy)』

슬로선(E. E. Slosson), 『창조적 화학(Creative Chemistry)』

3) 인종학 관련 서적

키스트(A. Keith), 『인류의 고대(The Antiquity of Man)』

더크워스(W. L. H. Duckwort),『체형학과 인종학(Morphology and Anthropology)』

두 권 모두 매우 중요한 책이다. 그러나 비교 동물학을 배운 적이 없는 사람은 이해하기 쉽지 않다. 다음에 소개하는 두 권은 비교적 난이도가 낮은 것이다.

더크워스, 『역사 이전의 인류(The prehistoric Man)』

골든와이저(Goldenweiser), 『인종학 개론(Early Civilisation, Introduction to Anthropology)』

4) 과학의 역사와 방법, 그리고 인생과의 관계에 관한 서적

세드윅 · 타일러(W. T. Sedgwick and H. W. Tyler), 『과학소사(A Short History of Science)』

머츠(J. T . Merz), 『19세기 유럽 사상사(History of European Thought in the 19th Century)』

피어슨(K. Pearson), 『과학규범(The Grammar of Science)』

에반스(S. Jevons), 『과학통칙(The Principles of Science)』

헉슬리(T. H. Huxley), 『방법과 결과(Method and Results)』

헉슬리, 『과학과 교육(Science and Education)』

베블런(T. Veblin), 『근대 문화 속의 과학의 지위(The Place of Science in Modern Civilization)』,

소디(F. Soddy), 『과학과 인생(Science and Life)』,

로빈슨(Robinson), 『마음의 형성(The Mind in the Making)』

5) 심리학 관련 서적

제임스(W. James), 『심리학 통칙(The Principles of Psychology)』

이 책보다 조금 쉽게 읽을 수 있는 것은 제임스의 『심리학 교과서(Text Book of Psychology)』이다.

노스워시 · 휘틀리(N. Norsworthy and M. T. Whitley), 『아동 심리학(The Psychology of Childhood)』

홈즈(S. J. Holmes), 『동물 지혜의 진화(The Evolution of Animal Intelligence)』

6) 지식론과 현학에 관한 책

마하(E. Mach), 『감각의 분석(The Analysis of Sensations)』

러셀(B. Russell), 『마음의 분석(The Analysis of Mind)』

러셀의 책은 심리학과 철학을 소개하고 있는 매우 훌륭한 저작이다. 그는 이 책을 중국 학생들을 위해서 썼다. 설명은 얕은 데서 시작해 깊은 곳으로 나아가며, 논증은 여러 학설을 절충하였다. 글은 간결하고 생동감이 있으며 사람을 끌어들이는 힘이 있다.

듀이(J. Dewey), 『철학의 개조(Reconstruction in Philosophy)』

듀이, 『실험논리 에세이(Essays in Experimental Logic)』

듀이, 『독일 철학과 정치(German Philosophy and Politics)』

장쥔마이가 믿는 정통 철학이 독일 정치에 어떤 악영향을 주었는지와 유럽 전쟁의 책임이 어디 있는지에 대해 알고 싶다면 다음의 책을 읽기 바란다.

베르그송(H. Bergson), 『창조적 진화(Creative Evolution)』

베르그송, 『심리적 능력(Mind Energy)』

칼렌,(H. M. Kallen) 『제임스와 베르그송(William James and Henri Bergson)』

엘리어트(H. S. R. Elliot), 『근대 과학과 베르그송의 환상(Modern Science and the Illusions of Prof. Bergson)』

1923. 6. 5.

-『노력주보』에서 옮겨 실음

21 "현학과 과학" 논쟁이 주는 시사점 탕위에

"玄學與科學"論爭的所給的暗示 唐鉞

장쥔마이 선생이 칭화대학에서 인생관과 과학에 대해 강연을 한 후, 직간접적으로 이에 관한 토론이 활발하게 이루어졌다. 현재까지 이렇다 할 결론이 나지는 않았지만, 논쟁의 시작부터 끝까지(내가 이 글을 쓸 때까지) 훑어보니 몇 가지 시사점을 얻을 수 있었다. 그것은 주로 토론 태도와 방법에 관한 것으로 토론 내용에 관한 것은 아니다.

즉 그것을 정리하면 다음과 같다.

1) 상대방에게 논쟁자가 마땅히 취해야 하는 태도

2) 독자에 대해 논쟁자가 마땅히 가져야 하는 관심

3) 제목에 대해 논쟁자가 마땅히 져야 하는 책임

4) 논쟁에서 사용하는 명사에 대해서는 마땅히 정의를 내려야 한다.

5) 누가 더불어 말할 것인가

6) 의견을 발표하는 매체

1. 상대방에게 논쟁자가 마땅히 취해야 하는 태도

딩원지앙 선생이 『현학과 과학』을 발표한 이후, 량치차오 선생은 국제법 두 조항을 제정해 발표했다. 1) 논쟁할 때는 상대방을 경멸하지 말

것. 2) 지엽적인 문제는 건드리지 말 것. 두 번째 조항에 대해서는 뒤에서 다시 얘기하기로 하고 우선 첫 번째 조항에 대해 말하겠다. 딩원지앙은 첫 번째 글에서 장난스러운 말투로 장쥔마이를 조롱했다. 비록 "농담을 하며 웃자는 것이지, 괴롭히려는 것이 아니다"라고 했지만 이는 매우 부적절하다. 왜냐하면 사람의 수양 정도가 어떠하건 간에 완벽한 평상심을 유지하기란 쉽지 않기 때문이다. 장쥔마이가 보여준 아량은 정말 대단하지만 "상대방의 시비에 상관하지 않을" 수는 없었을 것이다. 따라서 그는 답글 속에 "군자의 베끼기"라는 단락을 끼워 넣었던 것이다. 비록 서로의 감정이 상하지는 않았지만, 필묵의 낭비는 면할 수 없었다. 그런 말은 애초부터 안하는 것이 나았다. 비록 모두가 "웃지 않을 수 없는" 때도 있겠지만, 글은 말에 비할 수 없으니 좀 더 진지해야 할 것이다.

2. 독자에 대해 논쟁자가 마땅히 가져야 하는 관심

글을 발표하는 것은 본래 대중의 주의를 끌기 위함이다. 그렇지 않다면, 서신을 주고받으며 토론하면 그만이지 신문에 실을 필요는 없다. 기왕에 대중의 주의를 끌려고 했다면 독자를 존중해야 한다. 그러기 위해서는 첫째, 필묵을 낭비하며 상대방을 자극하지 말아야 하며, 둘째, 필자와 상대방의 사적인 관계나 타인에 관한—논제와 관련 없는—일은 독자에게 알릴 필요가 없다. 논쟁에 참가한 대부분의 사람들은 이런 책임에서 자유롭지 못하다. 이런 행위는 대단히 "예의 바르지(gentlmanly)" 못한 것이다. 논제와 무관한 사적인 관계를 독자에게 보여주는 것은 집안의 "고부갈등"을 남에게 알리는 것과 마찬가지다. 장둥쑨 선생은 양 측 참가 인원의 수적 비율 문제를 제기했다. 『노력』주보에는 장쥔마이를 비판하는 글이 대부분이고 딩원지앙을 비판한 글은 없었기 때문에 장둥쑨 선생은 딩원지앙을 비판하는 글을 쓴 것이라고 했다. 내 생각에 학술 논쟁은 행정 회의와는 다른 것으로 무조건 다수의 의견에 복종해야 하는 것은 아니다. 논쟁의 쌍방을 보면 사람 수가 많다고 해서 반드시 옳은 것은 아니며, 사람 수가 적다고 해서 반드시 그른 것은 아니다. 그런 문제에 집착하다 보면 논쟁이 승패나 지지율에만 관심이 있는 것처럼 비춰지게 된다. 논쟁의 목적은 어느 주장이 옳고 그른가를 따지는 것이다. 논쟁의 목적이 시비를 가리는 데 있다면 참여자가 많고 적음은 당연히 문제가 되지 않는다. 주징농이(개인적인 일을 언급하는 것에 대해 양해하기 바란다. 앞으로는 그런 일이 없을 것이다.) 장쥔마이에게 질문할 글을 나에게 보여주었는데, 그 안에도 사람 수의 많고 적음을 문제 삼는 내용이 있었다. 내가 그것을 지적해서 삭제하도록 했고 그 역시 찬성했다. 나는 독자를 존중해야 한다는 생각이므로 논쟁자들은 논제와 무관한 말은 자제해 주길 바란다.

3. 제목에 대해 논쟁자가 마땅히 져야 하는 책임

제목에 대해 져야 하는 책임 가운데 가장 중요한 사항은 량치차오가 정한 국제법에 이미 언급되어 있다. 즉 논쟁은 반드시 본 주제에 집중해야지 지엽적인 문제로 빠져서는 안 된다는 것이다. 장쥔마이의 강연 내용은 범위가 매우 넓다. 딩원지앙은 그것을 더 넓혀 놓았는데, 장쥔마이의 답변에서는 다시 그것이 몇 배나 더 확대되었으며, 그 이후로는 걷잡을 수 없이 커져버렸다. 나의 통계에 따르면, 논쟁의 범위 속에는 다음과 같은 많은 문제들이 포함되어 있다.

1) 인생관과 과학의 차이점(이것은 장쥔마이 글의 원제목이다)

나중에 장쥔마이는 강연과 관련된 각각의 사항들을 따로 논했고, 또 린자이핑 선생도 주제를 세분화해서 변론했다. 내가 보기에 린 선생의 분류는 매우 조리가 있다. 아래에 그가 분류한 것을 대략적으로 열거해

보겠다. (각 사항의 용어는 린 선생이 원래 사용한 것은 아니다.)

2) 인생관과 현학의 관계

3) 과학의 분류법

4) 논리학(개념, 추론 등을 포함)과 과학의 관계

5) 물과 심

6) 지식론

7) 순수 심리 현상과 인과법칙

8) 과학 교육과 수양

량치차오가 그의 글에서 제기한 문제들은 위에 열거한 것과는 조금 다르다. 그것은 다음과 같다.

9) 인생관과 감성의 관계

10) 감성과 과학방법의 관계

장둥쑨 선생은 다시 세 가지 문제를 덧붙였다.(아래의 세 항목은 대강일 뿐이지 그의 원문은 아니다)

11) 과학과 철학의 경계

12) 과학의 성질

13) 과학과 고증학의 관계

이상의 열세 가지 문제 가운데 몇 가지는 서로 밀접한 관련이 있으므로 함께 토론할 수 있다. 그러나 한 편의 글로 위의 많은 주제들을 다룬다면 독자들은 "오리무중에 빠지게" 되어 논점을 찾지 못하게 될 것이다. 이제부터 논쟁하는 사람들은 솔선해서 범위를 줄여가길 바란다. 문제의 범위가 작아야 토론에 오해가 생기지 않으며 진리를 발견하기 쉽기 때문이다.

두 번째는 지나치게 과격한 말을 사용한 제목은 지양해야 한다는 것이다. 이번 논쟁에 불을 당긴 사람들(딩원지앙과 장쥔마이)의 말투는 지나치게 격한 감이 있다. 물론 다른 사람의 관심을 끌기 위해 부득이하게 그런 것일 수도 있다. 그러나 말이 지나치게 과격하면 "겉만 화려하고 알맹이 없는" 것으로 비춰질 뿐만 아니라 독자들이 우리의 주장과 상황을 오해할 수 있다.

4. 토론에서 사용하는 개념에 대해서는 마땅히 정의를 내려야 한다

이것은 매우 중요한 사항으로 실행하기도 대단히 어렵다. 왜냐하면 본 주제 이외의 것까지 논증하고 일일이 정의를 내린다면 글이 지나치게 길어질 것이기 때문이다. 따라서 절충적 방법을 사용하는 것이 가장 좋다. 본 주제와 밀접한 관련이 있는 것에 한해서만 정의를 내리고 나머지는 상대방과 이견이 있을 경우에 필자가 자신의 정의를 밝히고 참고하도록 하는 것이 나을 것이다.

5. 누가 더불어 말할 것인가

장둥쑨 선생은 이에 대해 다음과 같이 말했다. "논쟁을 계속하지 않아도 상관없다. 논쟁이 계속되면 억지로 철학을 배우는 사람은 다급한 마음에 부처 다리를 잡는 심정으로 과학을 언급하게 될 것이며, 억지로 과학을 배우는 사람도 마찬가지 심정으로 철학을 언급하게 될 것이기 때문이다. 이러다 보면 부주의한 말들이 오가게 될 것이다." 이런 이유로 그는 논쟁이 "경제적이지 않다"고 했으며, "사회에 악영향을 미칠 것"을 우려했다. 나는 이 말에 심정적으로 동의한다. 그러나 이 말은 반쪽의 진리만을 담고 있다. 첫째, 어떤 문제들은 철학과 과학 사이에 놓여 있다. 과학을 공부하는 사람과 철학을 공부하는 사람 모두 할 말이 있는 것은 당연하다. 둘째, 과학을 공부하는 사람이 반드시 철학을 말하지 않아도 된다. 그러나 철학을 공부하는 사람들이 "생트집을 잡아" 과학에 시비를 건다면 부득이하게 방어하지 않을 수 없다.(내가 말하는 것은 진리를 지키는 것이지 개인을 지키는 것은 아니다.) 그렇지 않으면 과학의 지위는 사회적으로 오해를 사게 되어 무익하고 유해한 것으로 간주될 것이다. 셋째, 철학자들은 절대로 과학을 말하지 않을 수 없다. 왜냐하면 철학은 과학적 사실을 고려하지 않을 수 없기 때문이다. 베르그송은 직각이 과학의 유일한 방법이라고 말했다. 그러나 만약 그가 과학방법을 알지 못했다면 과학방법이 철학에 적용될 수 없다는 것을 어떻게 알았겠는가? 철학을 공부하는 사람이 과학을 논하지 않을 수 없다면, 그들의 과학지식은 철학 서적에서 온 것일 텐데 그것이 어찌 과학자들로부터 얻는 것만 하겠는가? 만약 철학 서적 속의 과학이 과학자의 과학보다 더 믿을 만하다고 말한다면 나는 할 말이 없다. 넷째, 쌍방이 때로는 틀린 말을 하기도 하지만 사회에 악영향을 줄 정도는 아니다. 장쥔마이와 딩원지앙이 비록 중국 학술계의 "정경부인"이라고 해도, 과거에 공부자(孔夫子) 성인의 말 한마디 한마디를 떠받들듯이 독자들이 자신들의 말 한마디 한마디에 부화뇌동하기를 바라지는 않을 것이다. 논쟁에서 한두 마디 잘못된 말이 있다면 그것을 논박하고 바로 잡으려는 사람은 있기 마련이다. 어찌 사람들이 본인들의 말을 "금과옥조"로 여기기를 바라겠는가? 장둥쑨 선생은 "가르침을 받고도 반박하지 않는 것에 대해 양해하기 바란다"고 했다. 누군가 나의 견해에 정당하게 반박했음에도 다시 나의 의견을 제시해 진리를 찾는데 도움을 주지 않는다면 이는 적절하지 못한 것이다. 다른 사람의 비판에 답변할 가치가 없다고 생각한다면 안 해도 그만이다. 그러나 미리부터 반박하지 않겠다고 선언하는 것은 불필요하다.

6. 변론(辯論)을 발표하는 매체

중국에는 현학과 과학에 관한 일반적 문제를 다룬 글을 발표할 만한 적당한 매체가 없다. 그러나 일반 독자들의 지적 욕구가 매우 강하다 보니 일간지나 주간지에서 이런 임무를 도맡아왔다. 이것은 매우 좋은 현상이지만 단점도 있다. 예를 들어 딩원지앙은 『노력』이 일반 독자들을 대상으로 하는 매체라는 것을 알았기 때문에 농담을 섞어 글을 발표했다. 그러나 이로 인해 쓸데없는 논쟁을 야기했다. 만약 철학 잡지에 글이 발표되었다면 농담을 하거나 사적인 관계를 언급하는 일은 없었을 것이다. 따라서 이번 논쟁을 계기로 중국에 이런 글을 발표할 수 있는 적당한 매체가 나오기를 바란다.

이상이 내가 이번 논쟁을 통해 받은 시사점이다. 가치가 있는지는 감히 말할 수 없지만 제시한 것 가운데 하나라도 채택된다면 그것으로 족하다.

-『노력주보』에서 옮겨 실음

22 어리석은 사람의 잠꼬대 탕위에

– 감성은 정말 초과학적인 것인가?

個痴人的說夢 – 情感真是超科學的嗎 唐鉞

량치차오는 올해 5월 29일 『신보부간』에 「인생관관 과학—장쥔마이와 딩원지앙 논전에 대한 비평 1」이라는 제목으로 글을 실은 적이 있다. 그 글의 결론은 다음과 같다.

> "인생에서 이지와 관련된 사항은 절대적으로 과학방법이 해결해야 하지만, 감성에 관한 것은 절대적으로 초과학적이다."

이 결론의 전반부에 대해서는 이의가 없다. 그러나 후반부의 견해에 대해서는 찬성할 수 없다. 량치차오는 과학방법으로 사랑을 해석하려는 것에 대해 "어리석은 사람의 잠꼬대"라고 욕설을 퍼부었다. 그러나 나는 이것이 사랑을 해석하는 올바른 방법이라고 주장한다. 따라서 나는 오히려 어리석은 사람이 되어 수많은 똑똑한 사람들이 나의 잠꼬대를 듣게 하고 싶다.

량치차오는 말했다. "감성…… 안에는 확실히 신비성을 띠고 있는 것이 적어도 두 가지는 있다. 그것은 바로 '사랑'과 '미'이다." 그가 말한 "신비"가 무엇을 의미하는지는 분명히 알 수 없지만, 하단의 글로 미루어 볼 때 대체로 1) 분석할 수 없다, 2) 이해할 수 없다는 뜻인 것 같다. 그러나 이해할 수 없는 까닭은 분석할 수 없기 때문이며, 따라서 분석할 수 있다면 이해할 수 있을 것이다. 그러므로 여기서는 분석에 관해서만 말하겠다.

논의에 앞서 한 가지 당부의 말을 하겠다. 미와 사랑을 분석할 수 있는지 여부와 그것의 가치가 높은지 낮은지는 서로 무관하다. 량치차오는 말했다. "……과학방법으로 그것을(미와 사랑) 지배하려는 것은 불가능한 일일 뿐만 아니라, 가능하다 하더라도 인생을 가치 없는 것으로 만들어 버리게 될 것이다." 이 말은 반박할 필요도 없다. 왜냐하면 우리는 사실을 논할 때 가치를 개입시키지 않기 때문이다. 예를 들면, 우리들 중 누가 "꽃이 오랫동안 시들지 않고, 달이 항상 둥글기"를 바라지 않겠는가? 그러나 실제로 꽃과 달은 그렇지 않다. 사람들의 바람과 다른 사실이라 해서 그것을 인정하지 않을 수 있겠는가? 미와 사랑이 과학의 지배를 받게 된다면 인생의 가치가 사라지고 말 것이라는 말에 진심으로 동감한다. 그러나 과학 지배의 결과가 꼭 그런 것만은 아니다. 량치차오는 괜한 걱정을 할 필요가 없다. 과학방법이 미와 사랑을 지배할 능력이 있는지 여부에 대해서는 잠시 논하지 않겠다. 그러나 만일 과학이 미와 사랑을 지배할 수 있다면 세상은 더욱 질서 정연해지고 인생은 더욱 가치 있어 질 것이다. 결코 량치차오가 두려워하는 일 따위는 없을 것이다. 과거에 뉴턴이 무지개를 물리학적으로 설명하자 시인 키츠(Keats)가 무지개의 아름다움이 감소한다며 기분 나빠한 적이 있다. 이것은 키츠 한 사람의 견해다. 다른 사람의 입장에서 볼 때, 무지개의 아름다움은 감소하지 않을 뿐만 아니라 이런 해석 이후 더욱 증가했다. 나는 분석을 거치고 나면 사람들이 미와 사랑의 고귀함을 더 크게 느끼게 될 것이라고 생각한다.

미는 분석할 수 있다. 량치차오는 말했다. "과학자들에게 '미'를 분석 연구하도록 해보라. 선(線)이며 광(光)이며 운(韻)이며 조(調)며…… 아무리 당신이 논리적으로 말한다 해도 아무 느낌도 받을 수 없을 것이다." 미의 분석은 이처럼 간단하지 않으며, 미술품 재료를 연구하는 것으로 끝나지 않는다. 나는 현재의 미학이 매우 유치해서 미의 분석을 둘러싼 논쟁을 낳았다는 것을 인정한다. 그러나 많은 학자들이 미적 경험은 분석 가능하다고 인정하고 있다. 소위 선, 광, 운, 조 등은 미감을 지배하는 요소이므로 그것들을 연구한다면 적어도 미의 일부분은 분석할 수 있다. 그런데 어찌 그것을 한마디로 부인해버리는 것인가. 어쩌면 량치차오는 선, 광, 운, 조 등이 미감이 아니라고 여겼을지도 모른다. 이 말은 당연히 맞다. 그러나 수소 둘과 산소 하나도 물은 아니다. 특수한 조건 아래에서 그 둘을 합치면 물로 변하는 것이다. 선, 광, 운, 조 등도 미는 아니지만 특수한 조합을 이루게 되면 미가 생겨나게 된다. 이것은 모두 같은 이치다. 과학 분석의 결과가 두 개의 수소, 한 개의 산소가 곧 물이라는 의미는 아니며, 마찬가지로 선, 광, 운, 조 등도 미감과 같은 것이라는 뜻은 아니다.

혹자는 만약 이와 같다면 미는 여전히 신비로운 것이 아닌가 하고 물을지도 모른다. 그 말도 틀리지 않다. 그러나 이런 신비성은 그다지 이상한 것이 아니며, 모든 경험에 내재한 것이다. 예를 들면 붉은색과 노란색을 혼합하면 오렌지색이 나오는데, 오렌지색은 붉은색도 아니고 노란색도 아니며, 붉은색과 노란색이 동시에 나타난 것도 아니다. 그렇다면 오렌지색이 "분명히 신비성을 띠고 있다"고 말할 수 있지 않겠는가?

미감에 대단한 특색이 있는 것은 아닐진대, 우리는 왜 신비성을 느끼게 되는 것인가? 여기에는 이유가 있다. 미란 특별히 기분 좋은 정감이며, 아울러 그것이 갖고 있는 이지적 요소는 매우 복잡해서 분석이 쉽지 않다. 일반적으로 기분 좋은 정감에 대해 사람들은 분석을 원하지 않는다. 일단 분석을 하게 되면 쾌감은 감소하며 이는 즐거움을 추구하는 본성에 반하는 것이다. 이런 두 가지 원인으로 인해 미는 분석할 수 없는 것처럼 보인다.

사람들은 대부분의 미술품을 분석할 수 없다고 여긴다. 그러나 예술가 본인들은 오히려 분석 가능하다고 생각한다. 화가의 배색과 붓질은 어느 정도 분석이 가능하다. 때로 "우연히 얻어진 뛰어난 작품"은 자기 자신도 분석하지 못하는 경우가 있다. 그 이유는 다음과 같다. 1) 구성이 복잡한 미술품은 예술가 자신도 자세한 창작과정을 기억하지 못하기 때문이다. 2) "손으로 만들었지만 마음에서 우러난(得之於手而應之於心)" 것은 대부분 말로 표현할 수 없는 것들이다. 후자는 분석할 수 없어서도 아니고 이지를 초월해 있기 때문도 아닌 인류의 언어가 불완전하기 때문이다.[이것을 소위 "언불진의(言不盡意)"라고 한다.]

미감을 완전히 분석할 수는 없지만 분석 방법은 나름대로의 효용이 있다. "직각"과 "종합" 방법으로는 아무런 결과도 얻을 수 없다. 두보(杜甫)의 시를 예로 들어보자. 『두공부시화(杜工部詩話)』의 자료 가운데 일부를 분석한다면 비록 정밀하지는 않겠지만 깨달음을 줄 수 있는 부분이 있다. 분석 방법을 사용하지 않으면, 시가 왜 침울하고 어떤 경우 웅혼(雄渾)한지에 대해 제대로 설명할 수 없다.

현재 미에 대한 분석은 현재 그리 정밀하지 않다. 하지만 절대로 미를 분석할 수 없다고는 생각하지 않는다. 우리는 원시인과 어린아이들이 배합에 상관없이 짙은 붉은색과 짙은 녹색 등 화려하고 눈부신 색깔을 좋아한다는 것을 알고 있다. 성정의 도야를 거친 사람은 "맑고 은은하고 담박하고 깊은" 색깔—예를 들면 청색, 자색, 옅은 홍색, 담황색 등—을 좋아하며 그것들의 배합을 중시한다. 이것은 미가 이지를 초월해 있는 것이 아니며, 이지가 발달함에 따라 미감도 변한다는 것을 보여주는 것이다. 이지적 성분은 과학방법의 지배를 받는다. 분석 불가능한 것은 직접 경험한 미의 성질이며 그것은 과학의 기점(起點)이다. 이지적인 것들도 이렇게 분석 불가능한 것을 기점으로 삼고 있다. 이 기점을 우리는 "소여성(所與性, Givenness)"이라고 부르는데, "소여성" 자체는 분석할 수 없을 뿐만 아니라 분석할 필요도 없다. 우리가 분석해야 하는 것은 하나의 "소여(所與, Datum)"와 다른 "소여"의 관계로 어떤 "소여"가 있어야지 다른 "소여"가 발생하는가 하는 것이다. "소여"의 본체를 분석하는 것은 무의미한 일로, 흰색은 왜 흰색이며 최초의 것 이전에 다시 또 무엇이 있었는지를 묻는 것과 같은 것이다.

미에서 시작해 사랑에 이르면 량치차오의 낭만적인 필치는 더욱 빛을 발한다. 그는 말했다. "'사랑'은 더욱 '현묘하고 현묘'하다. 만약 두 청춘남녀가 '과학적 연애'를 하기로 약속했다면 사람들은 밥을 먹다가 웃음이 터져 밥알들을 내뿜을 것이다." 그러나 이 문제는 "비꼬는" 말 한마디로 해결될 수 있는 것이 아니다. 나같이 어리석은 사람 생각에도 "과학적 연애"는 비웃을 일이 아니라 최고급의 연애이기 때문이다. 현대 심리학과 병리 심리학[心病學]은 개인의 연애가 성격이나 과거 경험, 그리고 현재의 환경에 의해 제약받는다는 사실을 일찌감치 증명해냈다. 중국 속담에 이런 말이 있다. "사랑하는 사람의 눈에만 서시(西施)가 나타난다."[1] 이는 사랑을 "현묘하고 현묘한 것"으로 여겨 실제는 그렇지 않다는 것을 모르는 것이다. 사람들이 보기에 매우 못생긴 여자를 사랑하는 남자에 대해 사람들은 이해하지 못한다. 그러나 병리 심리학자가 보기에 그 여자는 분명히 남자의 관심을 끄는 어떤 점—예를 들면 머리숱이 많다거

1) 제 눈에 안경.

나, 눈이 좀 튀어 나왔다거나, 목소리가 특이하다거나 하는 등—이 있으며, 남자가 그 점을 좋아하는 이유는 어렸을 때 이에 관한 즐거운 기억이 있었기 때문이라는 것이다. 이런 점을 본인 자신은 모르는 경우가 많다. 그러나 특별한 방법을 이용하면 이러한 인과 관계를 증명할 수 있다. 내가 말하는 "과학적 연애"란 다음과 같다. 즉 사람이 자신의 성격과 편견을 분석하는 방법을 배운다면[즉 "자지기명(自知之明)", 자기의 능력이나 단점을 정확히 알 수 있다면)] 상대방의 사소한 특징으로 인해 사랑에 빠져 후회하게 될 염려는 거의 없다는 것이다. 병리 심리학자의 견해에 따르면 이렇게 불행한 일은 항상 있었다.

량치차오는 또 효자가 허벅지 살을 베어 부모를 살린 일이나, 정영과 저구가 남을 대신해 고아를 돌보다가 죽은 것, 전횡도에서 오백여 명이 죽은 것을 예로 들어 "이런 행동은…… 불합리하지만 매우 훌륭한 인생관의 일종이라고 말하지 않을 수 없다"고 했다. 세상에 불합리하면서도 매우 훌륭한 인생관이 있다는 것이 어찌 기이한 이야기가 아니겠는가! 정영과 저구가 처해 있던 환경을 고려해보면, 그들의 행위는 완전히 합리적인 것이다. 허벅지 살을 베어 부모를 치료한 것은 동기는 합리적이나 방법은 불합리한 것이다. 이에 대해서 나는 「과학과 덕행(科學與德行)」이라는 글에서 논한 적이 있다.(제6년 『과학』 제3권, 4기를 보라.) 거기서 나는 이렇게 말했다. "사람의 몸에는 병균이 있기 때문에 살을 베어 병자에게 먹이는 것은 위험한 일이다. 또한 혈관에 대한 지식이 없으면서 멋대로 칼을 댄다면 혹시 뜻하지 않은 일이 생길까 병자가 놀라 병이 더욱 깊어질 것이다. ……" 인생관은 동기와 방법이라는 두 측면을 포함하고 있다. 방법이 잘못되면 동기와 상반되는 결과가 나오는데 이것은 훌륭한 인생관이라고 할 수 없다. 전횡도에서 오백여 명이 자살한 것은 전횡이 자살했기 때문이다. 전횡이 자살한 것은 그가 유방의 신하가 되기를 거부했기 때문인데, 이것은 봉건시대의 일로 취할 만한 것이 아니다. 전횡의 은혜에 감사하며 오백여 명이 죽은 것은 한 개인에게 충성한 것으로 가치 있는 일은 아니다. 일본의 노기(乃木) 장군이 메이지(明治) 시대에 천황을 위해 목숨을 바친 것에 대해 일본의 지식인들은 특별한 반응을 보이지 않았으며, 서양의 윤리학자들도 대부분 그의 잘못을 비판했다. 왜냐하면 사람은 그 자체로 목적이어야지 수단이 되어서는 안 되기 때문이다. 타인을 위해 몸 바쳐 죽는 것은 자신을 목적으로 인정하지 않는 것이다.[순장(殉葬)은 또 다른 문제이다.] 청대의 덕종(德宗)이 죽을 때 은혜를 많이 입은 캉유웨이(康有爲)는 군주를 따라 죽지 않았다. 그의 인품은 논외로 하더라도 이것이 그의 단점은 아니다. 전횡도에서 오백 명이 자살한 사건은 동기도 취할 것이 없고 방법도 논할 것이 없으니 이것을 어찌 훌륭한 인생관이라고 할 수 있단 말인가?

"공석불난, 묵돌불금"이나 석가가 어깨살로 매를 먹인 일(이것은 터무니없는 신화로 나는 믿지 않는다), 그리고 예수가 십자가에 못 박혀 사람들의 죄를 대속한 것(사람의 죄를 대속한 것 또한 신화다!) 등에 대해서 말하면, 이들의 이지는 매우 높고 감성은 대단히 풍부하며, "민포물여(民胞物與)"의 도리를 제대로 파악했기 때문에 그렇게 행동한 것으로 그다지 불가사의한 일은 아니다. 대단히 위대한 인물도 우둔하고 융통성 없는 사람이나 흉악무도한 사람과 마찬가지로 변태적인 사람이며, 마찬가지로 그 원인을 분석해낼 수 있다. 다만 현재의 사료가 부족하여 근거를 찾기에 충분하지 않을 뿐이다. 이런 인물들은 후세 사람들에 의해 미화되었기 때문에 우리는 그들이 신묘불측하다고 여기는 것이다. 『논형(論衡)·실지편(實知篇)』을 보면 공자가 한(漢)나라 때 이미 만세의 미래를 예지할 수 있는 인물로 신격화되어 있음을 알 수 있다. 예수와 석가의 이상화는 이보다 심하다.

“인류의 살아 있는 역사는 도리어 대부분 이러한 신비(“한 사람이 믿는 종교나 숭배하는 사람 혹은 이념과 같은 광적인 정서”를 가리킨다) 속에서 창조되어 나온 것이다.” 이것은 바른 말이 아니다. 열정은 살아 있는 역사에서 나온다는 것은 사실이다. 그러나 열정을 분석할 수 있는지 없는지는 또 다른 문제로 앞의 것으로 뒤의 것을 증명할 수는 없다. 한마디 더 말하자면, 이런 열정이 창조해낸 역사 중 적어도 반 이상은 문제가 많다. 중국 역사상의 여화(女禍)[2]나 유럽 종교사에서의 학살 등은 열정이 이지의 굴레를 벗어난 경우이다. 이런 “굴레를 벗어나는” 정서를 장려할 필요는 없다.

사랑이 신비로운 까닭은 다음과 같다. 1) 사랑의 원인이 다른 심리적 사항보다 더 복잡해서 정밀하게 분석할 수 없기 때문이다. 2) 사랑은 가장 강력한 쾌감인데 심리적 조건을 분석한다면 그것이 소멸될 위험이 있기 때문이다. 3) 사랑은 인류 최고의 쾌감이므로 수많은 문학가들이 그것을 이상화하였는데, 이로 인해 사람들은 사랑이 “현묘하고 현묘한 것”이며, “신성불가침”한 것이라고 여기게 되었기 때문이다. 사실 사랑과 불은 비슷하다. 그것 자체로는 좋고 나쁨을 따질 수 없으나 결과는 좋을 수도 있고 나쁠 수도 있다. 사랑이 이지의 지배를 받으면 받을수록 사랑의 결과는 더욱 좋아진다. 그 반대라면, 결과는 더욱 나빠진다. 세상의 수많은 죄악은 이지의 지배를 받지 않는 사랑으로부터 생겨난다. 성실하고 자신을 기만하지 않는 사람이라면 철없는 남녀처럼 사랑을 신비롭고 지고지순한 것으로 여기지 않을 것이다. 최근 사랑을 신비스럽고 이지를 초월해 있는 것으로 여겨 지위와 명예를 잃고 해를 입는 젊은이들이 적지 않다.

2) 군주가 여색(女色)에 빠져 국사(國事)를 그르친 것.

사랑 자체는 경험의 "소여"로, 미와 마찬가지로 분석할 수 없고 분석할 필요도 없다. 미에 대해 말한 것을 생각해보면 잘 알 것이다.

지금까지의 잠꼬대에 대해 결론을 내리겠다. 즉, 감성에 관한 것 중에서 지식 범위 내의 것은 적극적으로 과학방법으로 해결할 수 있다. 감성에 관한 것 가운데 "초과학"적인 것은 "소여적"인 것에 불과하다. 즉, 이지와 기타 모든 경험이 공유하고 있는 것으로 과학의 출발점이 된다. 그것을 "신비"하다고 말할 수는 있겠지만, 이런 "신비"는 "평상(平常)"의 의미와 별반 다르지 않다. 나의 잠꼬대는 "일단 여기까지" 하겠다.

-『노력주보』에서 옮겨 실음

23 과학과 인생관 왕싱공

科學與人生觀 王星拱

장쥔마이 선생과 딩원지앙 선생이 과학과 인생관 문제로 악전고투한 지 한 달여가 지났다. 수많은 사람들이 전쟁에 참가했고, 전선이 연장되었으며, 격전지가 확대되었고, 문제도 더욱 복잡해졌다. 단오(端午)가 될 때까지도 이렇다 할 결론이 나지 않았다. 어떤 사람은 설령 단오가 몇 번이나 지나간다 해도 싸움은 끝나지 않을 것이며, 결론 또한 나지 않을 것이라고 한다. 나는 일찍이 깃발을 흔들며 사람들이 과학 사수의 대오에 참가하도록 독려할 생각이었다. 그러나 바쁜 강의로 인해 이것조차도 제대로 하지 못했다. 오늘 푸페이칭(傅佩青, 1886~?)[1] 선생이 나를 찾아와 강연을 부탁하였기에 약간의 시간을 내서 이 글을 쓰게 되었다. 나의 이번 참전은 미국의 선전포고로 인해 독일이 낙화유수처럼 무너진 것에는 비할 바가 못 되지만, 독일에 대한 중국의 선전포고에는 비견될 만하다. 이 선언으로 양 진영의 문제가 부분적으로나마 해결될 수 있기를 희망한다.

1) 본명은 푸통(傅銅), 페이칭(佩青)은 자(字). 중국 근대 시기 철학자. 영국과 일본에서 유학하고 러셀의 수리철학을 연구했다. 국립 베이징사범대학(北京師範大學), 쭝궈대학 철학과 교수와 시베이대학(西北大學) 교장을 역임하였다.

논쟁의 대상이 되는 두 개의 중요한 개념이 있는데, 하나는 "과학"이며 다른 하나는 "인생관"이다. 우선 개념의 의미를 분명히 한 후에 둘 사이의 관계에 대해 논의하겠다. 과학은 광의와 협의, 두 가지 의미를 갖고 있다. 넓은 의미에서 과학이란, 과학방법을 통해 만들어진 모든 가리킨다. 어떤 사람들은 이 정의를 인정하지 않는다. 그들은 말한다. "과학이 과학인 까닭은 그 내용 때문이지 방법 때문은 아니다." 이 말의 의미는 아마 다음과 같을 것이다. 즉 과학방법은 형식 논리인데, 형식 논리는 종교에서도 사용하고 소설에서도 사용한다. 그렇다면 종교와 소설을 과학이라 부를 수 있는가? (장둥쑨 선생의 「노력은 하였으되 공이 없다」를 보라.) 이것은 분명 과학방법을 오해하고 있는 것이다. 과학방법은 정밀하고 엄격한 여러 절차가 그 안에 포함되어 있을 뿐, 형식 논리는 아니다. 정밀하다는 것은 층층이 오차가 없다는 것이며, 엄격하다는 것은 감정적으로 취사선택하지 않는다는 것이다. 종교가나 소설가들은 이런 방법을 사용하지 않으며 사용할 필요도 없다. 어쩌면 그들은 이 방법을 전혀 사용할 줄 모를 것이다. 만약 이 방법을 사용한다면 종교나 소설이 될 수 없다. 좁은 의미의 과학은 수학, 물리학, 화학, 생물학, 지질학 등을 가리키며, 오늘날 "길거리의" 보통 사람들이 과학이라 생각하는 것이다. 이런 의미의 과학은 그리스에서 생겨나 르네상스시기에 부흥했으며 18세기 이후에 흥성했다. 여기서는 먼저 좁은 의미의 과학에 대해 살펴보겠다.

역사적 관습으로 볼 때, 인생관이라는 명사는 두 가지 다른 의미로 사용되었다. 하나는 생명의 관념(Conception of life)이고, 다른 하나는 생활의 태도(Mood of living)이다. 여기서 말하는 생활이란 보통 술어(述語)에서 말하는 정신생활을 가리키는 것이다. 과학으로 생명 문제를 해석하는 것은 마땅히 "인간적 과학관[人主之科學觀]"이라고 불러야 하는데, 이것은 과학으로 우주의 문제를 해결하는 것을 "우주적 과학관[宇宙之科學

觀]"이라 부르는 것과 마찬가지다. 생명에 관한 문제에 대해 과학은 자기 나름의 독특한 해결 방법을 가지고 있다. 이것은 해결 여부 및 사람들의 수긍 여부와는 다른 차원의 문제다. 설령 과학이 원만한 해결 능력을 갖고 있다 하더라도 모든 사람들의 동의를 얻지는 못할 것이다. 과학자들은 지구가 태양의 주위를 돈다고 말하지만, 종교가들은 태양이 지구 주위를 돈다고 말한다. 그렇다면 어떻게 해결할 것인가. 과학적 태도로 사상을 정리하고 의견을 도출해 몸소 실천하는 것을 "과학적 인생관"이라고 부를 수 있다. 과학자의 태도와 종교가 및 예술가의 태도는 실로 다르다.

이렇게 나는 두 명사에 대해 분명하게 정의를 내렸다. 이어서 과학을 인생관에 적용할 수 있는지에 대해 논의해보겠다. 바꿔 말하자면, 과학을 응용하여 인생 문제를 해결할 수 있는지의 문제이다. 이 문제를 논의하기 위해서는 먼저 과학을 구성하고 있는 것이 무엇인지를 살펴봐야 한다.

과학을 구성하고 있는 것은 두 가지 원리이다. 1) 인과의 원리(Causality), 2) 동일의 원리(Uniformity).

인과의 원리는 다음과 같다. 우주의 여러 현상에는 반드시 인과 관계가 있는데, 원인이 없으면 발생하는 것도 없고 발생하지 않았는데 효과가 나타나는 것도 없다는 것이다. 이 원리는 분할의 원리(Divisibility)나 다원의 원리(Pluralism)를 포함하고 있다. 왜냐하면 무엇이 원인[因]이고 무엇이 결과[果]인지 구분해낸다는 것은 우주를 세세하게 나누는 것을 전제하기 때문이다. 어떤 철학자는 우주는 나눌 수 없다고 주장하며 이런 원리에 극구 반대한다. 브래들리(Bradley)는 다음과 같이 말했다. 나는 설탕이 단 까닭을 알지 못한다. 그의 말을 좀 더 풀어서 말하자면 다음과 같다. 즉 설탕은 하나의 사물이고, 달다는 것은 하나의 사건이다. 이 둘 사이에 어떻게 관계가 발생하는 것일까? 인과의 원리로 말하자면 설탕 속에 당분이 있기 때문에 설탕이 단 것이다. 그러나 여기서 또 다른 두 가지 문제에 부딪힌다. 하나는 어째서 설탕 속에 당분이 있는가 하는 것이고, 다른 하나는 어째서 당분이 단맛을 내는가 하는 점이다. 이렇게 계속 물음을 던져 나간다면 끝이 없으며, 설탕과 단맛의 인과 관계는 영원히 성립될 수 없을 것이다. 따라서 그의 결론은 이렇다. "설탕이 달다는 일은 본래부터 없었던 것이다." 『장자』는 "오늘 월나라로 출발해도 옛날에 도착했다(今日適越而昔至)", "그러니 어찌, 내가 하늘이라고 한 것이 사람이 아니며, 내가 사람이라고 한 것이 하늘이 아닌 줄을 알겠는가(庸詎知吾所謂天之非人乎? 所謂人之非天乎)?"라고 말했는데, 이것 역시 우주는 분석할 수 없다는 의미이다. 과학에서는 우주를 나눌 수 있는 대상으로 여긴다. 데모크리토스(Democritus)가 말한 원자, 기하학에서의 점, 라이프니츠의 단자(Monad), 물리학에서의 역선(力線, field line), 물리학에서의 전자와 양자, 화학에서의 분자와 원자, 생물학에서의 단위 성질 등은 모두 우주를 나눌 수 있는 대상으로 보기 때문에 나온 이론들이다. 시간과 공간, 물질, 혹은 기타 존재와 물체들은 무한하게 분석할 수 있다. 그러나 무한하다는 것이 분석에 장애가 되지는 않는다. 이것은 수학에서 집합이 발견해낸 것이다. 우리가 경험상으로 나눌 수 있는 것들은 전부 유한한 것이다. 그러나 이지를 사용하면 무한하게 나눌 수 있다. 무한 밖에도 유한이 존재할 수 있다. 예를 들면, 0과 1 사이에 무한한 분수가 존재하지만 1은 유한 정수인 것과 같다. 만약 우주가 혼돈이며 어둡고 둥글고 무른[混濁圓軟] 존재라면 과학은 성립할 수 없을 것이다.

동일의 원리란 같은 원인에서는 반드시 같은 결과가 나온다는 것이다. 이 원리가 없다면 우주에는 수천수만의 점처럼 많은 사실들이 존재할 것이다. 그렇다면 인과 관계를 찾기도 어려울 뿐만 아니라 과학도 성립할 수 없을 것이다. 역사는 우리에게 다음과 같은 사실을 알려준다. 과학은 수많은 현상 속에서 동일한 점을 찾아내 종합한 후 법칙을 도출해 낸다. 어떤 철학자들은 이런 원리를 뒤엎을 방법을 찾기 위해 혈안이 되기도 한다. 그러나 이것은 인과 원리를 뒤집는 것보다 훨씬 더 어렵다. 이와 관련해 최근 유행하는 강력한 이론에는 베르그송의 창조 진화론이 있다. 그의 주장은 다음과 같다. 우주에 존재했던 과거의 모든 현상은 현재의 현상을 일으키는 원인이다. 불교식으로 말하자면, 과거의 모든 것이 현재이다. 그러나 과거 모든 현상의 총합은 시시각각 변하기 때문에 우주에는 원인이 같은 현상은 영원히 존재하지 않는다. 원인이 같은 현상이 존재하지 않는다면 인과 현상은 불가능하며, 그렇다면 동일한 원인이 동일한 결과를 낳는다는 말은 편리한 거짓말일 뿐이다. 그러나 과학의 견해는 이것과 다르다. 아래에서 설명하겠다.

물체의 성질은 두 측면에서 살펴볼 수 있다. 하나는 개체적 측면에서 파악하는 것으로 이것은 개체의 성질이 된다. 다른 하나는 유(類)적인 측면에서 파악하는 것으로 이것은 유적인 성질이 된다. 개체적 성질은 한 물체가 갖고 있는 무한한 성질이다. 무한한 성질을 모두 모은 것이 바로 하나의 물체, 즉 물(物)이다. 유적 성질은 같은 유에 속하는 분자들이 공유하고 있는 약간의 성질로 공유하고 있는 성질을 모은 것이 곧 유이다. 과학법칙은 이러한 유적 성질 위에 세워져 있다.

유적 성질은 다시 두 가지로 나눌 수 있다. 1) 같은 유에 속하는 분자들이 반드시 갖고 있는 성질. 2) 같은 유에 속하는 분자 성질의 평균 대표. 형식 논리와 수학에서의 유적 성질은 첫 번째에 속한다. 예를 들면, 갑(甲)은 전부 갑류(甲類)이고, 비갑(非甲)은 모두 비갑류(非甲類)에 속한다. 단독적인 것(반드시 물질을 말하는 것은 아니다)은 "1)"류에 속하고, 쌍을 이루는 것은 "2)"류에 속한다. 없는 것은 0류에 속하고, 무한한 것은 무한류에 속한다. 그러나 물질에 집착하는 과학 가운데 유의 성질은 모두 두 번째, 즉 평균 대표에 속한다. 그러나 예외가 있기도 하다. 사회학과 생물학, 물리학, 화학 가운데 이와 같은 것이 있다. 이러한 평균 대표의 유적 성질에는 다시 두 종류가 있다. 하나는 정성(定性)적 평균 대표다. 예를 들면, 물체가 열을 받으면 팽창한다는 것은 물류(物類)의 유적 성질이다. 물은 0도와 4도 사이에서 열을 받으면 도리어 수축하고, 니켈 합금은 열을 받아도 팽창하지 않고 냉각해도 수축되지 않는다. 인류의 유적 성질을 말할 수는 있지만, 인류 중에는 벙어리도 존재한다. 다른 하나는 정량(定量)적 평균 대표다. 예를 들면 오 척 반의 키는 인류의 유적 성질이다. 그러나 엄격하게 측정해보면 키가 정확히 오 척 반인 사람은 없다. 많은 사람들이 평균 대표로부터 만들어진 법칙에 대해 공격을 퍼붓는데, 정량적 평균 대표에 대해서 정도가 더욱 심하다. 그들은 다음과 같이 생각한다. 사람마다 각자의 키가 있는데 오 척 반이라는 것은 평균 대표에 불과하니 대표란 의미가 없다. 지금의 국회의원을 보라! 그들은 대표라고 하지만 국민의 의견과 얼마나 거리가 있는가! 근거 없는 비판은 아니다. 이천 년 전 아리스토텔레스도 목적인(目的因, telos)이라는 관념으로 곤란을 면해보려 했다. 그는 말했다. 사람이 얼마나 크던지 모두 오 척 반—최종목적—으로 향해가려는 경향이 있다. 이것은 불필요한 말이다. 유적 성질은 유에 속한 분자들의 성질을 대표할 수 있기 때문에 믿을 만한 것이며, 따라서 거기서 도출된 법칙 또한 마땅히 믿을 만하다. 만약 국민 가운데 뽑힌 의원들이 진정한 국민의 평균 대표라면 그들의 의견은 민의를 반영했을 것이다. 물론 이것은 비유일 뿐이다. 다시 평균 대표의 유적 성질에 대해 살펴보겠다.

정성적 평균 대표의 유적 성질은 각 분자가 지닌 개체적 성질의 일부다. 개체의 성질이 믿을 만하다면 유적 성질 역시도 믿을 만한 것이다.

특정 사물의 개체적 성질은 수없이 많다. 색깔과 강도 등, …… 또한 열을 받으면 팽창하는 것도 개체적 성질의 하나이다. 그러나 "열을 받으면 팽창하는" 성질은 모든 물체, 적어도 많은 물체가 공유하고 있다. 물체들 간의 서로 다른 성질—색깔과 강도 등—은 잠시 보류해두고, 물체들이 공통적으로 갖고 있는 성질—열을 받으면 팽창하는—만을 유적 성질로 삼은 것인데, 이것은 그리 이상한 것이 아니다.

정량적 평균 대표의 유적 성질도 역시 믿을 만하다. 생물의 개체적 성질은 매우 다양하다. 그러나 하나의 유 가운데 각 분자의 성질에도 유적 평균(Race average)이 있다. 하나의 유 가운데 각 분자 성질의 분량이 평균 대표에 정확히 부합하는 것은 아마 없을 것이다. 그러나 대부분은 이 평균 대표에 부합할 것이다. 따라서 개체의 성질이 유적 성질이 된다는 말은 절대 잘못된 것이 아니다. 예를 들면, 한 무리의 사람 중 키가 정확히 오 척 반인 사람은 아무도 없을 수 있지만, 대부분 사람들의 키는 오 척 반에 가까울 것이다. 만약 한 무리의 사람 가운데 키가 정확히 오 척 반인 사람이 없다고 하더라도 우리는 오 척 반이라는 것으로 평균 대표를 삼을 수 있다. 이는 우주를 나눌 수 있기 때문이다. 오 척 이, 오 척 삼, 오 척 사, 오 척 육, 오 척 칠, 오 척 팔, …… 그리고 오 척 반은 모두 이지가 우주를 나누는 수치이다. 오 척 이 …… 오 척 팔이 존재한다면 당연히 오 척 반도 존재하며 이를 비판하는 사람들의 말처럼 사실과 부합하지 않는 것도 아니다. 무기체들의 세계에서 원자와 전자의 온도와 속도 …… 등의 수치는 당연히 다르다. 그 차이는 "이상"할 정도로 크지만, 이것도 하나의 평균수로 대표될 수 있다. 이것이 바로 포엔카레가 말한 무질서의 질서다. 우리는 그것을 물리학에서 사용하고 전자(電磁)학에서 사용하고 기동설(汽動說)에서도 사용한다. 이것은 객관적인 근거가 있는 것으로 마음대로 만들어낸 것이 아니다. 정량적 평균 대표는 사유 과정에서 추론을 진행하는 데 편리하기 때문에 믿을 만하며, 그것의 본질 역시도 믿을 만하다. 그러나 믿을 만하다는 것이 감각으로 얻어진 것과 완전히 같다는 의미는 아니다. 우리는 감각 세계 외에 또 다른 세계가 존재함을 인정한다. 러셀은 그것을 형식적 세계라고 이름 붙였고, 피어슨은 개념적 세계라고 지칭했다. 비록 두 사람의 생각은 다르지만(예를 들면 러셀의 형식적 세계는 묘사할 수 없고 작용도 없지만, 피어슨의 개념적 세계는 묘사할 수 있을 뿐만 아니라 작용도 있다), 한 가지 공통점이 있다. 즉 초감각 세계는 감각 세계로부터 만들어지며, 초감각 세계에서의 행동에는 규칙이 존재한다는 것이다. 이 점은 현학가들이 주장하는 물질을 초월해 존재하는 자유로운 현학적 세계와 매우 다른 것이다. 따라서 러셀은 이렇게 말했다. 사물의 개체 성질에서 유적 성질을 도출해내는 것은 추상의 원리이면서 동시에 추상을 폐기하는 원리이기도 하다.[왜냐하면 아무것도 없는 것을 뽑아내는 것('抽空')이 아니기 때문이다.] 피어슨은 개념적 세계는 감각 세계를 이용해 구축되는 것이라고 말했다.

이제 피어슨의 개념적 세계라는 용어를 빌려와 나의 주장을 얘기해보겠다. 유적 성질이란 특정한 유에 속하는 분자들의 개체적 성질의 평균 대표를 말하는 것으로 개체 성질은 감각 세계에 존재하고 유적 성질은 개념 세계에 존재한다. 과학적 사실은 개체 성질의 표현이며, 과학법칙은 유적 성질의 표현이다. 유는 개체를 벗어나 독립적으로 존재할 수 없으며, 개념적 세계는 감각 세계를 벗어나 독립적으로 존재할 수 없다. 과학 법칙도 과학적 사실로부터 독립해서 존재할 수 없다. 따라서 개념 세계에 동일한 원인이 동일한 결과를 낳는다는 법칙이 존재한다면 이보다 먼저 감각 세계에 동일한 원인이 동일한 결과를 낳는 사실이 존재해야 하는 것이다.

두 원리는 우주 속에 분명히 존재하며 수학과 물리학, 화학 등의 과학은 이 원리로부터 만들어진 것이다. 그렇다면 인생의 여러 현상들은 수학, 물리, 화학 등 과학이 연구하는 대상과—두 가지 원리의 측면에서 볼 때—근본적인 차이가 있는 것인가? 바꿔 말하자면 이 두 원리가 인생의 여러 현상 속에 존재하는 것인가?

1. 생명의 관념

생물계와 광물계(鑛物界)의 가장 큰 차이는 생명의 유무이다. 그러나 이 두 영역을 구분하는 것은 그리 쉽지 않다. 이는 '하등 동물의 본능과 고등 동물의 지혜를 쉽게 구분할 수 없는 것'과 마찬가지다. 지구상의 생명체가 어느 순간 무기물로부터 진화되어 나왔다는 것은 반드시 인정해야 하는 사실이다. 실험을 통해 증명할 수는 없지만, 화학자들은 생물이 광물로부터 진화되어 나오는 과정을 우리에게 알려주었다. 버틀러(Butler)는 콜로이드(colloid) 계열의 물질에 극자광(極紫光)을 쪼이면 단세포 생명과 흡사한 움직임을 보인다는 사실을 알아냈다. 극자광은 에너지가 매우 풍부하고 콜로이드 물질 원자는 대부분 대단히 크다. 여기서 우리는 무생물이 특정한 성분과 결합되어 에너지를 전달받으면 생명체로 변한다는 사실을 유추해낼 수 있다. 이러한 결합과 전달은 현재의 과학으로는 재현할 수 없다. 그러나 현재의 과학자들이 할 수 없다고 해서 그 안에 신비한 힘이 있다고 믿는 것은 문제가 있다. 세상에 과학자들의 능력이 미치지 못하는 일이 얼마나 많은가! 무기물 영역에서 보면 인력으로 라듐 원소의 방사(放射) 능력을 발생시키거나 지배할 수 없다. 그렇다면 묻겠다. 라듐 원소 속에 생명력이나 생명력과 동등한 정도의 신비한 힘이 내재되어 있다고 말할 수 있는가? 비록 스펜서가 종교를 믿긴 했지만, 생명의 문제에 관해서 논할 때는 헉슬리의 영향으로 호조(Corroboration of parts)설을 주장했다. 이 문제를 해결하기 위해 토마슨처럼 또 다른 생명력을 생물계 속에 끌어들이거나 헤켈처럼 만물유생설(萬物有生說)을 주장할 필요는 없다. 지질 시대에 무생물의 특정 조직이 특수한 환경의 자극을 받아 생물로 변한 것이다(이런 환경은 아마 현재와 미래 언제라도 자연 상태하에서 다시 반복될 수 없을 것이다). 진화를 거쳐 생물이 되는 것은 불가능한 일이 아니다. 하등 동물은 본능적 반응으로 생을 추구하며, 고등 동물은 진화를 통해 개념의 선택과 조직, 즉 지혜를 활용한다. 따라서 우리는 고등 동물의 지혜 문제를 해결하기 위해 다시 영혼을 끌어들일 필요는 없다. 결론적으로 말하자면, 고등 동물의 지적 활동은 생물 활동 중에 가장 복잡한 것이지만 활동성이 없는 하등 동물과 근본적 차이는 없는 것으로 그 공을 영혼에 돌릴 필요가 없다. 생물의 활동은 자연 활동의 일부이며 무기체의 활동과 근본적인 차이가 없으니 그 공을 생명력에 돌릴 필요도 없다. 따라서 무기물을 연구하는 물리, 화학도 생물의 문제에 응용될 수 있으며, 생물학도 인생 문제에 응용할 수 있는 것이다. 다만 인생 문제 속의 요소들은 상대적으로 복잡해서 과학(협의의 과학)의 요소들처럼 실험자가 쉽게 규정할 수 없을 뿐이다.

2. 생활의 태도

앞에서 말한 바와 같이 여기서 말하는 생활은 보통 술어로서의 정신생활을 말하는 것이다. 현학가들이 인생 문제를 과학이 해결할 수 없다고 주장하는 가장 큰 이유는 대체로 다음의 세 가지다.

1) 의지자유

그들은 이렇게 말한다. 사람의 의지는 자유롭기 때문에 인과법칙을 적용시킬 수 없다. 의지는 삶의 행위의 원천으로 인류 역사가 발원한 곳이다. 의지는 과학의 통제를 받지 않으므로 의지로부터 발생한 삶의 행위도 자연히 과학의 통제를 받지 않는다. 과학을 인생에 적용할 수 있는지의 여부를 논의하기 위해 먼저 질문을 던지겠다. 의지는 진정으로 자유로운 것인가? 긍정적 측면에서 의지를 말하자면 삶을 사랑하고 죽음을 싫어하는 것이다. 이는 생물의 본성이며 인류도 예외가 아니다. 그러나 전횡도에서는 반 이상의 사람이 죽어가는데도 깨닫지 못했다(이것은 량치차오 선생이 든 예이다). 세계대전 때는 수많은 애국 청년들이 빗발치는 총탄과 포탄 속에서 목숨을 잃었다. 부정적 측면에서 의지를 살펴보자. 선한 것을 좋아하고 부끄러운 일을 피하려는 것은 인류의 본성이다. 그러나 매춘 사업은 전혀 부끄러워하지 않는다. 이처럼 사람은 모두 기질(Temperament)의 유전과 환경의 영향, 그리고 암시로부터 자유롭지 않은데, 그렇다면 우리가 원래 희망했던 것을 바랄 수 있는 것인가?

2) 정감의 신비

이에 대해서는 탕위에 선생이 「어리석은 사람의 잠꼬대」라는 글에서 이미 상세하게 설명했으므로 더 이상 말하지 않겠다. 인류는 삶과(개체와 종족을 다 포함해서 말하는 것이다) 더 나은 삶(즉 향상된 생활)에 대한 욕망이 있다. 이런 욕망을 충분히 만족시켜준다면 유쾌한 정감이 생길 것이고, 그렇지 않다면 비관적이고 고통스러운 정감이 생길 것이다. 비록 그 과정이 2+2=4와 같이 쉽고 명료해 보이지는 않지만, '시금석(Philosopher's Stone)'처럼 충분히 짐작해볼 수는 있다. 만약 방법을 안다면 정감을 발생시킬 수 있을 것이다. 중국 고전에 보면 "이로써 욕망을 절제한다(以理剋欲)", "정에서 발하고 예의에서 멈춘다(發乎情而止乎禮義)"라는 말이 나오는데, "극(剋)"과 "지(止)"의 방법으로 통제한다는 의미이다. 그러나 사람이 과연 절제를 바라는지, 멈추기를 바라는지 여부는 위에서 말한 의지의 문제로 계속해서 논의해야 하기 때문에 여기서는 말하지 않겠다.

3) 인생관의 불일치

혹자는 이렇게 말한다. 사람의 마음은 서로 다르기 때문에 같은 상황에 대해 낙관주의자와 비관주의자가 생기기 마련이다. 동일한 사건에 대해서 "인자(仁者)는 그것을 인하게 보고, 지자(智者)는 그것을 지혜롭게 본다"는 것과 마찬가지다. 장쥔마이 선생은 과학과 인생관이 무관하다고 주장하는 반면, 딩원지앙 선생은 그 둘이 관계 있다고 말한다. 과학은 특별한 공식이 있는 것이 아니라, 모든 사람의 의견을 빠짐없이 포괄하는 것이다. 사람은 선천적인 유전에서부터 온 천성이 있으며, 후천적인 교육에서 얻어진 학식(지식을 총체적으로 가리키는 것으로 과학 지식만을 말하는 것은 아니다)이 있다. 각자의 관점이 다르면 당연히 인생관도 다르다. 나는 세상 모든 사람들의 인생관이 같아지기를 바라지 않는다. 세상 모든 사람들의 인생관이 동일한 "획일적인" 세상에 어떤 재미가 있겠는가? 갑에게 이러이러한 유전과 교육이 있었기에 갑의 이러이러한 인생관이 있고, 을에게 저러저러한 유전과 교육이 있었기에 을의 저러저러한 인생관이 있다. 장쥔마이 선생은 그의 유전과 교육이 있었기에 과학과 인생관이 무관하다고 주장하는 것이고, 딩원지앙 선생은 그의 유전과 교육이 있었기에 과학을 인생 문제에 완전히 적용할 수 있다고 주장한다. 아울러 장 선생과 비슷한 교육을 받은 사람은 대체로 장 선생과 비슷한 주장을 할 것이며, 딩 선생과 비슷한 교육을 받은 사람은 대체로 딩 선생과 비슷한 주장을 할 것이다. 비록 인생관이 통일될 수는 없지만 인생관이 유전과 교육에 의해 정해진다는 원리는 통일적인 것이다. 만약 각 사람의 유전과 교육 상황을 분명하게 알 수 있다면 그의 인생관 또한 제대로 알 수 있을 것이다. 각자가 어떤 교육을 받았는지는 비교적 쉽게 알 수 있는데, 만약 대체로 비슷한 교육을 받았다면 그들의 인생관도 별반 차이가 없을 것이다. 여기서 얻은 평균 대표는 과학(협의의)에서 말하는 법칙과 같다. 그러나 분명하게 밝혀지지 않은 일부 내용이 있기 때문에 정확성이 조금 떨어질 수밖에 없다.

나의 결론은 다음과 같다. 과학은 인과와 동일이라는 두 가지 원리로 구성되어 있으며 생명의 관념이건 생활 태도건 간에 모든 인생 문제는 이 원리의 금강권(金剛圈)에서 벗어날 수 없다. 따라서 과학은 인생 문제를 해결할 수 있다.

과학의 본질에 대해서는 앞에서 이미 논의했다. 과학의 가치를 경시해서는 안 된다. 실험주의자들은 가치와 본질을 한데 뒤섞어 놓았기 때문에 문제가 있다. 그러나 그 때문에 명물치용(明物致用)을 중시하는 과학의 가치를 깎아 내려서는 안 된다. 왜냐하면 사람은 현재의 생활을 개선시키고 더 나은 생활을 추구해야 하기 때문이다. "반박귀진(返朴歸眞)"으로 이 세상을 초탈할 수는 없다. 현세에서의 인간적 삶을 충실하게 유지하고 한발 한발 개선해 나가야 한다. 우쯔후이 선생이 적절하게 잘 지적했다. 사람은 이 세상에서 이미 실현되어 있는 것들을 더욱 아름답고 충만하게 만들어야 한다. 인간의 삶 자체가 원래 그런 것이다. 지혜를 써서 삶을 유지하고 개선하는 것은 본능을 통한 것보다 천만 배는 더 고차원적이다. 과학은 고도로 발달한 지혜의 산물이다. 그러나 중국의 장포(長袍) 입는 선생들[2]은 줄곧 "천지의 위대함"만을 말하며 유리구슬 속으로 미적미적 도피해버리길 좋아했을 뿐, 투철한 실천이 없었다. 가장 살기 좋다는 베이징에도 제대로 된 분뇨 처리장 하나 없어 뜨거운 여름날 수많은 분뇨차들이 거리를 활보하고 빈민굴에 사는 사람들은 차마 눈뜨고 보지 못할 정도로 헐벗었다. 중국의 일용품은 직간접적으로 모두 외국에

2) 노동에 종사하지 않는 문인(文人) 등을 가리킴.

서 수입된 것이다. 상황이 이런 지경인데도 사상을 발전시켜야 할 책임을 가진 사람들은 명물치용의 과학과 삶을 개선할 수 있는 유익한 지혜를 거부하고 있다. "오호라, 그것이 어찌 가당한 일이겠는가!"

-『노력주보』에서 옮겨 실음

24 과학의 범위

科學的範圍

탕위에
唐鉞

딩원지앙 선생이 "과학방법을 사용하는 연구는 모두 과학이다"(이것은 대의이고 원문은 그가 쓴 「현학과 과학」을 보라)라고 주장한 이후, 과학에 의해 학술의 모든 기반이 점령될 것이라는 우려로 수많은 사람들이 심리적 공황 상태에 빠졌다. 린자이핑 선생도 아마 같은 생각이었을 것이다. 그는 말했다. "그 결과 천지 간에 과학이 아닌 것이 하나도 없게 될 것이다." 그러나 내 생각에 이런 결론은 딩 선생의 주장으로부터 연역해낼 수 없다. 딩 선생의 결론을 보충해서 말하자면 "천지 간에 과학의 재료가 아닌 것이 없다"는 것이다. 이런 의미라면 말이 안 되는 것도 아니다. 딩 선생은 「현학과 과학 토론의 여흥」이라는 글에서 그의 변론에 "종료를 선포"했다. 독자들이 신물이 나 있는데도 불구하고 다시 이 문제를 제기하는 이유는 공황 심리라는 것이 있기 때문이다. 따라서 개인적인 소견을 말하고 여러분들과 논의해보고자 한다. 나는 린 선생의 말을 출발점으로 삼아 이와 관련된 기타 의견들을 살펴보겠다.

린 선생은 말했다. "예를 들어, 단계별로 자료를 수집하고, 가설을 세우고, 실험하고 증명하여 도출된 논리 체계로 어디에 적용시키더라도 같은 결과를 얻게 되었다고 치자. 만약 이런 공허한 방법만을(린 선생의 뜻에 따르자면, 가설과 증명의 방법을 사용하는 것이라고 말해야 마땅할 것이다) 과학이라 한다면 성실하고 논리적인 사람은 모두 과학자라 부를 수 있단 말인가?" 이에 대해서 두 가지 측면에서 대답할 수 있다. 첫째, 과학방법 중 실험 증명은 신중을 기해야 한다. 모든 실험 조건은 실험자의 통제를 받아야 하며, 실험 불가능한 현상에 대해서는 귀납과 다섯 가지 연구법[五術] 등으로 관련 없는 사실을 제거해야 한다. 일상생활은 매우 복잡한 조건들로 엮여 있으며, 시간적 조건 또한 마음대로 조작할 수 없다. 과학방법이라 해도 여기에 완전하게 적용시키기란 쉽지 않다. 사람을 대하고 일을 처리하다 보면 약간의 억측이 들어갈 수밖에 없는데 이것은 진정한 과학방법이 아니다. (이 말을 일상생활이 "초과학적"이라는 의미로 오해하지 않길 바란다. 왜냐하면 완전하게 적용시키기 어렵다는 것과 과학방법을 쓸 수 없다는 것, 혹은 이 방법을 충분히 적용해야 한다는 것은 서로 다른 명제이기 때문이다.) 따라서 한 사람의 됨됨이가 아무리 성실하고 조리가 있어도 우리는 그를 과학자라고 부를 수 없다. 린 선생이 말한 순전히 과학방법만을 응용해서 일을 처리하는 사람이 있다는 것은 가정에 불과하며, 이런 사람은 존재하지 않는다. 만약 존재한다면 우리는 그를 기꺼이 "사람다운 과학자"라고 부를 것이다. 둘째, 일반적으로 과학자란 과학방법을 써서 사실과 사실들의 인과 관계를 연구하는 사람을 가리키는 것이지 과학방법을 응용해서 무언가를 창조(예를 들면 예술)하거나 나와 대상과의 관계를 변화시키는(예를 들면 "사람이 되는 것") 일을 하는 사람까지 포함되는 것은 아니다. 우리가 과학자라고 지칭할 때는 이런 기준에 따르는 것이다. 만약 이런 기준을 엄격하게 적용한다면 진정으로 과학방법을 사용하여 처세하는 사람이라 해도 과학자라고 부를 수는 없을 것이다.

린 선생은 또 이렇게 말했다. "회화와 같은 것들은, ……과학방법을 응용하므로 과학이라고 부를 수 있을 것이다. 그러나 사실 이 말은 이렇게 말할 수 있다. 회화 등도 과학방법을 사용해서 연구할 수 없는 것이 아니다. 그러나 회화 자체를…… 과학이라고 부른다면, 이것은 매우 이해하기 어려울 것이다." 린 선생은 과학방법으로 회화를 연구할 수 있다고 주장했다. 그렇다면 당연히 회화의 과학이 있지 않겠는가.—즉 회화적 사실에 관한 과학적 연구를 말하는 것이다. 회화의 과학은 회화 자체—즉 예술품의 창조—와 서로 양립할 수 있다. 투시학 등은 응용과학임에도 예술의 범위에 속하기 때문에 과학이라고 지칭해서는 안 된다는 일부 주장에 대해 린 선생은 "이해하기 어려운 말"이라고 했다. 내 생각에는 이해하기 어려울 뿐만 아니라 말도 안 된다. 다른 예술에 적용시켜도 마찬가지이다. 이 점에 대해서 린 선생과 나의 의견은 실제적으로 전혀 차이가 없다.

린 선생은 또 "기독교 과학(Christian Science)"과 "심령학(Psychical Research)", 그리고 "요괴학(妖怪學)"이 비록 과학방법을 응용하긴 했지만 과학이 아니라고 주장했다. 이에 대해 얘기해보겠다.

"기독교 과학"이 비록 "암시의 방법을 사용"한다고는 하지만, 과학과는 다른 방법을 쓰기 때문에 과학이라고 부를 수 없다. 비록 스스로 과학임을 사칭한다 해도 우리는 하나의 종교로만 볼 뿐이다.

대다수의 과학자들은 로지(Sir Oliver Lodge)와 같은 소수 학자들이 숭배하는 심령학 방법이 진정한 과학방법이 아니라고 생각한다. 따라서 그것을 과학이라 부를 수 없다. 심령학에 대한 로지의 판단은 신뢰할 수 없다. 그는 변태심리학에 문외한이다. 로지는 영매[Medium, 중국에서 말하는 무녀와 비슷하며 초혼(招魂)을 행할 수 있다]를 믿는 사람이었다. 후에 제임스(Wm. James)가 "속임수로 환상을 만들어내는" 영매의 실상을 밝혀냈지만, 로지는 삼 년 전 미국 강연에서 영매는 속임수가 아니라고 거듭 주장했다. 이처럼 그의 정신 이상(異常)은 최고조에 달해 있다. 물론 이것은 지엽적인 문제이다. 심령학이 과학이 아닌 이유는 그것의 연구 대상이 특별하기 때문이 아니라 과학방법을 사용하지 않기 때문이다. 이것이 가장 중요하다.

요괴학을 살펴보려면 일단 "요괴"의 정의를 알아야 한다. 만약 원숭이나 독수리가 실재하는 것처럼 요괴가 세상에 실재한다고 주장해도 그것의 존재유무는 여전히 불가지하다. "가죽이 없는데 어떻게 털이 나겠는가?" 따라서 요괴를 연구하는 과학은 당연히 존재할 수 없다. 만약 "요괴"가 어떤 기이한 현상을 말하는 것이라면 그것의 발생과 성질에 대해 과학방법으로 연구할 수 있으며(어떤 연구 결과는 "요괴"가 변태심리 현상의 하나일 뿐이라고 증명하고 있다), 이는 당연히 과학이라고 할 수 있다.

린 선생은 "후스가 『홍루몽』을 연구한 것 또한 과학이다"라는 딩 선생의 말이 가소롭다고 했다. 그러나 사실 별로 웃길 것도 없다. 만약에 후스 선생이 진정한 과학방법으로 이 책의 사실에 대해 탐구했다면 그것은 당연히 과학이다. 그렇지 않고 만약 감상의 말에 그쳤다면 그것은 과학이 아니다. 『홍루몽』 연구가 과학인지 아닌지는 그가 어떤 방법을 사용했는지에 달려 있다. 그가 연구한 대상이 『홍루몽』이기 때문에 과학이 아니라고는 말할 수 없다.

내 생각에 천지 간의 모든 현상은 과학의 재료가 된다. 천지간에 인류가 존재하므로 인류학과 인종학, 인류 심리학 등이 있는 것이며, 천지간에 어류가 있으므로 해양 생물학이 있는 것이다. 세상에 예술이 있기 때문에 예술학이 존재하고, 종교가 있기 때문에 종교학이 존재하는 것이다. (오늘날 말하는 "예술학", "종교학"이 진정한 과학인지 아닌지는 본 글의 주제와 무관하다.) 예술과 종교에 대한 과학적 연구가 과학이라고 말하는 것이지, 예술과 종교 자체를 과학이라고 주장하는 것은 아니다. 즉 이것은 어류에 대한 과학적 연구가 과학이라는 것이지 물고기를 과학이라고 주장하지 않는 것과 같은 이치다.

많은 사람들은 예술과 종교를 과학의 재료로 삼는 것에 대해 반대한다. 왜냐하면 과학방법의 해부를 거치고 나면 종교와 예술의 가치가 사라질 것 것이라고 생각하기 때문이다. 그러나 과학방법의 분석을 거친 것들의 가치가 전부 사라졌다는 것이 증명될 때까지 기우를 버리고 편하게 생활하면 그만이다. 우리는 홍샤오위츠(紅燒魚翅, 상어 지느러미 요리)를 어떻게 요리해야 맛있고, 진주는 어떻게 관리해야 비싸지는지 잘 알고 있다.

혹자는 종교나 예술의 어떤 부분은 과학방법으로 연구할 수 없다고 생각한다. 따라서 종교나 예술의 과학은 존재할 수 없다는 것이다. 이것은 잘못된 생각이다. 과학이 어떻게 발달하든지(천문학이나 물리학 같은) 어떤 부분은—아마 대부분일지도 모른다—그 원인을 알아낼 수 없을 것이다. 물론 경해(京垓)년의 세월이 지난 후에 어떤 부분에 대해서는 모두 알게 될 수도 있다. 그러나 수만 겁이 지나더라도 모든 것을 아는 것은 불가능하다. 지식은 나날이 진보하니 의기소침할 필요는 없다. 또한 이로 인해 과학방법이 어떤 현상을 연구하는 데 적합하지 않다고 말해서도 안 된다.

혹자는 과학마다 각각의 방법이 있다고 생각한다. 그렇다면 과학방법의 종류는 매우 다양해질 것이다. 과학방법을 이용한 연구를 모두 과학이라고 할 수는 없다. 왜냐하면 하나의 대상에 수많은 방법을 적용할 수 없기 때문이다. 나의 짧은 생각으로는 각 분야별로 각각의 방법이 있지만 동시에 공통적인 방법도 있다. 심리학과 물리학은 공통의 방법이 있다. (예를 들면 가설과 엄밀한 증명 등) 심리학에서 말하는 관찰, 실험, 내성은 하나의 방법이다. (실험은 사람의 힘으로 사물 발생의 조건을 통제하고 관찰하는 것을 말한다. 내성은 실험 조건하에서 심리현상을 관찰하는 것을 말한다.

실험을 떠난 내성은 심리학이 아니다.) 따라서 모든 과학에 유일한 공통의 방법이 있다면 그 방법으로 연구하는 것을 모두 과학이라고 부를 수 있을 것이다.

혹자는 "이런 공허한" 공통의 방법이 과학의 특징은 아니며, 과학이 이런 추상적인 방법만을 지칭해서는 안 된다고 생각한다. 나도 이 말에 동감한다. 더 나아가 현재는 과학의 공통 방법을 부르짖을 필요도 없고, 각 분야의 특수 방법 또한 제창할 필요가 없다. 왜냐하면 첫째, 과학방법은 글로 만족스럽게 설명할 수 없으며, 둘째, 현재의 중국은 과학을 부르짖는 것을 넘어 실제적인 연구를 진행해야 하기 때문이다. 그러나 과학 방법의 문제를 다시 제기하는 까닭은 사람들이 과학의 성질을 오해하고 있기 때문이지 과학자들이 여전히 추상적인 방법을 부르짖고 있기 때문은 아니다.

많은 사람들은 천지간에 과학의 재료가 되지 않는 것이 하나도 없다고 생각한다. 그렇다면 인류에게는 단지 과학만이 있고 그 외의 다른 활동은 존재할 수 없는 것인가? 이것은 오해다. 하나의 대상이 동시에 여러 활동의 재료가 될 수 있다. 과학에서 해부학과 생리학은 모두 동물의 신체를 재료로 삼는다. 시후(西湖)의 산수는 지질학 연구의 재료가 될 수 있지만(과학의 범위 내에서), 동시에 감상의 대상이 될 수도 있다(예술의 범위 내에서). 다른 여러 활동들도 마찬가지다. 따라서 과학에 의해 학술계의 기반이 점령당할 것이라고 걱정하는 것은 쓸데없는 공포심만 조장하는 것이다.

이상에서 과학의 범위에 대한 나의 얕은 견해를 밝혔다. 타당한지 아닌지는 독자 여러분들이 평가해주기 바란다.

-『노력주보』에서 옮겨 실음

25 방관자의 말
傍觀者言

무
穆

1. 들어가는 말

딩원지앙과 장쥔마이의 논쟁은 많은 사람들을 논전으로 불러들여 한때 분위기가 대단히 고조되었었다. 나도 오랫동안 비평문을 쓰려고 생각했었지만 붓을 드는 데는 게을렀다. 지금 요동치는 작은 배 안, 떠들썩한 여행객들 사이에 앉아 예닐곱 시간을 가야 한다고 생각하니 무료하기 그지없어서 이 기회를 빌려 몇 자 끼적여보고자 한다. 글이라는 것이 경솔함을 면하기 어려울 때도 있지만 오랜 시간 담고 있다고 해서 좋은 글이 나오는 것은 아니다. 딩원지앙과 장쥔마이 등이 쓴 원문의 내용이 정확하게 기억나지는 않지만 우선 그 대략적인 의미를 정리해보도록 하겠다.

2. 과학자의 인생관

장 선생은 이렇게 말했다. 인류가 과학을 이용하는 것이지, 과학이 인류를 이용하는 것이 아니다. 그러나 인류가 과학을 이용하려면 과학의 척도에 자신을 맞춰야 한다. 이는 배를 타려면 어쩔 수 없이 선상의 생활에 적응해야 하는 것과 같은 이치다. 장 선생은 또 말했다. 사람마다 각자의 인생관이 있는데 이것은 통일된 적이 없다. 장 선생의 어투로 보건데 당연히 과학자들의 인생관도 그 안에 포함되어 있다. 하고 싶은 말이 많지만 여기서는 먼저 과학자의 인생관에서부터 시작해 얘기를 풀어나가도록 하겠다.

1) 사실존중

과학자들의 중요한 정신은 사실을 인정하고 존중한다는 것이다. 이것을 인생관에 응용해 사실을 존중하는 인생관이 나왔다. 신비적 정감을 중시하는 학파의 인생관은 대개 사실을 경시하고 초탈하려는 경향이 있다. 둘의 차이를 비교해보면, 한쪽은 외부대상을 객관적이고 평등하게 보는 반면, 다른 한쪽은 주관적인 좋고 나쁨에 따라 외부 대상의 가치를 판단한다. 인류 기원의 문제를 예로 들면 주관적인 정감을 중시하는 사람들은 신이 인간을 창조했다고 믿으며 따라서 인류의 지위가 다른 동식물보다 우월하다고 생각한다. 이에 반해 과학자들은 수많은 사실들을 열거해 인류와 하등생물의 조상이 동일하다고 주장한다. 그들은 인류의 지위가 땅에 떨어지는 것 따위에 대해서는 관심이 없다. 사람들은 자신이 지구의 주인이고 지구는 천체의 중심이기 때문에 인류는 우주에서 지고지상한 존재라고 생각한다. 그러나 과학자들은 인류의 자만을 비웃기라도 하듯이 우주에서 인류의 존재는 매우 보잘것없다는 사실을 증명하였다. 따라서 과학적 인생관의 첫째 조건은 마땅히 사실을 존중하는 것이어야 한다.

2) 평등관

과학자들은 사실을 존중하는 정신으로 외부 대상을 관찰하기 때문에 외부 대상을 평등하게 여긴다. 일반인이 보기에 위대한 성현(聖賢)의 심리와 미치광이 정신병자의 심리는 대단히 다르다. 한쪽은 본받고 존경해야 하지만 다른 한쪽은 증오하고 천시해야 한다. 분명 둘 사이에는 건널 수 없는 큰 강이 놓여 있다. 그러나 과학자의 눈에는 두 가지 심리 모두 현세 인류에서 나타나는 사실이고, 연구와 토론의 가치가 있는 것으로 선악시비의 기준으로 판단할 수 있는 것은 아니다. 땅 위의 풀 한 포기, 현미경으로 보는 미생물 하나, 수천수만 리 밖의 별 하나, 사람들이 관심 갖지 않는 평범한 자연변화, 이 모든 것들이 과학자의 눈에는 경천동지(驚天動地)하고 대경실색(大驚失色)할 만한 일들이 자주 일어나는 인간사와 마찬가지로 주의를 기울여야 할 것들로 비춰진다. 선악시비(善惡是非)를 기준으로 볼 때 사과가 땅으로 떨어지는 현상이 일반인들에게 어떤 가치가 있겠는가? 따라서 과학자가 가진 인생관의 두 번째 조건은 사실에 대한 평등한 관점이다.

3) 엄밀한 조리

과학자들이 사실에 대해 평등한 관점을 갖는다 해도 분별이 전혀 없는 것은 아니다. 과학의 장점은 사실들의 선후인과(先後因果)와 상호관계를 상세하게 탐구할 수 있다는 것이다. 신비주의적 정감을 중시하는 윤리학파의 사람들은 외부 사실에 대해 자연적으로 발생한 것이라거나 혹은 그렇지 않다고 직접적으로 말하곤 한다. 그러나 과학자들은 결코 그런 식으로 얘기하지 않는다. 어떤 사실이 발생한 데에는 반드시 그것이 발생한 원인이 있다. 따라서 자연적으로 발생했다거나 그렇지 않다고 말해서는 안 된다. 과학자들은 사람들에게 어떠한 조건 아래에서 모종의 사실이 생겨나거나 생겨나지 않는다는 것을 알려준다. 이것을 인생관에 응용한다면 절대적으로 영향을 미치게 될 것이다. 가정의 문제를 예로 들어보자. 가족이 자연적으로 형성된 것이라면 가정을 개혁하려는 사람들은 자연히 줄어들 것이다. 그러나 오늘날 가정이 어떻게 조직되는지,

즉 가정이란 자연적으로 형성된 것이 아니며 현재의 모습도 최선이 아니라는 것이 알려지면서 개혁을 바라는 사람들이 힘을 얻게 되었다. 가정에 증오와 저주, 이로 인한 충돌이 빈번하여 아들이 아버지를 증오하고, 남편이 아내를 저주한다. 죄악과 고통이 만연하여 모이기만 하면 충돌이 일어나니 이것이 신구(新舊)가 교차하는 중국 가정의 현재 모습이다. 사람들은 이것을 물질문명이 낳은 폐해이며 과학교육의 산물이라고 여기는데, 과학이 왜 이런 취급을 받아야 하는가? 과학자들은 사실에 근거해서 원인과 결과를 설명하려 하며 결국 원만한 해결방법을 제시할 수 있을 것이다. 다만 인과관념은 매우 심오해서 사실의 선악과(모두 특정 조건 아래에서 생겨난 것들이다) 마음속의 호오(好惡)를 보기 쉽지 않다(모두 특정 조건 아래에서 해결해야 한다). 그러나 심사숙고하고 세심하게 고찰하여 점차 상황을 바꿔야 하는데, 이것이야말로 과학자가 마땅히 해야 할 일이다. 따라서 과학자의 인생관 중 세 번째 조건은 조리가 엄밀해야 한다는 것이다.

쓸데없는 논쟁을 피하기 위해 과학자의 인생관에 대한 서술은 이상으로 마치겠다.

3. 과학자와 내심(內心) 정신생활

장 선생은 내심의 정신생활이 중요하다 하고, 딩 선생은 과학 연구 하에서만 정신생활이 가능하다고 한다. 린 선생은 이를 반박하며 현미경이 없다 한들 무슨 큰 일이 일어나겠느냐고 말한다. 내 생각에 과학 연구를 통해서만 정신을 볼 수 있다는 것은 분명 편협한 생각이다. 그러나 과학자들은 정신생활의 영역 밖으로 쫓겨날 것을 걱정할 필요는 없다. 누구도 과학자들에게 내심의 정신생활이 존재하지 않는다고 생각하지 않기 때문이다. 장 선생은 송명이학으로 그릇된 풍조를 바로잡으려 했는데,

내 생각에 과학자들을 위한 이상적인 변호는 위에서 말한 세 가지 조항에 덧붙여 다음의 몇 가지 항목을 찬양하는 것밖에 없다.

(A) 광대한 포부

(B) 마음의 평안

(C) 사상의 엄밀성

이것은 모두 인격에 대한 송명이학자들의 평어들인데, 적어도 이 가운데 몇 가지는 과학자들도 감당할 수 있을 것이다.

4. 딩 선생의 태도

이어서 딩 선생의 태도에 대해서 비평하도록 하겠다. 과학을 옹호하며 장 선생과 논쟁을 벌인 딩 선생의 생각은 다음과 같다. 현학귀들이 서양에서 수백 년간 굴러먹다가 지금은 밥 빌어먹기 힘들게 되어 중국으로 넘어와 장쥔마이에게 들러붙게 되었다. 따라서 과학의 전도에 장애가 되지 않게 하려면 마땅히 그것을 물리쳐야 한다.

이 말은 그야말로 풍취가 있는 말이다. 그는 또 이렇게 말했다. 자신의 말이 너무 고상하여 독자들이 쉽게 이해하지 못할 것 같아서 풍취 있는 말로 흥미를 유발시키려 했지만, 흥미뿐만 아니라 의문도 키워놓았다. 그는 현학을 귀신에, 과학은 신선에 비유했는데 아쉽게도 이것은 가치 판단이지 사실에 대한 서술이 아니다. 이에 대해서는 더 이상 말하지 않겠다.

1) 서양에서 현학귀가 정말 밥 한 그릇 빌어먹을 정도도 못 되는 지경인가?

2) 서양 과학자들은 어떤 방법으로 현학귀를 쫓아버린 것인가?(내 생각에 두 번째 문제는 매우 중요하다—만약 첫 번째 것이 사실이라면—서양 사람들의 노련한 술법(術法)을 참고하여 응용한다면 중국에서 현학귀를

쫓아 버리는 일은 식은 죽 먹기다.)

3) 서양의 현학귀는 정말로 과학자들의 욕을 먹고 밥 빌어먹을 방법이 없어졌기 때문에 도망간 것인가? 그렇다면 딩 선생은 어째서 과학의 입장에 서 있으면서 신비주의 정감파의 어투로 말하는 것인가?

5. 신선의 법보(法寶)—증거를 대봐라(拿證據來)

딩 선생은 증거를 댈 수 있는 것이 과학자들의 법보라고 하였다. 그러나 내가 보기에 비록 법보가 비록 영험하다 하지만 기껏해야 한 장의 부적에 불과하니 현학귀의 술수를 막지는 못한다. 현학귀를 굴복시키는 것은 이 법보가 할 수 있는 일이 아니다. 딩 선생은 과학의 미래를 위해 현학귀를 쫓아버리려 결심했다. 그러나 그는 현학귀가 존재해서는 안 된다는 말만 되풀이했을 뿐, 현학귀가 출현하는 원인에 대해서는 연구하지 않았다. 심리학자들을 예로 들어보겠다. 그들은 당신이 미쳐서는 안 된다고 말하지 않는다. 심리학자들은 사람들이 미치는 원인을 연구함으로써 해결 방법을 찾아내려고 한다. 딩 선생은 과학이 인생관을 통일시킬 수 있다고 말한다. 그러나 딩 선생 자신이 먼저 심사숙고의 태도로 사실을 연구하지 않으면서, 합리적 해결 방법만 찾으려 한다면(딩 선생의 지질학을 말하는 것이 아니라 그가 현학귀를 쫓아버리는 것에 대해 말하는 것이다), 과학자가 마땅히 갖추어야 할 태도를 결여했다고밖에 생각할 수 없다.

6. 과학과 국가주의

장 선생은 과학에 반대하면서 최근의 국가주의는 과학이 만들어낸 폐단이라고 주장했다. 그리고 이것을 바로잡기 위해서는 형이상학적인 내심생활을 중시해야 한다고 맞섰다. 이에 대해서는 나중에 따로 상세하게 비평할 기회가 있을 것이다. 우선 여기서 말할 것은 과학이 세계주의와 대립적인 위치에 있지 않다는 것이다. 인류가 진정으로 세계주의로 나아가려면 완전히 과학에 의지하지는 않더라도 과학의 도움이 필요하다. 러셀은 과학의 세례를 받은 사람으로 이번 세계대전에 대한 그의 관찰과 비판, 그리고 인류의 미래에 대한 청사진을 보면 그가 과학적 두뇌를 갖춘 사람이라고 할 수 있다. 설령 그가 과학정신으로 충만한 사람이라 할지라도 과도한 정도는 아닌데, 어찌 과학과 세계주의가 서로 위배된다고 말할 수 있는가? 러셀은 인간의 정당한 충동을 해방시킴으로써 자유로운 존재로 만들어야 한다고 주장한다. 아울러 종교와 문학, 미술 등에 대해서도 상당한 의견을 제시하였다. 딩 선생처럼 과학이라는 두 글자로 다른 모든 것을 말살시키지 않는다. 러셀에 대해 딩 선생과 장 선생은 어떤 생각을 가지고 있는가?

7. 잠정적 결론

나의 여정은 끝났다. 이 여정 중에 어찌 집중해서 글을 쓸 수 있었겠는가. 하고 싶은 말은 많지만 다음 기회를 기약하겠다.

–『시사신보 · 학등』에서 옮겨 실음

26 현학상의 문제

玄學上之問題

송가오

頌皐

최근 딩원지앙 선생과 장쥔마이 선생이 과학과 현학을 둘러싸고 논쟁을 벌였다. 짧은 시간 동안이었지만 많은 글들이 발표되어 학계의 주의가 집중되었다. 의견을 발표한 사람들은 모두 국내의 저명 학자들로 자신의 분야에 조예가 깊은 사람들이다. 따라서 그들의 발언은 큰 가치가 있다. 물론 그 가운데 극단적 주장이나 치명적 결함을 지니고 있는 사상도 있다. 이런 결함이 나타나게 된 원인은 대체로 현학의 본질에 대한 이해가 부족하기 때문이다. 예전에 읽었던 제임스(William James)의 『철학문제(Some Problems of Philosophy)』라는 책에 「현학상의 문제」라는 장이 있다. 현학의 정의와 현학 문제의 성질에 대해 꼼꼼하게 설명하고 있는데, 여기에 번역해 옮겨보도록 하겠다.

송가오. 7.2. 쑤저우(蘇州)

현학(Metaphysics)이라는 개념에 대해 분명한 정의를 내리는 것은 진실로 불가능한 일이다. 따라서 현학과 관련된 문제에 대해 설명하는 가장 탁월한 방법은 우선 그 의의가 어디 있는지 살피는 것이다. 현학이 공허하고(Obscure), 추상적이고(Abstract), 보편적인(General) 문제를 토론하는 까닭은 과학과 인생이 해결하지 못한 것을 쉽게 말하기 위해서이다. 즉 아직 해결되지 않은 문제나, 현묘하고 깊이 있는 문제, 사물의 전체와 영원한 근원에 대한 물음은 모두 현학과 연관된 것이다. 예를 들어보겠다.

(1) 사유란 무엇인가? 사물이란 무엇인가? 사유와 사물 간에 어떻게 관계가 발생하는가?

(2) 사람들이 말하는 "진리"를 어떻게 해석할 것인가?

(3) 모든 사실은 요소(Stuff)로 구성되는데, 도대체 이런 보편적 요소라는 것이 존재하는가?

(4) 세계는 어디서 온 것인가? 과연 과거에도 이와 같았을까?

(5) 본체 가운데에서 어느 것이 가장 진실한 존재인가?

(6) 사물이 어떻게 결합되어 우주를 이루는 것일까?

(7) 전체(Unity)와 부분(Diversity) 가운데 어느 것이 더 근본적인가?

(8) 사물에는 근원이 하나뿐인가, 아니면 여러 개인가?

(9) 사물에는 미리 정해진 운명이 있는가, 아니면 자유로운 것인가? — 사람의 의지를 예로 들 수 있다.

(10) 전체로부터 볼 때, 세계는 무한(Infinite)한 존재인가, 아니면 유한(Finite)한 존재인가?

(11) 세계의 각 부분은 서로 연결되어 있는가, 아니면 균열이 있는가?

(12) 하나님은 누구인가? 신은 또 누구인가?

(13) 몸과 마음은 어떻게 연결되어 있는가? 상호 간에 어떤 영향을 미치는가?

(14) 사물은 어떻게 변화를 일으키고 생겨나는 것일까?

(15) 한 사물이 다른 한 사물에 어떻게 영향을 미치는가?

(16) 공간과 시간은 "진실로 존재하는 것"인가? 만약 그렇지 않다면 그 둘은 어떻게 해석해야 하는가?

(17) 지식에 관해 말하자면, 물체는 어떻게 감각되어 마음속으로 들어오는 것일까? 마음은 또 어떻게 물체를 감지하는 것인가?

(18) 사람들이 보편적 관념을 통해 지식을 얻는다면 보편적 관념은 진실한 것인가? 만약 그렇지 않다면 단지 특수한 관념만이 진실한 것인가?

(19) 사물이란 무엇인가?

(20) 추론으로 얻어진 여러 원칙들은 선천적인 것인가? 아니면 후천적인 것인가?

(21) 미와 선은 의견일 뿐인가, 아니면 객관적으로 실증된 것인가? (Objective validty) 실증된 것이라면 소위 말하는 객관적 실증은 어떻게 해석할 것인가?

이런 형식적 문제들은 현학에서 다루는 문제들이다. 칸트는 현학에서 다루는 것 가운데 세 가지 중요한 문제가 있다고 말하였다. 그것은 즉,

(1) 무엇을 알 수 있는가? (What can I know?)

(2) 무엇을 해야 하는가? (What Should I do?)

(3) 무엇을 희망해야 하는가? (What May I hope?)

위에서 언급한 문제들을 살펴보면 현학에 대해 적당한 정의를 내리는 것이 그리 어려운 일만은 아니라는 것을 알 수 있다. 울프의 표현을 빌자면 다음과 같이 말할 수 있다. 즉, 사물의 가능에 대해 논하는 것을 현학이라 하는데, 이것은 사물의 실재를 논하는 것과는 분명 다른 것이다. 왜

냐하면 후자가 다루는 문제는 대부분이 실제적 사실에 관한 것이기 때문이다. 혹자는 이렇게 말한다. 현학은 사물의 원인과 본질, 의의, 그리고 결과를 탐구하는 것이다. 또 혹자는 이렇게 말한다. 현학은 본체의 가장 보편적인 원리를 연구하는 학문이다. 여기서 말하는 원리란 피차가 서로 맞물려 있을 뿐만 아니라 사람의 지식 능력과도 관계를 발생시키는 것을 말한다.

내 생각에 여기서 말하는 원리는 분명 다른 의미다. 진"유"(眞有)의 입장에서 보면 원자 영혼설이 옳다. 논리적 진리를 말하면, "사물이 존재하지 않는 것은 존재하기 위함이다"라는 말이 옳다. 보편적 사실을 말하면, "사물이 존재한 후에야 비로소 작용이 생길 수 있다"는 것이 옳다. 원리의 의미가 이처럼 복잡하니 원리에서 출발하면 과학이 실현될 가능성은 적어진다. 따라서 이런 정의는 결과를 놓고 볼 때 하나의 장식품과 같은 것이다. 현학의 가장 중요한 임무는 이런 단순한 문제에 대해 연구하고 하나하나 해결해냄으로써 전체적 학문으로서의 지위를 잃지 않는 것이다. 이 글에서 논의하고자 하는 것은 몇 가지 단순한 문제들로 그 외의 것들에 대해서는 논하지 않겠다.

위에서 말한 여러 문제들은 대부분이 진실한 것이다. 바꿔 말하자면 몇 가지 문제에 대한 설명은 적절하지 않을 수도 있다. "사물"에 대해 말해보자. 그것은 한 종류의 물질로 구성된 것인가, 아니면 여러 종류의 물질로 구성된 것인가? 근원이 하나인가, 아니면 여러 개의 근원이 있는 것인가? 미리 정해진 운명이 있는 것인가, 아니면 몇 가지는 자유로운 것인가? 이런 양극단의 문제는 해결하기 어렵기 때문에 논하지 않겠다. 그러나 이 문제들에 대해 실증적 작업을 수행하지 않는다면 자연법칙은 사람과 모순을 일으켜 충돌하게 될 것이다. 따라서 이 문제에 대해 우리가 해결책을 제시할 수는 없다 하더라도 원래의 문제와 임시적인 답안을 중시해야 한다. 뿐만 아니라, 이 문제에 관한 가치 있는 여러 의견들에 대해서도 상세하게 분석하고 책임 있는 토론을 해야 한다. "세계의 기원에 관한 의견"을 예로 들어보자. 우리는 이 문제에 대해서 제대로 분석하고 자세하게 토론해야 한다. 스펜서는 세계는 영원하지 않으며, 자아가 창조해낸 것으로 생각했다. 그렇지 않다면 외부의 힘에 의해서 창조된 것이다. 그러나 이 세 가지 가설은 스펜서 개인의 의견으로 정확한지 여부는 별도의 문제이다. 만약 정확하다면, 세 가지 가운데 어느 것이 왜 가장 합리적인지가 다시 문제가 될 것이다. 여기까지 얘기하고 보니 우리는 이미 현학의 울타리 속으로 깊이 들어와 벗어날 수 없는 경지에 다다랐다는 것을 알게 되었다. 만약 우리가 스펜서의 생각대로 기원이 없는 형태를 사고할 수 있고, 모든 문제가 진실이 아니라고 단정 지을 수 있다면 우리는 이미 현학가가 된 것이다.

이런 여러 가설은 서로 모순되기 때문에 황당무계하게 보일 것이다. "영원히 완성되지 않는 연속의 종합을 무한성(Infinity)이라고 한다"는 말이 있다. 무한성이란 한계가 없는 것을 말하는데, 그것이 연속의 종합으로부터 완성된다고 하니 어찌 모순이 아니겠는가? 따라서 각각의 가설과 각각의 문제를 분석하는 것은 매우 중요하며 현학 연구에서 필수적인 것이다. 이런 이치를 안다면 우리는 스스로 현학가라고 할 수 있으며, 앞에서 말한 문제들에 대해 상세하고 엄밀하게 토론할 수 있을 것이다.

-『시사신보 · 학등』에서 옮겨 실음

27 "과학과 철학 논전"의 에필로그 왕핑링

"科哲之戰"之尾聲 王平陵

첫째, 과학적 일원론(실증주의)의 견해는 사실적으로나 역사적으로 성립 불가능하다. 왜냐하면 그리스 시대에 과학은 철학의 범주에 속해 있었으며, 과학이 철학에서 독립한 후에도 철학은 범위가 축소되거나 영향력이 소멸되지 않고 존재해왔기 때문이다. 뿐만 아니라 과학은 철학 때문에 존재하며, 이로 인해 과학의 창조적 견해도 빛을 발할 수 있는 것이다. 과학 만능의 토대에서 성립된 "실증주의"도 과학적 철학에 불과하다. 게다가 사실의 입장에서 볼 때, 근대의 위대한 과학자들 가운데 과학적 견해를 추종했지만, 결국에는 철학의 경지에서 쉬게 되는 경우가 허다했다. 예를 들면, 다윈은 생물학자이지만 그의 진화론은 과학을 초월해 철학의 영역으로 들어갔다. 헉슬리나 헤켈도 모두 진화론자이지만 점차 철학 문제에 관심을 갖게 되었다. 이 외에도 과학에서 철학으로 나아간 사람은 매우 많다. 따라서 역사적 사실에 비춰볼 때, 과학만능론이 성립 불가능하다는 것은 증명할 필요도 없으며, 인간의 본성만 잘 봐도 알 수 있을 것이다. 즉 부분적이고 추상적인 과학적 진리가 인성의 통일에 대한 요구를 완벽하게 만족시켜 줄 수 없다는 것이 대표적인 증거이다.

둘째, 절충적 이원론의 견해는 도리어 취할 만한 점이 있다. 1) 과학과 철학이 병립할 수 있다는 것을 인정한다. 2) 대립적인 작용이 그 둘이 일원적이 아니라는 것을 말해준다.

종합해보면, 과학과 철학은 모두가 "학(學)"이라는 측면에서는 같지만 학문의 성질에서 차이가 있다고 할 수 있다. 과학은 우주 속의 일부 사실들을 분할해 관찰[分觀]하고 원리를 탐구한다. 철학은 우주를 총체적으로 관찰[合觀]하며 천지 간의 모든 사실의 근본을 궁구한다. 과학은 철학의 기초이며, 철학은 과학의 종합이다. 과학이 사물을 연구하는 것은 대상의 진위를 묻기 위한 것이 아니라 일상의 경험을 토대로 현상이 실제로 존재한다고 가정한 뒤, 가설을 세우고 원리를 탐구하는 것이다. 예를 들면 물리학은 물질이 항상 존재한다고 가정한 뒤 현상의 법칙을 연구한다. 심리학은 정신이 진유라고 가정한 뒤 작용의 변화를 서술한다. 물질과 정신이 실재하는지의 문제는 철학의 범위에 속하는 것으로 과학이 해결할 것은 아니다.

과학과 철학의 대상은 완전히 다르다. 철학의 대상이 전체와 구체적인 실유(實有)라면, 과학의 대상은 부분과 추상체의 실유라고 할 수 있다. 대상이 다르기 때문에 기능에도 차이가 있다. 철학은 정감의 작용을 겸비한 이지를 활용하고, 과학은 순수한 이지를 활용한다. 따라서 철학의 방법은 사변과 논리, 직각을 모두 포함하는 데 반해 과학의 방법은 오로지 경험적이고 귀납적이다. 철학과 과학은 완전히 같지도 완전히 다르지도 않다. "같은 가운데 다름이 있고(同中有異)", "다른 가운데 또 같음이 있다(異中亦有同)". 철학은 과학의 도움을 받아야만 완전해질 수 있고, 과학 역시 철학의 도움이 있어야 제대로 출발할 수 있다. 이런 이유 때문에 과학과 철학은 상호 보완의 이원론적 관계라고 할 수 있다.

결론적으로 말하자면, 과학과 철학은 전체와 부분의 관계이다. 철학은 과학에서 재료를 얻어 내용을 충실하게 함으로써 공허한 곳으로 빠지는 것을 방지한다. 과학은 철학을 통해 목적과 기초를 공고히 함으로써 논리적 확실성을 획득한다. 두 학문의 발전은 서로 연관되어 있어서 과학이 발전하면 철학도 발전하고, 철학이 발전하면 과학도 발전하게 된다. 두 학문이 각자의 역할을 다해야 인간의 삶이 완전한 방향으로 발전하게 되는 것이다. 상술한 것을 종합해 과학과 철학의 동이를 설명하면 다음과 같다.

1) 같은 점

신앙이나 신화에 전설에 의지하지 않고, 합리적 지능을 무기로 삼아 우주의 진리를 궁리한다는 것이 철학과 과학의 공통적인 출발점이다.

2) 다른 점

(1) 철학은 실유의 전체성과 직접성을 대상으로 하며, 그 원리는 구체적이고 근본적이다. 과학은 실유의 부분성과 간접성을 대상으로 하며, 그 원리는 추상적이고 표면적이고 가설적이다.

(2) 철학의 목표는 규범과 가치를 창조하는 것이고, 과학의 목표는 법칙과 사실을 설명하고 운용하는 것이다. 다시 말하자면, 철학의 목적은 전체적인 我[나]의 요구를 만족시키는 것이고, 과학의 목적은 지적 요구와 공리(功利)적 요구를 만족시키는 것이다.

(3) 철학의 기능은 인격의 근본 성질을 형성하는 것이며, 과학의 기능은 이지적 작용을 강화하는 것이다.

(4) 철학의 통일 원리는 실유에 대해 내재적이다. 따라서 철학을 "자아의 학문", 혹은 "주관적 학문"이라고 하는 것이다. 과학의 통일 원리는 실유에 대해 외재적이다. 따라서 과학을 "비아의 학문", 혹은 "객관적 학문"이라고 하는 것이다.

(5) 철학은 근본적인 의문을 해결함으로써 근본적인 요구를 만족시키는 것을 임무로 삼고, 과학은 실용적인 의문을 해결함으로써 실용적인 요구를 만족시키는 것을 임무로 삼는다.

"과학과 철학의 동이와 관계"에 대해 요점만 말하려 했는데 말이 길어졌다. "과학과 철학 논전"이 본격적으로 시작된 이래 기세가 맹렬한 적도 있었지만, 지금은 이상하리만치 조용해졌다. 아마도 이 글이 "과학과 철학 논전"의 에필로그가 될지도 모르겠다.

-『시사신보 · 학등』에서 옮겨 실음

25 양팔고(洋八股)화 되어버린 이학(理學)을 경계함

箴洋八股化之理學

우쯔후이

吳稚暉

최근 장쥔마이와 딩원지앙 사이에 벌어진 과학논쟁에 많은 사람들이 참여해 다양한 학설과 이론을 제시하며 우리의 얕은 지식을 메워주었다. 그러나 대다수가 주요 문제에서 벗어나 일상적인 것만을 가지고 다투니 혼전의 양상으로 빠져들었다. 논쟁의 발단이 된 것은 다음과 같은 장쥔마이의 주장이다. 즉 과학은 물질문명을 만들어냈고 물질문명은 세계대전을 초래했으니, 재난과 재앙의 원인은 과학이라는 것이다. 그의 인생관에는 물질문명이 필요 없다. 사람들이 수수대로 엮은 토방에 살며 인력거를 끈다 해도 청년들에게 송명이학 약간을 가르쳐주면 그것으로 족하다는 것이다. 딩 선생은 화를 내며 이러한 인생관을 고쳐주기로 맘먹었지만, 화가 지나치다 보니 현학귀를 실컷 욕하다가 소송은 딴 데 건 격이 되어버렸다. 나중에 그는 린자이핑 선생에게 자신의 의도를 간략하게 설명했다. "만약 린 선생이 세계대전의 책임이 과학에 있는 것이 아님을 인정한다면, 나의 목적은 달성한 셈이다(글의 대의는 이와 같다)." 장 선생은 성헌동지회(省憲同志會) 연설에서 정부는 잠시 동안만 존재할 뿐이라고 말하였는데, 나는 이 말을 듣고 매우 놀랐다. 윌리엄의 두 번째 독가스탄이 원래 자비롭고 과학적이던 장 선생을 무정부주의자로 만들어 우리의 동지가 되게 하였으니 무엇을 더 바라겠는가? 그러나 나는 아름다운 문장을 사랑하지만, 그보다 진리를 더 사랑한다. 비록 무정부 시대를 직접 경험해 보지는 못했지만, 무정부 사회는 분명 신선이 사는 낙원이지 결코 수수대로 엮은 흙집이나 인력거를 끄는 세계는 아닐 것이다. 인류는 털가죽과 날카로운 이빨, 발톱도 마다했다. 위험을 무릅쓰고 안정적인 네 다리 보행에서 직립보행을 선택해 두 앞발을 손과 팔로 변화시켰다. 여기서 멈추지 않고 한 발 더 나아가 작심한 듯 물질문명을 만들어 내는 사고를 쳤다. 만약 일찌감치 장 선생이 문제 많은 인간의 두 손[毒手]을 사용하는 것에 반대했더라면 과연 식견이 높다 했을 것이다. 그러나 그가 빠오두구(抱犢谷)에서 수수대로 토방을 만들고 살았다면 그는 분명 쑨메이야오(孫美瑤, 1898~1923)[1]를 시켜 기차를 털도록 했을 것이다. 장 선생이 팔이 길어져서 『정씨유서(程氏遺書)』와 『주자전서(朱子全書)』를 읽었고 이로 인해 지능이 원숭이를 능가할 수 있었다고 말한다면 나도 절대적으로 인정한다. 이 말은 팔이 늘어났기 때문에 정주이학을 읽을 수 있게 되었다는 것으로, 먼저 물질이 진보하고 나서야 비로소 정신이 진보했다는 것이다. 다시 말하자면, 정신이 진보했기 때문에 정주이학을 읽을 수 있게 된 것이고, 팔이 길어졌기 때문에 물질도 거기에 따라 발전한 것이다. 정신과 물질은 병행해서 발전하며 서로 촉매가 되는 것이니 전쟁의 책임을 어찌 물질의 탓으로만 돌릴 수 있겠는가? 서양에서는 물질이 진보함에 따라 정신도 함께 발전하였다. 만약 전쟁이 발발하지 않는다면 반드시 사회주의를 거쳐야만 장 선생의

1) 빠오두구(抱犢谷) 지역의 산적. 식량을 조달하기 위해 영미 제국주의자들의 열차를 강탈함.

이상인 무정부주의에 도달할 수 있다. 정주이학으로는 꿈에서라도 절대 이런 것을 이룰 수 없다. 장 선생이 무정부라는 명사를 쓸 수 있었던 것은 코페르니쿠스가 물질적 태양을 중심에 두었기 때문이지 송명이학을 추종했기 때문이 아니다. 장 선생의 인생관은 딩 선생과 다르다. 그는 현학귀를 만난 것이 아니라 오히려 현학귀에게서 제대로 된 가르침을 받지 못한 것이다. 그의 인생관이 잘못된 까닭은 그의 우주관 때문이다. 이에 대해서는 설명이 필요하겠지만, 이미 『태평양잡지』에 관련 글을 실었으니 여기서는 이에 대해 말하지 않겠다. 이제 나는 장 선생에게 다음과 같은 나의 세 가지 독단에 대해 진지하게 가르침을 구하고자 한다.

1) 장 선생이 증오하는 물질문명은 대략 기기음교(奇技淫巧, 기이한 기술과 교묘한 꾸밈)라고 할 수 있다. 그러나 기기음교도 수백 년 후에는 수수대로 만든 토방과 같을 것이 될 것이다. 만약 장 선생이 그때까지 산다면, 화가 뱃속에 가득 차고 눈이 휘둥그레질 텐데 그때는 어떻게 반대하겠는가?

2) 세계가 이상적 무정부 상태에 이르려면 적어도 세계대전보다 큰 전쟁이 36차례, 세계대전만 한 것이 72차례 지나야 한다. 이것도 최대한 양보하고 양보한 수치다.

3) 초등학교 의무교육이 아직 전 세계적으로 시행되고 있지는 않지만 이론은 이미 보편화되어 있다. 중등학교 의무교육은 대략 30년 후면 세계의 어느 한 나라에서 시행하게 될 것이다. 대학교 의무교육이 세계에서 완전히 실시되려면 일반적으로 말해 삼천 년이요, 허풍을 조금 섞어 말하자면 삼백 년쯤 지나야 될 것이다. 대학교 의무교육이 시행될 때쯤이면 거리의 인력거꾼이나 아궁이 아래의 식모들이라 해도 모두 장쥔마이 선생만큼의 지식을 갖추고 있을 텐데 그들이 계속해서 인력거꾼을 하

려고 하겠는가? 계속해서 식모를 하려고 하겠는가? 또한 그들이 전쟁을 용인하겠는가? 그들이 비행기나 자동차 따위를 물질문명으로 여기기나 하겠는가?

이상의 세 가지 논단에 근거하여 다음과 같은 결론을 내릴 수 있다. 즉 물질문명이 불가사의한 정도까지 발전하고 전 세계적으로 의무교육이 실시되면 세계는 비로소 전쟁 없는 시대를 맞게 될 것이다.

장 선생은 이번 세계대전의 발발 원인이 물질문명에 있다고 말할 것이다. 어떤 사람들은 이렇게 말한다. 독일은 물질문명이 부단히 발전해 많은 것을 생산해냈고 이제는 그것을 밖에 내다 팔려 하고 있다. 영국의 물질문명도 마찬가지다. 전쟁은 시장을 선점하기 위한 목적으로 일으킨 것이니 그 주범이 물질문명이 아니면 무엇이겠는가? 이 점은 나도 인정한다. 그러나 세계의 모든 나라가 미국만큼 거대해서 스스로 시장을 형성할 수 있는가? 그것이 불가능하다면 모두가 야심을 접고 평화로운 교역과 신기한 발명으로 하루하루를 즐기면 되는 것인가? 인도의 장 선생은 타고르의 시를 읽고서 물질문명에 반대했고, 난양(南洋) 군도의 장 선생도 무당[武當派]의 정좌법을 배워 물질문명에 반대했다. 중국에도 장 선생이 있는데, 잿더미 속에서도 정주만을 열광적으로 숭배해 원대한 이상을 잃어버리고 물질문명을 반대하는 주장을 한다. 그러나 천 한 조각도 모두 베를린과 런던에서 제공받는 것이다. 과거의 완고파들은 양담배를 피우고, 서양 돈을 벌어들여도 서양 학문만은 반대했다. 현재 이학의 명유(名儒) 장 선생은 양담배와 서양 돈마저 필요 없다고 한다. 그러나 기차가 있는데 나귀가 끄는 마차를 탈 필요는 없다. 증기선이 있는데 낚싯배를 탈 필요는 없다. 이렇게 보자면 선풍기도 달아야 하고 전등도 밝혀야 하는 것이다. 따라서 베를린은 장 선생을 고객으로 삼으려 하고 런던도 장 선생을 손님으로 삼으려 하는 것이다. 만약 기차와 증기선, 선풍기; 전등, 양장(洋裝), 양침(洋針) 등이 왜 자신들을 이용하기만 하고 자신들을 만든 미국의 학문을 배우려 하지 않느냐고 묻는다면 뭐라 대답할 것인가? 장 선생은 한편으로는 물질문명을 반대하면서 다른 한편으로는 혜택을 받고 있는데 이에 대해 뭐라 말할 것인가? 장 선생에게 용서를 구한다. 장 선생은 우리가 존경하는 친구이며, 물질문명의 제창자이다. 그는 독가스탄에 상심해서 잠시 제정신을 잃었을 뿐이다. 개인적인 부분에 대해 실례한 것은 농담이었다. 그러나 세계의 어떤 민족이라도 물질문명을 일으키고 사람을 발전시키려는 야심이 있다는 것은 진리이다. 세계대전으로 인해 우리가 입은 손실은 사람의 책임일 뿐이지 물질문명과 어떤 관계가 있단 말인가? 이런 말은 30년 전에 궈쥔시엔(郭筠仙, 1818~1891)[2]이 류시홍(劉錫鴻, ?~1891)[3]에게 말한 것이며, 20년 전에 량치차오가 장즈동에게 말한 것이다. 오늘날 진부하고 통속적인 우쯔후이가 량치차오와 장쥔마이에게 다시 한 번 말하게 되니 진실로 재수 없는 일이라 하겠다.

부주(附注)

왜 괜한 간섭으로 량 선생에게 죄를 지으려 하는가? 장 선생의 현학귀는 량 선생의 『구유심영록』에서 끌어온 것이다. 최근 량 선생은 후스의 속임수에 걸려들어 장흥학사(長興學舍)에서 옆에 끼고 다니던 『서목답문제요(書目答問摘要)』를 출판하고 신문에 실었다. 출판의 가치가 없는 것을 찍어내고 신문지면을 낭비했으니 실로 가소로울 뿐이다.

2) 청말 학자 궈송타오(郭嵩燾)를 말함.

3) 본명은 류시런(劉錫仁). 청말의 반 양무론(洋務論)자, 보수주의자 외교관.

20년 전에 장즈동, 왕시엔첸(王先謙)[4], 이문전(李文田, 1834~1895)[5] 등이 고염무(顧炎武), 왕념손(王念孫), 대진(戴震), 단옥재(段玉裁) 등의 요사한 말(단어 사용이 조금 거칠지만 틀린 말은 아니다)에 휩쓸려 제조국[江南製造局][6] 정책을 요절시키고, 왕런쥔(王仁俊, 1866~1913)[7]과 같은 추악한 서화국수(西化國粹) 요괴들이 『서학고미(西學古微)』 등을 지어냈다. 다행히 소왕(素王)[8]에 뜻이 있어 조금이나마 혁명 정신을 갖춘 캉유웨이가 등장하고, 이어 그의 제자 량치차오가 나와 『시무보(時務報)』를 창간한 일은 코페르니쿠스가 태양중심설을 주장해 요괴들을 모두 물리친 것과 같다. 『서학서목표(西學書目表)』는 비록 수준이 높지 않았지만 당시로서는 봐줄 만했다. 오늘날의 목록과 비교해보면 고상한 면은 있지만, 그러나 안타깝게도 세상과 사람들에게는 재앙으로 여겨질 뿐이다. 즉 한편으로는 복음일 수 있지만 다른 한편으로는 기이한 취미 정도로 취급될 수도 있다. 그는 후스의 『중국철학사대강(中國哲學史大綱)』의 영향으로 갑자기 국고정리(國故整理)에 흥미가 생겨 『청대학술개론』과 『중국역사연구법(中國歷史研究法)』을 저술했는데, 이는 그나마 괜찮다. 이후의 학술 강연은 대부분이 혹세무민하는 것으로 『선진정치사상(先秦政治思想)』등은 『서학고미』와 다를 바 없다. 그는 자신이 죽고 나면 국고를 정리할 사람이 없을까 봐 문화학원(文化學院)을 만들려고 했는데, 내 생각에는 그가

---

4) 청말 경학자로 고거학(考據學)과 교감학(校勘學)의 대가(大家)이다. 국자감(國子監) 좨주(祭酒), 후난(湖南) 악록서원(岳麓書院)과 성남서원(城南書院)의 원장을 역임했다.

5) 청말 역사지리학자, 금석학자.

6) 1860~70년대 중국 상하이에서 현대식 무기를 만들고 서양기술과 학문 및 서양어를 연구하던 중심기관. 1865년 중국에서 자강운동(自强運動)의 일환으로 설립되었다.

7) 중국 근대의 저명한 사학자, 돈황학자.

8) 왕위(王位)는 없지만 임금으로서의 덕(德)을 갖춘 사람.

하루라도 빨리 죽는 게 낫다. 그렇게 정리하다가 얼마나 더 많은 젊은이들이 죽어 나가겠는가. 량 선생을 욕하려는 것이 아니라 진심으로 권고하는 것이다. 작은 실수가 나중에는 돌이킬 수 없는 결과를 낳는다. 후스의 『철학사대강』은 괜찮고 량 선생의 『선진정치사상』은 잘못되었다는 말이 아니다. 고증이나 회의(懷疑), 발췌 등의 방법으로 저술한 현재의 국고정리 저작들은 존경할 만한 가치를 갖고 있다. 오히려 술기운을 빌려 분노를 삭이는 것이야말로 천박한 짓거리다.

후스 선생의 철학사대강에 일부 그런 내용이 들어 있다. 비록 본뜻은 학술혁명에 있다지만 쉽게 폐단이 발생할 수 있기에 매우 위험한 시도이다. 이 때문에 량슈밍의 문화철학과 량치차오의 강연이 나온 것이다. 후스 선생이 내세운 혁명 효과는 그들을 제압하기에 역부족이다. 그들은 무엇이든 고대 중국에 존재했을 뿐만 아니라, 무엇이든 남들보다 낫다고 여긴다. 이는 『서학고미』의 주된 내용이다. 진화론도 개소리이며, 오직 이천 년 전 천재들이 남긴 말만이 문화의 정수라고 생각한다. 억만 년이 지나도록 모든 것을 주진(周秦) 시대의 몇몇 화상들에게 맡겨야 안심할 수 있다는 것이다. 이처럼 그들은 쓰레기통 속의 찌꺼기를 되새김질하며 취푸대학(曲阜大學)과 문화학원(文化學院)을 열어 청년들을 모집하고 있으니 이것이 어찌 혹세무민하는 것이 아니겠는가? 량 선생은 너무 깊숙이 미궁에 빠진 듯하다.

하루는 내가 후스 선생의 서재에 간 적이 있다. 벽이며 책상 위가 모두 선장본(線裝本)으로 가득했다. 그는 앞에 있는 책 더미를 한쪽으로 밀어 버리고 나에게 기분 상해하지 말라고 말했다. 나는 그가 이런 책을 보는 것을 적극적으로 찬성한다고 대답했다. 그러나 이십 년 전에 천숑핑(陳

頌平)[9] 선생과 더 이상 중국책을 보지 않기로 약속했던 일이 떠올랐다. 5·4운동이 끝난 후에 캉바이칭(康白情, 1896~1959)[10], 푸스녠(傅斯年)[11] 선생을 만난 적이 있다. 그들은 엄청난 양의 역사서를 읽었는데, 공소(空疎)함을 피하기 위해 무던히도 애를 쓰고 있다고 생각했다. 그들이 추구하는 것은 신문화가 아니라 그저 복고(復古)를 지향하는 것뿐이었다. 나는 국고를 정리할 때가 되었다고 생각했다. 그래서 장타이옌(章太炎) 선생에게 부탁해 프랑스 리옹(Lyon)으로 가서 경전을 강의하도록 하였다. 작년에 국내외의 분위기를 자세하게 살펴보고 나서야 나의 사상이 꿈에 빠졌다는 것을 알게 되었다. 요사한 기운이 세상에 가득한 것이 『시무보』가 나오기 이전의 시대로 회귀한 듯했다. 그 영향은 정계에까지도 미쳐서 열혈 혁명당원들이 모두 부패한 관료가 되어버렸으니 그 죄상은 명약관화하다.

국고는 아편쟁이 작은 마님과 운명을 같이하며 살아온 역겨운 존재다. 아편쟁이 작은 마님은 높은 벼슬과 부자 되기만을 추구하는 출세주의 어르신과 깊은 인연이 있다. 국학이 크게 성행하자 정치는 부패했다. 공자, 맹자, 노자, 묵자는 춘추전국이라는 난세의 산물이다. 우선 물질문명에 대해 치열하게 논쟁하고 나서 국고를 정리해도 전혀 늦지 않다.

국고(國故)란 무엇인가? 지금의 세계와 어떤 관련이 있는가? 그것은

9) 근대 시기 교육학자. 신문화운동 시기 국어연구회를 설립하고 백화운동과 국어운동을 추진했다.

10) 시인. 5·4신문화운동 시기 백화시운동을 주도함. 푸스녠(傅斯年), 뤄지아룬(羅家倫) 등과 함께 '신조사(新潮社)', '소년중국학회(少年中國學會)'를 조직하고 『신조(新潮)』, 『소년중국(少年中國)』 등의 잡지를 발간하였다.

11) 저명 역사학자, 고전문학연구가, 교육자. 5·4운동을 주도했고 중앙연구원 역사언어연구소를 만들었다. 베이징대학 교장 대리, 국립 타이완대학(臺灣大學) 교장 등을 역임했다.

세계적인 골동품일 뿐으로 잘 보존하면 그만이다. 이집트의 바빌론 문자, 그리스 로마의 학술, 인명(因明, 불교 논리학)과 유식(唯識)의 불경, 주진한위(周秦漢魏)의 한학은 세계인이 함께 보호해야 할 책임이 있으며 각국 최고학부의 고고학자들은 잘 정리해야 한다. 그것들을 어떻게 교육재료로 만들어 젊은이들에게 정신적 자양분이 되도록 할 것인가? 아리스토텔레스의 고서적은 피를 본 후에 교문 밖으로 추방되었고, 그리스 라틴어는 현재 가장 유서 깊은 학교에서조차 외면당하고 있다. 의심할 여지없는 대변혁의 추세는 전 세계가 공인하는 바이다. 량 선생은 중학교 졸업생들을 모아 골동품 서적을 옆구리에 끼고 해외에 나가도록 했으니 어찌 대역무도한 일이 아니겠는가? 후스는 육경삼사(六經三史)를 간판으로 내걸었지만, 사실은 사람들을 속여 『칠협오의(七俠五義)』를 읽게 만든 것이다. 우직하고 어수룩한 량 선생은 후스의 계략에 속아 청년들을 쓰레기통에 처박아 두고 홀로 잠꼬대만 하고 있으니 바보 중의 상바보다.

장타이옌의 고증은 체면을 구길 정도는 아니다. 『장씨총서(章氏叢書)』 중의 몇몇 작품은 훌륭하다. 그러나 체계는 참신해도 내용이 쓰레기니 그 역시도 썩었다고 할 수 있다. 작년에 장쑤(江蘇) 성 교육회에서 강연한 적이 있다. 그 내용이 『민국일보(民國日報)』, 『각오(覺悟)』에 실린 것을 런던에서 보았다. 내가 장 선생을 대신해서 숨통을 끊어준 것인데, 현재까지도 그 책이 출판된다고 하니 말년에 이보다 더한 오점은 없을 것이다. 량 선생도 분명 그를 대신해 안타까워하고 있을 것이다. 그런 애매한 책은 아무런 이득이 없을 뿐만 아니라, 학술에도 도움이 되지 않는다.

언젠가 장샤오푸(張小浦) 선생은 이렇게 말했다. “진정한 국수(國粹)라면 그것을 지키려고 다급해할 필요가 없다. 이천 년 동안 공맹은 일존(一尊)으로 추앙되어온 반면, 노묵(老墨)은 이단으로 배척당하지 않은 적이 없다. 그러나 노자, 묵자의 책은 오늘날까지도 살아남아 빛을 발하고 있다." 30여 년간 량 선생을 비롯한 몇몇 학자들이 낡은 것을 끌어안고 버텨온 것만으로도 충분하다. 다시 무슨 문화학원 따위를 세우고 해외로 나가는 유학생들에게 선장본을 쥐어줘서 그들을 망치려는 것인가? 기껏해야 후스가나 후시엔수(胡先驌, 1894~1968)[12] 선생, 양팔고 제조자 정도밖에 되지 못할 것이다. 그런 사람이 전혀 필요 없는 것은 아니지만, 불행하게도 량 선생은 이런 사람을 대량으로 만들어내려 하고 있다. 한 술 더 떠서 장쥔마이 선생 같은 대가가 앞장서서 선전하고 있으니, 이에 장 선생과 량 선생을 반대하며 이 글을 쓴 것이다.

-『신보부간』에서 옮겨 실음

12) 중국 근대의 식물학자 겸 교육자.

29 소위 "과학과 현학 논쟁"을 평함 판셔우캉

評所謂"科學與玄學之爭" 范壽康

1. 서론

장쥔마이가 『청화주간』 제27기에 「인생관」이라는 강연 원고를 발표한 후, 중국 학술계에 근래에 보기 드문 대논쟁이 시작되었다. 소위 "과학과 현학 논쟁"의 도화선도 바로 이 「인생관」이라는 글이다. 얼마 지나지 않아 딩원지앙은 장쥔마이를 반박하는 글을 발표했다. 이를 계기로 논쟁에 가세하게 된 사람에는 량치차오, 런슈용, 후스, 쑨푸위엔, 린자이핑, 장둥쑨, 장옌춘, 주징농, 탕위에, 깐저시엔(甘蟄仙), 왕싱공 등 여럿이 있다. 이번과 같은 대규모 학술 토론은 학계에서 더욱 활발하게 진행되어야지 막거나 방해해서는 안 된다. 그러나 이번 논쟁은 사람들을 만족시켜주지 못한 부분이 있기 때문에 천학비재한 내가 진리와 학술의 입장에서 붓을 들어 정리를 해보려고 한다.

내 생각에 이번 논쟁의 중심 주제는 "인생관과 과학의 관계"이기 때문에 토론의 절차와 범위도 마땅히 이 중심 주제로부터 결정되어야 한다. 량치차오는 「인생관과 과학」이라는 글에서 이렇게 말하고 있다.

"논쟁에서는 우선 논쟁의 대상과 내용을 확정해야 한다. 갑이 무엇이고 을이 무엇인지 정해져야 비로소 둘의 관계를 말할 수 있는 것이다. 그렇지 않으면 앞뒤가 맞지 않아 결론을 내기 힘들 뿐만 아니라 보는 사람도 점점 헷갈리게 된다. 장쥔마이의 글은 특별한 형식 없이 학교에서 편하게 강연한 것을 옮긴 것이기 때문에 '인생관'과 '과학'에 대해 분명한 정의를 내리지 않았다. 이 점은 매우 아쉽다. 딩원지앙도 마음 가는 대로 아무 주제나 잡아 반박했을 뿐이다. 따라서 '인생관'과 '과학'에 대해 두 사람이 같은 말을 하고 있는지 다른 말을 하고 있는지 전혀 감이 오지 않는다. 게다가 그들이 암묵적으로 인정하는 공통의 무엇이 있는 것 같지도 않다."

량치차오의 이런 지적은 매우 타당하다. 이번 논쟁의 가장 큰 문제점은 토론의 절차와 범위를 소홀히 했다는 것이다. 량치차오는 탁월한 식견으로 이 점을 간파하고 해결하려고 애썼는데 역시 노장의 이름이 헛되지 않다.

량치차오 이외에 쑨푸위엔도 토론의 절차와 범위에 대해 일종의 제안을 했다. 그는 「현학과 과학 논전 잡화」라는 글에서 이렇게 말했다.

"내 생각에, 논전에 참가하고 있는 쌍방이 우선적으로 주의해야 할 문제가 세 가지 있다. 그것은 다음과 같다. 현학이란 무엇인가? 과학이란 무엇인가? 인생관이란 무엇인가? 이 세 가지 문제에 대해서만 토론한다 해도 수백 만 마디의 말로도 부족할 것이다. 그러나 내 생각에 양편은 우선 세 개의 개념에 대한 정의부터 내려야 한다. 그래야만 비로소 양 편이 말하는 현학과 과학, 인생관에 어떤 차이가 있는지를 알게 될 것이다.

그러나 이 문제를 토론하려면 세 가지 정의만으로는 부족하다. 이보다 더 중요하고 분명히 해야 할 것이 있는데 그것은 바로 '철학이란 무엇인가?'라는 문제다."

이를 통해 볼 때, 그가 논쟁의 절차와 범위를 중시하고 있다는 것을 알 수 있다. 그러나 이러한 견해는 량치차오보다는 못하다. 량치차오는 과학의 범위를 협의의 과학(철학을 포함하지 않는)으로 한정한 뒤 별도로 철학을 말했다. 만약 광의의 과학을 말하면서 다시 철학을 말한다면 별도의 가지를 만드는 것이다.

량치차오와 쑨푸위엔 이외에 왕싱공도 "과학과 인생관"을 논했다. 그가 정한 절차와 범위는 매우 훌륭하며 이해 정도는 량치차오와 비슷하다.

그 외 여러 사람들의 의견을 살펴보았는데, 어떤 사람은 측면공격을, 어떤 사람은 백병전을 했을 뿐 정정당당하게 깃발을 휘날리며 전장에 나온 사람은 거의 없었다.

내 생각은 량치차오와 비슷하다. 즉 이번 문제의 핵심은 "인생관과 과학의 관계"로 토론의 절차와 범위는 마땅히 다음과 같아야 한다.

1) 인생관은 무엇인가?
2) 과학은 무엇인가?
3) 인생관과 과학은 관계가 있는가? 만약에 있다면 둘의 관계는 어떠한가?

2. 인생관이란 무엇인가?

인생관이란 인생의 현실과 이상이라는 두 측면에 관한 견해이다. 예로부터 인생관에 대해 다양한 의견이 존재했지만 한 번도 일치된 적은 없었다. 인생관에 관한 현실적 견해로는 비관론과 낙관론 등이 있다. 인생관에 관한 이상적 견해로는 쾌락론과 직각론 등이 있다. 다시 말하자면, 인생관이 담고 있는 내용은 현실과 이상의 두 측면이지만 중점은 이상적 방면에 있다. 인생의 이상을 세우기 위한 첫걸음은 인생의 현실에 대한 진상을 이해하는 것이다. 그러나 이는 준비단계에 불과하다. 인생관은 인생방면의 모든 가치문제에 관한 주장이라고 할 수 있다. 이런 주장은 사람마다 다르며, 인생관의 여러 가치문제를 해결하기 위한 공통의 규범이 처음부터 존재했던 것은 아니다. 이것이 인생관에 대한 나의 생각이다.

그렇다면 다른 사람들은 인생관을 어떻게 생각하고 있을까.

장쥔마이는 「인생관」에서 아홉 가지 조항을 열거하고 아와 비아의 관계를 설명했다. 그러나 인생관의 정의에 대해서는 분명하게 말하지 않았다. 딩원지앙은 「현학과 과학」에서 장쥔마이를 비판하며 아와 비아의 관계는 아홉 가지 조항으로 설명될 수는 없다고 주장했다. 이에 대해 장쥔마이가 다시 반박했지만 딩원지앙의 비판은 대체적으로 타당하다. 장쥔마이는 「인생관과 과학을 재론하고 딩원지앙에게 답함」에서 인생관에 대해 다음과 같이 정의 내리고 있다.

> "사람의 삶을 보면 안으로는 정신이 있고 밖으로는 물질이 있다. 내부의 정신은 끊임없이 변화하고 외부의 물질은 정체되어 움직이지 않는다. 물질은 나 이외의 모든 것이 속한다. 예를 들면 산하대지(山河大地)와 의복전택(衣服田宅)은 내 이외의 사물이고, 부모처자와 국가사회는 나 이외의 사람이다. 나는 나 이외의 사물 및 사람과의 관계를 변화시키려고 늘 애쓰며 그럼으로써 완전한 경지에 이르려고 한다. 무릇 예로부터 큰 문제들은 정신과 물질의 충돌에서 비롯되었다. 내 밖의 사물과 사

> 람에 대해 나는 항상 관찰하고 주장하고 희망하며 요구하는데 이것이 바로 인생관이다."

이에 대해 두 가지만 이야기하겠다. 첫째, 딩원지앙이 비판한 대로 "물질과 정신의 구별은 안과 밖, 아와 비아의 구분"이라는 장쥔마이의 정의는 매우 유치한 것이다. 둘째, 장쥔마이는 나 이외의 모든 사물과 사람에 대해 관찰하고, 주장하고, 희망하고, 요구하는 것이 인생관이라고 했다. 이것은 딩원지앙의 지적처럼 아와 비아의 관계를 아홉 조항에서 무한대로 확장시킨 것이 아닌가?

딩원지앙은 장쥔마이의 주장에 대해 예리하게 비판했지만 그 또한 인생관에 대해 명확한 정의를 내리지 않았다. 많은 사람들이 의견을 제시했지만 가장 핵심에 근접한 사람은 량치차오와 왕싱공뿐이다. 두 사람의 견해를 살펴보자.

량치차오는 「인생관과 과학」에서 다음과 같이 말했다.

> "인류가 주관 세계[心界]와 객관 세계[物界]를 조화롭게 결합시켜 만들어 낸 생활을 '인생'이라고 한다. 우리는 이러한 생활을 완성하기 위해 이상을 설정하는데, 그것을 '인생관'이라고 부른다."

비록 인생의 현실적 측면에 대해서는 소홀한 면이 있지만 량치차오의 정의는 매우 분명하고 대체로 타당하다. 그러나 설명이 지나치게 간략한 면이 있다.

왕싱공은 「과학과 인생관」에서 인생관에 대해 매우 상세하게 다루고 있다. 그는 말했다.

"역사적으로 볼 때, 인생관이라는 명사는 관습적으로 두 가지 다른 의미로 사용되었다. 하나는 생명의 관념이고, 다른 하나는 생활의 태도다."

만약 생명의 관념을 인생 현실의 문제로 보고, 생활의 태도를 인생 이상의 문제로 볼 수 있다면, 왕싱공의 이런 주장은 대체로 맞는다고 할 수 있다. 왕싱공의 논증은 매우 상세하다. 그러나 의문점도 상당히 많다. 생명의 관념에 대해 말하면서 그는 생물과 무기물의 활동에는 근본적으로 차이가 없다고 주장했다. 생활의 태도에 대해 말하면서 그는 의지자유란 불가능하며 모든 것은 인과법칙의 지배를 받을 뿐이라고 주장했다. 그러나 내 생각에 그렇게 쉽게 속단할 문제가 아니다. 생명과 의지의 문제는 지금까지도 해결하지 못한 수수께끼다. 만약 자유의지가 없다고 단정해버린다면 생명은 아무런 의미를 갖지 못할 것이며, 그렇다면 인간은 일종의 기계로 전락해버릴 것이다. 이런 상황에서 인류 사회의 도덕과 책임 등을 말할 수 있겠는가? 만약 왕싱공의 말처럼 현재의 사회현상은 과거의 사회현상이 초래한 결과이며, 미래의 사회현상은 현재의 사회현상이 초래한 결과라면 인간이 간여할 여지는 전혀 없지 않겠는가? 한 걸음 물러나서 만약 왕싱공이 인간의 참여 가능성을 인정했다 해도 참여의 원동력인 의지를 인과법칙의 지배하에 두었으니(주1: 여기서 말하는 인과법칙은 협의의 인과법칙으로 필연적 인과법칙이다. 뒤의 "인과법칙과 충족이유의 원리"라는 글을 보라) 그것은 필연적 참여일 뿐이다. 필연적 참여를 말한다면 어떻게 책임감을 말할 수 있겠는가? 만약 왕싱공이 도덕을 부정하는 것이 아니라면 이 문제를 다루는 데 있어서 좀 더 신중을 기해야 한다.

3. 과학이란 무엇인가?

과학은 광의와 협의 두 가지 측면에서 해석할 수 있다. 광의의 해석에 따르면, 과학방법으로부터 만들어진 학문은 모두 과학이다. 광의의 과학에는 설명과학과 규범과학이 포함된다. 협의의 해석에 따르면, 과학은 오로지 설명과학만을 가리키는 것이다. 설명과학이란 무엇인가? 규범과학이란 무엇인가? 흔히 말하는 법칙에는 두 가지 종류가 있다. 하나는 필연법칙이고, 다른 하나는 당연법칙이다. 필연법칙(자연법칙)은 절대 불변하는 것으로 사람의 힘으로 변화시킬 수 없다. 그것은 필연적이며 불가피한 것이다. 당연법칙(규범)은 그렇지 않다. 우리는 복종 여부를 자유로이 선택할 수 있다. 다시 말하면 당연법칙은 필연적인 것이 아니며 사람에 따라 다르다. 비록 사람이 그것을 거스른다 해도 우리는 그것을 필요로 하며, 그것을 발견하기 위해 애쓸 뿐만 아니라 발견한 후에는 충실히 따르려고 한다. 과학에서 필연법칙을 연구하는 것은 모두 설명과학이라 부르고, 당연법칙을 연구하는 것은 규범과학이라 부른다. 예를 들면, 동물학, 식물학, 물리학, 화학, 지질학에서부터 의식의 자연법칙을 연구하는 심리학에 이르기까지는 모두 설명과학에 해당하고, 논리학, 미학에서부터 인생의 당연법칙을 연구하는 윤리학까지는 모두 규범과학에 속한다. 광의의 과학—설명과학과 규범과학을 모두 포함하는—과 상대되는 것은 종교와 예술이다. 이것이 과학에 대한 나의 생각이다.

다른 견해를 살펴보자.

과학의 정의에 대해서는 많은 의견이 있지만, 과학방법을 광의의 과학의 본질로 보는 견해가 대체로 우세하다. 딩원지앙, 왕싱공, 탕위에 등이 이런 입장을 취하고 있다. 이런 견해는 타당하다. 장쥔마이는 과학의 분류와 각각의 문제에 대해서 자세하게 밝히지 않았는데 이상한 일이다. 그러나 그의 과학 분류법을 볼 때, 그가 말하는 과학이 광의의 과학이라는 것은 의심의 여지가 없다. 과학방법을 과학의 본질로 보는 것에 반대하는 사람에는 린자이핑과 장둥쑨이 있다. 잠시 이들의 견해를 살펴보겠다.

린자이핑은「딩원지앙 선생의 현학과 과학을 읽고」에서 다음과 같이 말했다.

> "울프는 과학방법으로 연구할 수 있는 것은 모두 '과학적'이라고 했는데, 엄격하게 말하자면 과학적이라는 것은 과학과는 다르다. 바꿔 말하자면, 과학방법은 과학 자체가 아니다. 예를 들어, 단계별로 자료를 수집하고, 가설을 세우고, 실험하고 증명하여 논리 체계가 만들어져 어디에 적용시키더라도 같은 결과를 얻게 되었다고 치자. 만약 이런 공허한 방법만을 과학이라 한다면 성실하고 논리적인 사람은 모두 과학자라 부를 수 있단 말인가? 또 과학방법이 과학 자체라고 할 수 있다면, 기하학적 방법을 적용한 회화나 음악을 기하학이라 부를 수 있는가? 수학 방법을 무선 전기에 적용한다면 무선 전기를 수학이라 할 수 있는가? 물리학을 의학에 적용시킨다면 의학이 물리학인가? 이것은 말도 안 되는 소리다. 과학방법을 기타 과학에 적용시켜도 각각의 독립적인 지위는 유지된다. 하물며 과학방법을 인생관 문제에 적용한다고 해서 그 둘이 같아진다고 하면 이것이 어찌 견강부회가 아니겠는가? 만약 회화가 기하학은 아니지만 과학방법을 적용한 것이기 때문에 과학이라 부르고 싶다면 다음과 같이 말해야 한다. 과학방법으로 회화를 연구할 수는 있지만, 회화는 총체적이고 조화롭고 살아 있는 것으로 분석이 불가능한 것이다. 음악도 이와 같다. 만약에 그것을 과학이라 부른다면 매우 이해하기 힘들 것이다."

린자이핑의 이런 반박은 견강부회한 부분이 있다. 첫째, 과학이 학문의 한 종류라면 예술, 종교와 섞어서 논해서는 안 된다. 과학방법을 이용해 예술과 종교를 연구하는 것을 우리는 예술학 혹은 종교학이라고 부를 뿐(설령 이러한 종류의 예술이나 종교가 있다고 해도), 결코 과학으로 간주하지 않는다. 딩원지앙의 주장도 대체로 이와 비슷하다고 생각한다. 린자이핑은 생트집을 잡아서는 안 된다. 둘째, 비록 과학방법이 과학의 본질이라고 해도 나는 딩원지앙이 과학방법과 과학을 동일시했다고 생각하지는 않는다. 과학방법은 연구방법이고 과학은 연구방법을 응용하여 성립된 학문이다. 연구방법과 응용학문은 당연히 다르다. 나는 린자이핑이 더 이상 다른 문제를 만들어내지 않길 바란다. 학술 토론에서의 이러한 주장은 가치가 그리 크지 않다.

장둥쑨은 어떤가. 그는 「노력하였으나 공이 없다」에서 다음과 같이 말했다.

> "……딩 선생은 과학방법을 사용하는 것은 모두 과학이라고 했다. 따라서 우리의 문제는 과학방법에 대한 것으로 바뀌게 되었다. 만약 과학방법을 만약 형식 논리라고 한다면, 현학도 그것을 사용하고 종교도 그것을 사용할 뿐만 아니라 소설, 희곡도 역시 그것을 사용하므로 세상에 과학 아닌 것이 없게 된다. 과학이 이미 이처럼 보편화되었다면 딩 선생이 또 전력을 다해 과학을 부르짖을 필요는 없을 것이다. 따라서 과학방법은 절대로 형식 논리에 불과하다고 할 수 없다. ……과학은 대상에 따라 특수한 방법을 취하는데, 이런 방법은 비록 이차적(즉 린 선생이 말한 실질 논리)이라 하더라도 매우 중요한 것이다. 만약 개별적이고 이차적인 방법을 떠나 근본적인 방법을 찾으려 한다면, 비록 그것이 보편성

을 얻는다 하더라도 독창적인 정신은 잃게 될 것이다. 우리는 진정으로 과학을 부르짖어야 하며 공허하고 추상적인 방법에만 주목하는 것은 경계해야 한다."

장둥쑨은 과학을 제창하려면 1차 과학방법 외에 2차 과학방법도 주목해야 한다고 주장하였다. 이것은 전혀 논리가 맞지 않는 말이다. 나는 2차 과학방법의 근원이 어디에 있는 것인지를 묻고 싶다. 만약 우리가 1차 과학방법을 가지고 있다면 2차 과학방법은 거기서 자연스레 만들어져 나오지 않겠는가! 그러나 내가 말하는 1차 과학방법은 형식논리만을 가리키는 것이 아니라 왕싱공의 말처럼 "정밀하고 엄격한 많은 절차가 그 안에 포함되어 있다. 정밀하다는 것은 층층이 오차가 없다는 것이며, 엄격하다는 것은 정감적으로 취사선택하지 않는다는 것이다. 종교가나 소설가들은 이런 방법을 사용하지 않으며 사용할 필요도 없다. 어쩌면 그들은 이 방법을 전혀 사용할 줄 모를 것이다. 만약 이 방법을 사용한다면 종교나 소설이 될 수 없을 것이다." 장둥쑨은 오해하지 않기를 바란다. 아울러 우리는 장둥쑨의 말처럼 과학을 제창할 때 1차와 2차 과학방법 모두 중시해야 하는데, 그렇다면 장둥쑨이 제기한 것은 과학방법의 함의에 관한 문제이지 과학방법이 과학의 본질인가의 문제와는 전혀 별개의 것이다.

4. 인생관과 과학의 관계

위에서 말한 대로, 인생관이 인생의 현실 및 이상이라는 두 방면에 관한 견해이며, 과학이 광의의 과학을 말하는 것이라면, 인생관과 과학은 상당히 많은 관계가 있다고 생각한다. 그러나 나는 과학이 결코 인생의 모든 문제를 해결해줄 수 있다고 생각하지는 않는다. 왜 그런가? 인생관은 현실과 이상 방면으로 나뉘어 있고 우리가 인생에서 얻는 법칙은 필연법칙과 당연법칙이다. 인생관은 이상방면에 많은 관심이 있으며 현실에 관한 법칙은 이상을 위한 준비에 불과하다. 그렇다면 당연법칙은 자연히 필연법칙보다 중요하며, 필연법칙은 당연법칙을 세우기 위한 근거일 뿐이다. 따라서 인생관이 실제로는 규범과학 속의 윤리학적 연구 문제이며, 동시에 윤리규범의 전부라고 말할 수 있는 것이다. 윤리규범에 관해서는 졸저 『교육철학의 체계(敎育哲學的體系)』(『학예(學藝)』 제4권) 중 「윤리 규범에 관한 연구」라는 장에서 다룬 적이 있다.

> "우리의 윤리 규범은 두 부분으로 구성되어 있다. 하나는 주관적인 것이고 다른 하나는 객관적인 것이다. 양심—즉 감각과 정감, 그리고 의지가 합쳐진 통일적 의식이다—은 두 가지 기능이 있다. (1) 양심은 사람이 스스로 생각하기에 선한 행위를 하도록 명령한다. (2) 양심은 각종 선악에 대한 평가를 한다. '자기 스스로 생각하기에 선한 행위를 한다!' 이 명령은 절대 잘못될 수 없다. 그러나 선악을 판단하는 중에 수많은 실수가 존재한다. 즉, 갑이 선이라고 생각하는 것에 대해 을은 반드시 그렇게 여기지 않는다거나, 을은 악이라고 생각하지만 갑은 그렇게 여기지 않는 것 등이다. 칸트는 보편타당성이 윤리규범의 요건이라고 했는데 보편타당성은 확실히 중요하다. 하나의 법칙이 갖고 있는 타당성의 범위가 좁으면 좁을수록 법칙의 권위도 줄어든다. 만약 선험적 법칙만이 보편적으로 적용될 수 있다면 선천적 형식(1번을 가리킨다)은 의심할 여지없이 유일한 도덕규범이 된다. 소위 직각주의는 바로 이 점에 기초를 두고 있으며, 또한 바로 이 점에 머물러 있다. 그러나 그것은 주관적이고 독단적으로 실제 생활에 적용되는 내용적 윤리규범(2번을 가리킨다)을 연역해내려고 시도한다. 이것은 직각주의의 근

본적인 문제이다. 내용적 윤리법칙은 순수 주관 형식처럼 절대로 주관적 직각으로부터만 얻어지는 것이 아니며, 과학적 탐구를 통해서 이러한 내용적 윤리규범을 획득할 수 있다. 물론 과학연구로부터 획득된 내용적 윤리규범이 보편타당성을 지니고 있는지는 의문이다. 그러나 우리는 다음과 같은 사실을 잊어서는 안 된다. (1) 순수한 형식적 규정은 실제과학과 실제생활에 사용될 수 있을 정도로 충분하지 않다 (2) 주관방면에서 독단적으로 도출되어 나온 규범은 과학연구로부터 얻어진 규범에 비해 타당성과 권위가 훨씬 덜하다. 우리는 윤리적이고 당위적인 선천형식과 인류에게 가장 고귀한 의무의식을 쾌락주의자들처럼 무시해버릴 수는 없다.—쾌락주의자들은 각종 윤리적 규범들을 경험적 산물로 간주한다—그러나 우리는 과학 연구에 근거해서 이런 선천형식 외에 몇 가지 매우 중요한 기본 법칙을 수립해야 한다. '철학자들의 윤리적 출발점이 비록 천변만화한다고 하지만, 도덕적 목적에 대한 그들의 판단은 거의 변하지 않는다. 설령 도덕의식이 어느 정도 발전한다 하더라도 이런 판단은 논리적 관계처럼 대개 고정불변한 것이다'. 분트의 이 말은 확실히 일리가 있다."

위의 글을 통해, 독자들은 윤리규범에 대한 나의 견해를 짐작할 수 있을 것이다. 사견으로 말하자면 윤리규범—인생관—의 일부는 선천적이며, 일부는 후천적이다. 선천적 형식은 주관적 직각에서 얻어지는 것으로 절대로 과학이 간여할 수 있는 것이 아니다. 후천적 내용은 과학적 방법으로 탐구되어 정해지는 것으로 결코 주관이 좌지우지할 수 있는 것이 아니다. 바꿔 말하자면, 인생관의 형식 측면은 초과학적이지만 인생관의 내용 측면은 도리어 과학적이라는 것이다. 형식 방면은 보편타당하며 불변하는 것으로 실천을 제외하고는 따로 연구할 필요가 없다. 따라서 연구할 필요가 있는 것은 내용 측면이며, 이 때문에 과학 연구법을 취할 수밖에 없는 것이다. 이런 의미에서 인생관과 과학은 밀접한 관계를 맺고 있지만 동시에 과학은 인생관의 전부를 해결할 수 없는 것이다.

다른 사람들의 논의와 비판을 살펴보자.

장쥔마이는 「인생관」에서 인생관과 과학의 관계를 완전히 분리해놓고 있다. 따라서 과학(광의의)이 인생관의 문제를 해결할 수 없다고 하였다. 이런 주장은 사실과 다르며 과학자인 딩원지앙의 공격을 받게 된 것은 당연한 일이다. 장쥔마이 자신도 나중에는 비논리적으로 변했기 때문에 후스가 「손오공과 장쥔마이」에서 그의 세 가지 모순을 지적한 것이다. 나는 인생관과 과학이 완전히 무관하다는 견해에 반대한다.

딩원지앙, 왕싱공, 탕위에 등 협의의 과학을 연구하는 학자들은 과학(협의)과 인생관이 밀접한 관련이 있다고 생각한다. 바꿔 말하자면, 인생관 문제를 해결하는 것은 협의의 과학과 연관된 문제이며, 협의의 과학은 모든 인생관의 문제를 해결할 수 있다고 생각한다. 결국 그들은 인간의 의지가 절대적으로 인과법칙(협의)의 지배를 받으며, 인간은 기계와 같은 존재라고 생각하기 때문에 자유와 도덕을 부정하게 된 것이다. 이런 논리는 과학자들이 인생관에 대해 품고 있는 편견일 뿐이다. 나는 인생관과 과학이 밀접한 관련이 있다는 견해에도 찬성하지 않는다.

인생관과 과학이 전혀 무관하다는 것과 밀접한 관련이 있다는 두 견해는 모두 타당하지 않다. 그렇다면 자연히 남는 것은 부분적으로만 연관이 있다는 것이다. 이런 주장을 한 대표적인 인물은 량치차오이다. 그는 「인생관과 과학」에서 이렇게 말했다.

"인생문제의 대부분은 과학방법으로 해결될 수 있을 뿐만 아니라 그럴 필요가 있다. 그러나 아주 작은 일부분은, 혹은 가장 중요한 부분은 초과학적이다."

나는 량치차오의 판단에 전적으로 찬성한다. 그러나 글의 마지막에 덧붙인 설명은 부족함이 있다. 그는 말했다.

"인생에서 이지에 관한 것은 절대로 과학방법으로 해결할 수 없다. 정감에 관한 것은 분명히 초과학적이다."

량치차오가 이지와 정감을 나누어 과학이 해결할 수 있는 영역의 한계를 지은 것은 타당하지 않다. 왜 그런가? 오늘날 심리학이 정감에 대한 연구를 어느 정도까지 이루어놓지 않았는가? 량치차오는 심리학이 과학이 아니라고 생각하는가? 탕위에가 "어리석은 사람의 잠꼬대"라고 비판한 것은 이런 결론 때문이다. 이에 대해 량치차오는 할 말이 없을 것이다. 마지막으로 량치차오를 대신해 다음과 같은 설명을 덧붙이고자 한다.

"인간의 윤리적 당위인 선천형식—즉 인간에게 가장 고귀한 것으로 도덕현상의 배후에서 도덕현상의 근거가 되는 의무의식—은 초과학적이다. 이 외의 모든 윤리적 내용법칙은 완전히 과학방법으로 해결할 수 있다."

5. 몇 가지 부가적인 문제

1) 인과법칙과 충족이유의 원리

탕위에는 「심리현상과 인과법칙」에서 이렇게 말하였다.

> "내가 말하는 인과법칙이란, 모든 현상에는 원인이 있다는 것이다."

왕싱공은 「과학과 인생관」에서 이렇게 말하였다.

> "인과의 원리는 다음과 같다. 우주의 여러 현상에는 반드시 인과관계가 있는데, 원인이 없으면 발생하는 것도 없고 발생하지 않았는데 효과가 나타나는 것도 없다."

두 사람이 인과법칙에 대해 내린 정의는 당연히 훌륭하다. 그러나 내가 볼 때 이것은 광의의 인과법칙으로 주관적으로 말하자면 충족 이유의 원리이다. 광의의 인과법칙은 우주의 각종 현상에 반드시 인과관계가 있다는 것을 인정하고 있지만, 같은 원인은 반드시 같은 결과를 낳는다는 의미는 포함하지 않는다. 광의의 인과법칙은 원인이 있으면 결과가 있어야 한다는 것만을 말하고 있을 뿐, 같은 원인에는 반드시 같은 결과가 있어야 한다는 것을 요구하지 않는다. 동일한 원인은 반드시 동일한 결과를 낳는다는 것은 동일의 원리에서 온 것이다. 이것은 학문적으로 엄밀한 해석이다. 우리가 일상적으로 사용하는 인과법칙은 협의의 인과법칙이지 광의의 인과법칙은 아니다. 바꿔 말하면, 인과와 동일이라는 두 가지 인과법칙은 단지 원리적 인과법칙만을 가리키는 것이 아니다. 논쟁에 참가하는 사람들은 분명하게 구분하기 바란다.

2) 인생관적 과학과 과학적 인생관

런슈용은 「인생관적 과학 혹은 과학적 인생관」에서 다음과 같이 분명하게 말하고 있다.

> "인생관적 과학은 불가능한 일이지만, 과학적 인생관은 가능한 일이다."

이런 단정은 완전히 옳은 것은 아니다. 과학을 부르짖는 사람들은 과학적 인생관은 가능하다고 하면서 인생관적 과학에 대해서는 왜 현학가들만 말하도록 내버려두는 것인가? 다시 말하자면, 인생관적 과학은 왜 불가능하다는 것인가? 비록 인생관 중에 매우 작은 부분이 초과학적이라고는 하더라도 이것은 유일한 선천형식으로 최후의 가설일 뿐이다. 이를 제외한 내용적 법칙에 관한 모든 것은 과학방법으로 해결해야 한다. 지금까지의 윤리학은 인생의 규범을 연구하는 과학이라고 여겼다. 런슈용은 이런 과학의 존재를 모르는 것인가? 내 생각에 런슈용이 인생관적 과학이 성립할 수 없다고 한 까닭은 아마도 학문상의 법칙이 사람을 억지로 같게 만들 수 없다고 여겼기 때문일 것이다. 그는 말했다.

> "장쥔마이가 말하는 인생관은 두서가 없고 모호해서 여기에는 당연히 과학방법이 적용될 수 없다. 장쥔마이는 과학을 배운 적도 없어 과학의 성질을 잘 알지 못한다. 게다가 딩원지앙도 지질학자일 뿐이니 과학으로 장쥔마이의 인생관을 부순다는 것이 '앞뒤가 맞지 않는 것'이다."

런슈용에 따르면, 딩원지앙은 장쥔마이가 과학방법으로 인생관을 확립하도록 강제할 수 없으니 장쥔마이와 싸울 필요가 없다는 것인데, 이 말도 인생관적 과학이 성립 불가능하다는 말과 다름없다. 이것은 과학방법으로 진과 미의 문제를 해결하도록 다른 사람을 강제할 수 없다는 것과 마찬가지다. 그렇다면 논리학과 미학은 성립할 수 없다는 것인가? 과학법칙을 설명하는 것은 필연적인 것이다. 그러나 규범과학의 법칙은 당연적인 것이지 필연적인 것이 아니며, 당연법칙은 사람들을 억지로 같게 만들 수 없지만 일반적인 요구는 받아들이게 하는 것이다. 내 생각에 인생관적 과학이 성립하는지와 장쥔마이가 과학법칙을 신봉하는지는 서로 다른 문제라고 본다. 런슈용은 이 두 가지를 섞어서 쓰고 있는데 이것은 잘못된 것이다.

3) 논쟁의 태도

이번 논쟁에 참여한 학자들의 토론 태도에 대해 많은 아쉬움이 남는다. 량치차오는 일찍이 "현학과 과학 논쟁에 관한 전시국제공법"이라는 글을 발표했다.

> "단어 선택에 신중을 기해야 한다. 절대 조소하거나 비방해서는 안 된다. 설령 한쪽이 우연히 실수를 범하더라도 다른 편까지 똑같이 해서는 안 된다."

탕위에도 "현학과 과학 논쟁이 준 시사점"이라는 글에서 논쟁자가 갖춰야 하는 올바른 태도에 대해 이렇게 말했다.

> "글은 말에 비할 수 없으니 모두 진지해야 할 것이다."

량치차오와 탕위에의 말은 매우 중요하다. 딩원지앙은 『노력』이 일반인을 대상으로 한 잡지라서 장난스러운 문체를 섞어 글을 썼는데, 학자라면 절대로 대중의 심리에 영합하는 태도를 취해서는 안 될 것이다. 이번 논전에 참가한 사람들의 태도가 지나치게 격앙된 것에 대해 딩원지앙도 엄중한 책임을 져야 할 것이다.

(주2: 집필 시간이 모자라고 자료가 번잡해서 부족한 부분이 많다. 독자 여러분들의 질정을 기대한다.)

7월 10일. 상하이

-『학예』 제5권, 제4호에서 옮겨 실음

30 「"과학과 현학 논쟁"을 평함」을 읽고 탕위에

讀了「評所謂"科學與玄學之爭"」以後 唐鉞

『학예』 제5권, 제4호에 실린 판셔우캉 선생의 「"과학과 현학 논쟁"을 평함」을 읽어보았다. 전체적으로 문리가 조밀하고 전개가 세밀한 느낌을 주는 글이다. 다만 나의 얕은 소견으로 이해되지 않는 부분이 있어 이에 대해 몇 마디 하고자 한다.

1. 광의와 협의의 인과법칙

판셔우캉 선생은 우리가 일반적으로 말하는 인과법칙이 "협의의 인과법칙", 즉 동일의 원리(동일한 종류의 원인에서는 반드시 동일한 종류의 결과가 나온다)를 가리키는 것이라고 했다. 그러나 내 생각에는 오히려 "광의의 인과법칙"(모든 현상에는 반드시 인과가 있다)을 가리키는 것이라고 생각했다. 이처럼 인과법칙에 대해 명확한 구분이 없다. 나는 예전에 "내가 말하는 인과법칙이란 모든 현상에는 모두 원인이 있다"는 것이라고 말한 적이 있다.

이런 정의는 어찌 보면 광의의 인과법칙만을 가리키는 것처럼 보이지만 사실 광의와 협의의 두 정의를 모두 포함하고 있다. 왜냐하면 나는 바로 이어서 원인의 의미에 대해 설명했기 때문이다. 나는 「심리현상과 인과법칙」에서 "원인이 있으면 결과가 있다"라는 말은 "동일한 종류의 원인에서는 반드시 동일한 종류의 결과가 나온다"는 말이라고 이야기했고, 이어서 바로 아래에 "인과관계는 상호 간에 추론할 수 있다는 의미이다"라고 덧붙여 말했다. 만약 동일한 종류의 원인에서 동일한 종류의 결과가 나오지 않는다면 상호 간의 추론이 어떻게 가능하겠는가? 어쩌면 판셔우캉 선생이 말한 것은 한 종류의 결과에서 유추된 여러 가지 원인에 대해 말하는 것인지도 모른다.[일반적으로 원인의 복수성(Plurality of cause)이라고 부르는 것이다.] 그러나 이는 우리의 지식이 아직 정밀하지 않을 때 생길 수 있는 일시적인 현상으로 실제와는 다르다. 크레이턴(J. E. Creighton)은 『논리학도언(論理學導言)』에서 매우 간명하게 설명하고 있다.

"술을 좋아하는 데에도 다양한 원인이 있는 것처럼, 열 또한 물체의 연소나 마찰, 혹은 전기 등으로 인해 발생한다…… 이런 문제는 분석이 지나치게 광범위하거나 천박하기 때문에 나타난 결과이다. 실제로 어떤지—결과의 진상—를 분석한다면, 우리는 유일하면서 기본적인 원인의 성질을 결정할 수 있을 것이다."(J. E. Creighton, *An Introductory Logic*, p.244) 마찬가지로, 하나의 원인은 단지 하나의 결과만을 가질 뿐이다. 따라서 독자들이 나의 정의를 오해할 여지는 없다.

판셔우캉 선생은 광의의 인과법칙이 바로 충족이유의 원리라고 생각했다. 나의 얕은 견해로 볼 때, 이것도 타당하지 않다. 이 원리를 가장 먼저 말한 사람은 라이프니츠다. 그는 말했다. "충족이유의 원리로부터 우리는 왜 어떤 사물이 다른 방식이 아닌 그러한 방식으로 존재하는지에 대한 이유가—대부분의 경우 우리에게 알려질 수 없다고 할지라도— 존재하지 않는다면 어떠한 사실도 존재할 수 없으며, 어떠한 명제도 참이 될 수 없다는 것을 알 수 있다(비록 그 이유를 우리는 잘 모르긴 하지만)."(『단자론』을 보라.) 비록 이 원리가 광의의 인과법칙을 포함한다 하더라고 범위가 지나치게 넓어서 그 둘을 하나로 보기는 쉽지 않다. 엄밀하게 말하자면 우리는 원리를 세 가지로 나누어야 한다.

(1) 충족이유의 원리

(2) 인과의 원리—모든 현상은 모두 앞선 일의 제약을 받는다.

(3) 동일의 원리. 즉 귀납의 원리—같은 종류의 원인에는 반드시 같은 종류의 결과가 있다.

2. 인생관과 과학

판셔우캉 선생은 말했다. "그들(딩원지앙, 왕싱공, 탕위에를 가리킨다)은 모두…… 협의의 과학이 모든 인생관의 문제를 해결할 수 있다고 생각한다. 결국 그들은 인간의 의지가 절대적으로 인과법칙(협의)의 지배를 받으며, 인간은 기계와 같은 존재라고 생각하기 때문에 자유와 도덕을 부정하게 된 것이다." 자유와 도덕에 관해서는 아래에서 다시 말하겠다. 여기서 말하려는 것은 인생관과 과학의 관계다. 나와 판셔우캉 선생은 표현상에서만 약간의 차이가 있을 뿐 근본적으로는 차이가 없다. 왜 그런가?

나는 「어리석은 사람의 잠꼬대」에서 직접경험(소여)이 과학의 출발점이라고 말했다. 출발점은 과학에 의해 바뀔 수 있는 것이 아니다. 판셔우캉은 말했다. 인생관의 "선천형식은 주관적 직각에서 얻어지는 것으로 절대로 과학이 간여할 수 있는 것이 아니다." 판셔우캉의 "선천형식"은 바로 "의무의식"이다. "의무의식"은 확실히 직각으로부터 얻어진다(이것에 대해선 아직 확정된 바가 없기 때문에 일단 그렇다고 가정을 하는 것이다). 이것은 내가 말하는 직접경험의 일종인데 그렇다면 판 선생의 주장과 나의 주장에 어떤 차이가 있는가?

비록 인생관이 직각적 요소를 포함하고 있다고는 하지만, 우리는 "과학이 인생관의 전부를 해결할 수 있다"고 말할 수 있다. 왜냐하면 설령 "의무의식"이 직각에서 온다 하더라도 인생관이 인생관일 수 있는 까닭은 어떤 현상에 대해 "의무의식"이 일어나기 때문으로 이것은 "의무의식" 자체의 문제는 아니다. 이렇게 보면, 과학이 인생관의 전부를 해결할 수 있다는 말이 불가능한 것도 아니다. 왜냐하면 모든 과학은 직각을 포함하고 있지만, 문제가 발생되지 않았기 때문에 해결할 필요가 없었고, 과학자들도 해결할 생각을 하지 않았던 것이다. 예를 들면, 우리가 흰색을 느끼는 것에 대해 해결할 것이 무엇이 있겠는가. 해결해야 할 것은 어떻게 흰색을 느끼게 되는가이다. 판셔우캉 선생은 『교육철학체계』에서 윤리규범을 형식적인 것과 내용적인 것으로 나누고 있다. 내 생각에 인생관은 내용적 윤리규범에 관한 문제이지 형식적 규범에 관한 문제가 아니라고 생각한다. 따라서 인생관은 직각으로부터 오는 것이 아니며, 과학이 인생관의 모든 것을 해결할 수 있다고 생각한다.

또 판셔우캉 선생은 인생관에서 직각적 부분이 "가장 중요하며, 그렇다면 우리는 과학이 인생관의 모든 문제를 해결할 수 없다고 말해야 한다"고 주장한다. 여기서 중요하다는 것은 실제적으로 중요하다는 것이지 학리적으로 중요하다는 것은 아니라고 생각한다. 과학과 인생관 문제에서 논쟁의 대상은 학리적 문제이지 실용적 문제는 아니다. 학리적 측면에서 보자면 '의무의식'은 문제가 되지 않기 때문에 중요하지 않다. 판셔우캉 선생이 말한 '의무의식'은 바로 "당신이 생각하기에 선하다고 생각되는 행위를 하라"는 것이다.(『교육철학체계』를 보라.) '선'의 의미는 "마땅히 해야 하는 것"이다. 따라서 이런 의식은 "당신이 생각하기에 선하다고 생각되는 행위를 하는" 것이다. 사실 이 말은 어떠한 효력을 발생시킬 수 있는 것이 아니다. 왜냐하면 우리가 해결해야 할 문제는 스스로 생각하기에 마땅히 해야 할 것이 과연 그런지 아닌지를 밝히는 것이기 때문이다. 이 문제는 과학만이 해결할 수 있지 직각은 해결 능력이 없다.

이렇게 보면, 직각이 인생관에서 가장 중요한 것은 아니라는 점이 분명해진다. 왜냐하면 직각이 우리에게 줄 수 있는 것은 단지 "당신이 생각하기에 마땅히 해야 할 행위를 하라"는 쓸모없는 말 한마디뿐이기 때문이다. 판셔우캉 선생도 "필연법칙(협의상의 과학이 탐구하는 것을 가리킨다)을 획득하는 것은…… 당연법칙을 수립하기 위한 근거"라고 여기고 있다. 당연법칙은 필연법칙의 근거가 확립된 후에 비로소 수립되는 것인데 여기에 무슨 직각 같은 것이 필요하겠는가?

3. 의지자유와 도덕

판셔우캉 선생은 내가 의지자유와 도덕을 부인했다고 주장한다. 나는 결코 그런 주장을 한 적이 없다. 판셔우캉 선생은 왜 그렇게 말하는 것인가?

판셔우캉 선생은 왕싱공 선생의 주장을 반박하며 다음과 같이 말했다. "그는 참여(사회현상)의 원동력—의지—이 모두 인과법칙의 지배를 받는다고 여긴다. 그렇다면 참여는 필연적 참여일 텐데, 이에 대해 어떤 책임을 말할 수 있겠는가?" 아마 판셔우캉 선생은 나에 대해서도 이런 의심을 품고 있는 것 같다. 판셔우캉 선생은 의지에 원인이 있다면, 책임을 말할 수 없다고 생각하는 것 같다. 그렇다면 나는 도덕을 부정한다. 왜냐하면 나는 의지에 원인이 있다고 여기기 때문이다. 판셔우캉 선생은 의지자유의 문제가 "자고이래(自古以來)로 해결되지 못한 수수께끼"라고 했다. 당연히 나도 주제넘게 이 문제를 해결하려 들지는 않을 것이다. 그러나 해결할 수 없다고 하더라도 이런 수수께끼가 진짜 수수께끼인지 아닌지에 대해서는 살펴볼 필요가 있다.

나의 얕은 견해로 생각해 볼 때, "의지는 인과법칙의 지배를 받는다"와 "사람은 자신의 행동에 대해 마땅히 책임을 져야 한다"는 말은 관련이 있다. 이 점은 내가 「심리현상과 인과법칙」의 7)단락에서 이미 간략하게 말한 바 있다. 그런데 어째서 판셔우캉 선생은 내가 도덕적인 책임을 인정하지 않는다고 말하는지 모르겠다.

의지에 원인이 있다는 것과 도덕적 책임이 서로 충돌하지 않는 이유에 대해 몇 마디 보충하겠다.

1) "의지자유"라는 말에는 두 가지 의미가 있다. 파울슨은 『윤리체계』 제2권 9장에서 의지자유를 심리적인 것과 현학적인 것으로 나누고 있다. 그는 말했다. "전자는 자신의 의지로부터 일어난 결심과 행위의 능력(선택의 자유)을 가리키고, 후자는 의지나 특수한 결심 자체로 원인이 없는 것이다."(F. Paulsen, *A System of Ethics*, Bk, I, Chap. IX) 또 이렇게 말했다. "도덕상의 책임과 법률상의 책임은 심리적 자유에 근거할 뿐이다." 내가 「심리현상과 인과법칙」에서 부인한 것은 의지의 현학적 자유(즉 의지에 원인이 없다는)일 뿐, 심리상의 자유까지 부인한 것은 아니다. 어떻게 내가 도덕상의 책임을 부인했다고 말할 수 있겠는가?

2) 어떤 사람이 다음과 같이 말했다고 가정해보자. 나의 의지가 어떤 원인에 의해 제약을 받는 것이면, 그 원인에게 책임을 돌리면 되지 내가 책임을 질 필요가 없다. 우리가 어떤 사람에게 책임을 지라고 하는 것은 그의 행위가 나쁜 결과를 낳아 처벌을 받을 수 있다는 것이다. 처벌의 목적은 원인을 치료하기 위한 것이다. 의지의 원인은 당사자에게 있는 것으로, 처벌도 그에게 행해져야 원인을 제거하고 경거망동을 방지할 수 있다. 따라서 악행의 원인이 사람에게 있는 것이 아니라는 점을 안다면, 대엿새 동안 굶다 만두 세 개를 훔쳐 먹은 사람을 처벌하기보다는 환경을 변화시킬 방법을 찾아야 한다. 왜냐하면 행위의 주된 원인은 사람에

게 있는 것이 아니라 환경에 있기 때문이다. 마찬가지로 백치가 나쁜 일을 했다고 해서 처벌해서는 안 된다. 왜냐하면 그를 처벌한다고 해서 그 원인이 제거되는 것은 아니기 때문이다. 악행이 인과적 필연에 따른 것이라면 어떻게 그것을 고칠 수 있겠는가. 따라서 사회적 치료 또한 인과적 필연관계에 있다고 말할 수 있다.

3) 위에서 말한 것처럼, 의지에 원인이 있다는 것이 책임원리와 모순되지 않는다는 것은 자칫 인생을 무의미한 것으로 만들어버릴 위험이 있다고 생각할 수도 있다. 즉 나의 의지에 원인이 있다면 나의 학문이나 사업, 그리고 기타활동은 수많은 원인의 결과일 뿐, 아무런 의미가 없다는 것이다. 나는 그들에게 '나'라는 것이 무엇인지 묻고 싶다. 의지와 의지의 원인(즉 성격, 습관 등)이 '나'가 아닌가? 그렇다면 수많은 원인의 결과도 결국은 나[我]의 결과가 아닌가?

또 어떤 사람은 이렇게 말할지도 모른다. 성정(性情), 습관 등 의지의 근인(近因)은 '나'이다. 그러나 성격과 습관 등은 모두 유전과 과거 환경의 산물이다. 따라서 '나'의 사업은 유전과 환경이 만들어낸 성과일 뿐이다. 여기에 어떤 의미가 있겠는가? 이에 대해 두 가지 대답이 가능하다.

(a) 과거부터 현재까지, 나는 수많은 비아(非我)의 원인이 만들어낸 결정체이다. 현재부터 미래까지, 나는 수많은 비아의 결과를 만들어내는 원동력이다. 이처럼 미래의 의미는 무궁무진한데 어째서 의미가 없다고 말하는가?

(b) 내가 나인 것은 유전과 과거 환경의 결과다. 그러나 이런 나[此我]를 제외하고 다른 나는 없다. 이런 나는 나의 유일한 소유다. 어찌 그것의 활동이 무의미하다고 할 수 있겠는가? 이런 나는 과거 여러 원인[前因]의 결과다. 모든 세상사가 무의미하다는 것은 소승 불교의 주장으로 "모든 것에는 이유가 있다(持之有故)". 대다수 사람들은 '아[此我]'가 인연

으로 이루어졌다 해서 학문과 사업에 흥미를 잃어버리지 않는다.

이상에서 잡다하게 여러 말을 했다. 이 글은 체계적인 논문이 아니라 엄격한 조리가 있는 것은 아니다. 독자들의 양해를 구한다.

1923. 9. 22.

-『노력주보』에서 옮겨 실음

31 신(新) 신앙의 우주관과 인생관 우쯔후이

一個新信仰的宇宙觀及人生觀 吳稚暉

들어가는 말

내가 이 글을 쓰는 때는 시골 늙은이가 "석양" 아래 "땔나무"에 기대어 한담을 나누는 태도로 나를 점화(點化)하고 제도(濟度)하고 해석하는 그 순간이다. 나는 철학적 도리를 말하는 것과는 어울리지 않지만, 폼 잡기 좋아하고 말꼬리 잡기 좋아하는, 그래서 본인 스스로도 머리가 어질어질해지는 철학이라는 것을 솔직하게 그리고 황당하게 깔보고자 한다. 철학이란 마취성이 강한 잠꼬대로 상대방을 속여 넘기는 것에 불과하다. 좋은 말은 전부 끌어다 붙여 초이지적 현담(玄談), 불학(佛學), 노학(老學), 공학(孔學), 도학(道學), 희랍파, 경원파(經院派), 경험파, 이성파, 비판파 등의 이름으로 서로를 추켜세워 부르지만, 여기에 얼마나 많은 술수가 숨어 있는지 알 수 없다. 처음에는 신앙에 뜻이 있는 듯했다. 그러나 얼마 지나지 않아 그것은 "학술[學]"로 변했다. 학술로 변하자 본분을 망각하고는 진부한 조간신문에서 다른 사람들과 품새를 비교하며 다투거나 자신들의 유식함을 뽐내기 시작했으니 과연 학술답다. 학자는 학자일 뿐이다. 왜 그렇게 수많은 수작을 부리고 술수를 쓰는지 물어보느니 차라리 석양 아래 땔나무에 기대어 한가하게 마음대로 지껄이는 것이 차라리 후련할 것이다. 독일 사람들은 철학자들을 이렇게 비꼰다. "철학자란 체계적인(소위 폼이다) 말로 개념(소위 말꼬리다)을 멋대로 사용하는 사람들이다." 비록 지나친 감이 있지만, 간단한 일을 복잡하고 어렵게 만들어서 잘난 체하는 철학자들도 있기에 완전히 그른 말은 아니다.

그러나 다른 한편으로 생각해보면, 학자들에게 마땅히 경의를 표해야 한다. 내색은 하지 않았지만, 나는 이런 사실을 누구보다 잘 알고 있다. "(천하를 다스리는 데 세 가지를 중요한 것을 가지고 있어야 실수가 적을 것이구나!) 상대(上代)의 것은 비록 좋기는 하나 증거가 없으니, 증거가 없으면 믿어지지 않으며, 믿어지지 않으면 백성이 따르지 않는다. 지위 없이 아래에 있는 자는 비록 좋기는 하나 지위가 높지 못하니, 높지 못하면 믿지 않으며, 믿지 않으면 백성이 따르지 않는다"[1)]라는 말이 있다. 학자라면 밖으로 비치는 모습에 조금은 신경을 써야 하며 무책임하게 행동해서는 안 된다. 석양 아래 땔나무에 기대어 무책임한 말을 멋대로 후련하게 지껄인다면 두고두고 웃음거리가 될 것이다. 학자들은 이런 일을 하려고 하지 않을뿐더러 해서도 안 된다. 말을 아껴 수백, 수천 년에 걸쳐 수많은 학자들이 조금씩 그것을 밝혀내도록 해야 한다. 과거의 성인이 알지 못했던 것을 오늘날 땔나무에 기대어 석양을 바라보고 있는 늙은이가 알 수도 있고, 현재의 성인이나 땔나무에 기대어 석양을 바라보는 늙은이가 꿈에도 생각 못 하는 것을 학자들의 노력으로 수천 수백 년 후 미래의 촌부(村夫)가 별것 아닌 것으로 여기게 될 수도 있다. 번거롭긴 하지만 이런 까닭에 나는 "부득이"한 심정과 "도의적인" 책임감으로 이 글

---

1) 王天下有三重焉, 其寡過矣乎! 上焉者, 雖善, 無徵, 無徵, 不信, 不信, 民弗從. 下焉者, 雖善, 不尊, 不尊, 不信, 不信, 民弗從. -『中庸 · 二十九章』

을 쓰고자 한다.

첫 번째 이유는 간단하다. 즉 무책임하고 멋대로 지껄여 즐거움을 얻는, 따라서 두고두고 웃음거리가 될 수도 있는 잡담은 땔나무에 기대어 석양을 바라보는 늙은이라면 겸연쩍은 마음을 갖지 않고도 할 수 있기 때문이다.

두 번째 이유는 조금 복잡하다. 무수한 학자들이 철저하게 연구한 후 비로소 분명해지는 문제들이 있다. 이것은 내가 학자들을 숭배하는 유일한 이유이다. 후대의 학자가 선대 학자들보다 나은 까닭은 그들이 더 총명하기 때문이 아니다. 선대(先代)의 학자들이 학술적으로 많은 축적을 해놓았기 때문이다. 이것은 량치차오나 량슈밍 선생이 어떤 면에서는 공자보다 낫다고 말할 수 있는 이유다. 공자 선생의 영혼(임시로 말하자면)이 하늘에 있다면 그도 역시 량치차오와 량슈밍이 자신보다 낫기를 바랄 것이다. 왜냐하면 자기 자식이 자신보다 더 뛰어나길 바라지 않는 부모는 없으며, “청출어람청어람(青出於藍青於藍)”을 바라지 않는 스승은 없기 때문이다. 만약에 공자 선생이 두 량 선생을 질투한다면 중국은 점점 더 퇴보하게 될 텐데, 그런 상황에서 홀로 높은 권좌에 앉아 있어 봤자 어떤 영광이 있겠는가? 공자 선생은 일관되게 대동 사회를 지향해 썩은 것을 도려내고 새로운 것을 만들어내려고 노력하였다. 그러나 이천여 년 이상 교육을 지배해오면서 폐단이 드러나게 되었다. 두 량 선생은 수년 동안 재주를 넘어 수만 리나 멀리 떨어져 나왔다고 생각했지만, 아직도 그 손아귀를 벗어나지 못하고 있다. 이것은 “돌팔이 의사”들이 사탕발림으로 가짜 약을 팔아먹었다는 것을 무의식적으로 인정한 셈이다. 이렇게 해서는 죽어가는 사람을 살릴 수 없다. 진정으로 공자를 존경하기 위해서는 그가 내건 교육의 간판을 뒷간에 던져버려야 하며, 그의 가면을 벗겨야 한다. 그러나 두 량 선생은 자신을 낮추어 사양하는 것을 미덕으로 여긴다. 가소로운 것은 이번 세계대전의 원인이 물질문명에 있다고 떠들어대는 것이다. 그들은 이번 세계대전이 전에 없던 전쟁이며(정말 웃기는 노릇이다), 최후의 전쟁이라고 말한다(더더욱 웃긴다). 러셀이라는 이는 한편으로는 자기 불평만 늘어놓고, 다른 한편으로는 중국인들에게 알랑방귀를 뀌며 유럽의 물질문명을 버리고 "중국의 정신문명"을 찾으러 왔다고 떠벌리는데 웃길 노릇이다. (제대로 된 코미디라는 것은 그 자신도 분명히 알고 있을 것이다. 이런 멍청이들이 유럽에 적지 않다. 정말 소름 끼치는 일이 아닐 수 없다.) 떠벌리기 좋아하고 겉치레를 일삼으며 체면조차 팽개친 이들의 귀에 대고 아첨을 해대니 그야말로 금상첨화다. 자기도 모르는 사이에 감동이 뼈에 사무치고 믿음이 깊어져 최면에 빠지게 된다. 물론 두 량 선생이 만든 문화학원이나 취푸대학 등은 마땅히 필요하다. 그러나 한편으로는 시기상조라는 느낌이 있다. 새 생명을 짓누르고 만 악의 근원인 구습을 살려주었을 뿐만 아니라 공자 선생을 대신해 면죄부를 끊어준 격이 되었으니, 이는 도리어 무의식중에 공자 선생 자손들의 밥그릇을 깨부순 것이나 마찬가지다. 직관적이고 간접적이지만 최근의 중국 사조에 대해 통곡하고 간언하는 충정으로 이 글을 쓴다.

신(新) 신앙

"신앙 없는 사람은 없다"는 말이 있다. 맞는 말이다. 그러나 또 이런 말도 있다. "신앙 없는 사람이 없다는 말은 종교 없는 사람이 없다는 말과 같다. 신앙이 곧 종교다." 이것은 틀린 말이다. 이는 모호한 개념 사용으로 인해 발생한 오류이다. 고대에는 철학, 윤리학, 교육학, 미학 등이 종교와 섞여 있었다. 그러나 시간이 지나면서 다른 학문들이 종교로부터 독립하자 종교의 범위는 줄어들게 되었다. 지금은 어떠한 종교학도 그 아래 종교를 복속시켜 두고 있지는 않지만 종교라는 명사는 여전히 모든 종교를 대표하고 있다. 도리어 오늘날에는 여러 가지 비종교적 신앙이 종교학에 포함되었다. 오늘날 종교는 믿지 않으면서 종교학을 연구하는 수많은 비신자 종교학자들을 보더라도 쉽게 알 수 있다. 사실 그들이 말하는 종교학은 신학 자체를 말한다. 따라서 신을 대상으로 하는 것만 종교라고 부르는 것이 좋다. 이것은 종교가들도 원하는 것이다. 수많은 무신론적 신앙을 종교학의 범위에 넣는 것에 대해 학자들은 찬성할지라도 종교가들은 달가워하지 않을 것이다. 따라서 정말로 명확하게 하려면 신학의 영역을 따로 만들고 종교학을 그 관리하에 두면 좋을 것이다. 그것을 표로 만들면 다음과 같다.

신학 ………┌ 종교적 신앙(종교학) — 갑 을
　　　　　　└ 비종교적 신앙 — 갑 을

신학은 학자들의 연구 대상이다. 종교학은 종교가들이 연구하는 것이 마땅하지만, 비종교가들도 종교가 인류 발전사에서 갖고 있는 가치를 인정하고 연구할 수 있다.

각설하고, 나의 "신 신앙적 우주관 및 인생관"에 대해 설명하겠다. 이것은 철학자의 우주관과 인생관이 아니라 땔나무에 기대어 석양을 바라보는 시골 늙은이의 신앙 속의 우주관과 인생관에 불과하다. 그러나 이것은 "성황당을 섬기고 토지신에게 절하는" 구 신앙과는 다른 새로운 신앙이다. 오해를 피하기 위해 몇 마디 말을 덧붙이겠다. 만약 아무런 설명 없이 신 신앙이라는 세 글자를 내세운다면 철학의 범위를 벗어난 것으로 오해를 사 신학 선생들을 종교 영역으로 끌어들이는 결과를 낳을 수도 있다. 이렇게 되면 당나귀 머리에 말의 입을 가져다 붙이는 격이 되는 것이다.

우주관

현상세계, 정신세계, 만유세계, 무의 세계, 시공 안의 세계, 시공을 초월한 세계, 질서 정연한 세계, 모순이 가득한 세계, 직각할 수 있는 세계, 직각할 수 없는 세계, 이 모든 것을 포괄하는 하나의 이름을 붙인다면 본체, 혹은 일체의 근원이라 할 수 있다. 그것을 구성하는 성분은 만유와 무를 통괄하니…… "하나(一個)"라 할 수 있고, "본체"라 할 수 있고, "근원"이라 할 수 있다. 만약 구체적 개념으로 표현하려고 든다면 이론적으로 문제가 있는 것처럼 보일 수도 있다. 그러나 현담가(玄談家)의 유머러스한 말투를 흉내 내어 말해보자면 꼭 그렇지만은 않다. 즉 내가 위에서 말한 정의 안에 이미 "모순이 가득한 세계"가 포함되어 있으니 무엇을 갖다 붙여도 "본체" 등의 말이 이론적으로 모순되는 것은 아니다. 이번에는 진지하게 얘기해보겠다. 붓을 들어 글을 쓰는 나는 만유의 한 분자이며, 이 글을 읽는 여러분들도 마찬가지다. 글을 쓰고 읽을 때는 개념을 사용하지 않을 수 없다. 그러나 만약 이 세계를 초월해 무의 세계로 들어간다면 개념은 아무런 소용이 없어지며, 글을 쓰고 읽는 것이나 심지어는 글 자체까지도 필요 없어질 것이다. 그렇게 되면 여기서 말한 "하나"라든가, "본체"라든가, "근원"이라는 개념은 무의미해진다. 지금 석양 아래 땔나무에 기대어 이 말을 하는 것 또한 쓸데없는 것이다.

이처럼 풀어놓으면 육합에 가득차고 변하여 만유가 되는 것이 바로 "하나"이고, 거두면 물러가 은밀한 데에 감추어져[2] 무(無)가 되는 것도 "하나"이다. (이 글에서 이따금 관용어를 쓰는 것은 글의 논조와 맞추기 위함이지 그 말에 동의하기 때문은 아니다. 이 글은 단지 나 개인의 신앙을 표현하는 것

2) 放之則彌六合, 卷之則退藏於密. -『中庸章句』

일 뿐, 학술적인 것을 말하는 것은 아니다. 따라서 옛사람의 입을 빌거나 우상을 끌어들여 땔나무를 장식하려 하지 않을 것이다.) 만물이 모든 것을 낳고[萬物有生] 원질(原質)은 풍수지화(風水地火), 혹은 금목수화토(金木水火土)라는 오래되고 진부한 말이 있는데, 이것이 바로 "하나"를 말하는 것이다. 서양에도 모든 변화는 단편적이며 진정한 시간만 있을 뿐 공간은 존재하지 않는다는 면연창화(綿延創化, 창조와 지속) 학설이 있는데, 이것 또한 "하나"에 관한 것이다. 석유 왕가의 후원을 받은 듀이의 실험 방법과 우쯔후이가 필사적으로 선전하는 물질주의도 역시 "하나"에 관한 것이다. 온화한 보살의 열반과 비관적인 소년의 허무도 바로 "하나"에 관한 것이다. 무엇을 무극(無極), 태극(太極), 도묘(道妙), 진여(眞如)라 하든, 또는 무엇을 일원(一元), 다원(多元), 현원(玄元), 영혼(靈子)이라 하든 알 바 없다. 오직 분명한 것은 최후에는 "하나"로 귀결된다는 것이다.

우선 겉으로는 관련 없어 보이는 말 몇 마디만 하겠다. 상당히 중요하다. 이 글은 딩원지앙 선생의 말처럼(딩 선생의 「현학과 과학」은 『노력주보』에 실렸다) 현학귀가 내 몸에 붙어서 하는 말이다. 그러나 감히 말하건대, 내 몸에 붙은 현학귀는 과학신의 세례를 받았다. 이런 현학귀는 세계의 종말이 와도 여전히 살아남고 콩트의 배척도 소용없다. 내 몸에 붙은 현학귀는 장쥔마이 선생의 몸에 붙은 것처럼 "무뢰(無賴)"하지 않다. 그는 "논리학 법칙의 영향을 받기 전에는 정의(定義)와 방법에 대해서 알지 못했다"라고 용감하게 말하지 못한다. 그는 오로지 과학신이 점령한 지역을 요구하며, 딩 선생이 말하는 가지(可知)의 영역을 점령하려 한다. 가지 영역 속의 가설은 과학신이 논리로 세운 것이다. 딩 선생이 말하는 불가지의 영역은 현학귀가 점령했다. 불가지 영역 속의 가설도 현학귀가 논리적 수단으로 세운 것이다. 논리적 색채를 띤 현학귀는 모순적이고 천박하다고 동료 귀신들이 "사정없이 흔들어 대며" 비웃을 것이 분명하다.

그러나 현학귀는 전력을 다해 과학신을 도왔기 때문에 이런 소란을 피우고도 딩 선생의 "공격"을 피할 수 있었다.

몇 마디 더 하자면, 일반적으로 말하는 "신앙"상의 "하나"는 "무뢰"한 현학귀에 의해 "상제"나 "신"과 같은 휘호를 쉽게 받을 수 있다. 서로 간의 구별이 없어지게 되면 삼백 년 전의 데카르트 선생까지 끌어들여 "하나"가 무소부재(無所不在)한 신이며 상제라고 주장할 것이다. 이는 우리를 대단히 얕보는 것이다. 내가 말하는 "하나"는 바로 나이고 뒷간 안의 돌멩이다. 내가 바로 상제며 신이라고 말하는 것도 충분히 놀라울 텐데, 뒷간의 돌멩이도 역시 상제고 신이라고 하면 당연히 더욱 받아들이기 힘들지 않겠는가? 나의 현학귀를 불러와 "행패"를 좀 부려보겠다. 천만 보 양보해서, 상제와 신이 존재하며 그것은 나도 아니고 뒷간 속의 돌멩이도 아니라고 해보자. 그러나 내가 있어야 상제가 강림할 곳이 생기지 않겠는가? 좀 더 낮춰서 말하자면 뒷간의 돌멩이가 있어야 상제가 임할 대상이 생기지 않겠는가? 이렇게 되면 상제신의 존엄은 땅에 떨어져 기껏해야 "하나"에 속한 귀족으로 전락하게 된다. 나와 뒷간의 돌멩이도 "하나"에 속한 존재로 상제신보다 조금 못할 뿐이니 그리 나쁘지 않다. 상제신과 나, 그리고 뒷간의 돌멩이는 모두 하나의 아래에 있는 것이다. 상제신은 절대 최후의 하나가 아니다. 상제신이 하나의 한 분자에 불과한데 나와 뒷간의 돌멩이도 하나의 한 분자라니 황송할 따름이다. 이런데도 상제신이 유일한 귀족이라고 할 수 있겠는가?

앞으로도 지금처럼 영원히 비천하게 살 것인가? 바로 이것이 문제이다. 아무 근거 없이 별것 아닌 존재를 상제신으로 모셔놓으니 종교가들이 쉽게 팔아먹을 수 있게 되었다. 나와 뒷간의 돌멩이는 모두 과학신의 세례를 받은 현학귀이니 지나친 "무뢰"함으로 논리를 무시해버릴 수는 없다. 논리적으로 양보할 생각이 없으니, 상제나 신의 존재는 부인할 수밖에 없다.

어떤 사람은 상제신이 초월적 존재이기 때문에 우리가 말하는 "하나"를 초월해 있다고 속임수를 쓰려 한다. 하하, 이것은 "거들먹거리기 좋아하고" "파렴치한" 현학 귀신들의 공염불로 사람들을 세뇌시키기 위한 말이다. 아쉽게도 파렴치한 현학 귀신들의 재주는 별로 신통한 것이 없으니 "하나"를 초월하지 못한다. "하나"는 "무의 세계"도 포함하고 있다. 다시 말하자면 이미 초월성을 포함하고 있다는 뜻이다. 그러므로 상제신이 갖고 있는 변변치 못한 초월성쯤이야 신경 쓸 필요가 없다. 사람들을 움츠러들게 만드는 상제니 신이니 하는 화려한 개념들은 없애 버리는 것이 낫다. 그렇지 않다면 나 우쯔후이가 끝까지 비웃어줄 것이다. 심지어는 뒷간의 돌멩이까지 나서서 자신들이 상제를 하고 신을 하겠다고 떠들어댈지도 모른다. 이렇게 되면 결국 신의 존엄은 땅에 떨어지고 말 것이다.

지금까지의 말은 상제를 모욕하는 것이었다. 이제부터 말하려는 것은 기이하고 우스꽝스러운 가설이지만 절대 신화가 아니다. 이해를 돕기 위해 최대한 쉬운 말로 설명하고자 하는데, 이것은 마치 석양 아래 땔나무에 기대어 사람들과 가격을 흥정하는 것과 비슷하다.

첫 번째 가설은 '하나'는 '살아 있다'는 것이다. '하나'로부터 현상세계와 정신세계, 만유세계, 무의 세계가 나오니 시공 안에 있는 것이나 밖에 있는 것이나, 합리적인 것이나 모순적인 것이나, 직각할 수 있는 것이나 없는 것이나, 수없이 많은 형형색색, 유형무형의 것들이 자연히 모두 살아 있는 것이 된다.

말도 안 되는 소리라고 비판할지도 모른다. 다른 것은 그렇다 쳐도 아무것도 없는 "무"가 어찌 "물(物)"이 되며 "살아 있는 것(活物)"이 될 수 있단 말인가? 나는 웃으며 이렇게 대답할 것이다. "무"도 "하나"의 한 분자이고, "하나"는 살아 있는 것이다. 따라서 무 또한 살아 있는 것이다. 내가 앞서 말한 것을 잊었단 말인가? 내 설명을 듣고 비로소 이해하지 않았던가? 내가 "물"이 "살아 있는 것"이라고 하자 사람들은 그것은 "물"도 아니고 "살아 있는 것"도 아니라고 부정했다. 천지 사방 밖의 것에 대해서는 성인이라도 논하지 않겠다는 것인가?(六合之外, 聖人存而不論) 당신이 만약 그것이 초월자이며 불가사의한 존재라고 한다면 아무 문제가 없다. 그러나 당신은 말을 바꿨다. 좀 전에 증명했던 것을 잘 생각해보라. 모든 것이 "하나"에 속한 존재라는 것을 쉽게 깨닫게 될 것이다. 하나는 살아 있는 존재이다. 분명히, 확실히 살아 있다.

하나로부터 만유세계와 무의 세계가 나왔다는 말을 논리적으로 살펴보면, 이제는 만유와 무의 세계만이 있을 뿐 하나는 존재하지 않는다는 말처럼 들린다. 반드시 유에서 절대로 나아가거나 무에서 절대로 나아가야 하는데 둘 중 어느 것이든 결국은 모두 다 하나로 귀결된다. 이 두 길을 제외하고 하나는 존재하지 않았으니 만약 당신이 그 하나가 무엇인지를 보고자 하면 나를 보거나 거울 속의 자신을 보거나 뒷간에 가서 돌멩이를 보면 된다. 좀 더 넓게 말하자면 망원경이나 현미경으로 세상 만유를 들여다보면 된다. 그것이 지겨워지면 눈을 감고 호탕하게 혹은 심오하게 오묘한 도나 진여, 현원, 영혼 등을 보길 바란다. 이것들은 초월적이고 불가사의해서 "무"에 가깝다. 또한 이것들을 통해 하나의 일부를 충분히 볼 수 있다. 나는 지금 소리 높이 외친다. 완전한 "하나"는 이미 분화되었다. 그것이 존재한다고 여기지 마라! 조상 섬기듯 모시지 마라! 어려운 일에 부딪혔을 때, 상제신이나 되는 양 "하나"를 향해 머리를 조아리지도 말라. 그 하나가 나이며 여러분들이고 뒷간의 돌멩이며 당신이 좋아하는 청풍명월이며 모든 물질문명과 정신문명이고 쓰레기나 잡초, 그리고 모든 동물과 정치가, 군인들이라는 것을 분명하게 알 필요가 있다.

본론으로 돌아가 보자! 어떤 사람은 이렇게 물을 것이다. “하나”가 살아 있는 존재라는 것은 농담으로 하는 말인가, 아니면 진지하게 하는 말인가? 나는 목욕재계하고 공손하게 대답하노니 내 말은 진지한 것이다. 어떤 사람들은 내가 “거들먹거리기 좋아하고” “무뢰”한 것을 즐기며, 내가 하는 말이 내 몸에 붙어 있는 현학귀의 농담일 뿐이라고 여길지도 모른다. 나는 말한다. 나의 현학귀는 어수룩해서 복종하길 좋아하는데 어찌 감히 거들먹거릴 수 있단 말인가. 또한 과학신의 지배 아래에서 논리로 무장하고 있는데 어찌 무뢰할 수 있단 말인가. 또 이렇게 물을지도 모른다. 당신이 말하는 “하나”가 살아 있는 존재라는 결론은 논리적인 것인가? 물론 그렇다. 그렇고말고. 나의 현학귀인 논리학은 완벽하지 않은 면이 분명히 있다. 그러나 그가 입을 열면, 조금 오래된 것이긴 하지만 늘 삼단논법을 사용한다. 그는 말한다. 살아 있는 것만이 살아 있는 것을 낳을 수 있다. 다시 말하자면 살아 있는 것은 살아 있는 것으로부터 나온다. 우쯔후이는 살아 있는 존재다. 그가 어디서 왔는지를 추론해보면 “하나”로 거슬러 올라가게 된다. 따라서 “하나” 역시 살아 있는 존재다. 또 이렇게 물을 수도 있다. 생각해보라. 당신의 전제는 믿을 만한 것인가? 살아 있는 것만이 살아 있는 것을 낳을 수 있다는 말은 살아 있는 것은 반드시 살아 있는 것을 낳는다는 말과 다르지 않다. 그렇다면 “하나”로부터 나온 뒷간의 돌멩이 또한 살아 있는 것이 되니 어찌 웃긴 일이 아니겠는가? 나는 뒷간의 돌멩이가 살아 있는 것이라고 말했다. 과학 전시관을 다녀보면 바로 알 수 있다. 우선 박물관에 가보면 식물 표본에는 활물(活物), 금석 표본에는 광물이라는 이름이 붙어 있는 것을 볼 수 있다. 화학 전시관에 가보면 거의 모든 금속이 살아 있는 것처럼 느껴질 것이다. 다시 물리학 전시관에 가보면 만유인력이라는 보살과 상대성 이론이라는 신이 있다는 것을 알게 될 것이다. 그렇다면 당신은 만유와 공

(空)을 모두 살아 있는 것으로 여기게 될 것이며, 자연히 "하나"도 살아 있다고 여길 것이다.

이렇게 나는 뒷간의 돌멩이를 살려냈다. 현학귀는 논리를 아는 존재이며 조금도 파렴치한 존재가 아니다. 살아 있는 것에 대해 평범한 말로 정의를 내려보면 다음과 같다.

1) 원질[質地]이 있다.

2) 감각 능력이 있다.

사람은 살아 있는 존재이며, 열네 가지의 원질로 이루어져 있다. 파리 한 마리와 장미나무 한 그루도 약간의 원질로 구성되어 있다. 그러나 이 때문에 뒷간의 돌멩이보다 우월하다고 우쭐대서는 안 된다. 왜냐하면 돌멩이 또한 약간의 원질로 구성되어 있으니 지위는 비슷하다. 원질에 대한 논의는 잠시 보류하기로 한다. 사람은 감각을 갖고 있고, 파리도 감각을 갖고 있으며, 장미도 감각을 갖고 있다. 이것은 모두가 인정하는 점이다. 그렇다면 뒷간 돌멩이의 감각은 어디 있는가? 어떤 형태인가? 이에 대해서는 나의 현학귀가 대답하겠다. 먼저 사람과 파리와 장미의 감각이 동등한 것인지 물어봐야 한다. 여기서 말하는 동등과 차등은 정도의 차이가 아니라 상태의 차이를 묻는 것이다. 나는 정도의 고하는 존재하지 않으며 상태의 차이만 있다고 생각한다. 예를 들어보겠다. 우리는 "인간은 만물의 영장이다"라는 말을 매일 듣고 살며 이를 전혀 의심하지 않는다. 그렇다면 인간이 만물의 영장이며 가장 고등한 감각을 가지고 있다는 것을 어떻게 증명할 수 있는가? 이것은 정도에 대해서 하는 말이다. 또 후각이 개보다 나은지, 시각이 고양이보다 나은지, 청각이 쥐보다 나은지 등에 대해서도 물을 수 있다. 이에 대해 이렇게 대답할 수 있다. 사람은 밖으로는 감각을 갖고 있으며 안으로는 이지를 갖고 있다. 그것을 결합해 사상을 엮어내고 계획을 수립함으로써 다른 존재보다 높은 지위를 누릴 수 있다. 그러나 또 이렇게 물을 수 있다. 인간의 직조 능력은 누에보다 못하고 건축 기술은 벌보다 못하니 이것은 어떻게 이해해야 하는가? 이에 대한 대답은 이렇다. 본능의 면에서는 누에나 벌이 사람보다 낫지만 창조력은 사람이 훨씬 뛰어나다. 인간이 보잘것없는 지위에서 출발해 만물의 영장이 될 수 있었던 까닭은 꾸준한 노동과 사유를 통해 위대한 창조적 능력을 완성해냈기 때문이다. 하하, 정말 "위대하지 아니한가." 이번 소송은 아주 크다. 말참견 몇 마디만으로 끝내는 것은 문제해결에 아무런 도움이 되지 않는다. 논쟁에 자주 등장하는 물질문명 숭배에 관한 얘기는 내 생각과 차이가 크다. 인간은 만물의 영장이므로 우쯔후이 개인 또한 만물의 영장이라고 추켜세워지는 것은 분명 기분 좋은 일이다. 인간의 의무를 다한다는 측면에서 보자면, 고귀한 "인간" 존재를 대표하는 것은 영광스러운 일이다. 그러나 만약 톨스토이 선생 같은 분이 인간은 만물의 영장이라는 말 뒤에 숨어버린다면 어찌 치매에 걸린 노인이라고 비웃지 않을 수 있겠는가? 내가 사람을 욕하면서 "네가 인간이냐"라고 지껄이는 것과 같은 것이다. 남들이 나를 사람으로 여기지 않게 된다면 결국 만물의 영장이라는 지위를 잃어버리게 될 것이다. 따라서 이 말은 인간으로서의 의무를 다하도록 촉구하는 것으로 볼 수 있으며 상제보다 더 큰 위력이 있다. 그러나 우주에는 "하나"를 제외하고는 절대적인 존재가 없다. 물론 영악하게 인간이 만물의 영장이라는 말을 인간의 권리를 강조하는 말로 해석할 수도 있다. 어쨌든 사람들은 이 말을 좋아할 수밖에 없다. 량슈밍 선생이 공자의 사상 가운데 가장 존경했던 부분은 직각적 성격의 "인(仁)"이다. 인은 사심 없이 천리(天理)에 부합하는 것이다. 재아(宰我)가 인하지 않은 까닭은 부모가 죽었는데도 먹고 입는 것을 평소대로 했기 때문이다. 먹고 입는 것은 사심에 따르는 것으로 천리에 가장 해가 되는 것이다. 따라서 공자도 그에게 "네 마음이 편안한가(於汝安乎)"라고 준엄하게 물었고 재아는 편하다고 대답했다. 공자는 더 이상 말하지 않고 그것이 편하다면 그렇게 하라고 했다. 이것은 내가 예전에 파리에서 무정부주의를 비판하던 것과 비슷하다. 오늘날 무정부주의는 유치한 신념으로 "각자의 능력만큼 일하고 필요한 만큼 가지라"고 선전하고 있다. 이것은 물리학에 비유할 수 있다. 공자의 "기소불욕, 물시어인(己所不欲, 勿施於人)"과 예수의 "다른 사람을 자기 몸과 같이 사랑하라"는 말은 뉴턴의 만유인력설에 비견될 만하고, "각자의 능력만큼 일하고 필요한 만큼 가지라"는 것은 아인슈타인의 상대성원리에 비견될 만하다. 나는 당시 솔직하게 물어봤다. 만약 내가 능력만큼 일하지 않으면서 필요한 만큼 취하고, 밥하기는 싫어하면서 밥 먹는 것을 바란다면 어떻게 하겠는가. 이에 대해 리스쩡(李石曾, 1896~1973)[3] 선생은 "먹고 싶으면 먹으면 된다"고 대답했다. 그는 내가 없는 자리에서 "우쯔후이는 불인(不仁)하다"고 험담하지도 않았다. 그로 인해 나는 무정부주의를 추종하게 되었다. 량 선생은 그만의 통찰력으로 공자를 이해했고, 망망한 깨달음의 바다에서 건져 올린 직각으로 공자의 인을 새롭게 해석했다. 이 점은 인정한다. 만물의 영장인 공자와 량슈밍 선생, 그리고 나는 친상(親喪)을 당하지 않았기 때문에 옷을 만들고 밥을 지었다. 천리의 천(天)은 모두 우리를 위해 생겨난 것이다. 소와 양, 닭과 돼지 역시 천심(天心)의 인애(仁愛)로부터 말미암은 것으로 은혜를 입었다고 할 수 있다. 따라서 우리는 하늘에 감사하는 의미로 소나 양, 돼지 한 마리로 "예로써 가지런하게 하는(齊之以禮)" 의례를 제정한 것이다. 우리 세대는 매우 신중해서 바르게 썰리지 않았거나 상한 것은 먹지 않았으며, 날것은

3) 중국 근대의 무정부주의자. 프랑스 파리에서 근공검학(勤工儉學) 운동에 참여했다.

삶아 먹고 신선한 것을 좋게 여겼다.[4] 이처럼 써는 것조차 세심하게 신경 쓸 정도로 먹는 것을 중시했다. 우리는 사심 없이 천리에 부합하는 군자이다. 자신의 명성을 더럽히고 싶지 않아 만물의 영장 가운데 약간 낮은 부류에 속하는 요리사에게 일을 맡기고 "부엌을 멀리"한다. 이렇게 하는 것에 대해 "네 마음이 편안하다면 그렇게 하라(女安則爲之)"고 말한다면 매우 난처할 것이다. 이 문제에 대해서는 인생관을 토론할 때 다시 상세하게 다룰 것이다. 더 이상 말하면 길어질 뿐만 아니라, 사람이 이지를 갖고 있기 때문에 짐승보다 낫다는 것을 자화자찬하는 격이 된다. 사람이 사심 없이 천리에 부합하려는 것을 최고의 도덕으로 자부하는 것도 대단한 것이 아니다. 만물의 영장이라는 칭호는 만물의 대표들이 투표를 통해 결정한 것인가, 아니면 사람들 스스로 자랑하기 위해 붙인 것인가. 가소로울 뿐이다. 이렇게 긴 글을 쓰는 것은 만물의 감각이 동등하지 않고 차등적이라는 것을 드러내기 위함이다. 여기서 차등적이라는 것은 상황에 따라 다르다는 것이지 정도의 고하를 말하는 것이 아니다. 사람은 사람의 감각이 있고, 파리는 파리의 감각이 있으며, 장미는 장미의 감각

---

4) 食不厭精, 膾不厭細, 食饐而餲, 魚餒而肉敗, 不食. 色惡不食, 臭惡不食, 失飪不食, 不時不食, 割不正不食, 不得其醬不食.肉雖多, 不使勝食氣, 唯酒無量, 不及亂. 沽酒市脯, 不食, 不撤薑食, 不多食.(밥은 곱게 찧은 쌀로 지은 것을 싫어하지 않으셨고 회는 잘게 썬 것을 싫어하지 않으셨다. 밥이 쉬어서 냄새가 나고 맛이 변한 것과 어물이 썩은 것과 육류가 썩은 것을 잡수시지 않으셨고, 빛깔이 나쁜 것을 잡수시지 않으셨고, 냄새가 나쁜 것을 잡수시지 않으셨고, 알맞게 익지 않은 것을 잡수시지 않으셨고, 제때가 아니면 잡수시지 않으셨고, 자른 모양이 반듯하지 않으면 잡수시지 않으셨고, 그 음식에 어울리는 장이 없으면 잡수시지 않으셨다. 고기가 비록 많을지라도 고기 기운이 밥 기운을 능가하게 하지는 않으셨다. 다만 술은 정해진 양이 없으되 난잡한 지경에는 이르지 않으셨다. 사 온 술과 사 온 고기포는 잡수시지 않으셨다. 생강을 곁들여 먹는 것을 그만두지 않으셨으나 많이 잡수시지는 않으셨다.) -『論語 · 鄕黨 八』

이 있다. 각각의 상황은 다를 뿐만 아니라 모두 특수한 발달 조건을 가지고 있다. 갑이 가지고 있는 것이 을에게는 없을 수 있으며, 병에게 적합한 것이 정의 필요에는 부합하지 않을 수 있다. 예를 들어 장미가 가지고 있는 감각을 사람과 파리가 갖고 있지 않다고 해서 장미가 더 나은 존재라고 말할 수는 없으며, 파리가 가지고 있는 감각을 사람과 장미가 모른다 해서 파리가 더 고등한 존재라고 할 수는 없다. 자화자찬은 상대적으로만 용납될 수는 있는 것이다. 감각의 고하를 나누고 진화학설을 말하는 것도 인생관 내에서 가정된 것일 뿐이다. 오로지 우주관을 논할 때 "하나"가 살아 있는 존재라고 추론하는 것에는 이러한 차별이 용납되지 않는다.

첫 번째 단계로, 뒷간의 돌멩이도 감각이 있다는 것에 대해 살펴보자. 파리의 감각은 사람의 감각과 다르며 성질에도 매우 큰 구별이 있다. 장미의 감각도 파리의 감각과 다르며, 그들의 감각에도 역시 매우 큰 차이가 있다. 그렇다면 내가 뒷간의 돌멩이도 감각이 있을 뿐만 아니라 그것은 장미의 감각과 다르며 매우 큰 차이가 있다고 말하는 것도 가능하지 않겠는가. 만약 억지로 고하를 나누어 본다면, 돌멩이는 적연부동(寂然不動)한 성질이 있어서 사심 없이 천리와 부합하며 변함없이 바르고 곧음을 유지한다. 비록 뒷간의 돌멩이일 뿐이지만 수많은 세월이 지나도록 여전히 그대로의 모습을 간직하고 있다. 수백 조 마리의 파리와 수천만 송이의 장미꽃이 생멸한 것과 비교해보면 뒷간의 돌멩이를 만물의 영장이라 해도 이상할 것이 없다. 돌멩이는 그것만의 감(感)과 그것만의 각(覺)이 있다. 사람과 파리, 장미가 가지고 있는 감각은 돌멩이에게 필요없기 때문에 갖고 있지 않은 것이다. 서로 다른 상황을 고려하지 않고 무조건 감각의 고하를 논하는 것과 비슷한 사례가 과거에도 있었다. 중국

고대의 현학귀들이 '어느 것이 바른 색이고 바른 맛인가'[5]등의 논의로 소란을 피우던 것이 바로 그런 예이다. 물론 과학의 세례를 받은 현학귀들은 이러한 논리로 자신들의 이론을 변호하지 않는다. 여기서 두 번째 단계로 넘어간다. 즉 현학귀가 과학의 가면을 쓰고 정색을 하며 뒷간의 돌멩이도 감각이 있다고 단정해 말하는 것이다. 그들은 뒷간의 돌멩이를 대신해 돌멩이 심리학을 만들어내려는 것이 아니다. 그들은 간단한 물음을 던질 뿐이다. 과학자들의 말처럼 인류의 감각은 모두 신경계로부터 비롯되는 것이 아닌가? 신경계의 뇌세포와 뉴런 등은 혈액으로부터 영양을 제공받아야 비로소 활동하게 되는 것이 아닌가? 만약에 우리가 며칠 동안 굶는다면 혈액은 말라버릴 것이며, 영양결핍으로 인해 신경계는 감각을 잃게 될 것이다. 그렇다면 그 감각을 믿을 수 있겠는가? "세 끼를 먹어야 귀가 들리고 눈이 보인다."라는 말이 있다. 그렇다면 만물의 영장인 사람도 배불리 먹고 몸을 따뜻하게 유지해야 신경계가 작동하지 않겠는가? 남자는 미녀를 만난 후에 비로소 낯간지러운 직각이 생기게 되며, 창피를 무릅쓰고 세상에 하나뿐인 선녀라는 등의 말을 입에서 뱉어내게 되는 것이다. 이는 애정충동으로 여기서 친화력이 생긴다. 그렇다면 뒷간의 돌멩이는 어떤가. 화학자가 유리병 안에 놓인 돌멩이에 알코올을 부으면 일부는 배척하지만 일부는 새로운 것과 반응해 큰 애정을 발산하게 된다. 돌멩이의 충동적 애정이 재자가인(才子佳人)에 비해 보잘 것 없다고 말할 수 있을까? 또한 이지의 통제를 받는 돌멩이의 충동은 결합할 것과는 결합하지만 결합하지 않을 것과는 절대 결합하지 않는다. 이처럼 사람보다 훨씬 의지가 강해 보이는데 뒷간의 돌멩이라고 해서 감각이 없는 존재라고 말할 수 있겠는가? 1) 원질이 있고, 2) 감각 능

5) 孰知正味, 孰知正色. -『莊子 · 齊物論』

력이 있는데, 어째서 살아 있는 물질이 아니라고 하겠는가?

좋다. 뒷간의 돌멩이를 살려내야 나의 우주관에 대한 결론을 내릴 수 있다. 돌멩이도 감각이 있다는 주장은 이론적으로 문제가 없다. 그러나 박물학자들은 감각이라는 개념을 동식물에 한정해서 쓰고 있다. 만약 광물 등에도 감각이 있다고 하면 분류에 많은 혼란이 생길 것이다. 돌멩이의 질(質)과 역(力)이 균형을 이루어 만들어낸 친화성이 감각과 다를 바 없다는 것은 옳은 말이다. 나는 원래 만물에 질과 역이 있다는 것만 인정하려 했다. 질을 말하면 역이 존재하고, 역을 말하면 질도 존재하게 된다. 질이 없는 역은 없고, 역이 없는 질도 없다. 질과 역은 이름만 다를 뿐으로 원래는 하나다. 만유가 "하나"였을 때, 체(體)의 측면에서 보자면 질이고, 능(能)의 측면에서 보자면 역이었다. 이것이 곧 활물을 말하는 것이다. 하나의 활물이 변해 만유가 되는데, 큰 것 가운데에는 질력이 병존하는 별과 달이 있고 작은 것 가운데에는 질력이 완전하게 갖추어져 있는 전자(電子)와 같은 것이 있다. 따라서 감각이라는 개념을 동식물에만 제한해서 사용한다 해도 안 될 것은 없지만 반대의 주장도 가능하다. 즉 기괴하게 들릴지도 모르겠지만, 동식물도 원래 감각이 없으며 단지 질과 역이 서로 전화(轉化)하면서 복사(輻射)반응을 일으키는 것이라고 말할 수 있다. 사람을 예로 들어보자. 질이 신경계를 만들었고, 역이 반응을 만들었다. 정감, 사상, 의지 등은 반응에 따라 붙여진 이름으로 고상한 말로 하면 심리, 신묘한 말로 하면 영혼, 직접으로 말하자면 감각이다. 하지만 이 모든 것은 질력의 상호작용에 불과하다. 파리의 신경계에 질이 있기에 역이 생기며, 반응이 있기에 감각과 심리, 영혼이 만들어진다. 장미 신경계의 질력 반응은 사람과 크게 다르며, 이것이 장미의 감각과 심리, 영혼을 이룬다. 뒷간 돌멩이의 신경 조직은 사람들이 절대 알아볼 수 없다. 질적 구성과 역의 반응에 대해서 뭐라고 말할 수 없지만,

이것이 돌멩이의 감각과 심리, 영혼을 구성한다. 사실 뒷간의 돌멩이나 장미, 파리, 사람 등이 감각과 심리, 영혼을 가진 적이 있었던가. 질과 역의 구조 및 상이한 반응에서 기인할 뿐이다. 따라서 나의 만유유생론(萬有有生論)은 다음의 몇 마디로 요약할 수 있다.

> 만유는 모두 살아 있으며, 질과 역을 가지고 있다. '무' 역시도 살아 있으며 질과 역이 있다.

감각이라는 개념에 대해서는 생물학자와 동물학자들에게 맡겨두고 더 이상 논의하지 않겠다. 그렇지만 뒷간의 돌멩이가 이 개념을 빌려 쓴다 해도 조금도 이상하지 않다. 아울러 우리 모두의 "원래 그 자체"인 "하나"에게 가끔씩 감각이라는 말을 빌려준다 해도 이상할 것은 없다.

원래는 여기까지 쓰고 나서 나의 우주관을 총괄적으로 정리해보려고 했다. 그러나 영혼의 문제에 대해 비판하려던 중에 갑자기 병을 얻어 십여 일을 흘려보냈다. 이 기간 중에 장쥔마이 선생이 『신보부전(晨報副鐫)』과 『시사신보 · 학등』에 과학 병사를 동원해 현학귀를 보호하기 위한 글을 써서 딩 선생과 논쟁을 시작했다. 량치차오 선생도 "논전공법"을 제정해 논쟁의 확대에 대비했다. 그러나 장 선생이 쓴 반박문을 읽어보니 학자들의 뻔한 말일 뿐이라는 생각이 들었다. 소품들을 펼쳐놓고 연극을 한 것일 뿐, 본격적으로 전쟁을 시작한 것은 아니다. 그들이 진짜로 싸움을 시작해 수많은 명배우들이 등장한다 해도 현학과 과학의 범위를 벗어날 수는 없을 것이다. 온갖 개념을 동원하고 귀신을 부르고 난리 법석을 부려도 수재(秀才)가 반란을 일으키는 것에 불과하다.[6] 석양 아래

6) 秀才造反, 三年不成. - 수재들이 반란을 일으켜봐야 3년이 가도 성공하지 못한다는

땔나무에서 이렇게 시끄럽게 떠들 필요는 없지만 영혼과 결판을 보기 위해 몇 마디 덧붙이겠다.

장 선생이 칭화대에서 강연했던 「인생관」은 직접 듣지 못했다. 그러나 『신보』에 실렸고, 딩원지앙 선생의 주장을 반박한 글도 이미 발표되었다. 글을 보니 백 년이 가도 두 선생의 논쟁은 끝이 나지 않을 것이라는 생각이 들었다. 장 선생은 무리하지 않을 뿐만 아니라 현학귀이면서 과학대신(科學大神)이다. 다만 부족한 점이라면 성격이 소심하고 신중해서 공중누각과 같은 상제를 감히 배척하지 못한다는 것이다. 그는 마음속으로 분명 "영혼"의 존재를 인정하고 있다. 이에 반해 딩 선생의 머릿속에는 영혼의 존재 따위는 없다. 그러나 그는 장 선생이 인정하는 영혼과 싸울 생각도 없는 것 같다.

내가 오 년 만에 이 글을 쓰게 된 동기는 친구들에게 간략하게 설명을 하기 위해서이다. 따라서 써도 그만이고 안 써도 그만이다. 신문화운동이 시작되고 나서 사람들이 우주관과 인생관에 대해 이야기하는 시간이 많아졌다. (문학가들은 대개 입에서 나오는 대로 지껄이기 때문에 그에 대해서는 말하지 않겠다.) 곧이어 동양문명과 서양문명, 물질문명에 대한 논의가 우주관과 인생관에 대한 논의를 능가했다. 학문이란 어느 정도 떠들썩해야 발전한다고 하지만 떠들어댈수록 머리는 더 복잡해진다. 나는 현재 중국의 시대사조를 대표할 수 있는 인물은 다음 네 사람이라고 생각한다. 첫 번째는 후스 선생이다. 그는 서양사상으로 무장한 중국학자이다. 비록 나의 신 신앙과 공통점은 없어 보이지만, 그렇다고 크게 다른 점도 못 찾아냈다. 딩원지앙 선생이 분노에 차서 현학귀를 때려잡으려 한 것은 후스 선생의 도움이 있었기 때문이다. 두 번째는 주첸즈(朱謙之) 선생

말에서 가져옴.

이다. 그는 서양사상으로 무장한 인도학자이다. 그의 주장은 완전히 부인해버릴 수도 있고, 또 완전히 인정할 수도 있다. 세 번째는 량슈밍 선생이다. 그는 30퍼센트의 서양사상과 70퍼센트의 중국사상으로 무장한 인도학자이다. 네 번째는 노장 량치차오 선생이다. 그는 중국사상으로 무장한 서양학자이다. 장 선생의 인생관은 암암리에 두 량 선생의 영향을 받은 것 같다. 그렇지 않다면 장 선생이 폭도와 같은 학자가 되어 상황을 지금처럼 어지럽게 만들었겠는가. 물론 그 자신도 고충이 있었을 것이다. 첫째, 그는 칭화대학 강당에서 상제와 영혼을 부인할 수도 있었다. 둘째, 미국으로 떠나는 학생들에게 청량제와 같은 조언을 해줄 수도 있었다. 그러나 자신도 모르게 두 량 선생의 현묘한 말에 현혹되어버렸다. 두 량 선생의 인생관은 지나치게 엄숙하다. 서두에 두 선생의 고명하신 이름을 언급한 것은 후반부에서 그들이 주장한 인생관에 대해 반박하기 위해서이다. 상제든 영혼이든 내가 어떤 개념에 대해 토론하자고 하면 그들은 분명 나를 비웃을 것이다. 따라서 장 선생이 말한 저명한 영국 학자 울리히의 "정신원소"라는 개념을 사용해 장 선생과 두 량 선생 모두가 만족할 만한 대답을 하고자 한다. 하지만 이것도 영혼의 다른 이름일 뿐이다. 장 선생은 "정신원소의 작용은 일종의 심원한 능력으로 일반 사람은 알 수 없다"라는 울리히의 말을 인용했다. 이것이 바로 딩 선생이 말한 파렴치한 현학귀의 말 안 되는 주장이다. 울리히는 사회철학가의 간판만 걸고 있을 뿐이다. 그렇지 않다면 어찌 "심원한 능력으로서 비범한 사람만이 알 수 있다"는 등의 말을 할 수 있겠는가. 이것은 난츠즈(南池子) 입구의 사주(四柱)집 점쟁이나 교회당의 코쟁이 선생이 설교하는 것과 다를 바 없다. 우리는 일반인[常人]이고 울리히는 천인(天人)이라도 된다는 말인가. 그는 제대로 알지도 못하면서 철면피처럼 "정신원소"라는 말을 "떠들썩하게" 외치고 다닌다. 그러나 또 한편으로는 울리히 선생을 용서해야 한다. 그는 신사(紳士)다. 유럽에서 상제를 믿지 않는 것은 중국에서 하늘을 믿지 않는 것과 같다. 도학선생에 대해 얘기해 보자. 무당집[屋漏]에서 밤을 지내게 되면 누구라도 모골이 송연해질 것이다. 그러나 상제가 보우하신다고 말한다면 조금은 기분이 나아질 것이다. 그러나 연미복을 입은 사람이 그렇게 말했다면 같은 상제는 아닐 것이다. 이것은 도연명(陶淵明)이 말한 "불구심해(不求甚解, 깊이 파고들지 않고 건성건성 하다)"와 다를 것이 없다. 철저하게 파헤치지 않는다면 안하느니만 못하다. 아무것도 하지 않는다면 최소한 현 상태는 유지할 수 있다. 그렇지 않았다면 "무뢰배"가 되어 중국 신사들 무리 속에 섞일 수 없었을 것이다. 마찬가지로 신을 믿지 않는 "악한"이 되어 서양 상층 사회에서 살아가기도 쉽지 않다. 상제의 존재를 인정하는 것은 영혼의 존재를 인정하는 것이다. 영혼의 존재를 인정하면 "인간은 만물의 영장"이라는 말이 가능하다. 이 때문에 진화를 말해도 발전에 한계가 있고, 창조를 말해도 초월에 한계가 생긴다. 장 선생이 세상에 대한 연민에 울리히의 정신원소를 합친 인생관으로 세상을 구하려고 할지도 모른다. 그러나 이것은 장작을 안고 불 속으로 뛰어드는 격으로, 장 선생은 이것이 얼마나 위험한 일인지 모를 것이다. 정신원소는 근거가 부족한 개념이다. 서양의 신사가 상제를 대접하며 마취성의 간사한 말을 뱉어내는 것일 뿐이다. 그러나 어찌 울리히 혼자만의 책임이라 할 수 있겠는가. 근대에 베이컨, 데카르트, 스피노자, 칸트 등 대단한 철학자들이 상제의 권위를 무너뜨리려 했지만, 실제로는 공개적으로 배척하지도 못했을 뿐만 아니라 심지어는 상제를 끌어다 자신의 이론을 보완하기까지 했다. 이어서 등장한 콩트, 다윈, 헉슬리, 하이데거 등도 크게 다르지 않았다. 니체는 매우 총명했지만 그도 상제를 이용했다. 베르그송의 생각도 매우 분명했지만 의지처(依支處)를 버릴 수는 없었다. 니체는 창조란 권력의지에서 나온다고 주장했다. 이는 천만번 옳은 말이다. 그러나 또 "우리의 내면 깊은 곳에서 흘러나오는 것은 결코 기계론에서 말하는 힘이 아니며, 그것이 육체의 결집을 지배하는 것도 아니다"라고 말했다. 기계적 힘이 권력의지를 지배할 수 있으면 되지 어째서 그것을 의심하며 다시 내면 깊은 곳에서 찾으려 하는가? 여기서 말하는 내면 깊은 곳이란 정신원소를 말하는 것이다. 베르그송은 "우주는 대생명이고 영원한 유동(流動)이다. 생의 충동은 따라서……"라고 말했다. 이것은 천만번 옳은 말이다. 그러나 다시 "향상적 본능 과정 중에 식물과 동물이 나오고, 하향적 해체 과정 중에 광물이 나온다"라고 말했다. 또 "인류는 대자연의 마지막 도착점이 아니라 대자연 활동의 정점이다"라고도 했다. 정점이란 사람이 만물의 영장이라는 의미이다. 니체와 베르그송은 모두 상제에게 의지했기 때문에 철저하지 못한 면이 있다. 니체의 초인은 쓸데없이 만들어낸 권력자의 보호물이다. 베르그송의 철학도 현학귀들의 흥미를 끌 만한 내용이 있었지만 인생관에 영향을 미치지는 못했다. 그의 "생생위역(生生爲易)" 사상이 "귀신의 상황"에 정통한 중국의 역학(易學) 명인들에 의해 증명되자 공자 선생은 2500년 전의 베르그송으로 추앙받게 되었다. 베르그송이 도리어 공자적 인생관의 중개인이 된 것이다.

사실 니체와 베르그송 선생의 몇 마디 말로도 충분히 상제의 이름을 제거해버리고 정신원소의 영혼을 내쫓아버릴 수 있다. 그런 다음에도 발전할 수 있고 초월할 수 있으며 사람은 만물의 영장이라고 주장할 수도 있다(앞에서 이미 말했지만, 뒤에서 다시 말할 것이다). "우주는 대생명"이며 그것의 질은 동시에 역을 담고 있다. 다른 말로 표현하자면 그 힘은 권력이라고 할 수 있다. 권력에서 의지가 생긴다. 다시 말하자면 "영원한 운동" 중에 운동이 절정에 도달하면 사람이 나오고, 생명의 권력을 기초로 기계식의 생명(질과 역)이 의지를 만들어낸다. 외부 대상과 접촉하면 감각이 생겨나고, 감각을 제어해 정감이 만들어진다. 정감의 오류를 방지하기 위해 이지가 만들어진다. 이지의 반복적인 검증을 거친 특별한 정감에서 직각이 만들어진다. 심체(心體)에 적응해 검증이 필요 없어진 것들은 본능이 된다. 이와 같은 각각의 작용은 모두 신경계라는 생산 기계에서 나오는 것이다. 아울러 세 근 두량의 뇌수가 만들어진다.(이것은 말장난에 불과할지도 모른다. 우리 고향 속담에 "머리는 아홉 근 반"이라는 말이 있는데, 그 가운데 삼분의 일 정도가 뇌수이기 때문에 이렇게 말한 것이다.) 뇌수는 5048가닥의 뇌신경(우리 고향에서 5048이라는 숫자는 많다는 의미로 사용한다)과 이어져 있는데, 정감에 대한 이지의 검증을 통해 직각이 만들어진다. 이것은 "직각이란 경험에 근거한 암시로 살아 있는 경험에서 솟구쳐 나온다"는 후스 선생의 말과도 통한다. 이 때문에 장 선생이 수긍하지 않은 것이다. 장 선생은 직각과 의지는 동일하며 모두 선천적인 것이라고 여긴다. 비록 심리학자의 눈에는 이런 논의가 말도 안 되는 웃음거리로 비치겠지만, 가시가 목을 찌른 이상 맘대로 뱉어낼 수는 없다. 예를 들어 맹자는 사람이라면 누구나 "수오지심(羞惡之心)을 가지고 있다"고 했는데, 여기서 수오는 분명 직각의 일종이다. 만약에 톈진 진윈펑(靳雲鵬)[7] 선생의 생신을 축하하며 여자 한 명을 소개시켜주겠다고 하면 선생은 분명 얼굴을 붉히며 크게 화를 낼 것이다. 하지만 만약에 같은 말을 "조지(George)"에게 한다면 그는 감사를 표하며 대단히 즐거워할 것이다. 여기서 볼 때, 수오라는 직각은 환경에 따라 다른 것이지 선천적인 것이 아니다.

딩 선생과 장 선생은 똑같이 전화 교환실 비유로 서로를 비난했다. 전화 교환실은 이해를 돕기 위한 비유일 뿐이니 비난할 필요까지는 없다.

7) 북양정부(北洋政府) 국무총리. 돤치루이(段祺瑞)의 사대금강(四大金剛) 중 한 사람.

세 근 두 량의 뇌수와 5048가닥의 뇌 근육은 너무 복잡해 인간의 능력으로 파악할 수 없다. 머리카락 한 가닥의 단면적은 원자 사백조 개의 면적과 맞먹는다. 또한 원자핵의 주위를 도는 전자 한 개의 크기는 원자의 십만분의 일이다. 이렇게 따져보면 원자 한 개가 가지고 있는 핵과 전자의 수는 태양이 행성과 위성을 갖고 태양계를 이루는 것에 비견될 만하다. 이런 수백, 수천조 개의 원자가 세 근 두 량의 뇌수와 5048가닥의 뇌 근육을 구성하고 있다. 따라서 전화 교환실 비유로 고등 의지니, 고등 이지니, 초등 직각이니, 상등 정감이니, 상등 감각이니, 우등 본능이니 말하는 것은 유치하고 무용한 일이다. 하물며 정신원소인 영혼은 말해 무엇하겠는가. 신발 신고 발바닥 긁기다.

무수히 많은 것 중 몇 개가 썩어 없어지거나 잘려나가도 아무 느낌이 없다. 하나의 개별적 우주가 이렇게 끝을 맺고, 수천 수백 마리 구더기의 우주가 여기서 시작한다. 그곳의 수많은 헛간에는 "의기양양한 정충(精蟲)"(사람)의 무수히 많은 영혼이 있다. (성교 한 번에 이백조 개 이상의 정충이 나오는데, 그중 하나만이 만물의 영장이 될 수 있다. 실패한 199조 99만 9천 9백 9십 9마리의 정충들의 영혼은 어디에 두어야 할 것인가?)

영혼이란 개념은 일단 덮어두자. 장쥔마이 선생이 인용한 울리히 선생의 "정신원소"가 사실은 변형된 요괴에 불과하다는 것을 증명해보겠다. 드리슈 선생이 말한 "엔텔레케이아"에 초점을 맞추지 않는 데는 이유가 있다. 그것은 참신해 보이지만 사람을 우롱하는 것이다. "대단히 우쭐대는" "파렴치한"인 상제는 비록 손오공보다 훨씬 변신에 능하지만 오랫동안 도망갈 곳이 없었다. 결국 영혼으로 변신해 반동파의 졸개가 되어 대왕에게 충성하는 고육책(苦肉策)을 생각해내었고, 사람 몸에 붙어 삼위일체라는 헛갈리는 말로 동병상련을 느끼게 만들었다. 또한 우쭐대기 좋아하는 사람들의 약점을 이용해 금수와 비교되는 것을 참지 못하도록 만들었다. 사람을 정감 없이 딱딱한 기계에 비교하는 것을 누가 좋아하겠는가. 붉게 물들어 오는 하늘을 보며 아주 그럴듯한 동작으로 화를 내거나 부끄러워한다. 이렇게 해야 인생관의 존엄이 보전되는 것이다. 여기에 인간의 존엄을 인정한다는 상제의 고지가 내려오니 인간은 비로소 신성불가침의 지위에 오르게 되었다. (그러나 어리석은 사람들이 수백 년 동안 지식을 축적한 결과로 기계가 탄생했으며, 그것이 딱딱한 철로 만들어졌다는 것을 잊고 있다. 사람이야말로 수백조 년 동안 수십조의 단백질이 진화한 것으로 사람과 기계에 투입된 시간과 경비를 비교해보면 그 대단함을 알 수 있을 것이다. 그러나 당연히 천년 묵은 여우는 사람의 존엄성을 깎아내려 어설픈 고양이와 비교당하고 싶지 않을 것이다. 조급해할 필요 없다.) 사람과 기계를 출신의 귀천으로 논한다면 사람들은 영혼의 유무를 기준으로 내세울 것이다. 이것은 면 저고리를 입은 사람들 사이에 진귀한 나무 도장을 차고 서 있는 것과 같다. 패찰을 읽어볼 필요도 없이 그 차이는 분명하다. 영혼은 자신을 끊임없이 변화시키며 사람을 지배하고 있다. 게다가 과학의 탈을 쓰고 정신원소로 불리고 있다. 하지만 정신원소는 정신원소일 뿐이다. 내력을 직접 물어보는 것은 실례지만, 이렇게 거드름 피는 파렴치한을 어찌 그대로 놓아둘 수 있겠는가. "엔텔레케이아"라는 이름의 혼합물은 우리 쑤저우 방언 중의 "아주 그럴싸한 것"이라는 말과 비슷하지만, 그것의 정체는 정신원소보다 더 특별해 보인다. 그러나 이 드라마는 사기꾼이 아니라 소시지를 즐겨 먹는 나이 지긋한 멀쩡한 선생이 연기하는 것이다. 따라서 재주가 그리 뛰어나지 않다. 원숭이가 사모관대를 쓰고 있는 것이 관리의 형상과 흡사하지만 꼬리를 끌고 무대 앞에 나서는 것은 곤란하다. 드리슈 선생은 박학다식할 뿐만 아니라 이해력도 깊고 분류에도 뛰어난 학자다. 그러나 그는 고약(膏藥)을 파는 약장사가 아니며 말솜씨도 노련하지 않다. 그는 다리 위에서 옷가지를 파는 뜨내기 장사치다. “마고자 사세요. 한 벌에 일 원. 깃은 서 냥, 단추는 닷 푼, 속감은 넉 냥, 겉감은 거저 드립니다.” 이것이 바로 그의 강연 내용이다. 그는 “엔텔레케이아”와 물질을 “대립시켜” 이원론을 만들어내는 한편, “엔텔레케이아의 의욕이 모든 물질을 구성한다”고 말했다. 엔텔레케이아는 “초식(初式)”을 구성하며 “심은 차식(次式)”인 것이다. 아아! 엔텔레케이아는 물질로 구성된 것인데, 아버지(물질)와 다르다(二元)고 싸우니 실로 어리석은 아들이다.

자! 이제 내 우주관의 중요한 화두를 분명히 제시하고 이 글을 마치겠다. 그리고 『태평양잡지』 다음 회에서는 인생관에 대해 말하도록 하겠다.

태초[無始之始]에 혼돈이 있었다는 것은 웃긴 소리다. 언어로 형용할 수 없는 괴상한 물건이 어디에도 존재하지 않는 곳에 있었다는 것은 답답한 혼잣말에 불과하다. 들을 수도 볼 수도 없으며, 냄새도 없고, 만질 수도 없는, 그리고 항상 이렇고, 나중에도 이렇고, 영원히 이렇다고 하니 어찌 사람이 미치지 않겠는가. (천박하고 한가하게 들릴지도 모르는 나의 헛소리에 대해 용서하기 바란다. 그러나 마땅히 해야 할 말이니 계속 듣다 보면 이해가 될 것이다. 천기를 누설하는 것에 관련된 일이나 철저히 하는 것이 낫다.) 늦었다고 생각될 때가 가장 빠른 때이다. 자신도 모르는 사이에 깨닫게 될 것이다. 이 깨달음은 의지에 부합하는 것이며, 인을 구해 인을 얻는 것(求仁而得仁)과 같다. 순식간에 무한한 우주가 변화하니 다시 말하자면 조조조조 개의 내가 생기는 것과 같다. 변화의 방법은 매우 간단하다. 질력을 갖고 있는 약간의 “불가사의”한 것과 어떤 것을 합치면 된다. 여기에 다시 약간의 어떤 것을 합치면 전자가 된다. 약간의 전자를 합치면 원자가 된다. 약간의 원자를 합치면 일월성신(日月星辰)과 산천초목(山川草木), 조수곤충(鳥獸昆蟲), 어류가 된다. 그것을 면연(綿延)이나 창화(創化)라 불러도 좋고 심경(心境)이 변한 것이라 해도 좋다. 결국 지금까지도 변화는 끝나지 않았을 뿐만 아니라, 예전에 완성되어 고정 불변하는 것은 아무것도 없다. 이것이 나의 우주관이다.

들리지 않고 보이지 않고 냄새 맡을 수 없고 만질 수도 없는 답답한 괴물이 되길 거부하고 만들어낸 무한한 우주의 목적은 어디에 있는 것일까? 조금 과장해서 말하자면, 진선미를 향해 나아가는 것이라고 할 수 있다.

그러나 "진"을 인식해서 보기 좋게 만드는 것을 "미"라 하고, 잘못되지 않게 만드는 것이 "선"이라고 한다면 본래의 의미와 맞지 않는다. 매 분 매 초, 시시각각 낡은 것을 더 새로운 것으로 변화시켜야 한다고 생각한다면 이는 바둑을 두며 주사위를 던지는 격으로 이런 "무의식"적 경거망동은 "엉망진창"이 되고 말 것이다. (농담으로 말하면) 따라서 사람들은 다음과 같은 세 가지 의견을 내놓을 것이다.

1) 매우 흥미 있을 것이다. 원래 심심해 죽을 지경이었는데 끊임없이 변화할 수 있다니! 불변은 상상할 수 없는 일이다. 최선은 아니라도 비교적 좋게 변할 수 있으니 그 정도면 시간을 때우기 충분하다.

2) 그만 됐다. 실망스러울 뿐이다. 이렇게 귀찮게 만들 바에야 차라리 따분한 게 낫다. 비교적 좋은 것이란 무엇인가. 가장 잘 됐을 때란 사실 아무것도 할 수 없을 때이다. 유리 위에 오색영롱한 무늬가 새겨져 있어도 역시 따분할 뿐이다. 용기가 있다면 차라리 들리지 않고, 보이지 않고, 냄새도 없고, 만질 수도 없는 경지조차 희생시키는 것이 나을 것이다.

3) 너무 기뻐하지도 너무 번뇌하지도 말라. 둘을 절충하면 된다. 진선미란 무엇인가. 도달할 수 없다고 하느니 "진에 가깝다", "미에 가깝다", "선에 가깝다"라고 하면 된다. 내가 도달했다면 도달한 것인데 어찌 그치지 않는가. 그는 다시 머리를 절레절레 흔들며 말할 것이다. "어떤 사

람은 말을 타고 가는데 나는 나귀를 타고 간다. 위세가 마땅치 못해 기분이 언짢은 와중에 돌연 고개 돌려보니 짐꾼이 열심히 뛰어 쫓아오고 있네……."

위의 세 사람은 량슈밍 선생이 말한 세 길을 비유한 것이다. 세 길은 각각 서양과 인도, 중국을 의미한다. 후스 선생은 그것이 너무나 포괄적이며 추상적이라고 비판했다. 민족이라는 거대 집단이 모두 동일한 길을 가는 것은 아니다. 개인만 하더라도 일생 동안 혹은 하루 동안 한 길만 가는 것은 아니다. 위에서 말한 세 길은 환경과 시대에 따라 변할 수 있다. 환경의 영향에 따라 정리해보니 보통 하나의 민족은 하나의 길을 걸어왔지만 중국은 두 갈래 길을 걸어왔다. 따라서 공자 선생 이전의 민족 심리가 공자 선생의 학설을 만들어낸 것이다. 공자 선생은 2500년의 시간을 뛰어 넘어 량치차오, 량슈밍, 장쥔마이, 장싱옌 등 총명한 여러 선생들을 직간접적으로 조종해 자신의 울타리를 벗어나지 못하게 만들었다. 비록 장자나 묵자, 후스, 딩원지앙, 런슈용 등 수많은 사람들이 이단의 길로 들어섰지만 그 길을 제대로 정리하지 못했다. 나처럼 석양 무렵에 땔나무에 기대어 참견만 하는 사람은 말할 것도 없다. 나는 그저 꽹과리를 치고 노래나 부를 뿐이다. 당신은 어떤 인생관을 갖고 있는가? 친구들이여! 다음 글에서 자세하게 얘기하겠다.

인생관

사람이란 무엇인가? 진지한 비유 하나를 들어보겠다. 사람이란 우주 만물 가운데 동물이라고 불리는 존재다. 또한 수많은 동물 가운데 포유류에 속한다. 또한 수많은 포유동물 가운데 뒷다리로 직립하고, 길을 걷는 의무에서 벗어난 앞다리인 손으로 다양한 조작을 할 수 있는 존재다.

이것은 외형적인 면에서 말한 것이다. 사람의 두뇌는 아홉 근 반이며 세 근 두 량의 뇌수로 채워져 있다. 또한 5048가닥의 뇌신경이 있다. 다른 포유동물과 비교했을 때 사람의 뇌신경이 가장 많다. 5048가닥 이상의 뇌신경을 가진 포유동물은 없다. (세 근 두 량과 5048가닥 등은 엄격한 수치는 아니다. 확실한 수치를 알고 싶다면 박물학자에게 물어봐야 한다. 나처럼 황혼녘 땔나무에 기대어 한담하는 사람에게는 크게 틀리지만 않다면 그만이다.) 또한 생리 조직도 다른 포유류와 약간씩의 차이가 있다. 그러나 우리가 말하려는 주제의 중요성에 비추어 볼 때, 세근 두량의 뇌수와 5048가닥의 뇌신경은 "사람이라는 동물"을 분별하기에 충분하다. 이것은 내용적인 면에서 말한 것이다. 정리해서 말하자면, 사람은 외형적으로는 두 발과 두 손, 몸 안에는 세 근 두 량의 뇌수와 5048가닥의 뇌신경을 가지고 있는데, 동물 중에 비교적 많은 신경계를 가지고 있는 편에 속한다.

생(生)이란 무엇인가? 하느님이 만들어낸 허수아비인가, "엔텔레케이아"의 농간인가, 진여가 만들어낸 망상인가, 직각으로 깨달은 변화인가, 면연부단한 것인가, 단편적이고 분할적인 것인가, 혹은 나 우쯔후이의 말대로 "암흑천지"(밑에서 다시 설명하겠다)가 분열하여 무한한 우주를 만들어내는 거대한 변화과정 속의 작은 변화과정인가. 결론적으로 말하자면 면연이라든지 분할이라든지 하는 것들은 모두 수억 조의 찰나 속에서 일어나는 변화이다. 이런 가운데 조 씨 할머니나 손 씨 도련님, 전 씨 부인, 이 씨 아가씨 등이 어머니 뱃속에서 나와 관 속에 들어갈 때까지 하루 세끼 밥 먹고 살다 만세의 패방(牌坊)이 세워지기도 한다. 남자건 여자건 손을 쓰고 머리를 써서 "보기 좋거나" "보기 좋은 편인" 연극에서 연기하는 찰나가 바로 생이라고 할 수 있다. 즉 한마디로 요약한다면 생이란 연기라고 할 수 있다. 떠들썩하게 등장해서 노래 부르고 춤추고 화려한 연기를 선보이는 것이다. 어머니 뱃속은 무대의 뒤편이고, 관에 눕는 것은 고향으로 돌아가는 것이다. 인간에게 태어남과 죽음은 연극에서의 등장과 퇴장이다.

> "암흑천지의 우주관"은 베이징 『신보』가 붙여준 제목이다. 암흑천지라는 말은 듣기에 간결한 느낌이다. 시작 없는 시작, 비유(非有), 비비유(非非有), 들리지 않고, 보이지 않고, 아무 냄새도 없고, 만질 수 없고, 혼돈되어 참으로 우스운, 언어로 형용할 수 없는 괴물, 전체의 "하나" 등에 간략하고 실감나는 이름을 붙이는 것은 실로 어렵다. 그저 "하나", 혹은 "한 덩어리(一團)"라고 부른다면 어색할 뿐만 아니라 명쾌하지도 않다. 어떤 사람은 입만 열면 "본체"나 "태극"을 들먹거리는데, 이것은 현학 선생의 간판을 내걸고 석양 아래 땔나무에 기대어 강학하는 흉내를 내는 것이다. 이런 진부한 것은 언급할 가치도 없다. 암흑이라는 말은 명확하지 않고 주변적으로 들린다는 단점이 있지만, "암흑천지"라고 하면 생동적인 어감에 상쾌한 느낌까지 더해진다. 암흑이라는 말이 석탄이나 목탄, 연탄, 먹물 등을 떠올리게 할지도 모르지만, "비유비비유(非有非非有)"의 의미로 생각한다면 이처럼 알맞은 말도 없을 것이다.

우주에는 네 가지 수수께끼가 있다. 첫째, 우주는 어떻게 시작되었는가? 둘째, 우주는 어떻게 완성되었는가? 셋째, 우주는 어떻게 확장되었는가? 넷째, 우주는 어떻게 축소되었는가? 지금까지 이 네 가지 수수께끼는 해결할 수 없다고 생각했다. 그러나 나는 지금 전체로서의 "하나"가 바로 절대라고 감히 말하고자 한다. 이것 이외에 절대는 없다. "유"가 있으면 "무"가 있고, 시작이 있으면 끝이 있고, 큰 것이 있고 작은 것이 있다. 이것들은 모두 상대적인 것이다. "하나"가 무엇인지를 알면 모든 것을 알 수 있다는 것이 절대이다. 이것을 능가하는 수수께끼도 없고, 이보다 더한 절대 불가지도 없다. 시작과 끝, 큰 것과 작은 것에 대해 말할 때, 교활한 중국 현학귀는 그들만의 표현 방식과 목적이 있고, 우리도 우리만의 이유가 있다. 정중하게 말하자면, 아무리 오묘한 도리라도 분석만 잘한다면 수수께끼도 없고 절대 불가지도 없다. 예를 들면,

> 시작이 있는 것은 유이고, 시작이 없는 것은 무이다. 유와 무는 상대적인 것으로 모두 절대적인 하나에서 나왔다. 따라서 "시작 없는 시작"이라고 할 때, 시작이 있다는 것은 이미 알고 있는 것이다. 끝이 있는 것은 유이고 끝이 없는 것은 무이다. 유와 무는 상대적인 것으로 모두 절대적인 하나에서 나왔다. 따라서 "끝이 없는 끝"이라고 할 때, 끝이라는 것은 이미 알고 있는 것이다. 크기가 있는 것은 유이고 바깥이 없는 것은 무이다. 유와 무는 상대적인 것으로 모두 절대적인 하나에서 나왔다. 따라서 "바깥이 없는 큰 것"이라고 할 때, 크다는 것은 이미 알고 있는 것이다. 작다는 것은 유이고 안이 없는 것은 무이다. 유와 무는 상대적인 것으로 모두 절대적인 하나에서 나왔다. 따라서 "안이 없는 작은 것"이라고 할 때, 작다는 것은 이미 알고 있는 것이다.

"시작이 없는 시작"에서 "끝이 없는 끝"까지는 우주 만물이 공연하는 시간이다. "인생"이란 그 과정 중에 연기하는 것일 뿐이다. "안이 없는 작음"에서 "바깥이 없는 큰 것"까지의 공간은 우주 만물이 공연하는 무대이다. "인생"이란 사람이 그 안에서 춤추는 배역을 맡았음을 의미할 뿐이다.

시작 없는 시작에 대한 이야기는 "암흑천지"라는 것으로 자세히 설명했다. 그렇다면 시작 없는 시작이란 어떤 것인가? 세 가지 결과를 제시하고 네 가지 비유를 들어 설명하겠다. 나는 우주관의 결말에서 비록 암

흑천지라 할지라도 우주 만물의 여러 형제들은 모두 전체의 "하나"가 분열되어 변화된 것이라고 말했다. 분열되었다면 자연히 개성이 있을 것이다. 어떤 것은 "항상 즐거운 것"을 추구하여 끊임없는 변화를 바란다. 이것은 량슈밍 선생이 말한 "향전요구(向前要求)"[미래지향적]와 같은 것이다. 이것을 갑이라고 하자. 어떤 것은 "죽어도 즐겁지 않으므로" 더 이상 변화를 바라지 않는다. 이것은 량슈밍 선생이 말한 "향후요구(向后要求)"[과거지향적]와 같은 것이다. 이것을 을이라고 하자. 어떤 것은 "즐거워할 수는 있지만 결국 움츠려 드는 것"으로 변화를 바라지 않는 것이다. 이것은 량슈밍 선생이 말한 "지중(持中)"(중용)과 같은 것이다. 이것을 병이라고 하자. 세 가지 결과는 갑을병 세 가지의 개성 때문에 나온 것이다. 그렇다면 이에 대해 어떻게 네 가지 비유로 말할 수 있는가. 그것은 다음과 같다.

첫 번째는 "바둑 두는 것"에 비유하는 것이다. 미래를 지향하는 것은 진보를 추구하는 것으로 갑에 속한다. 갑은 진선미가 분명 존재하며 무궁할 뿐만 아니라 변화를 거듭할수록 진선미에 더욱 가까이 가게 된다고 여긴다. 미래를 향해 끊임없이 변화해나간다는 것은 매우 흥미로운 것이다. 비록 최초의 암흑천지가 현재의 상태로 바뀌었다는 것에 불만을 가질 수도 있겠지만, 중요한 것은 지금도 변하고 있다는 사실이다. 이렇게 쉼 없이 변하는 것은 쓸모없는 짓이 아니다. 바둑 두는 사람도 끊임없이 변화를 추구한다. 예전에 바둑 고수였다 해도 그와 상관없이 계속해서 바둑을 둔다. 이런 정신을 인생에 적용시켜보면 다음의 도리를 알게 된다. 즉, '사시의 질서는 공을 이루면 물러나는 것이다(四時之序, 功

成者退)'. '옛 성왕들이 쓰다 버린 짚으로 만든 개(已陳芻狗)'[8]는 다시 쓰지 않는다. 성현이건 왕후건 마지막엔 모두 공(空)으로 돌아갈 뿐이다. 그러니 어찌 근심이 없을 수 있겠는가.

두 번째는 "암흑천지"를 통한 비유이다. 과거지향의 결과는 소멸(듣기 좋게 말하자면 열반)이며, 이것은 을에 속한다. 을의 생각에 진선미는 환상과 집착의 산물이며 실제로는 존재하지 않는다. 실제로 존재한다는 생각이 고통을 만들어낸다. 헛된 집착이 심해질수록 중생들은 고통의 바다에서 헤어 나오지 못하게 된다. 암흑천지에 대해 진선미를 말할 수는 없지만 위선과 추악함 또한 없으니 그나마 괜찮은 편이다. 만약 암흑천지라는 말이 마음에 들지 않는다면 그 말도 잊어버리고 깨달음의 길로 들어서면 된다. 이런 정신을 인생에 적용시켜보면 자살과 멸종으로 귀결되는데 이것이 그들의 소원이다.

세 번째는 "영화"의 비유이다. 이것은 운명을 따라 중용의 결과를 얻는 것으로 병에 속한다. 병의 생각에 진선미는 고정불변한 것이며, 우주의 변화는 정해진 길에 따르는 것이다. 영화는 이런 상황에 대한 유일한 비유다. 원매(袁枚)의 『자불어(子不語)』에도 이와 비슷한 이야기가 나온다. 영국에서도 이런 비유가 유행했다는 말을 몇 년 전 푸페이칭(傅佩青) 선생에게 들은 적이 있다. 그들은 우주가 잘 만들어진 영화 필름과 같다고 믿는다. 필름이 돌아가면 우주 만물이 변화한다. 끝없는 순환 반복, 재현만이 있을 뿐이며, 그 끝은 알 수 없다. 예를 들면 중화민국 12년 현재, 베이징의 스다즈(石達子) 사원에서 우쯔후이란 사람이 "새로운 신앙의 우주관과 인생관"이란 글을 쓰고 있는데, 이것은 과거에도 이미 조조조조 번이나 있었던 일일 뿐만 아니라, 미래에도 역시 조조조조 번이나

8) 『莊子 · 天運』편에 나온다.

있을 일이다. 조금 황당하긴 하지만 전혀 타당성이 없는 것은 아니다. (그러나 만약 필름이 마모되거나 망가지면 큰 문제다. 웃음) 이런 정신을 인생에 적용시켜 보면 하늘의 뜻에 순응하고 자신의 처지에 만족해야 한다는 결론이 나온다. 이 결론대로라면 이래도 좋고 저래도 좋다는 것이니 부러울 것이 무엇이겠는가…… 몇몇 철학자나 고사(高士), 시인들은 이런 현묘함 속에서 유유하게 쉬곤 한다.

네 번째는 "꽃무늬 유리구슬"의 비유이다. 중용의 결과를 얻을 수는 있지만 변화는 일어나지 않는 것으로 병에 속한다. 병은 다시 병A와 병B로 나눌 수 있다. 병A는 "싸구려 꽃무늬 유리구슬"이다. 병A는 진선미란 존재하며 현실에서 쉽게 얻을 수 있다고 생각한다. 변화는 필요하지만 너무 많은 변화는 안 된다. [예전에 쳰쉔퉁(錢玄同, 1887~1939)[9] 선생은 융통성 없는 사람들이 지껄이는 팔고조의 말을 비웃은 적이 있다. 그들은 신명과 통할 필요는 있지만 너무 통해서는 안 된다고 말했다] 이런 정신을 인생에 적용시켜 보자. 한편으로는 석기시대 원시인들의 생활이 비참해 보이고 동굴이나 벌판에 거주하는 것이 매우 야만스럽게 보일 것이다. 그러나 다른 한편으로는 물질세계의 비행기나 잠수함, 선박, 기차 등이 지나치게 문명적으로 보인다. 따라서 멀리 닭과 개 소리가 들리는 곳에서 쟁기를 메고 호미를 이고, 죽을 때까지 왕래 없이 밭을 갈면서 살아가는 것이 낫다고 생각한다. 또한 짚신 신고 죽장 짚고 풍월을 벗 삼아 술과 차를 마시는 사치를 누리며, 소달구지나 고깃배를 타고 놀다가 죽는 것이 최대의 즐거움이자 복이다. 만약 이것이 현실이고 우주의 표준이라 해보자. 이런 현실 상황을 유리구슬에 새겨두기만 한 채 그것이 무엇으로 만들어졌는지 아무런 호기심도 갖지 않는다면 싸구려

9) 중국 근대의 문학이론가, 사상가. 5 · 4 신문화운동을 주도하였다.

꽃무늬 유리구슬로 바꿔도 아무 문제없을 것이다.

병B는 "정교한 꽃무늬 유리구슬"이다. 병B도 진선미가 존재한다고는 생각하지만 빨리 끝을 보고자 한다. 끊없는 변화는 복잡할 뿐이니 빨리 끝내버리려는 것이다. 한 번의 변화, 한 번의 고생으로 영원히 편안하고자 한다. 이런 정신을 인생에 적용시켜 보면 높고 웅장한 누각, 옥계단과 아름다운 기둥이 즐비한 천국을 추구하는 것이라 할 수 있다. 기이한 꽃과 아름다운 풀, 푸른 사자와 흰 코끼리가 도처에 노니니 여기가 곧 선경(仙境)이다. 그 속에서는 영원한 기쁨을 누릴 수 있고 장생불사할 수 있다. 믿고 따르면 구원을 얻을 것이고, 신선술을 배우면 날아오를 수도 있다. 결국 변화에 대한 생각은 사라지고 안주의 욕망만이 남게 된다. 이런 상태가 정교한 꽃무늬 유리구슬에 새겨져 영원히 변하지 않는다면 이것은 변화 없는 암흑천지와 같다. 만약 천국과 선경이 끊임없이 변한다면 그것이 최후의 경지가 아니라는 의미일 것이다. 한 번의 고생으로 영원히 편한 것이 어디 있겠는가?

따라서 우주가 끝없이 변화하고 무궁하다는 것은 마땅히 기뻐할 일이다. 갑의 향전요구(진취정신)와 같이 끊임없이 진보를 추구하는 것이 낫다. 을의 향후요구(내세지향)는 암흑천지로 돌아가는 것이니 불만이 생길 수밖에 없다. 병의 중용은 영화를 찍고 꽃무늬 유리구슬을 만들어 변화를 거부하는 것으로 무미건조할 뿐이다.

쓸데없는 소리는 그만하고 다시 본주제로 돌아가 보자. 인생이란 손과 뇌를 쓰는 동물이 "우주 대극장"의 억해팔경육조오만칠천 막에 연기하는 것이다. 그리고 이것을 어떻게 관람하는지가 바로 인생관이다. 대극장은 우리 스스로가 만들어낸 무대이다. 두 팔 달린 동물의 문명 신극은 우리 자신이 각본을 쓰고 연출한 것이다. 우리를 제외한 어떤 총감독도 없다. 몇 푼의 돈을 바라고 연기하는 것이 아니라 자신의 의무를 다하는 것이다. 최선을 다하지 않으면 “갈채”는 커녕 “조롱”만 받게 될 것이다. 대충 연기하려면 차라리 암흑천지를 고수하는 것이 나을 것이다. 왜 억지로 변화를 추구하려 하는가. 왜 노심초사하며 조조조조 막의 무대에 올라 인간의 역할을 하려 하는가? 관객도 마찬가지다. 관객 역할에 충실하면 될 뿐 연기를 잘하고 못하고는 아무 상관이 없다. 스스로를 속일 필요는 없다. 관객이 많이 드는 연극은 주인공 몇 명만 있으면 된다. 나머지는 있어도 그만, 없어도 그만이다. 무대 위에서의 연기는 자신에 대한 의무이다. 따라서 자기의 만족이 제일 중요하다. 누가 조연이나 보조역을 맡고 싶어 하겠는가? 실제 연극이라면 마음에 들지 않는다 해서 다시 할 수 없다. 하지만 연극은 끝이 없이 이어지니 무대에서 내려오자마자 다시 등장해야 한다. 이것을 물질불멸이라고 한다. 대충 시간만 때우다 사람들의 조롱과 지탄을 받는다면 창피한 일이 아니겠는가?

나는 선인들이 늘 강조하던 말을 한 것뿐이다. 그것은 바로 “인생”은 “두 손 가진 동물의 연극”이라는 것이다. 혹시 도학자들이나 고매하신 철학자들이 이 말로 인해 자신들의 존엄과 고상함에 피해를 입었다고 생각할 지도 모른다. 혹은 나의 언행이 너무 지나쳐서 인생에 대한 존경심이 없다고 여길 수도 있다. 그러나 내가 인생을 중시하는 정도는 그들의 진부함에 비해 훨씬 낫다. 또한 인생에 대한 존경심도 비교적 투철하다. 나는 두 손 달린 동물의 연극이기 때문에 진지해야 한다고 생각하지는 않는다. 나무나 돌멩이, 사슴이나 돼지가 하는 연극도 마땅히 진지해야 한다. 그러나 나와 독자들은 나무나 돌멩이, 사슴이나 돼지가 아니다. 두 손 달린 동물 중 하나로써 현재 상연되는 연극에 대해 토론하고 멋지게 연기하자는 것이다.

두 손 달린 동물이 연기한 연극에 대한 평은 너무 많아서 일일이 열거할 수 없다. 평론이나 철학사, 유학의 학안(學案), 명인(名人) 전기 등의 내용을 발췌해서 『태평양잡지(太平洋雜誌)』에 싣는다고 하면 천 호로도 모자랄 것이다. 나는 천성이 완벽주의자라서 세 줄의 문장으로 핵심을 요약할 수 있다. 세 줄의 문장이 얼핏 보기에는 천박하게 보일 수도 있지만 자세한 설명을 듣고 나면 대단히 개괄적이라는 느낌을 받을 것이다. 이 세 줄의 문장이야말로 두 손 달린 동물이 연기하는 연극에서 최고의 스타이다. 그것은 다음과 같다.

> 청풍명월(淸風明月)의 기호(嗜好)가 있고,
> 신공귀부(神工鬼斧)의 창작(創作)이 있고,
> 복천재지(覆天載地)의 인애(仁愛)가 있다.

이 글은 마치 유리창(琉璃廠)[10]의 서화점(書畵店)에 어지럽게 걸려 있는 대련(對聯)의 내용을 베껴 온 듯하다. 첫 문장은 시인들이 좋아할 것이고, 두 번째 문장은 예술가들이 좋아할 것이며, 세 번째 문장은 송학(宋學) 연구자들이 좋아할 것 같다. 물질문명이 파산한 후, 현재 중국은 신문화를 만들어내기 위해 많은 노력을 하고 있다. 이를 위해 시인과 예술가, 송학 연구자들이 가장 애를 쓰고 있다. 그들이 종사하는 장르는 모두 정신문명의 산물이다. 나는 이런 새로운 인격에 존경의 뜻을 표한다. 그러나 위에서 말한 서간체의 세 문장을 분석해볼 필요가 있다. 이를 통해 그들의 가면을 벗기고 진상을 적나라하게 밝히려고 한다. 위의 문장을 천박한 말로 바꾸면 무엇인가? 그것은 다음과 같다.

10) 중국 베이징의 고서적, 고미술, 골동품 상점 거리.

밥 먹고,

자식 낳고,

친구들과 사귀고.

이 말은 매우 품위 없게 들린다. 그렇다면 앞에서 말한 서간체 문장과 어떤 관련이 있는 것일까? 서두를 필요 없다. 그것이 바로 이 글의 핵심이다. 「신 신앙적 우주관과 인생관」을 쓴 목적은 위에서 말한 세 줄의 천박한 말과 서간체 형식의 세 문장 사이의 관계를 밝히기 위한 것이다. 이에 대해서는 아래에서 자세히 설명할 것이다. 우선 그 전에 잡담 몇 마디를 더 늘어놓아야겠다. 밥 먹고, 자식 낳는 것을 음식남녀(飮食男女)라고 하고, 좀 더 고상하게 표현하자면 식색(食色)이라고 한다. 옛날 어떤 사람은 좀 더 대담하게 "식욕과 성욕은 인간의 본성이다(食色, 性也)"라고 말했다. 다시 말하자면 그것은 모두 욕망[慾性]이라 할 수 있다. 친구를 대할 때 무엇이 필요한가? 이상적으로는 측은, 사양, 시비, 수오의 마음이다. 이 네 가지는 인의예지의 근본을 이룬다. 사람에게 사단(四端)이 있는 것은 두 발과 두 손, 즉 사지가 있는 것과 마찬가지다. 사람이라면 누구나 가지고 있는 양심이자 인성에 고유한 선성(善性)이다. 밥 먹고 아이를 낳는 욕망과 구분해서 말하자면 이성이라 할 수 있다. 어떤 사람은 욕망도 성이고 이성도 성이므로 형용사가 필요하다고 생각한다. 그들은 인간의 본성을 선악이 혼재된 것으로 본다. 어떤 사람은 이성이야말로 성이고, 욕망은 정이라 생각한다. 이들은 인간 본성이 순선(純善)하다고 여긴다. 어떤 사람은 욕망이야말로 진정한 성이며, 선은 인위적인 것이라 여긴다. 따라서 인간의 본성은 악하다고 주장한다. 도학자들은 선을 좋아하고 악을 싫어해서 성선성악의 논쟁이 오늘날까지 이어지고 있다. 그러나 도학자라면 누구나 이(理)를 발양하고 정을 억제하려 한다. 문학가나 예술가, 철학자들은 정을 발양하고 이를 억제하려 한다. 정이 성이고 이성은 후천적인 것이라 여기기 때문이다. 따라서 문학가와 예술가는 암묵적으로 음식남녀를 지극한 정이며 지극한 성이라고 생각한다. 성악설을 주장하는 도학자들은 측은, 사양, 시비, 수오가 모두 직각적 정이므로 이성을 숭상하는 것은 잘못된 것이라 생각한다. 따라서 성선설을 주장하는 도학자들이 사단은 이성에서 비롯되며 시비는 지에 속한다고 말하는 것은 잘못된 것이라고 여긴다. 정감을 숭상하면 정신문명이 발전하고 이성을 숭상하면 물질문명이 번성한다. 지금 문학가, 예술가, 철학자와 과학자가 이를 두고 끝없는 논쟁을 벌이고 있다. 정신문명과 물질문명 간의 다툼과 성선성악의 논쟁은 아마 세상이 끝날 때까지도 결론이 나지 않을 것이다. 왜냐하면 첫째, 이를 해결할 수 있는 지식이 없고, 둘째, 동서고금의 어떤 이론도 이 문제를 판단할 능력이 없기 때문이다. 여기서 간략하게 언급하는 것이 소용없을 수도 있다. 그들의 말싸움은 꿈속에서 하는 잠꼬대일 뿐이다. 솔직히 말하자면 내 말의 소재는 모두 그들에게서 온 것이다. 그러나 그들은 분명한 입장을 말하는 대신 조삼모사(朝三暮四)의 태도로 일관할 뿐이다. 내가 그들을 비판하는 이유는 내 마음이 좀 더 편해지기 위해서이다.

그럼 어떻게 말하는 것이 좋을까? 1) 우리가 숭배하는 암흑천지 선생은 어제도, 오늘도, 내일도, 이렇게, 저렇게, 끊임없이 변화해왔고 변화해갈 것이며 그것이 얼마나 걸릴지 가늠할 수 없다. 게다가 변화의 추세를 완벽하게 예측할 방법도 없다. 더구나 내가 그 안에 포함되어 있다면 말이다. 내가 사는 백여 년은 수 조조조조의 백 년 가운데 하나의 백 년이다. 그 많은 시간 가운데 내가 없을 수 없다. 이론적으로뿐만 아니라 실제로도 그렇다. 7일간 밥을 굶으면 사람은 죽는다. 그럼 어떻게 백 년을 지탱할 수 있는가? 밥을 먹기 때문이다. 이처럼 밥은 백 년 동안 나를 살게 해주는 것이다. 2) 일설에 따르면 사람이 원숭이에서 진화해 나온 지 이미 삼백만 년이 되었다고 한다. 시간이 흘러 내년쯤 되면 사람이 슈퍼맨이 될지도 모른다. 하지만 실제로 사람이 슈퍼맨이 되려면 다시 삼백만 년은 필요하다. 이렇게 따지면 육백만 년은 인간의 세상이다. 조조조조의 육백만 년 중 하나의 육백만 년 속에 사람이 없을 수 없다. 이것은 이론적으로도 그럴 뿐만 아니라 실제로도 그렇다. 그렇다면 사람은 어떻게 생겨났을까? 다른 사람이 나를 창조하는 것이 가장 쉽다. 갑이 을을 창조하고, 을이 병을 창조하고…… 평균 삼십 년에 하나씩 창조하는 것이다. 갑에서부터 내가 창조되기까지 이미 삼백만 년 걸렸으니 나는 삼십만 번째 중 하나이다. 삼십만 번째의 노인이 이미 창조의 의무, 즉 아이 낳는 일을 완수했다. (국가의 입장에서 말하자면 백성을 만드는 것이다. 후후) 나로부터 슈퍼맨이 나오기까지 또다시 삼십만 번이 필요하다. 앞에서부터 말하면 나는 삼십만 번째 태어난 아이이다. 뒤에서부터 말하면 나는 삼십만 번째 아이를 낳은 사람이다. 아이를 낳았기 때문에 육백만 년 동안 사람이 존재할 수 있다. 3) 백 년 동안 우주에 오로지 나 혼자만 있었던 것은 아니다. 또 육백만년 동안 우주에서 오로지 나 혼자만 아이를 낳거나 그 아이만 아이를 낳은 것은 아니다. 백 년이라는 세월 속에는 셀 수 없이 많은 내가 있다. 또한 셀 수 없이 많은 "인간이 아닌[非人的]" 내가 있다. 육백만 년 동안 셀 수 없이 많은 나는 자식을 낳았다. 셀 수 없이 많은 "인간이 아닌" 나도 자식을 낳았다. 만약 이성적으로 따지지 않는다면 세상천지에 나만이 존재하고, 나만이 아이를 낳아서, 세상천지에 아무것도 존재하지 않고 단지 "나와 그", "나와 그녀"만이 존재하고 그들이 낳은 아이들만 존재할 테니 이것은 암흑천지와 다름이 없다. 여기에 무슨 우주가 존재하겠는가. 따라서 친구와 사귀는 것이 우리가 숭배해 마지않는 암흑천지 선생이 변화해 나와 우주를 이룰 수 있는 기본이다. 다시 말하자면 이것이 존재 만유이다.

이처럼 식욕과 성욕, 측은수오사양시비의 성에는 선악이란 게 없다. 암흑천지 선생이 끊임없이 변화해서 만유의 작용이 일어나는 것과 같은 것이다.

청풍명월을 감상하는 정과 나체 미인을 창작하는 정, 그리고 양지 직각에 근거해 무저항을 대동(大同)의 기점으로 삼는 정은 신비한 정신생활이 아니라 암흑천지 선생이 끊임없이 변화해 만들어내는 만유의 작용일 뿐이다.

좋다! 황혼 녘 땔나무에 기대어 이러쿵저러쿵 말하는 것은 여기까지이다. 위에서 말한 세 줄의 천박한 말과 서간체 문장과의 관계, 즉 이 글의 중심 내용을 좀 더 간결하게 정리해보겠다. 나오는 대로 지껄이는 말일 수도 있지만, 제목을 붙여본다면 다음과 같다.

1) 청풍명월의 밥 먹는 인생관

2) 신공귀부의 자식 낳는 인생관

3) 부천재지의 친구 사귀는 인생관

1. 청풍명월의 밥 먹는 인생관

밥 먹는 일은 인간의 삶에서 가장 중요한 일이다. 따라서 밥 먹는 것이 인생관의 중요한 부분을 이룬다는 것은 의심의 여지가 없다. 그러나 어떤 사람은 밥 먹는 것을 대단히 사소한 일로 여기기 때문에 인생관이라는 고상한 문제 안에서 토론하는 것을 싫어할 수도 있다.

동경 대지진을 예로 들어보자. 수만 명의 이재민들이 먹을 것이 없어서 세계 각국이 식량 원조를 해주었다. 이런 행동은 전 세계 사람들을 감동시켰다. 이것은 바로 밥 먹는 것이 인생관에서 매우 중요하다는 것을 보여준다.

중화민국의 팔백나한(八百羅漢, 중화민국 의원들)을 예로 들어보자. 그들의 상황은 더욱 가관이다. 동분서주하며 자신의 밥그릇을 챙기지 않으면 일자리를 잃고 집안사람들에게 욕을 들어먹게 된다. 이런 고통을 생각하면 그들의 처지는 도쿄(東京)의 이재민들과 다를 바가 없다. 심지어 동경 이재민들은 재해복구가 끝나면 다시 일을 시작해 밥벌이를 할 수 있다는 희망이라도 있다. 그러나 기생충 같은 나한들은 계륵(鷄肋)과 같은 의원자리에 집착하여 새로운 일을 시작할 용기마저 잃어버렸다. 딱히 할 일이 없기 때문에 가난과 부유함, 천함과 귀함을 대수롭지 않게 여기는 것이다. 이것은 병이다. 병에 걸렸으니 다른 일은 하려고 들지 않는다. 그러한 고급 룸펜들은 식탐이 많고 일하기 싫어할 뿐만 아니라 타인의 가르침을 받으려 하지 않는다. 따라서 그들의 처지는 평생을 이재민으로 사는 것과 다를 바 없다. 선거 수당, 출석 수당 등 온갖 명목으로 돈을 수령해 마음대로 써버리는 것은 실로 괘씸한 일이다. 가끔은 베이징의 할인세나 상하이의 여행세 등으로 자신들의 더러운 몸뚱이를 채우고 처자식을 구제하기도 한다. 이것은 동경의 이재민들을 구휼하는 것과 다름없다. 한 발 물러나 생각해봐도 둘 사이의 차이를 모르겠다. 사람들은 그들의 밥 먹고 사는 행태를 경멸하며 머리를 절레절레 흔든다. 이것은 밥 먹는 것이 인생관을 욕되게 할 수도 있다는 것을 잘 보여주는 것이다.

또 리 보살[11]이 작년에 "먹을 것이 있으면 함께 나눠 먹자"고 한 말에 대해 얘기해보겠다. 개들이 뼈다귀를 다투듯이 군벌들이 사람을 잡아먹는 상황에서 이런 말을 한 것은 잠시나마 사람들을 감동시켰다. 여기서 알 수 있듯이, 밥을 먹는 문제가 인생관에서 가장 중요한 문제는 아닐지

11) 중화민국 대총통 리위엔홍(黎元洪)

라도 하나의 문제가 될 수는 있다.

또 다른 예를 들어보자. 세력 확장을 위해 보살의 지시를 받고 고위 관리를 몰래 감시한 경우가 있다. 그리고 나서는 밥 먹고 살기 위해 어쩔 수 없었다고 공공연하게 말한다. 보살의 의중을 헤아린다는 것은 세도가가 자식을 위해 자리를 알아보고, 학생이 부모를 위해 졸업증을 따는 것과 마찬가지로 매우 당연해 보인다. 이론적으로 사람들이 만족하는지가 아니라, 사실적으로 사람들이 찬성하는지 여부를 생각해보자. 찬성하는 사람이 소수인 까닭은 먹고사는 것 때문에 그렇다. 이것은 밥 먹는 문제가 인생관 속에서 배척될 수도 있다는 것을 보여주는 것이다.

이처럼 어느 것이 옳고 그른지는 영원히 판가름 날 수 없다. 따라서 두 가지를 비교해 전체를 개괄해보도록 하겠다. 먼저, 새로운 사업으로 많은 사람들이 밥 먹고 살 수 있게 된다면 이것은 좋은 일이다. 그러나 자기 혼자만 부자가 되고 끝난다면 결코 훌륭한 것이 아니다. 두 번째, 부지런히 일해서 자손에게 재산을 물려주는 것은 나쁘지 않다. 그러나 결과적으로 할 일 없는 도련님들만 양산하고 만다면 이것은 잘못된 것이다. 쓸데없는 말로 『태평양잡지』의 편폭을 잡아먹을 생각은 없다. 결론적으로 말하자면 밥 먹는 것은 인생관 가운데 중요한 부분이다. 밥 먹는 것 자체는 조금도 천하지 않으며 절대 죄스러운 것이 아니다.

밥 먹는 데에도 표준이 있다고 한다. 이에 대해 비판할 생각은 없다. 상투적으로 들릴 수 있겠지만 다음과 같이 정리할 수 있다.

1) 밥 먹는 문제는 자신의 힘으로 해결해야 한다. (대동세계가 오면 "각자가 필요한 만큼 취한다"는 것이 "각자의 능력만큼 일한다"는 것을 대신하게 될 것이다. 사람마다 도덕적 소양이 높아질 테니 계산서를 발급할 필요도 없다.)

2) 만약에 다른 사람의 밥그릇을 뺏어 내 배를 채운다면 이것은 잘못된 것이다. (지금의 나한과 보살은 남을 못살게 굴고, 자본가들은 남의 일거리를 빼앗고, 도련님들은 남의 공양을 받고 있다. 이것은 남들이 밥 먹고 사는 것을 방해하는 것이다.)

3) 열심히 일해도 먹고살기 힘들지만, 이런 상황에서 다른 사람들의 밥그릇을 빼앗지 않는 것은 매우 다행스러운 일이다.

4) 다른 사람들을 먹여 살릴 궁리를 하는 것은 좋은 일이다. 그러나 자신은 아무 일도 안 하면서 다른 사람들의 밥그릇을 빼앗아 자신의 가족을 먹이는 것은 잘못된 것이다.

'밥 먹는 문제는 자신의 힘으로 해결해야 한다'는 1)의 논리는 다음과 같다. 우주 만물은 모두 암흑천지에서 변해 나왔다. 개체 존재를 생각할 때 우주 바깥의 것을 끌어올 필요는 없다. 여기 있는 것을 이용하면 된다. 그러나 그 원칙은 마땅히 무용한 것에서부터 유용한 것을 만들어내는 것이어야 한다. 다른 부류에서 취할 경우 잘 모르고 유용한 것에서 취하는 오류를 범할 수 있다. 물론 잘 몰라서 그런 것이라면 용서할 수 있다. 같은 부류 안에서도 자신이 유용하다고 믿는 것을 모두가 그렇게 생각할 것이라 지레 짐작해 제공해서는 안 된다. 동족상잔은 누구도 바라지 않는 것이다. 노동력은 생명의 일부이다. 밥 먹는 데 자신의 노동력을 쓰지 않는다면 분명 타인의 노동력을 희생시켜 자기에게 봉사하도록 만들 것이다. 이것은 2)에서 말한 다른 사람이 밥 먹고 사는 것을 방해하는 일이다. 간접적으로 다른 생명의 일부분이라도 소모시키는 것은 동족상잔과 같은 것이다. 따라서 1)로써 2)를 구제해야 한다. 그러나 정해진 궤도를 따른다 하더라도 실패는 불가피하다. 왜냐하면 세상의 만물은 제각각 발전하고 어떠한 강제적 명령도 따르지 않기 때문이다. 따라서 고의는 아니지만 공통의 법칙으로 인해 부득이하게 서로를 해치게 되는 것이다. (만물이 변화하는 것은 원하지만 서로 집어 삼키는 것은 원하지 않는 것이 암흑천지의 도리이다.) 그러나 만물은 자유로운 존재이기 때문에 자신도 모르는 사이에 서로에게 방해가 되기도 한다. 우주에 영원한 진선미가 존재하지 않는 것도 바로 이 때문이다. 따라서 노동을 해도 밥을 먹지 못하거나 배불리 먹을 수 없는 것은 이론적으로 당연한 일이다. 노동할 힘이 없거나 먹고살기 힘든 시기에 억지로 먹으려 하면 필연적으로 다른 사람이 밥 먹는 것을 방해하게 된다. 따라서 2)를 1)로 구제할 수 없고 다시 3)으로 구제해야 한다. 3)을 말하면 밥 먹는 문제는 청풍명월의 문제로 바뀌게 된다.

밥 먹는다는 것과 먹고산다는 것은 개체를 유지한다는 것의 다른 표현이다. 개체를 유지하기 위해서 필요한 것은 밥의 종류만큼이나 많다. 흰 쌀밥을 배불리 먹으면 포동포동하게 살이 오른다. 그러나 밝은 달을 쳐다보고 맑은 바람을 마음껏 들이마셔도 정신과 기운이 맑아진다. 흰 쌀밥과 청풍명월은 생명 유지에 똑같이 중요하다. 개체를 유지하기 위해 필요한 것은 많다. 영양을 섭취하기 위해서는 음식이 필요하고, 숨을 쉬기 위해서는 공기가 필요하며, 근육과 피부에는 빛과 열, 옷과 집이 필요하고, 눈에는 색, 귀에는 소리, 코에는 냄새, 마음에는 즐거운 일이 필요하다. (걱정과 분노는 언제든지 생명을 훼손시킬 수 있으며, 이로 인해 하루아침에 갑자기 늙어버릴 수도 있다.) 개괄적으로 말하자면 이것은 생활 문제라 할 수 있지만, 조금 천박하게 말하자면 밥 먹는 문제라 할 수 있다. 다행히도 이 가운데 의식주는 노동의 대가로 얻을 수 있는 것이다. 공기는 30초 만에 없어지지 않으며, 햇빛도 한나절 만에 없어지지는 않는다. 강가에 불어오는 맑은 바람과 산속의 밝은 달, 귓가에 들려오는 소리와 눈에 부딪혀 오는 햇살은 아무리 소비해도 고갈되지 않는다. 옥수수 찐빵처럼 귀하지도 않고, 수수대로 만든 흙집처럼 얻기 힘들지도 않다. 언민어린 철학자나 고상한 선비들은 먹고사는 것이 늘 어렵다는 것을 잘 알고 있다. 노동력이 충분하다면 옷 입는 것과 음악 하는 것, 먹는 것 등은 "마땅히" 가능할 것이다. 그러나 만약 노동력이 충분하지 않다면 평생 동안 마른 양식이나 나무뿌리 등을 먹게 될 것이다. 소쿠리 밥과 표주박 물, 뒷골목 생활로도 즐겁다면 그것도 나쁘지 않다.[12] 물만 마시고도 가난을 낙으로 삼을 수 있다면 그 또한 괜찮다. 물만 마시고 산다 한들 어떻겠는가. 굶어 죽을지언정 도적이 되지 않는 것은 좋은 일이다. 영원히 사라지지 않고 고갈되지 않을 강 위의 청풍과 산속 명월을 잘 간직하고 있다가 친구가 왔을 때 술 대신, 안주 대신 내어놓을 수 있다. 또한 더없이 훌륭한 도덕 예악으로 마음이 기쁘다면 고기 맛을 몰라도 상관없다. 아침에 도(道)를 들으면 저녁밥을 먹지 않고 죽어도 여한이 없을 것이다. 이상에서 말한 것을 정리해보면, 사람은 모두 고상한 존재며 청풍명월의 기호를 가지고 있다는 것이다. 즉 배를 채우는 데는 인색해도 귀와 눈을 즐겁게 할 수만 있다면 마찬가지로 생명의 편안함을 얻을 수 있는 것이다. 나는 밥 먹는 것을 포기할 수는 없지만, 청풍명월도 대단히 숭배하기 때문에 청풍명월의 밥 먹는 인생관이 성공하기를 바란다. 결론적으로 말하자면, 자신의 노동력으로 밥을 먹을 수 없을 때 타인의 밥그릇을 빼앗지 않고 타인이 밥 먹는 것을 방해하지 않을 수 있다면 그러한 인생관도 나쁘지 않다.

그러나 이런 청풍명월의 밥 먹는 인생관은 소극적인 도덕적 길이며 매우 어려운 "지중(持中)"주의라 동정하지 않을 수 없다. 이런 가치관을 사

12) 子曰, 賢哉, 回也. 一簞食, 一瓢飮, 在陋巷, 人不堪其憂, 回也, 不改其樂, 賢哉, 回也. - 『論語 · 雍也』

람들에게 강요하는 것은 입고 먹는 일은 부족한데 명예만을 중시하는 것이며, 사람을 살리기보다 인의예지를 중시하는 것과 다를 바 없다. 이는 사람들을 부유하게 만드는 것보다 가르침이 더 중요하다고 여기는 것이다. 춘추(『春秋』)에 보면 현자들을 힐난한 부분이 나오는데 일면 타당한 점이 있다. 난세를 평정하고 올바른 길로 들어선 것은 한두 명의 모범적인 인물이 하늘을 받들었기 때문이다. 그러나 세상에 길이길이 이름을 남겼음에도 결과적으로는 도탄에 빠진 백성을 구하지 못했다. 따라서 굵은 베옷을 입고 굵은 비단 관을 쓴 사람이 재목을 기르는 데 힘쓰고, 농사를 가르치고, 상업을 통하게 하고, 공업을 은혜롭게 하고, 천하를 이롭게 할 수 있는 기구들을 만들어 소강사회를 이루고 태평사회를 열어야 한다.[13] 왜냐하면 소극적 도덕은 개인도덕[私德]이지 공공도덕[公德]은 아니기 때문이다. 만약 지중을 지키다 낭패를 보았음에도 청풍명월 가운데 앉아 노래를 부르고 휘파람이나 분다면 무슨 의미가 있겠는가. 군자는 뒷골목에, 소인은 돼지우리에 모여 살게 될 것이다. 군자는 덕으로 사람을 사랑하기 때문에 곤궁하게 살더라도 고귀하다는 논리는 매우 가소로운 것이다. 암흑천지가 변해 만사만물이 되고 부단히 진선미를 향해 가는 속에서 겨우 목숨이나 부지하는 것이 지중이라 할 수 있겠는가? 물질문명에 반대하면 정신도 위축되기 마련인데 여기에 어떤 정신문명이 있겠는가. 인생관의 성분을 분석해보면 청풍명월과 밥 먹고 사는 것이 각각 한 부분씩을 차지하고 있다. 따라서 어느 하나 소홀히 대해서는 안 된다. 하물며 모두가 황주태수(黃州太守, 蘇東坡를 말함)가 아닐

13) 文公大布之衣, 大帛之冠, 務材訓農, 通商惠工, 敬教勸學, 授方任能.(문공이 굵은 베옷을 입고 굵은 비단 관을 쓰고, 재목을 기르는데 힘쓰고 농사를 가르치고 상업을 통하게 하고 공업을 은혜롭게 하고 교육을 공경하고 학문을 권면하고 방법을 제시해주고 능한 자에게 임무를 주었다.) - 『詩經 · 鄘風』

진대 어찌 한가로이 강가에 나가 청풍을 반끽하고 산속에 들어가 명월을 감상할 수 있겠는가? 청풍은 비천한 사람에게도 불고 명월은 가난한 집에도 비친다. 이럴 경우 처량함만 느낄 뿐, 초탈은 생각할 수도 없다. 물질문명이 발달한 나라에서는 공장을 나서면 드넓은 잔디 공원이 있어 맑은 바람을 느낄 수 있고, 도시의 가로수 사이로 술병을 끼고 걸으며 명월을 감상할 수 있다. 만약 번잡함을 피해 강가와 산속으로 숨어드는 것이 군자이고, 공원과 대로에서 노래 부르는 것이 소인이라면 진흙 속에서 낡아빠진 수레를 끌고 뒷간 옆에서 옥수숫가루로 만든 험한 음식만 먹는 우리 동포들은 무엇이란 말인가. 사덕만 중시하고 공덕을 외면하면서 청풍명월을 말하는 것은 사기일 뿐이다. (바라는 것이 크면 그에 따르는 책임도 무겁다는 것을 잘 알아야 한다.) 따라서 밥 먹는 것의 올바른 길은 4)에서 찾아야 한다. 어떻게 해서든지 밥을 먹을 수 있도록 해주는 사람이야말로 의식주와 청풍명월을 비슷한 가치로 보는 사람이다. 충분하지는 않더라도 아쉬움이 없을 정도면 된다. 밥 먹는 문제를 해결하기는 매우 쉽다. 밥 먹는 문제를 해결하려 하면서 물질문명인 과학을 배척한다면 도대체 어떤 방법으로 해결하겠다는 것인가?

밥 먹는 문제 때문에 과학으로 사람 사이의 관계를 다룰 필요는 없다. 사람 사이의 문제는 그럭저럭 해결할 수 있다. 그러나 우리에게 먹을거리를 제공해주는 존재와의 관계는 또 다른 문제다. 앞에서 우주 만물이 생명을 유지하기 위해 자신이 가진 것을 타자에게 베푼다고 하지 않았던가? 또한 무용한 것에서 취해 유용한 것에 제공한다고 하지 않았던가? 우리가 아무리 공기를 마시고, 햇볕을 쬐고, 청풍명월을 취해도 그것들은 고갈되지 않는다. 다른 사람이 쓸 수 없거나 쓸모가 없어도 괜찮다. 쓸모없는 공기와 햇빛, 청풍명월을 취해 유용하게 쓸 수 있는 사람에게 준다면 그것은 당연히 좋은 일이다. 배를 채우려면 영양분을 공급해

줘야 한다. 그러기 위해서는 소나 양, 닭과 돼지, 곡식과 채소가 필요하다. 그렇다면 그것들은 쓸모없는 존재이고 나는 유용한 존재라는 것인가? 그것들을 이용한다는 생각에는 문제가 없는가? 다른 종에 대해서는 아는 것이 많지 않기 때문에 큰 실수를 저지를 수도 있다. 겉으로 보면 우주는 서로가 서로를 해치는 세계일 뿐이다. 이런 상황이라면 경쟁이니 호조(互助)니 하는 말은 아무 의미가 없다. 부처가 태자(太子)일 때, 하루는 시골에서 밭 매는 광경을 보았다. 쟁기로 흙을 뒤엎으니 지렁이와 딱정벌레들이 한꺼번에 나왔다. 하늘에서 까마귀와 솔개가 날아와 그것들을 쪼아 먹었다. 서로 죽이는 광경에 마음이 아팠던 태자는 출가를 결심했다. 그는 암흑천지의 우주를 뒤엎어 열반의 경지에 들게 함으로써 끊임없이 이어지는 참극을 피해보려 했다. 그러나 태자 시대의 과학은 형편없는 수준이었다. 오늘날의 입장에서 보자면 상잔(相殘)의 정도가 더 클 수밖에 없다. 예를 들어 한 마리의 솔개가 서너 마리의 딱정벌레를 잡아먹고, 음식점에서 손님이 새우요리를 시켜 먹는 것은 모두 한 개체가 여러 개체를 죽이는 것이다. 황사가 불어 폐 속으로 수만 마리의 결핵 병충이 들어가거나 깨끗하지 못한 물을 마셔 콜레라균이 장으로 들어가면, 삼 년, 혹은 세 시간 만에 거대한 개체는 열반에 들게 된다. 이것은 여러 개체가 하나의 개체를 죽이는 것이다. 부처와 같은 과거 지향파(향후요구)들은 이런 잔인한 세계를 보고 싶어 하지 않는다. 그러나 열반을 원해도 열반에 들 수 없고, 도리어 보시를 기다리는 수많은 거지들만 양산하게 되었다. 이는 무의식중에 다른 사람들이 밥 먹고 사는 것을 방해하는 것이며, 처음에 생각하지 못했던 또 다른 형태의 동족상잔이다. 그들에게는 두 가지 소극적 실천법이 있다. 열반에 들도록 도움을 주는 것과 그럴 수 없는 경우에 사람들이 기쁘게 살아갈 수 있도록 법문을 열어주는 것이다. 사람들은 암흑천지로 떨어지지 않고 최대한 기쁘게 살아가고 싶어 한다. 만물을 유지시켜주는 모든 존재들은 반물에 속하지 않은 것이 없다. 따라서 이것을 저것에 제공해주는 것은 당연하다. 그러나 아무 생각 없이 무용한 것을 취해 유용한 것에 제공하는 경우가 많다. 그러나 무엇을 기준으로 무용과 유용을 나누는가. 여기에 분명한 기준은 없으며, 그것이 정해진다 해도 강제로 적용시킬 수 없다. 절대적인 진선미도 절대적인 열반과 마찬가지로 분명한 기준이 없으며 상대적으로만 존재한다. 즉 때에 따라 상대적으로 합리적인 기준이 정해지고 변하는 것이다. 결국 정성을 다하는 것만이 사물을 움직일 수 있기 때문에 "진선미"를 향해 나아가기 위해서는 이미 알고 있는 것에 기초해 정성을 다해야 한다. 현재 우리가(황혼 녘 장작더미 위에 누워 있는 우리를 말한다) 어떤 대상을 무용(無用)하다고 판단하는 근거는 다음과 같다.

1) 현재 우리가 가진 지식으로 우리와 동일한 작용과 감각이 있다고 단정할 수 없는 대상에 대해서는 멋대로 무용하다고 생각한다.
2) 우리의 지식이 아직 성숙한 것과 미숙한 것을 제대로 구별할 수 없기 때문에 멋대로 그것이 무용하다고 생각한다.
3) 타인(혹은 타물)이 버리려는 것의 유용 무용 여부를 판단할 능력이 없어서 멋대로 그것이 무용하다고 여긴다.
4) 많은 사람들이 무용하다고 인정하는 경우, 사실 여부와는 상관없이 멋대로 그것이 무용하다고 생각한다.

첫 번째 조항의 예는 금석과 초목이다. 지금까지 사람들은 금석을 동식물의 보조물 정도로 여겨왔다. 비록 우쯔후이가 뒷간의 돌멩이를 변호하긴 했지만 이런 생각을 끝까지 견지하지 못했다. 과거에 어떤 도학자는 창가에 자라난 풀들을 두고서 생기가 넘친다고 찬양한 적이 있다.[14] 우쯔후이는 천문학회에서 암흑천지의 우주관에 대해 강연할 때, 승려들이 친구들을 위해 남겨둔 채식 식단이 떠올랐다. 들판에 남겨진 채소들은 뽑혀진 채소들을 위해 이별의 눈물을 흘릴 것이다. 난(南) 선생이 『신보』에 쓴 대추 먹는 내용의 소설에 보면 대추의 영혼이 눈물을 흘리는 대목이 나온다. 그러나 냉정하게 생각해보면 "탄강가종(誕降嘉種, 좋은 품종을 내려주다)", 즉 채소와 대추는 하느님이 우리들을 사랑하셔서 내려주신 것이다. 게다가 그것들이 정말 눈물을 흘리는지는 아직 규명되지 않았다. 따라서 우리가 밥 먹고 살기 위해 다른 것들을 무용하게 여기는 것은 잠시나마 틀린 것은 아니다. 자비로운 부처가 채식을 주장한 것도 깨달음이 완성되어가는 과정에서 나온 말이다. 그러나 승려들의 지식은 박사에 미치지 못한다. 과학 박사들은 금석에서 단백질을 추출할 줄 안다. 따라서 미래의 박사들이 고대 풍류 천자가 솔잎과 대추, 밤 등과 금석을 먹던 선방(仙方)을 자유롭게 행할 수 있게 되면 채소와 대추는 더 이상 눈물을 흘릴 필요가 없게 될 것이다. 어찌 되었건 승려들은 채소라도 먹어야 하는데, 그렇다면 불교에서 한발 더 나아간 과학이 필요하지 않겠는가?

두 번째 조항의 예는 정자와 난자다. 죽은 난자와 정자는 현미경이나 책에 있는 사진을 통해 볼 수 있다. 토끼 등을 죽이면 살아 있는 것도 볼 수 있다. 나는 친구들과 살아 있는 정자를 본 적이 있다. 남성의 생식기에서 나온 정자는 30초 정도 살아 움직인다. 유리판 위에 주사기로 한 방울 떨어뜨리고 현미경으로 백 배 확대시키면 볼 수 있다. 올챙이 같은 정자 이삼백 마리가 움직이고 있었는데, 투명한 유리 세계 속에서 사방

14) 周茂叔窗前草不除去. -『二程遺書 · 卷三』

으로 움직이는 모습이 베이징 치엔먼따지에(前門大街)를 오가는 사람들보다 훨씬 더 분주해 보였다. 그러나 정낭 속에는 과학적 기술도, "걷지 않는" 대부(大夫)[15]도, 인력거나 자동차도 없다. 3분 정도를 바쁘게 돌아다니다 유리 세계가 산화하기 시작하면 도쿄 대지진을 능가하는 대재앙이 꼬리 달린 이삼백 마리의 존재를 모두 열반에 들게 한다. 찐득한 콧물과 같은 것이 남을 뿐이다. 이것이 바로 정자 우주사의 전부이다. 그러나 이 때문에 정자가 아무 쓸모없다고 말한다면 나는 머리를 절레절레 흔들 것이다. 폐결핵 환자의 가래 1인치 속에 이백조 마리의 결핵균이 들어 있다. 정자가 결핵균에 비해 얼마나 더 큰지는 내가 성 전문가가 아니라서 알 수 없다. 일찍이 오백 배율 현미경으로 침 한 방울을 본 적이 있는데, 그 안에 결핵균 이삼백 마리가 있었다. [내 조카 마광더우(馬光斗) 군이 토해낸 혈담을 본 것인데, 그는 1년을 넘기지 못하고 벨기에에서 죽었다. 총명한 소년이었지만 청결한 음식을 섭취하지 않았기 때문에 발생한 일이다. 이것이 바로 여러 개체가 하나의 개체를 먹어 치운 경우이다.] 정자가 결핵균보다 다섯 배가 크다고 가정해보자. 만약에 "부인과 성관계를 가질 때마다" 한 번에 반 잔 분량의 정자를 쏟아낸다면 이는 5인치 분량으로 이백조 마리에 해당하는 것이다. 만약에 모든 정자가 사람이 된다고 가정하면 부부가 두 차례 관계를 갖는 것만으로도 사백조 명의 자식이 남북 양극에 가득 차게 될 것이다. 대통령 선거를 하면 사백 조 표를 얻게 되니 선거운동을

15) 顔淵死, 顔路請子之車, 以爲之槨. 子曰才不才, 亦各言其子也. 鯉也死, 有棺而無槨, 吾不徒行以爲之槨, 以吾從大夫之後, 不可徒行也.(안연이 죽자 안로가 공자의 수레를 팔아 외관[槨]을 만들 것을 청하니 공자께서 말씀하셨다. "재주가 있거나 없거나 간에 모두 누군가의 아들이니, (내 아들) 리(鯉)가 죽었을 때에 관(棺)만 있고 곽(槨)은 없었으니, 내가 수레를 팔아 도보로 걸어 다니며 곽을 만들어주지 못함은 내가 대부(大夫)의 뒤를 따르기 때문에 도보로 걸어 다닐 수 없기 때문이다.") - 『論語 · 先秦』

할 필요도 없다. 그러나 안타깝게도 난자는 한 번에 한 개, 많아야 두 개나 세 개밖에 만들어지지 않는다. 따라서 남자가 매번 분출하는 정충 가운데 최소 백구십구조 구십구만 구천구백 구십칠 마리는 쓸모가 없어진다. 그렇다면 이는 실로 엄청난 일이 아니겠는가. 아편을 피우고 싶은 만큼 피고, 처첩을 예닐곱 명씩 거느리고, 고을의 수많은 백성들을 괴롭힌다 한들, 이자성(李自成)이나 장헌충이 그보다 더 험악하겠는가? 그러나 우리의 암흑천지의 조상님은 우쯔후이가 기가 막힌 아이 낳는 인생관을 내어놓게 함으로써 먹고살 것이 없어도 성욕만은 끊어지지 않게 하셨다. 어떤 사람은 이렇게 말한다. 파리 한 쌍이 3주를 산다면 지구상에는 파리만 남게 되어 다른 동물들의 먹이를 모두 먹어치울 것이다. 또 곡식 한 됫박으로 볍씨 삼백 근을 얻어 파종할 수 있다면 몇 년 지나지 않아 지구상에는 온통 벼만으로 가득찰 것이며 사람이 발 딛고 설 자리는 없을 것이다. 여기서 잠정적으로 결론을 내려 보자. 암흑천지 선생은 정말로 주도면밀하다. 첫째, 우주 만물 속의 모든 존재에 대해 수없이 많은 후보자들을 예비해두고 번식의 계획을 세워두었다. 무궁한 기회를 만들어놓았기에(만약 어떤 사람이 수백만 원을 써서 한 장에 1원하는 복권을 10만장 샀다고 치자. 한꺼번에 모든 번호를 산 것이다. 그러나 안타까운 것은 이미 누군가가 한 장을 사 갔고 그것이 당첨되면 그가 산 것들은 모두 무용지물이 된다. 이런 경우도 발생할 수 있다) 대가 끊어질 걱정은 하지 않아도 된다. 두 번째, 만약 이것마저 쓸모없다면 또 다른 것으로 충당하면 된다. 세 번째는 예비되었던 것들이 자연 도태되어 우주만물이 지선(至善), 극미(極美), 최선(最善)의 상태가 되는 것이다. 이렇게 된다면 암흑천지 선생은 정교한 꽃무늬 유리구슬이 될 것이다. 그러나 안타깝게도 이것은 불가능하니 번거롭지만 누군가 그것을 분배해야 한다. 분배에는 진보가 따르기 마련이다. 어떤 이는 누적이라 불러야 한다고 비웃을지도 모른다. 오직 지속만이 존재하기 때문이다. 이 문제는 주제에서 벗어난 것이기 때문에 여기서는 언급하지 않겠다. 우리는 정자와 난자를 예로 들어 후보조차 되지 못한 것들과 보충용인 것들, 도태되고 말 것들을 무용한 것이라 결론 내렸다. 한 끼에 쌀밥 세 그릇 먹는 것에 대해 아무도 비난해서는 안 된다. 대추 열 개를 한입에 삼킨다 해도 그리 대단한 것이 아니다. 중도 달걀을 보면 침을 흘린다. "혼돈 상태로 건곤의 기운이 담겨 있지만 피골도 없고 털도 없으니 노승(老僧)이 극락정토로 보내드리겠습니다. 어서 목구멍 속으로 들어가기 바랍니다." 냄비에 든 돼지고기를 훔치는 것보다 죄가 조금 덜한 것으로, 이것은 어우양징우(歐陽竟無, 1871~1943)[16] 선생도 "방편법문(方便法門)"이라 하여 허락할 것이 분명하다. 그러나 하란진명(賀蘭進明)[17]같이 정액에 중독된 더럽고 기괴한 일부 괴물의 예를 제외하고 정자는 잡곡으로도 쓸 수 없다. 예전에 남경에서 과거 시험 칠 때, 당시 유행하던 시에 이런 구절이 있었다. "진회(秦淮) 강변에 무엇이 있나, 기생집과 과장(科場)이 통하고, 곡식 창고와 관아가 붙어 있고, 똥오줌과 피고름, 정액이 흥건하네." 진회 강변에 어지러이 널려 있는 정자들은 당연히 쓸모없는 것으로 똥 푸는 사람들이 똥오줌과 함께 건어가 비료로 쓸 뿐이다. 결국 곡식이나 대추밭에 뿌려진 것은 우리 입으로 들어가게 된다. 성관계를 맺을 때마다 이백조 개의 정자 중에 오로지 한 마리만이 난자 속으로 들어갈 수 있다. 만약 모든 정자가 사람이 되었다면 인구가 엄청나게 많아져 곡식과 식량이 턱없이 부족해졌을 것이다. 그러므로 노승에게 가끔씩 사욕이 생긴다 할지라도 억지로 입정(入定)해야 한

---

16) 중국 근대 저명 불교학자. 양런산(楊仁山, 1837~1911) 거사(居士)에게 불학(佛學)을 배웠으며, 금릉각경처(金陵刻經處), 지나내학원(支那內學院) 등을 설립해 강학하였다.

17) 당대(唐代)의 인물로 임회(臨淮) 태수(太守)를 지냄.

다. 찰나 간에 정낭 속에 이백조 개의 정자를 만들었다가 순식간에 없애버리는 것이 부처의 자비로운 금욕법이다. 부처의 열반법으로 우리도 많은 것을 통제할 수 있다. 만약 어쩌다 이백조 개의 잠재적 국민이 도망쳐 난소로 들어간다 해도 절대다수는 피고름과 하나가 되거나 진회 강변을 떠다니는 신세가 될 것이다. 횡포한 녀석 한둘이 난자를 뚫고 들어간다 하더라도 화기국(花旗國, 미국)의 여(女) 보살인 생어(Margaret Sanger)[18] 부인이 소독약 적신 면화 솜으로 난소 안을 매섭게 닦아내 결코 그 시도가 성공하지 못하게 만들 것이다. 물론 이 여 보살은 과학에 그리 능통하지 않다. 자칫 수술이 잘못되면 비극으로 끝날 수도 있다. 올바른 금욕과 안전한 피임을 위해서는 과학을 제대로 알아야 한다. (전염병이 창궐했을 때 과학자들은 예방주사법을 생각해냈다. 이것은 미생물로부터의 전염을 방지하기 위한 것으로 하루아침에 발명된 것이 아니다. 과학의 역할이 이처럼 대단하다.)

세 번째 조항의 예는 우유와 양털이다. 유모는 젖을 팔고 인력거꾼은 다리의 힘을 판다. 젖이 잘 안 나오면 고깃국으로 보양하고, 다리의 힘이 소진되면 수수떡으로 보충한다. 따라서 대무(大武)[19]부인이 우리에게 주는 우유도 여물로 늘릴 수 있다. 어미 소에게 쓸모없는 것도 우리에게는 매우 유용하다. 사람이 두 달 동안 이발을 하지 않으면 장발이 된다. 이발비를 아끼고 싶어도 어쩔 수 없다. 잘려진 머리카락은 아무도 가져가지 않는다. 미용 기술자에게 맡기면 비료로 팔아버릴 것이다. 면양이 겨울을 나기 위해 털을 기르는 것도 비슷한 경우다. 그러나 여름이 되면 그것을 벗어버릴 방법이 없다. 사람들은 양을 대신해서 털을 깎

18) 미국 최초의 인공피임 주창자로 1922년 4월 차이위엔페이(蔡元培), 후스의 초청으로 중국에 와 「산아제한과 방법」이란 제목으로 베이징대학에서 강연하였음.

19) "牛曰一元大武" 소는 '일원대무'라 일컫는다. -『禮記 · 曲禮』

아 줌으로써 몸을 가볍게 만들어준다. 개처럼 혀를 내밀어 더위를 식히지 않아도 되는 것이다. 이 털로 우리는 모직과 코트를 만든다. 우유와 양털에 생명이 있는지 없는지는 알 도리가 없다. 물어보는 사람이 없으니 다행이다. 털 하나를 뽑아 천하를 이롭게 할 수 있다고 해도 양주(楊朱)는 하지 않았다. 고대에는 가위가 없어 털을 뽑는 것이 고통스러웠기 때문이다. 만약 털을 뽑는 것이 아니라 깎는 것이었다면 양주는 흔쾌히 그렇게 했을 것이다. 우리는 소와 양을 괴롭히지 않으면서 우유를 마시고 모직 옷을 입고 문명의 혜택을 누릴 수 있다. 양쪽 모두에게 이익이 된다면 이보다 더 좋은 것이 어디 있겠는가? 여우와 담비 가죽이 아니면 입지 않고, 똑바로 썰어진 음식이 아니면 먹지 않겠다는 것은 정말 이해할 수 없는 일이다. 위에서 언급했듯이 쌀을 먹는 것은 쓸모없는 것을 이용하는 것이다. 그러나 면화옷을 입는 것은 다르다. 면화옷은 최소 수천 마리의 살아 있는 번데기로부터 온 것이다. 끓는 물에 넣고 잠사(蠶絲)를 벗겨내면 번데기는 죽는다. 따라서 부처님은 공자님이 면화와 모피로 만든 옷을 입는 것에 반대했다. 그러나 그의 팔보장엄(八寶莊嚴)에서도 코끼리 등은 수 놓인 비단으로 덮여 천상의 위엄을 더하고 있음을 부인하지 못할 것이다. 나 또한 무정부 시대가 오면 길거리에 붉은 양탄자가 깔려야 한다고 생각한다. 그리고 등잔보다는 전등불 아래에서 현학 토론하는 것을 좋아한다. 전선의 절연(絶緣)을 위해서는 잠사가 있어야 한다. 시간을 억지로 송나라 때로 돌려 모두가 무명옷을 입고 등잔 아래에서 생활하는 소극적인 방법이 있긴 하다. 조금 적극적인 방식을 생각한다 해도 주정장주(周程張朱, 즉 周廉溪, 二程, 張橫渠, 朱熹)가 말한 격물은 하나하나를 빠짐없이 살피는[格一物] 것이 아니기에 누에 전부를 고려하는 것은 불가능하다. 비록 작은 일이지만 누에가 탕 속에서 죽는 것은 마찬가지다. 다행히 찢어진 고치나 해진 옷가지를 이용할 수 있는 화학약품을 발명한 20세기 과학자들 덕분에 프랑스 리옹 시에서는 매우 좋은 원사(原絲)를 얻을 수 있었다. 누에는 고치를 만든 후에 고치 속에서 나방이 되고, 그 나방은 찢어진 고치를 먹고 날아간다. 사람들은 바로 그 찢어진 고치에서 좋은 실을 뽑아 전선, 양탄자, 비단 외투, 최고급 면화 등을 만들었다. 한쪽에서는 화학약품이 누에의 세상을 구하고 있지만, 다른 한쪽에서는 여전히 수천만 마리의 살아 있는 누에들이 뜨거운 물 속에서 삶겨지고 있다. 이것은 사람들이 번거로움을 싫어해 천리를 해치는 것이다. 그러나 우리에게는 좋은 방법이 있다. 따라서 미래의 누에 왕국은 재난을 피할 수 있을 것이다. 미래의 무수히 많은 누에 할아버지와 누에 할머니들은 마땅히 과학의 제단 앞에 와서 머리를 조아리며 감사를 표해야 한다. 우리는 소와 양과 누에에게 우유와 양털, 고치가 쓸모없다는 것을 인정한다. 우유와 양털, 고치도 금속이나 돌멩이와 마찬가지로 고통 없이 얻을 수 있다. 그것들은 우리가 먹고 입는 것과 매우 밀접한 관계가 있다. 만약 이처럼 서로 다른 세계를 연결해 보지 못한다면 과학에 기울이는 노력과 연구가 우주의 가장 중요한 임무라는 것을 생각하기 힘들 것이다.

네 번째 조항의 예는 사체유탈(死體遺脫)[20]이다. 이것은 인간에게만 해당되는 것이다. 사람이 죽은 지 7일이 지나도록 염(殮)을 하지 않으면 구더기가 생긴다. 사람의 껍데기가 구더기의 맛좋은 음식이 되니 힘들이지 않고서도 남에게 도움을 주는 셈이다. 구더기의 양식이 되지 않더라도 거기서 약간의 기름과 소금을 얻을 수도 있고 뼛가루는 비료로 쓰일 수도 있으니 왜 그것을 마다하겠는가? 설령 목재와 토석으로 무덤을 만든다 하더라도 조만간 개미나 벌레의 먹이가 되고 말 것이다. 만약 염라대

---

20) 시신에서 살과 뼈가 떨어져 나가는 것.

왕에게 상소를 올려 개미와 곤충을 벌해 달라 한다면 염라대왕은 그 상소장을 바닥에 내던지며 저승사자를 대령시키라 할 것이다. 따라서 사람의 시체가 무용지물이라는 것을 인정해야 한다. 시신의 대부분은 비위생적이고 유용하지도 않다. 과학자들이 시신을 소독해서 의학 실험에 활용하려 해도 비용이 많이 드니 안타까울 따름이다. 따라서 과학을 잊어서는 안 된다.

여기까지 나의 청풍명월의 밥 먹는 인생관에 대해 간략하게 설명했다. 다음으로는 아이를 낳고 백성이 되는 것에 대해 설명하겠다.

2. 신공귀부(神工鬼斧)[21]의 아이 낳는 인생관

아이 낳는다는 말과 신공귀부라는 네 글자를 합쳐서 만든 제목은 어불성설의 실없는 소리가 아니다. 그러나 훈장 선생이 보기에 아이를 낳는다[生孩子]는 말에 신공귀부라는 형용사를 붙인 것이 어디 말이나 되겠는가. 한편으로는 황당해 하면서도 다른 한편으로는 신공귀부의 능력을 갖춘 존재가 낳은 아이는 분명 쉬슈쩡(徐樹錚)[22]이나 우페이푸(吳佩孚)[23]같이 별 볼일 없는 인물이 아닌, 초패왕(楚覇王)이나 나폴레옹도 능가하는 인물이어야 한다고 생각할 것이다. 최소한 탁탑천왕(託塔天王)이나 제천대성(齊天大聖) 정도는 되어야 한다. 그러나 그의 추측은 틀렸다. 우매한 지식인들이 그것을 우상화하는 것은 그나마 낫다. 오히려 신문화 소년들이 아이 낳는 것을 신비화하여 신공귀부의 오묘한 조화라고 여길까 걱정이다. 따라서 갈 길이 멀지만, 본론으로 들어가기 전에 몇 마

21) 건축(建築)이나 조각(彫刻) 등의 기교(技巧)가 뛰어나게 훌륭함 또는 입신(入神)의 경지에 이른 기예(技藝)를 비유한 말. 『莊子 · 達生』에 나온다.

22) 북양군벌(北洋軍閥) 환계파(皖系派) 인물.

23) 북양군벌(北洋軍閥) 직예파(直隷派) 인물.

디 덧붙이고자 한다.

아이 낳는 일은 신공귀부와 관련이 없다. 아이 낳는 것은 우주 변화의 연장선상에 있다. 좁은 의미에서 말하자면, 우주 만물 각자가 지속해온 방식이다. 사람을 예로 들면, 아버지나 어머니가 아이를 낳는 것은 육백만년 인류 역사 가운데에서 육십만 번을 이어온 것이다. 우주 만물은 절대 같은 방식으로 존재하지 않는다. 예를 들어 암수한몸의 하등 동물은 '그'나 '그녀'가 필요하지 않다. 암수를 한 몸에 구비하고 있다면 수시로 암수의 정기가 합해져[絪縕] 하나가 되어[醇化]버릴지도 모른다.[24] 정력의 과도한 소모로 모체 역시 죽기 쉽다. 생명을 신중하게 다룬다는 측면에서 생각하자면, 음과 양의 성 가운데 어느 하나를 없애거나 제거함으로써 결합 횟수를 줄여야 한다. 음의 성질을 없애면 음성은 발달하지 못해 소멸되고, 양의 성질을 없애면 양성은 발달하지 못하고 소멸된다. 따라서 갑은 음성만 남게 되고 을은 양성만 남게 되는데 암수 각각의 정기가 넘쳐 결합이 필요하게 될 때 서로 만나면 되는 것이다. 노화를 방지하는 것은 생명을 연장하기 위한 것으로 동물 진화에서 매우 중요하다. 사진 인화액을 예로 들어보겠다. 갑과 을은 시간이 지나도 변질되지 않는 인화액을 각각 한 병씩 가지고 있다. 둘을 섞으면 인화액은 한순간에 성질이 변하게 될 것이다. 만약 갑과 을이 한 병을 공유하고 있었다면 그것은 아마 오래가지 못했을 것이다. 여기서 "그"는 갑의 병에 들어있는 정충이고, "그녀"는 을의 병에 들어 있는 난자다. 그와 그녀가 관계한다는 것은 정자가 난자와 결합한다는 것으로 하나의 소우주가 연장되는 것이다. 따라서 아이를 낳기 위해 신공귀부는 필요하지 않으며 신묘한 존재

---

24) 天地絪縕, 萬物化醇.(천지가 실타래처럼 뒤엉킨 상태에서 만물이 화순함.) - 『周易 · 繫辭 下』

로 설명될 수 있는 것도 아니다. 신묘하다는 말은 도저히 용납할 수 없다. "부부 간의 사랑은 불가사의하며 진정한 사랑의 극치이다"라는 말도 정말 용납하기 힘들다(웃음). 실상은 정자는 난자를, 난자는 정자와 결합하고 싶을 뿐이다. 배고프면 먹을 것을 찾고 추우면 입을 것을 찾는 것은 필요에 따른 것이다. 오랜 병을 앓은 후 부모의 사랑을 떠올리는 것은 곤란에 처했을 때 친구의 도움을 아쉬워하는 것과 다를 바가 없다. 애정이란 말로 아내의 소중함을 표현하는 것은 정자와 난자가 아직 결합하지 않았기 때문이며, 다정다감하게 대하는 것은 위급한 상황이 닥쳤을 때 도움의 손길을 얻기 위해서이다. 그러나 고통과 곤란이 사라지고 풍족해지면 아내를 바꾸고 싶어지고, 배부르고 따뜻해지면 음욕이 생기는데 이것은 인지상정(人之常情)이다. 이성(異性)의 끌림으로 남자가 여자를 좋아하고 미인을 사모하는 것은 인류에게만 특별한 것이다. 이성 간의 사랑은 불가사의하다. 그러나 이 모든 것은 생리작용일 뿐, 여기에 추호의 오묘함도 없다. 어떤 사람은 이렇게 말할 것이다. "남녀 간의 관계가 정욕에서 비롯된다는 것은 인정한다. 왜냐하면 골목을 서성거리는 한량이나 공원을 배회하는 기녀(妓女)를 두고 사랑을 말할 수는 없기 때문이다. 그렇지만 고상한 부부나 함께 죽음을 약속한 남녀를 두고 그들에게 오로지 정욕만 있다고 말하는 것도 그들의 인생을 욕되게 하는 것이다." 이에 대해 나는 분명히 말한다. 남녀 간의 사랑은 오로지 정욕에서 비롯되는 것이며, 골목의 한량이나 공원의 기녀뿐만 아니라 고상한 부부나 함께 죽기로 약속한 남녀도 예외는 아니다. 고상한 부부는 사랑으로 욕정을 절제하기 때문에 고상한 것이다. 고상한 것은 원인이고 부부는 결과이다. 그렇지 않다면 적나라하게 말해 한 쌍의 개 같은 연놈일 뿐이다. 절대로 부부가 원인이고 고상한 것이 결과가 아니다. 연인끼리 죽음을 약속하는 것도 정욕이 흘러넘치지만 억제할 수밖에 없어 미칠 지경에 이르게 되었기 때문이다. 이런 정욕의 사랑은 누구의 간섭도 거부하는 것으로 우리에겐 한 쌍의 바보 같은 남녀로 보인다. 나의 이런 비평에는 조금의 찬양이나 비난도 들어 있지 않다. 다만 함께 죽는 것의 목적에 대해 말하려는 것이다. 위의 두 가지 사례에 대해 좀 더 상세하게 나의 의견을 밝히도록 하겠다.

첫째는 고상한 부부다. 세상의 고상한 부부 가운데에는 정욕은 약하지만 애정이 깊은 경우가 부지기수다. 이 사실은 무시할 수 없다. 나도 그것은 인정한다. 여기서 몇 마디 말로 문제의 핵심에 접근해 가보도록 하겠다.

> 암흑천지의 시기에 먼저 의지가 있었고 그 후에 변화가 생겼다. 무외지대(無外之大), 무내지소(無內之小)의 우주는 만물을 포함하고 있으니 어찌 유한한 인간의 역사로 그것을 논할 수 있겠는가. 만약 누군가 변화에 아무런 계획도 없었던 것이냐고 묻는다면 지금도 제대로 계획을 세울 수 없는데 처음이라고 있었겠냐고 반문하겠다. 처음에는 마구 충돌했을 것이다. 이런 대담한 충돌은 순전히 정감의 힘으로만 그렇게 된 것이다. 정감은 의지가 생긴 후에 발생하는데 이것은 원시적 시기의 모습이다. 정감에 따라 움직이다 방해물을 만나면 사유로부터 이지가 생겨난다. 이지로부터 의지가 강화되면 정감도 강해지고 다시 이지가 강해진다. 이런 순환과 변화는 끝이 없다. 이백조 마리의 정자가 하나의 난자를 향해 가면 만남의 확률은 자연히 높아질 수밖에 없다. 정감의 위세는 놀랄 만하다. 한 번의 접촉에 만족하지 않고 쉼 없이 맹목적으로 충돌하니 여기에 자기절제란 없다. 암흑천지가 변해서 만물이 되고 또한 부단히 충돌하는 것도 정자와 난자가 만나는 것과 같은 것이다.
>
> 정감은 무궁하게 생겨날 수 있지만 정자와 난자를 만드는 원료에는 한

계가 있다. 제조 원료가 부족할 때 정자와 난자는 잠시 만남을 쉰다. 만남의 시간과 간격이 다른 까닭은 원료 공급 상황과 소모량이 각기 다르기 때문이다. 모든 동물은 일 년 중에 교배기가 정해져 있다. 그러나 인간은 일 년 내내 이성과 결합할 수 있다. 여기에는 중요한 원인이 있다. 첫째는 원료 공급이 풍부하기 때문이고, 둘째는 정력을 적당하게 소모하기 때문이다(낭비가 없다는 말이다). 소모가 적당한 까닭은 사람의 신경계가 발달했고 이지가 비교적 잘 조직되어 있기 때문이다. 다시 말하자면 남녀 간의 정감 속에 생명을 조절하는 이지가 들어 있다는 것이다. 조절이 가능하게 되면 공급이 풍부해지고 결합의 빈도도 높아진다. 결합이 빈번해지면 소모가 많아지고 그럴수록 조절이 조밀해진다. 필요에 의해 순환이 촉진되는 것은 우주의 순리이다.

이제 부부에 대한 본론으로 들어가 보겠다. 부부관계의 고상함은 쉽게 설명할 수 있다. 고상함이란 첫째, 그들의 정자와 난자가 맹목적으로 절제 없이 만나는 것이 아니라는 것이다. 둘째, 성욕을 절제할 수 있게 되면 부부관계는 우정이나 우애 관계로 나아갈 수 있다. 이 두 가지를 염두에 두면 참된 부부관계가 실현될 수 있다. 아직까지 혼인제도가 유지되고 있으니 부부라는 이름이 필요하며 그에 따르는 실질이 존재하니 고상하다 할 만하다. 성욕이 매개이긴 하지만 절제의 미덕으로 인해 부부관계가 이어질 수 있는 것이다. 부부 간의 사랑은 대단히 미묘해서 주의 깊게 관찰하지 않으면 오해를 불러일으키기 쉽다. 왜 미묘하다고 하는가? 미묘하다는 것은 그 사이에 성욕이 개입될 여지가 크다는 것이다. 불타오르는 정욕을 절제할 수 없게 되면 큰 잘못을 범할 수 있다. 부부가 아닌 적나라한 남녀로 남는다면 부부의 미덕은 사라져 무정부 상태가 되거나 우연한 만남에만 집착하게 될 것이다.

Love라는 단어에 내포되어 있는 핵심적 의미는 '의무'이다. Love를 "愛"로 번역하는 것은 적절하다. 그러나 한자 한 글자로는 의미가 모호하다. 나라를 사랑하고[愛國] 타인을 사랑하는 것[愛人]도 사랑(愛)이요, 첩질을 좋아하고[愛嫖] 도박을 좋아하는 것[愛賭]도 사랑(愛)이다. 따라서 한 글자를 덧붙여 의미를 분명히 해야 한다. 그래서 "戀"자를 붙여 "연애"라고 하는 것이다. "戀"자는 권리의 의미가 강하다. "戀愛"라고 하면 여기서 "愛"는 첩질을 좋아하고 도박을 좋아하는 것과 비슷한 의미를 갖게 된다. "戀"과 "慕"는 같은 것이다. 여자를 좋아하는 것[好色]을 알면 미인을 사모[慕]하게 되고 아내가 있으면 아내를 애모[慕]하게 된다(아내라고 했지만 일반적으로는 개개인이 선호하는 미인을 이른다). 이 두 가지 慕는 연애에 대한 분명한 해석이다. 적나라한 남녀관계는 부부간의 참됨에 부합하지 못한다. 맹자가 군주를 사모하는 것[慕君]과 마음의 열병[熱中]을 연관 지어 말한 것을 봐도 알 수 있다.[25] 오직 부모에 대해서만이 권리로서의 깊은 정을 의무로서의 영원한 사랑으로 바꿀 수 있다. 즉 효를 숭상하는 정신을 부모에 대한 사랑으로 바꿀 수 있다는 것이다. 이는 여자를 좋아하는 것처럼 덕을 사랑하라는 공자의 말과 같은 의미이다. 미인을 사모하는 慕가 아니라 부모를 사모하는 慕이기 때문에 마땅한 것이고, 여자를 좋아하는 好가 아니라 덕을 좋아하는 好이기 때문에 고상한 것이다. 따라서 Love, 즉 연애라는 말을 연인들에게 쓰는 것은 적당하지만 부부 간에 쓰는 것은 적절하지 않다. 오늘날 부부관계를 말할 때 연

25) 人少則慕父母, 知好色則慕少艾, 有妻子則慕妻子, 仕則慕君, 不得於君則熱中, 大孝終身慕父母, 五十而慕者, 予於大舜見之矣.(사람들이 어릴 때에는 부모를 사모하다가 여색(女色)을 좋아할 줄 알게 되면 젊고 예쁜 소녀를 사모하고, 처자(妻子)를 두면 처자를 사모하고, 벼슬하면 군주를 사모하고, 군주에게 신임을 얻지 못하면 가슴속에 열병이 나는 것이다. 대효(大孝)는 종신토록 부모를 사모하나니, 50세까지 부모를 사모한 자를 나는 대순(大舜)에게서 보았노라.) -『孟子 · 萬章 上』

애라고 하는 것보다 情愛라고 번역하는 것이 더 낫다. 간단한 예시를 통해 두 단어의 차이를 밝혀보자. 만약에 갑이 을에게 더 이상 사랑하지 않으니(不戀) 당신의 길을 가라고 말했다고 치자. 둘 사이의 약속은 연애(戀愛)로써 맺어져 있기 때문에 정말 나를 사랑하지 않느냐고 을이 되물으면 갑은 사랑하지 않는다고 말하면 그만이다. 당당하게 헤어지면 되는 것이다. 그러나 만약에 약속이 정애(情愛)로 맺어져 있어, 을이 당신은 진실로 나에게 정이 없는(無情) 것이냐고 묻는 경우 정이 없다고 대답하기는 힘들다. 무정하다는 것은 그다지 떳떳한 것이 아니기 때문이다. 비록 매우 사소한 차이긴 하지만 여기서 엄청난 구별이 생긴다. 만일 부부관계가 단순한 연애관계로 결합되어 있는 것이라면 고상함을 말할 수는 없을 것이다.

> 세상의 남자와 여자들이 모두 정애(情愛)로써 사귄다면 부부라는 이름이 필요하지 않을 것이다. 부부란 단어는 남녀가 연애관계로만 맺어져 있을 때 생긴 말이다. 그러나 오늘날 부부를 연애로만 결합된 사이라고 한다면 적나라한 남녀관계만이 남을 테니 어찌 큰 문제가 아니겠는가? 정애란 이지로 정감을 절제하는 것이다. 대동 사회는 난교(亂交)의 세상이다. 부자와 현자들은 이를 추하게 여긴다. 성교는 친구 둘이 만나 이야기 하는 것과 다를 바 없다. 이야기를 위해서는 만나야 하고 이야기가 끝나면 헤어진다. 이러한 만남에서 의식과 주거, 자녀 등의 문제는 거론하지 않는다. 서로에게 성관계를 강요하지도 않는다. 이에 반해 부부관계는 성관계를 수반하며 이로 인해 의식과 주거, 자녀 양육을 공동으로 책임져야 한다. 신경 써야 할 일이 많아지면 성교는 불공정한 상황에서 이루어지게 된다. 연애로 쉽게 결합하고 쉽게 헤어지는 것은 말은 쉬워도 실제로는 상당히 어려운 일이다.

혼인 제도를 폐지하고 남녀난교의 단계로 진입하는 것은 필연적이다. 이는 자녀를 공공으로 양육하고 사유재산제가 폐지되는 때에 이루어질 것이다. 이 밖에 과학이 발달하지 않으면 해결되지 않을 어려운 문제가 있다. 즉 난교 이후 인류가 어떻게 혈통을 교란시키지 않으면서 우등한 종이 될 수 있을까 하는 문제이다. 동성(同姓)끼리의 혼인으로는 자식을 번성시키기 힘들다는 것을 일만 년 전 원시인들도 알고 있었다. 근친 간의 관계를 통해 임신한 경우 장애아가 나올 확률이 높다는 것은 과학적으로 증명되었다. 인류 최고의 도덕은 종을 개량하고 발전시키는 것이다. 사람이 초인(超人)이 될 수 있는지의 관건이 여기에 있다. 혈속(血屬)을 구별하기 위해서는 자연적 생리를 이용하는 것이 최선이다. 과학이 더욱 발전하게 되면 인류의 내적 차이가 어떻게 외부로 드러나며 그로 인해 외모에 어떤 차이가 생기는지를 알 수 있을 것이다. 남자든 여자든 한눈에 같은 혈속을 알아볼 수 있게 될 것이다. 그러나 혈속이 비슷하더라도 혹여 폐결핵과 나병이 있다면 가까이 해서는 안 된다. 또한 성욕을 일으켜서는 안 된다. 아울러 갑과 을이 비록 서로 잘 어울린다 해도 종에 이롭지 않고 몸에 해를 입힌다면 조심스럽고 냉정하게 행동할 필요가 있다. 이런 점만 유의하면 자연스럽게 난교가 시행될 것이다. 난교가 시행되면 가정의 사적 책임은 사라질 것이며 임신도 조절할 수 있게 될 것이다. 서출(庶出) 문제도 해결될 테니 비로소 대동세상이 열리는 것이다. 이처럼 대동세상은 과학의 힘을 빌려야만 실현될 수 있다.

두 번째는 함께 죽음을 선택한 연인이다. 정자와 난자는 교배를 통해 소모된다. 경쟁을 통한 만남으로 소우주를 만들어내는 과정은 대단히 격렬하다. 부부건 애인이건 성욕이 생기는 것은 다음과 같은 이유 때문이다. 처음에 진흙 두 덩어리로 나와 너를 만들었다. 그것을 합쳤다가 다시 둘로 나눈다. 이렇게 되면 네 속에 내가 있고 내 속에 네가 있게 된다. 그러나 상호 간에 정감이 통하게 되었음에도 하나가 될 수 없으니 이산의 아픔이 생기게 되는 것이다. 다시 진흙처럼 주물러 한 덩어리로 만들려 해도 불가능하고 같은 이불을 덮고 죽을 때까지 사는 것도 실현 불가능하다. 차라리 일찌감치 같이 죽어 묻힘으로써 헤어지지 않는 편이 낫다. 따라서 눈물 콧물 줄줄 흘리며 서로 부둥켜안고 떨어지지 않으려 하는 것이다. 이런 추태는 비록 보기에 낯간지러워도 규방의 처첩이라면 이해할 것이다. 따라서 신공귀부의 대문호들도 이러한 "지극한 정"을 소재로 글을 쓰는 것이다. 어떤 사람은 지나치게 속되다며 비웃을지 모른다. 내가 이처럼 직설적으로 말하는 까닭은 정자와 난자가 만나 하나로 결합하려는 열망이 매우 강하다는 것을 말하기 위해서이다. 부부는 합장을 바라기 때문에 인내하며 기다릴 뿐 자살을 선택하지 않는다. 연인끼리는 기약 없는 헤어짐을 견디다 못해 함께 죽기로 결심함으로써 말로 다 할 수 없는 고통을 끝내려 하는 것이다. 그들의 생각은 묻지 않아도 뻔하다. 그들 또한 묻기를 바라지 않는다. 그들은 비록 미치지 않았지만 보통 사람들에게는 미친 것처럼 보이기 때문에 그들을 미친 남녀라고 부르는 것이다.

결론적으로 말해 남녀건, 부부건, 연인이건, 잡교건 간에 이 모든 관계의 목적은 아이를 낳는 것이다. 아이를 낳기 위해서는 정자와 난자가 필요하다. 정자와 난자로 인해 강렬한 감정이 생긴다. 강렬한 감정 때문에 갖가지 비판의 말들이 생겨난다. 갖가지 비판으로 인해 연애 남녀와 고상한 부부, 함께 죽는 연인, 과학적 교배 등의 주장이 나오게 된다. 따라서 새로운 신공귀부의 문학, 예술, 미술의 창작도 남녀의 성(性)이 근간이 된다. 고집통이(孔子) 역시 『시』 "관저(關雎)"를 남겼고, 『역』에 건곤(乾

坤)을 기록했다. 실로 정자와 난자는 불가사의한 대신(大神)임에 틀림없다. 그러나 아이를 낳는 것 자체는 과학에서 보면 작은 측면에 불과할 뿐이다. 우리가 말한 암흑천지의 조상도 알고 보면 과학 학교를 나와 우주를 창조했는지도 모른다. 그러나 만물을 고르게 분배할 정도의 실력은 아닌 것 같다. 어쩌면 만약을 대비해 남겨둔 여분이 지나쳐 현재의 과잉 상태를 초래한 것일지도 모른다. 아이 하나를 낳기 위해 이백조 마리의 정자를 소비할 필요가 있겠는가? 한 번의 관계로 결합이 이루어지기도 하지만 수만 번을 맺어도 안 되는 경우가 있다. 이것은 분명 과도한 낭비다. 의식이 흐릿해지고 몽롱해진다. 생사 이별과 세상살이가 고되게 느껴진다. 신공귀부한 능력을 제대로 표현하기 위해 죽을 지경이다. 이것은 암흑 노인의 장난이다. 내 생각에 만약 치밀하게 과학적으로 계산했더라면 교배가 이처럼 빈번할 필요는 없었을 것이다. 교배를 위한 정자 나리와 난자 아가씨도 이렇게 많이 필요하지는 않았을 것이다. 그것들을 "남자"의 병과 "여자"의 병에 따로 나누어 담는 것도 좋은 방법이다. 그러나 첸쉔퉁 선생이 읊은 불철강식(不哲姜食)[26] 팔고조에 빗대서 말해보자면 "연애는 해야 하지만 지나쳐서는 안 된다." 아이를 낳는 것도 개개인의 의무가 아니다. 피임을 하지 않아도 분배가 적절하게 이루어진다면 잉여로 인한 낭비를 걱정할 필요가 없다. 이것이 바로 과학적 연애이다. 그러나 량치차오 선생은 일찍이 이런 과학적 연애를 비웃었다. 그는 정자도 잠을 자고 난자도 화를 내며 일하기를 거부할 수도 있다고 냉정하게 말했다. 한 번 생각해보라. 베이징대학 제3강당에서 구국대회가 열렸다. 갑자기 소년 하나가 날카로운 칼로 손가락을 잘라 "구국(救國)"이

26) 不撤姜食, 不多食.(매번 식사를 할 때마다 생강을 먹었지만 많이 먹은 것은 아니다.)
–『論語 · 鄕黨』

라는 두 글자를 썼다. 관중들은 한편으로 어인이 벙벙해 하면서도 박수를 쳤다. 다음 날 조간 신문에도 크게 실렸다. 겨우 반 잔도 안 되는 피를 흘린다 해도 그런 희생을 감수할 사람은 거의 없다. 한 번 성교할 때마다 소모되는 정자의 양은 반 잔을 조금 넘는다. 피보다 소모가 많다. 만약 맹목적으로 만들어지고 소모되는 여분의 정자가 없다면 사람들은 난자 찾기에 혈안이 되어 다툼이 끊이지 않을 것이다. 또한 어느 누가 국가와 백성을 위해 기꺼이 반 잔의 정자를 소모하려 하겠는가? 설령 신문에서 대서특필은 할 수 있지만 권하지는 않을 것이다. 원매(袁枚)가 만년에 아들(阿遲)을 얻자 자식 없는 사람들이 그를 부러워하여 편지로 비법을 물었다. 그는 답장에 이렇게 썼다. "개를 본받으시오."(편지에 나오는 말이다.) 성교 전에 조상의 신주 앞에서 향과 초를 사르며 오늘 밤 정중하게 부부 관계를 맺겠으니 반드시 득남하게 해 달라고 기도를 올린다거나, 침대 위에서 남편이 "부인, 내가 무례를 범하겠소"라는 말로 부인의 승낙을 구하는 따위의 행위로 정자와 난자를 흥분시킬 수 있겠는가? 따라서 "개를 본받으시오"라는 말은 진실로 신공귀부하고 마음에서 깊이 우러나온 신비주의 낭만파의 사실주의 작품이며, 청대 전기의 대문호다운 말이다. 차이위엔페이 선생이 미학으로 종교를 대신하려 했을 때에도 중국인들은 비슷한 암시를 받았다. 몇 년 동안 문학작품과 예술작품은 모두 새로운 신공귀부의 수단으로 고상한 정감을 농밀하게 만들었다. 이것은 말라비틀어지고 적막하고 무미건조한 중국에 활기를 불어넣었고, 여기서 비롯된 지극한 사랑이 전 세계에 가득 차게 되어 영원한 평화를 만들어 내게 되었다. 위대하도다! 오늘날의 신공귀부한 창작이여! 어질도다! 오늘날의 신공귀부한 창작이여! 고명하도다! 오늘날의 신공귀부한 창작이여! 남녀 성이 근간이 되어 신문학의 편장을 가득 채우고 이로 인해 신예술이 태어나고 있다. 국고(國故)선생, 동남학부(東南學府), 경진문단(京

津文壇)이 『관저』편을 가르치고 건곤을 찬양하고 있다. 아름답고 훌륭하도다. 신시부(新詩賦), 양팔고(洋八股)가 명청(明淸)과 당송(唐宋)을 뛰어넘고 있다. 애정의 법칙과 연애의 원리가 신공귀부의 조류를 타고 돌아와 아름다움(美感)의 자리를 빼앗고 추함(醜化)의 대문을 힘차게 열어젖혔다. 개를 배우자는 사람들은 공공연히 통속시와 통속글을 써서 마작과 아편이 후통(胡同, 골목)과 공원에 퍼지듯 유행하게 만들었다. 신문화(新文化), 구국수(舊國粹), 옛 강호(老江湖). 이것들이 모두 한데 섞이니 무술변법(戊戌變法) 이전의 "공허한" 것들이 상대할 수 없을 정도의 위력을 갖게 되었다. 그러자 아이 낳는 것이 신비한 것이 되었고, 다시 그것이 변하자 애정이 되었다. 다시 변신하니 미학 양성화가 되었고, 또 변신하니 신공귀부의 창작이 되어 정자와 난자가 세계 개조의 중심이 되었다. 따라서 우주 창조란 신공귀부가 만들어가는 하나의 과정이 되었다. 의지가 정감을 낳고, 정감이 이지를 일으키고, 이지가 의지를 정하고, 순환하여 융합하니 모든 것을 주재하는 중심이란 존재할 수가 없다. 정자와 난자가 서로 맘껏 결합하려는 것은 정감의 표현이다. 그러나 두 병에 따로 담아 갈라놓는 것은 이지의 표현이다. 따라서 애정만 있는 연애를 지양하고 과학적 연애를 숭상하이야 한다. 아울러 신공귀부의 수단과 아이를 낳고자 하는 염원을 결합시켜야 한다. 우리 암흑조상께서는 이미 신공귀부로써 일월성신뿐만 아니라 날고 헤엄치는 동식물들이 연출해내는 기묘한 장관을 만들어내셨다. 그렇다면 우리는 어째서 신공귀부로 라듐 용광로와 에테르선(X-선)을 만들고, 화성 항로를 개척하고, 달 탐험대를 조직하고, 기계 인간을 만들어냄으로써 세상을 놀라게 하지 않는 것인가? 지구 멸망을 대비해 화성 항로를 개척하고 달 탐험대를 조직하려면 오키나와(橫濱)나 도쿄처럼 고립된 지역을 찾아 실험해야 한다고 반문할지도 모른다. 맞는 말이다. 그러나 당신의 아들도 수십 년 후에는 죽게 될 텐데 실행할 용기도 없으면서 이후의 문제로 그렇게 흥분할 필요가 있겠는가. 만물은 생겨나면 반드시 사라진다. 추구(芻狗)[27]와 마찬가지로 쓸모없어지면 버릴 수밖에 없다. 바둑 두는 식의 우주관, 아이 낳는 식의 인생관은 그 의미가 무궁하다. 이것이 바로 내가 말하는 신공귀부의 아이 낳는 인생관이다.

어우양징우 선생은 장자를 흉내 내어 우주와 인생의 덧없음을 꿈꾸는 것에 비유했다. 그러나 과학자는 꿈꿀 필요가 없다. 그들은 세상에 상존(常存)하는 사물이나 실유(實有)는 없다고 확신한다. 그러나 그들은 물질에 집착한다. 나 역시도 꿈을 꿀 필요가 없다. 또한 "무물상존(無物常存)", "무물실유(無物實有)"라고 분명히 말할 수 있다. 그러나 나도 암흑천지에 집착한다. 어우양 선생은 힘들게 꿈을 꾸어서 모든 것이 허망하다는 것을 사람들에게 알려주었다. 그러나 그 또한 진여(眞如)에 집착하고, 정각(正覺)에 집착하고 있다. 이런 모든 주장들은 오십보백보다. 왕언양(王恩洋, 1897~1964)[28] 선생은 아직 육근(六根)[29]이 청정하지 않음에도 자비심이 넘친다. 그러나 그도 진여정각(眞如正覺)으로 쇠패(衰敗)해가는 세상을 구제하려고 한다. 나는 도무지 이해가 가지 않는다. 진여정각이란 사람들을 열반에 이르게 하는 방법 중 하나이다. 쇠패는 융성에 비해 열반과 가깝다. 좋은 곳을 향해 가는데 어째서 도리어 구제하려 하는가? 또한 불법은 무애(無涯)할진대 어찌 쇠패만을 구제하고 융성함은 구제하려 하지 않는가? 쇠패한 세상을 구제하려면 융성의 길로 들어

---

27) 옛날 중국에서 제사 지낼 때 쓰던 짚으로 만든 개. 쓰고 나면 내버렸음.

28) 중국 근대 시기의 불교학자. 베이징대학에서 인도철학을, 남경 지나내학원(支那內學院)에서 어우양징우로부터 유식학을 배웠으며 중국불학원 교수를 역임했다.

29) 불교에서 말하는 눈[眼], 귀[耳], 코[鼻], 혀[舌], 몸[身], 의[意].

서야 하는 것인가? 어째서 부처는 속세를 떠나(出世) 사람들의 입세(入世)를 돕는다는 것인가? 이해할 수 없는 것이 너무 많다. 그러나 왕 선생은 이것을 방편(方便)설로 설명했다. 즉 세상이 비록 쇠패해 가지만 허망한 것이 아니라고 잠시 동안만 인정하자는 것이다. 그렇다면 방편에 대해 생각해보자. 쇠패하는 세상의 만유가 실제로는 허상일지라도 물질만은, 암흑천지만은, 진여정각만은 존재한다고 잠시 인정하는 것이다. 따라서 비록 허망한 세상일지라도 그곳에 몸을 던져 부흥에 공헌할 수 있다. 그런 다음에 다시 발전된 세상에서 열반에 들고 정각으로 돌아가는 것이다. 이것은 다음과 같이 거꾸로 말할 수도 있다. 현재의 불법은 모두 거짓이며 쓸데없는 것이다. 나는 사람들의 입세를 위해 과학을 주장하고 망국 멸종의 불경을 모두 태워버림으로써 물질문명을 만들어낼 것이다. 그런 다음에 다시 물질문명을 훼멸시켜 정각식의 암흑천지로 되돌아오는 것이다. 이것이 바로 나의 주장이다. 만약 물질문명을 이루는 것이 헛된 것이라고 비웃는다면 융성한 세상을 만드는 것도 마찬가지로 헛된 것이다. 이 역시 오십보백보다. 웃긴 얘기를 하나 하겠다. 54세 때 쑤저우 쉬엔먀오관(玄妙觀)에서 "소열혼(小熱昏)"[30] 만담을 들은 적이 있다. "선생은 밥을 진주처럼 생각하지만 먹고 나면 변해서 똥이 되어버리니 그렇게 마음껏 똥을 드셔도 되는 것인가요?" 이 "소열혼"은 나보다 더 철저하다. 밥은 융성한 세상을 의미하고 물질문명을 가리킨다. 똥은 정각이고 암흑천지다. 정각과 암흑천지를 사랑한다면 마땅히 똥을 먹어야 한다. 밥을 먹는 것은 허망한 것을 먹는 것이다. 그러나 그렇다고 해서 똥을 먹을 수는 없다. 소열혼이건, 우쯔후이건, 왕 선

30) 장쑤(江蘇), 저장(浙江), 상하이 일대에서 광범위하게 유행했던 해학적 설창(說唱) 예술을 말한다.

생이건, 어우양 선생이건 모두 밥 먹는 것에만 관심이 있을 뿐이나. 가끔씩은 선열재(禪悅齊)나 육미제(六味齊)[31]에서 더 맛있는 밥을 먹기도 한다. 여기서 볼 때, 우리가 세상을 부흥시키고 물질문명을 만드는 일에 관심을 쏟는 일이 그리 어리석지만은 않다는 것을 알 수 있다. 물질문명의 파산은 먼 훗날의 일이다. 지금은 아직 밥이 끓고 있는 중이며 한밤중이 되어야 먹을 수 있다.(이 단락은 불교를 비방하는 것처럼 보일 수도 있다. 왜냐하면 "아이 낳는 인생관"의 뒷부분에서 아이를 낳지 않는 출가인에 대해 언급했기 때문이다. 본의 아니게 죄를 지은 것 같다.)

위에서 말한 두 가지는 모두 인욕횡류(人慾橫流)의 인생관이다. 맞는 말인지는 모르겠으나 지금의 도덕과 그다지 충돌하는 것 같지는 않다. 이제부터는 천리유행의 인생관을 부천재지(覆天載地)의 친구를 대접하는 인생관이라 부르겠다. 아울러 『태평양잡지』 다음 호에서는 정신문명을 위로하고 이상적 물질문명에 공헌할 수 있는 새로운 신앙에 대한 이야기로 마무리를 하겠다. 기대하시라.

3. 부천재지(覆天載地)[32]의 친구를 대접하는 인생관

석양 아래 땔나무에 기대어 아무렇게나 지껄이기 시작한 지 벌써 일 년이 지났다. 중화민국 12년 베이징의 석양 아래에서 시작해 뜨거운 여름과 스산한 가을을 거쳐, 민국 13년 상하이의 석양 아래에서 다시 헛소리를 이어가게 되었다. 무엇이 부천재지의 친구를 대접하는 인생관인

31) 모두 불교 사찰을 의미한다.

32) 夫道者, 覆天載地, 廓四方, 柝八極, 高不可際, 深不可測.(도란 것은 하늘도 덮고 땅도 싣고 있는 것이어서 사방팔방 무한대로 퍼지며 그 높이를 가늠 할 수 없고 깊이를 헤아릴 수 없다.) - 『淮南子』

지는 접어두고 우선 작년 12월 후스 선생이 상과(商科) 대학에서 강연한 "철학과 인생"의 첫머리로 이 글의 서두를 삼고자 한다. 그의 말이 내가 여기서 쓰려는 것과 밀접한 연관이 있기 때문이다. 그는 이렇게 말했다.

"『태평양잡지』에 오 모 씨가 우주관에 대한 글을 발표했는데, 그 글에서 인생에 대해 다음과 같이 정의를 내리고 있다. 인생이란 팔 다리와 뇌를 사용하는 포유동물인 인간이 연기하는 연극이다. 이런 동물들이 연기할 때 인생은 존재하고, 연기를 멈추면 인생은 없다. 따라서 인생관이란 연기에 대한 태도를 말한다. 예를 들어 어떤 사람은 대면(大面)을 좋아하고, 어떤 사람은 화면(花面)을 좋아하고, 어떤 사람은 노생(老生)을 좋아하며, 어떤 사람은 소생(小生)[33]을 좋아하고, 또 어떤 사람은 깃발을 흔들며 소리치는 것을 좋아한다. 이처럼 두 손 두 발 가진 동물이 연극할 때 갖는 태도를 인생관이라고 한다."

그는 나의 의견을 보충해 설명한 것이다. 그는 또 이렇게 말했다.

"그러나 붉은 옷이 퇴장하면 녹색 옷이 등장하는 등 무대에 올라 연극한다는 것이 어떤 의미를 갖는가? 생각이 여기에 미치게 되면 곧 철학의 문제가 생겨나게 된다."

그의 철학이긴 하지만, 이러한 지적은 내가 사람은 연극하는 동물이라고 말했던 『태평양』 4권 3호의 단락을 떠올리게 한다. 그 단락은 '3.'절과

---

33) 대면(大面), 화면(花面), 노생(老生), 소생(小生)은 경극(京劇) 중의 배역과 분장을 가리킴.

밀접한 관계가 있기 때문에 다시 한 번 인용하겠다.

> 인생이란 손과 뇌를 쓰는 동물이 "우주 대극장"의 억해팔경육조오만칠천 막에 연기하는 것이다. 그리고 이것을 어떻게 관람하는지가 바로 인생관이다. 대극장은 우리 스스로가 만들어낸 무대이다. 두 팔 달린 동물의 문명 신극은 우리 자신이 각본을 쓰고 연출한 것이다. 우리를 제외한 어떤 총감독도 없다. 몇 푼의 돈을 바라고 연기하는 것이 아니라 자신의 의무를 다하는 것이다. 최선을 다하지 않으면(후스 선생이 말한 단지 붉은 옷이 퇴장하면 녹색 옷이 등장한다는 것이다) "갈채"는커녕 "조롱"만 받게 될 것이다. 대충 연기하려면 차라리 암흑천지를 고수하는 것이 나을 것이다. 왜 억지로 변화를 추구하려 하는가. 왜 노심초사하며 조조조조 막의 무대에 올라 인간의 역할을 하려 하는가? (이것이 후스 선생이 말한 어떤 의미를 갖는가 하는 것이다.) 관객도 마찬가지다. 관객 역할에 충실하면 될 뿐 연기를 잘하고 못하고는 아무 상관이 없다. 스스로를 속일 필요는 없다. 관객이 많이 드는 연극은 주인공 몇 명만 있으면 된다. 나머지는 있어도 그만, 없어도 그만이다. 무대 위에서의 연기는 자신에 대한 의무이다. 따라서 자기의 만족이 제일 중요하다. 누가 조연이나 보조역을 맡고 싶어 하겠는가? 실제 연극이라면 마음에 들지 않는다 해서 다시 할 수 없다. 하지만 연극은 끝이 없이 이어지니 무대에서 내려오자마자 다시 등장해야 한다. 이것을 물질불멸이라고 한다.

이 글의 의미는 인생이 있으니 철학을 얘기할 수 있고, 각본을 잘 써야 연극 무대의 등장이 헛되지 않을 수 있다는 것이다. 어쨌든 철학은 후스 선생이나 다른 대철학자들이 천천히 가르쳐주면 된다. 우리는 스스로에게 우리가 등장한 세 번의 연극을 망치지 않았는지 물어봐야 한다. 첫 번째는 밥 먹는 연극으로 청풍명월을 노래한다. 두 번째는 아이 낳는 연극으로 신공귀부가 등장한다. 이 두 막은 떠들썩한 것이 꽤 재미있다. 그렇다면 마지막 남은 것은 친구를 대접하는 것이다. 어떻게 친구를 부천재지하게 대접할 것인가?

우선 친구를 대접하는 것이 어떤 것인지 살펴보자. 맹자가 말한 "궁실의 아름다움[宮室之美]"은 밥 먹는 것에 속한다. "처첩을 봉양하는 것[妻妾之奉]"은 아이 낳는 것으로 말할 수 있다. 궁실의 아름다움과 처첩을 봉양하는 것에 대해 현재 돼지 같은 군벌 새끼들과 정치가, 벌레 같은 학자들은 겉으로는 절대 받아들이지 못할 것이라고 말하고 있지만, 결정적인 순간이 오면 분명히 "그것을 할" 것이다. 그들을 청풍명월의 경지로 들어오게 해 신공귀부를 함부로 사용하지 못하게 하는 것도 나쁘지 않다. 그렇다면 친구를 대접하는 것은 맹자 할아버지가 말한 "내가 아는 궁핍한 사람이 나의 은혜를 감사하게 여기[所識窮乏者得我]"도록 하기 위해서인가?[34] 그것은 분명, 분명히 아닐 것이다. 내가 말하는 밥 먹는 것이란 반드시 궁실의 아름다움을 가리키는 것이 아니다. 아이를 낳는 것도 처첩을 봉양하는 것이 아니다. 친구를 대접하는 것이 "내가 알고 있는 궁핍한 사람들이 나를 고맙게 여기도록" 하기 위해서도 아니다. 밥 먹는 것과 아이를 낳는 것은 인욕횡류의 인생관으로 궁실의 아름다움과 처첩을 봉양하는 것으로 설명할 수 있는 것이 아니다. 친구를 대접하는 것이 천리유행의 인생관인데, 어찌 "내가 알고 있는 궁핍한

34) 萬鍾則不辨禮義而受之. 萬鍾於我何加焉? 爲宮室之美, 妻妾之奉, 所識窮乏者得我與.(만종(萬鍾)의 녹(祿)은 예의염치를 따지지 않고 받으니, 그 만종의 녹이 내 자신에게 무슨 보탬이 된단 말인가. 만종의 녹을 받는 것은 다만 집을 아름답게 꾸미고 처첩(妻妾)을 먹여 살리고 내가 알고 있는 궁핍한 사람들이 나를 고맙게 여기도록 하기 위해서일 것이다.) -『孟子 · 告子 上』

사람들이 나를 고맙게 여기도록"이라는 말로 설명할 수 있겠는가? 이에 대해서는 앞에서 설명했다. 몇 마디만 더 하고 본론으로 넘어가겠다. 세상에 악한 사람들이 많아지면 사람은 사람다움을 잃고, 나라는 나라다움을 잃으며, 사회도 사회다움을 잃는다. 사람들은 세상에 악한 사람이 많아지는 이유는 궁실의 아름다움과 처첩을 봉양하는 것을 부러워하는 사람들이 지나치게 많기 때문이라고 생각한다. "내가 알고 있는 궁핍한 사람들이 나를 고맙게 여기도록" 한다는 것은 작은 문제일 뿐이다. 아울러 그것을 궁실의 아름다움과 처첩을 봉양하는 것과 똑같이 생각할 필요도 없다. 하하, 내 개인적 견해에 따르면 이것은 아마 일반적인 오류일 것이다. 맹자 할아버지는 경험 많고 총명한 사람이다. 그는 "내가 알고 있는 궁핍한 사람들이 나를 고맙게 여기도록" 한다는 것을 세 번째 항에 두었는데, 그것은 아마 마지막 항의 의미를 더욱 중시했기 때문일지도 모른다. 나는 민국 원년에 베이징에서 반 년 넘게 살면서 느낀 바가 많았다. 세상에 악을 행한 사람일수록 궁실의 아름다움과 처첩을 봉양하는 것에 집착했지만 이것은 비교적 받아들일 만했다. 오로지 "내가 알고 있는 궁핍한 사람들이 나를 고맙게 여기도록" 한다는 것만은 좋아하는 사람이 거의 없었다. 사람이 사람다움을 잃고, 나라가 나라다움을 잃으며, 사회가 사회다움을 잃는 까닭은 아마도 "내가 알고 있는 궁핍한 사람들이 나를 고맙게 여기도록" 한다는 것의 농간 때문이다. 대부분의 사람들은 이것을 빌미로 패거리를 만들어 궁실과 처첩을 더 많이 확보하는 수단으로 삼는다. "내가 알고 있는 궁핍한 사람들이 나를 고맙게 여기도록" 한다는 것의 의미를 잘 아는 사람들도 지위에 연연해서 소란을 피우거나 무모하게 행동하기 일쑤다. 이 때문에 나라가 망하고 집안이 망하는 것이다. 허튼 소리로 들릴 수도 있겠지만 곰곰이 생각해봐야 한다. 이런 잘못을 1/3씩만 바로잡아도 천하는 자연스럽게 태평해질 것이다. 무슨 정신생활이니 공안락처(孔顔樂處)니 보신용 고가 인삼 따위는 필요 없다. 그렇게 되어야지만 강도 같은 군벌, 밥통 관료, 돼지 같은 의원놈들이 판치는 세상이 개선될 것이다. 따라서 "내가 알고 있는 궁핍한 사람들이 나를 고맙게 여기도록" 한다는 것은 친구를 대접한다는 미명 아래 만들어진 재난이다. 천리유행도 결점이 없을 수 없다. 이것은 인욕횡류가 전부 그른 것이 아닌 것과 같다. 감각은 결국 이지의 제련을 거친 후에 비로소 자유로워지는 것이다.

여기서 친구인 루웨이스(陸煒士)[35] 선생의 말이 떠오른다. "어른을 편안하게 해드리고 친구를 믿음으로 대하며 젊은이를 가슴으로 품어주겠다는 『논어』의 대목은 읽으면 읽을수록 의미가 새롭다. 이것은 당신이 말한 친구를 대접하는 인생관에 부합될 뿐만 아니라 부천재지한 것이 아닌가?" 나도 분명 그렇게 생각한다. 더 이상 무슨 말이 필요하겠는가? 그러나 땔나무 위에서 석양을 바라보며 얘기하는 중에 말한 친구란 인류와 비인류 모두를 포함한다. 인류만 놓고 본다면 나보다 나이 많은 노인네, 나와 비슷한 연배의 친구, 나보다 젊은 사람들 전부를 포함한다. 소위 편안하게 해드리고[安], 믿음으로 대하고[信], 가슴으로 대하는[懷] 것은[36] 대접의 다양한 방법이다. 친구를 대접하는 데에는 나름의 방법이

---

35) 중국지명사전을 정리하였다.

36) 顔淵季路侍, 子曰, 盖各言爾志. 子路曰, 願車未, 衣輕裘, 與朋友共, 敝之而無憾. 顔淵曰, 願無伐善無施勞. 子路曰, 願聞子之志. 子曰, 老者安之朋友信之少者懷之.(안연과 계로가 공자를 모시고 있었다. 공자께서 말씀하시었다. "제각기 품고 있는 뜻을 한번 말해보아라." 자로가 말하였다. "원컨대, 수레와 말, 윗도리와 비싼 외투를 친구와 함께 쓰다가, 다 해지더라도 유감이 없고자 하옵니다." 안연이 말하였다. "원컨대, 잘함을 자랑하지 아니하고, 공로를 드러내지 아니하고자 하옵니다." 자로가 말하였다. "이제는 선생님의 뜻을 듣고자 하옵니다." 공자께서 말씀하시었다. "어른을 편안하게 해드리고 친구를 믿음으로 대하며 젊은이를 가슴으로 품어주겠다.") -『孟子 · 公治』

있는데, 이에 대해서는 공자 선생의 주도면밀함을 칭송하지 않을 수 없다. 친구를 도대체 어떤 방법으로 대접할 것인가를 말하기 전에 우선 공자 할아버지가 성인(聖人)이라는 점을 인정해야 한다. 나는 촌로(村老)에 불과할 뿐이니 그 방법을 "어찌 감히 말할 수 있겠는가?" 공자는 젊은 사람에 대해 말하면서 '회(懷)'자를 제시했는데, 이것은 인한 것은 양보하지 않던[當仁不讓] 성인의 시대에나 가능했던 것으로 우리가 어찌 분수에 넘게 쓸 수 있겠는가?['회(懷)'자를 만약 육성한다는 의미로 해석한다면 그런대로 괜찮을 듯하다. 그러나 두 권의 황제 관서(官書)를 보면 안타깝게도 그렇지 않다. 하나는 하(何晏) 선생이 말한 "회(懷)는 돌아온다는 것이다(懷歸也)"와 형(邢昺) 선생이 말한 "젊은이가 자기에게 돌아오니 은혜를 베푼다(少者歸己, 施之以恩惠也)"는 것이다. 다른 하나는 주(朱熹) 선생이 말한 "젊은이가 은혜를 품는다(少者懷之以恩)"는 것으로 주관성이 많이 가미되었으니 좀 더 생각해볼 문제이다.] 우리가 바라는 것은 나이든 사람을 잘 대접하고, 친구를 잘 대접하고, 젊은이를 잘 대접하는 것이다. "인류" 전체를 잘 대접할 수 있고, 비인류 전체를 잘 대접할 수 있는 방법을 찾아야 한다. 대접에 소홀함이 없었는지는 차치하더라도 진심에서 우러난 것인지는 반드시 물어봐야 한다. 하늘도 땅도 우리가 대접해야 하는 대상이니 이것을 바로 부천재지의 친구를 대접하는 인생관이라 부르는 것이다. 부천재지라는 네 글자는 과학적이고 소박한 말로 현학적이거나 허무맹랑한 허풍과는 거리가 멀다. 또한 "정신생활, 공안낙처"와 같은 마취성 단어와 다르고 편안함을 위해 자신과 타인을 속이는 것과도 다르다.

나 이외의 사람들은 모두 나의 친구이며 친구는 비아의 별칭이다. 내가 나를 대접한다는 것은 대개 밥을 먹고 아이를 낳는 식색지성(食色之性)으로 대접하는 것이다. 그러나 식색의 욕망을 정감에만 맡겨 분출하는 것은 혼란만 가중시킨다. 식체(食滯)로 몸이 상하고 과한 색욕으로 요절할지도 모른다. 이를 방지하기 위해서는 측은 수오 사양 시비의 이성을 이지적 통제 도구로 삼아 나를 대접하면 된다. 비아는 또 무엇인가? "비아"의 식색은 내가 모른 척 할 수도 있다. 혹은 내가 밥 먹고 살기 위해 비아를 굶게 할 수도 있다. 혹은 내가 아이를 낳기 위해 비아를 없애버릴 수도 있다. 따라서 측은 수오 사양 시비의 이성이 비아를 대접하는 유일한 도구인 것이다.

어떤 사람은 이렇게 말할지도 모른다. 하하, 당신은 완전히 속은 것이다. 측은 수오 사양 시비의 이성이 친구를 대접하는 유일한 도구라고 말하는 것은 도리어 과학을 반대하는 현학귀들에게 기회를 주는 것이다. 맹자 어르신이 발명한 사단이 친구를 대접하는 유일한 도구이며 이성이라 하지만, 그들은 현학귀이며 현학은 논리로 따질 수 없다. "이성"도 좋고, "천리유행"도 좋다. 모든 단어에는 사람을 마취시키는 기능이 있다. 아무리 모호한 말이라도 외관을 조금만 꾸미면 누구나 인정하게 된다.—그러나 그들은 자유의지가 있다.—그들이 열을 받아 화를 낼 때면 "리(理)"를 말하곤 하는데, 이것은 잘못된 것이다. 비록 그들의 제자와 자손들이 "이지를 발전시키고 물질을 정복하자"고 소리 높여 외쳐대지만 그들의 수준은 아직 조상들의 잡담 수준에도 못 미친다. 그들은 떳떳하게 사단이 직각-양지-비량(非量)-양심의 영감 활동임을 인정해야 한다. 사양과 시비에 이지적 성분이 들어 있긴 하지만 조상들의 힘을 빌어서 비로소 방편 법문을 열게 된 것이다. 당신이 지금 사단을 인정하는 것은 직각-양지-비량-양심을 인정하는 것과 다름이 없다.—또한 그것들의 영민한 활동을 인정하는 것이다. 이것은 친구를 대접하는 부천재지함이 자유의지에 관한 것이지 과학이나 이지와 상관없다는 것을 인정하는 셈이다. 그러니 어찌 당신이 크게 속은 것이 아니겠는가?

내가 말하겠다. 나는 과학세례를 받기를 바라는 현학귀이지 "거들먹거리며" 논리를 반대하는 "파렴치한 현학귀"가 아니다. 나는 "엔텔레케이아"와 같은 영민한 활동을 들먹이며 사람들을 어리둥절하게 만드는 것에는 반대하지만 자유의지는 인정한다. 그러나 "파렴치한 현학귀"들의 자유의지는 직각-양지-비량-양심을 비롯한 수천 개의 이름을 가진 하나의 신에게 지배받고 있다. 그래야만 영민함이 활동할 수 있는데, 그것이 바로 그들이 인정하는 절대적 자유이다. 직각-양지-비량-양심 가운데 하나씩 골라서 그것의 가치를 따져보자. 그런 다음에 맹자 어르신이 말한 사단의 의미를 설명하겠다. 그다음에 자유에 대한 그들의 해석을 살펴본다면 분명한 차이점을 알게 될 것이다.

직각이란 무엇인가? 그들은 아마 이렇게 대답할 것이다. "그것은 개인의 심리에서 비롯된 것이 아니라 일종의 영험한 능력이다. 다시 말하자면 그것은 하느님의 명령이다." 파렴치한의 이 말은 감탄할 만하지만 그럼에도 불구하고 나는 공손히 손을 모으고 이렇게 말하겠다. 예배당에 가서 전도나 해라!

양지란 무엇인가? 그들은 아마 이렇게 대답할 것이다. "그것은 경험이나 추리, 혹은 유전을 통해 획득된 지식이 아니다. 정정당당하게 하늘로부터 부여받은 것으로 자연적으로 알게 되는 것이다. 다시 말하자면 염라대왕이 태어날 때 사람에게 준 것이다." 파렴치한의 이 말은 감탄할 만하지만 그럼에도 불구하고 나는 공손히 손을 모으고 이렇게 말하겠다. 절에 가서 기둥이나 뜯어 먹어라!

비량이란 무엇인가? 그들은 아마 이렇게 대답할 것이다. "량슈밍 선생이 잘못 말한 것이 있다. 량 선생은 수상(受想)의 두 심소(心所)를 감각에 부가되어 있는 또 다른 종류의 작용이라고 말했다.[37] 수상의 두 마음부

37) 오온(五蘊): 색수상행식(色受想行識). 여기서 색(色)은 육체와 관련된 것이고 수상

수는 분명하지 않은 개념일 뿐만 아니라 그 의미를 말로 표현하기 힘들다. 최초 획득한 흑의 의미가 반복적으로 쌓여 비량의 종합작용을 거치게 되면 백황홍녹…… 등으로부터 여러 의미를 분명하게 간추리고 구별해낼 수 있게 된다. 간추리고 종합하는 비량의 작용을 거쳐야 비로소 추상적인 의미가 도출된다. 의미에 대한 수상의 인식이 바로 직각이다. 이것은 량 선생이 후스 선생의 말을 빌려 표현한 것인데 '호설(胡說)'[38]이라 할 수 있다. 반복적으로 누적된 의미를 간추리고 종합하여 추상적 의의를 도출하고, 수상이라는 두 심소에서 나온 직각 선생이 그 의미를 인식하여 직각의 공덕을 원만하게 완성한다는 것이 말이 되는가? 량 선생이 생각한 비량이 이런 것인가? 비량이란 사람이 헤아릴 수 없다는[非人能量] 뜻이다. 설령 관세음보살이 옥황상제의 높으신 뜻을 받들어 헤아린다 하더라도 천기를 누설할 수는 없는 법이다." 파렴치한의 이 말은 감탄할 만하지만 그럼에도 불구하고 나는 공손히 손을 모으고 이렇게 말하겠다. 남경에 가서 어우양징우 선생에게 물어봐라! [왜냐하면 량 선생은 자신의 말이 "유식가에 대한 수정"이라고 했다. 아마도 어우양 선생의 고명한 제자가 "량 선생은 유식을 모른다"라고 언급한 신문기사를 봤을지도 모른다. 외도(外道)나 현학귀가 량 선생의 수정에 불만을 갖는다면 우리는 반드시 어우양 선생에게 물어봐야 할 것이다.]

양심이란 무엇인가? 그들은 아마 이렇게 대답할 것이다. "돌려 말할 필요가 없다. 하늘님이 당신에게 선물한 것이다. 신문에서 본 유머 하나를 소개하겠다. 어린아이가 아빠와 함께 산책하다가 동상 앞을 지나게 되었다. 아이는 누구의 동상이냐고 물었다. 아빠는 위인의 동상이라고 했

행식(受想行識)은 마음과 관련된 것이다.

38) '후스가 말했다'는 의미지만, 중국어로 호설(胡說)은 '헛소리'라는 뜻도 있다.

다. 아이는 그것이 무엇으로 만들어 졌느냐고 물었다. 아빠는 동으로 만들었다고 했다. 아이는 그 안에 양심이 있느냐고 물었다. 아빠는 없다고 했다. 아이는 위인은 모두 양심이 없는 존재냐고 물었다. 당신이 만약 어린아이의 말을 이해한다면 양심이 왜 양심인지를 알게 될 것이다" 파렴치한의 이 말은 감탄할 만하지만 그럼에도 불구하고 나는 공손히 손을 모으고 이렇게 말하겠다. 동선사(同善社)[39]에 가서 『태상감응편』을 읽어봐라!

만약 예배당에서 전도하는 것이 아니고, 절에 가서 기둥을 뜯어 먹을 필요도 없고, 난징에 가서 어우양 선생의 인사관(人死觀)에 대해 가르침을 받기도 싫고[량슈밍 선생은 인도에서 말하는 세상과 인연을 끊는 것[滅絶]이야말로 사람이 궁극적으로 가야 할 길이라 찬양했다. 세상과 인연을 끊는 것은 생사관에 관한 것으로 인생관과는 관계가 없다. 량 선생이 그에 관해 언급하지 않은 까닭은 공자님의 반생반사관(半生半死觀)을 말하기 위해서였다. 어우양 선생이 말한 멸절법은 인사관으로서 말한 것이다. 따라서 인생관을 말하려면 남경으로 갈 필요가 없다], 또한 『태상감응편』도 읽기 싫다면 석양 아래 땔나무에 기대어 있는 우리와 홍을 합하여 "시운(詩云)", "자왈(子曰)" 하며 인생관에 대해 크게 떠들어보자. 그것은 엔텔레케이아의 영감 활동이 꿈에도 생각하지 못하는 것으로, 사람들을 전부 그렇게 만들 수 있다면 공덕원만(功德圓滿)의 경지에 이를 수 있을 것이다. 여기서 볼 때, 량슈밍 선생이 말한 "간추리고 종합하는 과정을 거쳐야 비로소 추상적인 의미가 도출된다. 의미에 대한 수상의 인식이 바로 직각이다."라는 것은 바로 후스 선생의 "직각은 경험에 근거한 암시이며 살아 있는 경험으로부터 나오는

39) 민국 시기의 민간종교로 펑루준(彭汝尊)이 1912년에 창시했다. 공자와 노자 석가모니를 모시며 동선사에 가입해야 천당에 갈 수 있다고 선전했다.

것이다"라는 말을 일반 화법으로 바꾼 것임을 알 수 있다. 이런 "胡說(헛소리)"로 심리학자를 속이려 든다면 나는 거기에 땔나무 위 석양 아래에서의 암흑천지의 말 안 되는 소리를 덧붙여 줄 것이다. 직각, 양지, 비량, 양심 등은 모두 이지가 지배하는 것이지 사람들의 정신을 마비시키는 영험한 활동이나 신물(神物)이 아니다.

이제 장작더미 위 석양 아래에서 여담 몇 마디만 하고 본론으로 들어가겠다. 나는 우주관을 말하는 부분에서 쓸데없는 말들을 쏟아냈었다. 그것을 다시 여기 옮겨보겠다. "우주는 대생명이며 그것의 질은 동시에 역을 담고 있다. 다른 말로 표현하자면 그 힘은 권력이라고 할 수 있다. 권력에서 의지가 생긴다. 다시 말하자면 '영원한 운동' 중에 운동이 절정에 도달하면 사람이 나오고, 생명의 권력을 기초로 기계식의 생명(질과 역)이 의지를 만들어낸다. 외부 대상과 접촉하면 감각이 생겨나고, 감각을 제어해 정감이 만들어진다. 정감의 오류를 방지하기 위해 이지가 만들어진다. 이지의 반복적인 검증을 거친 특별한 정감에서 직각이 만들어진다. 심체에 적응해 검증이 필요 없어진 것들은 본능이 된다(적당하지 않은 본능은 검증을 거쳐 개조된다). 이와 같은 각각의 작용은 모두 신경계라는 생산 기계에서 나온다. 아울러 세 근 두 량의 뇌수가 만들어지는데, 뇌수는 5048가닥의 뇌신경과 연결되어 있다." 그럴듯하게 들릴지도 모르지만 이 말을 "심리학자가 듣는다면 파안대소하지 않는 사람이 없을 것이다." 따라서 나는 땔나무 위 석양 아래에서 과학자들이 파렴치한 현학귀라고 욕하지 않을 정도의 견해를 말하고 이론을 만들어내려 한다. 예를 들어 보자. 공연을 하는데 아무런 연습 없이 무대에 오른다면 웃음거리가 될 것이 불 보듯 훤하다. 반대로 아주 숙련되게 연습한 후 무대에 오른다면 설령 창칼을 쓰는 연기를 한다 해도 별 탈 없이 마칠 수 있다. 본능적으로 연기를 할 수 있다면 볼 만한 공연이 될 것이다. 우주 대극장에서 공연하는 우주 만물도 이렇지 않다면 제대로 무대에 설 수 없다. 새가 날고, 짐승이 걷고, 까치가 둥지를 틀고, 벌이 벌집을 짓고, 어린아이가 젖을 먹는 것 등은 수많은 세대를 거치며 습득되어 유전된 것으로 이런 본능 때문에 무대에 올라서도 욕을 먹지 않는 것이다. 보고, 듣고, 뛰고, 앉는 등 사람이 가지고 있는 본능은 헤아릴 수 없을 만큼 많다. 따라서 본능을 무대에 적응시켜야 한다. 정감과 이지를 이용해 매일같이 본능을 개량할 수 있다면 무대 위에 올랐을 때 많은 박수를 받을 것이다. 또한 그것을 여러 세대 동안 축적하면 새로운 본능을 만들어낼 수도 있다. 조조조조 막 후에 우주 대극장에서의 연기는 더욱 좋아질 것이다. 이것이 바로 암흑천지 조상님이 진선미를 향해 가는 원칙이다. 이렇게 새로운 본능을 만들어 매일같이 연극 연습을 하는 것이 현재의 미학과 현학, 과학을 둘러싼 논쟁이다(자세한 내용은 아래를 보라). 여기서 볼 때, 본능이란 암흑천지 선생이 만유로 변한 후 천천히 연마되어 온 것임을 알 수 있다. 엔텔레케이아의 하느님이 염라대왕을 시켜 "본능공장"을 만든 뒤 까치의 영혼 속에 둥지 만드는 본능을 넣었다거나, 벌의 영혼에 벌집 짓는 본능을 넣었다거나, 어린아이의 영혼 속에 젖 먹는 본능을 집어넣은 것이 아니다. 본능이란 각 배역들이 무대에 올라 편하게 연기하기 위해 수많은 세월을 거치며 서서히 만들어진 것이다. 따라서 현재의 본능에 만족해서는 안 되며, 매일매일 변화 발전시켜야 한다. 현재 우리가 밝혀낸 분명하고 새로운 변화는 많지 않지만, 과학이 발전하면 발전할수록 점점 더 많아질 것이다.

그렇다면 본능과 직각은 어떤 관계인가? 본능은 정감이 되어 무대에 오른 후 이지의 단련을 거친 후 형성된 것으로 무대에 오르고 나서 다시 정비할 수 있는 응용품이 아니다. 직각은 정감에서 무조건적으로 나온 것으로 오랜 시간과 환경을 거치며 이지의 엄밀한 검사를 통과해 유전되어온 것이다. 따라서 직각은 정감하고만 관련이 있거나 사색과 무관한 구급용품이 아니다. 새로운 이지가 아직 세련된 단계에 이르지 못했을 때, 오랜 시간과 환경을 거치며 유전되어 내려온 직각은 새로운 이지의 잘못된 점을 교정할 수 있다. 왜냐하면 직각은 그 안에 과거의 이지를 포함하고 있기 때문이다.

자! 여기까지가 바로 부천재지의 친구를 대접하는 인생관이다. 맹자의 사단에서 시작해서 문제의 핵심까지 거의 다 왔다. 사단을 영험한 활동으로 간주하고 이지를 제거하려고 애쓸 뿐만 아니라, 과학이 인생의 문제를 해결할 수 없다는 현학귀의 주장도 잘못으로 드러났다. 정리하면 다음과 같다. 직각은 새로운 이지의 잘못을 교정할 수 있기 때문에 지금까지 현학귀들은 영험한 직각을 이지의 위에 두는 실수를 범했다. 또한 (직각은 이지의 엄밀한 검증을 거쳐 나온 것일 뿐이다) 이지가 직각을 비판할 수 없다고 생각했다. 직각은 일종의 구급약일 뿐, 만병통치의 영단(靈丹)이 아니라는 것은 알지 못했다. 직각도 정감과 이지에 의지해 기능이 끊임없이 변화하는 존재이다. 끊임없이 변화 발전하도록 도와주는 이지가 없으면 직각은 드러날 수 없고 드러나도 의미가 없으니 직각은 그 길로 파산이다. "양심은 믿을 수 없고, 양지에게 모든 일을 맡길 수 없다." 이제 현학귀의 가장 중요한 무기인 측은과 수오라는 두 직각에 대해 구체적으로 논의해보겠다.

먼저 측은에 대해 말하겠다. 현학귀들이 숭배하며 즐겨 인용하는 명언이 있다. 그것은 맹자 할아버지의 "어린아이가 우물에 빠지려 하면 놀라고 측은한 마음이 생긴다"는 것이다. 사실 측은지심은 발견하기 어렵지 않다. 그러나 맹 선생은 품위 없게 하지 않아도 그만인 말을 많이 했다. 그는 이렇게 말했다. "어린아이의 부모와 교분을 맺고자 하는 것도 아니고, 향당 친구들로부터 명예를 구하고자 함도 아니고, 비난받을 것을 싫어해서 그런 것도 아니다." 그가 말한 "아니다(非)"라는 것은 오늘날까지도 아니어야 한다. 나라를 도탄에 빠뜨린 군벌과 부패한 돼지새끼들, 살인광 토비라 할지라도 어린아이가 우물에 빠지려 하면 "어떤 이유가 있어서도 아니고", "무엇을 싫어해서도 아니라" 자연스런 발로에서 측은지심이 생겨나야 하는 것이다. 맹자 선생의 이런 말이 가능하단 말인가? 혹시 무심코 내뱉은 말은 아닌가? 이유를 분석해봐야 한다. 맹자가 살던 시대에는 생사의 갈림길에 놓인 절체절명의 순간에서라야 측은지심이 자연스럽게 드러났다. 사소한 동정심이(동정심은 측은의 다른 이름이다) 자연적으로 드러나는 경우는 비교적 적었다. 어떠한 "원인"이 있거나 "싫어하는 바"가 있어야 비로소 드러났다. 천백 년이 하룻밤과 같다는 옛말이 있다. 믿어 옛것을 좋아하고[信而好古], 기술할 뿐 지어내지 않았던[述而不作] 중국 민족은 맹 선생이 살던 세계와 오늘의 세계를 같다고 생각하는 것이다. 그렇다면 동정심을 기준으로 "영감활동"의 인류와 "계산생활"의 인류를 비교해보도록 하겠다. 어린아이가 우물에 빠지는 것과 같이 강한 자극에서 우러나는 보기 드문 동정심에 대해서는 나중에 따로 설명하겠다. 먼저 비교적 약한 자극에서 일상적으로 나타나는 동정심에 대해 설명하겠다. 자전거를 타고 가다가 사람이 길 한가운데에서 넘어졌다. 상처가 생겨 피가 나고 온몸은 진흙투성이니 얼마나 고통스럽겠는가. 만약 이런 연극이 영험한 활동을 하는 인류 사회에서 벌어졌다고 치자. 첫째, 십 중 칠팔은 방관하고 있을 것이다. 혹은 영험한 활동을 하는 인류의 웃음만 자아낼 것이다. 둘째, 넘어진 사람과 자전거를 일으켜주는 사람은 아무도 없을 것이다. 셋째, 반창고를 붙여주거나 진흙을 털어주는 사람은 더더욱 없을 것이다. 만약 이런 연극이 계산적 생활을 하는 인류 가운데에서 일어난다면 어떻게 될까. 웃는 사람이 아무도 없다고는 말할 수 없다. 그러나 놀라서 미간을 찌푸리는 사람이 대부분일 것이다. 신분고하를 막론하고 급히 달려와 사람을 부축하고 자전거를 일으켜 세워주는 사람이 최소 두세 명은 될 것이다. 약국을 일러주거나 대신 반창고를 사 오는 사람도 있을 것이다. 명예를 바라거나 비난이 두려워서(『孟子』 注, 비난하는 소리를 싫어한다) 그렇게 행동하는 사람이 전혀 없지는 않을 것이다. 그러나 대부분은 습관과 유전에서 비롯된 직각으로부터 동정심이 생겨난 것이다. 외국과의 교류가 늘어나면서 계산적 사회를 경험해본 사람들은 도우려 하지 않을 수도 있다. 혹은 명예를 바라고 비난받기 싫어서 행동한 것일 수도 있다. 맹 선생 시대에도 분명 이런 예외는 존재했다. 관계 맺기를 원하고[納交], 명예를 탐하고[要譽], 비난을 싫어하는[惡聲] 것은 마찬가지다. 따라서 맹 선생이 그런 말을 한 것이다. 그렇다면 어떻게 이지 없이 사소한 동정심을 기르며 새로운 직각을 만들어내 진화시킬 수 있었겠는가? 또 하나의 예가 있다. 작년에 내가 베이징 스다즈먀오(石塔子廟)에서 "혼수상태"에 있을 때였다. 하루는 칭화대학 학생 두 명이 자전거로 시창안지에(西長安街)에서 난창지에(南長街)로 내려오고 있었다. 이때 자동차 한 대가 난창지에에서 창안지에로 진입했다. 교통법규에 따르면 좌측으로 운행을 해야 한다. 그러나 운전기사는 빨리 가기 위해 우측운행을 하고 있었다. 자전거 두 대는 위로 올라가고 자동차는 아래로 내려오니 충돌은 예견된 것이었다. 다행히도 두 학생은 우물에 빠지지 않았다. 자전거는 부서지고 젊은이들이 피를 흘리고 있을 때, 마침 그곳을 지나던 순경이 자동차를 붙잡았다. 이런 순간에 영감활동을 하는 두 손 두 발 달린 운전기사는 그의 직각을 어떻게 사용해야 마땅한가? 그러나 기사는 오히려 정색을 하며 순경에게 호통을 쳤다. "나는 육군 부대장 진용옌(金永炎)[40]인데 당신이 감히 나의 공무를 방해

40) 일본 육군사관학교를 졸업하고 난징 임시정부 군관학교 교장을 역임. 1923년 육군

하려 하는가!" 순경은 그를 놓아주었고 자동차는 매연을 내뿜으며 장안가로 사라져버렸다. 불쌍한 두 젊은이는 순경이 불러준 인력거를 타고 병원에 갈 수밖에 없었다. 이 이야기는 베이징 『신보』에 실렸던 기사이다. 나중에 『신보』 공지사항을 통해 알았는데 두 젊은이는 량치차오 선생의 아들이었다. 나는 지금 동정심에 대해 말하고 있다. 어리석은 소리는 집어치우고 진 부대장이 량 선생의 두 아들에게 배상해줄 것을 요구한다. 피를 흘려 병원에서 치료받았다니 빠를수록 좋다. 동정심이 조금이라도 있는 사람이라면 누구나 동의할 것이다. 우리의 경찰청은 부상자를 싣기 위해 사거리에 자동차를 세워둘 능력이 없다. 따라서 량 선생의 아들들이 피를 흘리고 있을 때 그들의 고통을 덜어줄 방법은 바로 진 부대장이 자신의 자동차로 학생들을 병원에 실어다 주는 것뿐이었다. 그러나 진 선생은 량치차오와 관계를 맺으려 하지도, 우쯔후이보다 명예를 중시하지도, 『신보』의 비난을 두려워하지도 않았다. 동정심도 직각도 발휘되지 않은 것이다. 영감활동의 인류는 바로 이런 것이다. 계산적 생활의 인류는 어떠한가. 얼마 후 베이징 『경보(京報)』에 기사 하나가 실렸다. 스웨덴 공사관의 비서가 자동차로 총원먼(崇文門)을 들어오다가 석탄을 가득 실은 트럭과 충돌했다. 트럭 운전기사는 땅으로 곤두박질쳤고 피를 보고야 말았다. 스웨덴 비서는 바로 차를 세우고 뛰어내려와 트럭 운전사를 자신의 차에 태워 병원으로 갔다. 환자가 치료를

부 차장 진용옌이 타고 있던 세단이 난창지에에서 량치차오의 장차남인 량스청(梁思成)과 량스융(梁思永)을 치는 사고가 발생했다. 당시 진용옌은 차에서 내리지도 않은 채 경찰에게 명함 한 장만을 던지고 사고 현장을 떠났다. 이 사고로 량스융은 경상을 입었지만 량스청은 갈비뼈와 왼쪽 다리 골절상을 입고 몇 차례의 수술을 받았다. 사고 후 진용옌은 이에 대해 무관심으로 일관했지만, 피해자의 아버지인 량치차오의 명성과 여론의 압력에 떠밀려 공개사과하고 치료비 일체를 부담하였으며, 리위엔훙 총리까지 나서서 사과함으로써 일이 일단락되었다.

받는 동안 비서는 연락처를 남기고 일을 보러 갔다. 비록 중국에는 외국인이 많지 않아 확실하지는 않지만 아마 그들의 나라에는 이처럼 직각을 습관적으로 사용하는 사람들이 많을 것이다. 스웨덴 비서의 조상은 후대 자손들에게 행동 지침을 마련해준 반면, 육군 부대장의 조상은 어린아이가 우물에 빠질 때 영험한 활동을 한다고만 했을 뿐, 학생들의 차가 뒤집혔을 경우까지는 계산하지 못했다. 여기서 볼 때, 직각은 정도와 차등의 다름이 있다.

다시 어린아이가 우물에 빠지려는 것에 대해 생각해보자. 맹자 선생은 "서술어"인 '入(입)'자 앞에 "부사어"인 '將(장)'자를 추가해 측은(惻隱)공부를 매우 수월하게 만들었다. 따라서 내가 군벌과 돼지 새끼들, 토비들이 모두 손쉽게 일을 완수할 수 있었다고 말한 것이다. 그러나 내가 맹자라면 '將(장)'자 대신 '已(이)'자를 추가할 것이다. 그렇게 되면 의미는 "어떤 사람이 아이가 우물에 이미 빠진 것을 본다면"이라고 바뀔 것이다. 장차 빠지려고 하는 것이 아니라 이미 빠졌다면 어떻게 할 것인가라는 난제를 군벌과 돼지 새끼들, 토비들에게 농담처럼 던지고 답변을 바랄 필요는 없다. 맹자 선생에게 가서 따져 물을 필요도 없다. 직접 위대하신 현학귀인 공자 선생을 불러내면 된다. 하루는 재아가 아주 어리석은 말을 했다. "인자(仁者)는 우물에 사람이 빠졌다는 말을 듣더라도 그 사람을 구하기 위해 따라가야 합니다." 따라간다는 것은 우물에 들어가 구한다는 것이다. 당시 스승이었던 공자는 측은지심이 대단히 발달한 사람이라 우물에 들어가는 것은 일도 아니었다. 그는 이렇게 말해야 했다. "인자가 그렇게 하는가? 따라가서는 우선 구명 튜브를 던지고 자기 몸을 기중기에 엮어 빠진 사람을 끌어 올리려 할 것이다. 사다리가 있다면 그것을 타고 내려갈 것이다. 따라가는 것은 조금도 지체할 필요가 없다. 그러므로 군자는 인술(仁術)을 행할 때 마땅히 과학을 중시해야 한다. 오르고 내리는 것은 익힐 수 있는 것이며 기구를 준비하는 것도 대단히 중요하다." 긴장할 일이 뭐 있다고 직각적으로 거절하며 "어찌 그렇게 하겠는가?"라고 말하겠는가. 따라서 수다스럽지만 지루하게 다음과 같이 말한 것이다. "군자는 그를 우물까지 가게 할 수는 있으나 빠지게 할 수는 없으며, 속일 수는 있으나 기망할 수는 없는 것이다." 하안과 형병의 주석을 보면 얼마나 엉망인지 알 수 있다. 그들은 다음과 같이 말했다. '逝(서)는 '往(왕)'이다. 군자로 하여금 가서 보게 할 수 있을 뿐이지 기꺼이 들어가게 할 수는 없다. 오직 속여서 가서 보게 할 수 있지만 기망해서 들어가게 할 수는 없다." 가서 본다는 것은 이미 눈을 멀쩡히 뜬 채로 속았다는 것인데 이 무슨 말인가. 다행히 주자 선생이 머리를 좀 써서 그것을 수정한 후 이렇게 말했다. '逝(서)'는 가서 구하는 것을 말한다. 몸이 우물가에 있어야 우물에 빠진 사람을 구할 수 있을 테니 만일 우물로 따라 들어간다면 구할 수 없을 것이다. '欺(기)'는 도리에 맞는 것으로 속이는 것을 말하고, '罔(망)'은 도리에 어긋나는 것으로 속이는 것을 말한다." 인자가 우물에 들어가는 것은 도리에 맞지 않는 것으로 재아가 멋대로 말한 것에 군자는 기망되지 않는다. 사람이 우물에 빠져 목숨이 경각에 달린 상황에서 그는 어떻게 구할 것인지는 말하지 않았다. 오로지 자신의 불인함만을 걱정했다. 게다가 가서 구하는 것만으로 군자라 자칭하였으니 성인의 곤궁함이 이미 바닥을 드러냈다. 이치에 맞고 안 맞고는 직각과 서로 겨뤄봐야 한다. 대성전에 배향된 대유(大儒)들마저도 엔텔레케이아의 영기(靈機)만으로는 안 되니 서둘러 이지보살의 도움을 청할 수밖에 없다. 측은지심만 가지고는 어떻게 해볼 도리가 없는 것이다. 만약 세상에 우물이 있고 사람이 있으면 언젠가는 사람이 우물에 빠질 것이라는 것을 예측했다고 치자. 사람이 우물로 들어가는 것은 참을 수 없는[不忍] 것이므로 "군자"라면 반드시 예비해야 한다. "모든 일은 예비하면 이루어지고 예비하지 않으면 망치게 된다." 이 말은 성인들이 즐겨 하던 말이다. 그런데 어째서 기중기나 사다리, 구명 튜브 등을 우물 옆 쉽게 손닿을 곳에 둘 생각은 하지 못했단 말인가? 만약 이런 도구가 있었다면 어찌 재아가 그런 어리석은 생각으로 공자 선생을 낭패에 빠뜨렸겠는가? 직각은 이지의 부단한 도움으로 발전되어나가는 것이다. 따라서 그것이 무슨 신비한 것이라도 되는 양, 난제들을 만들어내고 호들갑을 떨 필요는 없다.

측은지심에 관한 또 다른 명언이 있다. 무정부주의자의 노장 크로포트킨은 이지의 기능을 지나치게 무시하여 추상화의 오류를 범했다. 그는 다음과 같이 말했다. "어린아이 하나가 강물에 빠졌다. 강둑 위에는 세 사람이 서 있었는데 한 사람은 종교가이자 도덕가요, 다른 사람은 쾌락주의자, 또 다른 사람은 순진한 평민이다. 첫 번째 사람은 이렇게 생각했다. 저 아이를 구한다면 이 생이나 저 생에서 행복한 보응을 받을 수 있을 것이다. 그러니 가서 아이를 구하자. 그의 이런 판단은 순전히 계산적인 것으로 그 이상도 이하도 아니다. 쾌락주의자는 이렇게 생각할 것이다. 인생의 쾌락에는 고상한 것과 천박한 것이 있다. 어린아이를 구하는 것은 고상한 쾌락을 가져다줄 것이다. 따라서 강물로 뛰어들어야 한다. 그러나 그 또한 계산적인 사람으로 사회의 진보에 어떠한 공헌도 하지 못한다. 마지막으로 세 번째 사람은 아무것도 계산하지 않고 주인을 구하려는 개처럼 강으로 뛰어들어 아이를 구해냈다. 아이의 어머니가 고마움을 표시했지만 그는 이렇게 말했다. 내가 아이를 구한 것은 마땅히 해야 했기 때문이다. 이것이 바로 진정한 도덕이다." 크로포트킨 선생의 말이 비록 듣기는 좋아도 중요한 문제 하나를 간과하고 있다. 즉 어린아이가 강에 빠졌을 때 강가에 서 있던 세 사람은 모두 주인을 구하려는 개처럼 강으로 뛰어들어 아이를 구하려 했다. 그러나 세 사람 모두 똑같이 행동했더라도 도덕가와 쾌락주의자는 나름의 계산 뒤에 그렇게 한 것이니 훌륭하다고 할 수 없다. 순진한 평민은 수영을 할 수 있었고, 자연스럽게 측은지심이 발동해서 작은 도움을 베풀었을 뿐이다. 그러나 그것을 자랑하며 "진정한 도덕" 운운한 것은 앞의 두 사람과 비교해보면 오십보백보이다. 순진한 평민만이 수영하는 능력이 있다고 하면, 다른 두 밥통들은 내세의 보응이나 고상한 쾌락을 바란다 해도 수영 능력이 없어 탄식할 뿐이다. 순진한 평민은 자신의 책임을 다한 것뿐인데 어째서 그것을 뽐내겠는가? 설령 순진한 평민 혼자만 수영을 못한다 해도 나머지 두 사람은 느긋하게 계산만 하고 있었을 테니 괘씸할 뿐이다. 순진한 평민이 주인을 구하는 충성스러운 개처럼 자신의 몸을 돌보지 않았다는 것은 대단히 존경스러운 일이다. 따라서 최종적으로는 전도사가 어린아이를 구해 보응을 받거나, 쾌락주의자가 순진한 평민을 구해 고상함을 즐기거나, 순박한 평민이 재아의 입에서 인자로 추앙받는 것이 최상이다. 살신성인하는 것은 당연히 중요한 인간의 미덕이다. 이에 대해서는 나중에 다시 말하겠다. 여기서 말하려는 것은 두 밥통들이다. 내세의 보응을 얻거나 고상한 쾌락을 얻으려면 평소에 준비가 되어 있어야 한다. 평소에 수영을 배워두었다면 물속에서도 자유롭게 움직일 수 있다. 처음에 강물에 아이 하나만 빠졌는데, 아이를 구하기 위해 수영도 못하는 순박한 평민 하나가 또 빠지고 종교가가 아이를 구하려 옷을 적시고, 다시 쾌락주의자가 순박한 평민을 위해 신발을 적신다면 이렇게 웃긴 상황이 어디 있겠는가. 그렇다면 "사회가 진보하는 데 있어 아마도 그들에게 전적으로 의지하기 힘들 것이다." 순박한 평민이 어쩔 수 없어 그렇게 했다는 것은 오로지 "어린아이의 생명이 위급해서 그렇게 할 수 밖에 없었던" 것으로 순전히 측은지심 때문이다. 그러나 측은지심의 발로라 해도 자신의 능력을 알고 구하러 가야 의미가 있다. 그러므로 평소에 이지를 활용해 철 난간과 철 기둥, 대리석 타일로 된 냉온 수영장을 만들어 누구나 손쉽게 이용하도록 한다면 자연히 남녀노소, 평민백성 할 것 없이 모두 수영의 고수가 될 것이다. 이렇게 되면 강물에 빠진 아이를 구하는 것이 도로에 넘어진 자전거를 세워 일으켜주는 것처럼 쉬워질 것이다. 아이의 부모가 와서 고마워할 필요도 없고, 내 어머니가 가서 감사를 표할 필요도 없으니 어찌 자연스러운 사회가 아니겠는가? 과학신을 불러와서 어려운 문제를 쉽게 해결할 생각은 안하고, 순진한 평민을 내세운 현학귀를 불러오거나 종교가나 쾌락주의자들을 끌어들여 추태를 보이니 이것이야말로 확충되지 않은 측은지심에 지나지 않는다. ["부끄러움을 아는 것이 군자다(恥獨爲君子-『三國志』)" 라는 말이 있는데, 측은지심을 확충하려면 수오지심을 자각해야 한다.]

따라서 수오지심에 대해 말해보겠다. 수오지심은 측은지심보다 민감하다. 그러므로 공자는 "소인(小人)"을 말했고, 맹자는 "금수(禽獸)"를 말했으며, 우쯔후이 역시 입만 열면 "군벌, 돼지새끼, 토비"를 말하고, "파렴치한 현학귀"를 조소한 것이다. 어떤 사람들은 암흑천지의 두 손 두 발을 가진 동물이라며 상대를 비난하기도 했는데, 이것은 모두 수오지심을 불러일으킴으로써 상대방을 반성하도록 하려는 의도에서이다. 그러나 반성은 '시비' 문제와 연관이 있다. 수오지심이 일어나는 것은 민감한 문제로 그 문제를 해결하기 위해서는 오히려 이지에 더 많이 기대야 한다. 수오지심을 대신해서 문제를 해결하려 할 때 이지가 훨씬 중요하다.

수오를 대신해서 문제를 해결하려 할 때 이지가 훨씬 중요하다는 것은 어떤 의미인가?

이 물음에 답하기 전에 먼저 오해의 여지를 없애기 위해 몇 마디 말을 해야겠다. 그래야지만 내가 이 글에서 공헌하고자 하는 부분이 좀 더 분명해질 것이다.

1) 나는 정신이 물질을 떠나 존재할 수 없다고 굳게 믿는다. 진여정각이니 하는 것도 마취성 명사를 사용해 사람들을 혼란에 빠트리고 몽롱하게 만드는 것으로 설명 불가능한 정신적 쾌락에 지나지 않는다. 청풍명월이나 고산유수 등도 그럴듯하게 들릴 뿐만 아니라 공짜에 무궁무진하다니 이보다 더 좋은 것이 어디 있겠는가. 그러니 마음껏 게으름을 피우며 현실에 안주하여 정신적 위안을 얻으려 하는 것이다. 반대로 화려한 옷과 맛깔스런 음식을 포기하고 굶주린 호랑이를 살리기 위해 몸을 던지거나 부모를 위해 인분을 맛보는 것도 외물(外物)에 기대는 것이니 그렇게 고통스럽게 사느니 차라리 죽는 것이 낫다. 이 밖에 유치하지만 창틀의 풀을 꺾지 않고 그대로 둔 이학이나 평화롭고 느긋한 농촌의 삶 등은 평범하게 천수를 누리려는 지중일 뿐이다. 결국 인간은 "有"이며 고통스런 존재라는 것을 깨닫게 될까 봐 그런 사실을 현묘한 것으로 가리려고 하는 것이다. 서로가 서로를 속이다 생을 마감하면 그만일 뿐이니 실로 대충대충 사는 인생이다. 그런데도 이런 삶의 윤회를 바라는 것은 무슨 까닭인가? 죽은 것도 산 것도 아닌 삶을 사느니 차라리 다음의 두 길 가운데 하나를 택하는 것이 낫다. 하나는 천지가 개벽하도록 적극적으로 변화를 추구하는 진취적 인생관(向前的人生觀)이요, 다른 하나는 무엇이든 열반에 들도록 하는 소극적이고 퇴보적인 인사관(向後的人死觀)이다. 지중적 태도는 철면피적인 것으로 생활을 위한 생활을 내세우지만 사실은 "현세보(現世報)"-"활현세(活現世)"[41]인 것이다. 암흑천지도 그의 떨거지 자손들을 어찌할 수 없다.

41) 현세보(現世報), 활현세(活現世)는 표면적으로는 '현세에서 보답을 받다', '현세를 살다'라는 의미이지만, 현세보(現世報), 활세보(活世報), 활현세(活現世)라는 남방 방언으로 풀이하는 것이 타당하다. 남방 방언에서는 '추태를 보이다', '체면이 깎이다'라는 뜻이다.

2) 나는 우주가 일시적 국면[暫局]들이 모인 것일 뿐이라고 굳게 믿고 있다. 조조조조의 상황(境)은 하나의 상황이 없다면 이루어지지 않으며, 조조조조의 시간은 하나의 시간이 없다면 진행될 수 없다. ['범'생관('凡'生觀)에 대해서 말하는 것이다. 이와 반대되는 것으로는 무경무시(無境無時)의 '범'사관('凡'死觀)이 있으며, 비슷한 것에는 불생불사가 있다.] 지구는 삼백 조 년 가운데 일시적 국면이다. 인류는 육조 년 가운데 일시적 국면이다. 모두 지생관(地生觀) 인생관(人生觀)으로부터 지사관(地死觀) 인사관(人死觀)으로 나아간다. 그러나 지구가 멸망하지 않는다면 인류 이후에 초인류가 나올 것이다. 인류가 멸망하지 않는다면 공자 이후에 초(超) 공자가 나올 것이다. 석기 시대를 거쳐 현재와 같은 물질문명이 탄생했다. 현재의 물질문명 이후에 장쥔마이, 장싱옌 등 여러 선생이 깜짝 놀랄 만한 초물질문명이 나올지도 모른다. 물질문명은 현재 파산하지 않았을 뿐만 아니라, 몇조 년의 시간이 지날수록 더욱 발전할 것이다. 다만 지구보다 먼저 화석으로 변하거나 지구와 함께 우주 먼지로 변해 버릴 수도 있다.

3) 이러한 원칙에 근거해 말하자면 인류가 살아온 수천 년의 세월은 상대적으로 보면 하룻밤과 같다. 과거의 몇몇 사람은 오늘날의 사람보다도 낫다. 그러나 크게 보면 공자 선생은 량치차오 선생이나 량슈밍 선생보다 못하다(이 글의 앞머리에서 이미 말했다). 일반적으로 옛사람이 지금 사람만 못하고 지금 사람이 미래의 사람보다 못할 것이라는 사실은 분명하다.

4) 내가 옛사람이 지금 사람만 못하고 지금 사람이 미래의 사람만 못할 것이라고 한 것은 단지 좋은 측면에서만 말한 것이 아니다. 좋은 측면에서뿐만 아니라 나쁜 측면에서도 옛사람이 지금 사람만 못하고 지금 사람이 미래의 사람보다 못할 것이다. 지적 능력은 좋은 측면도 발전하지만 나쁜 측면도 발전한다. 과장된 예일 수 있지만, 속담에 도(道)가 한

자[尺] 높아지면 마(魔)는 한 장(丈) 높아진다는 말이 있다. 도가 한 자 높아지면 마가 한 자 높아지거나, 도가 한 자 높아지면 마가 두 자 높아지거나, 때로 도가 두 자 높아지면 마가 한 자 높아지기도 한다. 이를 통해 볼 때, 우주는 끊임없이 진선미를 향해 가지만 영원히 거기에 도달할 수 없으리라는 것은 추측할 수 있다. 사람들은 이런 이치를 모르기 때문에 수없이 싫증내고 수없이 퇴보한다. 나는 민국 5년 『중화신보(中華新報)』와 최근의 『동방잡지』(『東方雜誌』 민국 13년 1월 특별호, "200조 평민들의 중요한 문제에 대한 가장 쉬운 해결법")에 두 차례에 걸쳐 장문의 글을 실었다. 따라서 여기서는 더 이상 언급하지 않겠다.

[이상의 네 가지 내용을 종합하면 두 가지 결론을 얻을 수 있다. 첫째, 인류 물질문명의 발달은 앞으로 삼조 년이나 더 지속될 것이다. 둘째, 과거와 현재의 인류는 같지 않으며 심리적 측면에서도 많은 변화가 있었다. 량슈밍 선생이 생활을 위한 생활을 말한 데에는 나름의 이유가 있다. 첫째, 인류는 영원히 같은 모습의 인류일 것이며, 둘째, 서구의 물질문명은 이미 한계에 도달해 머지않아 파산할 것이라고 생각한 것이다. (그러나 이것은 그가 다른 사람의 꾐에 넘어간 것이다. 그는 수많은 증거를 댈 수 있다고 생각한다. 그러나 아무도 이에 대해 반박하지 않는다. 왜 그런가? 그의 증거가 반박할 만한 가치가 없기 때문이다. 탕환장(唐煥章, 1806~1860)[42]의 8월 15일 심판설과 같은 황당한 주장에 상대가 일일이 반박해야 할 필요는 없다.) 오늘날 서양 물질문명은 자연스럽게 지중의 길로 들어서게 될 것이다. 공자의 지중은 시기상조였기 때문에 서양문명을 받아들이기도 전에 실패하고 말았다. 지금 중국은 한편으로는 전면적으로 서양문명을 받아들이고 다른

42) 근대 쓰촨 지역의 종교 교주. 8월 15일 인류멸망 및 심판설을 주장했다.

한편으로는 지중을 추구해야 한다. 한 시대가 지나고 나면 서양문명이나 중국의 지중에 대해 사람들은 또다시 싫증 내게 될 것이며 인도의 향후 요구를 추구하게 될 것이다. [잘 알겠지만 이것은 멸도(滅度)이다. 혹은 세계혼돈 관념이다. 이로부터 사대개공(四大皆空)하고 영영진여(永永眞如)하게 된다.] 량슈밍 선생은 사람들이 그의 책을 이해하지 못한다고 비판했다. 나도 비슷하다. 다른 사람들이 내 책을 잘 이해하지 못하면 바로 비판하곤 한다. 따라서 나는 그의 대저작을 연속해서 대여섯 번 읽고 메모도 사오십 페이지나 했다. 내용을 전부 이해했다고는 할 수 없다. 그러나 기본적인 관념은 알 수 있다. 농담 한마디하겠다. 그는 공자님의 세계에 살고 나는 손오공의 세계에 산다. 그는 엄정한 세계에 살고 나는 기이한 세계에 산다. 조금 과장을 섞어 표현하자면 그는 코페르니쿠스 이전의 세계에 살고 있다. 그 세계는 유리로 만든 일월성신이라는 장식등이 하늘에 걸려 땅을 비추고 있으며, 유리 바깥에는 영학(靈學) 귀신인 부처, 옥황상제, 공자와 예수가 도르래 돌듯이 자리를 바꿔가며 앉는다. 어느 날 문득 진여가 빛을 발하고 사대가 영원히 공이 된다. (량 선생의 지식은 비록 이것보다 못하지 않지만 그가 사용하는 개념들에서는 아직도 이런 현묘한 느낌이 난다.) 그에 비해 나는 코페르니쿠스 이후의 세계에 살고 있다. 하늘이 없었다면 천리가 어디서 왔겠는가. 땅이 없었다면 지위라는 것이 어디서 생겨났겠는가. (사람은 만물의 영장이라는 등) 무궁한 변화와 무수한 가설. 가설은 법칙이 되며 자연에서 나온 법칙을 천리라 부른다. 한낱 명사일 뿐이지만 안 될 것도 없다. 유아(有我)를 가정하고 만물의 영장이라고 부르는 것에 대해 인정할 수도 있다. 유가 없다면[無有] 어떻게 공이 있겠는가. 공이 없다면 어떻게 유가 있겠는가. 문명이란 말은 상이한 발전정도를 가진 것에 붙여진 이름일 뿐이다. 여기에 무슨 "파(破)"가 있고 "산(産)"이 있겠는가. 양쪽의 생각이 이처럼 다르기 때문에 내가 상대편을 비판하면 웃음거리밖에 안 되는 것이나. 남이 나를 비판해도 마찬가지다. 이 글의 주제에 대해서는 이미 앞에서 말했다. 다시 그 대강을 얘기해 보겠다. 첫째, 최근 삼사 년 동안 세상을 비관해 자살한 사람이 너무 많다. 나는 그들이 삶을 너무 진지하게 여겼다고 생각한다. 둘째, 어쩔 수 없어 마지못해 일하는 자포자기파도 최근 적지 않게 생겨났다. 나는 그들이 삶을 너무 가볍게 여긴다고 생각한다. 셋째, 세계대전을 거치며 물질문명이 파산했다는 소리를 많이 듣는다. 그러나 그것은 8월 15일에 후천지개벽이 일어날 것이라는 탕환장의 말처럼 우스운 것이다. 군중심리란 어쩔 수 없다. 그들이 갖고 있는 생활에 대한 근본 관념은 잘못된 것이다. 넷째, 앞에서도 말했듯이 량치차오, 량슈밍, 주쳰즈 세 선생의 최근 저작(주 선생의 사상은 최근 들어 또 바뀌었다)에는 모두 나라와 국민을 병들게 하는 요소가 들어 있다. 화근은 후스 선생이 데리고 온 귀신이다. 따라서 나는 어쩔 수 없이 이런 난삽한 글로 한판 소란을 피우려는 것이다. 사마귀의 앞발로는 수레를 막을 수 없고 웃음거리밖에 안 된다는 것을 잘 알지만 최선을 다할 뿐이다. 내가 글을 쓰기 시작한 후에 딩원지앙과 장쥔마이가 논쟁을 시작했고 장옌춘 선생이 귀향했다. 상황이 너무 복잡해서 어디서부터 시작해야 할지 알지 못했다. 삼사만 자를 썼는데 일 년이 더 연장됐다. 이런 사회에 태어난 것이 불행이라고 할 수 있다. 내가 할 수 있는 것은 할 말을 최대한 하는 것이다. 나는 하느님의 영혼과 엔텔레케이아, 영기의 활동이 존재한다고 보는 사람들과 근본적으로 생각이 다르다. 따라서 그들 편한대로 살다 가게 내버려두면 그만이다.]

5) 나는 물질문명이 발달하면 발달할수록 물자가 더욱 풍부해지고, 인류는 더 단합하여 복잡한 문제가 쉽게 풀릴 것이라고 믿는다. 황제(黃帝) 이전에는 추장이 부락을 다스렸는데, 우거진 초목과 잡초 때문에 교통

이 수백 리 이상 뻗어 나가지 못했다. 성곽과 궁실, 의상, 마차, 배, 쟁기, 절구, 활 등 물질문명이 크게 발전하자 비로소 국가의 개념이 생겨났다. 얼마 지나지 않아 하우(夏禹)시대에는 나막신과 썰매, 삽과 삼태기 등을 이용하여 수천 리에 달하는 공사를 진행하였다. 상(商)왕조에 들어와서 예악과 의복, 문명이 크게 갖추어져 부락이 도읍으로 발전했다. "여러 나라(만국)"가 병합되어 큰 나라 수십여 개를 형성했다. 춘추전국 시기를 거치면서 재능 있는 인재들이 많이 배출되었다. 두레박으로 물을 긷고, 연을 만들어 날고, 척박한 땅을 개간해 비옥하게 만들고, 남은 식량을 저장하고, 교통이 발달해 왕래가 빈번해지자 자연적으로 진한의 통일이 이루어졌다. 오백육십 자에 달하는 거대한 배가 일 년 만에 완성되어 정화(鄭和)가 희망봉에 도달하고 콜럼버스가 신세계를 찾아 지구 곳곳을 누빌 수 있게 되었다. 와트의 증기기관이 불을 뿜자 증기선과 기차가 내달리고 금발에 푸른 눈의 사람들이 도처에 넘쳐나게 되었다. 교역항이나 바닷길, 징안스(靜安寺, 상하이의 불교사원)와 구룡만(九龍灣, 홍콩 반도)에 첨탑이 우뚝 솟았으니 일만 년이 지나도 다시없을 일이다. 물질문명이 어떤 민족에게 화가 되고 복이 될지는 알 수 없다. 사천 년 전의 춤인 간(干)과 우(羽), 칠십 칸으로 이루어진 모발은 현재 후난(湖南) 성 구이저우(貴州)의 깊은 산간 농촌에서만 전해질 뿐 세계 인류학 서적에서는 그 이름을 찾을 수 없다. 나는 물질문명이 인류를 도와 세계를 통일시키고 인류 사회를 공산, 대동으로 나아가게 할 것이라고 굳게 믿는다. 그러나 누군가 묻는다면 분명하게 대답할 수는 없다. 오늘의 현학가도 현학귀가 된 지 오래니 역시 책임질 수는 없을 것이다. 따라서 이 글에서는 현안들을 제시는 하되 논하지는 않겠다. 우리는 물질문명을 더욱 발전시켜 인류가 대동사회로 나아가도록 도와야 한다. 작년에 미국에서는 대통령 선거를 앞두고 무선 전화 이백만 대를 설치할 계획이라고 했다. 대중들의 감시가 보편화되면 공화제는 더욱 발전할 것이다. 독일의 공업교육을 예로 들어보자. 비록 수많은 공장의 고급 기술자들이 전쟁으로 희생당했지만 공장장들이 그 직무를 대행할 수 있었다. 다시 공장장들이 희생당하자 그 자리를 공인들이 메꾸었다. 이때부터 노동자 대학의 설립이 공론화되었다. 공장 노동자의 지적수준이 높아지면 합작공장이 자본공장을 대체하게 될 것이다. 노동 조직을 기초로 한 사회주의는 유혈사태 없이도 가능할 것이다. 하루에 수만 개의 철강과 수만 통의 시멘트가 생산되며, 실험기구와 견고한 가구들로 창고가 가득 채워진다. 훌륭한 설비의 대학들이 삼십 리마다 한 곳씩 세워지고, 화려한 도서관과 박물관이 이십 리마다 하나씩 문을 연다. 시동을 한 번 걸어 천 이랑의 밭을 갈고, 기계를 한 번 움직여 만 권의 책을 쌓는다. 모두가 적절하게 산아 제한을 하고, 노동은 두 시간이면 충분하다. 이렇게 되면 명실상부한 공산사회가 되는 것이다. 생각해보라. "몽롱한" 꿈으로 이지의 다리를 묶어두고 직각 선생을 모셔다가 고통스럽게 사는 것이 기쁜 것인가? 과거에서 답을 찾는 것이 가장 고등하다고 생각하는 것의 결과가 이런 것이다. 그러나 지구상에는 사람이 얼마든지 있으니 현학귀의 자손이 중국을 책임질 필요는 없다. 강남지방에 태백(太伯)을 형으로 둔 우쯔후이가 있어서 계속해서 자손을 길러낼 수 있으니 단발에 문신을 한 오랑캐 형들이 필요 없는 것과 같은 이치다. 후난 산중에서 느끼는 농촌의 즐거움보다 우시(無錫) 대도시의 충실함이 나을 수도 있다.

메이란팡(梅蘭芳, 1894~961)[43]의 무대 의상을 빛내주고 있는 전구와 "소백검(小白臉, 미소년)"의 얼굴을 단장하는 데 쓰인 콜드크림, 약삭빠른 정치가의 모피 시트 자동차 등은 그대들이 말하는 물질문명이 아니던

43) 근대의 경극(京劇) 대사(大師).

가? 기형적 결과이긴 하지만 현상적으로는 그렇다. 어젯밤에 천중잉(陳仲英, 1877~1947)[44], 딩이쉬엔(丁藝軒, 1866~1941)[45] 선생과 함께 선시공사(先施公司)와 영안공사(永安公司)[46] 사이를 지날 때, 딩 선생이 한탄하며 이렇게 말했다. "외국 상품의 각축장이 되는 것이 문명화란 말인가?" 소극적인 입장을 취한다면 따르지 않으면 되지만 적극적인 입장에서 생각한다면 뭐라 대답하기 어렵다. 현학 선생들은 거대한 꿈을 갖고 있는 듯 보이지만 여전히 소극적이다. 즉 그들은 "인류는 파산했지만 내가 올바른 길을 가면 원래의 상태로 되돌릴 수 있다"고만 여긴다. 당신 집안의 십대조인 주 선생은 술 취한 사람의 한 쪽을 부축하다 보면 다른 한 쪽으로 쓰러진다고 했다.[47] 그러나 안타깝게도 어느 한쪽 제대로 도와준 적이 없으니 한편으로는 신신공사(新新公司)[48]가 개장을 준비하고 있고, 다른 한편에는 동선사(同善社), 도덕사(道德社), 대동교(大同教), 오감광(吳鑒光), 소호도(小糊塗), 금강안(金剛眼)[49] 등이 무술(戊戌) 이전보다 심하게 창궐하고 있다. 만약 당신이 공안낙취를 얻고자 하면 그곳의 제단 위에 공자와 안자의 신위를 높이 세우면 된다. 만약 왕양명의 양지를 체득하고자[致良知] 하면 왕양명의 정좌법과 왕심재(王心齋)의 태주(泰州) 궁경시(躬耕詩)를 불교 잡지에 실으면 된다. 사이비 종교가들과 점쟁이들

44) 중국 근대의 군관. 무창(武昌)혁명에 참가했음.

45) 중국 근대의 저명 화가, 본명은 딩바오슈(丁寶書).

46) 중국 근대의 유명 백화점.

47) 원래는 『二程集 · 河南程氏遺書 · 捲第十八』에 나온다. "與學者語, 正如扶醉人, 東邊扶起卻倒向西邊, 西邊扶起卻倒向東邊, 終不能得佗卓立中途.." 후에 朱子가 『近思錄 · 爲學』에서 다음과 같이 쓰고 있다. "與賢說話, 却似扶醉漢, 救得一邊, 倒了一邊, 只怕人執着一邊".

48) 근대 시기 상하이 난징루(南京路)에 세워진 4대 백화점 중 하나. 4대 백화점은 선시공사(先施公司), 영안공사(永安公司), 신신공사(新新公司), 대신공사(大新公司).

49) 민국 시기 홍성했던 사이비 민간 종교 및 점쟁이들.

은 량치차오, 량슈밍, 장쥔마이 등 노선생들뿐만 아니라 셰짠야오(謝贊堯)[50], 셰궈신(謝國馨)[51] 등 소장파 선생들의 체면까지 깎아 내렸다. 이로 인해 사람들은 뱀과 쥐, 족제비의 신통력과 조왕신(부엌신)의 승천을 믿게 되었고, 요사한 무당과 도사들이 농민들의 피땀 어린 재산을 갈취하는 것이 모두 『동서문화철학』, 『구유심영록』, 칭화대학의 『인생관 강연록』 탓이라고 여기게 되었다. 정말 억울한 일이다. 메이란팡과 소백검, 약삭빠른 정치가가 우리의 체면을 깎아먹는 것과 같다. 나아가 천두슈, 리다자오(李大釗), 후스, 쳰쉔퉁, 우쯔후이 등 급진파들로부터 시작해 중도파의 런슈용, 주징농, 탕위에 선생의 체면까지 깎아 내릴 것이다. 사람들은 남녀 양아치들과 도색잡지의 기사들, 뻔뻔하고 좀도둑 같은 돼지새끼들을 모두 우리가 만들어냈으며, 그 결과 백성들은 곤궁해지고, 젊은이는 불효하고, 형제는 반목하고, 학생은 선생님에게 반항하게 되어 삼강오륜이 무너질 위기에 처했다고 생각한다. 이것 역시도 억울하다. 그러나 도가 한 자 높아지면 마가 한 장 높아지니 어쩔 수 없다. 냉정하게 말해, 지금이 만약 18세기 이전의 평온한 세계라서 직각으로 이지를 다스리고 많은 일에 대한 책임을 지지 않아도 지중을 견지하며 살아갈 수 있다면 앞서 말한 공안낙취와 양지를 체득하는 공부는 사실 즐거운 일이다. 그렇게 된다면 개인이 어떠한 사회적 책임도 지지 않고, 그중 몇몇은 은자들과 마찬가지로 안심입명을 누릴 수 있다. 위에서 말한 사람들 중에 내가 잘 알지 못하는 두 명의 셰 선생을 제외하고 나머지 세 사람은 만난 적이 있다. 워낙 유명한 량치차오 선생에 대해서는 설명할 필

---

50) 중국 근대 진보 사상가. 산시대학(山西大學) 졸업. 국민혁명군 44군 주임 역임. 주요 저작으로 『철학개론』, 『인생철학』 등이 있다.

51) 국민당 좌파 인물. 장제스(蔣介石) 반대활동에 종사하다 해방 후 창사(長沙)시 정협(政協) 위원 역임.

요가 없다. 장쥔마이와 량슈밍 선생의 인격은 탄복할 만하다. 공안낙취의 측면에서 나는 특히 량슈밍 선생을 존경한다. 량 선생과 자리를 함께하고 여행도 해본 적이 있지만, 그의 돈후한 품성은 다른 사람들의 입을 통해서 알게 되었다. 한눈에 그의 기질이 온후하다는 것을 알 수 있었다. 그러나 공리주의적 입장에서 량 선생을 평가하자면 17세기 폐물의 지위를 벗어나기 어렵다. 혹시 내가 소정묘(少正卯)와 같은 궤변을 늘어놓고 있거나 그를 잘못 이해한 것일지도 모른다. 내가 이해되지 않는 부분들을 열거해보도록 하겠다. 첫째, 오늘날 지중의 길은 서양 문명의 힘을 빌리면 실패 없이 나아갈 수 있다. 이는 량 선생이 직접 말한 것이다. 과거 중국에는 지금과 같은 서양 문명이 존재한 적이 없었으며, 어떤 시대건 공자 시대와 크게 다르지 않았다. 오늘날 서양 문명이 존재하는 곳은 오로지 서양뿐이다. 그렇다면 량 선생이 『동서문화철학』에서 말한 중국화는 왜 듀이나 러셀 등이 아니라 중국의 량슈밍, 셰궈신 등에게 더 필요하다는 것인가? 시기상조 아닌가? 둘째, 공자는 지중의 두 번째 길로 갔기에 첫 번째 길을 가지 못했다. 서양은 두 번째 길을 간 적이 없고 오로지 첫 번째 길로만 갔다. 이것 또한 량슈밍 선생의 생각이다. 아울러 량슈밍 선생은 두 번째 길을 제대로 가지 않으면 절대로 세 번째 길로 나아갈 수 없다고 주장한다. 그러므로 인도 사람들의 태도는 절대적으로 배척해야 한다는 것이다. 그의 주장은 공자의 지중을 받아들이자는 것이다. 그렇다면 서양의 첫 번째 길을 전면적으로 수용하면서도 두 번째 길은 받아들이지 않고 세 번째 길로 나아갈 확률이 전혀 없다고 말할 수 있는가? 량 선생 자신조차도 웃으며 머리를 절레절레 흔들 수밖에 없을 것이다. (그가 혹시라도 "근본적 개조"[52]라는 말을 믿을지도 모른다. 이에 관해서는

52) 『동서문화와 철학』에서 량슈밍은 서양의 민주와 과학을 받아들이는 것에 대해 반대

세 번째 항목을 보라.) 셋째, 한 발 양보해서 생각해보자. 지중이라면 앞으로 나갈 수는 있는 것인가? 아니면 두 길을 동시에 갈 수 있는 것인가? 이에 대해 자세히 말할 필요는 없다. 량 선생의 길은 "질서정연하여 아주 흥미롭다". 첫째, 세 길 모두 세계화로 인류는 모두 순서대로 나아가야 한다. 둘째, 먼저 첫 번째 길을 가고, 그 다음에 두 번째 길을 가고, 마지막으로 세 번째 길을 가는 것이다. 세 번째 길은 공덕원만(功德圓滿)한 고차원의 길이다. 셋째, 첫 번째 길을 다 가고 나서 자연스럽게 두 번째 길로 접어드는 것이다. (말할 필요도 없이 두 번째 길이 끝나면 자연스럽게 세 번째 길로 접어들게 된다.) 이런 논리대로라면 중국은 인도화되는 것을 거부해야 할 뿐만 아니라, 인도 역시도 세 번째 길을 거부해야 한다. 또한 중국의 두 번째 길도 거부해야만 한다. 인도는 전면적인 서화(西化)를 추진함과 동시에 중국을 배움으로써 첫 번째와 두 번째 길을 뛰어 넘어야 한다. 왜냐하면 중국을 제대로 배우지 못하면 효과를 보지 못할 뿐만 아니라 심각한 폐해를 낳게 되기 때문이다. 량 선생, 한번 생각해보기 바란다. 인도 사람들이 자신들의 입장을 완전히 버린 다음에 서양을 배우고 중국을 배워야 비로소 자신의 입장을 만들어낼 수 있다면 이는 대단한 낭패가 아니겠는가? 만약 중국처럼 서화를 완전히 받아들여 근본적인 개혁을 추진한다면 "서"와 "중"을 혼합해서 발전해 나아갈 수 있다. 인도도 서화와 중국화 두 가지를 전면적으로 받아들여 근본적인 개혁을 진행한다면 "서"와 "중", "인"을 융합시켜 발전해나갈 수 있을 것이다. 그렇다면 어째서 서양과 중국은 "서", "중", "인"을 혼합 발전시킴으로써 전 세계가 단시간 내에 가장 고귀한 경지에 도달할 수 있는 세 번째 길로 가지 않

하지 않았다. 그러나 서양의 민주와 과학은 "전반접수(全盤承受)"하되, 서양의 인생태도에 대해서는 "근본적인 개조[根本改過]"가 필요하다고 주장했다.

는 것인가? 그 길이야말로 인류의 진화에 큰 도움이 되는 것이 아닌가? 어째서 서양과 중국은 도리어 인도화를 단호히 거부하는 것인가? (第四) 량 선생은 공자의 안심입명만을 추구할 뿐 서화는 거부한다. (설마 량 선생이 이미 서화의 첫 번째 길을 다 갔다고 생각하는 것인가? 그렇다면 이런 코미디가 어디 있단 말인가?) 개인의 안심입명을 증명하는 것은 건너뛰어도 된다. 량 선생은 왜 개인의 상달(上達)은 요구하지 않는가? 인도화의 오묘함은 높은 곳에서 낮은 곳으로 내려와 술과 고기를 먹고 처자식을 거느리며 자질구레한 것을 스스로 해결하는 데 있다. 서화론자들이 당신을 적대시하는 것은 천박한 일이다. 그러나 인도화를 추종하는 사람들도 당신을 역적으로 여기니 이에 대해서는 어떻게 설명할 것인가? 선생은 자신이 공자가 되어 싯다르타(부처)를 예비하겠다고 말했다. 그러나 다윈에도 못 미치는데 어찌 공자가 될 수 있겠는가?(이것은 선생이 스스로 한 말이다).

『동서문화와 철학』에서 서화의 견고함을 설명하고 전면적으로 받아들이자고 주장한 것을 다윈의 길로 볼 수 있는가. 그래서 이제는 자연스럽게 두 번째 길로 접어들어 공자가 되겠다는 것인가? 선생이 설명한 대로라면 공안낙처는 서화보다 몇 배는 더 뛰어나며 이미 선생은 공자가 되었다. 그런데 어째서 싯다르타와의 합체를 서두르지 않는가? 전체적으로 보자면 량 선생의 말은 조리가 뛰어나며 매우 흥미롭다. 다만 지나치게 흥분했는지 모순이 많다. 책의 내용은 매우 현란하고 상세하지만 논리적 모순이 많으니 결과적으로 유치하고 황당하게 되어버렸다. 한 사람이 모든 문제를 해결할 수는 없다. 량 선생은 술과 고기를 먹고 처자식을 거느리고 공자를 추종하지만 나에게는 이 모든 것이 터무니없는 것들로 보인다. 나는 쌍수를 들어 진화를 찬양할 뿐이다. 량 선생이 책에서 말하고 있는 공안낙처는 캉유웨이, 진환장의 것과는 분명 다르다. 량 선생의 인격 또한 감탄할 만하다. 그러나 어째서 불교를 배반한 것을 감추고 겉으로는 존경하는 척하면서 뒤로는 사지에 몰아넣는단 말인가? (절대배척) 수구(守舊)라는 이름을 싫어하여 전반향전(全盤向前)이라 이름 붙였다. (첫 번째 길) 실제로는 그림을 중간쯤 그리다 말았다. (지중) 진심은 아닐 수도 있지만 량 선생의 행적은 실제로 그러하며 결과 또한 그렇다. 량 선생이 후스 선생에게 답한 것에 대해 천두슈 선생은 『선봉(前鋒)』에서 "량슈밍, 장쥔마이는 후스 선생에게 호되게 가르침을 받고 입 한 번 뻥끗 못했다"고 말했다. 나는 그들이 하는 운동을 반대하지 않는다. 또한 그들과 적대적이라고 생각하지도 않는다. 나는 적이 없다. 량 선생도 똑같이 말했다. 그의 인격을 볼 때 분명 그럴 것이다. 나는 후스와 천두슈 선생을 비롯한 여러 사람들이 그 누구보다도 량 선생을 존경할 것이라 믿는다. 그러나 량 선생의 책에 "적대적인 말"이 전혀 없는 것은 아니다. 따라서 다른 사람들도 역시 "적대적인 반박"을 하게 된 것이다. 이것은 의로운 일을 보고 참지 못하는 당인불양(當仁不讓)의 정신을 중시한 데에서 비롯된 것이다. 말이 적대적이라고 해서 사람을 적대적으로 대한 것은 아니다. 량 선생은 "나는 그들의 운동에 반대한다고 생각하지 않는다"라고 말했다. 량 선생의 생각이 투철하지 못하기 때문에 다른 사람들도 논쟁을 접을 수 없는 것이다. 량 선생은 서화를 전면적으로 수용해야 한다고 생각했다. 그렇다면 마땅히 서화를 숭배해야지 어째서 안타까운 탄식을 내쉬는가? 이런 아이러니에 대해 실제적인 예를 하나 들어보겠다. 량 선생이 『동서문화와 철학』에서 서화를 전면적으로 수용해야 한다고 주장한 것은 차오쿤(曹錕)[53]이 『중화민국헌법(中華民國憲法)』을 전면적으로 선포해야 한다고 주장한 것과 우연히도 딱 들어맞는다. 량 선

53) 민국 시기의 군벌.

생이 서화를 두고 농담을 했다면 조곤은 헌법을 두고 농담한 것이다. 나는 선생의 뜻이 원래 이런 것이 아니라고 믿는다. 그렇지만 다른 한편으로는 그런 부분이 없는 것도 아니다. 도덕의 가치는 말만으로는 아무 의미가 없으며 실제가 어떤지가 중요하다. 따라서 공자는 인을 드물게 말한 것이다. 입만 열면 현란한 말투로 치양지를 말하고 은미한 것을 구한다고 설쳐대면 성인의 말씀은 빛을 잃게 될 것이다. 량 선생이 말한 공안낙취에 대한 앙모가 끊이지 않는 이유는 다른 사람이 말 못하는 것을 말해서가 아니라 고매한 인격이 뒷받침하고 있기 때문이다. 한편 "서화를 전면적으로 수용하자"는 량 선생의 주장은 아무도 귀 기울여 듣지 않는데, 이는 량 선생을 무시하는 처사다. 아마도 현자는 큰 뜻을 알 수 있으므로 지중지도를 취하고 그렇지 못한 사람은 작은 뜻을 받들어 서화를 수용해야 한다는 논리일 것이다. 누가 이런 말도 안되는 논리를 받아들일 수 있겠는가. 어리석고 무식할 사람들이다. 인격과 사공(事功)의 두 측면이 모두 훌륭한 왕양명 같은 사람이 이런 말을 해야 효력이 있는 것이다. 만약 같은 논리로 도학에 관한 증국번(曾國藩)의 말은 주공교(周孔教)[54]가 이미 했기 때문에 가치가 없다고 말하면 타당한 것인가? 오늘날 사대부들은 어째서 량 선생의 모범적인 면모는 소개하지 않고 그의 미사여구만 세상에 전하고 있는가? 어찌 군벌과 정치꾼, 양팔고 학생들이 투고할 것을 몰랐단 말인가? 어떤 이들은 행실은 공자와 양명을 기준으로 삼는다 하지만 도리어 말과 행동이 일관되지 않다. 성광화전(聲光化電)과 호혜공리(互惠公理) 등을 말하지만 첫 번째 길을 가는 사람과는 적대적이다. 시골에서의 일향화(一鄉化), 나라에서의 일국화(一國化), 『동서문화와 철학』의 전반서화, 중화지중(中化持中)은 반드

54) 명대(明代)의 학자. 『황정의(荒政議)』 一卷을 저술하였음.

시 성공할 것이다. 장쥔마이 선생은 자치학원을 통해 수많은 인재를 배출해냈다. 서양의 학문은 조간신문마다 넘쳐나는데 우리는 학안과 어록으로 서로를 기만해 다투기에 바쁘다. 계속 이런 식으로 나가다가는 최종적으로 선교사와 같은 쓸모없는 자들만 넘쳐나게 될 것이다. 아니면 교회를 불 지르고 의화단이 다시 일어나는 수밖에 없다. 량 선생! 당신 생각에 서양은 지중이 아닌 것 같은가? 당신은 자신의 꾐에 넘어간 것이다. 다음 글을 보기 바란다.

6) 나는 도덕이 문화의 결정체라 믿는다. 문화 수준이 높으면서 도덕 수준이 낮은 민족은 보지 못했다. 내가 비록 타고난 재능은 없지만 이런 사실을 어느 정도는 인정한다. 한 민족 전체의 도덕은 수천 년을 통틀어 판단해야 하는데, 민족 전체의 도덕성이 높으면 민족 성원들의 도덕성도 대부분 양호하며, 민족 전체의 도덕성이 낮으면 민족 성원들의 도덕성도 대부분 열등하다. "지중"이니 "전진"이니 하는 것들은 각 민족의 철학자들이 도덕을 만들어내기 위해 임의적으로 사용한 개념일 뿐이다. 수천 가지의 세칙들을 어떻게 잘 조합하고 치밀하고 유효하게 만드느냐에 따라 우열이 나뉘게 된다. 춘추전국 시대 이래, 문명인은 네 종족이 있었다. 첫째, 백인종인 아리안족, 즉 그리스 로마인들로 영국, 미국, 독일, 프랑스 등 서양 민족이다. 둘째, 백인종인 셈과 함 두 민족으로 춘추시대 이전 이집트 바빌론과 중고시대 이후 헤브라이, 아랍 민족이다. 셋째, 황인종과 백인종을 합한 민족인 인도민족이다. 넷째, 황인종인 중국이다. 종교는 모두 아랍 민족이 창시했고, 인도 역시 그 영향을 받았다. 그들은 신비로우면서도 현허(玄虛)한, 그야말로 반인반귀(半人半鬼)의 민족이다. 부처나 신, 상제 등을 보면 『서유기(西遊記)』, 『봉신전(封神傳)』 등에 등장하는 인물과 어딘가 비슷하다. 그들의 조상은 모두 게으르고 지저분하며 허망한 말만 늘어놓는다. 따라서 그 총화인 도덕은 열악할 수밖에 없

다. 그들의 생사관은 이런 것을 가장 잘 드러내고 있다. 게으르고 지저분한 것에 익숙한 사람들을 생각해보자. 아마 삼천 년 후에는 그들 가운데 소수만이 살아남아 산골짜기 속에서 겨우 연명하고 있을 것이다. (그 가운데 소수의 유태인 유랑민들은 유럽 민족으로 편입될 것이다.) 고대 중국의 농민들은 모두 성실한 사람들이었다. 별다른 상상력 없이도 종교를 만들어낼 수 있었다. 질병을 고치기 위해 기도하거나 목석과 뱀, 쥐 등을 숭상하는 고대의 행위는 지금도 여전하다. 바깥에서 어떤 종교가 전래되건 이런 고유의 형식과 충돌할 수밖에 없다. 고대 중국인들은 분수에 만족하여 본분을 지키며[安分守己], 고통을 견디고 수고를 감내했다[茹苦耐勞]. 공자와 맹자가 등장한 이후에 도읍으로 사람이 몰리고 국가가 난립하는 상황이 되었다. 위에서 언급한 훌륭한 인물들에 따르면 부피와 무게를 눈으로 가늠하고, 십여 곡(斛)의 보리를 더 수확해서 함포고복(含哺鼓腹)하게 하는 것이 가장 이상적인 사회이다. 공자와 맹자도 어른과 형제를 무시할 수 없었으며, 하늘의 뜻에 순응하여 자신의 처지에 만족[樂天知命]하는 것을 최고의 가치로 삼았다. 진당(晉唐) 이전에는 촌장(老莊 등)과 마을 관리(堯舜周孔) 같은 사람들이 성공적으로 사회를 건설했다. 진당 이후에 "당승(唐僧)"과 "손오공(孫悟空)"이 인도의 풍습을 가지고 들어왔다. 휘주(徽州)의 주조봉(朱朝奉)[55]은 암암리에 그들의 허망한 말을 좇아 기존의 규율을 개조했다. [육조(六朝) 사람들은 촌장의 한담에 맞장구칠 뿐이었는데 규율이 생기자 권위가 나오게 되었다.] 지금 『13경(十三經)』을 다시 읽어보면 공자와 맹자의 가르침에 온화함과 자연스러움만이 느껴진다. 그러나 주조봉 선생 등의 어록이나 학안을 보면 갑자기 어두컴컴한 교회당이나 큰 방으로 들어선 듯 모골이 송연하고 길을 잃은 듯한 느낌

55) 송대(宋代)의 문인.

이 든다. 양지(良知) 선생이 잎과 가지가 무성하게 자라 꽃을 보는 것은 천리요, 꽃을 꺾는 것은 인욕이라 하니 이로부터 적지 않은 병폐가 생겨났다. 사람들은 자기 밥그릇 챙기는 것과 잡담하는 것, 일과 후 잠자리에 들어 꿈 한 번 꾸다 눈 비비고 일어나 다시 노동하러 가는 것만 알 뿐이다. 일하는 동안에도 대부분 몰래 쉬거나 좀도둑질을 한다. 그 가운데 복받은 사람은 촌장[鄉老]을 따라 땔나무 위 석양 아래에서 현학을 말하고 청풍명월을 노래한다. 마을 관리[局董]들은 청소응대며 예악사어(禮樂射御) 등의 수많은 겉치레 규정을 만들어놓았다. 그러나 그들은 흡사 옷은 입었으되 입은 것 같지 않고, 밥은 먹었으되 먹은 것 같지 않고, 길을 가되 가는 것 같지 않고, 눈물 콧물이 얼굴을 뒤덮고 손톱에 때가 덕지덕지 끼어 있는 모습이다. 전반적으로 그들의 도덕 수준은 매우 낮다. 오히려 성정과 기질이 비슷한 난쟁이 손님[56]이 훨씬 부지런하고 깨끗하다. 비록 이름을 떨친 성현들은 거의 없지만, 보잘 것 없는 관리들이 분발한 것임에 틀림없다. 큰 형님격인 중국은 인도나 아랍인보다 성격과 위생 상태는 낫지만 게으른 정도는 거의 비슷하다. 게으를 뿐만 아니라 허풍을 좋아하고 어둡고 한산한 곳에 모여 무리 짓기를 즐겨한다. 아마 시간이 좀 흐르면 후난 구이저우 산중으로 들어가 살지도 모른다. 다음으로는 계산적인 민족에 대해 말해보겠다. 그들은 인의도덕, 효제충신, 밥 먹고 잠자는 측면에서 위의 세 민족보다 뛰어나다. 이에 대해서는 아래에서 다시 얘기하겠다. 전반적으로 그들의 도덕 수준은 비교적 높다. 장쥔마이, 장싱옌, 량치차오 선생처럼 그들의 집을 방문해본 적이 있는 사람이라면 흥분하지 말고 양지를 잘 견지하여 량슈밍 선생의 말을 잘 생각해보기 바란다. 우리는 먼저 자신의 처지를 돌아본 후에 남을 비판해야 한다. 우

56) 일본인을 가리킴.

리가 지중이라고 할 때, 무엇을 견지[持]해야 하는가? 그들이 계산적[算賬]이라 할 때 무엇을 계산[算]한다는 것인가? 앞에서 선이 진화하면 악도 진화한다고 말했다. 중국에는 서양에서와 같이 계산에만 능한 악인들은 없다. 그렇지만 유신파가 추종하는 계산에 능한 서양의 호인(好人) 하나를 공자 둘로도 당해내지 못한다. 지중에 대한 허풍만으로 계산적인 그들을 이길 수 있겠는가? 시골에는 악한 사람이 적지 않다. "여기 저기 붙어" 세상에 영합하며 악행을 저지르는 것이 정도가 매우 심하다. 따라서 "그들이 택한 첫 번째 길을 볼 때, 물질문명은 파산했고 도덕은 좌초되었다"는 것은 몇몇 불평분자들이 감정적으로 지껄이는 말일 뿐이고 한량들의 자만일 뿐이다. 혹자는 외국의 길거리에 매춘부가 넘쳐나는 것을 두고 상하이 여자들까지 싸잡아 비난한다. 이 말을 금과옥조로 삼은 불후의 저작을 지어낸다. "당신이 내 책을 이해하지 못한다면 한 번 반박해보라. 감히 반박하지 못할 것이다." 실로 심한 망상증에 걸린 듯하다. 서화가 파산했다는 유언비어(서화의 혁신은 높은 차원의 경지에 들어가야 가능하다. 제국주의가 일소되고 사회주의가 공화제를 대체하려 하고 있다)는 새로운 문제를 야기했다. 량 선생은 지난 일에 대해 책에서 상세히 서술했다. 그는 처음에는 서화를 가소롭게 여겼다. 후에 서화의 의미가 "새(賽)선생"과 "대(臺) 선생"[57]으로 나눠지자 첫 번째 길이 난관에 봉착했다고 단정 지었다. "새(賽) 선생"은 지식을, "대(臺) 선생"은 도덕, 즉 공덕을 의미한다. 중국과 같은 농업 민족은 서역과 동이 등 주변민족과 비교해볼 때 사덕을 중시했으며 이로 인해 사덕의 측면에서는 자부심을 가질 수 있었다. 동쪽으로 건너 온 푸른 눈을 가진 동물의 행동거지에는 실로 놀랄

57) 臺(德)선생은 Democracy(민주 혹은 공덕), 賽선생은 Science(科學), 미스 穆은 Moral(道德). 臺(德), 賽, 穆은 중국어로 더-(de-), 사이-(sai-), 모-(mo-) 로 발음되어 근대 시기 중국에서 데모크라시, 사이언스, 모럴을 의미하는 것으로 받아들여졌음.

만한 것이 있었다. 그러나 그것을 인정하지 않았다. "행(行)"에 대해서는 말하지 않고, "심"에 대해서만 언급했다. 여기서 우리는 지중이고 저들은 계산[算賬]이라는 말이 나온 것이다. 또한 그들 가운데 윤리적으로 훌륭한 인물들은 누락시키고, 그들과 왕래한 중국인은 비난했다. 안타까운 것은 그들을 비난할 만한 이유가 없다는 것이다. 양지를 지닌 젊은이들도 남녀 간의 연애를 신성하게 여긴다. 왕양명을 위해 삼일간 목 놓아 울었다는 아리시마 다케오(有島武郎)[58]과 하타노 아키코(波多野秋子) 부인은 당당하게도 문천상(文天祥)[59], 사가법(史可法)[60]과 이름을 나란히 하게 되었다. 사정이 이런데도 살신성인의 양지나 말하고 있을 것인가. 이는 양지가 파산하고 계산이 승리했음을 말해주는 것이다. 따라서 량슈밍 선생과 같은 사람들은 더더욱 계산과 양립할 수 없게 되었다. 양놈들의 물질문명은 파산하지 않았고, 도덕도 끝장나지[算賬][61] 않았다. 젊은이들의 안목은 날카로워서 그것을 살신성인의 천리유행이라고 하는데 확실히 그렇다. 파산이나 계산에 대한 근거 없는 주장은 8월 15일 탕환장의 소란보다 더 가치가 없다. 그야말로 30년 전에 있었던 일과 상황이 비슷하다. 어사 한 명이 서양과 전쟁을 벌이자는 상소를 올렸다. 그는 상소에서 백성들이 황두(黃豆) 한 포대와 물 긷는 멜대 하나씩만을 준비하면 된다고 썼다. 서양 군대가 공격해 오면 콩을 땅에 쏟아 붓고 멜대를 길에 가로질러 놓아 그들이 걸려 넘어지도록 한다. 다리가 굳어서 일어나지 못하고 있을 때 준비해둔 밧줄로 재빨리 묶어 버린다. 다리가 굳

58) 일본 근대 작가, 인도주의적 이상주의자, 무정부주의자. 하타노 아키코와 정사(情死)했다.

59) 송대 말기의 충신.

60) 명대 말기의 충신.

61) 중국어 '算賬'은 '계산하다'라는 것 외에 '끝장내다'라는 뜻도 있다.

는다는 것은 30년 전 어사의 말이고, 서화가 파산하고 서양의 성인이 계산적일뿐이라는 것은 서양에서 유학하고 돌아온 박사님들, 대학교수들의 말이다. 우리 민족이 이처럼 무식하다는 사실에 분노를 금할 수 없다. 만약 내가 "양놈들의 자손"이라고 욕먹을 것을 걱정해 이런 내막을 밝히지 않는다면 공자와 왕양명을 볼 낯이 없을 것이다. 아울러 량슈밍 선생의 충고를 받아들여 이참에 천두슈, 후스 등 여러 선생들과도 의논해보고자 한다. 중국은 이미 "과학 선생"과 "공덕 선생"을 극진하게 받아들였다. 그러나 아직도 사덕이 많이 부족한 것은 분명하다. (자질구레하고 혐오스럽고 기이하고 사소한 것만을 슬그머니 가져와서 사람들을 끌어모았을 뿐, 아직 정식으로 성대하게 맞아들이지는 않았다.) 사덕이란 무엇인가? 사덕을 받아들이는 것은 공자가 주나라 여자를 후처로 맞이한 것과 비슷하다. 그것의 이름은 미스 "목륵아(穆勒兒, Moral)"로 그녀에게 부엌뿐만 아니라 가사의 전권을 맡겨야 한다. 이렇게만 되면 백발의 마을 관리들도 편안하게 한숨 돌릴 수 있다. 여기서 더 나아가면 한편으로는 천리유행의 기수(沂水, 파리의 세느강변에도 있다)에서 목욕하고, 무우(舞雩)의 숲에서 바람을 쐴 것이며, 다른 한편으로는 여우와 오소리 가죽을 덮고 자며 좋은 음식만 먹게 되어 태연하고 유쾌한 마음을 유지할 수 있게 될 것이다. 이는 문명사회와 별반 차이가 없는 것이다. 양고기와 과일이 거실에 넘쳐나고, 짐승과 초목의 표본이 여기저기 진열되어 있다. 시골 농부라도 더 이상 소인이 아니다. 주나라의 복식과 은나라의 수레는 쓸모없다. 재물이 땅에 버려짐을 싫어하지만 자기 것이라고 감추지 않고[惡其棄於地也] 힘이 몸에서 나오지 않는 것을 싫어하지만 자기만을 위하지 않는다[力惡其不出於身也]. 사람들이 제 부모만을 부모로 여기지 않으며[不獨親其親],

제 자식만을 자식으로 여기지 않는다[不獨子其子].[62] 량 선배가 지중에 대해 엄한 소리 하지 않았으면 한다. (량 선생이 사덕의 간판을 빌려 얘기한 것을 잘 안다. 틀린 말은 아니지만 직접 말했어도 무방했을 것이다.) 목(穆)부인의 교육 방식은 매우 온화하다. 외출할 때 아버지와 입을 맞추고[孺慕, 사랑하다], 차를 탈 때는 외삼촌을 대신해서 가방을 들어준다[服勞, 일을 하다].

밥은 식탁에 차리고 밥알 하나라도 흘려서는 안 된다. 가래는 손수건에 조용히 뱉어야지 지저분한 타구를 두어서는 안 된다. 손톱은 반질거리게 손질해야 한다. 수염은 깨끗이 깎아야 한다(면도는 적절한 때에 해야 한다). 다른 사람이 일을 하고 있을 때는 굶어 죽은 두루미처럼 목을 길게 빼고 모른 척해서는 안 된다. 여러 사람이 함께 방안에 있을 때에는 할 일 없는 뜨내기처럼 눈을 부릅뜨고 여기저기 두리번거려서는 안 된다(자기가 하고 싶지 않은 일을 다른 사람에게도 시키지 말라). 이처럼 세세한 규정들도 끝이 없는데, 대의(大義)는 더욱 말할 필요도 없다. 친구의 유언으로 친구가 죽은 후 그의 자식과 엄청난 재산을 맡아 대신 관리하게 되

62) 大道之行也, 天下爲公. 選賢與能. 講信修睦. 故人不獨親其親, 不獨子其子. 使老有所終, 壯有所用, 幼有所長. 矜寡孤獨廢疾者, 皆有所養. 男有分, 女有歸. 貨惡其棄於地也, 不必藏於己. 力惡其不出於身也, 不必爲己. 是故, 謀閉而不興, 盜竊亂賊而不作, 故外戶而不閉, 是謂大同.(큰 도(道)가 행해지는 세상은 천하를 모두 공유(公有)한다. 어질고 유능한 사람을 뽑아 관직을 맡겨 신의(信義)와 친목을 다진다. 그러므로 사람들은 홀로 자기의 어버이만을 모시지 않았으며 홀로 자기 자식만을 사랑하지는 않는다. 노인들은 편안히 여생을 보낼 곳이 있으며, 젊은이들에게는 일자리가 있고, 어린이에게는 모두 잘 성장할 수 있는 여건이 갖추어져 있다. 과부와 홀아비, 부모 없는 고아, 자식 없는 외로운 이, 그리고 불치의 병에 걸린 이로 하여금 다 부양을 받을 수 있게 하며, 남자는 일정한 직분(職分)이 있고 여자는 돌아갈 가정이 있다. 재물이 땅에 버려지는 것은 싫어하지만 반드시 자기만 사사로이 독점하려 하지 않으며, 힘은 자신으로부터 나오기를 원하지만 자기만을 위해 힘을 사용하지 않는다. 그런 까닭에 음모가 없고 도적이 생기지 않아서 집집마다 바깥 대문을 잠그지 않는다. 이런 사회를 대동이라 한다.) -『禮記 · 禮運』

었다. 20년 동안 재산이 두세 배 늘었고 장부만도 여러 상자나 되었다. 어느 날 여객선을 타고 가는 중에 배가 빙하에 부딪혀 침몰하게 되었다. 그러나 친구는 주저함 없이 부인과 아이를 구명보트에 태워 보내고 자신은 배에 남는다(남을 위해 자신을 버린다). 계산적인 "목(穆)부인"은 결코 지중의 늙은 "부자(夫子)"보다 나약하지 않다. 따라서 이들을 기쁘게 맞아들여

> "穆 아가씨"는 안을 다스리고,
> "賽 선생"은 학문을 일으키고 재정(理財)에 힘쓰며,
> "臺 선생"은 나라를 잘 다스려 백성들에게 이익이 되도록[經國惠民] 해야 한다.

이것이 바로 전면적으로 받아들인다는 것이다. 첫 번째 길에 전심전력할 수 있게 되면 바른 길로 들어선 것인데, 어째서 도중에 멈춰 서서[持中] 늙어빠진 홀아비 공(孔) 씨에게 거친 밥과 물을 얻어먹고 팔꿈치를 굽혀 베개로 삼으려[63] 하는가? 어째서 도원(桃源) 동굴로 숨어들어 구이저우 먀오산(苗山)에서 힘겹게 밭 갈고 우물 파며 눈물 콧물 흘리는 세월을 보내려 하는가?

7) 나는 "우주일체"에 대해 과학적 설명이 가능하다고 믿는다. 그러나 일체의 "可(가)"를 설명하는 것은 영원히 불가"能(능)"하다.[64] 일체의 可를 能히 설명할 수 있다는 것은 시작 없는 시작(無始之始)을 能히 알 수

63) 子曰, 飯疏食, 飲水, 曲肱而枕之, 樂亦在其中矣.(공자께서 말했다. 거친 밥을 먹고, 물을 마시며, 팔꿈치를 굽혀 베개를 삼아도, 즐거움은 바로 그 가운데 있다.) - 『論語 · 術而』

64) 여기서 "可"는 논리적 가능에, "能"은 현실적 가능에 가깝다.

있고, 바깥이 없는 거대함(無外之大)을 能히 알 수 있고, 안이 없이 작음(無內之小)을 能히 알 수 있다는 것인데, 이것은 당연히 불가능하다. 그러나 能에 대해 말하자면 不能한 것이라 해도 可는 그 자체로 可일 수 있다. 可한 것 가운데에서 能을 증가시키는 것이 학문이다. 可의 여부와 상관없이 따로 能이 존재한다고 여기는 것은 미학의 태도이다. 可를 믿지 않고 단지 能에 대한 것만을 탐구하는 것은 현학의 태도이다. 可를 마음으로 인식하고 能에 자신을 한정시키지 않으려는 것이 과학의 태도이다. 나는 이미 민국 8년 『신청년』에 투고한 글에서 미학과 현학, 과학은 모든 학문을 포괄한다고 말했다. 당시에는 미학을 문학에, 현학을 철학에 빗대어 썼었다. 몇 달 후에 누군가가 미학을 종교에, 현학을 철학에 빗대어 쓴 글이 『베이징대학일간(北京大學日刊)』에 실렸다. 현학과 철학은 원래 한 집안으로 철학은 과학을 포함하고 있었다. 셋으로 나눠 말하느니 차라리 현학이라고 부르는 것이 낫다. 첫 번째 종류의 학문을 전부 포괄할 수 있는 명사는 없다. 정학(情學)으로 부르는 것이 비교적 적합하지만, 용어가 너무 생소해서 미학이나 문학, 종교 등으로 대신해 쓰고 있다. 문학은 미학을 포괄하지 못하지만 미학은 문학을 포괄한다. 문학은 종교를 포괄할 수 없고, 종교 역시 미학과 문학을 포괄할 수 없다. 첫 번째 종류의 학문은 그 안에 종교를 포괄하고 있기 때문에 정학으로 부르는 것이 적합하다. 여기서는 미학으로 표현하고자 하니 독자들은 오해 없기 바란다. 또한 세 학문의 명칭을 편의상 다음과 같이 바꿔 부르겠다.

첫째, 미학, 문학, 종교는 정감학(情感學)이라고 한다.

둘째, 현학, 철학은 정리학(情理學)이라고 한다.

셋째, 과학은 이지학(理智學)이라고 한다.

예전에는 철학을 지학(智學)이라고 불렀다. 과학이 분화되지 않았을 때 철학은 스스로를 이지학(理智學)이라 부름으로써 종교, 미학 등의 정감학과 대립했다. 과학을 이지학이라고 부르는 것은 편의상 그런 것일 뿐 정확한 표현은 아니다. 과학은 이지에 관한 것을 다루며, 성숙하지 않은 부분은 철학과 정리(情理)의 리가 다루게 된다. (이상에서 분류한 세 가지 분야가 모든 학문을 포괄한다는 것은 성질을 두고 말한 것이다. 세상에는 여러 성질을 잡다하게 가지고 있지만 새로운 면이 있다 해서 학문으로 간주하는 경우가 있다. 포괄적으로 보는 것은 괜찮지만 엄격하게 구분하는 것은 문제가 있다. 학술가와 목록학가들의 분류법은 각각의 특징과 장점이 있으니 한마디로 판단할 수 없다.)

미학, 현학, 과학의 관계는 물을 이루고 있는 산소, 수소의 관계와 같다. 어느 것이 더 중요하다고 말할 수 없을 뿐만 아니라 어느 하나도 없어서는 안 된다. 그러나 성분이 어떠한지 논리적으로는 알 수 있지만 아직 완벽하게 알 수는 없다. 터무니없이 들릴지도 모르겠지만 내 생각에 미학과 과학이 각각 40%, 현학이 20%를 차지하면 적당하다. 서유럽과 북미는 미학이 40%, 현학이 14%, 과학이 46%를 차지하고 있다. 이처럼 과학자들이 현학귀의 밥그릇을 뺏어 그들을 불안하게 만드니 과학파산의 저주가 나오고 있는 것이다. 형식적인 측면에서 말하자면 중국은 문학이 60%, 현학이 39%(진지하게 말하자면 오늘날 중국에 문학가와 철학가가 이렇게 많은 것은 세상의 웃음거리다), 과학이 1%이다. 현학귀는 남이 "무사도(武士道)" 집안을 치료하던 처방을 써서 새로 태어난 아이에게 분유대신 파두(巴豆)[65]나 대황(大黃)[66]을 쏟아 붇는다. 그리고 삼칠일도 지나지

65) 쥐손이풀목 대극과에 속한 상록 교목으로 맹독성 씨는 한약재로 쓰임.
66) 장군풀의 뿌리로 한약재로 쓰임.

않은 과학아이에게 삿대질하며 다음과 같이 독설을 퍼붓는다. 유럽에서 구걸하기 힘들어지니까 여기까지 와서 휘젓고 다니는구나. 과학 사원에서 향 피우는 영감이 여기에 응대해 이렇게 말한다. 이런 나쁜 뜨내기 녀석 같으니라고. 선시공사 완구점에서 기관총을 사 와 산산조각을 내버릴 테다. 현학귀는 요동도 않고 수염을 쓰다듬으며 미소로 대답하길, 아가야! 노인 양반! 소란 피우지 마시오. 당신들은 너무 조잡하니(물질문명을 가리킴) 당연히 정(精)-정(精)-정(精)한 것이 있어야 하오(영기활동, 엔텔레케이아, 천리유행을 가리킨다). 이것이 바로 이번 과학과 현학 논전의 축소판이다. 나는 이미 "뒤죽박죽"이라는 한마디 말로 총평을 한 바 있다. 물론 양편 모두 우리에게 소중한 지식을 제공해주었다는 점은 인정한다. 그러나 첨예한 논쟁이 진행된 적은 없다. 여러 발언들 가운데 런슈융 선생의 것이 그나마 낫다. 과학 대가의 위대한 인격은 엄숙한 이학 숭배자인 장쥔마이 선생의 위군자적인 면모를 볼 수 있게 만들었다. 그러나 오히려 융통성 없고 고루하다는 비판을 들었다. 최근 분위기를 보면 장 선생은 인격이 더 높아지고 명망 있는 유학자들의 지지를 더욱 많이 받고 있는 듯하다. 따라서 엉클어진 머리에 남루한 옷차림으로 "주륙을 반대하고" 현학을 배척하는 딩 선생 같은 사람이 인정받을 수 있겠는가. 만약 의회에 딩원지앙과 같은 사람이 있었다면 유치한 농간은 없었을 것이며, 장쥔마이, 장싱옌, 량슈밍 같은 사람도 필요 없었을 것이다. 인격이란 "마음"에서 만들어진다는 것을 여실히 보여주었다. 이는 인도의 고행자나 암흑시대의 교부 철학자—오늘날 "천주교"의 "크리스찬파"도 마찬가지다—송명사상가도 인정하는 것이다. 공묵노장(孔墨老莊), 석가, 그리스 철학자들도 그렇게 편협하지 않다. 안원(顏元)[67]등 실천을 중시하

67) 중국 청대 초기의 학자이다. 육왕학(陸王學)과 주자학(朱子學)을 공부하였으나 만

는 군자들이 제대로 "뜻을 펴보지" 못한 이래로 근래 들어 중국번 같은, 세칭 군자라는 부류의 사람들이 송명의 편협한 풍조를 온화하게 변화시켰다. 나는 위에서 마치 깊고 어두운 거대한 교회당에 들어선 것 같아 여기 저기 둘러봐도 사방을 분간할 수 없을 정도라는 말을 했었다. 단정하게 걸친 장포(長袍)에 반짝거리는 금 십자가를 가슴에 걸고 진중하게 미동도 않는 모습은 세 살 어린아이에게 엄청난 공포감을 주는데 그런 세상은 사람 살 만한 곳이 못된다. 어떤 이는 "베르그송의 직각이 바로 양지"라는 말이 잘못되었다고 비난한다. 내 생각에 "잘난 체하는 파리의 현대 여성"이란 말은 딩 선생의 농담이다. 베르그송은 학문에 대해 논한 것이지[談學] 도에 대해 논한 것[談道]은 아니다. 이것은 구분해서 말해야 한다. 그를 서양의 왕양명이라 하여 우상화하고 사당을 짓는 코미디는 결단코 안 된다. 부처는 사람들에게 출세지도(出世之道)를 가르쳤는데, 후이저우(徽州) 주조봉 등은 거기에 입세지도(入世之道)를 덧씌워 마을 관리의 규율 위에 어마어마한 권위를 부여했으니 참으로 비극이 아닐 수 없다. 남송 이후의 사회가 얼마나 무미건조했는지 한 번 보라. 원나라와 명나라가 들어서고 나서야 약간의 생기가 불어넣어졌다. 그러나 뜻밖에 또 다시 냉기가 엄습하는 듯했지만 다행히 고염무 등에 의해 왕양명, 고헌성(顧憲成) 같은 조야한 부류들은 밀려나게 된다. 만주족의 세계는 오색영롱하고 광채 찬란한 세상이다. 중국에서 암흑의 시대는 냉혹했던 남송이고 문예 부흥기는 청나라 때이다. 민국 8년 내가 『신청년』에 쓴 글에서 동서양의 마음과 기운이 모두 같으니 굳이 배나 차로 갈 필요가 없다고 말했다. 서양의 그리스, 소아시아는 춘추시대와 같고, 아테네는 전

족하지 않고 실천주의적 학문, 경세치용의 실학을 제창하였다. 저서에 『사존편(四存編)』, 『사서정오(四書正誤)』 등이 있다.

국시대, 로마는 한위(漢魏), 중세 암흑시대는 송원, 문예 부흥기는 청대와 비슷하다. 비록 시간상으로는 차이가 있지만 이런 비교는 대체로 틀리지 않다. 그래서 오늘날 문예 부흥기에서부터 다시 시작해야 한다는 이상한 말도 들려온다. 말을 탄 채로 말을 고르는 것은 기차를 거꾸로 돌리는 것과 같이 헛된 일이다. 오늘날의 문학과 미술은 정리하고 개조해야 한다. 이런 계승을 통해 문학과 미술은 빛나는 시대를 맞게 될 것이다. 이는 오늘날 유럽이 삼백 년 전 문예부흥의 성과들을 정리하고 개조하는 것과 같다. 아무렇게 지껄이는 것이 아니라 사실이 증명하는 것이다. 오늘날의 국학은 고염무와 황종희가 멀리 한당에서 명맥을 찾아 송원의 공소하고 어두운 분위기를 걷어내고 부흥시킨 것이다. 이에 대진과 전대흔(錢大昕)이 고염무와 황종희를 잇고, 단옥재와 완원(阮元)이 대진과 전대흔을 이어받았다. 홍양(洪楊)[68]을 거치면서 잠시 주춤했지만 위위에(兪樾)와 장즈동, 황원동(黃元同)[69], 왕시엔첸(王先謙) 등이 다시 단옥재와 완원을 계승했다. 위위에와 장즈동을 이은 인물로는 류스페이(劉師培), 장타이옌 같은 이들이 있으며 현재까지 생존해 있는 이도 있다. 어느 때가 암흑기이고, 어느 때가 부흥기인가? 문학과 미술만 놓고 보더라도 청대에 한당 시기의 융성함을 되살려 지금에 이르렀는데, 이는 남송과 원명을 훨씬 뛰어 넘는 것이다. 어느 때가 암흑기이고, 어느 때가 부흥기인가? 무술변법 이후 십여 년간의 짧은 시간동안 량치차오의 『서학서목표(西學書目表)』가 장즈동의 『서목답문(書目答問)』을 대체했고, 천송핑(陳頌平)과 우쯔후이를 거치면서 선장서(線裝書)가 뒷간에 버려졌다. 혹시 이것을 암흑이라 하는 것인가? 오히려 이 시기에 중국의 베이컨, 데카르

68) 홍수전(洪秀全), 양수청(楊秀淸)을 말한다.

69) 즉, 황이주(黃以周). 만청(晩淸)시기 유학자(儒學者).

트, 아담 스미스라 할 수 있는 딩원지앙, 장쥔마이, 장스자오 등 한 무리의 괴걸들이 나오게 되었다. 이것은 문예부흥을 거친 후 나온 새로운 기상인데 어디 암흑이 있을 수 있단 말인가? 문예가 암흑인 적이 없었기에 부흥이라는 두 글자는 과녁 없는 화살이요, 김빠지는 얘기다. 문예부흥이나 과학파산과 같은 근거 없는 망발은 양놈들의 다리가 뻣뻣하다거나 8월 15일이 되면 세상이 멸망한다는 등의 코미디와 다름없으며, 문인학사들이 자기들 마음대로 민국 6년부터 13년까지의 칠팔 년간을 암흑기로 규정하는 것과 마찬가지다(이는 5·4운동의 성과를 무로 돌리는 것이다). 따라서 위대한 사람들은 모두 파산하고, 유명 인사들은 체면을 잃고, 돼지새끼, 도적떼들만 차고 넘쳐 똥을 뿌려대는 시대이다. 천박한 말로 잠시 실례를 범했다. 잠시 의관을 정제한 후 다시 얘기하겠다.

객관적으로 말하자면 미학, 문학, 종교 등 정감학은 아버지이고, 현학, 철학 등 정리학은 어머니이며, 과학은 그들의 자식이다. 정감학은 어리석고 맹목적인 여성과 비슷한 성격을 갖고 있다. 그런데 왜 아버지라 부르는가? 기능적 측면에서 말하자면 자강불식(自强不息)하고, 모험심 강하고, 허튼소리 잘하고, 멋대로 지껄이기를 좋아하며, 하나의 난자를 목표로 이백조 마리의 정자를 기꺼이 낭비하는 기개를 가졌으니 아버지가 아니면 무엇이겠는가? 만약 나무 위나 동굴 속에서 살며 머리는 산발하고 나뭇잎으로 몸을 가린 순진무구한 원시인들에게 뱀과 호랑이를 관리하는 귀신과 바람과 천둥을 다스리는 신이 존재하니 제사를 지내야 안전을 보장받는다고 얘기했다고 치자. 원시인들이 깊은 산속에서 두려워하거나 약해지지 않고 광야에서 무사하려면 어떻게 해야 할 것인가? 종교란 어리석은 사람들이 쉽게 속아 넘어가지만 다른 한편으로는 위안을 얻게 되는 묘한 물건이다. 성인의 시대에도 한편으로는 '비록 삶도 모르는데 죽음을 어찌 알겠냐(未知生焉知死)'라고 말하고, 다른 한편으로는 신이 옆에 강림한 것처럼 제사를 지내며 번개와 폭풍우를 불러오려 했다. 의도는 악하지 않았지만, 사당을 내세워 두려움을 준 것은 스스로 순경을 고용해 감시당하는 것과 다르지 않다. 비록 과학이 출현한 지 적지 않은 시간이 흘렀지만, 영험한 활동이나 엔텔레케이아, 천리가 존재한다고 주장하는 사람들도 여전히 존재한다. 마음속으로는 궁금한 것을 해결하고 싶어도 우매하고 어리석은 것을 쫓아다닐 뿐이다. 종교가들은 어리석은 사람들을 항상 자신들의 감시하에 두길 바란다. 편협한 이학가(理學家)들은 종교를 직접 말하지 않았을 뿐, 실제로는 상제를 경외하는 마음이 굳건하다. 사리에 밝은 철학자들도 상제를 믿지는 않지만, 우주가 멸망하기 전까지 종교는 결코 사라지지 않을 것이라고 말한다. 그러나 우주가 멸망하기 전까지 존재할 것은 종교가들이 빌려가서 오랫동안 돌려주지 않고 있는 "신앙심"이다. 신앙심은 우주가 멸망할 때까지 존재할 것이다. 나는 암흑천지의 존재를 가정함으로써 비로소 결말을 얻게 되었다. 나와 천지만물은 모두 그 변형물이다. 삶이란 잠시 동안 무대에 올라 연기하는 것이다. 스스로 연기하는 것이니 엉망이 되고 말고 할 것도 없다. 세상이 싫어도 무대에 올라야 한다. 순간순간의 만유는 과거의 나이며 미래의 나이다. 이처럼 명백하고 분명한데 순경을 고용해 나를 감시할 이유가 어디 있겠는가. 심지어 순경이 있기는 하단 말인가? 철저하게 찾아 봤지만 어디에도 없었다. 만약 박애 선생으로 상제를 대신하게 한다면 그것은 나와 만유뿐만 아니라 아주 하찮은 것 속에도 존재하게 될 것이다. 박애 선생을 경외하는 벗으로 삼는 것은 진심으로 기쁘며 감히 거부할 수 없다. 사람들이 이런 도리를 알지 못하고 악행을 좋아하는 것은 무슨 이유 때문인가? 상제를 믿지 않고 암흑천지의 도리를 견지하는 사람은 오로지 나 한 사람뿐일 것이다. 상제를 믿는 사람이 조조조조만큼이나 많은데 어째서 동서고금의 선교사가 선교사답지 않으며 악행을 행하는 자가 강가의 모래알처럼 많은가. 만약 누군가 듣기 좋은 말로 나를 추켜세우며, 당신의 생각은 이상적이지만 사람들을 두루 이해시킬 수는 없다고 말한다면 나는 위선적인 칭찬에 감사를 표할 것이다. 당신은 또 이렇게 말할 것이다. 상제의 존재를 부정하는 당신의 태도는 나보다 백배는 낫다. 그러나 그것을 대중들에게 분명하게 설명하지 않는 것은 잘못이다. 사람들의 미개함과 어리석음은 종교가 없어서는 안 된다는 것을 보여준다. 내가 보기에 바로 여기에 핵심이 있다. 사람들은 어리석은 이를 위로하고 잘난 체하면서 전능한 누군가가 있는 듯이 행동한다. 그러나 우리는 상대방에게도 판단능력이 있음을 존중해야 한다. 억지로 승려를 환속시키고, 불경을 불태우고, 사원을 부수어 민가로 만들 필요(한유(韓愈) 『원도(原道)』)는 없다. 조급해 할 필요도 없다. 뱀을 숭배하던 시대에 '미지생언지사'의 시대가 오길 바라고, 다시 엔텔레케이아의 시대가 오길 바라고, 다시 상제도 없고 종교도 없는 시대가 오길 희망해 왔다. 사람을 죽여 제사지내던 시대에서 발전해 나 같은 무신론자가 백주 대낮에 잡지를 만들고 글을 쓸 수 있게 된 것도 모두 누군가의 노력 때문이다. 오늘날 유럽 사회당에는 나 같은 무신론자가 적어도 오백만 명이나 된다. 무신론자는 종교적 위안을 필요로 할까, 필요로 하지 않을까? 종교 대신 즐거움을 줄 수 있는 대체 위안거리를 찾아내는 것이 바로 발전된 사회에서 학자의 임무다. 종교가도 아니고 철학자도 아닌데 어떻게 신앙을 헐값에 종교에게 팔아넘길 수 있단 말인가. 이것은 금상첨화인가, 아니면 설상가상인가? 신앙은 위안뿐만 아니라 즐거움도 줄 수 있어야 한다. 그러므로 미학으로 종교를 대체하자고 한 차이위엔페이 선생의 주장은 하나의 방법이 될 수 있다. 그러나 미학은 정감상의 위안만 줄 뿐, 이지에 대적할 능력이 없다. 만약 엔텔레케이아로 대적한다면

"취맥소(臭麥燒)"[70] 세 잔을 마신 것처럼 혼자 취해버리고 말 것이다. 한밤중에 술에서 깨어 느끼는 쇠붙이 같은 이불의 차가운 냉기를 어찌 할 것인가? 따라서 미학으로 종교를 대체하려면 반드시 무종시(無終始), 무내외(無內外), 신통광대(神通廣大)와 같은 뼈대 있는 후원자의 도움이 필요하다. 내가 말한 암흑천지의 조상님이 아닌들 어떤가? 그 인생관이란 바둑을 두는 것 같이 무궁하여 비할 데 없이 훌륭한 유리구슬을 창조해 내고 하나를 잃어버리더라도 다시 하나를 만들어낸다. 그 인사관이란 다시 암흑천지로 돌아가 사는 것, 죽는 것, 그 어느 것도 바라지 않는 것이다. 한편으로는 엔텔레케이아, 영기활동, 천리유행이란 말로 스스로를 위안하고, 다른 한편으로는 미학에 마음을 맡겨 입으로는 "생활을 위한 생활"을 읊조린다. 그러나 이런 삶을 사는 사람의 처지는 판결을 기다리는 죄수 같은 처지니 어찌 고통스럽지 않겠는가. 태어나지 않았더라면 죽음도 없었을 것이다. "내가 열심히 생활하는 것은 죽기 위해서이다." 아미타불! 어리석도다! 엔텔레케이아. 가엾도다! 영기활동. 괴롭도다! 천리유행!

종교는 진화하지 못한 신학이다. 제물을 바치든 뱀을 숭배하든, 귀신을 섬기든, 혹은 엔텔레케이아든 천리유행이든 모두 똑같다. 철학은 그것들과 연애를 하거나 부부의 연을 맺곤 했다. (아래의 설명을 보라.) 미학은 종교의 발명가다. 지금 도시를 가득 메운 첨탑[滿城高塔]과 먼 산의 붉은 지붕[遠山紅屋], 대전의 풍금소리[廣殿風琴], 고찰의 맑은 종소리[古寺淸鐘], "피렌체", 톈타이산(天台山), 안당산(雁蕩山) 등 화가나 음악가들이 소재로 삼았던 것들은 모두 종교의 미이라거나 변형이다. 문학은 종교의

70) 보리로 만든 술의 일종. 사형수들에게 마지막으로 주는 술.

창조자다. 짐승들의 세상에 울려 퍼지던 신화와 묘가(苗歌)[71]를 이어받아 『아송(雅頌)』이 그것을 풍부하게 만들었다. 『도덕경』, 『계사전』이 아직 나오지 않았을 때의 일이다. 악막(鄂漠)[72]의 시 역시도 소아시아의 일곱 현인[73]의 잠언보다 육칠백 년이나 빠르다. 그들은 미학과 문학에 대해 이상적 열정이 있었고, 상제 없이도 만상만경(萬狀万境)을 가슴과 손으로 창조해낼 수 있다고 자부했다. 세상에 존재하지 않는 어떤 것도 묘사할 수 있고 창작할 수 있었다. 비록 그것이 실재하는 것이 아니라도 그 신기함을 감상할 수 있었다. 실재하지 않는다고 여겼기 때문에 자연과 종교는 분리되게 되었다. 신비함을 감상하기 위해 철학은 종교에 기탁했으며, 미학에 심취했다(문학은 원래 미학과 하나였다). 미학과 문학은 장차 신학 및 우주와 그 운명을 같이할 것이다. 미학과 문학은 신앙과 표리관계이자 동정(動靜)관계로 신앙을 안정시키고 신비롭게 만들어줄 것이다. 그것들은 대단히 열정적이어서 난자를 찾아가는 데 이백조 마리의 정충을 아끼지 않는다. 따라서 유아독존으로 허환의 세계를 만들어내는 것을 경계해야 한다. 결론적으로 말하자면, 미학과 문학이 가지고 있는 요소의 40%는 절대 간과할 수 없는 것이다.

정리학은 정(情)이 많고 리(理)를 중시한다. 품성의 측면에서 보자면 남성과 비슷하다. 여기서 어머니라고 말한 것은 기능적인 측면에서 그렇다는 것이다. 곤순발육(坤順發育, 곤을 좇아 발육하고), 서물함비(庶物咸備, 만물에 두루 미친다)를 기초로 삼아 오랜 시간동안 인내하며 전 남편인

---

71) 묘족이 제사나 모임, 명절 때 즐겨 부르던 노래. 『초사(楚辭)』에 큰 영향을 주었다고 알려져 있다.

72) 동북지역에 살던 몽고족.

73) 그리스 일곱 현인, 즉 탈레스, 비아스, 피타코스, 클레오브로스, 솔론, 큘론, 페리안드로스를 말한다.

"종교"와 함께 지냈다. 미혹되고 그릇된 것들을 제거하고 신앙을 지키려 했지만 더 이상 참을 수 없게 되자 서로 갈라서게 되었다. 그러나 그간의 정이 매우 깊었기 때문에 친구로 최근까지 이어오고 있다. 헤어질 때 "신앙"이라는 재산을 버리고 거기에 이지를 심었다. 아울러 정욕을 다시 미학과 연관시키니 거문고 연주와 시를 읊는 삶이 즐겁다. 그러다 인간 세계로 내려와 과학이라는 아이를 잉태했다. 처음에는 풍화지수(風火地水), 점선면체(點線面體), 담천박물(談天博物), 소단연홍(燒丹煉汞, 연단술) 등 철학 부인으로서의 다재다능함을 전하는 데 그쳤을 뿐이다. 그러나 철학 부인은 세상을 놀라게 하지 못했고, 엔텔레케이아, 천리유행 등을 되뇌며, 전 남편과의 우의를 깨지 않으려 했다. 그러나 "두 번째 남편(철학)"이 "첫 번째 남편(종교)"에 의해 오랫동안 구금되는 바람에 암흑기가 도래했다. 그러다가 천지를 뒤져 다시 미학 낭군을 만나니 희비가 교차하는 가운데 과학이라는 남자아이[小官]가 탄생했다. 이 아이는 태어나자마자 엄마의 전 남편과 사사건건 갈등을 일으켰다. 미학 아버지는 종교보다 못할 뿐만 아니라 과학이라는 사랑스런 자식을 도울 줄도 모른다. 오직 성정을 도야하며 중립을 지킬 뿐이다. 엄마인 철학부인은 난관에 봉착하였다. "현학"의 마음이 너무 여려서 엔텔레케이아, 천리유행 학파의 쓸데없는 말에 휩쓸리지나 않을까 걱정이다. 때로 "애지"의 본성이 일어나 소년을 위해 과(科) 하나를 발명하는 것을 도와준다. 과 하나, 다시 또 과 하나, 처음부터 끝까지 현학귀가 물질문명이라고 비웃었던 것을 꼼꼼히 분석해서 비밀을 들추어낸다. 적지 않은 비밀이 이미 밝혀졌거나 밝혀질 예정이다. 따라서 현학귀들은 마음이 황망해졌지만 여전히 입으로는 "거들먹거리며" 엔텔레케이아라는 법보가 있으니 인생관 아홉 가지의 비밀은 절대 밝혀낼 수 없다고 한다. 엔텔레케이아의 아홉 가지 내용에 무슨 신기한 것이 있겠는가. 단시간 내에 비밀을 밝혀낼 수 없다고 해도 시간이 지나면 밝혀질 것이다. 암흑천지에 대해서도 알고자 한다면 끝까지 밝혀야 한다. 그러나 그것은 무시위시(無始爲始, 시작 없는 시작), 무종위종(無終爲終, 끝없는 끝), 무외위대(無外爲大, 바깥을 갖지 않는 큼), 무내위소(無內爲小, 안을 갖지 않는 작음)한 것으로 아홉 가지 안에 다시 아홉 가지가 있고 또 구 조, 구 조조 가지가 있으니 이처럼 무한한 것의 비밀을 밝혀내는 작업은 엄청난 일이 될 것이다. 우주는 하루아침에 만들어진 것이 아니다. 과학이 아무리 힘이 세다 한들 그 숙제를 단번에 끝낼 수는 없다. 그러나 어쨌든 할 수 있는 데까지 해보는 것은 철학 엄마가 물려준 성품이다. 그(과학)는 능력이 없는데도 있는 척해도 안 되며, 밝혀낸 것이 많지 않은데 많다고 해서도 안 된다. 그렇게 해서는 그의 모친을 이길 수 없다. 모친은 "현학 계집애"가 말하도록 내버려둘 뿐, 귀여운 아이를 돕기 위해 애지(愛智) 노인을 불러오지 않는다. 장쥔마이 선생은 과연 "철학가적인" 현모(賢母)이다. 말로는 이기지 못한다. 인생관의 아홉 가지 내용은 과학이 해결할 수 없다. 그렇다면 현학귀가 고명한 신통함을 발휘해 과학이 그것을 해결하도록 지시해야 한다. 그런데 도리어 가짜 할아버지인 종교의 편에서 엔텔레케이아를 불러와 과학을 위협하도록 했으니 참으로 "무뢰"하다. 과학은 미학을 도와 세상에 정이 있도록 만들며, 철학을 도와 정이 이치에 부합하도록 한다. 우주에서 미학과 철학이 담당하고 있는 일은 무궁하다. 과학의 영역도 나날이 확대되어 그 끝을 알 수 없다. 물질문명에서 합리적인 것은 과학이 관장한다. 정신문명에서 합리적인 것 역시도 과학이 관장한다. 만약에 과학의 파산을 바라는 사람이 있다면 차라리 세상의 종말이 오기를 바라는 편이 나을 것이다.

쓸데없는 잡담을 만 삼천여 자나 썼다. 다시 본론으로 돌아가 직각 중의 수오지심에 대해 말하겠다.

무엇으로 수오를 해결해야 하는가? 이지의 힘을 빌려야 하는가? 중국에서 수오지심을 가장 심하게 느끼는 경우는 남자가 도적이 되었을 때와 여자가 창기(娼妓)가 되었을 때이다. 이 둘 가운데 창기가 되는 것이 더 나쁘다. 만약 원한을 풀기 위해서 상대방의 모친을 욕보이겠다고 협박할 때, 여기에 굴복하는 사람은 부끄러움을 모르는 사람이다. 나는 총론의 마지막 부분에서 놀이의 비유로 직각은 하늘이 부여한 것이 아니라는 점을 분명히 말했다. 거기서 이렇게 말했다. "만약에 톈진 진원평 선생의 생신을 축하하며 여자 한 명을 소개시켜주겠다고 하면 선생은 분명 얼굴을 붉히며 크게 화를 낼 것이다. 하지만 만약에 '조지'에게 똑같은 말을 한다면 그는 감사를 표하며 대단히 즐거워할 것이다. 여기서 볼 때, 수오라는 직각은 환경에 따라 다른 것이지 선천적인 것이 아니다." 이것은 중국과 외국의 환경이 다르기 때문이다. 즉 환경에 따라 수오에도 차이가 있다는 것을 증명할 수 있을 것이다. 만약 홀아비로 오랜 세월을 보낸 80세 노인에게 생일잔치에서 아들이 다음과 같이 말했다 치자. 아버지께서 정정하시니 새로운 어머니를 맞이하신다 해도 부끄러워할 사람은 아무도 없을 것입니다. 그러나 딸이 만약 그렇게 말한다면 그 자식은 장차 "귀노(龜奴)"[74]가 될 것이다. 이것은 모두 정주 어르신들께서 만들어놓은 직각이다. 직각은 분명히 이지의 산물이다. 수오지심의 대단함에 대해 예를 들어 설명하겠다. 『범서(范書) · 열녀전(列女傳)』에 다음과 같은 이야기가 나온다. "음유(陰瑜)의 처이며, 순상(荀爽)의 딸은 이름이 채(采)다. 열일곱에 음유에게 시집을 와 열아홉에 딸을 낳았지만 남편은 바로 죽었다. 후에 같은 마을에 사는 곽혁(郭奕)의 부인이 죽자 순상은 그의 딸을 곽혁에게 시집보내려 했다. 그는 병을 빙자해 딸을 집으로 불러들

74) 과거에 전족을 한 기녀가 기방에 급히 나갈 때 남자 하인의 등에 업혀 갔는데 이 남자를 귀노라고 부른다.

인다. 어쩔 수 없이 돌아온 딸은 가슴에 칼을 품고 (곽혁에게 시집가지 않겠다고) 맹세를 한다. 순상은 하인들을 시켜 그녀의 칼을 빼앗은 후 억지로 곽혁의 집으로 보내려고 하였다. 그녀가 계속 분노하며 거부하자 그녀에 대한 감시가 더욱 삼엄해졌다. 결국 곽혁의 집에 보내진 그녀는 겉으로는 기쁜 척하며 주위 사람들에게 이렇게 말한다. '나는 원래 곽혁과 백년해로하기로 마음먹었지만 이렇게까지 나를 의심하니 어찌할 바를 모르겠다.' 이에 등을 밝히고 장식을 한 후 곽혁을 불러 만나게 하니 이야기가 끊이질 않았다. 곽혁은 그녀에게 경탄하여 감히 강제로 합방하지 못하고 새벽이 오자 방을 나왔다. 이에 순채는 하인들에게 목욕물을 받도록 하고 창문을 모두 걸어 잠갔다. 하인들이 모두 나간 후 지분(脂粉)으로 문 위에 '시신을 음씨 집안으로 돌려주라(屍還陰)'고 쓰려다 '음(陰)' 자를 다 쓰기 전에 누군가 들어오는 인기척이 들리자 목을 매 자진했다. 하인들은 그녀가 목욕 중이라고 생각했기 때문에 발견되었을 때는 이미 목숨이 끊어진 후였다." 만약에 이정(二程) 노인이 이런 소식을 들었더라면, 순상을 팔룡(八龍)[75] 가운데 가장 뛰어난 인물로 여겼을 테니 실로 염치없는 사기꾼 건달이다. 그는 "부부는 인륜의 시작"이라는 등 허풍을 떨면서 철면피 같은 대책을 내어놓았다. 이 "노망팔(老忘八)"[76]야말로 부끄러운 줄을 알아야 한다. 판웨이종(范慰宗)[77]은 순채에게 동정심만 표시했을 뿐, 순상의 수오지심에 대해서는 전혀 문제 삼지 않았다. 슬프고 괴로운 것이 전부였다. 병을 핑계 삼아 돌아오도록 했지만, 억지로 가마

75) 동한(東漢) 시기 순숙(荀淑)의 재능이 뛰어났던 여덟 아들.

76) "망팔(忘八)"은 "망팔단(忘八端)"의 약자이다. "팔단(八端)"은 "효(孝), 제(悌), 충(忠), 신(信), 예(禮), 의(義), 염(廉), 치(耻)"로 사람의 근본을 이룬다. "팔단"을 잊었다는 것은 사람의 근본을 잊었다는 의미이다. 후에 개자식, 철면피를 의미하는 "왕빠단(王八蛋)", "라오왕빠(老王八)"라는 욕으로 변하였다.

77) 청말 유신파(維新派) 시인.

에 태워 보낸 것은 비열하고 흉악한 행위다. 태어날 때 염라대왕이 그에게는 수오지심을 주지 않았나 보다. 따라서 그는 여전히 명사(名士)로 남아있다. 두 번째 이야기는 그로부터 천칠백 년 후의 일이다. 쑹장(松江)지역의 저우(周)여사는 상하이 우번(務本) 여학교를 졸업한 품행방정한 사람이다. 교편을 잡은 후, 그 학교의 교장과 마음이 맞아 정식으로 결혼했다. 그러나 중매쟁이의 말만 따랐을 뿐 부모의 허락은 받지 못한 상태였다(아마 모친은 허락했던 것 같다). 그녀의 아버지 저우 거인(擧人)은 겉으로는 기쁜 척하며 딸과 함께 집으로 돌아오는 배에 올랐다. 배가 바다 중간쯤 왔을 때, 아버지는 갑자기 그녀를 물속으로 밀어 빠뜨려버렸다. 물살은 세고 밤은 깊으니 그녀는 순채와 같은 운명이 되었다. 하나는 목 맨 귀신이 되었고, 다른 하나는 물귀신이 되었다. 저우 거인은 태어날 때 염라대왕에게 받은 수오지심으로 "단정하지 못한" 행실로 가문을 욕보인 딸을 천리에 따라 처벌한 것이다. 다시 십오 년이 흘렀다. "셰 선생은 후난 지방에서 수신(修身) 과목을 가르치고 있다. 그는 천리유행을 추종하는 량슈밍 선생의 지도를 받고, 양명학의 가르침을 마음에 깊이 새겼다. 내행(內行)에 관한 옛 덕목이라면 어느 하나 좌우명으로 삼지 않는 것이 없었다. 일본에 아리시마 다케오라는 유부남과 하타노 아키코라는 유부녀가 있었다. 두 사람은 열렬히 사랑하다 자살로 끝을 맺었다. 셰 선생은 연애사를 쓰면서 이들의 이야기를 크게 부각시켰는데, 그는 그들이 살신성인의 직각을 지니고 있었다고 했다." 이 세 가지 기사를 비교해보면 순 명사(荀名士)와 저우 거인의 수오지심은 문제가 있다. 그뿐만 아니라 음순채, 저우 여사의 동정심에도 문제가 있다. 이런 문제는 우리 같은 이지가(理智家)라면 쉽게 해결할 수 있지만, 이는 시대의 문제일 뿐이다. 그러나 직각이 선천적이라고 주장하는 사람들에게는 대단한 낭패다. 이지가는 오묘한 대답을 하겠지만, 그 오묘한 부분은 이지 선생을 모셔서

풀게 하는 게 나을 것이다. 이지가 정감을 검증하고, 유사시에 직각이라는 영약(靈藥)을 쓸 수 있도록 머릿속에 예비해두었는데, 이것은 사람(혹은 사람만이 아닐 수도 있다)이 가진 능력이다. 그러나 환경의 변화는 매우 느리고 완만해서 그 능력이 유전된 것이 아니라 세상이 생겨날 때 만들어진 것이라고 해도 믿는다. 만약에 환경이 급격하게 변화했다면 십 오년이면 약효가 떨어졌을 것이다. 앞의 직각(저우 거인의)이든지, 뒤의 직각(셰 선생의)이든지 결국은 가짜 신선이 전해준 것임을 반드시 알아야 한다. 이 모든 변화가 환경에 의한 것이라면 누가 처방을 바꿨는가? 처방을 바꾼 선생은 성이 리(理)이고 이름이 지(智)이다. 급격히 변화하는 환경 속에서 이지는 문진과 치료를 통해 무수히 많은 대처법을 갖게 되었다. 따라서 수오의 문제는 이지의 힘으로 해결하는 것이 훨씬 낫다.

수오의 문제를 해결하려고 할 때, 이지의 계산 기능을 이용하는 것이 더욱 낫다. 이것은 무슨 뜻인가? 앞에서 여자 창기를 예로 들었으니 여기서는 남자 도둑을 예로 들어보겠다. 후스 선생은 이렇게 말했다. "모두가 잠든 새벽에 물건을 훔치러 들어온 도둑을 잡았다면 우리는 그를 관아에 보내 죄를 물을 것이다. 만약 우리에게 철학적 성향[哲性]이 없다면 이것으로 일은 끝난다. 왜 도둑이 되어야 하는지 따위에 대해서는 생각하지 않을 것이다. 어쩌면 도둑이 간절히 애걸하며 스스로 얘기할 지도 모른다. 어머니는 연로하고, 처도 자식들에게 젖을 물리지 못할 정도로 가난해 어쩔 수 없이 도둑질을 했다고 말할 수 있다. 철학적 성향이 없는 사람이라면 이런 호소에 양심이 동요하지 않을 것이다. 그러나 그런 성향이 풍부한 사람이라면 이런 의문을 가졌을 것이다. 어쩔 수 없었겠지만 왜 그런 선택을 할 수밖에 없었을까? 세상에 부득이한 일은 얼마나 많을까? 사회는 어째서 그에게 일자리를 주지 않았을까? 자녀는 왜 그렇게 많을까? 늙으면 왜 죽어야 할까? 도둑질 하는 행위는 사회가 조장한 것일까, 아니면 개인적인 타락에서 기인하는 것일까? 왜 가난한 사람에게 보시를 베풀지 않을까? 왜 그는 가진 것이 없고 나는 가진 것이 많을까? 이런 상황이 타당한 것일까? 이런 생각을 계속하다 보면 이것이 곧 철학이 된다." 그가 말한 철학은 직각에 대해 이지에게 자세하게 묻는 것이다. 비교적 믿을 만한 것, 비교적 믿을 만한 직각을 이끌어내는 것이다. "굶어 죽을지언정 도둑질은 하지 말아야 한다. 염치가 없으면 흠씬 맞아야 한다."는 말에 매몰되어 양심을 외면하지 말라. 맹자 할아버지는 이렇게 말씀하셨다. "젊은이들은 대체로 풍년에는 선량해지고 흉년에는 난폭해진다. 이것은 하늘이 사람의 본바탕을 다르게 부여했기 때문이 아니라, 마음이 어딘가에 빠지기 때문에 그러하다."[78] 흉년에 젊은이들이 난폭해진다는 것은 도둑이 되는 것과 비슷하다. 하늘이 사람의 본바탕을 다르게 부여했기 때문이 아니라는 것은 사람의 본성이 원래 선하다는 것을 말하는 것이다. 사람의 성품이 본래 선하다는 것을 암흑천지 선생이 진선미로 향해 가는 것으로 이해해도 문제는 없다. 후스 선생이 도둑의 문제를 깊이 생각해봐야 한다고 말한 것도 본래 선한 본성이 어떤 작용을 하는지 알도록 하기 위함이다. 그러나 맹자 선생이 말한 하늘에서 내려준 능력이란 대략적으로는 수오의 능력으로 난폭한 것을 좋지 않게 생각하는 것이다. 그러나 흉년에 찢어지게 가난한 사람들은 그 고통이 심성을 삼켜버리니 부끄러움도 잊고 난폭해지는 것이다. 이것은 주관적인 것을 하늘에서 내려준 직각으로 여기는 것이며, 난폭해지지 않고 부끄럽지 않은 것도 모두 직각 때문이라 여기는 것이다. 죽는 한이 있더라도 난폭해지지 않는 것이 치량지(致良知)이다. 의지가 강한 사람은

78) 富歲子弟多賴, 凶歲子弟多暴. 非天之降才爾殊也, 其所以陷溺其心者然也. -『孟子 · 告子 上』

이런 공부를 통해 인(仁)을 이룰 수 있고 진선미에 도달할 수 있다고 여긴다. 그러나 이상적인 이야기일 뿐이다. 이런 원대한 포부는 오늘날의 사람도 가질 수는 있다. 그러나 객관적으로 보면 원만하지 못하다. 또한 "친구를 대접하는" 책무에도 소홀하다. 오히려 후스 선생이 말한 객관적인 이지 계산 기능이 더 투철하고 깊이 있어 보인다. 흉년에 난폭해져서 마음이 어딘가에 빠진다는 것은 바로 "어머니는 연로하고, 처도 자식들에게 젖을 물리지 못할 정도로 가난해 어쩔 수 없이 도둑질을 한다"는 것을 말한다. 후스 선생은 또 이렇게 말했다. "철학적 성향이 없는 사람이라면 이런 호소에 양심이 동요하지 않을 수도 있다." 후스 사장님은 맹자 할아버지의 의중을 바로 맞췄다. "하늘이 사람의 본바탕을 다르게 부여했기 때문이 아니라"는 것은 하늘이 사람을 박하게 대하지 않아 사람이 굶어 죽는 것을 참지 못한다는 것이다. 도둑의 "부득이"함과 마찬가지로 흉년에 젊은이들이 "어딘가에 빠지는 것" 역시 하늘이 내려준 것이다. 그러나 하늘이 그런 것까지 내려주었다면 하늘도 이미 파산했을 것이다. 그런데 맹자 할아버지의 말대로라면 수오가 난폭해지는 본바탕도 하늘이 내려준 것이고, 흉년을 부끄러워하는 본바탕도 하늘이 내려준 것이다. 소위 "우(禹)는 세상이 물로 인해 고통을 받고 있는 것이 자신으로부터 말미암은 것이라 생각했고, 직은 천하가 굶주리고 있는 것이 자신으로부터 말미암은 것이라 생각했다"[79]는 말과 비슷하다. 옛 사람을 언급하지 않더라도 맹자 7장 안에 모두 들어 있는 말이 아닌가? 물이 불어나 수해가 나고 수확할 것이 없는 흉년이 되었는데 어째서 젊은이들의 마음이 어딘가에 빠져 있는 것에 대해 책임을 지지 않는 것인가? 이것

79) 禹思天下有溺者, 由己溺之也, 稷思天下有飢者, 由己飢之也.(우는 천하에 물에 빠진 사람이 있으면 자신 때문에 물에 빠진 듯이 생각하였고, 직은 천하에 굶주리는 사람이 있으면 자신 때문에 굶주리는 듯이 여겼다.) -『孟子 · 離婁 下』

이 바로 후스 선생이 철학적 성향을 말하고 "사회는 어째서 그에게 일거리를 주지 않는가."라는 등의 문제를 던진 까닭이다. 세상에 흉년이 들면 누가 난폭해지는가? 이것이 바로 후스 선생이 "왜 나는 가진 것이 많은데 그는 가진 것이 없는가?"라는 등의 질문을 던진 까닭이다. 다행히 그러한 흉년의 젊은이들은 전국시대(戰國時代)에 태어났기 때문에 이지에 의해 망쳐지지 않았다. 다만 마음이 무언가에 빠진 것이라고 말함으로써 그들의 폭력성이 직각의 수오와는 상관없다는 것을 증명하려고 했다. 만약에 그들이 현대에 태어났고 적당한 "철학적 성향"이 있다면 그들도 같은 물음을 던졌을 것이다. 문왕(文王)은 백성을 다친 사람 보듯이 했으며,[80] 편하게 거하지 못하는 사람이 하나라도 있으면 모두 자신의 책임으로 여겼다.[81] 요순우탕문무주공이 이런 정신을 공자에게 전하고, 공자는 맹자에게 전했다. 맹자가 죽자 전할 곳이 사라졌는데, 오늘에 와서 천리유행이니 엔텔레케이아니 영기활동이니 하는 것이 생겨났다. 물질문명을 파산시키고 흉년을 야기한 것을 용서할 수 없지만, 난폭한 것도 바라지 않는다. 인권이 내팽개쳐지는 것은 부끄러운 일이다. 당신들은 시간을 거꾸로 돌려 영원한 흉년 가운데에서 생활하며 난폭을 난폭 자체로만 욕한다. 정말로 부끄러움을 모르는 것이다. 이것이야말로 마음을 어딘가에 빠지게 만드는 것이다. 천리유행을 말하는 사람들이여! 절대로 우쯔후이가 이것을 빌미로 난폭해질 것이라고 생각하지 말라. 나는 그럴 능력이 없거니와 여러분들도 그럴 자격이 없다. 그러나 이와 비슷한 것이 "서화 전반 수용" 같은 것인데 이것은 절대로 내가 날조해낸 것이 아니다. 하늘이 내려준 자질을 증명하는 것은 그렇게 간단한 일이 아니다.

---

80) 文王視民如傷.(문왕은 백성 보기를 마치 다친 사람 보듯 하였다). -『孟子 · 離婁 下』

81) 一夫不獲 則曰時予之辜.(한 사나이라도 살 곳을 얻지 못한다면 이는 또한 나의 죄라고 할 것이다.) -『孟子 · 萬章 上』

난폭해지는 것은 어딘가에 빠지기 때문이 아니다. 객관적으로 말해보겠다. 만약에 일반 사람들의 수오지심을 해결하려 한다면 흉년이건 풍년이건 하늘에만 의지해서는 안 된다. 반드시 수많은 이지를 써서 철저하게 준비를 해야 천리가 유행하고, 영근(靈根)이 활동하고, 엔텔레케이아가 만들어질 수 있다[박래(舶來)된 것이 아니다]. 이것이 바로 수오의 문제를 해결하려고 할 때 이지의 계산 기능을 이용하는 것이 더욱 낫다는 말의 의미이다.

사단 가운데 두 가지 직각이 선천적이지 않다는 것을 앞에서 대략적으로 증명했다. 나머지 두 가지는 논쟁할 필요도 없이 그 성격이 후천적으로 보인다. 직각이 사단으로만 이루어진 것은 아니다. 친구를 대접하는 수단 또한 하나의 항목이라 할 수 있다. 여기서의 사단은 엔텔레케이아와 영기활동을 주장하는 사람들이 보기에는 천리유행이다. 친구를 대접하는 일을 천리유행이라고 과장해서 말할 수는 있다. 따라서 천리유행을 주장하는 사람들이 말하는 절대불변의 사단은 친구를 대접하는 유일한 수단이다. '유일'하다는 것은 정중하게 말한 것으로 반드시 실제가 그렇다는 것은 아니다. 만약에 현학귀의 꾐에 빠져 그들과 한 패가 되어 직각이란 말을 사용한다면 어떻게든 설명은 되겠지만, 실제로는 이름만 같은 것일 뿐 본질적으로는 다르다. 그들이 사용한 것은 선천적인 것이고 내가 사용한 것은 인공적인 것이다. 그들이 사용한 것은 수정이고 내가 사용한 것은 유리이다. 그들이 사용한 것은 골동품이고 내가 사용한 것은 신상품이다.

직각에 관해 또 다른 사소한 문제가 있다. 먼저 이에 대해 말한 후에 내가 어떻게 부천재지하게 친구를 대접하는지 결론을 내려 인생관에 대한 글을 맺도록 하겠다. 어떤 사람은 이렇게 말한다. "미술과 문학을 감상하는 열정도 마찬가지로 선천적인 직각이다." 그것이 직각인지 아닌지는 쉽게 말할 수 없다. 그러나 결론적으로 그것이 선천적이지 않다는 것은 측은, 수오 등과 비교해보면 더욱 쉽게 알 수 있다. 간단한 예를 하나 들어 보겠다. "피라미드를 볼 때 애잔한 느낌이 드는 것은 사람마다 동정심이 있기 때문이다." "카이로"의 당나귀 끄는 사람이나 "근동의 고대 사학자"들은 모두 비슷한 느낌을 받았을 것이다. 그러나 여기에는 시대성이 담겨 있다. 지금으로부터 육천 년 후에 상하이 제조국의 연통(煙筒)은 황푸(黃浦) 강변의 공원 고물 보존 구역에 우뚝 솟아 있을 것이며, 피라미드를 보며 애잔함을 느꼈던 수만큼의 사람들이 그것을 보며 비슷한 느낌을 받게 될 것이다. 따라서 특정한 조건을 포함하지 않는 감상이란 없는 것이다. "하늘(天)"이 없는데 무엇이 "내려준다(降)"는 말인가.

됐다. 정말 됐다! 이제 어떻게 친구를 부천재지하게 대접하는지에 대해 결론을 내리겠다. 천리, 인욕과 같은 뜬구름 잡는 말로 친구 대접에 대해 허풍떨 필요가 없다. 부천재지에 대해서도 마찬가지다. 이론과 사실로써 설명하건데 부천재지하게 친구를 대접하는 것은 대단히 자연스럽고 대단히 평범한 일이다. "천리유행"이라는 말에 "이것을 위조해서는 안 된다."고 주를 달아야 한다. 생각해보라. 우리가 언제 "암흑천지"를 독점하고 그것을 "인간천지[人一團]"라고 고친 적이 있던가. 창조의 충동 속에서 조조조조 개의 만유를 만들고, 조조조조 개 중 하나로 인간을 만든다. 천지만물이 존재한다는 것은 나의 즐거움이다. 천지만물과 짝을 이룰 수 있으니 주위를 둘러보면 정이 있고, 아래를 굽어보면 스스로 즐겁다. 천지만물과 벗할 수 있다는 것은 나의 즐거움이다. 나는 사람 만드는 재료를 독점한 적이 없다. 나 하나만을 만들었을 뿐이다. 사람을 만들어 내려는 충동 가운데 조조 개의 재료로 조조 명의 사람을 만들고, 조조 개의 재료 중 하나로 나를 만들었다. 나 외에 조조 명의 타인이 존재한다는 것은 나의 즐거움이다. 나는 사람이 사는 곳[人境]이 아니면 즐겁지 않다. 또 여기저기 옮겨 다니며 여럿이 떠들썩하게 지내는 것을 좋아한다. 조조 명의 타인을 친구로 삼을 수 있다는 것은 나의 즐거움이다. 태어나면서부터 그랬다는 것은 증명할 수 있다. 그러나 모든 것을 계산하는 것은 간단하지 않다. 편안하게 마음먹으면 그만이다. "생활을 위해 생활한다"는 사람들은 맹목적으로 천리를 쫓으면 유행하게 될 것이라고 여긴다. 또 한편으로는 나만 있고 남은 없으며(有我無人), 사람만 있고 우주는 없다(有人無宇宙)는 기개를 갖고 있다. 우주가 단지 "인간천지"만을 필요로 하거나 "천지간에 나 하나[一團我]"만을 필요로 할지도 모른다. 이것은 암흑천지로 돌아가는 것이다. 혹여 화를 내거나 황당한 창조충동이 일어나 나를 없애고, 다른 사람을 없애고, 우주를 없애고, 다른 하나의 진여를 창조하려 할지도 모른다. 이것 역시도 암흑천지로 돌아가는 것이다. 따라서 인생관의 범위를 논하려면 친구를 대접하는 것에 대해 말하고 부천재지를 추구해야 한다. 이것은 네 가지 단계로 말할 수 있다. 이론이 사실에 부합하니 나의 신 신앙이 헛되지 않다. 네 가지 단계란 다음과 같다.

1단계, 인생관(人生觀)은 인사관(人死觀)이 아니다.
2단계, 인생관은 나 혼자 사는 것(我生觀)이 아니다.
3단계, 인생관은 다른 사람과 함께 사는 것[共同他生觀]이다.
4단계, 인생관이 있어야 비로소 우주관이 생긴다.

어째서 인생관(人生觀)은 인사관(人死觀)이 아니라고 말하는가? 인생관은 삶에 관한 것이지 죽음에 관한 것이 아니다. "열반(涅槃)", "자살" 등의 훼멸 행위는 인생관에 반하는 것이다. "생활을 위한 생활", "천리를 따라" 소임을 다 하는 것이 겉으로는 그럴듯해 보여도 사실은 육신만을 위한 것으로 이것도 인생관에 반하는 것이다. 내가 말한 "대아"란 결코 암흑천지에 기뻐하는 것이 아니다. "한 덩어리 삶[一團生]"에서 생겨났다 흩어지면 "우주적 삶[萬生]"이 되는 것이다. 그러므로 인생이 있고 "나의 삶[我生]"도 있는 것이다. 인생이란 발전해가는 우주 속의 일 막에서 하나의 배역을 맡는 것이다. 우주 대극장의 조조조조 막 가운데 절대로 내가 없어서는 안 된다. 따라서 첫째, 적당한 형체의 나를 잘 보존하고, 둘째, 적당한 시간속의 나를 잘 보존함으로써 멋진 연기를 펼칠 수 있어야 한다. 적당한 먹거리와 적당한 성욕은 생을 유지하기 위해 필수적이다. 그러나 그것이 선한 것인지 여부를 충분히 따져본 후 취해야 한다. 나를 두고 인욕횡류라고 말해도 괜찮다. 친구를 대접하는 것에서 알 수 있듯이 나도 부재(覆載)의 안에 있고 어느 정도의 식색(食色)이 있으니 생을 잘 유지해야 한다. 꽃을 보고 아름답다고 느끼는 것이 바로 천리이다. 아름다운 꽃을 꺾기 전에 이지를 사용해 먼저 세상의 이법(理法)에 비춰보아야 한다. 훔치거나 마구잡이로 꺾는 것은 안 된다. 내 방 서재의 화병에 꽃을 꽂아 두기 위해 꽃을 꺾을 때도 천리에 맞아야 한다. 친구를 응대하는데 꽃을 못 꺾어 즐겁지 않다면 대접이 소홀할 수밖에 없다. 개미굴도 무너질 수 있다. "친구 중의 나"를 제대로 대접하지 못한다면 결과적으로 부천재지하지 못하여 우주도 발전하지 못할 것이다. 나를 친구로 대접하는 것이 이처럼 중요하니 이것이 인생관을 중시해야 하는 까닭이다. [이것은 양주의 위아설과는 다르다. 그가 말하는 '아(我)'는 고립된 존재지만, 내가 말한 '아(我)'는 "소아"에 한정된 것이 아니다.]

어째서 인생관은 단지 나 혼자 사는 것[我生觀]이 아니라고 말하는가? 인생관이란 살아 있는 모든 사람에 대한 것이지 나 한 사람에 대한 것이 아니다. 나는 사람 만드는 재료를 독점해서 하나의 '아(我)'만을 만든 적이 없다. 조조조조 개의 재료로 조조조조 명의 타인을 만들고 조조조조

가운데 하나로 나를 만든다. 이것은 당연한 것이다. 이렇게 해서 우주 대극장의 조조조조 막 중 멋진 인생극 한 판이 펼쳐지게 되는 것이다. 그러므로 나는 사람이 있어야 즐겁고, 여기 저기 옮겨 다니며 여럿이 떠들썩하게 지내는 것을 좋아하며, 조조 명의 타인을 친구로 삼는 것을 기뻐하는 것이다. "생활을 위한 생활"이나 "천리를 따라" 소임을 다하는 것은 모두 위아(爲我)만을 중시해서 피차 대접의 책임을 지지 않는 것처럼 보인다. 또한 인생을 제대로 대해본 적이 없어 부천재지에 이르러서도 인생이란 연극이 어떤 것인지 모르는 것이다. 식색은 최대한 신중하고 선하게 취해야 한다. 다른 사람의 식색을 방해하거나 대접에 부족함이 있어서는 안 된다. 타고난 것을 최대한 개선해서 휘황찬란한 인생으로 만들어야 하며, 조조개의 인생을 대접함에 부천재지에 이르도록 해야 한다. 부천재지나 대접이 불가능하다면 목숨을 바쳐 모든 사람의 인생 전체를 빛나게 하는 것이 낫다. 인생 전체를 구하는 것이 살신(殺身)이다. 그러나 살신은 인을 이룬 것(成仁)이라고 할 수 없다. 이는 소나 양을 죽이는 것과 마찬가지다. 나의 인생을 다른 사람들을 위해 전부 희생하는 것이다. 소나 양은 나와 관계가 멀기 때문에 강제로 목숨을 빼앗아도 괜찮은 것인가? 생각해볼 문제다. 나의 희생은 스스로의 필요에 의한 것으로 맹목적이지 않으며 우주 발전의 이치에도 합당하다. 이것은 열반이나 자살과는 다른 것이다. 친구를 대접하는 데서 시작해 나의 생을 희생하는 데까지 이르렀다. 이것이 인생관을 중시해야 하는 까닭이다.

어째서 인생관을 다른 사람과 함께 사는 것[共同他生觀]이라 말하는가? 인생이라는 연극은 타인의 삶이 조명과 배경으로 뒷받침될 때 더욱 훌륭해진다. 친소(親疎) 관계에만 근거해 소를 잡고 누에를 삶는 것은 나를 위해 다른 생명을 희생시키는 것으로 "생활을 위한 생활", "천리를 따라" 소임을 다한다는 말과 같으니 어찌 가당키나 하겠는가. 모두가 친구지만 관계가 소원하다는 이유만으로 도살해 버린다면 그보다 더 소원한 하늘과 땅에 대해 어떻게 부천재지를 말할 수 있겠는가? 친소관계는 부득이한 경우에만 따져야 한다. 그런데 만물의 영장이라 자부하는 존재가 친소관계를 하늘이 부여한 영원한 잣대로 생각하니 얼마나 황당한 일인가? 공이 이루어지면 물러나는 것(功成者退)이 우주의 질서다. 만물은 개체수가 지나치게 많아지면 스스로 조절을 한다. 이런 도리를 우리 자신에게도 적용하고 친구들에게도 알려줘야 한다. 즉 인구는 거주할 지역에 알맞게 분배되어야 하며 무분별한 번식을 억제하기 위해 산아제한을 해야 한다. 이런 도리를 다른 생물에게도 알려줘야 한다. 적당한 시기가 되면 초인(超人)이 나타나 제2막을 연기할 것이며 현재의 인류는 점차 사라질 것이다. 이런 도리를 다른 생물도 알게 해야 한다. 인류의 의식(衣食) 문제는 앞장에서 내가 말한 바와 같다. 사람이 마구 써서 낭비해버리는 정자는 곡식의 종자나 병아리와 비슷하다. 사람에게 쓸모없는 머리카락과 손톱은 양털이나 누에의 실과 비슷하다. 과학을 비난하지만 금석에서 자원을 얻는다. 결론적으로 말하자면, 인류는 다른 생물을 대접하는 능력을 최대한 발휘해서 친소관계에의 집착을 없애버려야 한다. 그렇지 않으면 언젠가 초인이 우리를 소나 양 대하듯 할 테니 그렇게 되면 인간은 초인의 먹잇감이 되고 말 것이다. 그러므로 친소가 양지 가운데 천리의 유행이라는 저들의 말이 얼마나 우스운 것인가? 따라서 친구를 대접할 때 절대로 다른 생물을 소홀히 해서는 안 된다. 이것이 인생관을 중시해야 하는 까닭이다.

어째서 인생관이 있어야 비로소 우주관이 생겨난다고 말하는가? 생을 가지고 인간을 말하면 우주의 연극은 더욱 흥미로워진다. 극도의 창조적 충동과 최고의 극기(克己) 의무를 가지고 있는 인간을 만물의 영장이라고 한다(만약 권리의 측면에서 인간이 만물의 영장이라고 한다면 이것은 분명 잘못된 것이다). 부천재지의 큰 책임감으로 우주 간 만물의 친구가 대접하지 못하는 것은 내가 우선적으로 대접할 것이다. 어찌 "생활을 위한 생활"과 "천리를 따라" 소임을 다하자고 주장하는 자들이 이런 막중한 임무를 맡을 수 있겠는가? 인간이란 허풍스럽게 대법(大法)을 만들고 암흑천지를 대표한다며 우주를 농단하려 했다. 아울러 잘 만들어진 우주의 한 단락을 두 손으로 초인에게 고스란히 내어놓았다. 친구를 대접하는 것이 실제로 우주의 어떠한 사소한 것에도 비할 수 없다는 것을 안다. "과학만능"을 믿는다면 사소한 부천재지일지라도 사양하지 않을 것이다. 나를 책망함이 이와 같으니 진실로 인생관을 중요하게 생각해야 하는 것이다.

끝없이 무궁한 우주. 벗들에게 바라건대 인생을 대충 생각하지 말지어다. 이것이 땔나무 위 석양 아래에서 내가 하는 간절한 충고이다.

-『태평양 잡지』에서 옮겨 실음

해제

한성구

『과학과 인생관(科學與人生觀)』은 1923년 중국 사상계에서 벌어졌던 "과학과 인생관 논전(科學與人生觀論戰)" 혹은 "과학과 현학 논전(科學與玄學論戰)"에 참가했던 각 분야 지식인들의 주요 논문 29편을 모아 펴낸 책이다. 천두슈(陳獨秀)와 후스(胡適)가 서문을 썼으며, 1923년 11월 상하이(上海)의 아동도서관(亞東圖書館)에서 출판했다.[1)]

"과학과 인생관 논전"의 핵심 쟁점은 '과학적 인생관이 가능한가'와 '과학이 인생관 문제를 해결할 수 있는가'였다. 그러나 본질은 사회, 역사 영역에 객관적인 규율이 존재하는지의 여부를 놓고 전통 유학(儒學)적 인생관과 실존철학을 추종하는 학자들이 서양 과학주의 및 마하주의(Machism, 경험비판론)[2)]로 무장한 학자들과 벌인 논쟁이라 할 수 있다.

19세기 후반의 중국은 아편전쟁과 중불전쟁(中法戰爭), 중일전쟁(中日

1) 1981년에 랴오닝대학(遼寧大學) 철학과에서는 1923년부터 1939년까지 발표된 논문 가운데 '과현논전'과 관련된 논문 80여 편을 모아 『중국현대철학사 자료회편-과학과 현학 논전(中國現代哲學史資料滙編-科學與玄學論戰)』이라는 제목으로 출간하였다.

2) 경험비판론의 다른 명칭으로 불가지론적인 주관적 관념론이다. 19세기 말에 오스트리아에서 생겨나 보급되었으며 '자연과학의 철학'으로서 러시아 사회민주당의 이론가들에게 강한 영향을 미쳤다. 마하와 아베나리우스 등이 대표 사상가이다.

戰爭)의 패배로 인해 영국, 미국, 독일, 프랑스, 러시아 및 일본의 반식민지 상황으로 전락했고, 연이어 발생한 태평천국(太平天國)의 난과 의화단(義和團)의 난으로 인해 국내 정세는 더욱 혼란스러운 상황으로 치닫게 되었다. 중앙정부의 관리들은 부패하고 무능했으며, 농민에 대한 수탈은 날이 갈수록 심해져 수많은 난민과 유민(流民)을 낳게 되었으니 말 그대로 내우외환의 암흑시대였다. 이런 상황 속에서 청말(淸末) 지식인들은 구망도존(救亡圖存)에 대한 강렬한 열망을 품고 관심을 서양 과학기술로 돌리기 시작했다. 서양이 부강해진 원인이 근대 과학혁명과 발전된 과학기술문명에 있다고 생각하고 과거 표층적인 서양 이해방식에서 벗어나 제도와 문화적인 차원에서 서양의 우월성을 탐색하고자 한 것이다.

이러한 중국 근대 시기 서양 문화에 대한 대응 과정을 량치차오(梁啓超)는 세 단계로 나누어 설명했다. 첫 단계는 중국인들이 기물(器物)적 층차(層次)에서의 대응에 부족함을 느끼고 변화를 추구한 시기로 양무운동(洋務運動)의 발생으로 이어졌다. 두 번째 단계는 첫 단계의 실패에 대한 반성을 통해 제도적 층차에서 변화를 꾀한 시기로 유신변법운동(維新變法運動)으로 나타났다. 세 번째 단계는 문화적 층차에서 부족함을 느낀 시기로 신문화운동(新文化運動)으로 나타났다. 이러한 세 단계의 과정을 거치며 중국의 지식인들은 서양 과학 문화에 대한 이해를 심화시켜나갔고, 개혁주의자들은 과학의 보편화와 대중화야말로 중국이 근대 국가로 나아가는 데 반드시 필요한 과정이라는 신념을 갖게 되었다.

그러나 과학 대중화와 '과학주의(科學主義)'[3]의 확산은 1차 세계대전

---

3) '과학주의(scientism, 혹은 唯科學主義)'란 개념은 서구에서도 의미가 불명확한 말이다. D. W. Kwok는 『中國現代思想中的唯科學主義』에서 이에 대해 정의를 내리고 있다. "모든 실재를 자연 질서 가운데 두고 오직 과학방법만이 이러한 질서의 모든 측면(생물적, 사회적, 물리적 혹은 심리적)을 인식할 수 있다고 믿는다."(郭穎頤:『中國

의 발발로 큰 위기를 맞게 된다. 승전국과 패전국, 양편 모두에 막대한 피해를 안긴 1차 세계대전은 승승장구하던 서양 근대 사회에 큰 충격을 안겨주었다. 아울러 문예부흥 이래로 서양 사람들이 이성(理性)에 대해 품고 있던 믿음과 낙관적 태도는 세계대전이 끝난 이후 물거품처럼 사라져버렸다. "이성"에 대한 회의(懷疑)와 "과학"에 대한 반성은 필연적으로 근대사회에 대한 총체적인 점검과 인문주의(人文主義)로의 회귀를 내포할 수밖에 없었다. 이런 가운데 1918년에서 1922년 사이에 출간된 독일 역사학자 슈펭글러(Oswald Spengler)의 『서구의 몰락(Der Untergang des Abendlandes)』은 서구 근대 사상전통에 대한 비관주의적 정서를 드러내며 신헤겔주의, 생명철학, 신토마스주의, 실존주의 등 반과학주의 사상이 발흥하는데 큰 영향을 끼쳤다. 비록 각 사상의 지향점과 입장은 다르다 할지라도 과학과 이성에 대해 비판적 태도를 견지한다는 점에서는 상당한 공통성을 갖는다고 할 수 있다.

이러한 분위기는 중국도 예외가 아니었다. 량치차오는 전후(戰後)의 유럽을 시찰한 뒤 『구유심영록(歐遊心影錄)』(1919)을 발표했는데, 책에서 그는 과학만능을 믿던 서구인들의 당혹감을 소개하며 유럽이 더 이상 중국의 미래가 아니고 중국의 정신문화가 서구문화에 비해 우월하다고 주장했다. '최후의 유자(The Last Confucian)'로 일컬어지는 량슈밍(梁漱溟)도 1922년 『동서문화 및 그 철학(東西文化及其哲學)』을 발표했는데, 책이 담고 있는 서양 물질문화에 대한 동양 정신문화의 우월감은 서양의 과학문화와 물질문화를 통해 중국을 개혁하려는 지식인들과의 필연적 충

現代思想中的唯科學主義』, 雷頤譯, 江蘇人民出版社 1995년판, p.17) 이에 따르자면, '과학주의'란 '과학방법'을 세계의 모든 부분(생물계, 사회, 물질계, 심리계), 심지어는 과학과 전혀 관련 없어 보이는 영역에까지 확대 적용시키려는 극단적 과학 만능주의를 일컫는 말이라고 할 수 있다.

돌을 예고하는 것이었다.

이런 과정 속에서 1923년 2월 14일 베이징대학(北京大學) 교수 장쥔마이(張君勱)는 칭화대학(淸華大學)에서 "인생관"이라는 제목의 강연을 했다. 강연에서 그는 인생관이란 "주관적이고, 직각적이며, 종합적이고, 자유 의지적이고, 단일 인격적인 것으로, 객관적이고 이론적이며 분석적이고 인과법칙적인 과학의 지배를 받지 않는다"고 주장했다. 아울러 중국 문명의 재평가와 개조의 문제는 중국의 독자적인 '인생관'에 의해 결정될 것이며, 중국인들이 서양에서 무엇을 배워야 할 것인지도 이런 '인생관'의 기초 아래에서 결정되어야 한다고 말했다. 그는 강연에서 "과학은 실험적인 방법이 지배하고 인생은 직각에서 일어난다"는 점을 강조하였으며, 인생관이란 "갑이 한마디할 수 있고, 을도 한마디할 수 있는 성질의 것으로, 결코 시비진위의 표준이 있을 수 없다"고 했다. 따라서 "과학이 아무리 발달한다 할지라도 과학은 인생관 문제의 해결에 있어서 절대로 무능력하다"는 것이다. 이런 관점은 인류 역사 발전에 객관적 규율이 존재한다는 관점을 부정함으로써 인간의 의지가 모든 것을 결정한다는 "의지만능"의 주장에 가까운 것이다. 이는 분명히 당시 중국에서 유행하고 있던 "과학만능론"에 대한 비판이며, 전반서화(全般西化)를 주장하는 서화파(西化派)에 대한 반박이다.

장쥔마이의 이런 관점에 대해 지질학자인 딩원지앙(丁文江)은 같은 해 4월 『노력주보(努力週報)』상에 「현학과 과학(玄學與科學)」이라는 글을 발표해 장쥔마이의 관점을 반박했다. 그는 과학이 인생관의 문제를 해석해 낼 수 있으며, 논리적 공식과 정의, 그리고 과학적 방법을 통해서만이 인생관의 "시비진위(是非眞僞)"를 정확하게 가려낼 수 있다고 주장했다.

딩원지앙이 장쥔마이의 관점에 대해 포문을 연 것을 기점으로 후스, 량치차오, 왕싱공(王星拱), 탕위에(唐鉞), 장둥쑨(張東蓀), 판서우캉(范壽

康), 우쯔후이(吳稚暉), 린자이핑(林宰平) 등 당대 각 분야의 지식인들이 대거 논쟁에 참여함으로써 '과학'과 '인생관' 문제를 둘러싼 논쟁은 본격화한다.

논쟁은 1년쯤 계속되었는데, 논쟁 과정에서 논의된 문제로는 다음과 같은 것들이 있다.

(1) 과학과 현학, 인생관의 정의

(2) 과학과 형이상학, 과학과 인생관의 관계 및 형이상학과 인생관의 관계

(3) 과학과 과학적 방법 혹은 논리와의 관계

(4) 형이상학과 철학의 구별과 관계

(5) 과학과 인식론, 본체론

(6) 순수 심리현상 연구에서의 인관관계의 타당성

(7) 감정과 인생관의 관계

(8) 정신과 물질의 문제

(9) 과학과 철학의 범위

(10) 과학교육과 수양의 문제

(11) 과학과 종교의 관계

논쟁이 격렬해지고 상호 간 관점의 차이가 분명해짐에 따라 비슷한 견해의 학자들끼리 자연스럽게 연합전선을 형성하게 되었는데, 일반적으로 세 파로 나눌 수 있다. 즉 장쥔마이와 량치차오를 대표로 하는 "현학파(玄學派)". 딩원지앙과 후스, 우쯔후이를 대표로 하는 "과학파(科學派)". 그리고 논쟁 후반에 과학파의 입장을 지지하며 참가한 천두슈와 취치우바이(瞿秋白)를 대표로 하는 "유물사관파(唯物史觀派)"가 그것이다. 그러나 이 세 파는 결국 과학이 영향을 미치지 못하는 인생 고유의 영역이 있다는 것을 긍정하는 '과학이원론(科學二元論)'과 '과학적 인생관'은 절대

적으로 가능하며 과학에 기반을 두지 않은 인생관은 중국의 현실을 감안할 때 무용지물일 뿐이라는 '과학일원론(科學一元論)'으로 나누어진다. '과학일원론'은 다시 "실증주의적 과학파"와 "유물주의적 과학파"로 나누어지는데, 실증주의적 과학파가 모든 사회 문제에 과학적 방법, 과학적 태도를 적용시킬 것을 주장했다면, 유물주의적 과학파는 인류 역사의 모든 변화와 차이를 물질적 변동으로부터 설명하고자 했다는 점에서 차이가 있다.

천두슈와 취치우바이 등으로 구성된 유물사관파는 현학파와 과학파 모두를 비판하면서 인생관이란 결코 주관적 의지가 만들어낸 것이 아닌 객관적 환경이 양성해낸 것으로 "객관적이고 물질적인 원인만이 사회를 변화시키고 역사를 해석하고 인생관을 지배할 수 있다"(천두슈 「과학과 인생관(科學與人生觀)」序)고 주장했으며, 인간 행동의 모든 동기(의지)는 전부 인과율의 지배를 받으며 참된 자유는 필연성에 대한 과학적 인식에 기반을 두어 건립될 수 있다고 보았다(취치우바이 「자연세계와 필연세계(自然世界與必然世界)」). 천두슈와 취치우바이의 이러한 주장은 당시 성장하고 있던 중국 공산당의 기본 이념으로 받아들여졌으며, 변증법적유물론(辨證法的唯物論)과 사적유물론(史的唯物論)을 운용하여 사회 역사 현상을 관찰, 분석함으로써 마르크스주의 철학이 중국화되는 데 있어 기초적인 틀을 마련하였다.

결론적으로 말하자면, 근대에 들어와 수많은 지식인들을 첨예한 사상 논쟁의 장(場) 속으로 끌어들였던 "과현논전"은 정치적 상황의 특수성 가운데에서 '과학적 인생관'에게 승리를 안겨주었다고 볼 수 있다. 그러나 이는 서구 열강에 맞서는 민족국가의 설립과 중국의 근대화라는 시대적 과제 앞에서 다수의 중국 지식인들이 이러한 과제 해결에 가장 효과적이라고 생각된 과학적 세계관인 마르크시즘을 받아들였기 때문이지 과학과 인생관에 대한 철저한 이론적 검토에 기반을 둔 것은 아니었다. 따라서 서구가 황폐화된 원인은 과학주의 때문이며, 과학적 논리의 지배를 받지 않는 인생관, 특히 중국 전통의 송학(宋學)의 재확립을 통해 물질문명의 폐해를 극복해야 한다는 현학파의 주장은 유학의 현대화를 꾀하는 많은 학자들에게 새롭게 계승되었으며, 이후에도 중국과 서양 학술의 교류 과정에서 중요한 사상적 지침으로 자리 잡게 되었다.

이 책은 1923년 출간된 이후 지식계의 엄청난 호응을 얻어 1926년까지 네 번이나 재판 인쇄되었으며, 1980년대 이후 과학과 현대화, 그리고 전통 문화에 대한 논의가 활발해지면서 새롭게 학자들과 언론의 주목을 받게 되었다.

21세기로 깊숙이 들어선 현재, 과학과 인문학의 통섭과 경계 허물기가 그 어느 때보다도 많은 사람들의 관심을 끌고 있다. 이 책은 20세기 초, 과학과 철학의 대립이 극단까지 격화되었을 때 논의되었던 다양한 문제를 되새겨볼 수 있는 기회를 제공해줌으로써 과학과 인문(인생)의 문제를 새롭게 조명해보고 현대 사회가 당면하고 있는 문제를 철학적으로 고찰할 수 있는 좋은 계기를 마련해줄 것으로 기대한다.

필자소개

1. 천두슈 陳獨秀 (1879~1942)

자(字)는 중푸(仲甫), 호(號)는 스안(實庵). 1879년 안후이성(安徽省) 화이닝(懷寧)에서 태어났다. 어려서 조부(祖父)로부터 전통 경전과 사서오경(四書五經)을 공부하여 1896년 과거(科擧)에 급제, "수재(秀才)"가 되었다. 이듬해 난징(南京)에서 거행된 향시(鄕試)에 참가하였으나 붙지 못하고 도리어 캉유웨이(康有爲)와 량치차오(梁啓超)의 변법사상을 받아들이게 된다. 1902년을 시작으로 네 차례에 걸쳐 일본 유학을 했으며 일본에서 유물론과 공산주의 이론을 학습했다. 1915년 9월 상하이에서 『청년잡지(青年雜誌)』(2권부터 『신청년(新青年)』으로 개명)를 창간했고, 1917년 베이징대학 문과대학장을 역임하였다. 1921년 중국공산당 창립 시에 중앙총서기로 당선되어 활동하였으며, 1932년 국민당 정부에 체포되어 13년형을 선고받았으나 1937년 가석방되었다. 1942년 3월 쓰촨성(四川省) 지앙진(江津)에서 병사(病死)하였다.

주요저작으로 『독수문존(獨秀文存)』, 『천두슈선생강연록(陳獨秀先生講演錄)』 등이 있다.

2. 딩원지앙 丁文江 (1887~1936)

자는 짜이쥔(在君), 필명은 종옌(宗淹). 1887년 장쑤성(江蘇省) 타이싱(泰興)에서 태어났다. 어려서 일본과 영국에서 유학했으며, 1906년 캠브리지대학에 입학했으나 반년 만에 그만두고 1908년 글라스고우(Glasgow)대학에서 동물학과 지질학을 공부했다. 1911년 귀국해 경사학부(京師學府)에서 유학생을 대상으로 개최한 시험에 합격해 격치진사(格致進士)가 되었으며, 상하이 난양공학(南洋公學)에서 동물학, 화학, 지질학, 영어와 서양사 등을 가르쳤다. 1919년 량치차오 등과 함께 유럽 시찰을 떠났으며 파리회의에도 참석했다. 1922년 5월 후스 등과 함께 『노력주보(努力週報)』를 창간했으며, 1923년 "과학과 인생관" 논전 기간에 과학파의 선봉이 되어 『노력주보』 상에 과학파의 글들을 적극적으로 소개했다. 1922년 장훙자오(章鴻釗), 웡원하오(翁文灝), 리스광(李四光) 등과 함께 '중국지질학회(中國地質學會)'를 창립했으며, 1931년 베이징대학 지질학과 교수로 초빙되었다. 1936년 1월 항일전쟁에 필요한 석탄 자원 현황을 조사하던 중 후난성(湖南省) 헝양현(衡陽縣)에서 가스 중독으로 사망했다.

주요저작으로 『서하객년보(徐霞客年譜)』, 『중국관판광업사략(中國官辦鑛業史略)』, 『양자강하유지지질(揚子江下游之地質)』 등이 있다.

3. 판셔우캉 范壽康 (1895~1983)

저장성 상우(上虞)에서 태어났다. 1912년 일본 유학길을 떠나 도쿄제일고등학교(東京第一高等學校)를 졸업한 후, 1919년 교토제국대학(京都帝國大學) 문학부에서 교육학과 철학을 공부했다. 귀국 후 안후이대학(安徽大學) 문학원 원장, 우한대학(武漢大學) 문학원 교수 겸 철학교육과 주임교수를 역임했고, 1945년 일본 패망 후 타이완대학(臺灣大學) 철학과에서 학생들을 가르쳤다. 1981년 미국으로 건너갔다가 이듬해 대륙으로 돌아와 1983년 2월 사망할 때까지 베이징에 거주했다.

주요저작으로는 『교육철학대강(教育哲學大綱)』, 『미학개론(美學概論)』, 『철학과 근본문제(哲學及其根本問題)』, 『마르크스의 유물사관(馬克思的唯物史觀)』, 『공자사상의 분석과 비평(孔子思想的分析與批評)』, 『중국철학사통론(中國哲學史通論)』, 『주자와 철학(朱子及其哲學)』 등이 있다.

4. 후스 胡適 (1891~1962)

자는 스즈(適之), 본명은 스먼(嗣穈). 미국 유학 시험을 볼 때 이름을 적(適), 자를 스즈(適之)로 고쳤다. 1891년 상하이에서 태어났다. 어려서부터 경서와 고전 소설을 즐겨 읽었으며, 1910년 청화학당(清華學堂)의 국비 유학생으로 선발되어 미국 코넬대학에서 유학하였다. 1915년 콜럼비아대학 철학과에서 실용주의의 대가 존 듀이를 지도교수로 철학 박사학위를 받았다. 일찍이 짜오위엔런(趙元任), 런홍쥔(任鴻雋) 등과 함께 '중국과학사(中國科學社)'를 창립하였다. 1918년 『신청년』에 「문학개량추의(文學改良芻議)」를 발표하여 구어문을 제창하며 문학 혁명에 힘을 쏟았다. 1919년 『중국철학사대강(中國哲學史大綱)』 1권을 출판하였다. 1922년 딩원지앙과 『노력주보』를, 1931년에는 푸스넨(傅斯年)과 『독립평론(獨立評論)』을 창간했다. 1938년부터 1942년까지 주미대사(駐美大使)를 역임했으며, 1946년에는 베이징대학 교장이 되었다. 1949년 미국으로 건너갔다가 1958년 타이완으로 와서 중앙연구원(中央研究院) 원장이 되었다. 1962년 2월 심장병으로 사망하였다.

주요 저작으로 『후스문존(胡適文存)』, 『여산유기(廬山遊記)』, 『후스일기(胡適日記)』, 『사십자술(四十自述)』 등이 있다.

5. 량치차오 梁啓超 (1873~1929)

자는 주어루(卓如), 호는 런공(任公), 별호로는 아이스커(愛時客), 인빙(飮氷), 인빙스주인(飮氷室主人) 등이 있다. 1873년 광둥(廣東) 신후이(新會)에서 태어났다. 6세 때 사서오경을 떼고 12세에 수재, 17세에 거인(擧人)이 되었다. 1890년 광저우(廣州) 만목초당(萬木草堂)에서 캉유웨이로부터 경세치용(經世致用)과 변법(變法) 이론을 공부했다. 1895년 베이징 회시(會試)에 캉유웨이와 함께 참가해 "공거상서(公車上書)"를 올렸으며, 이를 계기로 변법유신운동에 뛰어들었다. 변법운동 기간 중에 『시무보(時務報)』를 발간하고 「변법통의(變法通義)」를 발표하였으며 『서정총서(西政叢書)』를 편집했다. 무술변법이 실패한 후, 일본으로 건너가 캉유웨이와 보황회(保皇會)를 조직해 입헌군주제를 주장하고 혁명파에 반대하는 한편, 『청의보(淸議報)』, 『신민총보(新民叢報)』, 『신소설(新小說)』 등의 잡지를 펴내는 등 활발한 언론 활동을 하였다. 신해혁명(辛亥革命) 후에는 위엔스카이(袁世凱) 국민정부에서 사법총장을, 돤치루이(段祺瑞) 정부에서 재정총장을 역임하는 등 군벌 정부의 요직에 참가하였다. 1919년, 1년간 유럽 시찰을 마치고 돌아와 『구유심영록(歐遊心影錄)』, 『청대학술개론(淸代學術槪論)』, 『선진정치사상사(先秦政治思想史)』 등을 저술하고 칭화대학과 난카이대학(南開大學)에서 학생을 가르치는 등 학술활동에 매진하다 1929년 1월 베이징에서 신장병으로 사망했다.

주요 저작으로는 『중국 학술 사상의 변천을 논함(論中國學術思想變遷之大勢)』, 『청대학술개론』, 『중국역사연구법(中國歷史硏究法)』, 『선진정치사상사』, 『과학정신과 동서문화(科學精神與東西文化)』, 『유가철학(儒家哲學)』 등이 있으며, 대부분의 저작은 『인빙스합집(飮氷室合集)』에 실려 있다.

6. 루즈웨이 陸志衛 (1894~1970)

본명은 바오치(保琦), 1894년 저장성 우싱(吳興)에서 태어났다. 어려서 사숙(私塾)에서 공부하였으며 11세 때 과거시험에 참가하였으나 급제하지 못했다. 12세 때 쩐저(震澤)소학교에 입학해 영어와 산학(算學)을 배웠으며, 1910년 둥우대학(東吳大學)에 입학해 자연과학과 고전철학을 공부했다. 1915년 미국 유학길에 올라 1916년부터 1917년까지 반더빌트 대학에서 종교심리학을 공부하다 시카고 대학으로 옮겨 생리심리학으로 박사학위를 취득했다. 1920년 귀국한 후 난징고등사범(南京高等師範)과 둥난대학(東南大學) 심리학과 교수로 재직하며 중국 심리학의 기초를 다졌으며, 1927년 옌징대학 심리학과 창립에 참여하고 주임교수로 재직하였다. 중화인민공화국 건립 후에는 옌징대학 교장, 중국과학원(中國科學院) 위원을 역임했다. 1970년 11월 베이징에서 병사했다.

주요 저작으로는 『사회심리학신론(社會心理學新論)』, 『중국 아동의 무한연상(中國兒童的無限聯想)』등이 있다.

7. 린자이핑 林宰平 (1879~1960)

자는 즈쥔(志鈞), 푸젠성(福建省) 푸저우(福州)에서 태어났다. 어려서 일본 유학을 떠나 법률을 공부했으며 귀국 후 청 정부 외교부와 중화민국 사법부에서 근무했다. 영국과 독일, 이탈리아 등지를 돌며 1년간 사법제도를 시찰했으며, 귀국 후에는 사법부장 직을 사임하고 베이징대학, 칭화대학 등에서 학생을 가르쳤다. 량치차오의 『인빙스전집(飮氷室全集)』 편집에 관여하였고, 상지학회(尙志學會)의 『철학평론(哲學評論)』 잡지 출간에 기여했다. 불교에 조예가 깊어 불교 잡지 발간에 앞장섰으며, 유불과 과학의 관계에 대해 시옹스리(熊十力), 량슈밍(梁漱溟) 등과 토론했다.

회화에도 조예가 깊었는데 특히 대나무 그림을 잘 그렸다. 그가 그린 그림은 나중에 『북운서화(北雲書畫)』라는 제목으로 엮어 출판되었다. 1960년 3월 베이징에서 병사했다.

주요 저작으로는 『삼희당첩고(三希堂貼考)』, 『담첩고(譚貼考)』와 시문집인 『북운집(北雲集)』 등이 있다.

8. 우쯔후이 吳稚暉 (1865~1953)

본명은 티아오(眺), 자는 쯔후이, 나중에 징헝(敬恒)으로 개명했다. 1865년 장쑤성(江蘇省) 젠후(建湖)의 상인 집안에서 태어났다. 7세부터 사숙(私塾)에 들어가 공부하였으며, 장쑤 남청서원(南菁書院), 쑤저우(蘇州) 자양서원(紫陽書院)에서 공부하였다. 1897년 톈진 북양학당(北洋學堂), 1898년 상하이 남양공학(南洋公學)에서 학생들을 가르쳤다. 1901년 일본으로 건너가 공부한 후 귀국해 차이위엔페이, 장타이옌 등과 함께 '중국교육회(中國教育會)', '애국학사(愛國學舍)'를 조직하였다. 1903년 『소보(蘇報)』를 통해 혁명을 고취하다 7월 "소보안(蘇報案)"이 터지자 영국으로 도피했다. 런던에서 쑨중산(孫中山)과 만난 후 1905년 겨울에 중국동맹회(中國同盟會)에 가입하였으며, 1906년에는 파리에서 리스쩡(李石曾)과 함께 세계사(世界社)를 창립하고 기관지 『신세기(新世紀)』를 발간하며 무정부주의 운동에 뛰어들었다. 1920년 베이징에 설립된 중파대학(中法大學)의 책임자가 되어 프랑스를 다녀왔으며, 1923년 "과학과 인생관" 논쟁에 참가했다. 그는 평생 동안 과학 창달을 위해 애썼으며 "과학과 인생관" 논전이 시작되기 전인 1916년 『신청년』 잡지에 「청년과 도구(青年與工具)」라는 글을 발표해 과학 공예 교육 부흥을 주장했다. 이후 국민당 정부에서 일하다 1949년 타이완으로 건너가 1953년 병사했다.

논문 및 저작은 『우쯔후이 선생 전집(吳稚暉先生全集)』과 『우쯔후이 학술 논저(吳稚暉學術論著)』에 실려 있다.

9. 오송가오 吳頌皐 (1898~?)

필명은 송가오(頌皐), 장쑤성 우시엔(吳縣)에서 태어났다. 상하이 푸단대학(復旦大學)을 졸업한 후, 프랑스 유학을 떠나 파리대학 법학과를 졸업하고 런던대학에서 연구원으로 재직했다. 귀국 후 푸단대학 법학원 원장, 중앙대학(中央大學) 법학원 부교수, 중앙정치학교(中央政治學校) 외국어과 교수 등을 역임했다. 항일전쟁 기간에 친일 괴뢰정부의 주석 왕징웨이(汪精衛) 아래에서 외교부와 사법부 관리로 일했으며, 1945년 항일전쟁이 끝난 후 체포되어 무기징역을 언도받고 상하이 감옥에서 수감생활 중 사망했다. 제임스의 『현학상의 문제(玄學上之問題)』, 분트의 『심리학도언(心理學導言)』, 아리스토텔레스의 『정치론(政治論)』을 번역하였으며, 『치외법권(治外法權)』, 『유럽 외교사 대강(歐洲外交史大綱)』 등을 저술했다.

10. 주징농 朱經農 (1887~1951)

본명은 유예(有野), 1887년 저장성 푸장(浦江)에서 태어났다. 일본에서 유학했으며, 귀국 후 상하이에서 중국공학(中國公學) 설립에 참여하였다. 1916년 미국 워싱턴대학에 입학해 공부했고, 1920년 컬럼비아 사범학원에서 교육학을 전공해 석사학위를 취득하였다. 1921년 베이징대학 교육학과 교수가 되었다. 1923년 판즈넨(潘梓年)과 함께 듀이의 『미래의 학교(明日之學校)』를, 1930년에는 탕위에 등과 『교육대사전(教育大辭書)』을 번역하였으며, 1931년 차이위엔페이 등과 『최근 삼십오 년간의 중국교육(最近三十五年之中國教育)』을 펴냈다. 치루대학(齊魯大學) 교장을 역임했으며, 1948년 미국으로 건너가 연구 활동을 하다 1951년 병사했다.

주요 저작으로는 『현대교육사조(現代教育思潮)』, 『교육사상(教育思想)』 등이 있다.

11. 장쥔마이 張君勱 (1887~1969)

본명은 지아썬(嘉森), 자는 스린(士林)이다. 1887년 장쑤성 지아딩(嘉定)의 상인가정에서 태어났다. 6세에 사숙에 들어가 사서오경을 배웠으며, 12세에 서양식 학교인 광방언관(廣方言官)에 들어가 영어와 수학 등을 배웠다. 1902년 수재가 되었으며, 이듬해 진단학원(震旦學院)에 입학해 라틴어를 배움과 동시에 교장인 마샹보(馬相伯)로부터 서양철학과 역사를 배웠다. 1906년 일본으로 국비유학을 떠나 와세다대학(早稻田大學)에서 정치, 경제, 과학을 공부했다. 1913년에는 베를린 대학에 입학해 정치학과 국제법을 배웠으며, 1915년 영국, 프랑스, 벨기에 등 유럽 각지를 돌아보고 귀국해 상하이 『시사신보(時事新報)』 편집장이 되었다. 1917년 베이징대학 교수가 되었으며, 1918년에는 량치차오, 딩원지앙 등과 함께 유럽으로 건너가 세계대전 후 각국의 상황을 시찰하였다. 시찰 도중 프랑스 철학자 베르그송을 예방하였으며, 독일에 3년간 머무르면서 독일 철학자 오이켄과 교류하며 공저 『중국과 유럽의 인생문제(中國與歐洲的人生問題)』를 출간했다. 1940년 윈난(雲南) 따리(大理)에 민족문화서원(民族文化書院)을 세우고 중화문화부흥에 힘썼다. 1949년 10월, 타이베이에서 장제스를 만난 후, 중국철학을 주제로 세계 순회강연을 다니다 1952년 미국 시애틀에 정착했다. 1958년 탕쥔이(唐君毅), 모우종산(牟宗三), 쉬푸관(徐復觀) 등과 함께 「중국문화를 위해 세계 인사에게 알리는 선언-중국학술 및 중국문화와 세계문화 미래의 공동 인식(爲中國文化敬告世界人士宣言)」을 발표하였으며, 중국 유학 부흥을 주제로 두 번째 세계 순회 강연을 시작했다. 1960년부터 「신유가 철학의 기본범주(新儒家哲學之基本範疇)」, 「유가 윤리학의 부흥(儒家倫理學之復興)」 등의 글을 지속적으로 발표하다가, 1968년 입원 중에 뇌충혈(腦充血)로 사망하였다.

주요 저작으로는 『아인슈타인 상대성 이론과 비평(愛因斯坦相對論及其批評)』, 『심과 물(心與物)』, 『미래의 중국문화(明日之中國文化)』, 『민족부흥의 학술기초(民族復興之學術基礎)』, 『의리학 십강 강요(義理學十講綱要)』, 『신유가 사상사(新儒家思想史)』, 『신유가 사상 발전 칠대요의(新儒家思想發展七大要義)』등이 있고, 논문집으로는 『장쥔마이 신대륙 언론집(張君勱新大陸言論集)』, 『중서인 철학문집(中西印哲學文集)』 등이 있다.

12. 장둥쑨 張東蓀 (1886~1973)

1886년 장쑤 우시엔(吳縣)에서 출생했다. 어린 시절 전통 경학 교육을 받았으며, 16세 때 불교경전을 접하고 철학에 흥미를 갖게 되었다. 1905년 일본으로 건너가 불교 및 철학과 관련된 근대교육을 받았다. 1917년 장쥔마이에 이어 상하이 『시사신보』 편집장을 맡았으며, 문학 부간인 『학등』에 철학사상과 사회사조에 관한 글을 다수 발표했다. 서양사상 소개에 힘을 쏟아서 1918년에는 베르그송의 『창조진화론(創化論)』을, 1922년에는 『물질과 기억(物質與記憶)』을 번역했다. 1927년 취쥐농, 황즈통과 함께 중국 최초의 철학 잡지인 『철학평론(哲學評論)』을 창간하였으며, 이후 옌징대학, 베이징대학 철학과 교수를 역임했다. 1958년 정치적인 이유로 교수직을 사임한 후 베이징 시 문사관(文史官)에서 잡일을 하다 1968년 투옥되어 1973년 사망하였다.

주요 저작으로는 『신철학 논총(新哲學論叢)』, 『인생관 ABC(人生觀ABC)』, 『도덕철학(道德哲學)』, 『지식과 문화(知識與文化)』, 『이상과 사회(理想與社會)』 등이 있다.

13. 장옌춘 章演存 (1877~1951)

이름은 훙자오(鴻釗), 호는 아이춘(愛存). 1877년 저장성 우싱(吳興)의 사숙 교사 가정에서 태어나 어려서 아버지로부터 사서오경을 배웠다. 1894년 병으로 학교를 그만둔 후, 수학을 비롯한 자연과학 지식과 전통 경전을 섭렵했다. 1905년 일본 유학길에 올라 교토대학(京都大學)과 도쿄제국대학(東京帝國大學) 지질학과에서 공부했다. 1911년 귀국 후에는 경사대학당(京師大學堂) 농과(農科)에서 지질학과 광물학 강사로 학생들을 가르쳤다. 1913년에 창립한 지질연구소에서 지질학, 광물학 교수로 재직했으며, 딩원지앙의 뒤를 이어 지질연구소장을 역임했다. 1918년 베이징대학에 지질학과가 설립되자 광물학 교수가 되었으며, 이후 중국지질학회(中國地質學會) 회장, 저장성 지질조사소(浙江省地質調查所) 고문 등을 지냈다. 1951년 9월 6일 간암으로 난징에서 사망했다.

저작으로는 자서전 『육육자술(六六自述)』이 있다.

14. 취쥐농 瞿菊農 (1900~1976)

이름은 스잉(世英), 필명은 쥐농(菊農). 장쑤 창저우(常州)에서 태어났다. 취치우바이(瞿秋白)와는 먼 친척 관계이다. 1918년 옌징대학 철학과에 입학해 1926년 철학박사학위를 취득했다. 일찍이 베르그송과 드리슈의 철학에 관심을 갖고 연구했으며, 「베르그송과 현대철학의 추세(柏格森與現代哲學趨勢)」, 「드리슈철학연구(杜里舒哲學之硏究)」 등의 논문을 썼다. 칭화대학, 베이징대학, 베이징사범대학 교수를 역임했다.

주요 저작으로는 『교육철학(教育哲學)』, 『현대철학(現代哲學)』, 『서양교육사상사(西洋教育思想史)』 등이 있다.

15. 런슈용 任叔永 (1886~1961)

본명은 훙쥐엔(鴻雋), 1886년 쓰촨성 뎬지앙(墊江)에서 태어났다. 1898년 점강서원(墊江書院)에서 공부했고, 1904년 중국 최후의 과거 시험에 참가하여 수재가 되었다. 1906년 상하이 중국공학 고등예과(中國公學高等豫科)에 들어가 후스, 주징농 등과 교류하였다. 1907년 일본으로 유학을 떠나 1909년 도쿄 고등공업학교 응용화학과에서 공부하였고, 동맹회(同盟會)에 가입하여 쓰촨 지부장으로 활동하였다. 1911년 신해혁명이 터지자 귀국하여 혁명에 투신하였다가 1913년 미국 유학길에 올라 코넬대학에서 공부하였다. 1914년 6월에 자오위엔런(趙元任), 후밍푸(胡明復) 등과 함께 중국과학사(中國科學社)를 창립하였고, 『과학(科學)』잡지를 발행하였다. 1917년 콜럼비아 대학에서 화학 석사학위를 취득한 후 다음해 귀국하였다. 과학과 관련된 중요한 글을 발표하며 과학교육의 중요성을 부르짖었고, 1920년 차이위엔페이의 요청으로 베이징대학 화학과 교수가 되었다. 1925년 그의 대표작인 『과학개론(科學概論)』을 저술하였고, 이후 쓰촨대학 교장, 상하이 과기 도서관(科技圖書館) 및 상하이 도서관 관장, 상하이 과학협회 부주석 등을 역임했다. 1961년 상하이에서 병사했다.

주요 저작으로는 『과학개론(科學概論)』이 있고, 역저로는 스펜서의 『교육론(教育論)』, 『한역과학대강(漢譯科學大綱)』, 『최근 백년간 화학의 발전(最近百年化學的進展)』 등이 있다.

16. 쑨푸위엔 孫伏圓 (1894~1966)

자는 양췐(養泉), 본명은 푸위엔(福源)이다. 저장성 샤오싱(紹興)에서 태어났다. 1911년 샤오싱 초급 사범학당에 들어가 이 학교 학감인 루쉰(魯迅)과 교왕했다. 1918년 베이징대학 중문과에 입학해 '5 · 4운동'에 참여했으며, '신조사(新潮社)'에 들어가 『신조(新潮)』 잡지 발간에 참여하였다. 1921년 베이징대학 졸업 후 베이징 『신보부간(晨報副刊)』 편집장으로 일하며 루쉰의 『아큐정전(阿Q正傳)』을 싣고 '마르크스 기념호(馬克思紀念專刊)'를 발행하였으며, 장쥔마이, 취쥐농, 우쯔후이 등이 과현논전(科玄論戰)에 참가하며 쓴 중요한 글을 발표해주었다. 1929년 프랑스 파리에서 근공검학운동(勤工儉學運動)에 참가하였으며, 1931년 귀국한 후 허베이(河北)성 딩시엔(定縣)에서 평민교육에 매진하였다. 이후 쓰촨대학, 치루대학, 화시대학(華西大學) 교수를 역임하였고, 1966년 베이징에서 병사했다.

문집으로 『복원유기(復圓遊記)』가 있다.

17. 탕위에 唐鉞 (1891~1987)

푸지엔(福建) 민허우(閩侯)에서 태어났다. 본명은 보완(柏丸), 자는 보황(擘黃)이다. 1911년 칭화대학에 입학해 공부했으며, 1914년 미국으로 건너가 코넬대학에서 심리학과 철학을 공부했다. 졸업 후, 하버드대학에 입학해 1920년 철학 박사학위를 취득했다. 1921년 귀국해서 베이징대학 철학과 교수, 칭화대학 심리학과 교수, 중앙연구원(中央硏究院) 심리학 연구소 소장 등을 역임했다. '과현논전' 중에 다섯 편의 글을 발표했으며, 이후에도 이와 관련된 글을 적지 않게 발표했다.

그가 쓴 글들은 『탕위에문존(唐鉞文存)』에 수록되어 있다.

18. 투샤오스 屠孝實 (1893~1932)

장쑤성(江蘇省) 우진(武進)에서 태어났다. 와세다 대학을 졸업했고, 귀국 후에 베이징대학, 안후이대학(安徽大學), 우창대학(武昌大學) 철학과 교수와 베이징정파대학(北京政法大學) 교장 등을 역임했다. 1920년 『신앙을 논함(論信仰)』이라는 글을 『학예(學藝)』에 발표하며 "신앙이 인생을 지배할 수 있다"는 관점을 제시하였으며, 『신이상주의적 인생관(新理想主義之人生觀)』에서 오이켄(R. Eucken)의 인생철학과 사상을 소개하였다. 그는 과학과 도덕, 종교는 각자의 영역이 있어 서로 침범할 수 없다고 생각하였으며, 현학이 과학에 대해 갖고 있는 가치에 대해 논증하고자 하였다.

주요 저작으로는 『명학강요(名學綱要)』가 있다.

19. 왕핑링 王平陵 (1898~1964)

본명은 양숭(仰崇), 자는 치우타오(秋濤). 장쑤성 리양(溧陽)에서 태어났다. 쩐단대학(震旦大學)을 졸업한 뒤, 1924년 『시사신보 · 학등』의 편집장을 역임했다. 1930년 푸옌창(傅彦長), 황쩐샤(黃震遐) 등과 함께 『선봉주보(前鋒周報)』를 창간해 "민족주의" 문학을 부르짖으며, 파시스트주의를 고취하고 좌련(左聯) 문학을 반대하다 루쉰의 비판을 받았다. 1949년 이후 타이완에서 활동했으며 1964년 병사했다.

주요 저작으로 『사회학대강(社會學大綱)』, 『서양철학개론(西洋哲學概論)』이 있다.

20. 왕싱공 王星拱 (1889~1950)

안후이성 화이닝(懷寧)에서 태어났다. 영국 런던 이공대학을 졸업하고 석사학위를 취득했다. 귀국 후 베이징대학 화학과 교수를 역임했으며, 신문화운동에 참가해 과학문화를 선전했다. 중국에 마하주의를 소개한 대표 인물 중 한 사람으로, 1930년에 출판한 『과학개론(科學概論)』에서 마하주의 과학관을 체계적으로 소개했다. 이후 중양대학 부교장, 우한대학 교장, 중산대학(中山大學) 교장 등을 역임했다. 1950년 병사했다.

주요저작으로는 『과학방법론(科學方法論)』, 『과학개론』이 있으며, 역저로는 러셀의 『철학 중의 과학방법(哲學中之科學方法)』이 있다.

찾아보기

5 · 4운동 415

ㄱ

가치판단(Spiritual judgment) 300
갈릴레오(Galileo) 78, 141
감각소여(Sense-data) 143
감각주의 123, 128-133, 153, 232, 256, 270-271, 276, 312-313, 343
『개조(改造)』 245
고다드(Henry Herbert Goddard) 324, 345-346
고염무(顧炎武) 88-89, 163, 166, 413, 563-564
고자(告子) 154
고헌성(顧憲成) 563
공리주의 1 33, 159, 183, 547
공자(孔子) 51, 58, 60, 80, 137, 161, 162, 165, 168, 183, 207, 208, 273, 302, 369, 415, 446, 447, 456-457, 466, 472, 496, 500, 507, 521-522, 526, 533, 535, 537, 539-541, 545, 547, 549, 551, 553, 555, 557, 559, 578, 596
과학만능 26-27, 29, 35, 49, 93, 107, 146, 199, 404, 585, 589-590
과학방법 17, 19, 30-31, 39, 42, 58, 67-69, 73-74, 79, 87, 90, 122, 136-138, 140, 144, 166, 183, 184, 188, 191, 196-199, 201-205, 215-216, 221-225, 228, 234, 237, 242-244, 247, 249, 253, 260, 266-267, 270, 276, 284-285, 299, 301, 307, 318-319, 322, 324-327, 338-339, 342, 349, 359, 361, 363-364, 367, 371, 373, 386-391, 424-427, 430-431, 433, 588-589, 607
과학선생[賽先生] 25-26
『과학원리(Principles Science)』 75, 96, 124
『과학인론(科學引論)』 105, 140, 264, 291
괴테(Goethe) 61, 269
구유심영록(歐遊心影錄) 24, 27,

412, 546, 589, 597
궈줜시엔(郭鈞仙) 412
기계론(機械論) 35, 37, 143-144, 155-156, 330-332, 334, 338, 342, 466
기기음교(奇技淫巧) 410
깐저시엔(甘蟄仙) 418

ㄴ

내성(內省) 62, 202, 277-278, 325, 390-391
내적생활 301
네겔리(Nageli) 100
『노력주보(努力週報)』 23, 91-92, 181, 188, 211, 218, 251, 292, 304, 315, 355, 362, 371, 385, 391, 443, 450, 590, 595-596
노자(老子) 28, 51, 58, 183, 415, 417, 526
『논어(論語)』 521

ㄷ

다윈(Charles Darwin) 38-39, 58, 70, 75, 78, 83-86, 98-105, 108, 126, 131, 133, 149, 183-185, 215, 243, 246, 258, 262, 273-274, 302, 309, 329, 352, 404, 465, 549
단옥재(段玉裁) 413, 564
도가(道家) 51
『도덕경(道德經)』 569
도문학(道問學) 154
도연명(陶淵明) 465
도학자(道學者) 216, 480, 482-483, 494
『독서잡지(讀書雜志)』 83
돌턴(Dalton) 261
『동방잡지(東方雜誌)』 540
듀이(John Dewey) 75, 125-126, 220, 226, 244, 249, 276-278, 328, 332, 354-355, 450, 547, 596, 600
드리슈(Hans Driesch) 59, 89, 99, 104, 109, 133, 142, 172, 184, 215, 225, 252, 262, 288, 290, 298, 307, 329, 344, 468-469, 603-604
딩원지앙(丁文江) 11-12, 14, 17, 20-23, 30-34, 38-39, 45-47, 66, 92-99, 104, 107, 115-116, 119, 121-127, 129, 131-133, 136-137, 140-142, 146-149, 151-152, 154, 166, 169-175, 180, 182-184, 189, 191-196, 198-199, 201, 205, 207, 209, 212, 219-226, 228-235, 238, 240, 243-251, 256, 259, 265, 267-268, 273, 287, 290, 305, 314, 330, 343, 348-349, 356-359, 361-363, 372, 383, 386, 392, 399, 408, 418-419, 421-422, 424-426,

430, 433-435, 438, 450, 463, 472, 542, 562, 565, 590-591, 594, 596, 601, 603
딩이쉬엔(丁藝軒) 545

ㄹ
라마르크(Larmarck) 99, 108, 131, 273-274
라스키(Laski) 113
라이얼(Lyell) 99
랭카스터(R. Lankester) 140, 290-291, 317
량슈밍(梁漱溟) 83, 414, 446, 456-457, 464, 472, 476, 524, 526, 539-542, 546-547, 550, 554, 556-557, 562, 574, 589, 598
량치차오(梁啓超) 11, 16-19, 24, 27, 29-30, 35, 37, 48-49, 82, 162, 165-166, 171, 174, 194, 252-253, 290, 292, 320, 348, 356, 358-359, 363-365, 367-368, 382, 412-414, 418-420, 422, 430-431, 434, 446, 462, 464, 472, 511, 532, 539, 542, 546, 554, 564, 588-591, 594-595, 597-598, 601
러셀(Bertrand Russell) 59, 79, 221, 231, 233, 241, 248, 276-278, 295, 299, 301-302, 326, 328, 354, 372, 379, 398, 447, 547, 607
런슈용(任叔永) 11, 182, 191, 418, 433-434, 472, 546, 562, 604
루소(Jean-Jacques Rousseau) 306
루웨이스(陸煒士) 521
류스페이(劉師培) 564
류시홍(劉錫鴻) 412
르낭(Renan) 149, 307
리다자오(李大釗) 546
리스쩡(李石曾) 457, 599
리위엔홍(黎元洪) 486, 532
리히텐베르그(Lichtenberg) 277

ㅁ
마르베(Marbe) 240
마부르크학파(Die Marburger Schule) 236
마하(Mach) 75, 130, 132, 241, 260-261, 276-278, 289, 317, 326, 344, 354, 587, 607
만물유생설(萬物有生說) 381
맹자(孟子) 13, 58, 63, 160-161, 164, 168, 183, 302, 415, 467, 507, 519-520, 523-524, 529-530, 533, 537, 553, 576-578
메이란팡(梅蘭芳) 544, 546
면연(綿延) 450, 470, 473
모건(Thomas Hunt Morgan) 71, 123-124, 288, 352
몰레쇼트(Moleschott) 126

무술변법(戊戌變法) 513, 564, 597
무신론(無神論) 17, 33, 35, 69, 448, 567
무인론자(無因論者) 39, 294, 296-303
무후주의(無後主義) 248
묵자(墨子) 58, 60, 62, 80, 207-208, 415, 417, 472
물극필반(物極必反) 146
물질과학 57, 70-71, 73, 94-98, 107, 112-113, 117, 121, 185, 213-214, 256, 266-267, 275, 295
뮐러(G. E. Muller) 105
민포물여(民胞物與) 311, 369
밀(John Stuart Mill) 58, 112-114, 298

ㅂ

반박귀진(返朴歸眞) 384
발생론적 방법(Genetic method) 308
밸푸어(Balfour) 85
버클리(George Berkeley) 76, 124
법가(法家) 51
베르그송(Henri Bergson) 27, 79, 86, 89, 106, 109, 118-119, 142, 144-145, 164, 169-172, 178, 220, 240, 248, 269-270, 274, 281, 290-291, 298-299, 307, 317, 350, 355, 361, 376, 465-466, 563, 601-604
베르나르(Claude Bernard) 149
변법유신(變法維新) 24, 597
보댕(Bodin) 306
보황(擘黃) 605
복천재지(覆天載地) 481
본체론 12, 78-79, 193, 219, 243, 316, 350, 591
부흐너(Eduward Buchner) 76
분트(Wilhelm Wundt) 96, 106, 202, 214, 222-223, 253, 265-266, 429, 600
불가지(不可知) 21, 32, 34, 76, 94, 91, 389, 450, 475, 587
브렌타노(Brentano) 278, 344

ㅅ

사단(四端) 482-483, 523-524, 529, 579
사실판단(Existential judgment) 300
산학(算學) 84, 598
삼단논법 119, 321, 454
삼불후(三不朽) 276
생기주의(生氣主義) 133, 172, 307
생사관 526, 553
생생위역(生生爲易) 466
생존경쟁(Struggle for Existence) 41, 43, 58, 70, 100, 103, 133, 258

『서목답문(書目答問)』 564
『서목답문제요(書目答問摘要)』 412
『서학서목표(西學書目表)』 413, 564
석가모니 59-60, 183, 208, 327, 526
선견포리(船堅炮利) 146
선천범주설 106, 131
셰궈신(謝國馨) 546-547
셰짠야오(謝贊堯) 546
소디(Frederick Soddy) 266, 353-354
소아(小我) 42, 123, 582
소여(所與) 367, 371, 438
소크라테스 149
쇼펜하우어(Schopenhauer) 39, 58-59, 62, 76, 80, 83, 124, 183, 207-208, 243, 246-247, 302
수오지심(羞惡之心) 467, 537, 571-574, 579
순수이성 164
순자(荀子) 58, 183
쉬슈쩡(徐樹錚) 502
쉬신류(徐新六) 171
스펜서(Herbert Spencer) 21, 32, 75, 83-84, 96, 220, 243, 380, 403, 604
『시무보(時務報)』 413, 415, 597
시옹스리(熊十力) 221, 598
신공귀부(神工鬼斧) 481, 485, 502-503, 510-514, 519
신문화운동 415, 463, 478, 588, 607
『신보(晨報)』 244, 252, 348, 463, 474, 532
신비주의 119, 290, 394, 397, 512
신실재론 126, 228, 270, 276-277
실용주의 118, 143, 145, 163, 596
실재론 112, 125-126, 142, 225, 228, 270, 276-277
실천이성 164
심력(心力) 242, 334
심령파 296
심리원소(心理元素) 59, 300
심리질(心理質) 76, 124
심미(審美) 311
심성학 95, 154, 160
심체(心體) 467, 527

ㅇ

아담 스미스(Adam Smith) 62, 565
아리스토텔레스 51, 77, 109, 279, 321, 377, 416, 600
아리시마 다케오(有島武郎) 556, 574
아보가드로(Avogadro) 261
악막(鄂漠) 569
안원(顏元) 562
암흑천지(漆黑一團) 32, 36, 473-477, 479-480, 483-485, 488-489, 491, 493, 495, 497, 505, 511,

514-515, 518, 527-528, 537, 538, 566, 568, 571, 576, 580-582, 585
약육강식(弱肉强食) 25-26
양주(楊朱) 58, 62, 500, 582
양지(良知) 164, 485, 523-524, 527, 529, 545-546, 554, 556, 563, 584
양팔고(洋八股) 408, 417, 513, 551
어우양징우(歐陽竟無) 498, 514, 525
어윅(E. J. Urwick) 27, 114-115, 117-119
에반스(Jevons) 75, 124, 353
에인절(Norman Angell) 46-47, 87
엔텔레케이아 109, 468-470, 473, 524, 526, 528, 534, 542, 562, 566-568, 570-571, 578-579
연상법칙(Law of Association) 106
영혼 불멸론 40
예수 58, 60, 80, 200, 207-208, 273, 284, 302, 369, 457, 541
오이켄(Rudolf Eucken) 27, 118, 142-145, 164, 170-171, 209, 245, 270, 601, 606
완원(阮元) 163, 564
왕념손(王念孙) 413
왕런쥔(王仁俊) 413
왕멍저우(汪孟鄒) 23
왕시엔첸(王先謙) 413, 564
왕심재(王心齋) 545
왕양명(王陽明) 79, 88, 166, 545, 551, 556-557, 563
왕언양(王恩洋) 514
왕인지(王引之) 163
요괴학(妖怪學) 224, 388-389
요한슨(Johansen) 101-102
용불용설(用不用說) 131
우생학 86, 284, 327
우쯔후이(吳稚暉) 30, 32-36, 38, 41, 384, 408, 412, 444, 450, 452, 454, 456-457, 473, 477, 494-495, 497, 515, 532, 537, 544, 546, 564, 578, 591, 599-600, 605
우페이푸(吳佩孚) 502
울프(Wolff) 101-102, 135, 141, 223, 401, 425
원매(袁枚) 346, 477, 512
웡원하오(翁文灝) 287, 595
위기지학(爲己之學) 311
위아(爲我) 58, 62, 582-583
위위에(兪樾) 564
유가(儒家) 51, 170
유물론(唯物論) 13, 45-46, 48, 50, 156, 163, 165, 168, 184, 225, 230, 592, 594
유물사관(唯物史觀) 12, 45-46, 50, 52-53, 591-592, 596
유신론(有神論) 33, 40, 69
유심론(唯心論) 13, 20, 32, 45, 75-

76, 94, 156, 165, 168, 184, 230, 268, 303
유인론(有因論) 299, 303
유전(遺傳) 73, 83, 101-103, 138, 147, 262-263, 285, 288, 321, 352-353, 382-383, 442, 524, 528-529, 531, 575
육상산(陸象山) 79, 88, 166
음양오행(陰陽五行) 68, 96, 258
의화단(義和團) 67, 93, 221, 552, 588
이노우에 엔료(井上園了) 224
이지(理智) 18, 118-119, 139, 143, 145-146, 149, 152-153, 198-199, 200, 245, 287, 291, 311-313, 339, 341, 363, 365-367, 369, 370, 375, 405-406, 431, 455, 460, 467, 505, 508, 513, 521, 523, 527-529 ,531, 534, 536-537, 544, 546, 567, 570-571, 574-579, 582
인과법칙 13, 15, 31, 43, 55, 60, 67, 77, 92, 94, 116, 127, 130, 134, 143, 147, 180, 208-209, 212-213, 238-241, 293-295, 298, 303, 308, 359, 381, 423, 430, 432, 436-438, 440-441, 590
인사관(人死觀) 526, 538-539, 568, 581
인생관(人生觀) 11-15, 17, 19-23, 25-26, 28-42, 44-50, 53-55, 57-64, 66-71, 77-82, 87, 91-98, 104, 107, 112, 116-117, 119, 121-123, 143, 147, 156, 174, 179-180, 182-194, 196, 198-201, 205-210, 212-215, 218-221, 223, 225, 243-246, 253-254, 256-259, 274,280, 285-288, 302, 314, 330-332, 342, 349-350, 356, 358-359, 363, 368-369, 372-374, 383, 392-395, 397, 408, 410, 418-423, 425, 427-430, 432-434, 438-440, 444, 448, 458-459, 463-466, 469-470, 472, 477, 479, 482, 485-487, 490-491, 497, 502, 514, 516-519, 521-522, 526, 529, 538-539, 546, 568, 570-571, 579, 581-585, 587, 590-593, 595, 599, 603, 606
인욕횡류(人慾橫流) 32, 516, 519, 521, 582
인원동조설(人猿同祖說) 302

ㅈ

자연법칙(Natural Law) 43, 98-99, 142, 152, 242, 402, 424
자연선택(Natural Selection) 100-101, 103
자연철학 84

장바이리(蔣百里) 171
장샤오푸(張小浦) 416
장싱옌(章行嚴) 53, 472, 539, 554, 562
장자(莊子) 206, 210, 375, 472, 514
장쥔마이(張君勱) 11-17, 20-23, 27, 29-33, 35, 37-39, 45, 48-49, 54-55, 66-71, 76-83, 87, 90-92, 119, 124, 174-175, 177-180, 182-185, 189, 191-199, 201, 205-220, 243, 248, 251-259, 261-265, 267-268, 270-271, 273-275, 278, 280, 283-290, 292, 314-315, 323, 330, 340, 343, 350-351, 355-359, 361, 363, 372, 383, 392, 396, 399, 408, 410, 412, 417-419, 421-422, 424, 430, 433-434, 450, 462, 468, 472, 539, 542, 546-547, 550, 552, 554, 562, 565, 571, 590-591, 601-602, 605
장즈동(張之洞) 86, 412-413, 564
장지즈(張季直) 62, 81, 83
장타이옌(章太炎) 415-416, 564, 599
장학성(章學誠) 163
장헌충(張獻忠) 80, 88, 93, 122, 167, 247, 497
전대흔(錢大昕) 564
전반향전(全盤向前) 550
전횡도(田橫島) 18-19, 200, 368-369, 382
정감학(情感學) 560-561, 565
정리학(情理學) 560, 565, 569
정신과학(Geiste Wissenschaft) 57, 70-71, 73, 94-98, 106-107, 111-113, 116-117, 121-122, 178-179, 213-214, 223, 256, 258-259, 265-267, 275
정신원소(Spiritual Element) 118, 270, 464-466, 468-469
정언명령(Categorical Imperative) 118, 164, 270
제일원인(第一原因) 306-307
제임스(William James) 75, 82-83, 106, 110, 121, 123, 126, 132, 142-145, 220, 243, 266, 278, 290, 300, 316-317, 328, 354-355, 388, 399, 600
존덕성(尊德性) 154
존의적 유심론(存疑的唯心論) 20, 32, 75-76, 94, 230, 268
종의 기원 78, 84, 99, 258, 274, 352
주관 세계[心界] 196, 422
주륙이동(朱陸異同) 168, 316
『주자전서(朱子全書)』 409
주징농(朱經農) 35, 212, 358, 418, 546, 600, 604
주첸즈(朱謙之) 463, 542

『중국역사연구법(中國歷史硏究法)』 413, 597
『중국철학사대강(中國哲學史大綱)』 413, 596
증국번(曾國藩) 551, 563
증자(曾子) 137
지동설 78, 98
지중(持中) 476, 490-491, 538, 540-541, 546-548, 550-552, 555-556, 558-559
직각(直覺) 15, 17, 19-20, 29, 31, 39-40, 55, 58-59, 61, 66, 77, 82, 86, 91-92, 119, 135, 139, 145, 183, 196,198, 201, 207, 253, 274-275, 291,302, 361, 366, 405, 421, 428-429, 438-440, 449, 452, 456-457, 460, 467-468, 473, 483, 485, 523-529, 531-535, 544, 546, 563, 571-572, 574-576, 578-579, 590
직관 447
진여(眞如) 450, 453, 473, 514-515, 538, 541, 581
진화론 98-99, 104-105, 107-109, 133, 142, 149, 184-185, 215, 249-250, 256, 308, 329, 352, 376, 404, 414, 602
질력(質力) 36, 461, 470

ㅊ

차오쿤(曹錕) 550
천송핑(陳頌平) 414, 564
『청대학술개론(淸代學術槪論)』 162, 166, 413, 597
청풍명월(淸風明月) 453, 481, 485, 489-492, 502, 519, 538, 554
쳰쉔퉁(錢玄同) 478, 511, 546
초인(超人) 466, 509, 584-585
칸트(Kant) 58, 76, 106, 118, 124, 126, 129, 132-135, 141, 164, 183, 220, 236, 239, 270-271, 294, 401, 428, 465

ㅋ

캉바이칭(康白情) 415
캉유웨이(康有爲) 369, 413, 549, 594, 597
콜(Cole) 113
콩트(Auguste Comte) 13-14, 96, 116, 142-143, 287, 306-307, 450, 465
크로포트킨(Pyotr Alexseyevich Kropotkin) 58, 183, 258, 535
클리퍼드(William k. Clifford) 76, 124

ㅌ

탕위에(唐鉞) 18, 31, 34, 39, 41,

293, 356, 363, 382, 386, 418, 424, 430-432, 434, 436, 438, 546, 590, 600, 605-606
탕환장(唐煥章) 540, 542, 556
텐느(Taine) 307
톰슨(J. A. Thomson) 96, 104-105, 109, 138-140, 144-145, 148, 185, 215, 238, 262, 264, 267, 280, 288, 290-291, 353
투샤오스(屠孝實) 244-245, 349, 606
티치너(Titchener) 300

ㅍ
파스퇴르(Pasteur) 149
판셔우캉(範壽康) 11, 19, 31, 418, 436-441, 590, 595
판웨이종(范慰宗) 573
폴슨(F. Paulsen) 303
푸스넨(傅斯年) 415, 596
푸앵카레(Poincare) 149
푸페이칭(傅佩靑) 372, 477
프로이트(Freud) 237
플라톤(Platon) 62, 122
플래토(Joseph Plateau) 242
피어슨(Karl Pearson) 75, 83, 123-133, 135-138, 140-141, 147-148, 202, 243, 253, 260-261, 264, 289, 319, 343-344, 353, 379
필연법칙 25, 424, 428, 440

ㅎ
하르트만(Hartmann) 39, 58, 62, 183, 207, 302
하타노 아키코(波多野秋子) 556, 574
한유(韓愈) 162, 567
해관조약[海關和約] 85
행위주의 133, 276, 328
향전요구(向前要求) 476, 479
향후요구(向后要求) 476, 479, 493
헉슬리(Thomas Huxley) 21, 32-33, 38, 75, 83-85, 126, 149, 151, 187, 243, 266, 268, 354, 380, 404, 465
헬름홀츠(Helmholtz) 105, 133, 345
현학(玄學) 12-14, 21, 23, 27-28, 30-31, 49, 66, 77-79, 81, 86, 89-90, 94, 99, 106, 119, 123, 136, 140-147, 152, 167, 170, 173-174, 182, 185, 189-193, 202, 205, 208-209, 212, 219-221, 223, 251-252, 260, 268, 274, 281, 283-284, 287-291, 314-316, 321, 324-325, 327, 343-345, 348, 350-351, 354, 356, 359, 362, 379, 386, 396, 399-403, 418-419, 421, 425-426, 434, 436, 441, 450, 462, 474, 500, 522, 545, 554, 560-561,

565, 570-571, 587, 590-593, 600, 606
현학가(玄學家) 13-14, 21, 26, 32-33, 39, 46, 69, 72, 76, 78-79, 86-87, 123, 141, 199, 209, 219, 221, 260, 281, 291, 327, 379, 381, 403, 433, 543
현학귀(玄學鬼) 34, 49, 66-67, 183, 195, 291, 343, 396-397, 408, 410, 412, 450-451, 454-455, 460, 462-464, 466, 475, 523-525, 527, 529, 533, 537, 543-544, 561-562, 570-571, 579
형식과학[方式科學] 202
형이상학(形而上學) 12, 14, 33, 109, 136, 142-143, 145-146, 152, 172, 306, 311, 397, 591
호조주의(互助主義) 58, 183, 258
호혜공리(互惠公理) 551
확실과학(Exakte Wissenschaft) 96, 106-107, 214, 265
환경적응설 133
후설(Husserl) 224
후시엔수(胡先驌) 417